重庆市志

主　修　张国清

主　审　屈　谦　王余果

总编辑　姚　红

重庆市志

乡镇企业志

（1986—2002）

重庆市中小企业发展指导局（乡镇企业局）编纂

西南师范大学出版社

图书在版编目（CIP）数据

重庆市志．乡镇企业志：1986～2002 / 重庆市中小企业发展指导局（乡镇企业局）编纂．-- 重庆：西南师范大学出版社，2016.12

ISBN 978-7-5621-8444-7

Ⅰ．①重… Ⅱ．①重… Ⅲ．①重庆－地方志②乡镇企业－经济发展－概况－重庆－1986-2002 Ⅳ．①K297.19 ②F279.243

中国版本图书馆 CIP 数据核字（2017）第 001031 号

责任编辑：张昊越　万珊珊

封面设计：张小卉　殷　智

重庆市志·乡镇企业志

CHONGQINGSHI ZHI XIANGZHEN QIYE ZHI

(1986—2002)

重庆市中小企业发展指导局（乡镇企业局）编纂

西南师范大学出版社出版、发行

重庆新闻印务有限责任公司排版

重庆巴南彩印厂印刷

开本:889㎜×1194㎜　1/16　印张:27.75　插页:12　字数:850千字

2017年3月第1版　2017年3月第1次印刷

ISBN 978-7-5621-8444-7

定价：188.00元

《重庆市志·乡镇企业志（1986—2002）》编纂委员会

《重庆市志·乡镇企业志（1986—2002）》编纂人员

撰稿人员

《重庆市志 ·乡镇企业志（1986–2002）》
审稿人员

初 审

重庆市中小企业发展指导局（ 乡镇企业局）

尹华川　朱　建　谢卫东　王任林　周　奎　陶于祥　刘群生　徐新意　付宗伦

复 审

重庆市地方志办公室

姚　红　周焕强　夏小平　殷　智　熊蜀黔　董宁波　洪　霞　赵锐涛
杨祖静

1996年2月25日，中共四川省委副书记杨崇汇（前右三）一行在九龙坡区考察乡镇企业

1998年2月27日，中共重庆市委副书记、市乡镇企业领导小组组长刘志忠（左二），在雾都宾馆主持召开全市乡镇企业工作会并讲话

2002年12月25日，重庆市乡镇企业管理局在南坪会展中心举办乡镇企业农产品展览会，中共重庆市委副书记聂卫国（左一）和市人大副主任康纲有（右一）在展览会上参观产品

2002年12月25日，重庆市副市长、市乡镇企业领导小组副组长陈光国（右三）在乡镇企业农产品展览会上参观产品

1993年1月3日，中共四川省重庆市委副书记、市长、市乡镇企业领导小组长孙同川（左二），市人大主任于汉卿（左一），副市长、市乡镇企业领导小组副组长王正德（左三），在沙坪坝区覃家岗镇向乡镇企业产值突破亿元的上桥村、新桥村赠送“双星齐耀”金匾

1994年3月1日，中共四川省重庆市委副书记、市长孙同川（前排右三），副市长王正德（前排右四）在江津市考察乡镇企业

1991年3月16日，中共四川省重庆市委副书记、常务副市长张文彬（左二）在全市乡镇企业工作会上讲话

1993年2月27日，中共四川省重庆市顾问委员会常委张海亭（右二）出席在市乡镇企业管理局召开的乡镇企业工作会并讲话

1995年3月25日，四川省重庆市人民政府在江北区蓝箭宾馆召开全市乡镇企业工作会议，中共四川省重庆市委副书记金烈向1994年乡镇企业总产值突破100亿元的巴南区颁发锦旗

1997年4月18日，中共四川省重庆市委宣传部和市乡镇企业管理局在江北区蓝箭宾馆召开重庆市乡镇企业思想政治工作会议。市委副书记、市乡镇企业领导小组副组长黄立沛（前排右六）到会讲话并与参会代表合影

1991年2月23日，四川省重庆市常务副市长张文彬（前排左五）和市委常委、市农委主任、市乡镇企业领导小组副组长邓中文（前排左六）在九龙坡区华岩乡与参加第3次亿元乡（区）领导干部座谈会的代表合影

1995年12月28日，四川省重庆市分管乡镇企业工作的副市长、市乡镇企业领导小组副组长周建中（右一）和市委常委、市农委主任、市乡镇企业领导小组副组长辜文兴（右二）在雾都宾馆出席市乡镇企业工作会议

1995年3月20日，全国乡镇企业劳动安全卫生工作会议在四川省重庆市渝北区渝通宾馆召开，农业部乡镇企业司副司长林定根主持会议并讲话

1999年11月22日，中国乡镇企业年鉴特约编辑工作会在重庆市江北区蓝箭宾馆召开，农业部乡镇企业司副司长宗锦耀（右三）主持会议并讲话

1987年8月4—6日，中共四川省重庆市委、市政府在九龙坡区园外园饭店召开全市乡镇企业双增双节经验交流会

1990年9月18日，四川省重庆市政府在江北区荷花饭店召开重庆市乡镇企业先进供销集体和优秀供销员表彰暨经验交流会

1991年2月22—23日，四川省重庆市政府在九龙坡区华岩乡召开第3次亿元乡（区）领导干部座谈会

1991年7月5—6日，四川省重庆市政府在渝州宾馆召开全市乡镇企业工作会议

1992年2月19—21日，四川省重庆市政府在办公厅会议室召开全市乡镇企业工作会，表彰发展乡镇企业的先进区县

1993年1月3日，中共四川省重庆市委、市人大、市政府、市政协、市顾委、市纪委和市级有关部门领导出席沙坪坝区委、区政府在覃家岗乡召开的重庆市乡镇企业产值突破亿元的亿元村授牌大会

1993年2月22日，四川省重庆市政府在市乡镇企业管理局召开市乡镇企业庆功表彰会

1994年12月20日，四川省重庆市外经贸委在市乡镇企业管理局召开市乡镇企业外经工作表彰会

1995年3月10日，四川省重庆市乡镇企业领导小组在市政府底楼会议室召开重庆市乡镇企业五十佳表彰大会。图为大会主席台

1996年12月20日，四川省重庆市人大在人大办公厅会议室召开重庆市学习贯彻《乡镇企业法》座谈会

1999年1月28日，中共重庆市委、市政府在市政府办公厅会议室召开重点乡镇企业发展座谈会

1989年11月21—24日，成都、昆明、贵阳、南宁、重庆等西南五市乡镇企业经济技术协作体第三届年会在重庆市九龙坡区园外园饭店举行，四川省重庆市副市长王正德（左三）到会表示祝贺

1992年3月25日，四川省重庆市与成都市乡与乡之间的经济协作区乡镇企业联络工作会在重庆市九龙坡区园外园饭店举行

1990年2月12日，中共四川省重庆市乡镇企业管理局党组书记、局长宋度明（1985年8月—1993年6月）（右一），在市乡镇企业领导小组第3次全体成员会议上通报乡镇企业发展情况

1998年5月25日，重庆市乡镇企业管理局党组书记、局长王昌渠（1993年7月—2000年5月），在市一届人大常委会第九次会议上做关于《重庆市实施〈中华人民共和国乡镇企业法〉办法（草案）的说明》

2002年12月25日，中共四川省重庆市乡镇企业管理局党组书记、局长张福华（2000年5月－2003年2月），在市乡镇企业农产品展览会上参观产品

1999年3月9日，重庆市乡镇企业管理局领导与直辖后首届乡镇企业厂长（经理）“贤内助”在市乡镇企业管理局合影

1999年7月3日，重庆市乡镇企业管理局领导与在“三讲”教育活动中受到局党组表彰的局机关和直属企事业单位的先进党务工作者合影

1995年3月20日，四川省重庆市乡镇企业管理局组织区县乡镇企业局办公室主任到江津市参观聂荣臻元帅故居

1989年9月30日，四川省重庆市乡镇企业管理局在局机关举办庆祝国庆40周年联谊会。图为市乡镇企业供销公司代表队表演大合唱

1991年7月20日，四川省重庆市乡镇企业管理局、市文化局、市乡镇企业协会在市委小礼堂联合举办首次“重庆市乡镇企业系统职工文艺调演”汇报演出

1991年，四川省重庆市乡镇企业干部学校举办的第3期企办室主任班结业合影

1991年，四川省重庆市乡镇企业干部学校举办的第4期厂长培训班结业合影

1997年，重庆市乡镇企业干部学校举办的第二期会计师培训班合影

序

乡镇企业的发展是十一届三中全会以来，党领导我国农村经济体制改革所取得的巨大成就，也是亿万农民的一个伟大创造和实践。正如中央第二代领导人邓小平同志 1987 年 6 月 12 日在接见外宾时说的那样："农村改革中，我们完全没有预料到的最大收获，就是乡镇企业发展起来了，异军突起。"

重庆乡镇企业是全国乡镇企业系统的一个重要组成部分，是由 1984 年以前农村"人民公社"时期兴办的小煤窑、小铁矿、小砖瓦、小水泥、小修理、小加工等社队企业转变而来的。近 20 年来，重庆乡镇企业充分利用山上山下、地上地下丰富的自然资源，"农、工、建、交、商"五业并举，乡办、村办、组办、联户办、户办"五轮驱动"，在不同的历史时期都很好地承担了支农建农、调整农业产业结构、转移农村富余劳动力、增加农民收入、繁荣城乡市场的重要使命，为解决"三农"问题，推进农村工业化、城镇化建设和城乡经济持续发展发挥了重要作用，做出了突出贡献。特别是 1986 年至 2002 年这 17 年间，全市乡镇企业突破"三就地"（就地取材、就地加工、就地销售）的限制，主动与城市工业配套，发展城乡联合；积极适应社会主义市场经济体制，创新发展思路；坚持以结构调整为主线，以改革为动力，以体制创新、科技创新、管理创新、扩大对外开放、建立和完善融资体系为重点，积极探索和稳步推进"二次创业"；通过资产重组，大力发展非公有制经济，突破城乡壁垒，打破地域界限、行业界限和所有制界限，形成了"多轮驱动，多轨运行"，城乡产业互动，各种所有制企业竞相发展的新格局，在激烈的市场竞争中持续健康发展。到 2002 年，全市 162.3 万剩余劳动力的就业岗位是乡镇企业安置的，GDP 的 16.5% 是乡镇企业创造的，入库税金的 15.7% 和地方预算内财政收入的 23.7% 是乡镇企业提供的，外贸出口总额的 37.3% 是乡镇企业贡献的，乡镇企业成为推动重庆经济新高涨的一支重要力量。

抚今追昔，春华秋实。回顾 1986—2002 年这 17 年走过的风雨历程，全市 160 多万乡镇企业人在不断总结和继续探索……

17 年的生动实践深刻地启示着全市乡镇企业人，在努力提高经营管理水平，推进企业持续、快速发展的进程中，必须始终坚持共产党的领导，服从于和服务于经济建设这个中心，企业发展才有重要保证；必须始终坚持支农建农和农民增收、繁荣城乡市场的服务方向，企业发展才有立足之基；必须始终坚持优化产业和产品结构，不断推进体制创新、科技创新、管理创新，扩大对外开放，企业才有发展壮大的空间和生存的希望；必须始终坚持深入改革和完善自主快速的决策机制、能进能出的用工机制、能上能下的干部机制、酬效挂钩的分配机制、奖惩分明的激励机制、自负盈亏的约束机制、自我积累的发展机制、优胜劣汰的竞争机制，在实践中不断创新，企业才能充满生机和活力；必须始终坚持优化投资结构，重视资源和环境保护，企业才能可持续发展；必须始终坚持和发扬艰苦奋斗的创业精神、开拓市场的敢闯精神、经营管理的创新精神、迎难而上的进取精神，一手抓生产，一手抓文明建设的企业精神，才能在艰难曲折中走向胜利，发展壮大具有中国特色的乡镇企业。

编纂《重庆市志·乡镇企业志（1986—2002）》是我们的一份责任和现实的需要。志书客观记述了17年来全市乡镇企业人在探索中奋进，在奋进中推动“异军突起”的艰辛和实践历程；彰显了全市各级党委、政府的正确领导及相关部门的通力合作；展示了乡镇企业在不同时期的发展脉络；回顾总结了发展中的宝贵经验和教训；对科学决策，推动中小企业持续健康发展具有积极的借鉴意义，提供了重要的史实依据。

《重庆市志·乡镇企业志（1986—2002）》是集重庆乡镇企业17年的发展、人物、事件于一体的综合性文献。志书资料翔实，既有较高的存史价值，又有很强的可读性，是一部很好的史料。在编纂过程中，得到了市和各区县（自治县、市）有关部门的高度重视和大力支持。在此，对给予关心和支持的部门及同志，特别是编纂人员和收集提供资料同志们的辛勤劳动表示感谢！

以史为鉴，可知兴替。“异军突起”的重庆乡镇企业经过17年的征程，17年的奋斗，17年的辉煌，已经融入了中小企业的巨大洪流。当前，全市中小企业正面临着良好的机遇和宽松的发展环境。乡镇企业人站在新的历史起点上，要倍加珍惜和巩固来之不易的发展成果，坚持科学发展观，实现“两个根本性转变”，继续推动中小企业朝着速度要快、机制要新、特色要浓、档次要高、规模要大、效益要好的奋斗目标奋勇前进，为推动全市经济社会持续发展再做新贡献。

重庆市中小企业发展指导局（乡镇企业局）局长　尹华川

二〇一五年四月七日

凡　例

一、指导思想　《重庆市志·乡镇企业志（1986—2002）》（以下简称本志）坚持以马列主义、毛泽东思想、邓小平理论和“三个代表”重要思想、科学发展观为指导，全面、客观地记述了重庆市乡镇企业发展历程。

二、体例　本志卷首设图片、综述、大事记概览全貌。专篇设有组织机构、改革与经济技术合作、产业布局、主要产业产品、经营管理、重点乡（镇）村和园区建设、荣誉榜、区县乡镇企业简介八篇。各篇下设章、节、目等层次，采用述、记、志、表、录等体裁详述史实。

三、断限　本志上限为1986年，下限为重庆市乡镇企业管理局行政体制变更后的2002年。为了反映乡镇企业时代特点，个别内容上溯到1986年前，个别内容下延到2003年。

四、纪年　本志纪年采用公元纪年。“直辖后”指1997年3月14日全国人大批准设立重庆直辖市后。

五、称谓　本志机构名称均以当时的名称为准，首次出现时使用全称，重复出现时使用规范简称。“市委”“市政府”直辖前指中国共产党四川省重庆市委员会、四川省重庆市人民政府，直辖后指中国共产党重庆市委员会、重庆市人民政府；“省乡企局”指四川省乡镇企业管理局；“市乡企局”直辖前指四川省重庆市乡镇企业局，直辖后指重庆市乡镇企业管理局；“企办室”指乡镇（街道）乡镇企业办公室；“两市一地”指重庆直辖前代管的万县市、涪陵市和黔江地区；“酉阳县”“石柱县”“秀山县”“彭水县”分别指“酉阳土家族苗族自治县”“石柱土家族自治县”“秀山土家族苗族自治县”“彭水苗族土家族自治县”。

六、文体　本志采用现代语体文，记述体，标点符号和数字的使用遵循国家规定，力求行文规范。

七、资料　本志资料来源于重庆市档案馆，重庆市乡镇企业管理局档案室、年度统计报表，各区县（自治县）乡镇企业管理局提供的资料和《四川省志·乡镇企业志（1986—2005）》、1990年至2003年的《中国乡镇企业年鉴》；本志表中数据1986—1996年为四川省重庆市辖区范围统计数据，1997年后为重庆市现辖区范围内统计数据。

目　录

第一篇　组织机构

第二篇　改革与经济技术合作

第三篇 产业布局

第四篇 主要产业产品

第五篇 经营管理

第六篇　重点乡（镇）村和园区建设

第七篇　荣誉榜

第八篇　区县乡镇企业简介

附　录

综　述

重庆市乡镇企业经过“六五”时期的发展，总体水平有了提高。到1986年年底，全市乡镇企业有19.6万家，从业人员达到98.5万人，拥有固定资产11.2亿元；实现增加值8.96亿元；总产值35.7亿元，年均递增速度达39.4%，占农村社会总产值的49%，相当于农业总产值的95.9%；营业收入33.6亿元；向国家缴纳税金1.5亿元；利润总额1.9亿元，支付从业人员劳动报酬6.1亿元，人均621元。

从1986年到2002年的17年间，重庆市乡镇企业持续、快速、健康发展。2002年，全市乡镇企业按农业部颁布实施的新统计制度口径统计有10.2万家，从业人员162.27万人；相比于1986年，固定资产达到392.5亿元，增长34倍；实现总产值1371亿元，增长37.4倍；实现增加值325.8亿元，增长35.3倍；营业收入1313.4亿元，增长38.1倍；实现利润45.6亿元，增长23倍；向国家上缴税金37.48亿元，增长24倍；支付从业人员的劳动报酬达到128.2亿元，增长20倍，人均7902元，增长11.7倍。

1986—2002年，重庆市乡镇企业经历了持续大力发展和创新发展两个重要阶段。

一、持续大力发展阶段（1986—1996）

1986年，中共重庆市委、重庆市人民政府通过与江苏省无锡市和毗邻的成都市做比较，得出这样一个结论：重庆乡镇企业还没有出现一个起飞的势头，乡镇企业今后不是小发展、中发展，而必须是大发展。提出了把全市农村工作的重点放在大力发展乡镇企业上，清除“抓农业保险，抓企业危险”思想障碍，城市工业要逐步向农村转移的总体要求，从认识上统一大力发展，从思想上坚定大力发展，从政策上扶持大力发展，从措施上推动大力发展。1988年，成立了全市乡镇企业领导小组，制定出台了一系列政策措施，建立了区县政府发展乡镇企业目标管理考核评比制度，激励和引导乡镇企业加快发展。全市乡镇企业总产值以年均30.9%的速度增长，达到61.2亿元，比1986年增长71.4%，提前两年超额完成“七五”计划期间完成52亿元的目标，相比于1986年，实现的营业收入增长88.3%，利润总额增长102%，向国家缴纳税金增长83%，乡镇企业呈现出大发展的势头。

1989年，国家治理整顿经济秩序，乡镇企业发展势头受到抑制，固定资产投资总额比1988年减少了11.9%，总产值增幅回落了14个百分点。1990年1月，全市乡镇企业总产值同比仅增长2.2%，降到历史的最低水平。在乡镇企业面临社会各种非议和指责，广大干部职工思想不稳定，发展速度减缓的时候，市委、市政府提出要坚持“因地制宜，深化改革，调整充实，提高效益，大力发展”的“20字”方针，强调乡镇企业在农村经济中的主导地位不变、扶持乡镇企业的优惠政策不变、奋斗目标和奖励政策不变，继续在全市乡镇企业系统评选表彰全国和省、市劳动模范，优秀乡镇企业厂长（经理）和企业家；评选部优市优产品，坚定广大干部职工大力发展乡镇企业的信心，调整、充实市乡镇企业领导小组力量，加强领导和政策扶持。

1992 年 6 月，时任中共四川省委书记的杨汝岱在成都听取成渝两市发展乡镇企业情况汇报后，严肃指出："重庆没有理由掉到成都后面，应跟上成都，赶上成都。"重庆市委、市政府在贯彻落实南方谈话和党的十四大精神中，结合贯彻杨汝岱书记的讲话精神，认识到重庆经济发展与东部沿海地区和成都市的差距，主要是乡镇企业发展落后。在如何加快乡镇企业发展的问题上，必须进一步提高认识，解放思想，坚持大力发展乡镇企业的方针不动摇，动员全市各级党委、政府和部门放胆、放手、放权，鼓励和支持乡镇企业超常规、跳跃式发展。

这一时期，在市委、市政府和区县各级党委、政府领导下，在市级和区县有关部门的积极扶持下，各级乡镇企业管理部门认真贯彻执行市委、市政府提出的"20 字"方针，确立了"一要积极发展，二要健康发展"的指导思想。引导和组织全市乡镇企业抓重点乡镇发展，抓供销促流通，加快经营体制改革，调整产业结构，发展城乡结合、横向联合和对外开放，注重培训人才，千方百计筹集发展资金，推动科技进步，抓工业园区建设和骨干企业培育，积极开发新产品、新技术，提高产品质量，经受住了 1989—1991 年国家治理整顿经济秩序的考验，克服和战胜了各种困难。1992 年，乡镇企业总产值突破 200 亿元，实现了超常规、跳跃式发展。

重庆市乡镇企业上了一个新台阶后，大发展的势头不减。1994 年，江津市、沙坪坝区、江北区、北碚区、巴县、綦江县、荣昌县、双桥区、长寿县、江北县、潼南县等 11 个区县（市）被四川省委、省政府命名为"四川省发展乡镇企业先进标兵县（市、区）"，其中巴县乡镇企业产值突破 100 亿元，被命名为"1994 年度四川省乡镇企业 10 强县"，受到省委、省政府表彰。

到 1996 年，全市乡镇企业有 6.8 万家，从业人员 121.7 万人，完成总产值 412.7 亿元，比 1986 年增长 10.6 倍；实现增加值 100.1 亿元，占全市 GDP 的 19.1%，增长 10.2 倍；乡镇工业产值达到 482.5 亿元，占全市工业产值的 44.2%；实现营业收入 377.3 亿元，增长 10.3 倍；出口交货值达到 12.95 亿元；利润总额达到 11.6 亿元；实缴税金 15.8 亿元；支付从业人员的劳动报酬达到 41.1 亿元，比 1986 年增长 5.7 倍。1986—1996 年的大力发展，为重庆直辖后乡镇企业的持续快速发展奠定了良好基础、积累了实践经验。

二、创新发展阶段（1997—2002）

1997 年 6 月 18 日，重庆正式挂牌成立直辖市。市委、市政府针对全市乡镇企业存在着企业规模偏小、布局分散、参与市场竞争实力弱的"小、散、弱"状况和发展不平衡的问题，认真贯彻落实党的十五大精神和《中华人民共和国乡镇企业法》，正确引导乡镇企业更好地适应社会主义市场经济的要求和多元化发展的新形势，要求乡镇企业以科学发展观为指导，创新发展思路，坚持深化改革，加强管理；坚持大发展、上规模、上水平、上效益，积极探索和稳步推进以结构创新、体制创新、管理创新、科技创新为主要内容的"二次创业"，实现速度要快、机制要新、特色要浓、档次要高、规模要大、效益要好的目标，把充满生机活力的乡镇企业带入新世纪。并于 1998 年和 1999 年连续两年做出进一步加快发展乡镇企业的决定，制定和重申了扶持乡镇企业发展的政策措施。从 1997 年到 2002 年的 6 年间，每年都召开全市乡镇企业工作会或专题会议，部署和研究乡镇企业工作，为乡镇企业营造了宽松的发展环境。

这一时期，全市乡镇企业以结构调整为主线，以改革为动力，以体制创新、科技创新、管理创新、扩大对外开放为重点。建立和完善融资体系，开展和推进以明晰产权关系为核心内容的股份制、股份合作制、租赁制和拍卖、兼并等多种形式的改革，大力发展个体私营等非公有制经济。乡镇企业通过不同区域、不同所有制、不同行业的资产重组，突破了城乡壁垒，打破了原来的地域界限、行业界限和所有制界限，形成了"多轮驱动、多轨运行"，城乡产业互动，各种所有制企业竞相发展的新格局。在推进乡镇企业"二次创业"过程中，全面实施以"四五"（"九五"期间在全市培育50家乡镇企业集团、50家亿元企业、50个工业园区、50个具有地方特色经济的专业村镇）和"五百典型"（"十五"期间培育100家乡镇企业集团和骨干企业、100家农业产业化龙头企业、100个乡镇企业示范区、100家出口创汇的重点企业、100个名特优新产品）为主要内容和目标的成长工程，加速企业上规模、上水平、上效益。企业主动与大专院校、科研院所建立密切的产、学、研联合体，与市乡镇企业科技顾问团开展"一对一"技术难题咨询诊断活动，攻克技术难关，共同研制开发高新技术产品。注重把企业改制、改造、改组与加强基础管理结合起来，重视人本管理、加强成本管理、突出质量管理、强化基础管理、规范现场管理，推进建立现代企业制度的建设，完善法人治理结构，建立健全财务、产品标准、产品质量、安全生产和环境保护等基础管理制度和产品质量监测体系，实施"名牌战略"，加强诚信建设，注重文明生产。大力实施"走出去、引进来"的对外开放战略和东西合作，组织有条件的企业积极参加境内外各类经贸洽谈活动，加快出口产品结构调整，培植出口产品生产基地和生产集群，加强自营进出口企业的培育和发展，推动了乡镇企业对外开放水平由低层次向高层次、多领域方向发展。出口产品实现了从原材料和半成品出口为主向制成品出口为主，从传统的生丝、猪鬃、皮毛、茶叶等低附加值产品出口为主向具有优势的机电、化工、轻纺、食品等高附加值产品出口为主的转变，形成了机电、化工、轻纺、食品等为支柱产品的出口格局。经营方式也由内向外转型，在抓住东西合作、努力开拓国内市场的同时，以优质产品和良好的服务跻身于国际市场。

从1996年以来进行乡镇企业"二次创业"的探索和实施，创新了发展思路，改善了乡镇企业"小、散、弱"的状况。到2002年，全市规模以上乡镇企业达到1876家，其中销售收入上亿元的企业有94家；培育了74个相对集中连片发展的工业园区和85个具有地方特色的"一村一品""一乡一品"专业村镇及产业集群；形成了以汽车、摩托车零部件加工制造为主的机械制造业，农产品加工业，建材业和建筑业及第三产业等四大支柱产业；生产出了在市场占有相当份额的名、优产品，持续推进乡镇企业在新世纪走上科学发展轨道，在激烈的市场竞争中快速、健康发展。

三、乡镇企业的地位作用

重庆市乡镇企业经过17年的持续健康发展，成为国民经济的重要组成部分和农村经济的主体，在推动全市经济社会发展和解决"三农"问题中发挥了重要作用。

乡镇企业成为促进重庆市经济持续增长的重要力量和县域经济的主体。2002年，全市乡镇企业实现增加值占全市GDP的比重，从1986年的5.26%提高到16.5%；实缴税金比1986年增长24倍，年均增长22.23%，占全市入库税金总额的比重，从1986年的7.68%提高到15.65%，占地方预算内财政收入的23.7%和区县预算内财政收入的47.2%。完成出口交货值从4700万元增加到35.7亿元人民币，增长75倍，占全市外贸出口总额的比重，从4.7%提高到37.3%。到2002年，重庆市县域经济GDP的50%和乡镇财政收入的60%以上来自乡镇企业。

乡镇企业成为转移农村富余劳动力的主渠道。1986年以来，乡镇企业平均每年新转移农村富余劳动力10万人。到2002年，全市乡镇企业从业人员达到162.3万人，占农村劳动力的12.06%，其中有8.36万人是城镇下岗职工。全市50%以上的农村富余劳动力在乡镇企业实现了就业。

乡镇企业成为农民持续增收的重要来源。2002 年，全市乡镇企业为从业人员提供的工资报酬、福利、奖金、股份分红和个体私营企业主留利总额达到 148.36 亿元，相当于为全市农业人口人均提供了 618.7 元现金收入。从业人员人均年收入从 1986 年的 621 元提高到 7902 元，增长 11.7 倍。全市农业人口当年人均纯收入中，有 53.4 % 来自乡镇企业。

乡镇企业成为加速农业产业化和农村工业化的生力军。2002 年，全市农业产业化龙头企业中，90% 以上是乡镇企业，规模以上的农产品加工企业有 240 家。不少企业与农户利益联系密切，初步形成了公司 + 基地 + 农户、贸工农一体化、产供销一条龙的农业产业化经营模式，出现了一批以夏布、纺织、酿造、编织、养殖等农产品加工制造为主和一批以摩配、五金、铸造等工业产品加工制造为主的专业村镇，加速了农产品加工业发展和农村工业化进程。全市食品、纺织、服装、皮革等劳动密集型程度较高的农产品加工业行业人员，已占乡镇工业从业人员的 50% 以上。

乡镇企业成为小城镇建设的重要依托。从全市小城镇和中心镇建设来看，乡镇企业的发展决定着城市化进程的快慢。通过加快乡镇企业的发展和工业园区建设，九龙坡区的九龙、沙坪坝区的覃家岗、江北区的观音桥、南岸区的南坪、渝北区的龙溪等镇（街道）的城市化率已达 90% 以上。璧山县的青杠、渝北区的回兴、永川市的三教等镇（街道）面貌焕然一新，逐步由封闭、落后的小集镇成为现代化小都市。

乡镇企业成为社会有效商品的供给者。1986—2002 年，乡镇企业每年都要生产一批有效商品满足城乡建设和人民生活需要。仅 2002 年，重庆市乡镇企业就生产汽车 12750 辆，摩托车 156.7 万辆，摩托车发动机 436 万台，汽车钢板弹簧 12884 吨，汽车钢圈 41 万套，农机具 705 万件，生丝 3344 吨，丝织品 332 万米，夏布 27.2 万匹，茶叶 3.5 万吨，榨菜 20.5 万吨，饲料 49 万吨，饮料酒 25 万吨，食用植物油 4.5 万吨，罐头 2.76 万吨，机制纸及纸板 23 万吨，房屋施工面积 3962 万平方米，水泥 930 万吨，砖 143.5 亿块，水泥制品 938 万平方米，建筑用石膏 691.4 万平方米，轴面砖 477 万平方米，墙地砖 147 万平方米，平板玻璃 11.3 万重量箱，为人民的生活和城乡建设的需求提供了有效的商品。

乡镇企业为构建新农村提供了强大的物质基础。乡镇企业的发展，不仅增加了当地财政和农民收入，巩固了基层政权，维护了农村社会稳定，而且提供了大量以工建农、以工补农资金加快新农村建设。在乡镇企业发展得好的一些乡镇，出现了老有所养、小有所托、医疗有保障的和谐局面，农民改变了昔日“日出而作，日落而息”的生产和生活方式，生活环境有了较大改善。1995 年，璧山县青杠镇被国家体改委列为“全国小集镇建设示范镇”；1996 年，沙坪坝区覃家岗镇的新桥村通过发展乡镇企业，荣获川东第一个“省级小康示范村”称号；九龙坡区的九龙镇、石桥镇和 23 个村达到小康镇、村标准；1995 年和 1997 年，巴南区花溪镇先后被民政部授予“中国乡镇之星”和“全国民政工作全优乡镇”称号。

乡镇企业为农村工业化培育了大批经营管理人才。乡镇企业的发展，一方面加速了农村工业化进程和小城镇建设，另一个方面，通过吸纳农村富余劳动力就业，将传统的农民变成了现代社会的产业工人和各类服务行业人员，一大批从业人员在发展乡镇企业的实践中锻炼成才。1986—2002 年，全市乡镇企业涌现出 800 多名懂管理、善经营的人才，其中，既有全国和省、市劳动模范，也有企业家和优秀厂长（经理），在推动农村工业化中发挥了带动示范作用。

1996 年全市乡镇企业主要经济指标一览表
（按原口径统计）

指标名称	单位	重庆直辖前乡镇企业区域发展情况				
		合 计	重庆市	万县市	涪陵市	黔江地区
1. 企业个数	个	360891	180329	87077	49933	43552
其中：乡村	个	25747	16458	4892	2871	1526
2. 从业人员	万人	207.8	134.8	36.3	23.1	13.6
其中：乡村	万人	109.6	80.5	14.5	11	3.6
3. 实现总产值	万元	8963554	6826587	1077023	822611	237333
其中：乡村	万元	3991308	3244726	366155	309334	71093
4. 实现增加值	万元	2246479	1682509	290141	194756	79073
其中：工业	万元	1176137	888148	131056	114722	42231
5. 营业收入	万元	8808882	6868652	978765	725042	236423
其中：乡村	万元	3333577	2781065	291675	192214	68083
6. 利润总额	万元	353733	286455	32766	19906	15606
其中：乡村	万元	66101	59013	1996	1374	3718
7. 实缴税金	万元	133672.2	92237.2	22147	12717	6571
其中：所得税	万元	46387	39649	2700	1951	2087
8. 工资总额	万元	718646	508396	113267	60587	36396
其中：乡村	万元	366623	286170	44166	26720	9567
9. 固定资产原值	万元	1600426	1068260	257112	168442	106602
其中：乡村	万元	1076714	791998	146426	108523	29767

1986—2002 年全市乡镇企业主要经济指标完成情况一览表

年份	企业个数（个）	职工人数（人）	固定资产		增加值（万元）	总产值（万元）	营业收入（万元）	上缴税金（万元）	利润总额（万元）	劳动者报酬	
			原值（万元）	净值（万元）						总计（万元）	年人均（元）
1986 年	196002	984680	112145	75697	89589	356928	335568	15189	18809	61151	621
1987 年	223361	1100260	136668	91985	120642	471260	440599	19705	25931	75641	687
1988 年	239425	1213376	165880	123098	148858	612334	631651	27792	37899	96010	791
1989 年	233265	1210965	187808	124750	173819	707734	753459	32438	42267	110504	913
1990 年	242330	1226355	212013	147149	229615	963069	871138	36505	44665	119258	972
1991 年	245792	1283499	239882	162969	303728	1214265	1119989	43233	55248	135242	1054
1992 年	276685	1530790	297299	203161	521163	2109504	1974373	64796	96183	199834	1305
1993 年	306169	1825021	444272	245055	867893	3540684	3496713	118418	177626	330362	1810
1994 年	323574	2088956	681249	381706	1727974	7102035	6763945	247957	341706	498309	2385
1995 年	174067	1294918	835221	632785	1098163	5461120	5420406	226518	246861	430705	3326

续表

年份	企业个数（个）	职工人数（人）	固定资产		增加值（万元）	总产值（万元）	营业收入（万元）	上缴税金（万元）	利润总额（万元）	劳动者报酬	
			原值（万元）	净值（万元）						总计（万元）	年人均（元）
1996 年	68056	1216566	1786261	792546	1000891	4126895	3772984	158075	116241	411334	3381
1997 年	70855	1241728	1414311	1001382	1234606	5171077	4740797	203307	150270	489208	3940
1998 年	91499	1356317	1704252	1153659	1587306	6692233	6296780	178519	207093	725522	5349
1999 年	108890	1439665	1975632	1259119	1921124	8127065	7716986	196479	271487	853755	5930
2000 年	106691	1510053	2267023	1443658	2318041	9804256	9225735	247829	323143	969729	6422
2001 年	107315	1562130	2792597	1695467	2738142	11559588	10913060	292539	378372	1126941	7214
2002 年	101847	1622687	3924835	1975342	3257825	13709556	13134175	374798	455904	1282191	7902

大事记

直辖前

1986 年

1月7日　经市编委同意，在重庆市乡镇企业管理局（简称市乡企局，下同）成立乡镇建筑企业管理处，确定事业编制20人。

2月7日　中共重庆市委书记廖伯康、重庆市人民政府副市长于汉卿到沙坪坝区石桥乡，向1985年乡镇企业营业收入第一个在全市实现亿元的“亿元乡”表示祝贺，并赠送了“富冠渝州”的金匾。市委书记廖伯康发表了讲话，号召各区县学习石桥精神，推广石桥经验，走石桥路子，使重庆市出现更多的“亿元乡”，提高农村经济发展水平。

2月15日　市乡企局在石桥乡召开学习和推广石桥乡经验现场会，市政府副市长于汉卿、市农委主任胡杰玲到会并讲话。局长宋度明对如何学习和推广石桥乡经验做了布置。

10月27日　市委组织部印发《关于黄先一同志任职的通知》。经市委同意，黄先一任市乡企局党组成员。

12月1日　重庆市乡镇企业研究会第三次会议在大足县举行，会议围绕大力发展乡镇企业的条件、因素和可能性进行了研讨。市政府副市长于汉卿到会讲话，研究会会长宋度明主持会议并做总结。成都市、贵阳市乡企局派代表参加了会议。

12月2日　市政府1986年11月29日第五十一次市长办公会讨论决定，任命黄先一为市乡企局副局长（重府人〔1986〕34号）。

1987 年

2月5日　经市农委批准，撤销重庆市乡镇企业食品开发服务公司。原公司的业务、资产、人事分别划入重庆市乡镇企业供销公司和重庆市乡镇企业贸易中心经营部。

2月22—24日　市委、市政府在沙坪坝区召开全市乡镇企业工作会议，市委常委肖祖修主持会议，副市长王正德做报告，市委副书记于汉卿做总结讲话。大会对1986年度发展乡镇企业成绩显著的11个区县、2个亿元乡给予表彰奖励；对18个乡镇企业供销先进集体和88名供销先进个人给予表彰；向37个优秀产品颁发了证书。

2 月 27 日　重庆市乡镇企业区划验收合格，并获重庆市农业区划成果验收证书。

4 月 28 日　重庆市乡镇企业科技协会在永川县召开第二届会员大会，选举产生了第二届理事会，黄先一任理事长，陈映彬、谭选淹任副理事长，刘明任秘书长。

6 月 10 日　市乡企局召开首次乡镇企业 QC 成果发表会，参加成果发表 28 个，2 个获一等奖、6 个获二等奖、7 个获三等奖。

6 月 14 日　重庆市乡镇企业职称改革领导小组成立，黄先一任组长，郭唐御、周天荣任副组长。

6 月 22—24 日　市委、市政府召开全市城乡经济技术联合动员大会，副市长王正德主持会议，市委副书记于汉卿讲话。大会对 130 个城乡经济技术联合先进单位和 26 名支援乡镇企业的先进个人进行了表彰奖励。

7 月 1 日　市政府批转市经委《关于重庆市煤炭实行行业管理的报告的通知》，将重庆市乡镇煤炭划归重庆煤炭工业公司管理（重府发〔1987〕109 号）。

7 月 3 日　在重庆市煤炭工业公司召开了移交大会。重庆市乡镇企业矿业公司正式移交重庆市煤炭工业公司领导和管理。

8 月 4—6 日　市委、市政府在九龙坡区园外园饭店召开全市乡镇企业双增双节经验交流会。市领导于汉卿、王正德、黄家新、潘椿、纪俊仪、王海亭出席了会议。参加会议的还有市级有关委、办、局的责任人和区县乡镇企业管理局的局长及部分企业代表。市乡企局局长宋度明主持会议，市委副书记于汉卿做了讲话，副市长王正德做总结报告，15 个单位交流了开展双增双节运动的经验。

8 月 24 日　市乡企局成立纪检组（重乡企〔1987〕党字第 22 号）。

9 月 4 日　经市委、市政府审定，市委组织部下达市乡企局现职领导干部职数为 5 人，内设机构 7 个，正副处长职数限额 13 人（重乡企函〔1987〕152 号）。

9 月 15—20 日　市农委、市经委、市乡企局与市乡镇企业供销公司联合在沙坪坝区石桥铺举办了乡镇企业产品展销订货会，市长孙同川为展销会剪彩，市委、市人大、市政府、市政协、市顾委、市纪委及市级有关部门领导到会观看了展品。全市有 1100 多家乡镇企业的 3157 个产品参加展销。应邀参加展销会的有广东、甘肃、山东、福建、云南、成都、昆明、武汉等 30 多个省、市、地区的 57 个单位。参加交易会的达 15 万人，零售额 31 万元，成交额 4430 万元，意向订货额 3600 万元。

10 月 10 日　市乡企局内设机构增设政策调研室（体制改革办公室）（重乡镇企〔1987〕党字第 24 号）。

10 月 19 日　重庆市乡镇企业专业技术称号中级职务临时评审委员会成立，黄先一任主任，赵正浩任副主任。

10 月 21 日　市乡企局首次召开全市乡镇企业思想政治工作座谈会，副局长胡长清传达四川省乡镇企业思想政治工作经验交流会议精神，各区县乡镇企业管理局分管局长和部分乡镇（区）企办室及重点企业负责人也参加了会议。

12 月 1 日　重庆市乡镇企业研究会第四次会议在长寿县召开，国务院农村经济研究中心副主任朱厚泽，贵州省经济研究中心党委书记、副总干事姚礼乾和市乡镇企业研究会成员出席会议。到会人员围绕落实和完善企业承包经营责任制，进一步搞活企业进行了研讨，朱厚泽做重要讲话，会长宋度明主持会议并做总结。

1988 年

1 月 6 日　经市政府 1987 年 12 月 31 日常务会议研究决定，付忠退休，免去其市乡企局调研员职务（重府人〔1988〕1 号）。

1 月 25 日　团市委、市乡企局做出表彰黎仪明等 26 名乡镇企业优秀厂长（经理）的决定（渝团联发〔1988〕2 号）。

2 月 2 日　四川省政府授予重庆市邓世荣、马厚富、周发兴、周承付 4 人“四川省优秀乡镇企业家”，邓世明等 29 人“四川省乡镇企业家”荣誉称号。重庆市政府也做出表彰邓世荣、周发兴等 100 名乡镇企业优秀厂长（经理）的决定。

2 月 25 日　市委、市政府召开全市乡镇企业表彰大会。市委常委、市农委主任邓中文主持会议，市委副书记于汉卿、副市长王正德分别做了讲话，大会对 1987 年发展乡镇企业目标管理取得成效的 6 个区县、乡镇企业产值或收入新上亿元的乡（区）、乡镇企业家和优秀厂长（经理）、1987 年乡镇街道企业评选出的 52 个市优秀产品单位进行了表彰奖励。于汉卿、王正德、刘志忠、邓中文、王华生等领导会见了受四川省政府表彰的 33 名乡镇企业家，勉励他们为乡镇企业发展做出更大贡献。

2 月 26—27 日　《重庆日报》分别刊登评论员文章《希望在乡镇企业》和《乡镇企业的希望》。

3 月 16 日　重庆市编委核定市乡企局直属事业单位人员编制 40 人，其中重庆市乡镇企业干部学校 20 人（由市财政补贴），重庆市乡镇建筑企业管理处 20 人（自收自支）（重编〔1988〕35 号）。

4 月 12 日　市委组织部印发《关于杨纯俊同志任职的通知》，经市委同意，杨纯俊任市乡企局党组成员（渝组经〔1988〕7 号）。

4 月 17 日　市委副书记于汉卿召集市农口系统各局负责同志汇报研究农业问题，在讲到乡镇企业问题时说：“乡镇企业亏损增加，要认真分析，要采取有针对性的措施。现在看来，乡镇企业亏损严重，主要是经营管理问题。抓扭亏增盈，也要像国营企业那样，逐个抓落实，要限期解决，到时候解决不了的要亮黄牌。还要把有关的领导挂上去，乡镇企业今年净增 10 亿元的任务，一定要争取实现。”

6 月 1 日　市编委核定市乡企局行政控编由 74 人减为 72 人（重编〔1988〕90 号）。

6 月 6 日　市政府印发《关于杨纯俊等同志的任职通知》，任命杨纯俊为市乡企局副局长（重府人〔1988〕12 号）。

6 月 9 日　重庆市乡镇企业第二次 QC 成果发表会召开，参加发表 QC 成果 49 个，有 5 个获一等级奖、7 个获二等奖、13 个获三等级奖。

6 月 16—19 日　市政府在合川县召开全市乡镇企业出口创汇工作会议。会议由市委常委、市农委主任邓中文主持，副市长王德做报告，市长孙同川做总结。

6 月 29 日　胡长青兼任市乡企局纪检组组长。

8月1日　市政府印发《关于宋度明等32位同志的任职通知》，经1988年7月16日市十一届人大常委会第二次会议决定，任命宋度明为市乡企局局长（重府人〔1988〕19号）。

8月30日　全市乡镇企业职改工作基本结束。共评出各类技术职称23122人，其中高级职称21人，中级职称481人，初级职称22620人。

9月8—11日　市财经领导小组在江津县召开全市乡镇企业形势分析及对策研究会。市委书记肖秧、市人大常委会主任于汉卿、市政府市长孙同川、副市长王正德和市顾问委员会副主任李成文、市农委主任邓中文到会并讲话，大会围绕乡镇企业形势、发展前景及对策进行了认真分析和研究。

10月31日　市政府决定成立重庆市乡镇企业领导小组，印发了《关于成立市乡镇企业领导小组的通知》（重府函〔1988〕121号）。

10月31日　市政府批转市乡企局《关于对区县乡镇企业发展实行目标管理考核评比意见的通知》（重府发〔1988〕208号）。

11月7日　《中国乡镇企业报》社同意在市乡企局设立《中国乡镇企业报》重庆记者站，由局办公室副主任何龙根任站长、记者。

11月20日　市乡企局设立监察室。

11月24日　市编委同意在市乡企局增设对外经济协作处（重编〔1988〕171号）。

12月2日　市乡企局办公地点由市中区四新路38号迁移到江北区建新北路二支路2号。

1989年

1月16日　市乡企局、市档案局印发《重庆市乡镇企业档案管理工作暂行办法》（重乡企〔1988〕联字第23号）。

1月20日　市政府1989年1月20日第十九次常务会议决定，任命贺家枫为市乡企局助理巡视员（重府人〔1989〕4号）。

2月28日—3月2日　市政府召开全市乡镇企业工作会议。市农委主任邓中文主持会议，副市长王正德做工作报告，市乡企局局长宋度明传达全国乡镇企业工作会议和科技进步会议精神。大会对1988年乡镇企业发展工作成绩显著的7个区县和新上亿元的乡（区）进行了表彰奖励（渝委函〔1989〕72号），市长孙同川做会议总结。

4月5日　市乡企局、市科委等部门印发《关于贯彻重庆市乡镇工业企业技术进步的意见》（重乡镇企〔1989〕科字第106号）。

4月12日　市编委同意在市乡企局劳动人事处挂监察室牌子并行使监察职能（重编〔1989〕39号）。

4月21—22日　市乡企局、中国人保公司重庆分公司联合召开了全市乡镇企业退休养老保险工作会议。副市长王正德到会讲话，市乡企局副局长胡长青总结了乡镇企业职工退休养老保险试点工作情况，部署了1989年试点工作的总体思路和任务。

5月2日　重庆市乡镇企业升级领导小组成立，市乡企局副局长黄先一任组长、贺家枫任副组长。

5月3日　市级机关党工委印发《关于同意建立市乡企局机关党委的批复》（渝机工委〔1989〕

67 号)。

5 月 15 日　重庆市乡镇企业科技顾问团成立，副市长王正德任主任委员，叶光政、唐志尧、张继生、赵镇浩、李声泽、刘心恕、宋度明、黄先一任副主任委员。科技顾问团下设食品、机电、化工、纺织、轻工等 6 个专业组。

5 月 16 日　经市政府决定，由市政府、经委、农委、科委、市委政策研究室、市政府研究室、市乡企局、市广播电视局、《重庆日报》社等单位领导组成重庆市乡镇企业家及优秀厂长（经理）评选领导小组，王正德任组长，邓中文任副组长，代阳初、陈际瓦、宋度明、叶光政、胡俊北、胡长青为成员。评选领导小组下设办公室，宋度明兼任主任，胡长青兼任副主任。

6 月 12 日　经请示市农委同意，决定撤销市乡镇企业贸易中心，将其合并到市乡镇企业供销公司（重乡镇企〔1989〕人字第 145 号）。

6 月 13 日　经市委常委会议研究同意，免去胡长青市乡企局党组成员职务（渝组经〔1989〕28 号）。

6 月 30 日　市政府 1989 年 6 月 26 日第 33 次常务会议决定，免去胡长青市乡企局副局长职务（重府人〔1989〕28 号）。

7 月 27—29 日　市乡镇企业领导小组召开乡镇企业局长会议，学习贯彻党的十三届四中全会和市委六届四次扩大会议精神，总结上半年的工作，部署下半年任务。副市长王正德主持会议并讲话，市乡企局局长宋度明汇报了上半年全市乡镇企业发展情况，提出了下半年工作的总体思路和任务。大会对实现“双过半”的 10 个区县进行了表彰。

8 月 2 日　市级机关委员会同意市乡企局设立局机关党委办公室，杨纯俊任局机关党委书记，孔家元任专职副书记（渝机工委〔1989〕116 号）

8 月 14 日　市政府决定调整、充实市乡镇企业领导小组（重府函〔1989〕68 号）。领导小组下设办公室，市乡企局局长宋度明兼办公室主任。

9 月 7 日　市级机关委员会印发《关于同意市乡企局建立机关工会委员会的批复》（渝机工联〔1989〕109 号）。由王照恩、王开选、尹德荣、刘安军、李文琦、黄文稚、彭光荣、郑洪宽、徐春梅等 9 人组成局机关工会委员会，王照恩任主席，王开选任副主席（渝机工联〔1989〕124 号)。

9 月 18 日—10 月 6 日　农业部、经贸部在北京举办中国乡镇企业第二届出口商品展览会。市乡企局副局长屈植富率领 64 家乡镇企业赴京参展，展出商品 104 种。

9 月 29 日　国务院授予 2790 人“全国劳动模范”荣誉称号，其中有重庆市红旗钢板弹簧厂厂长邓世荣。

10 月 5 日　市编委同意市乡企局撤销生产处，设立安全环保处，局内设机构置数额仍为 7 个（重编〔1989〕135 号)。

11 月 21—24 日　成都、昆明、贵阳、南宁、重庆西南五市乡镇企业经济技术协作体第三届年会在重庆市九龙坡区园外园饭店举行。副市长王正德出席会议并讲话。会议期间，各市交流了在治理整顿中乡镇企业发展的情况，参观了九龙坡、南岸、沙坪坝 3 个近郊区部分乡镇企业，听取了以上区（乡）和企业负责人的介绍，并就乡镇企业面临的形势、问题进行了分析和讨论。

12 月 8 日　市政府同意成立重庆市乡镇企业产业结构调整协调小组，组长李义，副组长吴连帆、李维舟，成员有屈植富、王大乾、黄恩惕、姜肇南、何碌为、黄立人、郭长生（重办函〔1989〕238 号)。

1990 年

1 月 17—18 日　市体改委、市乡企局、市税务局、人保重庆分公司联合召开重庆市乡镇企业职工退休养老保险扩大试点范围工作会议，传达贯彻市政府办公厅批转市体改委等部门《关于重庆市乡镇企业职工退休养老保险扩大试点范围的意见》，交流第一批试点经验，研究贯彻实施办法。

2 月 12 日　市乡镇企业领导小组召开第三次全体成员会议。小组组长孙同川主持会议并讲话，市乡企局局长宋度明汇报了全国乡镇企业工作会议和全国乡镇企业协会成立大会精神，副局长黄培中汇报了对区县乡镇企业目标管理考核评比意见，副局长杨纯俊汇报了优秀厂长（经理）及企业家初评情况。

2 月 13 日　市乡镇企业领导小组做出表彰 1989 年市乡镇企业家及优秀厂长（经理）的决定（重乡企领发〔1990〕1 号）。

2 月 23—25 日　市委、市政府召开全市乡镇企业工作会议。市委副书记周春山，市人大副主任潘椿，副市长王正德，市顾委副主任李成文，市委常委、市农委主任邓中文到会并做了讲话。会议传达了全国乡镇企业工作会议精神，全面分析了重庆市乡镇企业面临的新形势，提出了 1990 年乡镇企业发展的目标和措施，对 1989 年区县实施乡镇企业目标管理取得成效的 9 个区县、新实现亿元的县辖区、出口创汇先进区县和企业、优秀厂长（经理）和企业家进行了表彰奖励。

3 月 6—8 日　市政府在合川县举行首次乡镇企业亿元区乡干部座谈会。副市长王正德、市农委主任邓中文、市顾委常委刘青林、市级有关部门负责人、市和区县乡镇企业管理局局长和 21 个乡（区）的党委书记、区长参加会议，王正德做了讲话。

4 月 4 日　四川省政府决定对 1989 年发展乡镇企业成绩显著的重庆市乡企局及沙坪坝、九龙坡、南岸、北碚、巴县、綦江、江北县、江津、合川等 9 个区县（市）乡镇企业管理局和南岸区南坪乡，九龙坡区八桥乡、华岩乡、九龙乡、花溪乡，沙坪坝区石桥乡、覃家岗乡，合川县盐井区，永川县双石区，巴县青木关区等 10 个乡镇企业办公室和 18 家企业予以表彰奖励（川府发〔1990〕60 号）。

6 月 30 日　市政府召开学习、宣传、贯彻《中华人民共和国乡村集体所有制企业条例》座谈会。市乡镇企业领导小组成员，市级有关委、办、局及主要新闻单位负责人出席了会议。市委副书记陈宽金、市人大常委会副主任潘椿、副市长王正德、市政协副主席廖祯华到会做了讲话，市乡企局局长宋度明汇报了全市乡村集体企业情况。

7 月 18 日　重庆市乡镇企业协会成立。肖秧、于汉卿、张文彬、王正德任名誉会长，宋度明任第一任会长，马厚富、邓盛美、刘有伦、刘英吾、刘信勇、陈显和、许世强、周光龙、周发兴、蒋秉林任副会长，汤家凯任秘书长，张中华任副秘书长。

7 月 19—20 日　市政府在九龙坡区园外园饭店召开全市乡镇企业“双过半”工作会议。参加会议的有市乡镇企业领导小组成员，各区县乡镇企业领导小组组长，市和区县乡镇企业管理局局长。副市长王正德主持会议并讲话，市乡企局局长宋度明总结上半年工作，部署了下半年任务。会议对在“双过半”活动中成绩显著的 10 个区县进行了表彰。

9 月 18 日　全市乡镇企业供销工作表彰会在江北区荷花饭店召开。区县乡镇企业管理局局长及供销先进集体和个人参加了会议。副市长王正德到会并讲话，市乡企局局长宋度明做工作报告。会议对 1989 年涌现出的 48 个先进集体和 65 名先进个人进行了表彰奖励。

9 月 29 日　市政府 1990 年 9 月 27 日第六十二次常务会议决定，任命周元良为市乡企局助理巡视员（重府人〔1990〕24 号）。

11 月 8 日　经市政府 1990 年 11 月 3 日第六十四次常务会议研究决定，贺家枫退休，免去其市乡企局助理巡视员职务（重府人〔1990〕31 号）。

12 月 22 日　市乡企局政策研究室更名为政策法规处，并增设企业升级办公室。

12 月 27 日　市乡企局内设机构设办公室、计划统计处、财务处、政策法规处、外经协作处、安全环保处、人事劳动处（挂监察室牌子）、政治处（挂机关党委办公室牌子）、建筑企业管理处、企业升级办公室。

1991 年

1 月 22—23 日　市体改委、市乡企局、市税务局、人保重庆分公司在合川县召开重庆市乡镇企业职工退休养老保险工作经验交流会议，副市长王正德到会讲话。

1 月 29 日　市乡企局机关档案工作达到四川省二级标准，并获等级证书。

2 月 22—23 日　经市政府同意，市乡企局在九龙坡区华岩乡召开第三次亿元乡（区）领导干部座谈会。市人大常委会主任于汉卿，市政府常务副市长张文彬，市委常委、市农委主任邓中文到会讲话。会议交流了 1990 年亿元乡（区）的发展经验，提出了 1991 年亿元乡（区）再上新台阶的目标措施。

3 月 14 日　市乡企局成立党风廉政建设领导小组，宋度明任组长，黄培中、杨纯俊任副组长。

3 月 16—18 日　市政府召开全市乡镇企业工作会议，总结 1990 年乡镇企业发展成就，交流城乡共发展的经验，研究大力发展乡镇企业的政策措施，部署 1991 年发展乡镇企业的任务。邓中文主持会议并讲话，王正德做总结报告，宋度明做了题为《总结经验 振奋精神 加快全市乡镇企业发展》的发言。大会对 1990 年度发展乡镇企业成绩显著的 17 个区县和新上亿元的乡（区）进行了表彰奖励。

3 月 20 日　市委宣传部、市乡企局联合召开重庆市乡镇企业思想政治工作研究会。市委宣传部、组织部、市农委、市乡企局联合召开全市乡镇企业思想政治工作会议，宋度明做总结讲话，90 个乡镇企业思想政治工作先进集体受到表彰。

4 月 7 日　市编委同意市乡镇企业干部学校的编制由 20 名增至 30 名（重编〔1991〕53 号）。

7 月 5—6 日　市政府在渝州宾馆召开全市乡镇企业工作会议。副市长王正德做总结报告，市乡企局局长宋度明做题为《再接再厉，为实现今年的奋斗目标而拼搏》的发言，大会对实现“双过半”的 15 个区县进行了表彰奖励。

7 月 20 日　为庆祝《中华人民共和国乡村集体所有制企业条例》颁布实施一周年，由市乡企局、市文化局、市乡镇企业协会联合在市委小礼堂举办了首次“重庆市乡镇企业系统职工文艺调演”汇报演出，汇报演出的节目有 30 个。市委书记肖秧，市人大常委会主任于汉卿、副主任潘椿，市政协主席黄冶，市顾委常委张海亭，四川省乡镇企业管理局局长黄永光，市级有关部门的负责人，部分区县领导，市乡企局机关和直属单位的人员观看了演出。

9月25—27日　市乡镇企业领导小组召开第四次亿元乡（区、镇）领导干部座谈会，总结交流了贯彻市委、市政府印发的《重庆市人民政府关于扶持乡镇企业发展的若干政策的通知》（重府发〔1991〕36号）和开展质量、品种、效益年活动的经验。市乡企局局长宋度明通报了亿元乡（区、镇）发展情况；副局长黄培中汇报了进一步深化企业改革的情况；副局长黄先一汇报了企业技术进步和开展质量、品种、效益年活动的情况，讨论了有关亿元乡（区、镇）如何发展、提高、再上新台阶等问题，部署了1992年全市乡镇企业发展的计划和目标。常务副市长张文彬做了重要讲话，副市长王正德做会议总结。

10月4日　市政府授予350人为重庆市劳动模范，乡镇企业系统有9人，其中北碚纸板厂厂长刘友伦被授予特等劳动模范，李功顺、尹龙学、陈显和、许世强、郭中杰、张作政、白时仲、刘洪亮等8人为重庆市劳动模范（重府发〔1991〕199号）。

10月23日　经市委组织部研究同意，四川省黔江地区组织部派送的杨泽凌到市乡企局挂职，任局长助理（渝组青〔1991〕17号）。

11月21日　市编委核定市乡企局行政控编数由72人减为71人（重编〔1991〕167号）。

11月27日　市编委同意成立重庆市乡镇企业服务中心，为处级事业单位，编制30人，其中处级职数2人，由市财政拨款15人，自收自支15人（重编〔1991〕203号）。

11月27—28日　市乡镇企业领导小组召开百家乡镇企业厂长（经理）座谈会，总结交流发展经验，研究“八五”期间上规模、上档次、上水平的措施，命名表彰市第三届乡镇企业家、优秀厂长（经理）及出口创汇先进集体单位。副市长王正德主持会议并讲话。会议对1990年评选出的90名乡镇企业家、111名优秀厂长（经理）进行了表彰奖励（重乡镇企领发〔1991〕8号）。

1992年

1月18日　经市政府1992年1月16日常务会研究决定，王照恩退休，免去其市乡企局顾问的职务（重府人〔1992〕4号）。

2月19—21日　市政府召开全市乡镇企业工作会议，贯彻市委六次全委扩大会议和市农村工作会议精神，传达全国乡镇企业工作会议精神，总结80年代全市乡镇企业成就，研究90年代发展思路，部署1992年的工作任务。市长孙同川做了重要讲话，市乡企局局长宋度明汇报了1991年全市乡镇企业发展情况及1992年工作意见。大会对1991年发展乡镇企业成绩显著的18个区县、新上亿元的乡（区）和乡镇企业家进行表彰奖励，副市长王正德做会议总结。

团市委、市乡企局发出通知，在乡镇企业青年中开展“青工技术练兵比试活动”，并联合成立活动委员会，聘请市委副书记金烈、副市长王正德为顾问，团市委副书记赵吉林、市乡企局副局长黄先一和郭晓峰、刘刚、孔家元、崔德甫、褚孟明、马如一为成员。

4月9日　重庆市乡镇企业服务中心成立。

4月29日　重庆市第十一届人大常委会第二十五次会议听取了市乡企局局长宋度明受市政府委托所做的关于贯彻实施《中华人民共和国乡村集体所有制企业条例》的情况汇报，通过了《大力发展乡镇企业的决议（草案）》。

5 月 5—6 日　市乡镇企业领导小组在綦江县召开第五次亿元乡（区）领导干部座谈会。市委副书记张文彬、副市长王正德到会讲话，市乡企局副局长屈植富做了题为《抓紧时机 增大投入 加快发展》的发言。

5 月 6 日　市政府第 102 次常务会议决定，市乡镇企业服务中心与市乡镇企业总公司合并。

5 月 16 日　经市政府 1992 年 5 月 8 日第 103 次常务会议研究决定，周元良退休，免去其市乡企局助理巡视员职务（重府人〔1992〕16 号）。

5 月 19 日　重庆市乡镇企业外经公司成立。

6 月 6 日　市委宣传部、组织部、市农委、市乡企局联合召开全市乡镇企业思想政治工作经验交流会议。市委副书记张文彬、副市长王正德到会讲话。

7 月 8 日　重庆翔宇房屋综合开发公司成立。

8 月 20 日　农业部授予市乡企局全国乡镇企业档案工作先进集体、刘庆华全国乡镇企业档案先进工作者称号（农企字〔1992〕第 72 号）。

8 月 24—25 日　市委、市政府召开全市乡镇企业工作会议。市长孙同川做了题为《抓住历史机遇 放胆放手放权 实现乡镇企业超常规跳跃式发展》的报告，市委副书记张文彬做总结，副市长王正德主持会议并讲话。

10 月 14 日　团市委、市乡企局决定授予罗洪伟等 15 位选手"重庆市乡镇企业青工技术标兵"称号，授予彭礼金等 30 位选手"重庆市乡镇企业青工技术能手"称号，给予江北县乡镇企业管理局等 7 个单位活动组织奖的奖励（渝团联发〔1992〕21 号）。

10 月 19—20 日　市乡镇企业领导小组召开乡镇企业投入经验交流座谈会，研究落实 1993 年投入规划。市乡企局副局长黄培中做题为《认真总结经验 继续抓好乡镇企业投入》的发言，副市长王正德做总结报告。

10 月 30 日　重庆市乡镇企业总公司成立。

11 月 17 日　重庆市乡镇企业物资公司成立。

11 月 22 日　市乡企局计划统计处被农业部乡镇企业司评为全国乡镇企业统计工作先进集体［农（企统）〔1992〕字第 98 号］。

12 月 21 日　团市委、市乡企局决定授予唐良青等 7 位选手"重庆市乡镇企业巢丝技术比武青工技术标兵"称号，授予张国兰等 14 位选手"重庆市乡镇企业巢丝比武青工技术能手"称号（渝团联发〔1992〕26 号）。

12 月 28—29 日　市政府在江北区荷花饭店召开全市乡镇企业工作会议，传达贯彻全国加快发展中西部乡镇企业经验交流会议精神，总结交流重庆市乡镇企业超常规、跳跃式发展的经验，研究进一步加快重点地区和重点企业发展的对策措施，安排部署 1993 年的工作任务。市长孙同川做了重要讲话，副市长王正德做工作总结报告，市乡企局局长宋度明汇报了全国中西部地区乡镇企业局长会议精神，副局长黄培中做了题为《总结经验 乘胜前进 再创业绩》的发言。

1993 年

1月27日　重庆市人民政府印发《重庆市人民政府批转市税务局、市乡企局关于税务机关代收乡镇企业管理费的请示的通知》（重府发〔1993〕7号）。根据市乡镇企业领导小组重乡镇企领〔1992〕7号文件通知，乡镇企业应上缴的管理费，市乡企局委托税务局代收。规定了收取范围、分配比例、收取办法、手续费的提取和使用。此办法从1993年1月起执行。

1月30日　重庆市人民政府印发《重庆市人民政府批转沙坪坝区人民政府、市高新产业开发区办公室关于建立石桥乡乡镇企业高新技术示范乡请示的通知》（重府发〔1993〕13号）。明确0.5平方千米区内的乡镇企业，被市科委认定为市开发区高新技术企业后，其原有乡镇企业性质不变，隶属关系不变，既可享受高新技术产业开发区高新技术企业优惠政策，也可享受原乡镇企业有关政策。

2月22日　重庆市人民政府在市乡企局召开1992年度乡镇企业庆功大会，印发了《重庆市人民政府对1992年度发展乡镇企业成绩显著的区（市）县和新上亿元台阶的乡（区）村予以表彰的决定》（重府发〔1993〕18号）。

3月1日　四川省乡镇企业管理局印发《关于1988年度四川省乡镇企业家复评、鉴定结果的通报》（川乡企〔1993〕法字第128号），对1988年第一届评选出重庆市的马厚富、周发兴、周承付、邓世荣4名四川省优秀乡镇企业家，第二届予以确认；对第一届评选出重庆市的29名四川省乡镇企业家，第二届确认了刘定兰等22名。

3月1日　市乡企局妇女委员会成立。

3月23—25日　副市长刘志忠率市级有关部门的负责同志到江北县、巴县检查农业生产和乡镇企业工作讲话时强调：继续坚持大力发展乡镇企业的方针不动摇，把发展乡镇企业作为农业经济的重点来抓，搞好开发和开放，通过扩大开放来推动乡镇企业发展，促进农民增收致富。

3月24日　经市委同意，屈植富退休，免去其市乡企局党组成员职务（市委组织部渝组经〔1993〕13号）。

4月3日　市乡企局将升级办公室更名为企业管理处，并将原科教处的质量管理工作从科教处分离出来，设质量监督管理处，与企业管理处同挂两块牌子合署办公（重乡镇企人发〔1993〕99号文）。

4月19日　市编委同意市乡镇企业服务中心暂保留事业编制2年（重编〔1993〕51号文）。

4月22日　重庆市人民政府印发《重庆市人民政府关于“八五”期发展乡镇企业实行目标责任管理的通知》（重府发〔1993〕76号）。

5月3日　市委命名市乡企局为重庆市级文明单位。

5月7日，市乡企局获四川省乡镇企业管理局1992年度工作目标责任制考核评比特等奖（川乡企〔1993〕计字第172号）。

5月13日　经市政府5月8月132次常务会研究决定，屈植富退休，免去其市乡企局副局长职务（重府人〔1993〕7号）。

5月13日，王昌渠任市乡企局党组书记（渝委发〔1993〕83号）。

5 月 15 日，经市政府研究决定，任命王昌渠为市乡企局副局长（重府人〔1993〕9 号文）。

5 月 28 日，市农委同意成立重庆市乡镇企业投资开发公司（重农委〔1993〕第 74 号）。

6 月 23 日，市乡企局获农业部 1992 年度全国乡镇企业系统财务决算报表先进单位称号（农财〔1993〕第 166 号文）。

6 月 24 日，经市委常委会议研究同意，宋度明退休，免去其市乡企局党组成员、书记职务（渝委〔1993〕112 号）。

7 月 24 日　经 1993 年 7 月 9 日市十二届人大常委会第一次会议决定，任命王昌渠为市乡企局局长（重府人〔1993〕18 号）。

8 月 3 日　重庆市人民政府印发《关于调整市乡镇企业领导小组的通知》（重府函〔1993〕69 号）。根据市政府换届后领导小组成员发生变化的实际情况，市政府决定对市乡镇企业领导小组成员进行调整。

8 月 18—19 日　市政府在雾都宾馆召开全市乡镇企业工作会议，贯彻中央 6 号文件和国务院《关于加快中西部地区乡镇企业的决定》及市政府第一次全体会议精神，总结上半年工作，分析当前形势，部署下半年工作。市政府副秘书长罗天主持会议，市委书记孙同川做了重要讲话，市长刘志忠做会议总结，副市长周建中做工作报告，市乡企局局长王昌渠做贯彻落实好本次乡镇企业工作会议精神意见的发言。

9 月 1 日　市委副书记金烈率市级有关部门的负责人到沙坪坝和江北区检查指导乡镇企业工作，并就减轻农民负担，发展乡镇企业等问题与基层党政领导和企业厂长（经理）进行座谈。金烈在座谈中指出，解决农民负担的最终办法是发展乡镇企业。各级党政领导要继续推进乡镇企业持续发展，努力上台阶，发展越好，资金越容易筹集，人才越有吸引力，在银行的信用就越高。

9 月 2 日　市长刘志忠率市级有关部门的负责人到九龙坡区深入基层检查指导乡镇企业工作，在听取了区委、区府领导汇报后，视察了华岩机械厂、起吊设备厂等企业，并与华岩镇的领导进行了座谈，研究贯彻中央 6 号文件精神，加速乡镇企业发展等问题。

10 月 11 日　市乡企局调整党风廉政建设领导小组，王昌渠为组长，黄先一、杨纯俊、孔家元、赵家明、刘明、黎学英、李文琦、邹绍康、雷寿碧、蒋荣尧、廖永宽为成员。李文琦兼领导小组办公室主任。

10 月 11 日　经市委同意，赵家明任市乡企局党组成员（市委组织部渝组经〔1993〕48 号）。

10 月 13 日　市乡镇企业领导小组召开扩大会议。领导小组组长、市长刘志忠主持会议并讲话，市委副书记金烈到会并讲话，领导小组副组长、副市长周建中传达全国乡镇企业工作会议精神，市乡企局局长王昌渠通报了各省市乡镇企业发展动态。

11 月 24 日　经市政府第九次常务会议研究决定，任命赵家明为市乡企局副局长（重府人〔1993〕34 号）。

1994 年

2 月 5 日　重庆市人民政府印发《1994 年工作要点》（重府发〔1994〕18 号），提出继续大力发展乡镇企业，加快农村剩余劳动力转移。要求乡镇企业加强技术改造，依靠科技进步，上规模、上档次、上效益，提高整体素质。加强城乡联合，支持和鼓励城市企业、大专院校、科研机构向乡镇企业扩散产品、转移技术、输送人才，提高与大工业协作配套能力，提高乡镇工业比重。积极发展一批亿元企业和亿元村，保持速度和效益同步增长，力争乡镇企业总产值突破500亿元。同时，要求乡镇企业普遍推行股份合作制，理顺产权关系。

3月1日　市委书记孙同川率市级有关部门的负责人到合川、璧山县检查工作，考察了乡镇企业。

3月6日　经市委同意，赵吉林任市乡企局党组成员（市委组织部渝组经〔1994〕21号）。

3月15日　经市政府1994年3月11日第十七次常务会议决定，任命赵吉林为市乡企局副局长（重府人〔1994〕5号）。

3月17日　市乡企局被四川省乡镇企业局评为全省乡镇企业统计工作先进集体（川乡企〔1994〕计字第076号）。

5月4日　市乡企局增设直属企业管理处，负责指导局直属企业的改革与发展工作。

6月27日　市乡企局成立内部审计处，与财务处合署办公（重乡企人发〔1994〕137号）。

8月4日　四川省审计局同意在市乡企局成立重庆异军审计事务所。

8月23日　重庆异军审计事务所在市乡企局挂牌成立。

10月6日　中共重庆市级机关党工委同意，由赵家明、孔家元、周天荣、伍学义、向晓原5人组成市乡企局机关党委，赵家明任书记，孔家元任专职副书记（渝机工委函〔1994〕101号）

10月6日　市乡企局机关工会换届选举，赵家明任局机关工会主席，马功胜任副主席（重乡企工发〔1994〕2号）。

11月8日　市十二届人大常委会举行第十次会议，审议《重庆市乡镇企业股份合作制条例（草案）》，并听取王昌渠关于《重庆市乡镇企业股份合作制条例（草案）》的说明。

11月13日，农业部授予璧山县乡镇企业供销公司、江津市米花糖厂、希望集团重庆希望饲料有限公司全国乡镇企业供销系统先进集体荣誉称号，授予重庆市乡镇企业总公司经理邹绍康、重庆市乡镇企业物资公司经理王绍之、重庆市红旗钢圈厂副厂长罗建伟、江津市乡镇企业供销公司经理曹树宏、永川市永隆乡深沟煤矿科长魏长荣、荣昌县广顺镇乡镇企业供销公司经理李德荣、綦江县大理石厂厂长姚代平等7人全国乡镇企业优秀供销员称号。

1995年

1月24日　重庆市人民政府印发《市政府1995年工作要点》（重府发〔1995〕11号）。要求乡镇企业加快产品结构调整，大力发展农产品深加工和农村资源深度开发，加强城乡联合协作，围绕重庆市支柱产业和龙头产品加工配套。大力引进资金、技术和人才，促进技术改造，提高管理水平。结合小城镇建设，积极引导乡镇企业上规模、上水平、上质量，力争乡镇企业产值突破1000亿元，保持速度和效益同步增长。

1月25日　根据市委渝委〔1995〕2号文件和市行政区划调整的具体方案，市乡企局在江北县主持召开了江北县、北碚区、江北区乡镇企业区划调整交接会议。出席会议的有市乡企局副局长杨纯俊及有关处室的负责人、江北县委常委王可清、副县长杨德荣以及上述3个县区乡镇企业局

（委）的主要负责人胡德汉、蒋平、康献忠及有关科室的负责人。会议由杨纯俊主持。与会人员就交接有关事宜进行了认真讨论协商并取得共识，各方签订了移交协议。

1月26日　根据市委渝委〔1995〕2号文件和市行政区划调整的具体方案，市乡企局在巴县主持召开了巴县、沙坪坝区、九龙坡区、南岸区、大渡口区乡镇企业区划调整交接会议。出席会议的有市乡企局副局长杨纯俊及有关处室的负责人以及上述5个县区乡镇企业管理局的主要领导蒋光喜、李正模、王洪祥、周永秋、姚世明。会议由杨纯俊主持。与会人员就工作交接的有关事宜进行认真讨论协商并取得共识，各方签订了移交协议。

2月8日　四川省乡镇企业管理局决定授予重庆市的尹邦丙、李肇吉、张大荣、覃义云等4人第三届四川省优秀乡镇企业家称号，授予温心凡、梁安萍、黄心贵、蒋志凌、郑启炎、曾礼浦、梁万富、周祥富、刘世华、王前义、邓先登、何华清、廖华贵、张朝刚、刘万志、陈大金、彭柏树、余精华、吴永富等26人第三届四川省乡镇企业家称号（川乡企〔1995〕法字第26号）。

2月12日　四川省委、省政府授予巴县、沙坪坝区“1994年度四川省乡镇企业10强县”奖牌，并给予了表彰（川委发〔1995〕4号）。

2月28日　市人大常委会召开《重庆市乡镇企业股份合作制条例》正式颁发实施新闻发布会，市人大常委会副主任黄梅、副市长唐情林、四川省乡镇企业局副局长郑文举、市乡企局局长王昌渠在会上对《条例》的学习宣传实施及股份合作制的推行做了发言。

2月28日　市乡企局党组决定调整市乡镇企业思想政治工作人员专业职务评定领导小组，王昌渠任组长，黄培中、杨纯俊、黄先一、赵家明、赵吉林、孔家元、李文琦、伍学义为成员（重乡企党〔1995〕4号）。

3月4日　市乡镇企业领导小组表彰了54名第四届重庆市乡镇企业家和46名优秀厂长（经理）（重乡镇企领发〔1995〕1号）。

3月20日　全国乡镇企业劳动安全卫生工作会议在重庆市江北区渝通宾馆召开，农业部乡镇企业司副司长林定根主持会议并讲话。

3月30日　市编委同意市乡镇企业服务中心继续保留事业单位性质。将原定30名编制调整为15名，所需经费由市财政差额拨款（重编〔1995〕43号）。

4月6日　四川省乡镇企业局、省对外经贸委决定授予市乡企局1994年度全省乡镇企业出口创工作先进单位称号（川乡企〔1995〕外字第70号）。

4月18日　团市委、市乡企局印发了《关于在全市乡镇企业中开展“兴达标”“十星百优”岗位能手评选活动的通知》。决定成立评选委员会，顾问张文彬、周建中，主任委员马奇昌、黄先一、赵家明（渝团联发〔1995〕2号）。

4月27日　市政府授予378人为重庆市劳动模范，其中乡镇企业系统有李肇吉、梁安萍、邓先登、冯秀乾、罗昭强、蒋志凌、张朝刚、杜国强等8人（重府发〔1995〕71号）。

4月29日　国务院做出《关于表彰全国劳动模范和先进工作者的决定》，有2877人被国务院授予全国劳动模范和先进工作者。其中重庆市沙坪坝区覃家岗镇新桥村新桥实业总公司总经理董德明被授予全国劳动模范称号。

5月12日　全国妇联和农业部联合发出《关于表彰首届全国优秀女乡镇企业家的决定》，授予122人为全国优秀女乡镇企业家，其中有重庆市九洲印务公司总经理梁安萍。

6月12日　农业部授予市乡企局财务处、计统处全国乡镇企业系统财会、统计工作先进集体称号（农企发〔1995〕17号）。

6月20日　市乡企局决定对全市乡镇企业供销系统的46个先进集体和77名优秀供销工作者予以表彰奖励，并发给奖牌和荣誉证书（重乡镇企直管发〔1995〕第148号）。

6月28日　市委组织部、团市委、市乡企局等7部门印发《关于开展服务青年奔小康活动的意见》。同时决定成立联合领导小组，组长邓宗华、周旬、李维舟、秦亮霭、王淑裕、赵家明，副组长马奇昌、刘小秋、李国权（渝团联发〔1995〕13号）。

7月10日　市乡企局设立离退休干部处，与人事处合署办公（重乡镇企人〔1995〕135号）。

9月19—20日　市乡企局在沙坪坝区歌乐山步云山庄召开区市县局长联席会议。分析今年以来计划执行情况，研究交流“第二次创业”的指导思想和工作重点及机构改革情况。

9月28—29日　市政府召开全市乡镇企业工作会议。市委副书记黄立沛代表市委、市政府做了讲话，市乡企局局长王昌渠做了题为《认真贯彻全市乡镇企业工作会议精神，努力抓好乡镇企业发展》的发言。

11月15日　市乡镇企业投资公司成立（重乡镇企财发〔1995〕第192号）。

11月16日　市委、市政府决定调整市乡镇企业领导小组（渝委〔1995〕216号）。

12月4日　市民政局同意成立重庆市乡镇企业投资联合会（重民社团〔1995〕176号）。

12月22日　市政府印发《关于贯彻落实重庆市乡镇企业股份合作制条例有关问题的通知》（重府发〔1995〕231号）。要求各区（市）县政府切实加强领导，必须建立由分管区（市）县长任组长、有关部门参加的股份合作制领导小组或协调小组，认真解决《条例》中出现的问题。同时，对股份合作制企业经济性质、申报审批程序、资产评估及股权证书的发放做了明确的规定。

1996年

2月5—14日　由市政府副秘书长罗天牵头，组织市乡企局、市统计局、市国税局、市地税局、市财政局及市政府办公厅七处等单位，组成乡镇企业年报数据抽查复核组，抽调36人编成10个小组，到20个区（市）县、对42个乡镇、39个村、52家乡办企业、42家村办企、123家个体企业的1995年乡镇企业统计财务年报数据进行了随机抽查核实。重点审核了乡镇企业总产值，营业收入、利润总额、当地入库税金等12项经济指标。经抽查审核后的1995年年报数据比较真实，统计报表齐全，账目清楚，资料管理规范，统计结果比较准确。

2月25日　中共四川省委副书记杨崇汇在重庆市政府副市长周建中及办公厅有关负责人和市乡企局局长王昌渠等陪同下考察了九龙坡区乡镇企业。

2月26日　团市委、市乡企局、重庆市青年乡镇企业家协会联合印发《关于开展“华蓥山杯”第三届重庆市优秀青年乡镇企业家评选的通知》，同时成立重庆市优秀青年乡镇企业家评选委员会。主任委员马奇昌、赵家明（渝团联发〔1996〕2号）。

4月18日　重庆市人民政府印发《关于授予李建春等10名同志重庆杰出青年的决定》（重府发〔1996〕56号）。其中乡镇企业系统有合川市华蓥山建材建筑总公司总经理刘洪亮。

4月23—24日　市政府召开全市乡镇企业工作会议。会议的内容是：总结“八五”成就和经验，表彰先进，分析当前面临的新形势，部署“九五”期间及今年工作。副市长周建中做工作报告，市委书记张德邻，市委常委、市农委主任辜文兴做重要讲话，市乡企局局长王昌渠做题为《认真贯彻这次会议精神，加快发展和提高思路》的发言，市委副书记黄立沛做会议总结。大会对1995年度发展乡镇企业取得突出成绩的20个区市县进行了表彰奖励。

5月17日　重庆市人民政府批转《市乡企局关于“九五”期间全市乡镇企业教育培训工作的意见》（重府发〔1996〕83号）。要求围绕全市乡镇企业“一大三上”（大发展、上规模、上水平、上效益）方针，实施“448236育才工程”和“25205结构工程”。

6月6日　四川省委、省政府决定对“八五”期间发展乡镇企业成绩显著的市乡企局和九龙坡区、沙坪坝区、北碚区、江津市、巴南区予以表彰，授予“八五”发展乡镇企业先进单位奖牌（川委发〔1996〕15号）。

7月16日　市乡企局获农业部1995年度全国乡镇企业系统财务决算报表和统计年报先进单位，孙长青、蒋纪群荣获主编人员称号（农企科〔1996〕68号）。

7月24—25日　按照中央、省、市的布置和要求，市乡企局邀请万县市、涪陵市、黔江地区乡镇企业局的领导到市乡企局交流情况，研究协商代管期间的工作衔接方案等问题。

8月15日　市乡企局在万盛区召开区市县局长会议。交流上半年发展经验及存在的问题和采取的对策、措施，通报实施对万县、涪陵、黔江两市一地代管方案和全国、全省乡镇企业发展动态。

9月2日　经团市委、市乡企局、重庆市青年优秀乡镇企业家协会决定，授予刘洪亮等10人“重庆市明星青年乡镇企业家”称号，授予夏太胜等40人“重庆市优秀青年乡镇企业家”称号（渝团联发〔1996〕19号）。

9月5日　市编委同意重庆市乡镇企业服务中心增挂“重庆市乡镇企业产权交易所”牌子（重编〔1996〕93号）。

10月4日　市乡企局在江北区荷花饭店召开万县市、涪陵市、黔江地区乡镇企业局长会议。交流情况，研究工作。参加会议的有两市一地乡镇企业局正、副局长及办公室主任和所辖区县局长。

10月21日　市乡企局由局领导带队，组织有关处室的负责人到万县市、涪陵市和黔江地区调查研究，制定发展规划。同时组织两市一地的局领导到四川省乡镇企业局，对1996年的项目、投资计划进行了衔接和协调。

10月31日　农业部同意西南农业大学成立乡镇企业学院（农人发〔1996〕40号）

11月12日　农业部乡镇企业局同意市乡企局建立农业部乡镇企业建材产品质量检测重庆站（农企〔1996〕质函字第114号）。

11月18日　市委副书记黄立沛、副市长周建中等领导到市乡企局研究乡镇企业工作。市乡企局局长王昌渠做了工作汇报和请示，市委、市政府领导针对有关问题做了明确答复。黄培中、杨纯俊、赵吉林等局领导及计划处、法规处、办公室的负责人参加了汇报会。

12月1日　国务院副秘书长刘济民一行到璧山考察农村工作时重点提到发展乡镇企业问题。他指出：一要进一步解决认识，我国乡镇企业发展是世界奇迹，要坚定不移地发展乡镇企业；二在速度上不要怕快。没有乡镇企业的发展是不完整的农村经济，县级经济也没有支柱。发展慢了要出问题，财政收入上不去，农民不能增收，经济没有实力，搞不好不是经济问题，而是政治问题。

12月5—6日　重庆对四川省万县市、涪陵市、黔江地区代管后的首届乡镇企业政研会在北碚区召开。会上有8个区县乡镇企业管理局及企业代表交流了抓思想政治工作及精神文明建设的经验。

12月12日　市人大办公厅、市政府办公厅召开重庆市学习宣传贯彻《中华人民共和国乡镇企业法》座谈会。市人大副主任黄梅主持会议，市委副书记黄立沛、副市长周建中、市人大常委会副主任康纲有等领导发表了重要讲话。王昌渠代表全市乡镇企业、钟传金代表区市县人大、刘信勇代表区市县乡镇企业、周光龙代表企业家做了专题发言。

12月23日　根据中央、国务院《关于四川省委托重庆市代管万县市、涪陵市和黔江地区的批复》及四川省委《贯彻中央、国务院关于四川省委托重庆市代管万县市、涪陵市和黔江地区的实施意见》和重庆市政府办公厅《关于制定完善政府部门代管工作方案的通知》精神，四川省乡镇企业局和市乡企局在省局举行了第二次代管工作衔接会议。双方就代管的有关事宜进行了研究和协商。会议决定，四川省乡镇企业管理局委托市乡企局，对万县市、涪陵市和黔江地区的乡镇企业工作实行全面代管。出席会议的有四川省乡镇企业管理局局长黄永光，副局长吴德修、侯勇及有关处室的负责人和市乡企局局长王昌渠，副局长赵吉林及有关处室负责人。

1997年

2月4日　西南农业大学、市乡企局联合组建“西南农大学乡镇企业学院”。贾培基、王昌渠、黄先一、郭长生、杜再文、蒋国长、张宗荫、冉茂明、彭渝、陈忠慧、顾大智、王小佳、王有超、张文长、陈建等为院务委员，黄先一兼院长，陈建兼常务副院长。伍学义、李庆东、刘真惠任副院长，聘任黄立沛、周建中、韩惠鹏、刘鹏仁为顾问（西农委发〔1997〕05号）。

2月6日　市政府印发《市政府1997年工作安排》（重府发〔1997〕28号）。提出促进乡镇企业上规模、上档次、上效益，总产值要比上年增长25%。

3月27—28日　市政府在雾都宾馆召开全市乡镇企业工作会议。会议的内容是：总结1996年工作，交流经验，表彰先进，分析新形势，研究和部署当前和今后一个时期乡镇企业改革、发展与提高的任务。市委副书记黄立沛主持会议并做报告，副市长周建中传达全国乡镇企业工作会议精神，市乡企局局长王昌渠做题为《抓住机遇、努力拼搏，推动乡镇企业快速健康发展》的发言。大会对1996年度发展乡镇企业20个先进区市县、50强企业和科技进步先进单位进行了表彰奖励。

3月28日　市司法局、市乡企局联合印发《关于做好服务 加快乡镇企业发展的意见》（重司发〔1997〕25号）。

4月18日　市委宣传部、市乡企局在江北区蓝箭宾馆召开全市乡镇企业思想政治工作会议。主要内容是：贯彻党的十四届六中全会精神，落实市委市政府关于加强精神文明建设的若干重要决定。中共万县市、涪陵市党委，黔江地区党委宣传部部长，各区市县党委宣传部部长、乡镇企业局长（委主任）、受表彰的先进集体代表参加了会议。市委副书记黄立沛到会并讲话。要求乡镇企业开展文化建设，培育企业精神。

4月23—24日　市乡企局在涪陵市召开局属单位改革与发展座谈会议。交流局直属企业改革与发展的情况和经验，进一步推动全市直属企业改革与发展。区市县乡镇企业局分管直属企业的领导，直属企业中改革与发展效果较好的企业领导，市乡企局各直属企业的领导参加了会议。

直辖后

1997 年

7 月 9 日　王昌渠任市乡企局党组书记（渝委〔1997〕233 号）。

8 月 3 日　市乡企局在市政府办公厅底楼会议室召开全市乡镇企业改革与发展 20 周年座谈会议。万县市、涪陵市、黔江地区、各区市县乡镇企业局局长，部分企业家代表参加了会议，市委、市人大、市政府、市政协的领导及市级有关部门的主要负责人出席了会议。局长王昌渠做了题为《重庆市乡镇企业改革与发展 20 周年的成就和基本经验》的情况介绍。

8 月 8 日　市委组织部印发《关于赵家明等同志任职的通知》，经市委同意，赵家明、林维利、张福华、赵吉林任市乡企局党组成员（渝组干〔1997〕203 号）。

8 月 11 日　市政府在开县召开全市乡镇企业工作汇报会。副市长陈光国做工作报告，市人大常委会副主任章必果做重要讲话，市乡企局局长王昌渠做《认真贯彻落实会议精神，全面完成今年任务》的发言，市委常委税正宽做大会总结。

8 月 13 日　农业部乡镇企业局决定授予重庆市北碚宏大（集团）公司、大足天青石矿业公司、江津实业公司、重庆红旗汽车零部件制造总厂、重庆红旗水泥厂全国文明乡镇企业称号，并颁发了证书和匾牌（农企管〔1997〕50 号）。

8 月 25 日　市政府 1997 年 8 月 4 日第四次常务会议研究决定，赵家明、林维利、张福华、赵吉林任市乡企局副局长（渝府人〔1997〕7 号）。

11 月 25—28 日　市政协农林委部分委员在市政协常务副主席黄立沛的带领下视察了重庆市贯彻落实《乡镇企业法》的情况。视察期间，委员们先后听取了市乡企局副局长赵吉林及九龙坡、沙坪坝、巴南、垫江、梁平、长寿等 6 个区县和部分企业负责人的情况汇报后，在赵吉林陪同下，委员们实地考察了重庆九洲印务公司等 8 家乡镇企业贯彻《乡镇企业法》的情况，并与有关负责人一起进行了座谈，提出了进一步贯彻落实《乡镇企业法》，加快乡镇企业发展的意见和建议。

11 月 28 日　市乡企局、市精神文明建设委员会办公室决定授予重庆啤酒集团第八啤酒厂等 55 家企业文明乡镇企业称号（重乡企〔1997〕194 号文）。

12 月 5 日　市政府 1997 年 12 月 1 日第十一次常务会议决定，黄培中、黄先一、杨纯俊任市乡企局助理巡视员（渝府人〔1997〕19 号）。

1998 年

1 月 25 日　经市编委审定，市政府批准，市政府办公厅印发《重庆市乡镇企业管理局职能配置、内设机构和人员编制方案》，确定市乡企局内设 11 个机构和机关党委，行政编制 71 名，事业编制 7 名（渝办发〔1998〕17 号）。

2 月 17 日　中共重庆市委、市人民政府印发《关于成立重庆市乡镇企业领导小组的通知》（渝委〔1998〕24 号）。《通知》指出，根据重庆市直辖后的新形势和全市乡镇企业在发展中面临的新情况，市委、市政府决定继续成立重庆市乡镇企业领导小组。

2 月 26 日　重庆市乡镇企业干部学校被农业部审定为乡镇企业领导干部岗位资格培训教学单位，并颁发了“农业部乡镇企业领导干部岗位培训基地”标志牌（农企科〔1998〕10 号）。

2 月 27—28 日　市委、市政府在雾都宾馆召开全市乡镇企业工作会议。总结交流改革与发展经验，表彰先进，分析面临的新形势，研究新对策，推动乡镇企业再上新台阶。市委副书记刘志忠做重要讲话，市委常委、市农工委书记税正宽做工作报告，副市长陈光国主持会议并讲话，市乡企局局长王昌渠做题为《在新形势下，坚持发展提高，全面完成今年目标任务》的发言。大会对 1997 年度发展乡镇企业成绩突出的 43 个区市县进行了表彰奖励。

3 月 13 日　市监察局做出给予任德庆行政开除的处分决定（重监〔1998〕20 号）。

4 月 16 日　重庆市人民政府印发《重庆市质量振兴纲要实施意见》（渝府发〔1998〕26 号）。要求乡镇企业、私营企业要针对当前产品质量存在的突出问题，切实抓好质量管理工作。

4 月 30 日　重庆渝发建设公司总经理彭柏树荣获全国总工会授予的全国“五一劳动奖章”。

5 月 25 日　在市一届人大常务会第九次会议上，市乡企局局长王昌渠做了关于《重庆市实施〈中华人民共和国乡镇企业法〉办法（草案）的说明》，张朝贵做了关于《重庆市实施〈中华人民共和国乡镇企业法〉办法（草案）审议结果》的报告。

6 月 17 日　中共重庆市委、市人民政府印发《关于进一步加快重庆市乡镇企业发展的决定》（渝委发〔1998〕3 号）。

8 月 1 日　《重庆市实施〈中华人民共和国乡镇企业法〉办法》经市一届人大常务会第十次会议通过，于 1998 年 10 月 1 日起施行（市人大常务会第 86 号公告）。

8 月 3 日　农业部、对外贸易经济合作部决定，授予重庆市荣昌县盘龙镇乡企办公室全国乡镇企业出口创汇管理先进单位称号；授予重庆汇利达电子集团有限公司、合川皮毛制品厂、荣昌县春光夏布实业有限公司全国出口创汇先进乡镇企业称号（农企发〔1998〕9 号）。

8 月 20 日　市再就业工程领导小组办公室同意市乡企局成立市就业服务指导中心（渝再就办〔1998〕43 号）。

9 月 2 日　市乡企局印发《重庆市乡镇企业集体资产管理办法（试行）的通知》（重乡企法规〔1998〕164 号），指导乡镇企业在改革过程中防止集体资产流失。

9 月 7 日　市民政局同意重庆市乡镇企业投资联合会更名为重庆市乡镇企业发展基金联合会（渝民社〔1998〕102 号）。

9 月 25 日　市纪委同意调整充实市乡企局纪检组成员，组长李桂元，副组长李文琦，成员刘晓玲（渝纪〔1998〕156 号）。

10 月 9 日　市委、市政府印发《关于进一步加快区县经济发展的决定》（渝委发〔1998〕34 号）。要求金融部门为当地经济建设服务，支持区县特色经济发展；对当地中小企业、乡镇企业、个体私营企业给予信贷支持；由市计委协调，农业银行市分行每年专项安排 1 亿元贴息贷款用于区县（自治县、市）的重点骨干项目。

10 月 15 日　市人事局、市乡企局决定授予万州区建筑总公司李英杰等 200 人重庆市第一届乡镇企业优秀厂长（经理、董事长）荣誉称号（渝人发〔1998〕100号）。

10月28日　市政府1998年10月26日第二十九次常务会议研究决定，黄先一、杨纯俊退休，免去二人市乡企局助理巡视员职务（渝府人〔1998〕22号）。

11月3日　市委、市政府印发《关于切实做好秋冬季农业农村工作的通知》（渝委〔1998〕345号）。要求大力发展乡镇企业，要坚持扶优扶强，选择一批有市场、效益好的骨干企业，加大扶持力度，给予必要的资金支持。小城镇是乡镇企业和个体私营经济发展的载体，要积极推进小城镇建设，并依托小城镇建设一批工业园区。

11月9日　农业部决定授予重庆红旗汽车零部件制造总厂、中美合资重庆隆鑫汽油机制造有限公司全国乡镇企业技术创新示范单位称号；授予重庆市乡镇企业培训中心全国乡镇企业育才兴教示范单位称号（农企发〔1998〕12号）。

11月16日　农业部决定授予重庆宗申摩托车开发有限公司董事长左宗申等18人全国优秀乡镇企业厂长（经理、董事长）称号；决定刘有伦、马厚富、周光龙、刘传清、刘洪亮等5人继续保留全国优秀乡镇企业家称号（农企发〔1998〕13号）。

12月1—2日　市乡企局召开区市县乡镇企业局长联席会，交流发展农村个体私营经济和稳定乡镇企业队伍的经验，传达贯彻全国关闭非法和布局不合理煤矿工作会议精神及水泥生产管理问题，研究全市乡镇企业发展规划。

12月8日　市委、市政府召开全市乡镇企业表彰大会。副市长陈光国主持会议并宣读市长蒲海清的慰问信，市乡企局局长王昌渠做评选优秀厂长（经理）和50强企业说明，市委常委、农工委书记税正宽宣读表彰决定，市委副书记刘志忠做总结讲话。市领导向获奖者和单位颁发证书和奖状。

12月9日　重庆银丰源镁业有限公司获农业部1998年度科学进步二等奖（农科发〔1998〕22号）。

12月23日　农业部决定对市乡企局给予表彰，并授予1998年度全国先进乡镇企业局荣誉称号（农企综〔1998〕61号）。

12月25日　农业部批准重庆市乡镇企业建材产品质量检验站为农业部乡镇企业建材产品质量监督检测重庆站（农企科建字〔1998〕131号）。

1999年

1月28日　市委、市政府在市政府办公厅底楼会议室召开重庆市重点乡镇企业发展座谈会。参加会议的代表有隆鑫工业集团股份公司总裁涂建华、显丰实业（集团）有限公司总经理张学忠、荣龙实业公司经理周光龙、红旗汽车零部件总厂厂长覃义云、重庆红旗水泥厂厂长许世强、重庆啤酒集团第八啤酒厂厂长尹兴明、重庆茂源实业公司经理王邦彦等20余人。

1月29日　团市委、市乡企局、重庆市青年乡镇企业家协会决定授予何德文等10人重庆直辖后首届“重庆市杰出青年乡镇企业厂长（经理）”称号、高碧超等28人首届“重庆市优秀青年乡镇企业厂长（经理）”荣誉称号、王晓玉等105人“重庆市乡镇企业优秀青年岗位能手”称号（渝团联发〔1999〕8号）。

2月6—7日，共青团重庆市委、市乡企局、市青年乡镇企业家协会在小天鹅宾馆召开首届杰出（优秀）青年乡镇企业厂长（经理）表彰大会。团市委青农部部长陈智主持会议，团中央青农部副部长张东斌代表团中央向大会表示祝贺，团市委书记洪天云在会上致贺词，市乡企局局长王昌渠致祝词，团市委副书记陈大奎做报告。市领导邢元敏、陈光国、黄立沛、张乐斌等分别在会上做了重要讲话。大会对首届杰出（优秀）厂长（经理）进行了表彰。

3月9日　市乡企局与乡镇企业协会在市局召开重庆直辖后的首届乡镇企业厂长（经理）“贤内助”表彰会。39位乡镇企业厂长（经理）的“贤内助”受到表彰。

3月25日　市乡企局根据市政府1999年3月10日《督查通知》，对所办经济实体进行清理的要求，决定市乡镇企业总公司、重庆翔宇房屋综合开发公司、重庆市乡镇企业外经公司、重庆市乡镇企业供销公司、重庆市第十建筑工程公司、重庆市乡镇企业物资公司等6个经济实体在职能、人事、财务、名称等四个方面与市乡企局彻底脱钩（渝乡企〔1999〕54号）。

3月25日　市直属机关党工委同意向晓原任市乡企局机关专职副书记（渝机工委〔1999〕33号）。

3月30日　市政府办公厅决定命名九龙坡区九龙镇新盘龙乡镇企业工业园区等20个小区为首批“重庆市乡镇企业示范区”（渝办发〔1999〕24号）。

4月3—6日　直辖市乡企局局长联席会议在重庆召开。副市长陈光国到会介绍了重庆市乡镇企业发展情况；市委常委、市农工委书记税正宽看望了与会代表；北京、上海、天津、重庆等4个直辖市乡镇企业局局长在会上做了交流。

4月14日　市委组织部同意成立市乡镇企业党校，与市乡镇企业干部学校实行两块牌子、一套班子，具体负责实施教学培训任务（渝组委〔1999〕23号）。

5月5—6日　市委副书记刘志忠率市委办公厅、市农委、市乡企局等部门的负责人到九龙坡、大渡口区视察现代农业和乡镇企业。

5月11—24日　中央财经领导小组办公室一行3人来重庆市调研乡镇企业结构调整和体制改革问题，市乡企局副局长赵吉林和计划统计处副处长代修超陪同调研。

5月17日　重庆市乡镇企业干部学校被农业部确定为重点乡镇企业培训中心（农企科〔1999〕21号）。

6月15日　市乡企局被评为农业部1998年全国乡镇企业系统财务决算报表和统计年报先进单位。孙长青、蒋纪群获主编人员称号（农企统〔1999〕24号）；在农业部、财政部组织开展的乡镇企业清产核资工作中，市乡企局被评为“全国乡村集体资产清产核资工作先进单位”；冯庄被评为先进个人（农经发〔1999〕8号）。

6月23日　农业部授予市乡企局王昌渠全国优秀乡镇企业局长荣誉称号（农企发〔1999〕3号）。

6月28日　成立市乡企局党政机关与所办经济实体脱钩清理工作领导小组，组长王昌渠，副组长林维利、李桂元（渝乡企〔1999〕100号）。

7月27日　陈光国副市长对《昨日简况》第144期所登载的《人行重庆营业管理部发现部分乡镇企业投资公司仍在吸收存款化股金》信息做出批示：已做调查，并非变相吸收存款。市制定的乡镇企业发展基金规范管理实施细则，是根据《乡镇企业法》的规定，经包括人行负责同志在内的“三金办”共同研究制定的，与法规并不相悖。农村集体经济组织、乡镇企业、农民自愿提供的资金，提倡自愿入股的股金，并非属捐赠性质。但人行营业部提出的问题应引起注意，防止执行中变样走调，酿成新的“三乱”。此事请“三金办”、乡镇企业予以关注。

8月23日　市人事局、市乡企局决定，对在乡镇企业管理工作中做出显著成绩的万县移民开发区、武隆镇等80个企办室授予重庆市乡镇企业办公室先进集体称号，授予石柱县武坝区乡镇企业办公室主任左木雨等158人先进工作者称号，并予以通报表彰和奖励（渝人发〔1999〕14号）。

10月15日　市乡企局党组书记王昌渠主持召开党组成员会议，贯彻落实市委〔1999〕40号文件及市“三讲”教育动员大会精神，研究局领导班子和领导干部“三讲”教育实施方案等问题。会议决定成立局“三讲”教育领导小组，组长王昌渠，赵家明、林维利、张福华、赵吉林、李桂元为成员。领导小组下设办公室，李桂元兼办公室主任。

11月3日　经市政府决定，黄培中退休，免去其市乡企局助理巡视员职务（渝府人〔1999〕17号）。

11月22日　农业部1999年中国乡镇企业年鉴特约编辑工作会议在江北区蓝箭宾馆召开，乡镇企业司副司长宗锦耀主持会议并讲话。

12月16日　中共重庆市委、市人民政府印发《关于进一步加快乡镇企业发展的决定》（渝委发〔1999〕51号）。

12月21—22日　市委、市政府在渝州宾馆召开全市乡镇企业工作会议。市委副书记刘志忠主持会议，市委书记贺国强做重要讲话，提出了创建和开展评选发展乡镇企业明星乡镇活动的要求。

12月30日　市乡企局“三讲”教育总结会议召开。局党组书记、局长王昌渠对局“三讲”教育活动进行总结。市委“三讲”教育巡视组认为，市乡企局的“三讲”教育，在局党组高度重视、精心组织和广大群众的共同努力下坚持高标准、严要求，较好地完成了各项任务，基本上达到了中央和市委的要求，并望尽快制定整改方案，落实整改措施，建立完善制度。

2000年

1月3日　市人事局决定给予市乡企局王晓奖励并记三等功。

1月17日　市政府办公厅印发《关于命名第二批重庆市乡镇企业示范区的通知》（渝办发〔2000〕5号）。《通知》指出，根据市委、市政府《关于进一步加快重庆市乡镇企业发展的决定》（渝委发〔1998〕3号）精神，按照《重庆市人民政府办公厅关于印发重庆市乡镇企业示范区建设管理办法的通知》（渝办发〔1998〕142号）有关规定，在各区县（自治县、市）申报、推荐和市乡企局综合评审的基础上，经市政府审定，决定命名南岸玉马池工业园区、鸡冠石镇盘龙工业园区、九龙坡大堰乡镇企业工业园区、北碚童家溪乡镇企业示范区、渝北回兴镇乡镇企业片区、人和镇乡镇企业片区等6个工业园区为第二批“重庆市乡镇企业示范区”，并按规定享受有关扶持政策。

2月3日　市委、市政府印发《关于做好2000年农业和农村工作的意见》（渝委发〔2000〕5号）。《意见》提出，今年全市乡镇企业增加值比去年增长12%；乡镇企业示范区、专业村镇、企业集团都要达到50个以上；开发市局级名优产品100个以上；乡镇企业增加值在农村经济构成中的比重达到40%以上。

3月22日　市人大常委会办公厅发出关于开展《中华人民共和国乡镇企业法执法检查的通知》，通知指出，为配合全国人大的检查，依法支持重庆市乡镇企业结构调整和体制创新，市人大常委会决定对重庆市部分区县（市）贯彻《乡镇企业法》和《重庆市乡镇企业股份合作制条例》的情况进行执法检查（渝人办发〔2000〕18号）。

3月27日　市政府2000年3月17日第55次常务会议决定，王晓任市乡企局助理巡视员（渝府人〔2000〕4号）。

4月5日　市乡企局在巴南区花溪镇召开争创发展乡镇企业明星乡镇企业座谈会。重点讨论开展创建发展乡镇企业明星乡镇活动的意见和建设乡镇企业发达区的意见，主城8个区乡镇企业局长和28个乡镇长参加了座谈会并参观了巴南区乡镇企业工业园区和企业。

4月28日　重庆市人民政府做出《关于表彰重庆市劳动模范和先进工作者的决定》（渝府发〔2000〕23号），有382人被重庆市人民政府授予劳动模范荣誉称号，其中乡镇企业系统有6人。他们是刘洪亮、尹兴明、刘茂怀、梁先林、杨胜文、周召华。

5月12日　经市委同意，张福华任市乡企局党组书记，免去王昌渠市乡企局党组书记职务（市委组织部渝组干〔2000〕477号）。

5月13日　市政府批转市乡企局《关于开展乡镇企业“明星乡镇”创建活动意见的通知》（渝府发〔2000〕28号）。

5月13日　农业部首批命名全国57家科技含量高、具有经济实力的乡镇企业园区为“全国乡镇企业科技园区”。其中有重庆市隆鑫乡镇企业科技园、上桥乡镇企业科技园。

5月16日　陈光国副市长向全国人大执法检查组汇报重庆市关于贯彻执行《中华人民共和国乡镇企业法》的情况。

5月20日　市政府2000年5月13日第五十八次常务会议决定，张福华任市乡企局局长，免去王昌渠乡企局局长职务（渝府人〔2000〕7号）。

6月7日　市乡企局成立发展环境整治领导小组，组长张福华，副组长赵家明、李桂元（渝乡企〔2000〕120号）。

7月26日　市乡企局制定并向市计委报送《重庆市乡镇企业“十五”计划及2015年远景目标规划》，重点突出了乡镇企业“二次创业”的内容。

8月9日　经市编委审定，市政府批准，市政府办公厅印发《市乡企局职能配置，内设机构和人员编制规定的通知》（渝办发〔2000〕107号），确定市乡企局设9个职能处室，行政编制53名，离退休工作人员专项编制2名。同意设立局机关后勤服务中心，为直属处级事业单位。核定事业编制10名（含全额拨款6名），其中领导职数2名。同时撤销事业性质的重庆市乡镇企业建筑企业管理处，自收自支事业编制20名由市编委收回。

9月25日　经市政府第76次常务会议决定，徐祖文任市乡企局副局长。

9月30日　经市委同意，徐祖文任市乡企局党组成员（渝组干〔2000〕857号）。

11月8日　重庆市乡镇企业协会经一届三次理事会协商，决定对本届会长、副会长、常务理事做部分调整。调整后的会长、副会长和常务理事是：张学忠为会长，增补刘万志为副会长，增补华大万、程树云、陈正明、霍剑瑜、李大富、林孝伦、罗应华、邓贤毅、刘启富、刘兵、刘大文、冉忠孝、韩瑞碧、黄仁超等14人为常务理事。聘请张福华为名誉会长。

11月21—22日　市委、市政府在巴南区东方宾馆召开全市乡镇企业经验交流暨50强表彰大会。市委常委、市农工委书记税正宽主持会议，市委副书记刘志忠做重要讲话，市乡企局局长张福华做题为《今年重庆市乡镇企业工作的主要情况及明年工作初步设想》的发言。大会总结交流了当年各地发展经验，讨论了贯彻落实市委一届八次党委会对乡镇企业发展提出的新要求，大力推进乡镇企业持续快速健康发展的措施意见。对1999年度发展乡镇企业成绩显著的43个区县（自治县、市）及50强企业进行了表彰奖励。市领导向获奖单位颁奖。

12月6日　农业部决定授予市乡企局、沙坪坝区乡镇企业管理局和垫江兴华水泥厂等7家企业全国乡镇企业质量管理先进单位称号，授予铜梁县乡镇企业委员会李德国等8人全国乡镇企业质量管理先进个人称号（农企发〔2000〕13号）。

12月19日　农业部决定命名重庆市大渡口区双山小区、重庆科技产业园区为第二批全国乡镇企业科技园区（农企发〔2000〕14号）。

2001年

1月8日　市政府办公厅决定命名重庆科技园区（渝北区）等18个小区为第三批“重庆市乡镇企业示范区”（渝办发〔2001〕5号）。

2月3日　市委书记贺国强在市乡企局呈报的《对重庆市乡镇企业保持较快增长速度和较好经济效益的情况分析》材料上做了重要批示：从材料可看出，去年重庆市乡镇企业无论是速度，尤其是效益有较快增长，成为重庆市国民经济重要的增长点，为全市经济社会发展做出了积极贡献，应表示祝贺和感谢。但总体来看，重庆市乡镇企业总量偏小，速度也有待进一步加快。望进一步解放思想，抓住当前机遇，加快转机建制，结构调整和技术进步步伐，促进重庆市乡镇企业上一个新台阶。

3月23日　市乡企局成立创建文明单位领导小组，张福华任组长，赵家明、李桂元任副组长（渝乡企〔2001〕39号）。

4月5日　市委、市政府在雾都宾馆召开全市乡镇企业工作会议。总结“九五”期间重庆市乡镇企业发展成就，研究部署“十五”期间乡镇企业发展规划及2001年工作，表彰先进。市委副书记刘志忠做重要讲话，副市长陈光国做工作报告，市委常委、市农工委书记税正宽主持会议并做会议总结。市政府副秘书长王越宣读市政府关于表彰2000年度乡镇企业工作先进单位的通报。市领导向获奖单位授牌，颁发证书。

5月14日　市直属机关党工委同意市乡企局机关党委换届选举后由7人组成，赵家明任书记，向晓原任专职副书记（渝机工委〔2001〕69号）。

5月29日　市乡企局原顾问王照恩逝世。

5月30日　重庆市人民政府市长包叙定主持召开了市政府第八十二次常务会议，审议了《关于重庆市中小企业管理体制的意见》，市乡企局副局长林维利出席了会议。

6月18日　由市政府与越南商贸部联合主办为期4天的中国（重庆）商品越南展览会在河内开幕。重庆市乡镇企业首次参加境外举办的展览会，有19家乡镇企业参展，涉及摩托车及配件、PE生产线、农机产品和胶鞋等商品，与越南客商签订投资合同协议总额为13872.37万美元。

6月21日　市政府办公厅印发《关于成立重庆市推动中小企业发展工作领导小组的通知》，经市政府同意，决定撤销原重庆市发展个体私营经济领导小组和重庆市乡镇企业领导小组，成立重庆市推动中小企业发展工作领导小组。组长王鸿举，副组长许忠民、陈光国、吴家农。原重庆市发展个体私营经济领导小组办公室、重庆市乡镇企业领导小组办公室分别更名为重庆市个体私营经济工作办公室和重庆市乡镇企业办公室，由重庆市推动中小企业发展工作领导小组领导，其主要职能不变（渝办〔2001〕101号）。

8月3日　农业部决定授予市乡企局全国乡镇企业统计财会先进单位称号；授予涪陵、沙坪坝等8个区县（市）乡镇企业局全国乡镇企业系统财会统计先进集体称号；授予孙长清、蒋纪群、黎学英等20人全国乡镇企业系统优秀财会统计工作者称号（农企发〔2001〕17号）。

8月3日　经市政府决定，王晓退休，免去其市乡企局助理巡视员职务（渝府人〔2001〕22号）。

8月8日　市乡企局党组印发《关于开展创建"党建工作先进单位"活动的实施意见》，决定成立创建机关党建工作先进单位活动领导小组。组长张福华，副组长赵家明，林维利、赵吉林、徐祖文、李桂元为成员。领导小组下设办公室，赵家明兼办公室主任，李桂元兼办公室副主任（渝乡企党〔2001〕17号）。

9月11日　市乡企局、市对外经贸委决定，授予九龙坡区乡镇企业局等7个区县乡镇企业行政管理部门、九龙坡区九龙镇企业办公室等9个乡镇管理部门全市乡镇企业出口创汇管理先进单位称号；授予隆鑫集团有限公司等29家乡镇企业全市出口创汇先进企业称号（渝乡企〔2001〕90号）。

9月29日　农业部决定，授予重庆市、江津市、巴南区、渝北区乡镇企业局（委）等4个单位全国乡镇企业行政执法先进单位称号；授予赵吉林、漆尔前、彭自强、张兴模、李光军、欧阳林川、郑平等7人全国乡镇企业行政执法先进工作者称号（农企法〔2001〕95号文）。

12月21日　市政府决定命名沙坪坝区新桥工业园区等10个小区为第四批"重庆市乡镇企业示范区"（渝办〔2001〕193号）。

2002年

1月9日　市乡企局、市建委、市国土局联合印发贯彻农业部、建设部、国土资源部《关于乡镇企业向小城镇集中发展的通知》的意见（渝乡企〔2002〕3号）。

1月22日　中共重庆市委印发《中共重庆市委2002年工作要点》（渝委发〔2002〕1号）。强调把发展乡镇企业与小城镇建设结合起来，提高农村工业化和城镇化水平。

1月31日　农业部决定授予重庆市赵忠等24名乡镇企业厂长（经理、董事长）第四届全国乡镇企业家称号，经复评合格的涂建华等20名原全国乡镇企业家、优秀厂长（经理、董事长）保留全国乡镇企业家称号（农企发〔2002〕3号）。

5月26日　市人事局、市乡企局决定对重庆市龙宝建设工程有限公司董事长方祯祥等160名重庆市第二届乡镇企业优秀厂长（经理、董事长）予以表彰（渝人发〔2002〕86 号）。

6 月 26 日　重庆广播电视大学同意建立重庆广播电视大学乡镇企业工作站（渝电大校发〔2002〕80 号）。

7 月 8 日　市乡企局决定成立重庆广播电视大学乡镇企业工作站（渝乡企〔2002〕83 号）。

7 月 11 日　市乡企局在奉节县召开区县局长会议。总结交流上半年全市和区县乡镇企业发展情况，讨论市乡企局代拟的《中共重庆市委、市政府关于实施乡镇企业“二次创业”的意见》和《市委办公厅、市政府办公厅关于 2002 年度乡镇企业发展实行综合考核的通知》，部署下半年工作。

9 月 19 日　经重庆市委批准，市编委印发《重庆市中小企业发展指导局（重庆市乡镇企业局）职能配置、内设机构和人员编制规定》的通知（渝编〔2002〕70 号）。明确：撤销重庆市乡镇企业管理局和市经委中小企业处，在重庆市乡镇企业管理局基础上组建重庆市中小企业发展指导局，保留重庆市乡镇企业局牌子，实行一个机构、两块牌子的体制。

11 月 19 日　农业部决定命名南岸区盘龙工业园区、沙坪坝区井口科技园区为“全国乡镇企业科技园区”（农企发〔2002〕19 号）。

第一篇　组织机构

第一章　领导机构

1986 年以来，四川省从省到市、地、州和区县都成立了由党委、政府主要领导为组长，分管乡镇企业工作的领导为副组长，相关部门负责人为成员的乡镇企业领导小组，加强乡镇企业工作的领导和指导。

乡镇一级乡镇企业工作的领导机构是乡镇党委和政府，直接领导和指导当地乡镇企业的发展，接受所在区县乡镇企业领导小组指导，没有另设领导机构。

第一节　直辖前市（地）级领导机构

四川省重庆市乡镇企业领导小组

1988 年，中共重庆市委、市政府做出了“城乡结合，打好发展乡镇企业总体战”的决策，批转市乡企局《关于继续大力发展乡镇企业若干政策问题的意见》（重府发〔1988〕92 号）。为了贯彻落实好 92 号文件和实施“打好发展乡镇企业总体战”的决策，于 10 月 31 日成立第一届重庆市乡镇企业领导小组。由市长孙同川任组长，副市长王正德和市委常委、市农委主任邓中文任副组长，市级 15 个部门负责人为成员，加强对乡镇企业的领导。

市乡镇企业领导小组的主要职责是：

1. 审定全市乡镇企业发展规划并对全市乡镇企业的发展进行指导；
2. 研究制定扶持乡镇企业发展的政策，协调解决乡镇企业发展中的重大问题；
3. 检查督促各区县政府及市政府各部门贯彻落实有关发展乡镇企业的方针、政策；
4. 审定对区县政府及市政府各部门发展乡镇企业的目标考核办法及实施方案；
5. 指导各区县乡镇企业领导小组工作。

从 1988 年到 1995 年的 7 年间，市政府根据乡镇企业发展的需要，先后对市乡镇企业领导小组进行了 3 次调整充实。

1989 年，国家开始进行为期 3 年的治理整顿经济秩序。为了消除社会上对乡镇企业认识上的偏见，保持乡镇企业大发展的势头，8 月 14 日，市政府对乡镇企业领导小组成员进行了调整，增加了市教委、市体改委、市技术监督局、市工商局、市人事局等部门，成员单位由第一届的 14 个增至 19 个。同时，领导小组在市乡企局设立了办公室，由市乡企局局长宋度明兼办公室主任，负责领导小组日常工作。

1993 年，为了贯彻落实好国务院《关于加快中西部地区乡镇企业发展的决定》（国发〔1993〕10 号），推动乡镇企业超常规、跳跃式发展，7 月 13 日，市乡镇企业领导小组对成员单位又进行了调整，取消市科协，增加市环保局、市建管局，成员单位由第二届的 19 个增至 20 个，并由 1 名副秘书长负责做好成员部门的协调工作。

1995 年，为了妥善解决乡镇企业用地难的问题和规范统计工作，11 月 16 日，领导小组再次对成员单位进行调整，增加了市国土局、市地税局和市统计局，成员单位由第三届的 20 个增至 23 个，新增加了 1 名市委副书记任副组长。

市乡镇企业领导小组每年都要不定期地召开几次成员会议，专题讨论和研究全市乡镇企业的发展，协调解决发展中出现的新情况、新问题，做出新的决策和部署，并出席全市乡镇企业工作会议，对如何贯彻落实好会议精神进行检查和指导。

表 1－1　**四川省重庆市第一届乡镇企业领导小组成员名录**

（1988 年 10 月 31 日）

单位及职务	姓名	性别	领导小组职务
四川省重庆市人民政府市长	孙同川	男	组长
市政府副市长	王正德	男	副组长
中共四川省重庆市委常委、市农委主任	邓中文	男	副组长
中共重庆市委研究室副主任	代阳初	男	成员
市政府研究室副主任	邓传宽	男	成员
市计委副主任	颜时雨	男	成员
市乡镇企业管理局局长兼市经委副主任	宋度明	男	成员
市经委副主任	吴连帆	男	成员
市外经贸委副主任	黄恩惕	男	成员
市建委调研员	易元钊	男	成员
市财办顾问	巩明贵	男	成员
市经协办副主任	王朝兴	男	成员
市财政局副局长	王大乾	男	成员
市税务局副局长	陈万里	男	成员
市科委副主任	叶光政	男	成员
市科协副主席	瞿春林	男	成员
市农行副行长	李先国	男	成员

表 1－2 四川省重庆市第二届乡镇企业领导小组成员名录

（1989 年 8 月 14 日）

单位及职务	姓名	性别	领导小组职务
四川省重庆市人民政府市长	孙同川	男	组长
市政府副市长	王正德	男	副组长
中共四川省重庆市委常委、市农委主任	邓中文	男	副组长
中共重庆市委研究室副主任	代阳初	男	成员
市政府研究室副主任	陈际瓦	女	成员
市计委巡视员	颜时雨	男	成员
市乡镇企业管理局局长兼市经委副主任	宋度明	男	成员兼办公室主任
市经委副主任	吴连帆	男	成员
市外经贸委副主任	黄恩惕	男	成员
市建委调研员	易元钊	男	成员
市财办顾问	巩明贵	男	成员
市经协办副主任	王朝兴	男	成员
市财政局副局长	王大乾	男	成员
市税务局副局长	陈万里	男	成员
市科委副主任	叶光政	男	成员
市科协副主席	瞿春林	男	成员
市农行副行长	李先国	男	成员
市教委副主任	叶贵本	男	成员
市体改委副主任	罗平	男	成员
市技术监督局副局长	吕长富	男	成员
市工商局副局长	鲍平	男	成员
市人事局巡视员	李箕亮	男	成员

表 1－3 四川省重庆市第三届乡镇企业领导小组成员名录

（1993 年 7 月 31 日）

单位及职务	姓名	性别	领导小组职务
四川省重庆市人民政府市长	刘志忠	男	组长
市政府副市长	周建中	男	副组长
中共四川省重庆市委常委、市农委主任	辜文兴	男	副组长
市政府副秘书长	罗天	男	成员
中共重庆市委研究室主任	何玉柏	男	成员
市政府研究室副主任	陈际瓦	女	成员
市计委副主任	郭长生	男	成员
市经委副主任	吴连帆	男	成员

续表

单位及职务	姓名	性别	领导小组职务
市外经贸委副主任	黄恩惕	男	成员
市建委副主任	刘法琪	男	成员
市财办主任	史锦杰	男	成员
市财政局副局长	王大乾	男	成员
市税务局副局长	黄亦瑾	女	成员
市科委副主任	叶光政	男	成员
市农行副行长	李先国	男	成员
市教委副主任	叶贵本	男	成员
市体改委副主任	吴志君	男	成员
市技术监督局副局长	吕长富	男	成员
市工商局副局长	廖伶	女	成员
市人事局局长	王方启	男	成员
市乡镇企业管理局局长	王昌渠	男	成员兼办公室主任
市建管局局长	陈在贵	男	成员
市环保局副局长	吉光树	男	成员

表1－4　　**四川省重庆市第四届乡镇企业领导小组成员名录**

（1995年11月16日）

单位及职务	姓名	性别	领导小组职务
中共四川省重庆市委副书记、市长	刘志忠	男	组长
中共四川省重庆市委副书记	黄立沛	男	副组长
四川省重庆市人民政府副市长	周建中	男	副组长
中共重庆市委常委、市农委主任	辜文兴	男	副组长
中共重庆市委副秘书长、研究室主任	何玉柏	男	成员
中共重庆市委办公厅副主任	余述文	男	成员
市政府副秘书长	罗天	男	成员
市政府研究室副主任	陈际瓦	女	成员
市经委主任	吴连帆	男	成员
市计委副主任	郭长生	男	成员
市科委副主任	叶光政	男	成员
市教委主任	叶贵本	男	成员
市建委副主任	雷尊宇	男	成员
市体改委副主任	龙泽渊	男	成员
市财办主任	史锦杰	男	成员
市乡镇企业管理局局长	王昌渠	男	成员兼办公室主任

续表

单位及职务	姓名	性别	领导小组职务
市财政局副局长	刘有恒	男	成员
市国税局副局长	黄亦瑾	女	成员
市地税局副局长	刘支勤	男	成员
市工商局副长	孙波	男	成员
农行市分行副行长	李先国	男	成员
市建管局局长	陈在贵	男	成员
市技术监督局副局长	吕长富	男	成员
市环保局局长	吉光树	男	成员
市人事局局长	王方启	男	成员
市统计局局长	高葆旺	男	成员
市国土局副局长	彭正钧	男	成员

四川省万县地区乡镇企业领导小组

四川省万县地区乡镇企业领导小组成立于1991年，中共四川省万县地委办公室、万县地区行署办公室7月1日印发《关于调整、充实、加强地区乡镇企业领导小组的通知》（万地办〔1991〕42号文），成员单位20个，明确领导小组的工作职责是：

1. 审议决定地区乡镇企业发展计划和规划；
2. 研究制定大力发展乡镇企业的有关政策、措施和规定；
3. 研究审定乡镇企业重点基建技改项目；
4. 负责掌握、管理、使用乡镇企业发展基金；
5. 负责检查、督促、协调、处理乡镇企业发展中的有关重大问题；
6. 负责乡镇企业奖励方案的制定。

乡镇企业领导小组下设办公室和项目组两个办事机构，工作职责是：

1. 调查研究、收集、反映乡镇企业发展中的情况和问题；
2. 研究、筛选、论证、储备、审定乡镇企业发展项目；
3. 准备并提交领导小组讨论有关乡镇企业发展的方案和问题；
4. 承办领导小组交办的各项具体工作。

1993年，万县地区撤区设市。12月13日，中共万县市委、市政府决定对万县市乡镇企业领导小组人员进行调整（万委厅〔1993〕89号），成员单位增至23个。

1995年4月19日，因部分人员工作变动，中共四川省万县市委、市政府对乡镇企业领导小组成员进行了调整（万委厅〔1995〕37号），成员单位23个。

1996年2月26日，中共四川省万县市委、市政府因人事变动，印发《关于调整市乡镇企业领导小组成员的通知》（万委厅〔1996〕31号），成员单位21个。

1996年4月21日，因工作需要，乡镇企业领导小组增补市委副秘书长、办公厅主任王祖国，市国土局局长陈能贤，市农业局局长饶才帮，市建委副主任李舜唐为成员（万委厅〔1996〕59号）。

1996年9月9日，四川省万县市乡镇企业领导小组增补万县市乡镇企业管理局局长秦大德为成员，兼领导小组办公室主任（万委厅〔1996〕125号）。

表1－5　**四川省万县地区第一届乡镇企业领导小组成员名录**

（1991年7月1日）

单位及职务	姓名	性别	领导小组职务
中共万县地委副书记	陈光国	男	组长
万县地区行署副专员	陈信远	男	副组长
中共万县地委委员、纪委书记	王正林	男	副组长
万县地区人大工委副主任	邓仁智	男	副组长
万县地区政协工委副主任	张秉华	男	副组长
中共万县地委副秘书长	彭发德	男	成员
中共万县地委政研室主任	熊道明	男	成员
地区行署办公室副主任	廖百书	男	成员
地区乡镇企业局局长	魏心珩	男	成员兼办公室主任
地区计委副主任	张攀林	男	成员
地区经委主任	廖春庆	男	成员
地区建委副主任	胡鸣	男	成员
地区科委副主任	吴明才	男	成员
地区农经委副主任	艾心忠	男	成员
地区开发扶贫办主任	柯昌念	男	成员
地区人事局局长	万德雄	男	成员
地区劳动局局长	向诗儒	男	成员
地区移民办副主任	杨继福	男	成员
地区财政局副局长	向邦友	男	成员
地区税务局局长	张崇明	男	成员
地区人行行长	武声明	男	成员
地区农行副行长	袁明杰	男	成员
地区工商局副局长	魏荣	男	成员
地区国土局副局长	徐明新	男	成员
地区水电局局长	谢远成	男	成员

表 1－6　　**四川省万县市第一届乡镇企业领导小组成员名录**

（1993 年 12 月 13 日）

单位及职务	姓名	性别	领导小组职务
中共万县市委副书记	陈信远	男	组长
万县市人民政府副市长	张元铸	男	副组长
万县市人大常委会副主任	熊道明	男	副组长
万县市政协副主席	张秉华	男	副组长
万县市纪委副书记	王万培	男	副组长
中共万县市委副秘书长、市委办公厅主任	陈元清	男	成员
市委组织部副部长	向礼富	男	成员
市委研究室主任	冯天富	男	成员
市政府办公厅副主任	廖百书	男	成员
市计委副主任	张攀林	男	成员
市经委主任	韦德桁	男	成员
市农经委主任	王越	男	成员
市建委副主任	李舜唐	男	成员
市乡镇企业局局长	魏心珩	男	成员兼办公室主任
市农行行长	袁明杰	男	成员
市人行行长	武声明	男	成员
市工行总经济师	钟泰和	男	成员
市建行行长	胡述祥	男	成员
市财政局副局长	向邦友	男	成员
市税务局局长	张崇明	男	成员
市工商局局长	王树稷	男	成员
市人事局副局长	万德雄	男	成员
市劳动局局长	胡恭仁	男	成员
市科委副主任	吴明才	男	成员
市国土局局长	艾心忠	男	成员
市扶贫办主任	柯昌念	男	成员
市移民办副主任	夏远忠	男	成员
市水电局局长	谢远成	男	成员

表 1－7　　**四川省万县市第二届乡镇企业领导小组成员名录**

（1995 年 4 月 19 日）

单位及职务	姓名	性别	领导小组职务
中共万县市委副书记、市政协主席	张元铸	男	组长
四川省人大常委	章增荣	男	顾问

续表

单位及职务	姓名	性别	领导小组职务
万县市人民政府副市长	王越	男	副组长
中共万县市委常委、市委秘书长	李健	男	副组长
中共万县市委常委、市纪委书记	王万培	男	副组长
市人大常委会副主任	熊道明	男	副组长
市政协副主席	陈茂林	男	副组长
市委政研室主任	冯天富	男	成员
市政府办公厅副主任	廖百书	男	成员
市委组织部副部长	张德先	男	成员
市计委副主任	张攀林	男	成员
市经委主任	韦德桁	男	成员
市农经委党组成员、主任助理	简凤鸣	男	成员
市建委副主任	李舜唐	男	成员
市乡镇企业局局长	魏心珩	男	成员兼办公室主任
市农行行长	袁明杰	男	成员
市人行行长	武声明	男	成员
市工行行长	龙宗钧	男	成员
市建行行长	胡述祥	男	成员
市财政局副局长	向邦友	男	成员
市国税局局长	张祟明	男	成员
市地税局副局长	张明晴	女	成员
市工商局局长	牟秀维	男	成员
市人事局副局长	万德雄	男	成员
市劳动局局长	胡恭仁	男	成员
市科委副主任	吴明才	男	成员
市移民办副主任	夏远忠	男	成员
市国土局局长	陈能贤	男	成员
市水电局局长	谢远成	男	成员
市扶贫办主任	李维亚	男	成员

表1－8　**四川省万县市第三届乡镇企业领导小组成员名录**

（1996年2月26日）

单位及职务	姓名	性别	领导小组职务
中共万县市委常委	周克勤	男	组长
四川省人大常委	章增荣	男	顾问
万县市政协主席	张元铸	男	顾问

续表

单位及职务	姓名	性别	领导小组职务
市政府副市长	王越	男	副组长
中共万县市委常委、市纪委书记	王万培	男	副组长
市人大常委会副主任	熊道明	男	副组长
市政协副主席	陈元清	男	副组长
中共万县市委副秘书长、政研室主任	冯天富	男	成员
市政府副秘书长	廖百书	男	成员
市乡镇企业局局长	魏心珩	男	成员兼办公室主任
市委组织部部长	张德先	男	成员
市计委副主任	张攀林	男	成员
市经委主任	胡宁桂	男	成员
市农经委主任助理	简凤鸣	男	成员
市人行行长	武声明	男	成员
市农行行长	袁明杰	男	成员
市工行行长	龙宗钧	男	成员
市建行行长	胡述祥	男	成员
市财政局副局长	向邦友	男	成员
市国税局局长	杨文成	男	成员
市地税局副局长	张明晴	女	成员
市工商局局长	牟秀维	男	成员
市人事局副局长	万德雄	男	成员
市劳动局局长	胡恭仁	男	成员
市科委副主任	吴明才	男	成员
市移民办副主任	王继轩	男	成员
市水电局局长	谢远成	男	成员
市扶贫办主任	李维亚	男	成员

四川省涪陵地区乡镇企业领导小组

为了切实加强乡镇企业的领导，进一步搞好协调工作，促进乡镇企业稳步健康发展，1990 年，四川省涪陵地区行政公署决定成立涪陵地区乡镇企业协调领导小组（涪署函〔1990〕46 号），小组在农委设办公室。

1995 年，中共四川省涪陵地委、地区行政公署根据原领导小组部分成员工作已变动的实际情况和工作需要，决定调整充实地区乡镇企业领导小组（涪委字〔1995〕6 号），成员单位由第一届的 13 个增至 29 个。领导小组办公室设在地区农委，由秦绍基兼任办公室主任，周志洪（地区农委企业管理科科长）、汪志勇（地区乡镇企业管理局生产科科长）为副主任。

1996 年，涪陵撤区设市。中共四川省涪陵市委、市政府决定继续成立涪陵市乡镇企业领导小组（涪委〔1996〕44 号），成员单位由第二届的 29 个增至 32 个。领导小组办公室设在市农办，由市农办副主任张大权兼任办公室主任，市农办纪检组长秦绍基、市农办企业管理科科长周志洪、市乡镇企业管理局办公室主任何明胜为办公室副主任。

表 1－9　　四川省涪陵地区第一届乡镇企业领导小组成员名录

（1990 年 5 月 28 日）

单位及职务	姓名	性别	领导小组职务
涪陵地区行政公署专员	王鸿举	男	组长
涪陵地区行政公署副专员	唐闻一	男	副组长
地区行政公署副秘书长	陶智全	男	副组长
地区农委副主任	王国治	男	成员兼办公室主任
地区乡镇企业局局长	聂代禄	男	成员
地区计委主任	罗永光	男	成员
地区经委主任	陈庆禄	男	成员
地区建委主任	朱凤桐	男	成员
地区经协办主任	胡乐年	男	成员
地区科委主任	王群	男	成员
地区体改委主任	汪林祥	男	成员
地区财政局局长	伍策禄	男	成员
地区税务局局长	王世明	男	成员
地区工商局局长	刘芝发	男	成员
地区农业银行行长	谭克胜	男	成员
地区标准计量局局长	罗运泰	男	成员

表 1－10　　四川省涪陵地区第二届乡镇企业领导小组成员名录

（1995 年 1 月 29 日）

单位及职务	姓名	性别	领导小组职务
中共涪陵地委副书记、行署专员	聂卫国	男	组长
中共涪陵地委副书记	唐闻一	男	副组长
涪陵地区行政公署副专员	吴启华	男	副组长
涪陵地委专员、地区纪委书记	龙正学	男	副组长
涪陵地委专员、地委组织部部长	宋子碧	女	成员
涪陵地委专员、地委宣传部部长	杨宗恒	男	成员
地区人大工委副主任	汪林祥	男	成员
地区政协工委副主任	戢泽英	男	成员

续表

单位及职务	姓名	性别	领导小组职务
地委副秘书长	程仁杰	男	成员
地区行政公署副秘书长、体改委主任	欧会书	男	成员
地区行政公署副秘书长	皮晓青	男	成员
地区计委主任	罗永光	男	成员
地区经委主任	王文迎	男	成员
地区农委主任	伍国福	男	成员
地区建委主任	朱凤桐	男	成员
地区交委主任	朱玉林	男	成员
地区科委主任	王群	男	成员
地区农委委员、纪检组组长	秦绍基	男	兼办公室主任
地区乡镇企业管理局局长	陈显伦	男	成员
地区公安处处长	周泽民	男	成员
地区人事局局长	陈克荣	男	成员
地区财政局局长	伍策禄	男	成员
地区国税局局长	周德志	男	成员
地区地税局局长	蒋兴树	男	成员
地区农业银行行长	谭克胜	男	成员
地区移民办主任	罗敏	男	成员
地区国土局局长	余朝鉴	男	成员
地区技术监督局局长	张大义	男	成员
地区粮食局局长	秦文武	男	成员
地区统计局局长	傅家和	男	成员
地区审计局局长	陈远明	男	成员
地区广播电视局局长	刘顺福	男	成员
涪陵日报社社长、总编	张世俊	男	成员

表 1－11　　**四川省涪陵市第一届乡镇企业领导小组成员名录**

（1996 年 8 月 13 日）

单位及职务	姓名	性别	领导小组职务
中共涪陵市委副书记、市长	聂卫国	男	组长
中共涪陵市委副书记	魏长述	男	副组长
中共涪陵市委常委、常务副市长	姚建全	男	副组长
中共涪陵市委常委、市纪委书记	龙正学	男	副组长
涪陵市政府副市长	刘启明	男	副组长
中共涪陵市委常委、组织部部长	宋子碧	女	成员

续表

单位及职务	姓名	性别	领导小组职务
中共涪陵市委常委、政法委书记	杨宗恒	男	成员
中共涪陵市委常委、宣传部部长	张世俊	男	成员
市人大常委会副主任	包定友	男	成员
市政协副主席	戚后果	男	成员
中共涪陵市委副秘书长	陈恒全	男	成员
市政府副秘书长	余长明	男	成员
中共涪陵市委研究室主任	张洋东	男	成员
市体改委党组书记	周浩义	男	成员
市计委主任	许辅国	男	成员
市经贸委主任	田自立	男	成员
市农办主任	伍国福	男	成员
市农办副主任	张大权	男	成员兼办公室主任
市科委主任	皮晓青	男	成员
市建委主任	蒋天伦	男	成员
市交委主任	朱玉林	男	成员
市乡镇企业管理局局长	余成海	男	成员
市公安局局长	胡承林	男	成员
市财政局局长	伍策禄	男	成员
市人事局局长	陈克荣	男	成员
市国税局局长	周德志	男	成员
市地税局局长	蒋兴树	男	成员
市工商局局长	段荣华	男	成员
市农行行长	彭代辉	男	成员
市统计局局长	傅家和	男	成员
市审计局局长	陈远明	男	成员
市国土局局长	蒋大贤	男	成员
市技术监督局局长	邓节民	男	成员
市粮食局局长	杨忠举	男	成员
市移民办主任	罗敏	男	成员
市广播电视局局长	刘顺福	男	成员
涪陵日报副总编	贾玲	女	成员

四川省黔江地区乡镇企业领导小组

1988年涪陵地区进行行政区划调整，将原管辖的石柱土家族自治县、彭水苗族土家族自治县、酉阳土家族苗族自治县、秀山土家族苗族自治县和黔江土家族苗族自治县划归新设立的四川省黔江地区管辖，这是四川省少数民族集中的地区之一。为了切实加强乡镇企业工作的领导，四川省黔江地区行政公署于1992年8月27日印发了《关于成立黔江地区乡镇企业工作领导小组的通知》（黔署函〔1992〕77号），成员单位9个。领导小组办公室设在地区乡镇企业局，由局长王道奎兼办公室主任。

表1－12　　四川省黔江地区乡镇企业领导小组成员名录

（1992年8月27日）

单位及职务	姓名	性别	领导小组职务
黔江地区行署专员	牟绪珩	男	组长
行署副专员	程祖琪	男	副组长
行署巡视员	雷德高	男	副组长
行署秘书长	白新民	男	成员
地区计经委主任	叶欣	男	成员
地区财政局局长	王永树	男	成员
地区农行行长	刘从生	男	成员
地区工商局局长	张万发	男	成员
地区税务局局长	陈绩果	男	成员
地区开发办主任	张光铣	男	成员
地区建委主任	陈登榜	男	成员
地区乡镇企业局局长	王道奎	男	成员兼办公室主任

第二节　直辖后市级领导机构

重庆市乡镇企业领导小组

1998年2月，为了推动乡镇企业“二次创业”，改善企业规模偏小、布局分散、参与市场竞争实力弱的“小、散、弱”状况和区域间发展不平衡的问题，中共重庆市委印发《关于成立重庆市乡镇企业领导小组的通知》（渝委〔1998〕24号）。《通知》指出，根据重庆市直辖后的新形势和全市乡镇企业在发展中面临的新情况，市委、市政府决定继续成立重庆市乡镇企业领导小组。由中共重庆市委副书记刘志忠任组长，市委常委、市农委主任税正宽和副市长陈光国、周建中任副组长，成员单位17个。

表1－13 重庆市第一届乡镇企业领导小组成员名录

（1998年2月13日）

单位及职务	姓名	性别	领导小组职务
中共重庆市委副书记	刘志忠	男	组长
中共重庆市委常委、市农委主任	税正宽	男	副组长
重庆市人民政府副市长	陈光国	男	副组长
重庆市人民政府副市长	周建中	男	副组长
中共重庆市委副秘书长	艾智泉	男	成员
中共重庆市委研究室主任	范照兵	男	成员
市政府副秘书长	傅钟鼎	男	成员
市政府副秘书长、研究室主任	陈际瓦	女	成员
市农办主任	任大军	男	成员
市计委副主任	郭长生	男	成员
市经委副主任	吴冰	男	成员
市体改委副主任	肖健康	男	成员
市科委副主任	周旭	男	成员
市建委副主任	顾庭勇	男	成员
市经贸委副主任	石波	男	成员
市乡镇企业管理局局长	王昌渠	男	成员兼办公室主任
市财政局副局长	马千真	女	成员
市地税局副局长	邹凌嘉	女	成员
市工商局副长	周余龙	男	成员
农行市分行副行长	袁明杰	男	成员
农发行市分行副行长	侯宗林	男	成员

第三节　区县级领导机构

1988年，中共四川省重庆市委、重庆市人民政府成立乡镇企业领导小组后，全市除市中区外，其余20个区县相继成立了由党委、政府主要领导为组长，分管乡镇企业的领导为副组长，相关部门负责人为成员的领导小组，加强对辖区内乡镇企业工作的领导和指导。

1997年重庆成为直辖市后，1998年中共重庆市委、市人民政府决定继续成立市乡镇企业领导小组，全市除渝中区外，其余的40个区县（自治县、市）也保持了原有的乡镇企业领导小组机构，在市乡镇企业领导小组指导下，继续加强对乡镇企业工作的领导和指导。

重庆直辖后把涪陵市改设为涪陵区，根据工作需要，中共涪陵区委、区政府于2001年3月21日对涪陵区乡镇企业领导小组进行了调整（涪区委〔2001〕31号），成员单位由1996年的32个调减至22个。领导小组办公室设在区农办，由农办副主任廖正祥兼任办公室主任，秦绍基、周志洪、汪志勇任办公室副主任，负责处理日常事务。2003年12月28日，涪陵区乡镇企业管理局改设为中小企业局后，乡镇企业领导小组继续存在。直至2009年涪陵区中小企业局与涪陵区经信委合并后便自然撤销，未另成立乡镇企业领导机构。

表1-14　**涪陵区乡镇企业领导小组成员名单**

（2001年3月21日）

单位及职务	姓名	性别	领导小组职务
中共涪陵区委副书记、区政府区长	史大平	男	组长
中共涪陵区委副书记、区政协主席	龙正学	男	副组长
区政府常务副区长	伍策禄	男	副组长
区人大常委会副主任	包定有	男	副组长
区政府副区长	刘启明	男	副组长
区政协副主席	伍国福	男	副组长
中共涪陵区委副秘书长、办公室主任	陈恒全	男	成员
区政府办公室副主任	罗永华	男	成员
中共涪陵区委研究室副主任	马晓娅	女	成员
区农办主任	冉龙喜	男	成员
区计委主任	许辅国	男	成员
区经委主任	陈显伦	男	成员
区体改委主任	田景斌	男	成员
区科委主任	程莉莉	女	成员
区建委副主任	左久林	男	成员
区农办副主任	廖正祥	男	成员兼办公室主任
区乡镇企业管理局局长	王杰军	男	成员
区财政局局长	林彬	男	成员
区地税局局长	蒋兴树	男	成员
区国税局局长	傅玉春	男	成员
区国土局局长	魏德华	男	成员
区工商分局局长	段荣华	男	成员
区移民局局长	罗敏	男	成员
区统计局局长	傅家和	男	成员
区审计局局长	陈远明	男	成员
区技术监督局局长	邓节民	男	成员
农行涪陵分行行长	周健实	男	成员
区信用联社主任	余禄林	男	成员

第四节　领导机构的变更与撤销

为了贯彻实施《中华人民共和国中小企业促进法》和贯彻落实《国务院办公厅转发国家经贸委关于鼓励和促进中小企业发展若干政策意见的通知》（国办发〔2000〕59号文）精神，推动重庆市中小企业发展，2001年6月21日市政府办公厅印发《关于成立重庆市推动中小企业发展工作领导小组的通知》（渝府办〔2001〕101号）。《通知》指出：经市政府同意，决定撤销重庆市乡镇企业领导小组和重庆市个体私营经济领导小组，成立重庆市推动中小企业发展工作领导小组。同时将原市乡镇企业领导小组办公室和市发展个体私营经济领导小组办公室，分别更名为重庆市乡镇企业办公室和重庆市个体私营经济工作办公室，由市推动中小企业发展工作领导小组领导。

重庆市乡镇企业领导小组撤销后，各区县（自治县、市）也随着乡镇企业管理部门的调整和中小企业局的设立，相继撤销了乡镇企业领导小组，成立中小企业领导小组，未另成立乡镇企业的领导机构。

第二章　管理机构

1986年以来，四川省从省到市（地）、区县、乡镇都设有乡镇企业管理机构。省、市（地）和区县的管理机构统称乡镇企业管理局；乡镇的管理机构统称企业办公室，负责指导、管理、协调、监督、服务辖区内的乡镇企业。乡镇企业管理机构作为各级政府指导发展乡镇企业的行政主管部门，在各个时期担负着扶持、促进与服务乡镇企业发展壮大的任务。

具体职责是：宣传实施党和国家的有关方针政策，贯彻落实国家有关法律法规，协调解决发展过程中有关问题，提供有利于乡镇企业发展的各种服务，为乡镇企业的快速发展牵线搭桥，推动乡镇企业健康发展。

1997年，中央把重庆设为直辖市后，从市到区县（自治县、市）和乡镇，继续保留了乡镇企业的管理机构，对乡镇企业的发展行使指导、管理、监督、协调、服务的职能。

第一节　直辖前市（地）及管理机构

四川省重庆市乡镇企业管理局

四川省重庆市乡镇企业管理局的前身是四川省重庆市社队企业局，成立于1977年8月3日；1983年4月，四川省永川地区与重庆市合并，地市合并后的两个社队企业局合署办公，归口部门是重庆市农委，属四川省社队企业局管辖。

1984年5月，根据中共中央〔1984〕4号文件精神、市政府〔1984〕55号文件决定：四川省重庆市社队企业局更名为四川省重庆市乡镇企业管理局，业务范围由原管理乡村两级企业扩大到乡、村、组、联户和户办五级企业。是重庆市人民政府对乡镇企业行使管理、指导、监督、协调、服务职能的行政主管部门，归口部门仍然是市农委，属四川省乡镇企业管理局管辖。

办公地点在重庆市市中区上清寺四新路38号。

中共组织：1978年12月经市委批准，成立中共四川省重庆市社队企业局党组，1984年5月更名为中共四川省重庆市乡镇企业管理局党组。

1985年8月，经中共四川省重庆市委常委决定，并以渝涵〔1985〕205号文通知，重庆机构调整后的市乡企局领导班子成员是：宋度明任党组书记、局长；黄培中任党组副书记和副局长；胡长青、屈植富、黄先一任党组成员、副局长；王照恩任顾问；付忠、周万志任调研员。1988年6月，杨纯俊任党组成员、副局长。

行政控编74人，事业控编20人。

内设机构有：办公室、人事处（政治处）、计划统计处、生产安全处、财务处、科教处。1985年8月，增设建筑企业管理处；1987年2月，增设政策研究室；1987年8月，增设对外经济合作处。

1988年12月，办公地点迁往江北区建新北路二支路2号。

直属企事业单位有：市乡镇企业供销公司、市第十建筑工程公司、市乡镇企业干部学校、市乡镇企业投资公司、市乡镇企业总公司（乡镇企业服务中心）、重庆翔宇房屋综合开发公司、市乡镇企业外经公司、市乡镇企业物资公司、异军审计事务所和局机关招待所等10个。

1993年6月，宋度明退休。7月，王昌渠任党组书记、局长。11月，赵家明任党组成员、副局长。1994年3月，赵吉林任党组成员、副局长。

市乡企局辖大渡口区、江北区、沙坪坝区、九龙坡区、南岸区、北碚区、渝北区、巴南区、万盛区、双桥区、永川市、江津市、合川市、綦江县、长寿县、大足县、铜梁县、潼南县、璧山县、荣昌县等20个区县（市）的乡镇企业管理局。

1996年9月，受四川省乡镇企业管理局委托，重庆市乡企局对四川省万县市、涪陵市、黔江地区乡镇企业管理局实行代管。

1996年，四川省重庆市乡镇企业有6.8万家，从业人员121.7万人，实现增加值100.1亿元，总产值412.7亿元，营业收入377.3亿元，利润总额达到11.6亿元，实缴税金15.8亿元，支付从业人员的劳动报酬达到41.1亿元。

四川省万县市乡镇企业管理局

四川省万县市乡镇企业管理局的前身是四川省万县地区社队企业局，成立于1978年，是万县地区行政公署管理社队企业的行政主管部门，归口管理部门是地区农委。区、乡成立社队企业办公室，形成了比较完善的管理体系。

1983年，万县地区社队企业局改称为四川省万县地区乡镇企业管理局，属四川省乡镇企业管理局管辖，区、乡社队企业管理机构也更名为乡镇企业办公室。

万县地区乡镇企业局管辖万县市（县级市）、忠县、开县、梁平县、云阳县、奉节县、巫山县、巫溪县、城口县等9个市（县）的乡镇企业管理局。

行政编制：24 人。

中共组织：1985 年成立中共四川省万县地区乡镇企业管理局党组。

内设机构有：办公室、企业管理科、经济运行科、法规科、科技科。

1993 年，经国务院同意撤销万县地区，设立地级万县市，同时撤销原县级万县市。四川省万县地区乡镇企业管理局更名为四川省万县市乡镇企业管理局，辖龙宝、天城、五桥 3 个区和开县、梁平、忠县、云阳、奉节、巫山、巫溪、城口 8 个县的乡镇企业管理局。

直属单位有：万县市乡镇企业干部学校。

1996 年 9 月，由重庆市乡企局代管，党组织和内设机构没有变动。

1986—1996 年，曾担任过党组书记、局长的是：魏兴衡。

1996 年，四川省万县市乡镇企业有 8.71 万家，从业人员 36.3 万人，实现增加值 29.01 亿元，总产值 107.7 亿元，营业收入 97.9 亿元，入库税金 2.2 亿元，利润 3.3 亿元，支付从业人员工资总额达到 11.3 亿元。

四川省涪陵市乡镇企业管理局

四川省涪陵市乡镇企业管理局的前身是四川省涪陵地区社队企业办公室，成立于 1976 年 1 月 2 日。1984 年更名为四川省涪陵地区乡镇企业管理局。归口管理部门是地区农委，属四川省乡镇企业管理局管辖。辖涪陵、垫江、南川、丰都、石柱、武隆、彭水、黔江、酉阳、秀山等 10 个县的乡镇企业管理局。

行政编制：33 人。

中共组织：1984 年成立中共四川省涪陵地区乡镇企业管理局党委。

内设机构有：办公室、计划财务科、生产科、科技教育科、安全科。

1988 年，经国务院同意，涪陵地区进行了行政区划调整，分设涪陵、黔江两个地区。将石柱县、彭水县、黔江县、酉阳县、秀山县等 5 个少数民族自治县划归黔江地区管辖。涪陵地区乡镇企业管理局辖涪陵市、垫江县、南川市、丰都县、武隆县乡镇企业管理局。

1989 年，内设机构设置经地区编委、地区人事局同意，调整为：办公室、政治处（与局党委办公室实行两块牌子、一套人员）、生产科、计财科、安全矿业科、科技科、审计科。1990 年 6 月 1 日增设保卫科。

1996 年，经国务院同意涪陵撤地区设地级市，同时撤销县级涪陵市，新设立枳城区和李渡区。涪陵地区乡镇企业管理局更名为涪陵市乡镇企业管理局，辖垫江县、南川市、丰都县、武隆县、枳城区、李渡区等 4 县（市）2 区的乡镇企业管理局。

局直属企事业单位有：巴异公司、对外建筑公司、农工商公司、农副产品公司、矿粉厂、建材联合公司、建安公司、工业物资公司等 8 家企业和矿管站、设计所、项目办、质检站、培训中心、投资公司、建材公司等 7 个事业单位。

1996 年 9 月，由重庆市乡企局代管，局的党组织和内设机构没有变动。

1986—1996 年，曾担任过党委书记和局长的是：楼克成、聂代禄、陈显伦、余成海。担任过副局长的是：张大荣、何重道、周胜楚、张洪国、廖正祥、陈兴弟。

1996 年，四川省涪陵市乡镇企业有 4.99 万家，从业人员 22.12 万人，实现增加值 19.48 亿元，产值 116.58 亿元，营业收入 72.17 亿元，入库税金 1.47 亿元，利润 1.98 亿元，支付从业人员工资总额 2.67 亿元。

四川省黔江地区乡镇企业管理局

1988 年 5 月经四川省黔江地区行署批准，成立四川省黔江地区乡镇企业管理局，归口部门是地区农委，属四川省乡镇企业管理局管辖。辖石柱、彭水、黔江、酉阳、秀山等 5 个土家族苗族自治县乡镇企业管理局。

行政编制：5 人，事业编制 3 人；1993 年，行政编制增加为 16 人。

中共组织：1988 年 12 月，经黔江地区地直机关工委同意，成立中共四川省黔江地区乡镇企业管理局党支部，共有 4 名党员。

内设机构有：办公室、生产科、安全科、开发科、计划财务科、直属企业科、纪检组、培训中心。

直属企业有：黔江地区乡镇企业供销公司、乡镇企业矿业公司、腾飞公司、乡镇企业建筑公司、铝箔厂、复合肥厂、乡镇企业总公司。

1996 年 9 月，由重庆市乡企局代管，局的党组织和内设机构没有变动。

1988—1996 年，曾担任过党支部书记、局长的是：王道奎、杨泽凌、黄南成。担任过副局长的是：祁云海、吴安培、谭本宣。

1996 年，四川省黔江地区乡镇企业有 4.36 万家，从业人员 13.57 万人，实现增加值 9.89 亿元，总产值 27.48 亿元，入库税金 8816 万元，利润 1.07 亿元，支付从业人员工资总额 2.46 亿元。

第二节　直辖后市级管理机构

重庆市乡镇企业管理局

1997 年 6 月 18 日重庆挂牌成立直辖市，原四川省重庆市乡镇企业管理局更名为重庆市乡镇企业管理局，属农业部乡镇企业管理局管辖。

中共组织：中共重庆市乡镇企业管理局党组。

1997 年 8 月，市乡企局领导班子是：王昌渠任党组书记、局长；赵家明、林维利、张福华、赵吉林任党组成员、副局长；12 月，黄培中、黄先一、杨纯俊任助理巡视员。1998 年 9 月，李桂元由市农委调入任党组成员、纪检组长。

1998 年 1 月 25 日，经市编委审定，市政府批准，市编委印发了《重庆市乡镇企业管理局职能配置、内设机构和人员编制方案》。确定的主要职责是：

（一）负责制定和组织实施乡镇企业发展规划；

（二）负责贯彻落实党和国家及市委、市政府发展乡镇企业的方针政策，研究和制定发展乡镇企业的政策和地方性法规，负责监督和协调乡镇企业法律法规的贯彻实施；

（三）负责推进乡镇企业深化改革，完善经营机制和运行机制；

（四）负责指导乡镇企业的产业结构调整；

（五）负责指导乡镇企业技术进步，开展技术人才教育工作；

（六）负责指导乡镇企业加强管理，提高经济效益；

（七）负责乡镇企业理论研究和思想政治工作；

（八）负责乡镇企业家队伍建设，加强舆论宣传工作；

（九）负责乡镇企业的统计、分析、预测、监测，协调解决经济运行中的重大问题；

（十）承办市政府交办的任务。

内设机构有：办公室（挂机关后勤服务中心牌子）、经济运行处、企业管理处（质量标准处）、对外经济合作处、政策法规处、财务审计处（企业资产监督管理处）、科技教育处、安全环保处（挂乡镇煤矿管理处牌子）、人事处（挂离退休人员工作处牌子）等9个职能处（室）和机关党委（挂纪检组牌子）。

机关行政编制71名，事业编制7名。

1999年3月25日，局直属的重庆市乡镇企业总公司、重庆翔宇房屋综合开发公司、重庆市乡镇企业外经公司、重庆市乡镇企业供销公司、重庆市第十建筑工程公司、重庆市乡镇企业物资公司等6个经济实体在职能、人事、财务、名称等4个方面与市乡企局彻底脱钩，并撤销了异军审计事务所。只保留了重庆市乡镇企业服务中心、重庆市乡镇企业投资公司、重庆市乡镇企业干部学校、局机关后勤服务中心（机关招待所）等4个单位。

2000年5月，张福华任局党组书记、局长；赵家明、林维利、赵吉林任党组成员、副局长；李桂元任党组成员、纪检组长；王晓任助理巡视员。同年9月，徐祖文任党组成员、副局长。

直辖后的市乡企局辖万州区、涪陵区、黔江区、大渡口区、江北区、沙坪坝区、九龙坡区、南岸区、北碚区、万盛区、双桥区、渝北区、巴南区、永川市、江津市、合川市、南川市、綦江县、长寿县、大足县、铜梁县、潼南县、璧山县、荣昌县、开县、忠县、梁平县、云阳县、奉节县、巫溪县、巫山县、城口县、垫江县、丰都县、武隆县、黔江土家族苗族自治县、彭水苗族土家族自治县、石柱土家族自治县、酉阳土家族苗族自治县、秀山土家族苗族自治县等40个区县（自治县、市）乡镇企业管理局。

2002年9月19日，经市委批准，撤销市乡镇企业管理局和市经委中小企业处，在市乡镇企业管理局现有编制和机构基础上，组建重庆市中小企业发展指导局（市乡镇企业局），保留市乡镇企业局牌子，实行一个机构、两块牌子的行政管理体制。2003年2月26日，重庆市中小企业发展指导局（市乡镇企业局）正式挂牌成立。

表1－15　　1986—2002年重庆市乡镇企业管理局领导成员一览表

时间	职务	姓名	性别	任职起止时间
1986年1月—1993年6月	局长	宋度明	男	1985年8月—1993年6月
	副局长	黄培中	男	1985年8月—1997年8月
	副局长	胡长青	男	1985年8月—1989年6月
	副局长	屈植富	男	1985年8月—1993年5月
	副局长	黄先一	男	1986年11月—1997年12月

续表

时间	职务	姓名	性别	任职起止时间
1986年1月—1993年6月	副局长	杨纯俊	男	1988年6月—1997年12月
	副局长	赵家明	男	1993年11月—1997年8月
	顾问	王照恩	男	1985年8月—1991年11月
	调研员	付忠	男	1985年8月—1988年1月
	调研员	周万志	男	1985年8月—1988年12月
	助理巡视员	贺家枫	男	1989年1月—1990年11月
	助理巡视员	周元良	男	1990年9月—1992年4月
1993年7月—1997年8月	局长	王昌渠	男	1993年7月—1997年7月
	副局长	黄培中	男	1997年8月—1997年12月
	副局长	赵家明	男	1997年8月—2000年5月
	副局长	黄先一	男	1997年8月—1997年12月
	副局长	杨纯俊	男	1997年8月—1997年12月
	副局长	赵吉林	男	1994年3月—1997年8月
1997年8月—2000年5月	局长	王昌渠	男	1997年7月—2000年5月
	副局长	赵家明	男	1997年8月—2000年5月
	副局长	林维利	男	1997年8月—2000年5月
	副局长	张福华	男	1997年8月—2000年5月
	副局长	赵吉林	男	1997年8月—2000年5月
	纪检组长	李桂元	男	1998年9月—2000年5月
	助理巡视员	黄培中	男	1997年12月—1999年11月
	助理巡视员	黄先一	男	1997年12月—1998年10月
	助理巡视员	杨纯俊	男	1997年12月—1998年10月
2000年5月—2003年2月	局长	张福华	男	2000年5月—2003年2月
	副局长	赵家明	男	2000年5月—2003年2月
	副局长	林维利	男	2000年5月—2003年2月
	副局长	赵吉林	男	2000年5月—2003年2月
	副局长	徐祖文	男	2000年9月—2003年2月
	纪检组长	李桂元	男	2000年5月—2003年2月
	助理巡视员	王晓	男	2000年3月—2001年8月

表 1－16　　1986—2002 年重庆市乡镇企业管理局处室负责人一览表

职务	姓名	性别	任职起止时间	备注
办公室				
主任	李廷中	男	1986 年 1 月—1988 年 7 月	调市二党校
副主任	纪涛	男	1986 年 1 月—1987 年 8 月	
副主任	颜凯	男	1986 年 1 月—1987 年 6 月	
副主任	张中华	男	1986 年 3 月—1987 年 3 月	
副主任	王星原	男	1986 年 5 月—1988 年 8 月	
副主任	王开选	男	1987 年 5 月—1988 年 8 月	
主任	王星原	男	1988 年 8 月—1990 年 12 月	
副主任	何龙根	男	1988 年 8 月—1989 年 11 月	
副主任	任德庆	男	1988 年 8 月—1991 年 3 月	
主任	赵家明	男	1990 年 12 月—1993 年 11 月	
副主任	何龙根	男	1990 年 12 月—1994 年 3 月	
副主任	彭光荣	男	1993 年 4 月—1997 年 3 月	
主任	何龙根	男	1994 年 3 月—2003 年 2 月	
副主任	贾百川	男	1994 年 3 月—1997 年 12 月	
副主任	马功胜	男	1997 年 3 月—2000 年 9 月	
副主任	刘庆华	男	1998 年 7 月—2003 年 2 月	
政策研究室（政策法规处）				
副主任	纪涛	男	1987 年 8 月—1992 年 5 月	
主任	戴政儒	男	1988 年 8 月—1990 年 12 月	
副主任	何龙根	男	1989 年 11 月—1990 年 12 月	
处长	戴政儒	男	1990 年 12 月—1996 年 4 月	法规处
副处长	邱昌富	男	1994 年 5 月—1997 年 3 月	法规处
处长	邱昌富	男	1997 年 3 月—1998 年 4 月	法规处
计划统计处				
处长	王晓	男	1986 年 1 月—2000 年 3 月	
副处长	李成珍	女	1986 年 1 月—1988 年 8 月	
副处长	汤家凯	男	1986 年 1 月—1988 年 8 月	
副处长	郑洪宽	男	1988 年 8 月—1990 年 10 月	
副处长	周天荣	男	1990 年 12 月—1991 年 12 月	
副处长	李建福	男	1994 年 1 月—2000 年 9 月	
副处长	代修超	男	1998 年 5 月—2000 年 9 月	
处长	代修超	男	2000 年 9 月—2003 年 2 月	
生产处（安全环保处）				
处长	贺家枫	男	1986 年 1 月—1989 年 1 月	生产处

续表

职务	姓名	性别	任职起止时间	备注
副处长	王庭良	男	1986 年 1 月—1988 年 8 月	生产处
副处长	骆伟强	男	1986 年 10 月—1988 年 8 月	生产处
副处长	马如一	男	1988 年 8 月—1991 年 12 月	安全环保处
副处长	张中华	男	2000 年 9 月—2002 年 12 月	安全环保处
副处长	沈山	男	2000 年 9 月—2003 年 2 月	安全环保处
企业升级办公室（企业管理处）				
主任	王星原	男	1990 年 12 月—1993 年 4 月	企业升级办公室
副主任	褚孟明	男	1990 年 12 月—1993 年 4 月	企业升级办公室
副处长	刘安军	男	1993 年 4 月—1997 年 3 月	企业管理处
处长	刘安军	男	1997 年 3 月—1998 年 4 月	企业管理处
处长	邱昌富	男	1998 年 4 月—2003 年 2 月	企业管理处
副处长	杜宏俊	男	1998 年 5 月—2000 年 12 月	企业管理处
对外经济协作处				
处长	王端增	男	1988 年 8 月—1991 年 6 月	
副处长	王光禄	男	1989 年 12 月—1991 年 12 月	
处长	王光禄	男	1991 年 12 月—1994 年 5 月	
副处长	马如一	男	1991 年 12 月—1997 年 3 月	
副处长	张中华	男	1994 年 9 月—1995 年 9 月	
财务审计处				
处长	周元良	男	1986 年 1 月—1991 年 12 月	
副处长	王功业	男	1986 年 1 月—1991 年 12 月	
副处长	戴政儒	男	1986 年 3 月—1988 年 8 月	
处长	王功业	男	1991 年 12 月—1993 年 4 月	
副处长	黎学英	女	1993 年 4 月—1997 年 3 月	
副处长	冯庄	女	1998 年 5 月—2003 年 2 月	
处长	黎学英	女	1997 年 3 月—2003 年 12 月	
处长	邱昌富	男	1999 年 7 月—2000 年 9 月	审计处
副处长	陶世坤	男	1998 年 4 月—2000 年 6 月	审计处
科技教育处				
副处长	刘明	男	1986 年 1 月—1988 年 8 月	
副处长	周天荣	男	1986 年 1 月—1990 年 12 月	
处长	刘明	男	1988 年 8 月—2000 年 9 月	
副处长	褚孟明	男	1988 年 8 月—1990 年 12 月	
副处长	伍学义	男	1991 年 12 月—1992 年 3 月	
副处长	曾达琼	女	1991 年 4 月—1993 年 4 月	

续表

职务	姓名	性别	任职起止时间	备注
副处长	伍学义	男	1994 年 9 月—1998 年 5 月	
人事处（政治处）				
副处长	郭唐御	男	1986 年 1 月—1989 年 10 月	
副处长	曾静	女	1986 年 1 月—1988 年 8 月	政治处
副处长	赵家明	男	1987 年 2 月—1988 年 9 月	
处长	赵家明	男	1988 年 9 月—1990 年 12 月	
副处长	向晓原	男	1988 年 9 月—1997 年 5 月	
副处长	钱伟	女	1995 年 7 月—2001 年 3 月	
处长	向晓原	男	1997 年 5 月—1998 年 5 月	
处长	刘晓玲	女	1998 年 5 月—2000 年 8 月	
处长	黄伟生	男	2001 年 3 月—2003 年 2 月	
副处长	穆上	男	2001 年 3 月—2003 年 2 月	离退休干部管理处
建筑企业管理处				
副处长	李元国	男	1986 年 1 月—1987 年 3 月	
副处长	曾达琼	女	1986 年 1 月—1991 年 4 月	
副处长	张中华	男	1987 年 3 月—1990 年 5 月	
处长	崔德甫	男	1991 年 12 月—1995 年 9 月	
处长	张中华	男	1996 年 5 月—2000 年 9 月	
直属企业管理处				
处长	王光禄	男	1994 年 5 月—1998 年 4 月	

第三节　区县（自治县、市）管理机构

1986 年以来，重庆市除市中区外，各区县（市）人民政府都设有乡镇企业行政管理机构，是政府的行政职能部门。

1990 年以后，有的区县（市）因工作需要，把乡镇企业管理局改设为乡镇企业委员会。虽然名称不同，但管理乡镇企业的职能没有变。

1997 年重庆直辖后，全市除渝中区外，其余 40 个区县（自治县、市）乡镇企业的行政管理机构没有变动。

2000 年以后重庆市区县机构改革。40 个区县（自治县、市）中，少数完整保留了乡镇企业管理机构和职能，多数将机构和职能并入经委或相应部门，挂乡镇企业局牌子，还有少数将乡镇企业行政管理机构撤销。

万州区乡镇企业管理局

1997年6月，重庆成立直辖市，将万县市设置为重庆市万县移民开发区，原四川省万县市乡镇企业管理局更名为重庆市万县移民开发区乡镇企业管理局，属市乡企局管辖。

中共组织和内设机构没有变动。

1998年5月22日，经中央办公厅和国务院办公厅批准，万县移民开发区更名为万州区。万县移民开发区乡镇企业管理局也更名为重庆市万州区乡镇企业管理局。

行政编制：24人。

中共组织：中共重庆市万州区乡镇企业管理局党组。

内设机构有：办公室、法规科、管理科、经济运行科、改革科、科技科、纪检室。

直属单位有：万州区乡镇企业干部学校。

原管辖的忠县、开县、梁平县、云阳县、奉节县、巫山县、巫溪县、城口县等8个县的乡镇企业管理局由重庆市乡企局管辖。万州区乡镇企业管理局只管辖区内的龙宝、天城、五桥3个区的乡镇企业管理局。

1997—2002年，担任过党组书记、局长的是：秦大德、简凤鸣。

涪陵区乡镇企业管理局

1997年6月，重庆成立直辖市，将涪陵（地级）市设为涪陵区。原四川省涪陵市乡镇企业管理局也改称为重庆市涪陵区乡镇企业管理局，归口部门是区农委，属市乡企局管辖。

1998年撤销枳城、李渡两个区。枳城区、李渡区乡镇企业管理局并入涪陵区乡镇企业管理局，直接管辖46个乡镇和街道企办室。原下辖的南川市、垫江县、丰都县、武隆县等4县（市）乡镇企业管理局由重庆市乡镇企业管理局管辖。

行政编制：28人。

中共组织：中共重庆市涪陵区乡镇企业管理局党委。

内设机构：办公室、组织人事科、法规审计科、计划财务科、企业指导科、科技教育科、安全环保科和离退休人员管理科。

直属单位有：矿管站、项目办。原有的其他直属单位在改革中破产或撤销。

1997—2002年，担任过党委书记、局长的是：余成海、王杰军。担任过副局长的是：陈兴弟、廖正祥、冉隆恩、黎明文、艾玉强。担任过纪委书记的是：蔺清禄。

黔江区乡镇企业管理局

1997年6月，重庆成立直辖市，将黔江区设为重庆市黔江开发区，四川省黔江地区乡镇企业管理局也改称为重庆市黔江开发区乡镇企业管理局，代管石柱土家族自治县、秀山土家族苗族自治县、酉阳土家族苗族自治县、黔江土家族苗族自治县、彭水苗族土家族自治县等5个少数民族自治县乡镇企业管理局。黔江开发区乡镇企业管理局属市乡企局管辖。

行政编制：16 人。

中共组织：中共重庆市黔江开发区乡镇企业管理局党支部。

内设机构有：办公室、生产科、开发科、计划财务科、直属企业管理科。

2000 年 6 月 25 日，经党中央和国务院批准，撤销黔江土家族苗族自治县，设立重庆市黔江区，重庆市黔江开发区乡镇企业管理局改称为重庆市黔江区乡镇企业管理局，只管辖原黔江土家族苗族自治县的行政区域。不再代管石柱、秀山、酉阳、彭水等 4 个少数民族自治县乡镇企业管理局，而由重庆市乡企局管辖。

中共组织：中共重庆市黔江区乡镇企业管理局党支部。

行政编制：20 人，2002 年增至 24 人。

内设机构有：办公室、发展规划科、财务科、企业指导科、科技教育科、环保安全科。

直属企业有：黔江地区乡镇企业供销公司、乡镇企业矿业公司、腾飞公司、乡镇企业建筑公司、铝箔厂、乡镇企业总公司。

1997—2002 年，担任过党支部书记、局长的是：黄南成、粟永特、华大万。担任过副局长的是：龚远政、冉文光、张毓廷、陆永江、陈乾礼。

大渡口区乡镇企业管理局

大渡口区乡镇企业管理局成立于 1995 年 1 月 23 日，是区政府领导和管理的正局级行政机构，属市乡企局管辖。

行政编制：5 人（其中设领导职数 2 人）。

内设机构有：办公室、计划财务科。

直属单位有：大渡口区乡镇企业资产评估所、乡镇企业审计事务所、乡镇企业养老保险所、乡镇企业培训中心。

2002 年 5 月 18 日，撤销原乡镇企业管理局下属的事业单位重庆市大渡口区乡镇企业资产评估事务所、乡镇企业审计事务所、乡镇企业培训中心、乡镇企业职工养老保险所。

直属单位有新成立的大渡口区职工教育培训中心。

1996 年成立了摩托车协会和鞋业协会。

2001 年机构改革，11 月 2 日大渡口区经委和乡镇企业管理局合并。

1995—2002 年，担任过局长的是：姚世明、宋文良、韩瑞碧。

江北区乡镇企业管理局

江北区乡镇企业管理局的前身是 1978 年成立的重庆市江北区中苏友好人民公社工业部和随后成立的江北区社队企业领导小组、江北区社队企业科和江北区社队企业局。1984 年更名为江北区乡镇企业管理局，是区政府的行政机构，属市乡企局管辖。

中共组织：1986 年 8 月 29 日成立中共重庆市江北区乡镇企业管理局党委，1990 年 8 月，改为党组。

行政编制：16 人，另有收取乡镇企业管理费开支的 11 人。1989 年，行政编制 8 人，管理费开支 13 人。

内设机构有：生产计划科、科技安全设备技术科、经营财务科、人事秘书科、建筑劳务科和行政办公室。1987 年改设为生产计划科、科技开发科、经营财务科、人事劳资科、行政办公室、党委办公室。1990 年 6 月，又调整为生产计划科、科技安全设备技术科、经营财务科和行政办公室。

1993 年 4 月，经江北区委批准，将江北区乡镇企业管理局和江北区工业局合并，改称为江北区城乡集体经济管理局，保留江北区乡镇企业局牌子。

办公地点在江北区华新村 130 号。

行政编制：16 人，另有企业管理费开支 11 人。

内设机构设置 1 室 3 科，即办公室、企业管理科、科技开发科、财务经营科。

2001 年机构改革，8 月江北区政府将原江北区城乡集体经济管理局的职能划入新组建的江北区经济委员会，挂江北区乡镇企业局牌子。

内设机构设置为 3 室 5 科，即党工委办公室、行政办公室、经济研究室、经济运行科、企业发展科、电力与资源管理科、科技教育科和统计财务科。

1986—2002 年，担任过党委（党组）书记、局长的是：陈孔华、王光源、彭支经、康献忠、李忠纯、张孟奎、肖通俊。

沙坪坝区乡镇企业管理局

沙坪坝区乡镇企业管理局的前身是沙坪坝区社队企业局，成立于 1978 年 11 月 16 日。1984 年 5 月更名为重庆市沙坪坝区乡镇企业管理局，归口管理部门是区农办，属市乡企局管辖。

行政编制 8 人，事业编制 17 人。

中共组织：1979 年 5 月 14 日，经中共重庆市沙坪坝区委组织部批准建立中共重庆市沙坪坝区社队企业局党支部，1997 年 9 月 15 日，经中共重庆市沙坪坝区委批准建立中共重庆市沙坪坝区乡镇企业管理局党组。

内设机构：办公室、生产科、经营管理科、建筑材料科、科技科、计划财务科。

直属企业有：沙坪坝区乡镇企业供销公司、沙坪坝区巴川建筑工程公司、重庆市方解石联营公司。

1995 年 3 月行政区划调整前辖 16 个街道、4 个镇的企办室。行政区划调整后辖 13 个街道、12 个镇的企办室。

1988 年 1 月 18 日，经重庆市沙坪坝区科学技术协会批准成立重庆市沙坪坝区乡镇企业建筑协会；1988 年 4 月 16 日，经重庆市沙坪坝区科学技术协会批准成立重庆市沙坪坝区乡镇企业建筑材料协会；1992 年 4 月 20 日，经重庆市沙坪坝区科学技术协会批准成立重庆市沙坪坝区乡镇企业科学技术协会。

1986—2002 年，担任过党组书记、局长的是：杨斌、王庆璋、欧文孝、李正模、陈正明。副局长是：邹用厚、蒋天禄、李 忠、李少华、王庆璋、郑能金、郑全华、陈正明、曹大全、胥世海。担任过局长助理的是：熊光辉。

2003 年重庆市沙坪坝区机构编制委员会批准成立重庆市沙坪坝区企业发展局，挂重庆市沙坪坝区经济委员会和重庆市沙坪坝区企业发展局两块牌子。

九龙坡区乡镇企业管理局

九龙坡区乡镇企业管理局的前身是九龙坡区乡村企业局，成立于 1983 年 12 月，归口部门是九龙坡区农工部，1984 年 6 月，更名为九龙坡区乡镇企业管理局，属市乡企局管辖。

中共组织：1984 年成立中共重庆市九龙坡区乡镇企业管理局党工委。

行政编制：1984 年 9 月，局内工作人员有 33 人，1988 年增至 34 人。

内设机构有：生产计划统计科、经营管理科、建筑科、科技科、供销科和办公室。

1988 年，撤销供销科，增设安全环保科和经济贸易科。1991 年 4 月，增设审计科。

局直属单位：1991 年 1 月建立区乡镇企业建材管理站，1994 年 8 月建立区乡镇企业资产评估事务所。

1988 年 12 月，成立九龙坡区乡镇企业科学技术协会，有会员 176 人。

2001 年机构改革，9 月乡镇企业管理局并入区经信委。

1986—2002 年，担任过党工委书记、局长的是：范先文、张洪才、邹天伦、曹太福。

南岸区乡镇企业管理局

南岸区乡镇企业管理局的前身是南岸区社队企业局，成立于 1977 年，1984 年更名为区乡镇企业管理局，属市乡企局管辖。

中共组织：1985 年成立中共重庆市南岸区乡镇企业管理局党组。

行政编制：25 人。

内设机构有：办公室、经济科、科教科、生产科、安全环保科、直属企业科。

2001 年机构改革中，相继撤销了各镇乡镇企业办公室，其人员多数是没有行政编制的临时工被清退，其职能移交给镇经济发展办公室。

内设机构由此前的 1 室 5 科缩减为 1 科 1 室，即：综合科、办公室。

1986—2002 年，担任过党组书记、局长的是：许世文、刘进、周永秋。担任过副局长是：苏茂、喻海波、谭选淹。

2002 年 10 月 24 日南岸区机构编制委员会印发《关于调整区属部分经济主管部门机构设置的通知》（南编发〔2002〕13 号），决定撤销南岸区乡镇企业管理局，其人、财、物成建制并入南岸区经济委员会，挂乡镇企业局的牌子。

北碚区乡镇企业管理局

北碚区乡镇企业管理局的前身是北碚区社队企业局，成立于 1978 年 10 月，1984 年 8 月更名为乡镇企业管理局，是区政府管理乡镇企业的行政主管部门，属市乡企局管辖。

行政编制：42 人。

中共组织：1984 年 11 月成立中共重庆市北碚区乡镇企业管理局党组，1988 年撤销党组，设立党支部，1993 年 9 月成立党总支。

内设机构有：办公室、生产科、计统财务科、技术安全科、科技教育科、供销科（对外称供销公司）。

直属单位有：北碚乡镇企业矿业公司、北碚乡镇企业建筑公司、北碚乡镇企业花木公司。

2001 年机构改革，9 月并入重庆市北碚区经济委员会（挂重庆市北碚区乡镇企业局、重庆市北碚区中小企业发展指导局牌子），曹科富任主任兼北碚区乡镇企业局局长。

1986—2002 年，担任过党总支（党支部）书记、局长的是：谷家训、蔡显觉、蒋平、黄宗明、曹可富。担任过副局长的是：王大学、黎兵、王道荣、胡明新、钟添元、朋吉模、吴锦良、曹可富、陈美全、张玲、廖本明。

万盛区乡镇企业管理局

万盛区乡镇企业管理局在经历了重庆市南桐矿区煤焦指挥部、煤焦生产办公室、区社队企业办公室、社队企业局、乡村企业局的演变后，1984 年改称为南桐矿区乡镇企业管理局，归口部门是区农业财贸办公室，属市乡企局管辖。

行政编制：20 人。

中共组织：1984 年 8 月成立中共重庆市南桐矿区乡镇企业管理局党总支。

内设机构：办公室、生产科、经营管理科。1987 年增设了建筑企业管理科、矿业管理科。1992 年，内设机构调整为 5 科 1 室，即政工科、安全生产科、科教科、计划财务科、审计科和办公室。

1993 年 4 月，重庆市南桐矿区更名为重庆市万盛区，南桐矿区乡镇企业管理局改称为重庆市万盛区乡镇企业管理局。

1995 年，行政编制 24 人，内设机构为 6 科 1 室，即政工科、生产科、科技教育科、计划财务科、审计科、安全科、办公室。1997 年增设政策法规科。

1996 年 10 月 17 日，万盛区人民政府授权区乡镇企业管理局行使重庆市万盛区煤炭工业主管部门职权，并代管其他矿产工业。

1997 年 8 月 18 日，区委、区政府决定成立重庆市万盛区煤炭工业管理局，并与区乡镇企业管理局合并，实行一套班子、两块牌子、两种职能的体制。

1998 年 4 月 9 日，区委、区政府决定：重庆市万盛区乡镇企业管理局与万盛区煤炭工业管理局分设，原区乡镇企业管理局下属乡镇矿山安全技术管理站划归煤管局，人员编制从区乡镇企业管理局的 25 人中划 12 人归煤管局，划减后的区乡镇企业管理局编制为 18 人，内设 1 室 3 科，即局办公室、科技发展科、财务审计科、政工教育科。

直属企业有：乡镇企业供销公司、矿业公司、矿业供销公司。

2001 年机构改革，8 月并入万盛区经贸委，保留乡镇企业管理局牌子。

1986—2002 年，担任过党总支书记、局长的是：尹才安、令狐荣柱、霍似秋、刘春平、侯家元（兼）。担任过副局长的是：令狐荣柱、林先知、刘远尤、余尚均、霍似秋、罗宗全、王君成。

双桥区乡镇企业管理局

双桥区乡镇企业管理局的前身是重庆市双桥区社队企业办公室，成立于1977年5月。1984年6月更名为重庆市双桥区乡镇企业办公室，归口部门是区农林水利局，在区农林站办公。

1986年2月挂牌成立重庆市双桥区乡镇企业局，与区乡镇企业办公室实行一套班子、两块牌子的体制，归口部门是区农贸委，属市乡企局管辖。

办公地点设在区政府办公楼底楼。

1988年12月，乡镇企业局从区农贸委分设出来，归区政府直接管理，办公地点迁至双龙西路37号。

1990年5月更名为重庆市双桥区乡镇企业管理局，归区政府直接领导。

行政编制1人，事业编制7人。其中：财政拨款6人，管理费开支2人。

中共组织：1992年2月成立中共重庆市双桥区乡镇企业管理局党支部。

内设机构：办公室、企管科、计财科。

直属企业有：重庆市双桥区建筑工程公司、乡镇工业供销公司、乡镇企业总公司、重庆红岩汽车配件厂、汽车配件总厂、华兴汽车修配厂、精密铸件厂、红岩实业总公司、红岩汽车传动轴厂、杭州汽车发动机厂西南销售公司、乡镇企业投资公司、正大饲料有限公司。其中：重庆市双桥区建筑工程公司、乡镇工业供销公司、乡镇企业总公司、重庆红岩汽车配件厂、汽车配件总厂分别在2001年以前被注销或破产。

2001年机构改革，8月乡镇企业管理局并入区经济贸易委员会，保留乡镇企业局牌子。

1986—2002年，担任过党支部书记、局长的是：段真贵、刘清梵、郭代昌、黄仁超。担任过副局长的是：刁维才、彭觉贵、刘明仲、陈宗轩。

渝北区乡镇企业管理局（委）

渝北区乡镇企业管理局的前身是重庆市江北县社队企业局，成立于1977年8月6日。1984年2月16日改称重庆市江北县乡村企业局，同年6月19日更名为重庆市江北县乡镇企业管理局，归口江北县人民政府，属市乡企局管辖。

行政编制：25人，事业编制10人。

中共组织：1982年9月10日，成立中共重庆市江北县社队企业局党组；1984年6月19日，更名为中共重庆市江北县乡镇企业管理局党组。

内设机构：办公室、生产股、经营财务股、计划统计股、科教股、安全保卫股、政研审计股、建筑管理科。1991年12月，设立政工股。

1992年11月14日，乡镇企业管理局更名为江北县乡镇企业委员会，主管部门仍然是江北县人民政府。

中共组织：中共江北县乡镇企业委员会。

1994年9月24日，江北县煤炭工业管理局成立，与乡企委两块牌子、一套班子，合署办公。

1995年4月12日，撤江北县设渝北区，江北县乡镇企业委员会更名为渝北区乡镇企业委员会，主管部门是渝北区人民政府。

中共组织更名为中共渝北区乡镇企业委员会党委。

区乡企委设置办公室、政工科、审计科、计划统计科、财务科、安全环保科、科教科、建筑管理科、企业管理科、法规科、项目办公室、科技培训中心12个科室（中心）。

直属企事业单位有：乡镇企业劳动保险科技服务所、供销公司、建筑建材公司、矿业公司、投资总公司。到2002年，供销公司、建筑建材公司改制成股份合作制企业，与区乡镇企业管理局解除隶属关系。

1985年3月，成立了江北县乡镇企业科学技术协会，是市乡镇企业科协的团体会员。

2001年9月机构改革，渝北区乡镇企业委员会更名重庆市渝北区乡镇企业管理局，设中共渝北区乡镇企业管理局党委。

2002年11月，渝北区煤炭管职能划归乡镇企业管理局，实行两块牌子、一套班子的体制，对全区煤炭工业实行行业管理。

1986—2002年，担任过党组和党委书记、局长（委主任）的是：查生全、刘伦宽、潘敬德、胡德汉、贺启禄。担任过副局长（副主任）的是：王儒惠、余广场、黄德模、刘曦、孙正禄、刘光华、刘信勇、李仁贵、谭代明、廖和平、童诗明。

巴南区乡镇企业管理局

巴南区乡镇企业管理局的前身是巴县乡村企业局。1984年5月20日更名为巴县乡镇企业管理局，归口部门是巴县政府农业办公室，属市乡企局管辖。

行政编制：47人，其中局长1人、副局长4人。

中共组织：1984年5月成立中共重庆市巴县乡镇企业管理局党组，下辖局机关党支部、退休干部支部。

内设机构：办公室、政工股、科技股、生产股、财务股、安全办公室。

1994年12月，巴县撤县设巴南区，巴县乡镇企业管理局更名为重庆市巴南区乡镇企业管理局，内设机构由股改设为科，行政编制44人。

内设机构有：办公室、审计科、政工科、经营管理科、生产科、安保科、建管科、科技科。

局直属企业有：巴县建材建筑公司、巴县矿业公司、巴县供销公司。

巴南区先后成立的行业协会有：巴县乡镇企业酿酒协会，巴南区乡镇企业建材协会。

2001年机构改革，巴南区乡镇企业管理局并入巴南区经信委。

1986—2002年，担任过党组书记、局长的是：陈映彬、彭君科、刘兴文、蒋光喜、邱满东、刘大文。

江津市乡镇企业管理局

江津市乡镇企业管理局的前身是江津县乡镇企业管理局。成立于1984年，是县政府批准成立的负责全县乡镇企业发展的职能部门，由县政府领导和管理，属市乡企局管辖。

1992年12月10日，江津撤县设县级市，更名为江津市乡镇企业管理局。

行政编制：25 人。

中共组织：1986 年成立中共重庆市江津县乡镇企业管理局党组，辖局机关党支部。1992 年 12 月更名为重庆市江津市乡镇企业管理局党组。

内设机构有：办公室、计划统计科、生产业务科、财会物价科、科教科、建筑管理科、政工科。

直属企业有：江津市乡镇企业供销公司、江津市农副产品公司。

2002 年机构改革，并入江津市经委。

1986—2002 年，担任过党组书记、局长的是：王述沾、许发亮、刘振禄、程树云。担任过副局长的是：黄永祥、曹淙、崔长勇、韩勇、漆尔前。1988 年 7 月—1993 年 3 月，担任局长助理的是于继勃。

合川市乡镇企业管理局

合川市乡镇企业管理局的前身是合川县社队企业局，成立于 1977 年 6 月。1983 年 12 月改为县乡村企业管理局，1984 年 7 月更名为合川县乡镇企业管理局，归口部门是县农办，属市乡企局管辖。

行政编制：25 人。

中共组织：1985 年成立中共重庆市合川县乡镇企业管理局党组。

内设机构有：人事秘书股、生产技术股、计划统计股、安全保卫股、科教信息股、区乡集镇企业管理股。1988 年，将区乡集镇企业管理股一分为二，改设为经营管理股和建筑建材管理股。撤销生产技术股、科技信息股、建筑建材管理股，设生产技术科教股、建筑管理股，将安全保卫股改为安全环保股，保留人事秘书股。

1992 年，合川撤县设县级市，合川县乡镇企业管理局更名为合川市乡镇企业管理局。

行政编制：25 人。

中共组织：1992 年更名为合川市乡镇企业管理局党组。

内设机构有：人事秘书科、安全环保科、生产科教科、计划统计科、经营管理科。

局直属单位有：乡镇企业培训中心、乡镇企业建筑管理站。

2001 年机构改革，9 月并入合川市经委，挂乡镇企业局牌子，在经委设镇街企业发展科，履行原乡镇企业管理局的职能。

1986—2002 年，担任过党组书记、局长的是：胡泽光、张太奎、王少华。担任过副局长的是：李必中、秦祖龙、田承茂、蔡文炳、李坤奇、丁德明、袁冬梅。

永川市乡镇企业管理局（委）

永川区乡镇企业管理局的前身是永川县社队企业局，经县革委批准成立于 1978 年 12 月，由县委副书记李仁宽兼局长，是县政府管理乡镇企业的行政部门。

1984 年，永川县社队企业局更名为永川县乡镇企业管理局，属市乡企局管辖。

1986 年，行政编制：25 人。

中共组织：1984 年成立中共重庆市永川县乡镇企业管理局党组。

内设机构有：办公室、财务统计股、科教股、安全股、企管股。

1986～1993 年，担任过党组书记、局长的是：范太甲、舒跃超、苏昌权。担任过副局长的是：张大成、罗高弟、周厚泉、吕杨礼、薛正泽。

1992 年，永川撤县设县级市。同时，将永川县乡镇企业管理局改设为永川市乡镇企业委员会。

中共组织：1993 年成立中共永川市乡镇企业委员会党组。

行政编制：28 人。

内设机构有：办公室、科教科、安全科、企管科、技改科。

1993 年 1 月—1997 年 3 月，担任过党组书记、委主任的是：薛正泽、李昌模。担任过副主任的是：何向东、吕杨礼、周厚泉、曹乾湘、吉伟。

1997 年 3 月 14 日，永川市编委印发《关于永川市党政机构微调完善原机构设置的通知》（永编〔1997〕8 号），明确将永川市乡镇企业委员会更名为永川市乡镇企业局，归口部门是永川市发展计划与经济委员会。

行政编制：28 人。

内设机构有：办公室、科教科、财务统计科、技改科、政策法规科。

局直属单位有：永川市建筑企业管理站、永川市乡镇企业发展有限公司、永川市乡镇企业供销公司、乡镇企业局轻化工业公司、永川市乡镇企业科协（永川市乡镇企业教育培训中心）。

1997 年 3 月—2001 年 10 月，担任过党组书记、局长的是：李昌模、刘兵、叶发春。担任过副局长的是：吉伟、何向东、曹乾湘、周荣富。

綦江县乡镇企业管理局（委）

1986 年，綦江县乡镇企业管理局归农业系统，归口部门是县农办，属市乡企局管辖。

办公地址在綦江县古南镇石佛岗 11 号。

行政编制：35 人。

中共组织：1986 年成立中共重庆市綦江县乡镇企业管理局党组，下辖局机关党支部。1992 年 4 月，撤党组设党委。

1992 年 4 月，綦江县乡镇企业管理局从农业系统分离出来，成立綦江县乡镇企业委员会，直属县委、县政府领导。

办公地点迁至綦江县古南镇城东路 1 号。

中共组织：中共綦江县乡镇企业委员会党委。

内构机构有：办公室、政策研究室、政工科、安全环保科、经营财务审计科、直属企业管理科、科技教育科、生产计划科。

1993 年 4 月，县级机构改革，行政编制 20 人，

内设机构调整为：办公室、政工科、安全环保科、经财审计科、科技教育科。

局直属企业有：綦江县乡镇企业职工学校、綦江县乡镇企业发展有限公司（原乡镇企业投资公司）、綦江县乡镇企业建筑企业管理站、綦江县乡镇企业供销公司（2001 年关停）、渝綦滑坡治理工程公司。

綦江县1989年6月成立乡镇企业科学技术协会，2001年8月撤销。

2001年机构改革，8月并入綦江县经委，挂乡镇企业管理局牌子。

1986—2002年，担任过党组（党委）书记、局长（委主任）的是：赵立中、李龙、肖祖烈、袁应相、文立恒。担任过副局长（副主任）的是：赵学炳、袁三汉、王星、刘国成、苟天福、杨能成、李林桐、张绍训、赵模章、蒋世平、刘永会。

长寿县乡镇企业管理局（委）

长寿县乡镇企业管理局成立于1984年，归口部门是县经委，属市乡企局管辖。

1987年12月，长寿县乡镇企业管理局为县政府组成部门，在全县各乡镇设立了乡镇企业办公室。

行政编制：30人。

中共组织：1984年成立中共重庆市长寿县乡镇企业管理局党组，1989年4月，撤销党组改设为党总支。

内设机构有：办公室、企业管理科、统计财务科、科技教育科、安全科。

直属企业有：长寿县建设工程公司、长寿县乡镇企业供销公司。

1984年成立长寿县乡镇企业科技协会。

1993年8月，长寿县乡镇企业管理局更名为长寿县乡镇企业委员会，从县经委口划出直接受县政府管理。

中共组织：1993年10月撤销中共长寿县乡镇企业委员会党总支，成立党组。

内设机构没有变动。

2001年机构改革，12月在原县乡镇企业委员会的基础上组建长寿县企业发展局，归口部门是县经委。同时，撤销各乡镇企办室，工作职能划归乡镇经济发展办公室，乡镇成立企业管理服务站，管理乡镇企业资产。企业发展局内设办公室，企业管理科和发展指导科。

1986—2002年，担任过党组（党总支）书记、局长（委主任）的是：邹河林、刘文彬、罗长清、许翔、郑全生、陈光明。担任过副局长（副主任）的是：陈惠轩、龚怀宇、张恩美、叶明兴、甘学中、何治民、杨炳清、冉洪、谭福明。

大足县乡镇企业管理局（委）

大足县乡镇企业管理局的前身是大足县乡村企业局，成立于1977年8月，1983年改称乡村企业局，1984年8月更名为乡镇企业管理局，归口部门是县农办，属市乡企局管辖。

行政编制：20人。

中共组织：1984年成立中共重庆市大足县乡镇企业管理局党组。

内设机构有：办公室、计财股、生产股、科技股、安全环保股。

1992年改称乡镇企业委员会。

中共组织：中共大足县乡镇企业委员会党组。

内设机构没有变动。

2001 年机构改革，8 月撤销乡镇企业委员会，并入大足县发展计划与经济局。

2002 年更名为大足县发展计划与经济委员会。

2003 年 12 月成立“大足县企业发展局”，同时挂大足县乡镇企业局和大足县中小企业局两块牌子。

1986—2002 年，担任党组书记、局长（委主任）的是：谭贤贵、赵崇亮、罗旭东、毛雪秋、王大志、邓超、苏家友。

铜梁县乡镇企业管理局（委）

铜梁县乡镇企业管理局的前身是乡村企业管理局。1984 年 7 月铜梁县乡村企业管理局更名为铜梁县乡镇企业管理局，归口部门是县农办，属市乡企局管辖。

行政编制：25 人。

中共组织：1986 年 1 月成立中共重庆市铜梁县乡镇企业管理局党组，1988 年 4 月，撤销党组改设党总支，1990 年恢复党组。

内设机构有：生产股、财会股、政工股、建筑建材管理股。1988 年 3 月增设办公室。

1989 年 3 月，核定局机关增加事业编制人员 10 名。

1989 年 3 月，铜梁县成立乡镇企业科学技术协会。

1991 年 6 月，局内设机构调整为：人事秘书股、生产技术股、计划财务股、审计监察股、科教股、建筑建材管理股。

1992 年，经县编委同意，将局内设机构由股改为科，调整为：人事秘书科、生产安全科、计划财务科、审计监察科、科技教育科、经济协作科、建筑建材管理科。

1993 年 3 月，经县委、县政府研究，决定撤销铜梁县乡镇企业管理局，成立铜梁县乡镇企业委员会，归口部门是县经委。

委机关核定人员编制 40 人，其中行政编制 22 人，自收自支事业编制 18 人。

中共组织：1993 年更名为中共铜梁县乡镇企业委员会党组。

内设机构有：办公室、人事监察科、财务审计科、企业管理科、建筑建材科、经济协作科、科技教育科。

1999 年 3 月，铜梁县工业局、铜梁县乡镇企业委员会、铜梁县人民政府经济协作办公室（铜梁县对外经济贸易办公室）合并到铜梁县计划经济委员会（保留县乡企局、县工业局、县经济协作办公室牌子），仍为正局级机构。

2001 年机构改革，7 月撤销铜梁县计划经济委员会、中共铜梁县委工交政治部。新组建铜梁县经济委员会，将原铜梁县工业局、铜梁县乡镇企业委员会、经济体制改革办公室等机构的职能划归县经委（挂乡镇企业局牌子）。

1986—2002 年，担任过党组（党总支）书记、局长（委主任）的是：唐铭鑫、张义喜、颜显才、王清伟。担任过副局长（副主任）的是：郭增祥、谭文强、唐才科、汤才雄、王显超、刘省德、赵忠仁、周景海、汤启玲、刘伟、李永强。

潼南县乡镇企业管理局（委）

潼南县乡镇企业管理局的前身是潼南县乡村企业局，1984 年 6 月更名为乡镇企业管理局，是县政府管理全县乡镇企业的职能机构，归口部门是县农办，属市乡企局管辖。

行政编制：20 人。

中共组织：1986 年成立中共重庆市潼南县乡镇企业管理局党组。

内设机构有：办公室、生产股、计划统计基建股、经营管理股、人事安全保卫股、科技股。

1992 年 12 月 28 日，县政府决定撤销潼南县乡镇企业管理局，成立潼南县乡镇企业委员会。

中共组织：中共潼南县乡镇企业管理委员会党组。

内设机构没有变动。

1986—2000 年，担任过党组书记、局长（委主任）的是：郑胤中、王昌庆、蒋明才、黄元玖、刘启富。担任过副局长（副主任）的是：杨奎、郑德友、邱双全、肖和平、陈克明、聂洪民、王明泉。

2000 年，县乡镇企业委员会更名为非公有制经济发展局，刘启富任局长。

璧山县乡镇企业管理局

璧山县乡镇企业管理局的前身是璧山县社队企业局，成立于 1977 年 7 月，1984 年 2 月改称为乡村企业局，1984 年 6 月更名为璧山县乡镇企业管理局，归口部门是璧山县农办，属市乡企局管辖。

行政编制：25 人。

中共组织：1984 年 7 月经中共璧山县委批准，成立中共璧山县乡镇企业管理局党组。

内设机构有：办公室、计划财务股、生产股、企业管理股、科技股、政工股、安全环保股。

直属企业有：璧山县乡镇企业供销公司、璧山县乡镇企业建筑建材公司、璧山县乡镇企业投资公司。

2001 年 10 月 17 日，县工业局与乡镇企业局合并，成立县企业发展局，是璧山县工业的主管部门。

1986—2002 年，担任过党组书记、局长的是：龙江厚、张明建、朱朝阳。担任过副局长的是：风大彬、周隆全、黄茂光。

荣昌县乡镇企业管理局（委）

荣昌县乡镇企业管理局的前身是 1978 年经荣昌县革委会批准成立的社队企业局，1983 年改称为乡村企业局，1984 年更名为荣昌县乡镇企业管理局，归口荣昌县计委，属市乡企局管辖。

行政编制：25 人。其中正副局长 4 人，正副股长 8 人，工作人员 13 人。

中共组织：1986 年成立中共重庆市荣昌县乡镇企业管理局党组。

内设机构有：办公室、企业管理科、直属企业管理科、财计科、科教科等 1 室 4 科。

1993 年 8 月，县政府将荣昌县乡镇企业管理局改设为荣昌县乡镇企业委员会。

中共组织：1993 年更名为中共荣昌县乡镇企业委员会党组。

内设机构没有变动。

1986—1996 年，荣昌县乡镇企业管理局有 42 个直属企业。其中：荣昌县矿业公司、荣昌县茶叶公司、荣昌县乡镇企业供销公司、荣昌县第三建筑工程公司是预算外全民所有制性质的公司，此外还有 38 个二轻划归企业，共有正式在册职工 1670 人，正式职工都是城镇人口，由县劳动局招工录用，县乡镇企业管理局保管职工个人档案。直属企业主要负责人和财会人员由县乡镇企业管理局审批任免。到 2002 年，除荣昌县第三建筑工程公司改制成为股份制企业外，其余的直属企业均破产解体。

1989 年和 1990 年，先后成立了荣昌县煤炭学会和荣昌县乡镇企业建筑建材协会。1993 年，荣昌县乡镇企业建筑建材协会更名为荣昌县乡镇企业建材协会。

2001 年机构改革，县政府批准乡镇企业委员会与荣昌县经委合并，实行两块牌子、一套班子的管理体制，邓启才任合并后的县经委主任。

1986—2002 年，担任过党组书记、局长（委主任）的是：廖华光、魏贵和、邓启才。担任过副局长（副主任）的是：伍登章、甘才顺、廖奕兴、彭汝华、吉建华、谷新川、李长刚。

开县乡镇企业管理局

开县乡镇企业管理局的前身是四川省开县社队企业局，成立于 1977 年 11 月。1984 年 7 月更名为四川省开县乡镇企业局管理局，归口管理部门是县政府。属四川省万县地区乡镇企业管理局管辖。

行政编制：15 人。

中共组织：1986 年 2 月成立中共四川省开县乡镇企业管理局党总支，下辖局机关党支部。

内设机构：行政办公室、项目办公室、矿山设计室、技安股、财务股、审计股。

1988 年 11 月，县编委核定局的行政编制为 21 人。

1997 年重庆成为直辖市后，改称重庆市开县乡镇企业管理局，归口管理部门是开县人民政府农村工作办公室，属市乡企局管辖。

2001 年，局机关行政编制 9 人。

中共组织：中共重庆市开县乡镇企业管理局党总支。

内设办公室、业务科。

局直属单位有：矿业管理所、乡镇企业职工学校、乡镇企业供销公司、乡镇企业商务公司。

2001 年 10 月，全县行政机构改革，撤销了 55 个乡镇企办室，其人员、职能职责统筹划归乡镇人民政府内设的经济发展办公室。

1986—2002 年，担任过党组书记、局长的是：廖仁礼、朱文仲、谢先汉、熊启国。担任过副局长的是：张万成、吴庆明、杨兴斋、江述正、金昔鹏、朱逢康、刘辉、杨春、刘永亮。

忠县乡镇企业管理局

忠县乡镇企业管理局的前身是四川省忠县社队企业办公室，成立于1976年11月。1977年8月改称为社队企业局，1984年更名为四川省忠县乡镇企业管理局，归口部门是县计委。属四川省万县地区乡镇企业管理局管辖。

行政编制：20人。

中共组织：1984年，设立中共四川省忠县乡镇企业管理局党支部。

内设机构有：办公室、计划财务股、生产技术股、政治工作办公室、资产评估股。

局直属企业有：忠县乡镇企业供销公司。

1997年重庆成为直辖市后，改称为重庆市忠县乡镇企业管理局，属市乡企局管辖。

中共组织：中共重庆市忠县乡镇企业管理局党支部。

行政编制和内设机构没有变动。

2001年行政机构改革，9月县乡镇企业管理局划入县政府农村工作办公室。

1986—2002年，担任过党支部书记、局长的是：陈正孝、兰义华、成守文。

梁平县乡镇企业管理局

梁平县乡镇企业管理局是从1976年4月批准成立的四川省梁平县社队企业办公室、1977年5月中共梁平县委批准成立的社队企业管理局和1983年12月成立的乡村企业局演变过来的，1984年9月3日改称为四川省梁平县乡镇企业管理局。归口部门是县政府，属四川省万县地区乡镇企业管理局管辖。

行政编制24人，事业编制9人。

中共组织：1984年经县委批准成立中共四川省梁平县乡镇企业管理局党组。

内设机构有：政秘股、计财股、科技股、生产股，1990年增设矿业股、安保股。

直属企业有：梁平县国营乡镇企业供销公司、国营矿业公司、国营建工建材公司、第三建筑工程公司、酿造公司、东方建筑工程公司、新胜纸厂、电缆厂、特种玻璃厂、邵新纸厂、中兴建筑工程公司、海峡建筑工程公司。

1997年重庆成为直辖市后，改称为重庆市梁平县乡镇企业管理局，属市乡企局管辖。

行政编制18人，事业编制3人。

中共组织：中共重庆市梁平县乡镇企业管理局党组。

内设机构有：政秘股、财审股、企业管理股、生产股、矿业管理股、安保股、科教股。

2001年梁平县机构改革后，局内设机构有：政秘科、生经科、安环科、科教科、矿业科。

2001年8月20日，梁平县委决定县乡镇企业管理局与县农办合并，在县农办挂乡镇企业管理局牌子，设立乡镇企业发展科，行政编制2人。2003年将管理乡镇企业的职能划入县经委，不再保留乡镇企业管理局的牌子。

1986—2002年，担任过党组书记、局长的是：陈国信、刘志忠、黄真杰、邓贤毅。担任过副局长的是：胡义斌、王传明、范贤东、周文甲、蓝建军、曹顺政、邹万里。

云阳县乡镇企业管理局

云阳县乡镇企业管理局的前身是四川省云阳县乡村企业局，1984 年 7 月更名为四川省云阳县乡镇企业管理局。归口管理部门是县农办，属四川省万县地区乡镇企业管理局管辖。

1992 年，局行政编制 20 人。

中共组织：1983 年成立中共四川省云阳县乡镇企业管理局党组。

内设机构有：人秘股、安全保卫股、生产技术股、计划财务股。

局直属企事业单位有：乡镇矿山设计室、乡镇企业科技信息指导推广站、乡镇企业职工培训中心、煤矿安全技术服务站、煤矿救护队。

1997 年重庆成为直辖市后，改称为重庆市云阳县乡镇企业管理局，属市乡企局管辖。

中共组织：中共重庆市云阳县乡镇企业管理局党组。

行政编制和内设机构没有变动。

2000 年 12 月，县政府增设了云阳县煤炭工业管理局（简称县煤管局），与县乡镇企业管理局合署办公，实行两块牌子、一套班子。

2001 年县级机构改革，成立云阳县非公有制经济发展局，与县乡镇企业管理局、县煤管局合署办公，归口部门是县农村工作办公室。同时，撤销了各乡镇企办室。

2002 年，局 9 家直属企业全部破产关闭或改制重组成为非公有制企业。

1986—2002 年，担任过党组书记、局长的是：唐德城、李大富、朱卫民。

奉节县乡镇企业管理局

奉节县乡镇企业管理局的前身是四川省奉节县社队企业办公室，成立于 1976 年，1978 年更名为社队企业局。1984 年 7 月 22 日改为四川省奉节县乡镇企业管理局，归口部门是县农办，属万县地区乡镇企业管理局管辖。

行政编制：14 人。

中共组织：1984 年经奉节县委批准，设立中共四川省奉节县乡镇企业管理局党组。

内设机构有：办公室、政工股、业务股、财会股、统计股。

1987 年 4 月县煤炭总公司与乡镇企业局合署办公，实行一套班子、两块牌子体制。成立县煤管局后，原局直属的矿山管理所划归煤管局。

1990 年，全县的 11 个区和 76 个乡镇都成立了企办室。

1997 年重庆成为直辖市后，改称为重庆市奉节县乡镇企业管理局，属重庆市乡企局管辖。

中共组织：中共重庆市奉节县乡镇企业管理局党组。

内设机构没有变动。

直属企业有：奉节县乡镇企业供销公司、乡镇企业经销公司、矿业总公司、建工建材总公司、煤炭公司。

2001 年县机构改革，县乡镇企业管理局更名为奉节县中小企业管理局，保留乡镇企业局牌子，归口部门是县农办。

中共组织：中共重庆市奉节县中小企业管理局党组。

内设机构没有变动。

各乡镇企办室在机构改革中被撤销。

1986—2001年，担任过党组书记、局长的是：冯章权、杨前大、朱健生、冉述清。担任过副局长的是：邹官政、李治胜、胡建中、姜正富。

巫山县乡镇企业管理局

巫山县乡镇企业管理局的前身是四川省巫山县社队企业局，成立于1977年12月27日，1983年11月更名为县乡村企业局，1984年9月改称为四川省巫山县乡镇企业管理局，归口部门是县经委，属四川省万县地区乡镇企业管理局管辖。

行政编制：12人。

中共组织：1984年设立中共四川省巫山县乡镇企业管理局党组。

内设机构有：政治秘书股、计划财务股、企业股、供销股。

1997年重庆成为直辖市后，改称为重庆市巫山县乡镇企业管理局，属市乡企局管辖。

中共组织：中共重庆市巫山县乡镇企业管理局党组。

行政编制和内设机构没有变动。

直属企业有：巫山县矿山管理所，属自收自支的事业单位。1996年，成立县煤炭管理局，矿山管理所并入了县煤炭管理局。

1986—2002年，担任过党组书记、局长的是：陈玉友、颜家德、廖秀云、陈嗣义。

巫溪县乡镇企业管理局

巫溪县乡镇企业管理局的前身是巫溪县社队企业局，成立于1977年6月，1983年12月更名为巫溪县乡村企业局，1984年5月改称为四川省巫溪县乡镇企业管理局，归口部门是县农办，属四川省万县地区乡镇企业管理局管辖。

行政编制：15人。

中共组织：1984年7月2日经县委批准，成立中共巫溪县乡镇企业管理局党组。

内设机构：办公室、人事保卫股、基层指导股、计划股、统计股、物价股。

直属企业有：巫溪县乡镇企业供销公司、矿业公司、农副产品加工公司。

1997年重庆成为直辖市后，改称为重庆市巫溪县乡镇企业管理局，属市乡企局管辖。

中共组织：中共重庆市巫溪县乡镇企业管理局党组。

行政编制和内设机构没有变动。

1986—2002年，担任过党组书记、局长的是：张光栋、周贤成。

城口县乡镇企业管理局

城口县乡镇企业管理局的前身是四川省城口县社队企业局，成立于1978年10月，归县政府直接管理。1984 年，改为四川省城口县乡镇企业管理局，属四川省万县地区乡镇企业管理局管辖。

行政编制：10 人。

中共组织：1996 年成立中共四川省城口县乡镇企业管理局党组。

内设机构有：人秘科、安全科、生产技术科、计财科。

局直属企业有：川东钡化工开发有限公司、城口县矿业公司和社队企业供销公司。

1997 年重庆成为直辖市后，改称为重庆市城口县乡镇企业管理局，属市乡企局管辖。

中共组织：中共重庆市城口县乡镇企业管理局党组。

行政编制和内设机构没有变动。

2001 年，县机构改革，城口县乡镇企业管理局并入城口县经贸委，挂乡镇企业局牌子，设局长 1 名，副局长 1 名，工作人员 2 名。

1986—2002 年，担任过党组书记、局长的是：黄国足、黄光平、蔡泽云、林孝伦。担任过副局长的是：李均益、赵尚忠、庞先威。

南川市乡镇企业管理局

南川市乡镇企业管理局的前身是四川省南川县社队企业局，成立于 1977 年。1984 年改为南川县乡镇企业管理局，归口部门是县农委，属四川省涪陵地区乡镇企业管理局管辖。

行政编制：20 人。

中共组织：1985 年成立中共四川省南川县乡镇企业管理局党组。

内设机构有：人事秘书股、财务统计股、企业管理股、科技教育股、安全生产股。

1994 年，南川撤县设县级市，南川县乡镇企业管理局改称为南川市乡镇企业管理局。

地址：南川市城南大街 5 号。

行政编制：20 人。

内设机构有：办公室、生产计划科、财务科、科技教育科。

1997 年重庆成为直辖市后，改称为重庆市南川市乡镇企业管理局，属市乡企局管辖。

中共组织：中共重庆市南川市乡镇企业管理局党组。

行政编制和内设机构没有变动。

局直属单位有：矿业总公司、建工建材公司、轻化公司、乡镇企业物资有限公司、嘉南水泥制造有限公司、先峰磷肥厂、机砖厂、天马公司。

1986—2002 年，担任过党组书记、局长的是：张祥述、王小华、陈德全、霍剑瑜。担任过副局长的是：戴俊超、周仕成、王永槐、杭世勇、向琪、郑本杰、王贵民、刘洪光、传德前、陈世荣、王乾华、赵太平、吴知有、韦济国。

垫江县乡镇企业管理局

垫江县乡镇企业管理局的前身是四川省垫江县社队企业办公室，成立于 1976 年 11 月，1977 年 5 月改为县社队企业局，1983 年 11 月，改称为县乡村企业局，1984 年 5 月更名为四川省垫江县乡镇企业管理局，归口部门是县计委，属四川省涪陵地区乡镇企业管理局管辖。

行政编制：20人。

中共组织：1984年12月成立中共四川省垫江县乡镇企业管理局党委。

内设秘书股、生产股、计财股、科技股。

1986年将科技股、建工股、生产股合并为科技信息股，增设户办联户办股。

1988年恢复建工股；1989年6月成立审计股；1993年4月将秘书股、行管股合并为秘书股，将生产股、科技股、建工股合并为企业管理股，将财会股、统计股合并为财计股，保留政工股、审计股、安保股。

1997年重庆成为直辖市后，改称为重庆市垫江县乡镇企业管理局，属市乡企局管辖。

中共组织：中共重庆市垫江县乡镇企业管理局党委。

行政编制和内设机构没有变动。

直属企业有：供销公司、渝江机电设备安装公司、垫江县建筑工程公司、垫江县建筑材料公司。

2001年1月机构改革，保留垫江县乡镇企业管理局，增挂垫江县非公有制经济发展局牌子。同年6月增挂垫江县煤矿安全监察管理局牌子，8月乡镇企业管理局升为正科级单位。

局内设机构有：办公室、发展规划科、安全监察科。

1986—2002年，担任过党委书记、局长的是：吕方明、卢怀志、余灵智、詹成云。担任过副局长的是：李彦禄、殷炳统、杜敏惠、汪家培、董泽隆、郑子健、朱清华、王远华、陈跃华。

丰都县乡镇企业管理局

丰都县乡镇企业管理局的前身是四川省丰都县社队企业局，成立于1977年5月8日。1984年更名为乡镇企业管理局，归口部门是县农办，属四川省涪陵地区乡镇企业管理局管辖。

行政编制：5人。

中共组织：1989年10月4日经中共四川省丰都县直属机关工作委员会批准建立丰都县乡镇企业管理局总支委员会。

内设机构有：秘书股、生产股、计财股、安全股，1987年4月增设政工股，1992年增设科技管理股，1993年增设审计股，1994年增设保卫股。

直属企业有：名山化工厂、化工建材厂、供销公司、一洞桥综合加工厂、丰都县毛晴纺织染厂（1995年6月倒闭）、丰都县建材公司船舶修造厂、丰都县第一建筑工程公司、丰都县汽车运输公司、丰都县仙奕方便榨菜厂、丰都县七股岩联合煤矿、社坛蚕网厂。

1997年重庆成为直辖市后，改称为重庆市丰都县乡镇企业管理局，属市乡企局管辖。

中共组织：中共重庆市丰都县乡镇企业管理局党总支。

行政编制：20人。

内设机构中除保留办公室、计财股、政工股、审计股、保卫股外，生产股与科技管理股合并为生技股，安全股与矿业站合署办公，新设置直属乡镇企业办公室。

1986—2002年，担任过党总支书记、局长的是：李应芳、吴陶林、孙继良、华孝生、向建国、黄有禄。担任过副局长的是：余中孝、余永发、陈永禄、曾郁灵、张廷生。

武隆县乡镇企业管理局

武隆县乡镇企业管理局的前身是四川省武隆县乡村企业局，成立于1983年12月3日。1984年7月25日改为四川省武隆县乡镇企业管理局，归口部门是县经委，属四川省涪陵地区乡镇企业管理局管辖。

行政编制：15人。

中共组织：1984年8月成立中共四川省武隆县乡镇企业管理局党支部，1985年5月成立党组，1995年8月10日，撤销党组，成立党委，下设局机关党支部、县矿业公司党支部、县矿物超微粉厂党支部和县海隆矿泉食品有限公司党支部。

内设机构有：秘书股、生产股、计财股。1989年增设安全生产股和政工股。1990年设审计股，将安全生产股更名为安全生产监察股。1991年，又将安全生产监察股改为安全生产监察所。1993年，增设项目办公室和内保股。1995年设立建设工程材料股。

重庆直辖前，局7股1所1办的内设机构没有变动。

直属企业有：县乡镇企业供销公司、县乡镇企业局农副产品公司、县矿业公司、大理石公司（1990年12月停产倒闭）、建工建材公司、建筑安装公司（1994年停产倒闭）。1998年12月，其余公司均在改革中破产解体。

1997年重庆成为直辖市后，改称重庆市武隆县乡镇企业管理局，属市乡企局管辖。

中共组织：中共重庆市武隆县乡镇企业管理局党委。

内设机构由股改为科，重新设置为：办公室、政工科、计财科、企业管理科、矿山安全监督管理所。1999年3月，矿山安全监督管理所转划给县煤炭局。

2001年，武隆县机构改革，10月11日，武隆县乡镇企业管理局并入县经委。

1986—2002年，担任过党组（党委）书记、局长的是：冯兴琥、王远耻、王朝友、郑周喜、冉忠孝。担任过副局长的是：吴延华、朱志权、刘厚兴、计光明、栾永国、聂大本、许和平、刘群生、李西合、余绍禹、蒲刚、莫朝江、胡隆孝。

石柱土家族自治县乡镇企业管理局

石柱土家族自治县（简称石柱县，下同）乡镇企业管理局的前身是四川省石柱县乡村企业局。1983年11月改称为石柱县乡村企业局，1984后7月更名为四川省石柱县乡镇企业管理局，辖8个区、2个镇、55个乡的乡镇企业办公室，属四川省涪陵地区乡镇企业管理局管辖。

1987年7月县编委核定：机关人员编制16人，其中行政14人，事业2人，控制企业人员2人。1996年行政编制为12人。

中共组织：1987年10月成立中共四川省石柱县乡镇企业管理局党组。

内设机构有：秘书股、计财股、生产股、审计股、科技教育股、矿山安全监察股。

直属企业有：矿业公司、供销公司、双庆毛制品厂、审计服务所。

1988年，国务院批准涪陵地区划出石柱、彭水、黔江、酉阳、秀山5个少数民族自治县，设立黔江地区。石柱县乡镇企业管理局属四川省黔江地区乡镇企业管理局管辖。

1997 年重庆成为直辖市后，改称为重庆市石柱县乡镇企业管理局，属市乡企局管辖。

中共组织：中共重庆市石柱县乡镇企业管理局党组。

行政编制和内设机构没有变动。

2001 年机构改革后，并入县经济贸易委员会，内设机构由股改为科，县经贸委只设置了乡镇企业科。

1986—2002 年，曾担任过党组书记、局长的是：谭邦寓、黄文任、黄毅、谭斌操。

彭水苗族土家族自治县乡镇企业管理局

彭水苗族土家族自治县（简称彭水县，下同）的前身是四川省彭水县社队企业局，成立于 1977 年 10 月，1983 年 11 月改称为乡村企业局，1984 年 8 月，改称为彭水县乡镇企业管理局。归口部门是县计委，属四川省涪陵地区乡镇企业管理局管辖。

行政编制：14 人。

中共组织：1982 年 9 月成立中共彭水县社队企业局党组，1984 年 8 月改称为中共彭水县乡镇企业管理局党组。

内设机构：秘书股、生产技术股、企业管理股、计财股。1985 年设立会计函授站，1990 年 6 月，增设审计股、安全股。

直属企事业单位：乡镇企业供销公司、乡镇矿业公司、第二建筑公司、建工建材公司、丝织工艺地毯厂、四达建筑安装公司、乡镇企业审计服务所、乡镇企业会计函授站、乡镇矿产管理监察所、乡镇企业服务中心、乡镇企业检察室、四川省乡镇企业审计事务所彭水办事处。其中矿业公司于 1997 年 5 月 28 日破产。

1988 年，涪陵地区行政区划调整，设立黔江地区，辖石柱、彭水、黔江、酉阳、秀山 5 个少数民族自治县，彭水县乡镇企业管理局属四川省黔江地区乡镇企业管理局管辖。

1997 年重庆成为直辖市后，改称为重庆市彭水县乡镇企业管理局，属市乡企局管辖，归口部门仍然是县计委。

中共组织：中共重庆市彭水县乡镇企业管理局党组。

内设机构没有变动。

1999 年 4 月 2 日，经县科技协会同意，成立了乡镇企业科技协会，由李永凡任理事长，傅元平任副理事长。

2001 年 8 月，县级机构改革，撤销彭水自治县乡镇企业管理局，将职能并入县农业局（保留乡镇企业局牌子）。

1986—2002 年，担任过党组书记、局长的是：冉启明、王良泉、王德洲、廖秀伦、李永凡、陈启军。担任过副局长的是：王道立、张中年、傅以鑫、张允栋、陈建华、冯学举、冉隆坤、王光凯、龚万胜、汪林（挂职）、陈光平（挂职）、徐业模、傅元平、代其平、蒋春华。

酉阳土家族苗族自治县乡镇企业管理局

酉阳土家族苗族自治县（简称酉阳县，下同）乡镇企业管理局的前身是四川省酉阳县乡村企业局，成立于1978年。1984年更名为酉阳县乡镇企业管理局，归口部门是县经委，辖13个区和80个乡（镇）乡镇企业办公室，属四川省涪陵地区乡镇企业管理局管辖。

1988年，国务院批准涪陵地区划出石柱、彭水、黔江、酉阳、秀山5个少数民族自治县，设立黔江地区。酉阳县乡镇企业管理局属四川省黔江地区乡镇企业管理局管辖。

行政编制：16人。

中共组织：1987年5月，经县委决定成立中共四川省酉阳县乡镇企业管理局党组。

内设机构有：秘书股、生产股、计划财务股、建工股。1988年，撤销建工股，增设安全股和直属企业股。1989年增设乡镇企业资金发展办公室（简称发展办）。1991年撤销直属企业股，安全股与生产股合并，设立审计股。1992年，新设保卫股。1993年撤销保卫股，计划财务股与审计股合并，新设科教股。到1996年，内设机构是：秘书股、安全生产股、审计股、科教股、发展办公室。

直属企事业单位有：乡镇企业供销公司、矿业公司、酉阳县第三建筑公司、新源纸厂、铜古纸厂、淀粉厂、食品加工厂、砂砖厂、双桥煤厂、板桥陶瓷厂、卷烟厂、乡镇企业建筑设计室。

1987年成立了乡镇企业建筑学会和县会计学会乡镇企业分会。

1997年重庆成为直辖市后，改称为重庆市酉阳县乡镇企业管理局，属重庆市乡企局管辖。归口部门仍然是县经委。

中共组织：中共重庆市酉阳县乡镇企业管理局党组。

内设机构改设为3股1室：生产股、保卫股、计财股、办公室。

2001年机构改革，内设机构进行了调整，只设置了办公室、综合业务科、企业指导科。

原局的直属企业实行多种形式的改革后，转制成了股份制或个体私营企业，建筑学会和会计分会也随之取消。

1986—2002年，担任过党组书记、局长的是：王宗太、杨英、江永恭、何玉楠、肖高义、田波平、康川生、白民主。担任过副局长的是：何玉楠、陈国胜、陶万成、熊晓辉、冉弼贤、谭子旗、伍水权、陈茂淦、冉启智、冉俊光、杨玉明、杨秀华、孙世明、刘子仪、陈永长。

秀山土家族苗族自治县乡镇企业管理局

1983年11月7日，经国务院批准成立四川省秀山土家族苗族自治县（简称秀山县，下同），乡镇企业管理局的前身是秀山县乡村企业局，成立于1977年，1984年改称为乡镇企业管理局，归口部门是县农办。辖8区1镇、46个乡的企办室，属四川省涪陵地区乡镇企业管理局管辖。

行政编制：23人。

中共组织：1986年成立中共四川省秀山县乡镇企业管理局党组。

内设机构：秘书股、财计股、企管股、安监股、科教股。

1988年5月，涪陵地区行政区划调整，设立黔江地区，将石柱、彭水、酉阳、黔江、秀山等5个少数民族自治县划归黔江地区管辖，县乡镇企业管理局属四川省黔江区乡镇企业管理局管辖。

直属企业有：制帽厂、竹木厂、白铁皮加工厂、电池锰粉厂、造纸厂、纸箱厂、文具厂、华兴水泥厂、塑料厂、建筑厂、材料厂、锅铧铸造厂、建材厂。

1997年重庆成为直辖市后，改称为重庆市秀山县乡镇企业管理局，属重庆市乡企局管辖。

中共组织：中共重庆市秀山县乡镇企业管理局党组。

行政编制和内设机构没有变动。

2001 年 8 月，秀山县乡镇企业管理局划入县农村工作办公室。

1986—2002 年，担任过党组书记、局长的是：丁幼航、易炳森、杨胜举、杨胜吉、姚茂华。

第四节　乡镇（街道）管理机构

乡镇（街道）级的管理机构统称为乡镇企业办公室（简称企办室，下同），是乡镇企业最基层的行政管理和服务机构。

1979 年国务院颁发《关于发展社队企业若干问题的规定（试行草案）》，要求省、县两级设人民公社企业管理局，地区设相应的机构，人民公社要有专人管理社队企业。重庆市在县以上成立社队企业局，当时的人民公社也相继从村社干部和社队企业的管理人员中抽调骨干组建社队企业办公室，负责社队企业的管理和服务工作。随着社队企业演变为乡镇企业后，社队企业办公室也更名为乡镇企业办公室。为了推动乡镇企业大力发展，多数乡政府还安排一些广播电视大学、职工大学、职工业余大学、函授大学、夜大毕业的“五大生”和城市建设占地安置人员充实企办室的机构和管理队伍。

1988 年，重庆市人民政府制定出台《关于继续大力发展乡镇企业若干政策问题的意见》（重府发〔1988〕92 号），明确规定：“县辖区、乡（镇）设乡镇企业办公室，在行政上对全区、乡（镇）的所有乡镇企业进行指导、协调、监督、服务。”

1992 年，重庆市编委印发《关于明确乡镇和县辖区乡镇企业办公室机构、编制标准（试行）及主要职责的通知》（重编〔1992〕76 号），明确“乡镇企业办公室为行政机构，事业编制，经费在乡镇企业管理费中自收自支”。1993 年，四川省委、省政府做出《关于加快发展乡镇企业若干问题的决定》，强调“乡镇企业办公室是乡镇企业第一线的管理部门”。

企办室是乡政府管理辖区内乡镇企业的办事机构，人员编制不一致。规模较大的乡镇，企办室一般都设置 2 ~ 3 名行政编制，专职从事乡镇企业工作，经费从收取的管理费中开支。绝大多数的乡镇企办室，行政编制只有 1 ~ 2 名专职人员。行政编制少的企办室，在工作繁忙时，乡政府可以到乡镇企业或其他部门抽派熟悉业务的人员到企办室协助完成一些紧急性事务。后来这些抽派的人员都安置在企办室工作，没有行政编制，成为企办室的合同制工作人员或临时工。

重庆市直辖前，全市有 574 个乡镇（街道）设立企办室。到重庆市直辖后的 1997 年末，全市有 1491 个乡镇（街道）企办室，企办室专职管理人员 3908 人。1999 年，经各乡镇评选推荐和区县（自治县、市）有关部门审查，重庆市人事局、市乡企局研究决定，对在乡镇企业管理工作中做出显著成绩的 80 个企办室先进集体和 158 名先进工作者给予表彰奖励。

2000 年区县机构改革，撤销了乡镇企办室，其职能并入其他机构，对专职管理人员进行分流，对聘用和临时工作人员进行清退。机构改革后，乡镇（街道）管理乡镇企业的企办室变为三种管理模式：

（1）约 80% 划归乡镇经济发展办公室或街道社会事务办公室；

（2）约 5% 划归乡镇综合办公室；

（3）约8%划归乡镇农经站或农业服务中心。

另外，有3个区县（市）的乡镇企业办公室更名为乡镇企业服务站。

机构改革后，经济规模大的乡镇（街道）编制4人，中等规模的2人，小的乡镇只有1人或无人。人员有的来自原农经站，有的来自计生办，有的来自村镇建设办等。到2002年，在乡镇（街道）有关部门负责乡镇企业工作的人数由改革前的3908人减少为2366人，降幅达40%。

第三章　中共组织

重庆市乡镇企业党的组织接受中共重庆市委领导和市农委指导与管理。各区县乡镇企业行政管理部门党的组织接受当地党委领导和相关部门的指导和管理。

第一节　市乡企局党组

1978年12月，中共重庆市委印发渝委函〔1978〕441号文批准成立中共重庆市社队企业局党组。

1984年5月，重庆市社队企业局党组更名为中共重庆市乡企局党组。中共重庆市委授予市乡企局党组代行党委职权，负责领导局属单位的党组织和其他组织的建设。宋度明任局党组书记，李世熙任副书记。

1985年8月9日经市委常务会议研究决定，市乡企局领导班子调整后的局党组，由宋度明任党组书记，黄培中任副书记，胡长青、屈植富任党组成员。

1986年11月27日，经市委同意黄先一任市乡企局党组成员。

1988年4月12日，经市委同意杨纯俊任市乡企局党组成员。

1993年3月24日，经市委决定，免去屈植富局党组成员职务。同年5月13日，市委常委会议决定，王昌渠任市乡企局局党组书记。同年10月11日，经市委同意，赵家明任党组成员。

1994年3月6日，经市委同意，赵吉林任市乡企局党组成员。

1997年7月9日，市委常委会议决定，王昌渠任局党组书记。同年8月8日，经市委同意，赵家明、林维利、张福华、赵吉林任党组成员。

1998年5月6日，市委常委会议研究同意，李桂元任市乡企局纪检组组长、党组成员。

2000年5月12日，市委决定，张福华任局党组书记。同年9月3日，经市委同意，徐祖文任市乡企局党组成员。

表 1－17　1986—2002 年中共重庆市乡镇企业管理局党组成员一览表

时间	职务	姓名	性别	任职起止时间
1985 年 8 月—1993 年 6 月	书记	宋度明	男	1985 年 8 月—1993 年 5 月
	副书记	黄培中	男	1985 年 8 月—1993 年 5 月
	成员	胡长青	男	1985 年 8 月—1989 年 6 月
	成员	屈植富	男	1985 年 8 月—1993 年 3 月
	成员	黄先一	男	1986 年 11 月—1993 年 5 月
	成员	杨纯俊	男	1988 年 4 月—1993 年 5 月
1993 年 5 月—1997 年 7 月	书记	王昌渠	男	1993 年 5 月—1997 年 7 月
	成员	黄培中	男	1993 年 5 月—1997 年 7 月
	成员	黄先一	男	1993 年 5 月—1997 年 7 月
	成员	杨纯俊	男	1993 年 5 月—1997 年 7 月
	成员	赵家明	男	1993 年 11 月—1997 年 7 月
	成员	赵吉林	男	1994 年 3 月—1997 年 7 月
1997 年 7 月—2000 年 5 月	书记	王昌渠	男	1997 年 7 月—2000 年 5 月
	成员	赵家明	男	1997 年 8 月—2000 年 5 月
	成员	林维利	男	1997 年 8 月—2000 年 5 月
	成员	张福华	男	1997 年 8 月—2000 年 5 月
	成员	赵吉林	男	1997 年 8 月—2000 年 5 月
	成员	李桂元	男	1998 年 5 月—2000 年 5 月
2000 年 5 月—2002 年 12 月	书记	张福华	男	2000 年 5 月—2003 年 2 月
	成员	赵家明	男	2000 年 5 月—2003 年 2 月
	成员	赵吉林	男	2000 年 5 月—2003 年 2 月
	成员	林维利	男	2000 年 5 月—2003 年 2 月
	成员	李桂元	男	2000 年 5 月—2003 年 2 月
	成员	徐祖文	男	2000 年 9 月—2003 年 2 月

第二节　局机关党委

市乡企局机关党委接受局党组和市直属机关党工委领导和指导与管理，经市直属机关党工委批准成立于 1989 年 5 月 3 日。负责局机关党员思想建设和组织建设，负责局机关精神文明建设，完成局党组交办的任务。

1989 月 8 日，杨纯俊任机关党委书记，孔家元任机关党委专职副书记，周天荣、王星原为委员。

1994 年 8 月 29 日，局机关党委改选，赵家明任党委书记，孔家元任专职副书记，周天荣、伍学义、向晓原为委员，全局党员有68人。

1999年3月15日，经市直属机关党工委同意，向晓原任机关党委专职副书记，同时免去孔家元机关党委专职副书记职务。

2001年5月14日，局机关党委改选，赵家明任党委书记，向晓原任专职副书记，刘安军、金鸿、黄树忠、黎学英、穆上为委员。

局机关党委于1989年8月1日设立党委办公室，由孔家元兼任局机关党委办公室主任。同年12月8日，李建福任局机关党委办公室副主任。1997年3月24日，刘晓玲任局机关党委办公室主任。

表1-18　　**1986—2002年市乡企局机关党委负责人一览表**

职务	姓名	性别	任职起止时间
书记	杨纯俊	男	1989年8月—1994年8月
专职副书记	孔家元	男	1989年8月—1999年3月
书记	赵家明	男	1994年8月—2003年2月
专职副书记	向晓原	男	1999年3月—2003年2月

第三节　党支部

在市乡企局党组领导下，1986年建立了局机关、重庆市乡镇企业供销公司、重庆市第十建筑工程公司、重庆市地方矿业公司等4个党支部和重庆市乡镇企业贸易中心临时党支部，共有81名党员。

1987年3月重庆市乡镇企业贸易中心正式成立党支部。

1987年4月建立重庆市乡镇企业干部学校党支部。

1987年7月重庆市地方矿业公司划归重庆煤炭工业公司，党组织随行政机构划归煤炭公司。

1989年6月撤销重庆市乡镇企业贸易中心，并入供销公司。党组织自行撤销。

1989年8月在局机关党支部的基础上分别建立第一和第二党支部。

1991年4月建立局机关离退休党支部。

1993年3月由重庆市乡镇企业总公司、外经公司、翔宇开发公司建立联合党支部。

1994年3月建立重庆市乡镇企业物资公司党支部。

1994年7月市乡企局分别建立局机关第三和第四党支部。

1997年3月，建立重庆市乡镇企业投资公司党支部，为乡企局机关第五党支部。2001年2月投资公司党支部更名为发展公司党支部。

到2002年年底，市乡企局共有6个党支部，分别是：局机关一、二、三、四、五支部，离退休党支部，共有87名党员。

表 1－19　1986—2002 年局机关及直属单位党支部负责人一览表

局机关党支部

成立时间	党员人数	职务	姓名	性别	任职起止时间
1986 年 3 月	46 人	书记	胡长青	男	1986 年 3 月—1989 年 8 月
	46 人	副书记	曾静	女	1986 年 3 月—1989 年 8 月

局机关第一党支部

成立时间	党员人数	职务	姓名	性别	任职起止时间
1989 年 8 月	28 人	书记	戴政儒	男	1989 年 8 月—1994 年 7 月
	11 人	书记	伍学义	男	1994 年 7 月—2001 年 2 月
	6 人	书记	穆上	男	2001 年 2 月—2002 年 12 月

局机关第二党支部

成立时间	党员人数	职务	姓名	性别	任职起止时间
1989 年 8 月	27 人	书记	周天荣	男	1989 年 8 月—1994 年 7 月
	12 人	书记	周天荣	男	1994 年 7 月—1999 年年 12 月
	12 人	书记	王光禄	男	2000 年 9 月—2001 年 3 月
	10 人	书记	刘安军	男	2001 年 2 月—2003 年 2 月

局机关第三党支部

成立时间	党员人数	职务	姓名	性别	任职起止时间
1994 年 7 月	16 人	书记	曾静	女	1994 年 7 月—1999 年 3 月
	9 人	书记	刘庆华	男	1999 年 3 月—2001 年 2 月
	11 人	书记	黎学英	女	2001 年 2 月—2003 年 2 月

局机关第四党支部

成立时间	党员人数	职务	姓名	性别	任职起止时间
1994 年 7 月	16 人	书记	向晓原	男	1994 年 7 月—2000 年 12 月
	5 人	书记	金鸿	男	2001 年 2 月—2003 年 2 月

局机关第五党支部（投资公司党支部）

成立时间	党员人数	职务	姓名	性别	任职起止时间
1997 年 3 月	4 人	书记	黄树忠	男	1997 年 3 月—2003 年 2 月
	4 人	副书记	刘洪林	男	1997 年 3 月—2003 年 2 月

续表

局机关离退人员党支部

成立时间	党员人数	职务	姓名	性别	任职起止时间
1991年4月	10人	书记	付忠	男	1991年4月—1997年1月
	25人	书记	屈植富	男	1997年1月—1997年7月
	25人	书记	付忠	男	1997年7月—2001年4月
	36人	书记	黄培中	男	2001年4月—2003年2月

乡镇企业干部学校党支部

成立时间	党员人数	职务	姓名	性别	任职起止时间
1987年4月	3人	副书记	崔德甫	男	1987年4月—1989年6月
	8人	书记	崔德甫	男	1989年6月—1990年6月
	9人	书记	蒋荣尧	男	1990年6月—1995年8月
	13人	书记	李建福	男	1995年8月—1998年10月
	13人	副书记	黎昌铠	男	1995年8月—1997年2月
	19人	书记	李建福	男	1998年10月—2003年2月

市乡镇企业供销公司党支部

成立时间	党员人数	职务	姓名	性别	任职起止时间
1985年11月	25人	书记	陈复辉	女	1986年11月—1990年5月
	28人	书记	雷寿碧	女	1990年5月—1999年3月
	28人	副书记	肖正纪	男	1990年5月—1992年10月

市第十建筑工程公司党支部

成立时间	党员人数	职务	姓名	性别	任职起止时间
1986年2月	6人	副书记	游春燕	女	1986年2月—1986年12月
	6人	书记	游春燕	女	1986年12月—1987年5月
	13人	书记	张吉明	男	1987年5月—1996年5月
	18人	副书记	李元国	男	1990年5月—1995年3月
	15人	书记	代祥永	女	1996年5月—1998年8月
	15人	副书记	刘建	男	1996年5月—1998年8月

市乡镇企业矿业公司党支部

成立时间	党员人数	职务	姓名	性别	任职起止时间
1986年6月	4人	书记	周长根	男	1986年9月—1987年7月
	4人	副书记	赵柏生	男	1986年9月—1987年7月

续表

贸易中心党支部

成立时间	党员人数	职务	姓名	性别	任职起止时间
1987 年 3 月	3 人	书记	马建文	男	1987 年 3 月—1989 年 3 月
	3 人	副书记	游春燕	女	1987 年 5 月—1989 年 3 月
	4 人	书记	游春燕	女	1989 年 3 月—1989 年 6 月

市乡镇企业总公司党支部

成立时间	党员人数	职务	姓名	性别	任职起止时间
1993 年 3 月	7 人	书记	邹绍康	男	1993 年 3 月—1997 年 7 月
	7 人	副书记	黄德辉	女	1993 年 3 月—1997 年 7 月

物资公司党支部

成立时间	党员人数	职务	姓名	性别	任职起止时间
1994 年 3 月	3 人	书记	王绍之	男	1994 年 3 月—1999 年 3 月

第四章　群团、社团组织与直属企事业单位

第一节　群团组织

一、工会委员会

1989 年 9 月 7 日，经市级机关工会联合会批准成立市乡企局机关工会筹备小组，王照恩任组长，王开选任副组长，徐春梅为筹备小组成员。

1989 年 10 月 5 日，经市级机关工会联合会批准，正式成立局机关工会委员会，王照恩任主席，王开选任副主席，尹德荣、刘安军、李文琦、黄文稚、郑洪宽、徐春梅为委员。

1990 年 6 月 5 日，市级机关工会联合会同意成立局机关工会经费审查委员会，郑洪宽任主任，赵定华、何奇为委员。

1994 年 10 月 6 日，局机关工会换届选举，经市级机关工会联合会同意，赵家明任主席，马功胜任副主席，刘佑明、李文琦、黄文稚、沈山、陶世坤为委员。冯庄任经费审查委员会主任，何奇、李龙云为委员。

市乡企局成立机关工会后，加强了对直属单位的指导和服务。

1990 年 1 月 12 日，市总工会农村工作委员会同意市乡镇企业供销公司选举首届工会委员会，

游春燕任主席，黄有明、黄平、王正芳、曾令超、王维佳、赵家兰为委员。

1995 年 2 月 17 日，市总工会农村工作委员会同意建立市乡镇企业干部学校工会委员会，岳建中任主席。

工会组织成立后，积极关心职工生活和学习，组织慰问局机关的老干部、有困难的家庭和病员，组织职工开展春游座谈会和歌咏、拔河、篮球比赛等丰富的文体活动，并为改善职工生活提供合理化建议。

二、共青团

1. 局机关团总支

1985 年 12 月，经团市委批准在市乡企局成立共青团局机关总支委员会（以下简称局机关团总支），下设局机关及直属单位 4 个团支部。由 5 人组成支委，李建福任书记，有 53 名团员。

1988 年 11 月，改选局机关团总支，支委 5 人，王戈阳任书记，有 62 名团员。

1990 年 5 月，改选局机关团总支，支委 5 人，徐春梅任书记，有 64 名团员。

1993 年 2 月，改选局机关团总支，支委 5 人，陈谦任书记，有 51 名团员。

1997 年 3 月，经团市委批准，成立共青团市乡企局机关委员会，团委由 5 人组成，代修超任书记，有 44 名团员。

2. 局机关团支部

1986 年 12 月，共青团市乡企局机关团支部由 3 人组成，贺泰新任书记，有 15 名团员。

1989 年 12 月，改选局机关团支部，由 3 人组成，刘建任书记，有 12 名团员。

1990 年 10 月，改选局机关团支部委，由 3 人组成，王明刚任书记，有 10 名团员。

1993 年 11 月，改选局机关团支部委员会，由 3 人组成，沈山任书记，有 5 名团员。

共青团组织按照局党组要求，积极组织团员按期过好组织生活，参加党支部的活动和邓小平理论的宣讲，参加党课教育和局机关的精神文明建设。

三、妇女委员会

1993 年 3 月 1 日，成立市乡企局妇女委员会，经民主选举，局党组同意，黄文稚、刘晓玲、李文琦为妇女委员会委员，黄文稚任主任。妇委会组织成立后，宣传贯彻国家法律，保护妇女儿童合法权益，教育妇女自尊、自爱、自重、自强。每年的“三八”国际妇女节，妇委会都要组织妇女开展文化娱乐活动和革命传统教育活动。如组织机关妇女到四川仪陇县朱德故居参观学习，缅怀一代伟人的丰功伟绩，接受革命传统教育；组织妇女深入企业调查研究，参观生产现场，了解学习女职工自强不息、艰苦创业、发展乡镇企业的精神和经验；配合市乡镇企业协会在乡镇企业家和优秀厂长（经理）队伍中组织开展评选“贤内助”活动。

第二节　社团组织

1. 重庆市乡镇企业科学技术协会

1983 年 12 月成立，主管部门是重庆市科学技术协会，挂靠市乡企局。主要是指导乡镇企业技术进步，开展技术咨询服务，组织和帮助企业加强管理、技术改造和新产品开发，下设建筑建材、机电、轻化、食品、矿产和企业管理 6 个专业学术组。1987 年 4 月 28 日召开科协会员大会，选出第二届理事25人，黄先一任理事长，陈映彬、谭选淹任副理事长，刘明任秘书长。

2003年2月26日，重庆市中小企业发展指导局（乡镇企业局）正式挂牌成立后，经局党组同意，并报市科协批准，于2004年撤销。

2. 重庆市乡镇企业研究会

1985年，中共四川省重庆市委渝委宣〔1985〕44号文批复，同意成立重庆市乡镇企业研究会。名誉会长于汉卿，会长纪俊仪，副会长分别是：代阳初、宋度明、曹白强、周天豹、梁光裕、杨纯俊、陈万里，秘书长王渝陵，副秘书长纪涛。

重庆市乡镇企业研究会创办的内部刊物是《乡镇企业研究》，1990年更名为《重庆乡镇企业》杂志，由市乡企局主办。副局长黄培中任总编，局政策研究室副主任何龙根任副总编。发行的主要对象是各区县乡镇企业行政管理部门和企办室，与全国办有乡镇企业杂志的省、市进行信息交流。

1997年重庆直辖后，重庆市乡镇企业研究会自行撤销。2003年2月25日，《重庆乡镇企业》杂志更名为《重庆中小企业》。

3. 重庆市乡镇企业协会

成立于1990年7月18日，名誉会长肖秧、于汉卿、张文彬、王正德，宋度明任第一任会长，副会长分别是：马厚富、邓盛美、刘有伦、刘英吾、刘信勇、陈显和、许世强、周光龙、周发兴、蒋秉林，秘书长汤家凯，副秘书长张中华。《协会通讯》是重庆市乡镇企业协会创办的内部月刊，由市乡企局副局长赵吉林分管，秘书长伍学义任总编，主要传递全国乡镇企业协会信息、本市有关乡镇企业的政策和重大事宜。《协会通讯》发行的对象主要是乡镇企业协会成员单位和各区县乡镇企业管理局。

2003年2月22日，重庆市乡镇企业协会更名为重庆市中小企业协会。

4. 重庆市乡镇企业思想政治工作研究会

重庆市职工思想政治工作研究会乡镇企业分会（简称政研会，下同）成立于1991年4月20日，主管部门是市委宣传部，挂靠在市乡企局。主要任务是：分析研究和指导乡镇企业职工思想政治工作，总结、交流和推广乡镇企业思想政治工作经验，组织评选全市乡镇企业思想政治工作成效突出的集体和个人，并给予表彰奖励。宋度明任会长，杨纯俊任副会长，王开选任秘书长。1994年2月15日召开会员大会，增补王昌渠任会长，赵家明、曾晓辉（市农委宣传处处长）任副会长，孔家元任秘书长，沈承平任副秘书长。

2002年9月，市乡企局撤销后，政研会自行撤销。

5. 重庆市乡镇企业会计学会

1994年9月3日成立，主要任务是：指导加强乡镇企业财务管理，积极开展学术研究、交流和专业培训，提高财会队伍素质。名誉会长周建中、辜文兴、王昌渠，会长黄培中，副会长分别是：王功业、黎学英、季巧玲、黄永祥、胡德汉、陈中发、董伦淑，秘书长王功业（兼），副秘书长是：刘大全、易发武、殷朝刚、聂世春、王继华，顾问是：李维舟、王大乾、陈辉明、黄亦瑾、李先国、候德坤、刘兴兵、江肇南、黄立人、候志达。会员单位最多时有200多个。2006年，市乡企局报经市民政局同意撤销。

6. 重庆市乡镇企业投资联合会

1995年12月4日，市民政局同意成立重庆市乡镇企业投资联合会（重民社团〔1995〕176号）。联合会宗旨是“强化管理、规范行为、促进各会员持续健康发展、形成整体合力，更好地为乡镇企业组织和引进资金服务”。市乡企局副局长杨纯俊任理事长，各区县成立的乡镇企业投资公司和万盛区东方投资发展有限公司、重庆南岸信德投资发展有限责任公司为成员单位，共 21 个。1997 年 11 月 11 日，经联合会常务理事会研究，选举市乡企局副局长林维利任理事长。1998 年 9 月 7 日经重庆市民政局渝民社〔1998〕102 号文批准，名称变更为重庆市乡镇企业发展基金联合会，林维利任理事长。成员单位新增加了万州区、万州区天城区、奉节县、涪陵区李渡区、云阳县、巫溪县、彭水县、长寿县等 8 家乡镇企业投资公司，成员单位共 29 个。

联合会于 2010 年 6 月 4 日经重庆市民政局渝民受字〔2010〕第 0173 号行政审批受理通知书受理注销。

第三节　直属企事业单位

为了加强对乡镇企业的服务，市乡企局 1986—2002 年经市政府和市农委批准，先后组建了 15 个直属企事业单位。1987—1999 年，先后有 3 个撤销，1 个移交相应部门，1 个合并，6 个在职能、人员、财务、名称等 4 个方面与市乡企局彻底脱钩。它们是：

1. 重庆市乡镇企业供销公司

1978 年 10 月成立，名称是重庆市社队企业供销公司，属国营企业性质。牟敦法任公司经理，办公地点在市中区四新路 38 号。

1983 年 5 月与永川地区社队企业供销公司合并。合并后的原永川地区社队企业供销公司更名为重庆市社队企业供销公司永川分公司，由市公司副经理王绍之兼分公司经理，继续在原址开展经营。

1984 年 6 月，更名为重庆市乡镇企业供销公司，因第一任经理刘纲调沙坪坝区工作，由副经理肖正纪主持公司工作。

1988 年 1 月，办公地点从市中区上清寺牛角沱迁至江北区建新北路二支路 2 号。

1999 年 3 月 25 日，公司的人员、财务、名称与重庆市乡企局彻底脱钩。

2. 重庆市乡镇企业干部学校

1979 年 12 月，经江津地区行署批准成立江津地区社队企业干部培训班，由王化阳任负责人。

1982 年，经永川地区行署批准，干部培训班更名为永川地区社队企业干部学校。

1984 年 1 月，更名为重庆市社队企业干部学校。6 月改为重庆市乡镇企业干部学校。

1985 年 1 月，经重庆市乡镇企业管理局领导集体研究，任命崔德甫为副校长。

1986 年 10 月，重庆市乡镇企业干部学校从永川县萱花路 45 号迁至重庆市江北区金紫山寨坪新建校舍办学。

1992 年，经重庆市教委批准，在市乡镇企业干部学校的基础上成立市乡镇企业职工中等专业学校。

1998 年，重庆市乡镇企业干部学校被农业部审定为乡镇企业领导干部岗位资格培训教学单位，并颁发了“农业部乡镇企业领导干部岗位培训基地”标志牌，并被农业部命名为全国乡镇企业育才兴教示范单位。

1999 年，经市委组织部同意，在市乡镇企业干部学校基础上成立重庆市乡镇企业党校，与市乡镇企业干部学校实行两块牌子、一套班子，具体负责实施教学培训任务（渝组委〔1999〕23 号）。

3. 重庆市乡镇企业矿业公司

1981 年 12 月 18 日，经重庆市政府 68 次常务会议决定，在重庆市社队企业供销公司划出的矿产品经营部基础上成立重庆市社队企业矿业公司。

1984 年 6 月，更名为重庆市乡镇企业矿业公司，周长根任公司经理。

1987 年 7 月 3 日，重庆市乡镇企业矿业公司正式移交重庆煤炭工业公司领导和管理。

4. 重庆市第十建筑工程公司

1983 年 7 月 2 日，经重庆市编委同意，在重庆市社队企业供销公司建筑建材经营部的基础上组建重庆市社队企业建筑建材公司，为全民所有制企业。

1984 年 6 月，更名为重庆市乡镇企业建筑建材公司。11 月，建筑建材公司联合 30 多家农村建筑企业，将重庆市乡镇企业建筑建材公司更名为重庆市乡镇企业建筑建材联合总公司，由刘志村任经理。

1986 年 1 月，重庆市乡镇企业建筑建材联合总公司改成为重庆市第十建筑工程公司，资质级别为国家建筑三级企业，刘志村任经理。

1988 年 1 月，从市中区上清寺重庆市第六初级中学租借的办公地点迁至江北区建新北路二支路 2 号，李元国任经理。

1999 年 3 月 25 日，公司的人员、财务、名称与重庆市乡企局彻底脱钩。

5. 重庆市乡镇企业贸易中心

1984 年 7 月 23 日，经市乡镇企业管理局同意成立，为全民所有制股份企业。公司由区县供销公司、市乡镇企业供销公司、长寿县桃花皮鞋厂等单位集资入股 7 万元兴办，张应学任公司副经理，主持工作。办公地点在重庆农贸中心展馆内。

1989 年 6 月 13 日，经市农委同意，决定撤销重庆市乡镇企业贸易中心，其人、财、物合并到重庆市乡镇企业供销公司。

6. 重庆市乡镇企业食品开发公司

1986 年 1 月，经重庆市乡镇企业管理局同意，成立重庆市乡镇企业食品开发公司，张吉明任副经理，主持工作。

1987 年 2 月 5 日，经市农委批准，撤销重庆市乡镇企业食品开发公司，将其业务、资产、人员分别划入重庆市乡镇企业供销公司和重庆市乡镇企业贸易中心。

7. 局机关招待所

1987 年 6 月 27 日，经市农委同意，在重庆市乡镇企业管理局机关设置机关招待所，由张应学任所长。招待所地址在江北区建新北路二支路 2 号。

8. 重庆市乡镇企业服务中心

1991 年 11 月 27 日，经市编委同意成立重庆市乡镇企业服务中心，为处级事业单位，编制 30 人，其中处级职数 2 人，由财政拨款 15 名，自收自支 15 名。

1992 年 4 月 9 日，重庆市乡镇企业服务中心挂牌成立，纪涛任主任。办公地点在江北区建新北路二支路 2 号。

1992 年 5 月 6 日，经市政府 102 次常务会议决定，重庆市乡镇企业服务公司与重庆市乡镇企业总公司合并。

9. 重庆市乡镇企业外经公司

1992 年 5 月 19 日，重庆市乡企局成立外经公司，地址在江北区建新北路二支路 2 号，由黄德辉任经理。

1999 年 3 月 25 日，公司的人员、财务、名称与重庆市乡企局彻底脱钩。

10. 重庆市翔宇房屋综合开发公司

1992 年 7 月 8 日，重庆市乡镇企业管理局成立重庆市翔宇房屋综合开发公司。地址在江北区建新北路二支路 2 号，由任德庆任经理。

1996 年，由邱明生任经理。

1999 年 3 月 25 日，公司的人员、财务、名称与重庆市乡企局彻底脱钩。

11. 重庆市乡镇企业物资公司

1992 年 11 月 17 日，重庆市乡企局成立重庆市乡镇企业物资公司，地址在江北区建新北路二支路 2 号，由王绍之任经理。

1999 年 3 月 25 日，公司的人员、财务、名称与重庆市乡企局彻底脱钩。

12. 重庆市乡镇企业总公司

1992 年 10 月 30 日，经市政府同意成立重庆市乡镇企业总公司，为国有大二类企业，由原万盛区副区长邹绍康任总经理，办公地点在江北区建新北路二支路 2 号。后与重庆市乡镇企业服务中心合并。

13. 异军审计事务所

1994 年 8 月 23 日，经四川省审计局同意，在重庆市乡企局成立异军审计事务所，由陈晓芹任所长。办公地点在江北区建新北路二支路 2 号。

1999 年经重庆市审计局和市乡企局同意撤销。

14. 重庆市乡镇企业投资公司

1995 年 11 月 15 日，重庆市乡镇企业投资公司挂牌成立，为全民所有制企业，由市乡企局副局长杨纯俊兼公司经理。办公地点在江北区建新北路二支路 2 号。

15. 市乡企局机关后勤服务中心（机关招待所）

2000 年 9 月，市乡企局成立机关后勤服务中心，辖局机关招待所，为处级事业单位，挂靠市局办公室，由局办公室副主任马功胜任服务中心主任兼招待所所长。办公地点在江北区建新北路二支路 2 号。

表 1－20　**1986—2002 年市乡企局直属单位负责人一览表**

重庆市乡镇企业供销公司

职务	姓名	性别	任职起止时间
经理	肖正纪	男	1986 年 1 月—1992 年 10 月
副经理	刁桂凤	男	1986 年 1 月—1990 年 1 月
副经理	王光禄	男	1986 年 1 月—1986 年 9 月
副经理	王绍之	男	1986 年 1 月—1992 年 12 月
副经理	陈复辉	女	1988 年 8 月—1990 年 6 月

续表

职务	姓名	性别	任职起止时间
副经理	曹少齐	男	1990 年 6 月—1993 年 6 月
副经理	雷寿碧	女	1991 年 6 月—1993 年 6 月
经理	邹绍康	男	1992 年 10 月—1993 年 6 月
副经理	牟川	男	1992 年 11 月—1996 年 1 月
副经理	颜风	男	1992 年 11 月—1994 年 5 月
经理	雷寿碧	女	1993 年 6 月—1994 年 5 月
经理	李建福	男	1994 年 5 月—1995 年 3 月
经理	肖正纪	男	1995 年 3 月—1999 年 3 月
经理助理	蒋克勤	男	1987 年 5 月—1994 年 5 月
经理助理	李建福	男	1994 年 1 月—1994 年 5 月
经理助理	邱昌富	男	1994 年 1 月—1994 年 5 月
重庆市乡镇企业贸易中心			
经理	王光禄	男	1986 年 9 月—1989 年 9 月
副经理	张应学	男	1986 年 1 月—1989 年 6 月
副经理	曹少齐	男	1988 年 8 月—1989 年 6 月
副经理	游春燕	女	1988 年 9 月—1989 年 6 月
重庆市乡镇企业矿业公司			
经理	周长根	男	1986 年 1 月—1987 年 2 月
副经理	罗洪鸣	男	1986 年 1 月—1987 年 2 月
重庆市乡镇企业食品开发公司			
副经理	张吉明	男	1986 年 1 月—1987 年 2 月
副经理	王天河	男	1986 年 1 月—1987 年 2 月
重庆市第十建筑工程公司			
经理	刘志村	男	1986 年 1 月—1986 年 9 月
副经理	廖永宽	男	1986 年 1 月—1988 年 12 月
副经理	杨德强	男	1986 年 9 月—1992 年 3 月
经理	李元国	男	1987 年 3 月—1995 年 3 月
副经理	张吉明	男	1988 年 9 月—1994 年 1 月
副经理	徐永安	男	1988 年 12 月—1991 年 3 月
副经理	任德庆	男	1991 年 3 月—1992 年 9 月
副经理	刘志村	男	1992 年 3 月—1994 年 1 月
副经理	代祥永	女	1994 年 1 月—1996 年 10 月
副经理	刘建	男	1994 年 1 月—1995 年 3 月
副经理	胡建	男	1994 年 1 月—1998 年 8 月
经理	刘建	男	1995 年 3 月—1998 年 8 月
经理	胡建	男	1998 年 8 月—1999 年 3 月

续表

职务	姓名	性别	任职起止时间
重庆市乡镇企业干部学校			
副校长	崔德甫	男	1986年6月—1990年5月
校长	黄先一	男	1988年3月—1998年10月（兼）
副校长	黎昌铠	男	1988年9月—1995年1月
副校长	蒋荣尧	男	1990年12月—1995年1月
校长助理	粟远均	男	1995年1月—1997年2月
副校长	李建福	男	1995年5月—1998年10月
副校长	黄平	女	1996年10月—2002年12月
副校长	粟远均	男	1997年2月—2002年12月
校长	李建福	男	1998年10月—2002年12月
重庆市乡镇企业外经公司			
副经理	黄德辉	女	1991年10月—1993年2月
经理	黄德辉	女	1993年2月—1996年1月
经理	田永柏	男	1996年1月—1998年12月
重庆市乡镇企业物资公司			
经理	王绍之	男	1992年12月—2002年12月
副经理	邹开源	男	1993年4月—1994年4月
副经理	邱明生	男	1995年8月—1996年11月
经理	邱明生	男	2000年12月—1999年3月
重庆市翔宇房屋综合开发公司			
经理	任德庆	男	1992年1月—1996年11月
副经理	杨伦	男	1994年8月—1996年11月
经理	邱明生	男	1996年11月—1999年3月
副经理	杨光林	男	1996年11月—1999年3月
重庆市乡镇企业总公司			
总经理	邹绍康	男	1992年9月—1997年7月
副总经理	纪涛	男	1992年10月—1994年9月
副总经理	李建福	男	1992年12月—1994年1月
副总经理	何勇	男	1994年8月—2002年12月
重庆市乡镇企业服务中心			
主任	纪涛	男	1992年3月—1994年9月
副主任	伍学义	男	1992年3月—1994年9月
主任	贾百川	男	1994年9月—1998年5月
副主任	刘佑明	男	1994年9月—1995年5月
主任	张品	男	1998年5月—2002年12月

续表

职务	姓名	性别	任职起止时间
重庆市乡镇企业投资公司			
经理	杨纯俊	男	1993 年 6 月—1993 年 7 月（兼）
副经理	刘洪林	男	1993 年 7 月—1997 年 5 月
副经理	黄树忠	男	1993 年 10 月—2002 年 12 月
副经理	李建新	男	1994 年 8 月—2002 年 12 月
经理	刘洪林	男	1997 年 5 月—2002 年 12 月
经理助理	李龙云	男	1998 年 7 月—2002 年 3 月
机关后勤服务中心（招待所）			
所长	张应学	男	1988 年 3 月—1989 年 9 月
所长	黄德辉	女	1989 年 9 月—1992 年 10 月
所长	彭光荣	男	1992 年 10 月—1997 年 4 月
所长	马功胜	男	1997 年 4 月—2002 年 12 月
主任	马功胜	男	2000 年 9 月—2002 年 12 月
异军审计事务所			
所长	陈晓芹	女	1994 年 8 月—1998 年 1 月
所长	陶世坤	男	1998 年 1 月—1999 年 5 月
副所长	陈晓芹	女	1998 年 1 月 ~ 1999 年 5 月

第二篇　改革与经济技术合作

第一章　所有制与经营机制改革

重庆乡镇企业异军突起的20世纪80年代，实行乡（镇）、村、组、联营和户办“五轮驱动”的发展模式，以乡村集体企业为骨干，带动村、组、联营和户办企业快速发展。1986～2002年，是重庆乡镇企业体制发生深刻变化的17年，由集体为主逐渐转化为以股份合作制和个体私营为主，不少股份制与个体私营企业发展成为了公司与集团。

第一节　所有制形式

重庆乡镇企业在1984年前都称为社队企业，包括农村人民公社、生产大队和农村小城镇集体所办的农业、工业、建筑业、交通运输等企业，是单一的集体经济，属农村人民公社集体经济的组成部分。党的十一届三中全会以后，在农村经济体制改革中，社队企业逐渐转化为乡、村合作经济组织，同时出现了联户合办、跨区域联办形成的合作性质的企业和各种联营、户办企业。1984年3月经中共中央、国务院批准，社队企业改为乡镇企业。乡镇企业包括乡办企业、村办企业、群众联合兴办的合作企业和其他形式的合作企业、个体企业。乡办企业、村办企业属于集体所有制的合作经济；联户企业中凡按集体企业经营原则办的属于集体经济，不提留积累的则属于个体经济。随着农村体制改革的深入推进，促进了乡镇企业所有制形式的多元化，不仅有乡办、村办、联户办、个体办企业，而且私营企业、股份制和股份合作制企业也有了发展。

一、乡（镇）办企业

乡（镇）办企业原为社办企业，是乡镇企业的主体和重要组成部分，归人民公社范围内全体劳动农民集体所有。在兴办初期，主要是为农业生产服务和人民生活服务的中小农具厂、磷肥厂、水泥厂、砖瓦厂等工业企业以及在知识青年上山下乡过程中，由城市国有企业支援机器设备和技术扶持起来的加工企业。1986年，全市乡（镇）办企业有8331家，从业人员34.15万人，实现产值15.75亿元，分别占乡镇企业总量的4%、35%和44%。

二、村办企业

村办企业原为人民公社生产大队的队办企业，归生产大队全体劳动农民集体所有。从事的产业主要有砖瓦、石灰、采矿、农场、林场、果园、茶场、药材场、畜牧场、水产养殖场及劳务输出等，多以发展农副产品加工为主，也有为城市工业配套的加工企业。1986 年，全市村办企业有 1. 12 万家，从业人员 17. 51 万人，实现产值 5. 93 亿元，分别占乡镇企业总量的 6%、18% 和 17%。

到 2002 年，全市乡办、村办集体企业有 4264 家，从业人员 294. 89 万人，分别占乡镇企业乡镇企业总量的 4. 2% 和 18. 2%，实现增加值 49. 59 亿元，占乡镇企业增加值的 15. 2%。

三、联户办企业

在单家独户无力经营的情况下，农民群众自愿联合组成的集体合作企业称联户企业，它是由部分农民联营、合作兴办的经济实体。涉及行业有种植、养殖和农产品加工及建材、煤炭、化工、服装和食品加工等多种行业。1984 年 3 月 1 日，中共中央、国务院转发农牧渔业部《关于开创社队企业新局面的报告》的通知要求：“生产队工副业，社队联营企业，具有一定规模的，建议纳入各级乡镇企业管理局的管理范围。某些社员联营企业，不能确定其是否属于合作经济性质的，可以积极指导经营，引导它向合作经济发展，不能歧视。”中央肯定了联户企业的合法地位，发展很快。1986 年，全市联户企业有 1. 1 万家，从业人员 8. 64 万人，实现产值 2. 82 亿元，分别占乡镇企业总量的 6%、9% 和 8%。到 2002 年，全市乡镇企业中的联营企业有 770 家，从业人员 1. 6 万人，分别占乡镇企业总量的 0. 8% 和 1%，实现增加值 1. 99 亿元，占乡镇企业增加值的 0. 6%。

四、户办企业

是建立在农业生产基地之上的，为农业生产和农村人民群众生活服务的小油坊、小磨坊、铁木制小农具等个体独资企业，也称户办企业。它是以生产资料的劳动者个体所有为基础，依靠个体劳动者自己及家庭的劳动进行生产或经营的一种经济形态。1983 年，中共中央印发《当前农村经济政策的若干问题》指出：“农副产品可以进行家庭加工，农村商业实行多渠道，允许个人运销。农村个体工商户请一两个帮手，带三五个徒弟应当允许。”1984 年，中共中央、国务院 4 号文件又明确个体企业是乡镇企业的一个组成部分，要求对家庭工业和个体企业热情支持，积极引导和管理，使其健康发展。中央的一系列规定，明确了个体企业的合法地位，对个体企业实行保护政策，重庆广大农民兴办户办企业的积极性空前高涨，利用剩余劳动力和剩余劳力时间，从事加工业、饮食业、服务业、运输业、修理业、房屋修缮业等。由于户办企业选择的产业一般都是投资少、风险小、易于经营管理的第三产业，所以发展很快。1986 年，全市户办企业有 15. 55 万家，从业人员 30. 19 万人，实现产值 8. 91 亿元，分别占乡镇企业总量的 79%、30% 和 25%。到 2002 年，全市乡镇企业中的个人独资企业有 5. 55 万家，从业人员 31. 12 万人，分别占乡镇企业总量的 54. 5% 和 19. 2%，实现增加值 42. 41 亿元，占乡镇企业增加值的 13%。

五、私营企业

个体私营企业，主要是指社队企业时期出现的户办企业。这类企业规模小，投资少，经营自主权比乡村集体企业大，经营灵活，决策快，应变能力强，适应当时重庆农村生产力发展水平，所以个体私营企业发展快。1986 年，全市乡镇企业中的个体私营企业有 16. 62 万家，从业人员 38. 83 万人，分别占乡镇企业个数和人数的 85% 和 39%，实现产值 11. 73 亿元，占乡镇企业产值的 23%。随着产权制度改革的深入，各区县（自治县、市）都重视个体私营企业的发展，到 2002 年，全市乡镇企业中的私营企业有 3. 63 万家，从业人员 59. 56 万人，分别占乡镇企业总量的 35. 6% 和 36. 7%，实现增加值 139. 41 亿元，占乡镇企业增加值的 42. 8%。

六、股份制企业

股份制企业，是指两个或两个以上利益主体，以集股经营方式自愿结合，实行自主经营、自负盈亏、民主管理、有股份制章程、按股分红、亏损共负责任的一种混合型经济组织。2002 年，全市乡镇企业中的股份制企业有3496 家，从业人员30.27 万人，分别占乡镇企业个数和人数的3.4%和18.6%，实现增加值71.15 亿元，占乡镇企业增加值的21.8%。

七、股份合作制企业

是以合作制为基础，由企业职工共同出资入股，吸收一定比例的社会资产投资组建，实行自主经营、自负盈亏、共同劳动、民主管理、按劳分配与按股分红相结合的一种集体经济组织。股份合作制企业其资本总额由发起人规定，然后划分股份，由发起人或其他投资者认购筹集，谁投资，谁所有，谁受益，收益共享，风险共担。它是乡镇企业产权制度改革的必然趋势，是建立现代企业制度的必由之路。2002 年，全市乡镇企业中的股份合作制企业有 1417 家，从业人员 9.17 万人，分别占乡镇企业个数和人数的1.4%和5.7%，实现增加值14.01 亿元，占乡镇企业增加值的4.3%。

第二节　产权制度改革

随着乡镇企业改革步伐加快，从 1992 年开始，全市乡镇企业全面进行了以转变所有制结构为主要内容的产权制度改革。

产权改革的基本形式：

1. 股份制：有一定经营规模，管理较完善的企业可组建有限责任公司；

2. 股份合作制：经济效益好或有发展前景的企业，无论规模大小，均可推行股份合作制。为了发挥行业优势、地方企业群体优势，可组建或改组成立股份合作制企业集团；

3. 兼并：对有一定业务发展前景，但目前经营确有困难的企业，可寻找优势企业予以兼并；

4. 联营：对有一定发展前景的或目前市场行情好，但目前确有资金、技术、经营等困难的企业，可寻找优势企业单位联营；

5. 拍卖：对亏损严重且扭亏无望的小型企业，可公开拍卖给私人经营；

6. 租赁：对一些小型、微利企业，修理、服务企业，以及不利于管理和长期亏损难以扭转的企业，可在明晰产权的基础上实行租赁经营制。

7. 破产：对长期亏损严重，且资不抵债的企业，应依法申请破产。

到2002 年，全市乡镇企业改制面达95%以上，改革成为乡镇企业持续快速健康发展的强大动力。

一、积极推行股份制

重庆市乡镇企业虽然在经营管理上进行了经营承包责任制的改革，但“厂长负盈、企业负亏、银行负债、政府负责”的现象依然存在，产权关系不明，政企不分，企业经营者积极性不高，职工责任感不强的问题还十分突出。

1984 年，中央〔1984〕1 号和〔1984〕4 号文件指出“鼓励农民向各种企业投资入股，鼓励集体和个人本着自愿的原则，将资金集中起来，联合办各种企业”。1987 年，市政府批转市体改委、市农委、市乡企局《关于乡镇企业试行股份制若干问题的意见》（重府发〔1987〕64 号），重庆市乡镇企业开始试行股份制和股份合作制改革，开展了清产核算，投资入股工作。主要做法是：

（一）企业资金折为等额股份，明确所有权后发股票；

（二）有股份制章程；

（三）有赢利后按股分红，亏损共负责任；

（四）有股东会或董事会，两权分离，民主管理，出现了五种类型的股份制企业：

1. 折股经营型。是指一些社队企业以行政摊派方式集资投劳式平调兴办后，根据中央〔1984〕4号文件精神，折股到村、组，实行股份共有。

2. 合股经营型。由乡、村集体与个人或乡、村集体之间共同投入资金、土地和物资合股兴办。这类合股经营型企业，一开始就按股份制的要求进行管理，共同承担企业盈亏。

3. 联股经营型。主要是农民之间联合投资入股的企业，又称为农民股份合作企业。

4. 参股经营型。在乡村独资企业基础上，吸收个人或外单位股金。

5. 多元复合经营型。是由乡村集体、城市企业和个人投资兴办的多种经济成分的合作经济。

股份制是乡镇企业一个新事物，没有现成的经验和固定的模式，只能通过试点探索。重庆市乡镇企业试行股份制的主要做法是：

1. 清产核资，明确产权。首先把企业的财产物资清理核实，搞清楚企业自有资金产实际数额，在此基础上划分股权。股权的划分上，对人民公社时期平调的资金，都折股到被平调的村组，不分解到个人；对企业历年的积累和国家减免税的部分，有的试点企业折为企业股，也有的试点企业在历年积累中划出一部分作为职工分红股和原投资者的股金增值。职工分红股不能转让和继承，只作为分红的筹码，职工离开企业，股权自行消失。还有的试点企业不设企业股，将历年积累折为原投资者的股金增值，国家减免税划为乡村集体股，用于全乡或全村发展乡镇企业。

2. 按股分红，搞好分配。按照乡镇企业财务制度，本着既有利于企业发展，又有利于调动各方面积极性的目的，试点企业一般都采取税后利润先留后分的办法：企业留50%用于扩大再生产，其余50%拿出一部分用于股金分红，一部分用于职工的奖励和福利。

3. 建立健全组织机构，实行民主管理。在管理体制上，试点企业一般都实行了股东代表会议制度。在股东中选出股东代表，组成股东代表大会，并作为企业的最高权力机构。股东代表会选出董事会成员，产生董事会，制定股份制章程，进行经营决策，行使民主管理权和监督权。企业负责人由董事长或股东委员会招聘，行使企业的管理权和经营权，并对董事会和全体股东负责。

4. 在股份制基础上，鼓励和支持企业之间和企业与个人之间联合投资入股兴办企业，组成和推行股份合作制企业。

股份制和股份合作制的发展，给乡镇企业的发展注入了新的活力和动力：

1. 管理体制有了创新，在克服和解决政企业不分，摆脱行政直接干预方面有了新突破。实行股份制和股份合作制的企业，经营决策是由董事会民主决定，这就改变了过去由乡村领导个人或少数人说了算的状况。另外，由于进行了清产核资，乡村政府只能是企业股份成员之一，不能直接干预企业经营活动，在分配上也只能是按股分红，不能像过去那样随意划拨企业利润。这样，就使企业有了能按市场需求和社会需要进行自主决策和经营的权力。

2. 增强了职工的主人翁责任感和凝聚力，调动了广大职工的生产积极性。由于股份制和股份合作制企业的职工都有股金投入，“劳者有其股”“能者有多股”，职工既是企业生产经营者，又是企业所有者，使个人利益与企业效益紧密结合起来，大家都能关心企业的发展和盈利，爱厂如家。

3. 推动了横向联合，缓解了企业资金不足的困难。乡镇企业实行股份制和股份合作制，以股份形式吸收各方资金促进了自身发展。原巴县白市驿在筹建羽绒厂时，缺乏资金和技术，黄金乡就和重庆市棉麻公司、白市驿区供销社、县乡镇企业供销公司联合进行股份经营，共投入300万元，年产值达到1000万元。原巴县西彭镇与重庆西南铝加工厂联办广西实业公司，在总投资的250万元中，西南铝加工厂就占200万元。铜梁县关溅丝厂实行股份制后，仅职工入股资金就达41.2万元，使企业渡过了资金难关。

针对一批已改制的企业制度不完善和出现将集体企业出售给个人的“卖光风”问题，1995年3月，市人大审议并颁布实施《重庆市乡镇企业股份合作制条例》，市政府印发《关于贯彻重庆市乡镇企业股份合作制条例有关问题的通知》（重府发〔1995〕231号），掀起了股份合作制改革的高潮。乡镇企业普遍推行厂长（经理）任期目标责任制、租赁制、拍卖和股份合作制。1985年，全市乡、村两级股份制企业只有152家，到1996年，实现多种形式改革的乡镇企业达到1.1万家，占乡村集体企业的67%。北碚、大渡口等一些区县政府成立了乡村集体企业资产管理办公室，在乡镇企业管理局挂牌办公，指导和规范改革，防止集体资产流失。到2002年末，全市乡镇企业经登记注册的股份合作企业有1417家，从业人员9.17万人，占乡镇企业从业人员总数的5.6%，实现增加值14亿元，占全市乡镇企业增加值的4.3%。

二、大力发展个体私营企业

重庆市乡镇企业中的个体私营企业规模小，投资少，经营自主权比乡村集体企业大，经营灵活，决策快，应变能力强，各区县发展乡镇企业坚持既抓好乡村集体企业，又注重抓联户和户办企业，所以个体私营企业发展快。1986年，全市乡镇企业中的个体私营企业有16.62万家，从业人员38.83万人，分别占乡镇企业个数和人数的85%和39%，实现产值11.73亿元，占乡镇企业产值的23%。

1989—1991年治理整顿国民经济秩序，在全市刮起一股“乡镇企业下马风”，联户办和户办企业被视为“假冒伪劣商品罪魁祸首”受到冲击。为了免受被“砍伐”的厄运，乡镇企业中的个体私营企业一方面加强管理和整改，另一方面又挂靠集体企业，戴上“集体”的帽子，以继续享受国家扶持乡镇企业的政策，求得生存和发展，这一时期，个体私营企业处于徘徊不前的境况，发展缓慢。

1992年后，市委、市政府认真贯彻落实邓小平同志的南方谈话和党的十四大三中全会精神，制定了《关于进一步发展个体私营经济的若干规定》，把沙坪坝区、渝北区、江津市、潼南县确定为个体私营经济试验区。市人大也颁布实施《重庆市发展个体私营经济条例》，乡镇企业中的个体私营企业开始恢复发展，并出现了以下新变化：

1. 农村个体私营企业迅速崛起。到1995年，全市乡镇企业中的联户办、户办有15.7万家，中外合资合作企业55家，占乡镇企业总数的90.2%，从业人员达到49.4万人，占乡镇企业从业人员的38.1%，实现增加值43.8亿元，占39.9%。

2. 涉足的领域日渐宽广。个体私营企业不仅在餐饮、商贸等服务行业占主体，而且还从事电子、激光、通信、机械、环保等领域的研制与开发。

3. 整体素质有了提高。不仅出现了有新技术、新产品的重庆宗申摩托车有限公司、重庆汇利达电子集团有限公司、重庆海山实业有限公司、重庆希望饲料、荣昌县春光夏布实业有限公司等个体私营企业，也涌现出一批省、市乡镇企业家和优秀厂长（经理）。

1997 年，市委印发了《关于大力发展个体私营经济的决定》（渝委发〔1997〕6 号）。区县各级党委、政府和乡镇企业管理部门在指导乡镇和企业明晰产权制度改革中，鼓励和支持发展个体私营企业。在乡镇企业建筑建材、交通运输仓储、商贸服务和食品制造加工等产业中，对规模小、经营分散、经济效益不好、亏损严重的农村小、微企业，普遍实行租赁、转让、拍卖、破产、出售等形式改制成个体私营企业。江津市和潼南县还把乡镇企业管理局改成了非公有制经济发展局，引导和指导个体私营企业发展。

到 2002 年，全市乡镇企业中经登记注册的个人独资和私营企业达到 9.18 万家，占乡镇企业总数的 90.2%，从业人员 90.67 万人，占乡镇企业从业人员总数的 55.9%，实现增加值 181.81 亿元，占乡镇企业增加值的 55.81%。

第三节　经营承包责任制

乡镇企业的经营承包改革始于 1983 年的社队企业经营承包制。

早期的社队企业，经营权限在社队，企业对盈亏没有直接利害关系，不利于企业发展。1978 年党的十一届三中全会后，一些区县社队企业学国营工业企业经济责任制的经验，由社队对企业实行“五定一奖励”（定人员、定任务、定成本、定上缴利润、定报酬，超产奖，短产赔）责任制，改社队统负盈亏为自负盈亏，改回队分配为在厂分配，改工分制为工资制。企业对职工也采取定出勤、定工作量、定质量等，并按工作业绩进行奖罚，提高了企业管理水平和经济效益。但在当时农村“政社合一”体制下，实行“五定一奖”责任制没有改变企业经营机制上的弊端，经营决策上仍由社队领导做主，分配上社队拿大头，企业留利少。企业内部分配上，大锅饭、平均主义普遍存在，企业没有自主权。这些弊端挫伤了企业所有者、经营者和劳动者的积极性，企业缺乏生机和活力。

80 年代初期，在农业联产承包责任制的启发下，一些区县把经营管理不善、长期亏损、零星分散的小打米磨面、食店、缝纫、砖瓦等小企业下放给社员包干经营，规定每年向社队上缴定额利润，自负盈亏。经过试行和推广，包干经营的范围越来越广，形式呈现多样化，分配上也出现了分成和全奖全赔等形式，逐步形成了多种形式的承包经营责任制。1983 年，各种形式的承包经营责任制开始在全市普遍应用和推广。市社队企业局对实行承包经营责任制的情况做了专题调查，市农委批转印发了市社队企业局的《关于进一步完善和提高社队企业经营承包责任制若干问题的意见》（渝农〔1983〕63 号），推动了经营承包责任制的实行。巴县社队企业实行经营承包责任制的面达到 90.14%。

由于在承包形式一般是个人承包，承包期限短，指标比较单一，分配上是全奖全赔，奖罚兑现难，承包口头协议多，大包干的多，有的地方还出现乡村领导干部仗权压价承包，群众有很大意见。为此，1984 年 11 月，市乡企局印发了《关于乡镇企业完善承包，推行改革的意见》（重乡镇企〔1984〕285 号）。

完善的主要内容是：

（1）在承包形式上，提倡实行集体承包，厂长（经理）负责制；

（2）在分配上，提倡实行利润定额上缴，超额部分按比例分成；

（3）承包指标须经上级主管部门审查同意后才能正式签订合同，防止少数人仗权压价承包；

（4）实行“四改”与承包经营相结合，即改干部任命制为聘用制、改固定工制为合同工制、改固定工资制为浮动工资制、改“官办”为民办，扩大企业自主权。

1986 年，承包经营责任制出现了三种形式：

一是集体承包，即企业的全体员工向出包方（乡镇政府）承包，由厂长（经理）代表全体员工在承包合同书上签字并负责组织企业经营，利益共享，风险共担；

二是合伙承包，主要是规模较大、管理素质好的企业，由企业领导班子联名向出包方承包，并推选法人代表负责组织企业经营，合伙承担经营责任；

三是个人承包，由个人向出包方签订承包合同，自负经营责任。

企业实行承包经营后，在内部也实行了各种形式的经济责任制：

1. 岗位责任制。实行定岗定员，并制定有相应的岗位责任制度。普遍都设有厂长（经理）岗位责任制，财会人员岗位责任制，各工种、工序操作人员岗位责任制等。

2. 内部经济责任制。较大的企业将企业总的承包务任进行层层分解，落实到企业各科室、车间、班组或个人，有超额完成和完不成任务的奖罚办法，实行“五定”，即定岗、定员、定额、定责、定薪。落实责任制，横向到岗，纵向到人，推行“包、保、核”方法，形成了上下互保网络。

3. 专业承包责任制。主要是对供销人员和技术人员实行这种承包责任制。供销人员的承包责任制，是包原材料供应和包产品销售，联供联销计酬；技术人员的承包责任制，主要是对企业的技改项目、新产品开放项目、项目资金、项目完成时间、项目新增效益进行承包，与报酬挂钩。

表 2－1　　**重庆市乡镇企业所有制结构一览表**

年份	集体企业			私营企业			港澳台及外资企业		
	个数（个）	人数（人）	总产值（万元）	个数（个）	人数（人）	总产值（万元）	个数（个）	人数（人）	总产值（万元）
1986 年	29833	596394	239614	166169	388286	117314			
1987 年	28759	632735	290948	194602	467525	180312			
1988 年	28079	652005	358606	211346	561371	256728			
1989 年	26003	649994	392257	207262	560971	315477			
1990 年	25165	650766	515542	218055	575589	447664			
1991 年	24911	657146	685134	220881	626353	529131			
1992 年	27516	801793	1117997	249170	728997	991507	45	4133	19569
1993 年	30222	969595	1815760	275947	855426	1724924	54	5872	25853
1994 年	25668	1000646	2761071	297906	1088310	4340964	55	6654	40415
1995 年	16979	800538	2703069	156088	494680	2763133	55	6751	48455
1996 年	15693	857723	2388630	331636	952624	4987418	56	6147	52019
1997 年	17364	904160	3396499	53491	337568	1774578	33	4149	46126
1998 年	14905	860654	3848363	76594	495663	2843870	40	4868	61538
1999 年	12676	777601	3812284	96214	662064	4314781	46	6124	81998
2000 年	10485	696364	3866305	96206	813689	5940951	47	8583	125369

续表

年份	集体企业			私营企业			港澳台及外资企业		
	个数（个）	人数（人）	总产值（万元）	个数（个）	人数（人）	总产值（万元）	个数（个）	人数（人）	总产值（万元）
2001 年	7776	558766	3595609	99539	1003364	7963979	54	9755	195853
2002 年	5691	386556	2571405	91844	906734	7503956	56	10631	245867

第二章　经济技术合作

发展市内外的经济技术合作，是乡镇企业提高发展水平的内在要求，也是乡镇企业改革的重点和方向。1987 年市乡企局设立了外经处，组织和指导乡镇企业开展市内外的经济技术合作与交流。各区县乡镇企业主管部门在各级党委、政府领导下，从市内市外两个方面组织和指导乡镇企业发展经济技术合作。从国内国外两个市场鼓励和支持乡镇企业扩大开放。

第一节　市内的经济技术合作

乡镇企业在市内的经济技术合作，始于 1969 年。当时城市成千上万的知识青年上山下乡，一些城市工业企业出于改善本单位职工子女在农村生活状况的考虑，利用本单位淘汰设备，组织技术力量，扶持农村建起了一批小水电、小农机、小化工、小纺织、小食品加工等小型社队企业，这只是城市简单支农的一种形式。

党的十一届三中全会后，全党工作重心转移到社会主义现代化建设上来。党中央明确提出要“有计划地积极兴办公社和大队企业”，并制定了一系列加快社队企业发展的政策和措施，社队企业的发展出现了高潮。城市的企业也开始有组织、有计划地与社队企业开展了经济技术合作：

1. 有的是利用企业被淘汰或闲置设备与乡村联合兴办社队企业，如市纺织公司与沙坪坝区覃家岗乡联办的红旗棉纺厂。

2. 有的以本企业主导产品的生产技术作为投资与乡村联办企业，如重庆起重机厂扶持华岩乡兴办的中梁山运输机械厂。

1985 年，国家体改委提出：发展横向经济联合是国家实行经济体制改革的突破口。市委也提出把发展乡镇企业作为“城乡大联合，城乡一体化，城乡共发展”的结合点。组织开展城市工业产品扩散、技术转让、人才交流等活动，鼓励城市工业企业、大专院校、科研单位支持乡镇企业发展。1986 年，市委、市政府印发《关于抽调科技人员和经营管理人员支援乡镇企业的通知》（渝委〔1986〕23 号），有 884 名科技人员报名支援乡镇企业，在首批到岗的 240 人中，高级工程师 2 人，工程师 20 人，技师 4 人，助理工程师、会计师、经济师 33 人，技术人员 30 人。

1991 年，市委、市政府印发《关于加强城乡联合 促进乡镇企业大发展的通知》（重府发〔1991〕11 号），乡镇企业结合农村产业结构调整，充分利用农村自然资源丰富、剩余劳动力充足、适应市场规律和政策灵活的优势，借助城市雄厚的工业基础和科技力量，发展城乡联合与协作。重庆乡镇企业与城市工业和科技部门之间联合、协作的主要形式是：

1. “引”。即引进城市科技人员和技术，壮大乡镇企业技术队伍。1986 年，全市乡镇企业引进各类技术和管理人才 3400 名，并通过他们培训了 1.8 万多名技术骨干。1986 年，九龙坡区的重庆华光铸造机械厂聘用高级工程师肖绍康，购买晨光研究院的“四螺杆真空混炼挤出机”科研成果，组织生产，填补了国内空白。1987 年重庆柏树堡磷肥厂聘用高级工程师何治荣，利用东方红化工厂废水研制的“硫磷铵”——普通过磷酸钙组织生产，被列为市“火星计划”项目。

2. “接”。即承接城市名牌、拳头产品的零部件加工。如汽车、摩托车的发动机，电风扇、自行车的压铸、喷漆、电铸、塑料件等。1986 年，乡镇企业中为城市汽车、摩托车企业配套的加工企业有 300 多家。

3. “联”。即乡镇企业出场地、劳动力，城市工业与科研单位、大专院校出原料、技术和资金，联合开发新产品、新材料、新技术。

4. “进”。即乡镇企业的建筑、交通运输仓储和商业、餐饮服务业进入城市服务，增强城市功能。乡镇企业在城镇开办了商店、旅馆、饭店、汽车出租、维修等服务性项目，大大缓解了城市人口购物（主要是农副产品）难、食宿难、乘车难、修车难的矛盾。特别是 1983 年市政府批准允许乡镇建筑队伍进城承包工程以来，1986 年就有 10 多万乡镇建筑队伍进城参与了城市工程建设。

通过这些形式，使乡镇企业与城市工业、科技部门在技术、人才、资金、设备等方面有了更紧密的联系。1987 年，市政府召开“城乡经济技术联合动员暨表彰大会”，表彰奖励了 130 个城乡经济技术联合先进单位和 26 名支援乡镇企业的先进个人，推动了城乡联合。各区县充分依靠重庆大城市、大工业、大科研、大专院校的优势，组织乡镇企业发展经济技术合作。在 1989 ~ 1991 年国民经济治理整顿的 3 年里，乡镇企业把城乡经济技术合作为自我调整的内容，主动让名、让利、让权，加快了城乡联合的步伐。近郊的九龙坡、沙坪坝、巴县等区县，抓住城市工业产品扩散和军工企业军转民的契机，主动引进国有工业企业的科技人才和资金，壮大技术队伍，发展名、特、优、新产品；主动当“配角”，承接城市工业名牌、拳头产品的零部件加工，提高自己的加工能力和技术水平；主动出场地、出人力与城市国有工业企业、科研单位、大专院校联合开发新材料、新技术、新产品。城市国有工业企业、军工企业、大专院校、科研单位认真贯彻执行市委、市政府“城乡大联合，城乡共发展，城乡一体化”的方针，把扶持乡镇企业作为己任，不断地向乡镇企业扩散产品、转让技术和开展技术咨询服务。如重庆嘉陵厂、建设厂、望江厂、三峡洗衣机厂、重庆织造厂等一批国营大中型企业把产品零部件交给乡镇企业生产加工；重庆大学、西南师范大学化工学院、九五研究所等一批大专院校和科研单位与乡镇企业建立厂校技术联合关系，以厂为研发基地，研制开发高新技术。发展城乡经济技术联合，向乡镇企业扩散产品和技术，既能使国营大中型企业集中精力提高主要产品质量，向高、精、尖方向发展，也能使乡镇企业在联合中完成原始积累，提高加工技术和生产能力，相得益彰。1989 年，重庆起重机厂与九龙坡区联办乡镇企业，开始形成企业群体；沙坪坝区科技试验区面向乡镇企业，签订科技项目 140 多项，创产值 1400 多万元。特别是市委、市政府在 1992 年提出乡镇企业要超常规、跳跃式发展的总体要求后，城乡经济技术联合出现了新高潮。市化工局、电子局、医药局、建工学院、五九研究所、农机研究所、建设机床厂、大足汽车厂、重庆汽车厂、国光药厂、綦江齿轮厂、重庆柴油机厂、嘉陵机器厂等单位的领导带队到区县，与乡镇企业洽谈联合协作。

联合协作的主要形式是：

1. 有的与区县签订长期合作合同；

2. 有的将在外地加工的产品收回市内交乡镇企业加工；

3. 有的将零配件扩散给乡镇企业；

4. 有的将整个车间转移到乡镇企业生产。

1994 年，全市乡镇企业与城市发展经济技术联合的企业达到 750 家，联合实现的产值达 31 亿元。其中为城市汽车、摩托车配套的加工企业有 300 多家，出现了北碚宏大集团、隆鑫工业集团等一批以资产为纽带、跨区域、跨行业的经济联合体。到重庆直辖前的 1996 年，乡镇企业中的隆鑫、力帆、宗申等一批摩托车生产企业，就是在城乡联合中起步发展和成长壮大起来的。

第二节　与市外的经济技术合作

重庆市乡镇企业与市外发展经济技术合作，在直辖前后主要有两种形式：

一、以会交友，推进经济技术合作

1. 西南五市乡镇企业经济技术协作体

1985 年，重庆市与成都、南宁、昆明、贵阳等四城市建立了西南五市乡镇企业经济技术协作体。重庆市乡镇企业最初就是通过这个渠道与市外发展经济技术合作的。1986 年以后，重庆与这 4 个城市的乡镇企业主管部门每年轮流召开 1 次乡镇企业年会，建立和密切跨区域的物资交换、信息交流、技术转让、联合办厂、联营联销的协作关系。市乡镇企业供销公司还与昆明市乡镇企业供销公司联合，在昆明市繁华地带设立了产品供销窗口，推销重庆乡镇企业生产的产品，组织物资交流。1987 年由市农委、市经委、市乡企局和市乡镇企业供销公司联合在石桥铺举办乡镇企业产品展销订货会，应邀的广东、甘肃、山东、福建、云南、成都、昆明、武汉等 30 多个省、市、地的 57 个单位到会，意向性订货额达 3600 万元。这种联合形式直到 1989 年国民经济治理整顿开始，贵阳市停办年会而终止。

2. 六城市乡镇企业研讨会

为了继续保持和发展乡镇企业与市外的经济技术合作，1990 年，重庆与北京、天津、上海、大连、杭州等五城市建立了六城市乡镇企业研讨会。六城市每年举办 1～2 次乡镇企业发展问题研讨会，商议经济技术协作问题。3 年的国民经济治理整顿结束后，在市乡企局的提议下，从 1992 年开始，六城市乡镇企业研讨会扩大了联系范围，吸收了成都、无锡、南京、武汉、苏州、长春、广州等计划单列市、省会城市和发达地区城市的乡镇企业局参加，将六城市乡镇企业研讨会更名为计划单列市和友好城市乡镇企业联谊会。这些城市的乡镇企业通过每年的互访和组织开展经济技术交流与协作，密切了关系，增进了友谊。九龙坡、沙坪坝、南岸等区县还与成都等地的区与区、村与村之间建立起了松散的对口经济技术联合关系。由于 90 年代中期东西部乡镇企业加大改革力度，纷纷改制成为民营企业。同时，也由于全国宣传乡镇企业的声音逐步弱化，这种联合形式到 1997 年重庆市直辖便自然终止。

二、发展东西经济技术合作

1995年2月，国务院办公厅下发《国务院办公厅转发农业部乡镇企业东西合作示范工程方案的通知》（国办发〔1995〕14号），在重庆市掀起了东西合作的高潮。

1. 建设东西合作示范区。按照1995年农业部印发《全国乡镇企业东西合作示范区管理办法（试行）》的要求，在已建和在建的工业园区中不断完善东西合作功能，主动承接东部地区产业和产品转移。到1996年，被农业部命名的江北区、沙坪坝区、渝北区、大渡口区的4个“全国乡镇企业东西合作示范区”中，与市外的合作项目就有53项，总投资2.11亿元，合作项目实现产值13.58亿元，占当年乡镇企业发展城乡联合、东西合作产值的41.5%，创利税2.66亿元。

2. 与国内行业龙头企业开展经济技术合作。在90年代后期，随着国家西部大开发战略决策的深入实施，重庆在西部所处的经济战略地位越来越重要，资源优势越来越明显，于是国内一些企业纷纷看好重庆，一批物流成本高的企业为了占领重庆市场，争先与重庆同行业的企业联合协作。他们有的是合资合作，有的是收购股权开发经营。如总部设在浙江的浙江科华水泥集团，是国内水泥行业60家重点企业之一。该集团先后在重庆綦江县、万州区、奉节县投资13亿元，成立了3家大型水泥生产企业，所采用的技术是较先进的干法水泥生产工艺。3个项目全部投产后，年产水泥1200万吨，年销售收入35亿元、利税10亿元。这3个项目落户重庆，不仅降低了企业物流成本，也使科华集团产品打进了西部市场，满足了三峡大坝建设和重庆城乡基础设施建设的需要。

3. 发展对口支援三峡库区的经济技术合作。重庆直辖后的“九五”和“十五”期间，全国有15个省市和国家有关部委与三峡库区的区县建立了对口支援的友好联合协作关系。如奉节县与江苏宜兴县结为友好兄弟县，一次就得到补偿贸易资金200万元用于发展乡镇企业，宜兴县也在奉节县合资合作兴办了60万吨的水泥厂、6000万吨的耐火材料厂和针织厂等企业，优化了产业结构，增强了奉节县乡镇企业实力。对口支援不仅加速了三峡库区产业结构调整，也推动了乡镇企业科技进步。开县一家生化厂与四川大学联合，引进胰酶生产新技术，建成后年产量达20万吨，实现产值1200万元，成为全国最大的胰酶生产基地。1997年，丰都县抓住对口支援的机遇，主动出击，寻求发展。丰都县乡镇企业局主动到对口支援的河北省乡镇企业局汇报工作，洽谈项目，河北省乡镇企业局也组织一批企业到丰都县考察。当年，双方就签订生物制剂、纸浆快餐盒、铁路上使用的绝缘材料等3个项目，引进资金1390万元。

4. 与东部地区科技人才“结长亲”。江津市的重庆川江车辆制造有限责任公司，过去长期临时聘请一批利用休息日为企业服务的“星期日工程师”帮助解决技术难题，但这种形式只能解决头疼医头、脚疼医脚的临时性问题，短期科技服务不能满足企业长远发展的需求。2000年以来，该企业把眼光瞄向东部的科研院所、大专院校，先后从江苏、浙江、广东等地引进40多名各类专业技术人才，开发了40个新产品，有47个产品上了国家目录。其中与重庆汽车研究所、重庆大学汽车系、香港豪华汽车集团共同研制开发的cjq6780、6890高档豪华客车，填补了西部地区汽车研发技术的空白。

从1986年开始，乡镇企业与市内外的经济技术合作从以物资协作为主逐步转向技术、资金、人才交流为主的联合协作。特别是重庆直辖后，经济技术联合协作的形式更加多样化，领域更为广泛，成效更为明显。2000年，市乡企局计划统计处处长王晓和万州区乡企局安全科科长黄邦义，被农业部授予“全国乡镇企业东西合作先进工作者”称号。1995—2002年，全市乡镇企业与市内外签订的经济技术合作项目有2000多个，协作资金达50亿元。

第三节　对外开放

对外开放是重庆市乡镇企业的弱项。主要原因：一是重庆属于内陆城市，对外依存度小；二是受外贸体制的制约，乡镇企业出口创汇企业只有供货的义务，没有直接同外商谈判签约的权利，生产企业只能间接出口，将产品卖给外贸公司或下属单位，由外贸单位出口，与外贸市场脱节，产品进出口渠道狭窄；三是出口产品主要是生丝、茶叶、天青石、猪鬃、肠衣等农产品，品种少、档次低。在“六五”期末的1985年，全市生产出口产品的乡镇企业只有126家，完成出口交货值4352万元人民币。在20种出口产品中，以农村生物资源为原料的工业品占98%以上。到1986年，全市生产出口产品的乡镇企业有122家，从业人员12075人，完成出口交货值4700万元人民币，只比1985年增长8%，以农副产品为主的食品、土产、畜产和纺织品占乡镇企业出口交货值的62.9%。

1988年，市委、市政府认真贯彻执行中央“对外开放，对内搞活”的战略方针，6月在合川县召开全市乡镇企业出口创汇工作会议，明确了发展的方针、政策、方向，制定了发展规划。各区县组织乡镇企业到沿海地区学习考察，掌握了信息，开阔了视野，结交了朋友，开辟了产品出口渠道。当年，乡镇企业第一次引进外资企业，在北碚和九龙坡区组建了同源橡胶厂、九龙乡畜禽冷冻厂两家中外合资企业。发展了157家出口创汇企业，出口产品有了74种，并在上海、福建、广州、深圳开辟了茶叶、芦丁、牛肉、猪鬃、标准件等产品出口渠道，完成出口交货值1.54亿元人民币，出口交货值在100万元以上的乡镇企业有24家，超过500万元的有7家。1989年乡镇企业适应国民经济治理整顿形势，把发挥自然资源优势，发展出口创汇企业和产品作为自我调整产业结构的重要内容来抓。当年，出口产品企业发展到了231家，出口产品增加到107种，完成出口交货值比上年增长51.5%，达到2.28亿元，占全市出口创汇总额的13.3%。

经过3年国民经济的治理整顿，乡镇企业更加重视外向型经济发展。1992年，乡镇企业发展“三资”企业45家，注册资金达1598.8万美元，并开始向投入大、起点高、高科技方面转变。当年有31家企业总投资100万元以上，有14家企业协议外资20万美元以上。如江北区石马河乡与香港崇开实业公司、重庆五洲实业公司三方合资组建的重庆大同自行车有限公司，总投资2000万元人民币，其中引进外资800万元人民币，年产销60万辆多种规格的自行车。九龙坡区的九龙实业总公司与台湾罗国光先生合资的重庆友谊电子有限公司，生产技术含量高的电视卫星接收机在市场上供不应求。沙坪坝区的红旗化工厂与香港大可公司合资的重庆渝港宏漆化工有限公司，总投资500万元，生产的多彩涂料，填补了重庆市市场的空白。

外商除向乡镇二产业增加投资外，同时也向房地产、汽车修理和饭店等第三产业投资。1992年，外商在乡镇企业第三产业中协议的外资就达200多万美元。特别是1993年市政府批转了市经贸委关于赋予部分企业外贸进出口延伸权的报告，一批生产出口产品的乡镇企业抓住转换经营机制，增强企业活力，扩大外贸出口的机遇，加强班子建设，培训人才，积极开展外贸业务。全市生产出口产品的乡镇企业从1992年的261家发展到355家，新办中外合资企业20家，使全市乡镇企业已注册的中外合资企业达到54家，注册资本金达5486万美元。合川皮毛制品厂利用外贸出口延伸权借船出海拓展出口业务，1994年自营出口额621万元，1995年达到3805万元，产品远销美、日、德、韩等国。荣昌夏布公司在委托市外贸公司代理出口的过程中，积极开拓外销渠道，并培养了一批适应国际市场的营销人才，1995 年出口夏布 17 万匹，创汇 472 万美元。这两家企业在 1996 年经国家经贸委、对外贸易部批准，成为重庆市首批拥有外贸产品进出口经营权的乡镇企业。同时也双双荣获重庆市出口创汇先进企业称号。

到重庆市代管的 1996 年，全市（含万县市、涪陵市、黔江地区）生产出口产品的乡镇企业有 388 家，从业人员 4.8 万人，完成出口交货值 12.96 亿元人民币，比 1986 年增长 26.6 倍，其中以农副产品为主的食品、土产、畜产和纺织品占比下降到 42.05%，比 1986 年减少了 20.85 个百分点。

重庆成为直辖市后，乡镇企业抓住中国加入世贸经济组织的机遇，在市委、市政府《关于全面推进对外开放的意见》的指导下，年年参加境内外各类经贸洽谈活动，加强贸工农基地建设，大力调整出口产品结构，积极创造条件申办自营进出口权，加快乡镇工业园区建设，并以此作为内联外引的载体，推动乡镇企业对外开放水平由低层次向高层次、多领域方向发展。

1. 在出口产品结构上，通过优化出口产品结构，实现了从原材料和半成品出口为主向以制成品出口为主，从传统的生丝、猪鬃、皮毛、茶叶等低附加值产品出口为主向具有优势的机电、化工、轻工、食品等产品出口为主的转变。在“九五”期末的 2000 年，乡镇企业形成了荣昌夏布、永川胱氨酸、大足和铜梁碳酸锶、涪陵食品榨菜、合川和北碚的玻璃制品等各具特色的出口生产基地和九龙坡、沙坪坝以汽车、摩托车为主的机电产品出口企业群体。2001 年 6 月 18 日，重庆市乡镇企业首次在河内参加由市政府与越南商贸部联合主办为期 4 天的中国（重庆）商品越南展览会，参展的 19 家乡镇企业与越南客商签订投资合同协议总额为 13872.37 万美元，涉及摩托车及配件、PE 生产线、农机产品和胶鞋等商品。

2. 在对外开放方向上，乡镇企业由内向外转型，从引进来合资合作到主动出去联合开发。到 2002 年，全市已有 20 家乡镇企业到境外开办了企业，投资额达 7948 万元；乡镇企业与外商合资合作新签了 9 个协议项目，外商协议投资 5244 万美元。

3. 在经营方式上，由间接出口变为自营出口。2002 年，全市拥有自营产品进出口权的乡镇企业从重庆市直辖前的 7 家发展到 115 家。据重庆市海关统计，仅重庆口岸自营出口就有 4.07 亿美元，占当年全市出口总量的 37.27%。

到 2002 年，全市乡镇企业完成出口交货值 35.68 亿美元，占全市出口总额的 37.3 %。涌现出了像重庆力帆实业（集团）有限公司、隆鑫控股有限公司、宗申产业集团、重庆市博赛矿业（集团）、重庆弘愿气动工具厂、涪陵新盛罐头食品有限公司、重庆市万州鱼泉榨菜集团有限公司、重庆茂源实业公司等一批产品走出国门的出口大户。力帆实业（集团）、隆鑫集团、重庆弘愿气动工具厂等 12 家企业被农业部授予全国乡镇企业实施走出去战略先进企业称号。农业部、对外贸易经济合作部还授予重庆市荣昌县盘龙镇企办室全国乡镇企业出口创汇管理先进单位称号，授予重庆汇利达电子集团公司、合川皮毛制品厂、荣昌县春光夏布实业有限公司全国出口创汇先进乡镇企业称号。

第三篇　产业布局

1988 年，为了充分合理地利用重庆市自然资源和社会条件，以资源和社会条件为依据，以乡镇企业发展为基础，形成各具特色、综合发展的农村经济区域，正确指导乡镇企业因地制宜，扬长避短，发挥优势，合理布局，服务城市，繁荣农村，健康发展，重庆市农业区划委员会组织有关专家以大量第一手调查资料为基础，划分了重庆市乡镇企业产业区域和发展重点。

第一章　直辖前产业布局

第一节　第二、三产业综合开发区

这是紧靠城市的近郊区，本区包括沙坪坝、九龙坡、南岸、江北 4 个区。城市工业集中，门类齐全，科学技术力量雄厚，流通渠道畅通，信息传递快捷，市场容量大。区域内乡镇企业的特点是：

1. 发展具有一定规模，发展快。1985 年，乡镇企业发展速度高于全市平均水平。1985 年，全区乡镇企业有 8316 家，占全市的 5.3%，从业人员 21062 人，占全市的 12.5%，乡镇企业实现产值 57366.44 万元，占全市的 21.4%。全区 20 个乡中，1985 年乡镇企业产值上 1000 万元的乡有 15 个，占全市企业产值上 1000 万元乡的 40%，其中沙坪坝区石桥乡的乡镇企业总收入超过 1 亿元。

2. 区内乡镇企业骨干企业较多，产值上 100 万元的就有 90 家，占全市的 31%，其中红旗棉纺厂、金星纸箱厂、重庆毛毯厂、塔山明胶厂、联芳塑料厂、重庆红旗弹簧钢板厂、花溪建筑公司等 9 家企业年产值均在 300 万元以上。

3. 区内乡镇工业比重大，建筑业、商业服务业发展快。形成了以工业为主体，多门类的产业结构。1985 年区内乡镇工业产值 36282.21 万元，占乡镇企业产值的 63.2%，其中建筑材料、机械加工、轻化工业产值 31890 万元，占乡镇工业产值的 88%。乡镇企业利用紧靠城市的优势，与国有大工业和科研单位发展经济技术合作，承接城市工业扩散、脱壳产品和零部件加工，承接重庆嘉陵摩托车，五洲和菊花牌自行车，三峡、双菱牌电风扇等名牌名优产品的零部件加工就有数十种。1985 年，机械工业产值 8900 多万元，占乡镇工业产值的 25%。

4. 乡镇企业商业服务业发展快。农民经商开店3511家，平均每平方公里有6.5家农民商业服务业为城乡人民生活服务，缓解了城市商业网点的不足。农民在城市闹市区建起了配套设施较为齐全、质量较高的九龙饭店、园外园饭店、南坪饭店、观音桥饭店、渝西饭店等一批较大型的综合饭店和主要为城市服务的日中汽车出租公司等，为增强城市功能发挥了重要补充作用。1985年，区内乡镇商业服务业从业1.05万人，总收入10026万元，产值5362.1万元。

根据区域自然资源和社会经济条件，乡镇企业的产业布局和发展重点是：

1. 以机械制造工业为主体，以建筑业、第三产业为“两翼”，与城市大工业和科研单位密切配合，采取零部件协作、加工定制、承接更新换代产品、“三废”利用、科技成果转让、技术服务、城乡联营等多种形式，当好城市汽车、摩托车等支柱产业的配角和助手，面向市场，服务城市，深化加工，力争出口，在提高中求发展。重点发展汽车、摩托车加工制造业；

2. 在提升汽车、摩托车等支柱产业配套加工制造水平的同时，提高轻工业比重，发展日用轻工业产品特别是发展服装、鞋类、纺织、工艺美术制品、电器产品、家具、文教用品、包装装潢等，大力开发方便食品、风味食品、营养食品、保健食品等；

3. 发展建筑业，增强城市服务功能。建筑业重点是不断整顿提高队伍素质和管理水平，提高装备水平，讲求服务信誉，注重工程质量，努力开拓建筑市场；

4. 发展商业服务业，大、中、小，高、中、低兼顾，兴办为商品生产的产前、产中、产后服务行业和为人民生活服务的百货、日杂、副食品、洗染、修理、旅馆、餐饮、照相、浴室、幼儿园、托儿所、影剧院、娱乐中心、仓储、汽车出租、停车场、电话业务等，以满足社会各方面的需求。

第二节　建工建材、农产品加工综合开发区

本区位于华蓥山脉以东，大娄山余下脉和盆边中低山以北地带，东靠四川省的涪陵地区，北与达县地区的邻水县相连，南邻贵州省习水和四川的泸州市。包括长寿、江北县、巴县、璧山、永川、江津6个县和北碚、双桥2个区。区内交通方便，气候温和，水资源丰富，土地肥沃，宜于农业生产，种植业、养殖业品种多样，是重庆市农业生产主要基地，农副产品加工潜力大；矿产资源丰富，可供乡镇企业开发利用的主要有煤、石灰岩、石膏、硫铁矿、铁矿、石英砂、白云岩、耐火黏土矿、重晶石矿、沙金、膨润土、方解石、钾土、矿泉水等。区域乡镇企业的特点是：

1. 形成了以工业为骨干，建材、食品、轻纺、机械、能源为主体的多门类工业体系。1985年，本区乡镇工业企业有26701家，从业人员21.38万人，实现工业产值62357.72万元。机械工业企业有1350家，实现产值9868.88万元，占全市乡镇机械行业产值的40%以上。建材、食品、轻纺、机械、能源等工业产值48944.67万元，占全区乡镇工业产值的78.5%，是本区乡镇工业的五大支柱。本区还有乡镇化工企业398家，从事电石、硫化碱、橡胶和塑料制品、磷肥等生产，产值3200.41万元。

2. 建材工业发展快。1985年，全区建材企业有5973家，占全市乡镇建材企业的49.5%。产值131164.43万元，占全市乡镇建材产值的39.2%，以生产砖瓦、水泥、石灰为主。水泥厂有24家，年产水泥32.5万吨，规模较大的是璧山县鞍子水泥厂，年产6万吨；北碚代家乡水泥厂，

年产4万吨。1985年全区生产水泥17.35万吨，占全市乡镇企业年产量的51%。机砖厂有62家，砖总量占全市乡镇企业砖产量的35.6%。石膏板、玻璃马赛克、大理石制品、涂料、方解石等建材产品也都占有相当比重，是全市建材工业的重点区域。

3. 农副产品加工业成为重要行业。食品企业有10235家，占全市乡镇食品企业的49%，产值11310.2万元，占全市乡镇食品企业产值的47.3%。1985年，大宗产品主要有粮食加工8.72千克，淀粉668.9吨，食用植物油3553吨，水果罐头683吨，饮料、酒水1.93万吨，茶240万千克，畜禽肉食制品3796吨，酿造制品3796吨。区内有棉纺织企业30家，针织企业20家，缝纫企业3039家，轻纺工业产值10989.07万元，占全市乡镇轻纺产值的46.9%。

4. 矿产资源丰富。乡镇煤炭及炼焦企业708家，实现产值4508.77万元，占全市乡镇企业煤炭及炼焦行业产值的45.6%。

根据区域内自然资源和社会条件，乡镇企业的产业布局和发展重点是：

1. 充分利用本区资源丰富、紧靠大城市等有利条件，坚持内涵与外延发展并重，巩固提高与发展并重，速度与效益同步，在发展中求提高。重点发展能源工业，缓解能源供应紧缺矛盾；

2. 发展建材工业，向市场提供轻、新、美的建材产品；

3. 以食品工业为主导，发展粮、油、果、茶、肉、酒等农副产品加工业；

4. 发展轻纺工业，向市场提供羽绒制品、服装、皮革制品、皮毛制品、工艺美术品、纸制品、日用小商品；

5. 发展机械工业，向市场提供铁制农具、小五金、餐饮用具和农用机械产品等。

第三节 农产品、建工建材加工、旅游开发区

本区位于华蓥山脉以西，属川中方山丘陵区。北与武胜、蓬溪两县接壤，西同遂宁、安岳、内江3县相连，南邻隆昌、泸县。包括合川、潼南、铜梁、大足、荣昌5个县，属重庆市远郊地区。本区域属农业型经济结构，种植业以粮、油、桑、蔗、果为主；养殖业以猪、羊、家禽为主；矿产资源主要有煤（潼南县除外）、石灰岩、铁矿石、天青石、硫铁矿、沙金等；旅游资源有驰名中外的大足县宝顶、北山石刻，合川县钓鱼城。区域乡镇企业特点的是：

1. 个体私营企业发展快。1985年，全区个体企业、联户办企业和组办企业有56366家，占区域内乡镇企业的90%，从业人员117995人，占全区乡镇企业从业人员的50%，实现产值21969.21万元，占全区乡镇企业产值的34.3%。

2. 乡镇工业形成了以轻工业为主，农副产品加工、建材工业和机械工业为重点的产业结构。1985年，乡镇轻工企业有24895家，占本区乡镇企业的82.6%。实现产值20235.81万元，占本区域乡镇工业产值的59.6%。

3. 农副产品加工和轻纺工业成了重要的支柱产业。1985年有食品企业8781家，主要以粮、油、酒、茶叶、淀粉、糖果为主，实现产值9578.23万元，占全区乡镇工业产值的28.2%。合川桃片、大足宝顶豆瓣、龙水大曲酒、荣昌红茶、铜梁龙门牌蛋黄元等地方名特优产品深受消费者欢迎，荣昌红茶还是重庆茶叶出口创汇产品。轻纺工业主要生产经营纺织、缝纫、造纸、皮革、家具、日用玻璃、陶瓷等，有企业11884家，从业人员3.7万人，实现产值8199.07万元，占全区乡

镇工业产值的24.2%。其中合川太和丝厂是全市乡镇最大的缫丝厂家。在发展基础上，区域内先后建起了合川太和织绸厂、太和二绸厂等9家织绸厂。到1987年，织绸机达到716台，是重庆乡镇企业丝绸集中生产的地区。

4. 建材工业初具规模。全区建材企业有4127家，以生产经营砖瓦、石灰、水泥、沙、石料为主。1985年实现产值8753.21万元，是本区乡镇工业产值的19.9%。产砖3.68亿块、瓦1.9亿片、石灰27万吨，已建投产和在建水泥企业7家，年生产能力28万吨。

依据区域内自然资源和社会经济条件，乡镇企业产业布局和发展重点是：围绕农副产品加工，为农业产前、产中、产后服务，提升农村商品生产水平，形成以轻工业为主，食品加工、轻纺工业、建筑材料制造、机械工业、能源工业为重点的产业结构，加快发展、加快提高。

1. 重点发展以粮、油、酒、茶叶、淀粉、糖果糕点加工为主的食品工业；以加工生产桑、蚕、丝、绸、麻制品为主的丝绸工业；以纺织、缝纫、造纸、皮革、家具、竹藤棕草编制、工艺美术用品、日用玻璃、日用陶瓷加工制作为主的轻纺工业；以养殖业服务为主的饲料工业；

2. 发展以生产砖瓦、石灰、水泥、沙、石料为主的建材工业；

3. 发展以农具修理、加工制造铁制中小农具和小五金为主的机械工业；

4. 发展以地矿开采为主的能源工业；以旅游开发为主的第三产业。

第四节 能源矿产、第三产业开发区

本区位于重庆市南东角，处于大娄山脉和四川盆地东南山地抬升地带。东邻涪陵地区的南川县，南与贵州省桐梓、习水两县相连。包括綦江县、万盛区，是市内人口稀少地区。区内的煤、铁矿、黏土矿、大理石等矿产资源丰富，茶叶、猕猴桃、魔芋、竹笋、中药材等经济作物品种繁多，拥有黑山峡谷、石林等旅游资源。本区域乡镇企业的特点是：

1. 以能源矿产为主的采矿业发展突出。1985年，全区乡镇采矿企业有1202家，从业人员20098人，产值4892.28万元，占全区工业产值的71%，是全市乡镇企业采矿业较为集中的区域。

2. 煤炭生产具有一定规模。全区乡镇小煤窑114家（其中万吨以上的16家）、土焦厂1家，产原煤80.51万吨，占全市乡镇原煤产量的20%，产土焦3万吨，占全市乡镇土焦产量的35.8%，煤炭及炼焦工业产值2059.35万元，占全区乡镇采矿工业产值的42%。

3. 建材工业发展较快。主要有砖瓦厂480家，生产砖2.72亿块，瓦6137万片；石灰厂138家，年产石灰7万吨，大理石开采企业3家，开采大理石荒料624立方米；南桐区南桐乡有1家大理石制品企业，加工大理石板材95729平方米，有50%交外贸出口。本区乡镇企业还生产加工了水泥预制构件9200万平方米和3.96万吨方解石供应区内外城乡建设。

4. 化学工业成为本区乡镇企业支柱产业。产铁矿石4586吨，占全市乡镇矿石产量的43.4%，兴办了全市乡镇企业第一家年产5000吨生铁的藻渡铁厂，硫铁矿产量达6382吨，占全市乡镇企业产量的59%。

6. 第三产业发展突出。1985年有交通运输企业1282家，其中个体私营企业占90%，有商业饮食服务企业6636家，其中个体私营企业占95%，在区域内，平均每一平方公里就有2.4家乡镇服务企业。

依据区域自然资源和社会经济条件，乡镇企业产业布局和发展重点是：

1. 以开发能源矿产资源为重点，大力发展农副产品加工业；

2. 开发旅游资源，发展第三产业，实现发展速度与提高经济效益同步；

3. 重点发展煤炭工业，开发利用铁矿、硫铁矿、大理石、皂石等非金属矿产资源；

4. 围绕农副产品加工，发展食品工业、饲料工业、竹藤棕草编制业、畜禽皮毛加工业及林副产品加工业。

重庆市直辖前乡镇企业产业布局特征是：近郊区域的乡镇企业重点发展为城市汽车、摩托车等支柱产业配套的机械加工制造业、建筑业、高新技术产业和商贸服务等第三产业；中郊区域的乡镇企业重点发展农副产品加工业、轻纺工业、建筑材料工业、旅游服务业；远效区域的乡镇企业重点发展矿产资源开采业、农用机械加工制造业、建材工业、食品加工业、交通运输仓储业和旅游服务业。

第二章　直辖后产业布局

重庆直辖后，依据经济和社会条件，市政府将重庆市划分为都市经济发达圈、渝西经济走廊、三峡库区生态经济区等 3 个经济区域。乡镇企业按不同区域的产业明确了发展重点。

第一节　都市经济发达圈

包括渝中区、大渡口区、江北区、沙坪坝区、九龙坡区、南岸区、北碚区、渝北区、巴南区等 9 个区，是重庆直辖前经济发达的主城近郊区域。区内人才富集，拥有北部新区和两个国家级开发区，产业基础好，科技实力雄厚，重点发展汽车、摩托车等机械、装备制造加工业，仪器仪表加工制造业，建筑材料制造加工业，服装服饰制造加工业，食品工业，建筑业，商贸、仓储、餐饮、旅游等服务业，发展城乡联合，扩大招商引资，努力打造汽车、摩托车、仪器仪表、服装、纺织等产业集群。其中只有渝中区没有乡镇企业。

第二节　渝西经济走廊

包括万盛区、双桥区、綦江县、潼南县、铜梁县、大足县、荣昌县、璧山县、江津市、合川市、永川市、南川市等 12 个区县（市）。本区地处川渝结合部，区域优势独特，产业基础较好。重点发展为汽车、摩托车配套的机械加工制造业，医药制造业，纺织、丝绸印染、服装制造、皮革制品、造纸等轻纺工业，食品工业，建材工业，能源工业，农副产品加工业，旅游服务业。承接城市工业转移，努力打造“鞋业之都”“齿轮之都”“小五金之乡”和汽摩配件、农副产品加工等产业集群。

第三节　三峡库区生态经济区

包括万州区、涪陵区、黔江区、长寿县、梁平县、城口县、丰都县、垫江县、武隆县、忠县、开县、云阳县、奉节县、巫山县、巫溪县、石柱县、秀山县、酉阳县、彭水县等19个区县（自治县）。本区产业基础相对脆弱，但天然气、矿产、农副产品和旅游资源丰富。结合移民迁建和市政府实施的“十个农业产业化百万工程”，重点发展农副产品加工业，提升食品加工行业，巩固提高矿产开采业，逐步淘汰污染环境的化学工业和冶金制造业，采用新技术、新工艺发展医药工业，加快发展商贸、旅游服务业。

第四节　产业布局的调整

根据资源和社会条件，1999年重庆市委、市政府印发了《关于全市乡镇企业结构调整的意见》（渝委发〔1999〕52号），进一步明确全市乡镇企业区划产业结构调整的重点。

1. 主城近郊区：重点发展围绕城市支柱产业配套的加工业、技术含量高的产业、轻工业和增强城市服务功能的第三产业，形成一批“小巨人”企业，使乡镇企业从数量型经济转移到质量效益型经济。这些地区是：九龙坡区、沙坪坝区、南岸区、江北区、大渡口区、北碚区、渝北区、巴南区。

2. 丘陵平坝地区：重点发展农产品加工业，巩固提高轻纺工业和建筑建材业。这些区域是：潼南县、铜梁县、大足县、荣昌县、永川市、双桥区、合川市、梁平县、垫江县、綦江县、万盛区、长寿县、江津市、南川市、璧山县。

3. 三峡库区：结合移民和厂矿、城镇搬迁，选好项目，实施企业组合搬迁；采取外引内联引进一批、改造一批、淘汰一批企业，形成库区特色经济。发展重点是旅游服务及相关产业、特色食品加工业、环保产业、建筑建材业。这些区域是：忠县、云阳县、奉节县、巫山县、涪陵区、万州区、开县、丰都县。

4. 山区：应着力资源开发，重点发展能源、矿产业、农产品（药材）加工业、建材业、民族传统工艺加工业。这些区域是：城口县、巫溪县、武隆县、秀山县、酉阳县、石柱县、彭水县、黔江县。

上述各类地区在进行乡镇企业部局结构调整时，都应结合小城镇建设，在适宜区域建立乡镇企业小区，实现集中连片发展。同时，应根据当地资源优势，发展各具特色的区域经济和专业村镇。

第四篇　主要产业产品

重庆市乡镇企业所涉及的产业，包括乡（镇）办、村办、联户办、个体户兴办的农业、工业、建筑业、交通运输仓储业、商贸批发零售业、餐饮住宿等服务业和其他行业。第一产业，主要指农场、茶场、果园、药材场、林场等种植业和养猪场、养鸡场、养鱼场、奶牛场、菌种场、养蚕场等养殖业；第二产业，主要指工业和建筑业；第三产业，主要指交通运输仓储、批发零售业、餐饮住宿业、社会服务业和其他行业。随着乡镇企业不断调整和优化产业结构，第一、二、三产业得到协调发展。到2002年，全市乡镇企业形成了以摩托车、汽车零部件加工制造为主的机械工业，农副产品加工业，建筑建材业和交通运输仓储、商贸批发零售业，餐饮住宿服务业等四大支柱产业和多门类的工业行业及服务行业体系。

第一章　工　业

乡镇工业，是指利用农村经济作物、矿产等资源和为城市大工业配套等进行加工制造的产业。主要有机械制造业、采矿业、化学工业、农副产品加工业和建材工业。

重庆乡镇工业是在20世纪60年代中期推行农业机械化开始发展起来的，主要从事粮油加工、缝纫、农具制造、农机修理和烧砖瓦等。到1986年，形成了以食品、建材、机械、轻纺为主体的多种门类。乡镇工业企业有78876家，占乡镇企业总量的40%，从业人员49.92万人，占从业人员总量的50%，实现产值17.87亿元，占乡镇企业总产值的50%和全市工业产值的12%。随着乡镇工业的迅速发展，山区能源矿产和冶金产业快速起步，丘陵地区农副产品加工业发展壮大，城市郊区和交通沿线的机械、化工、建材、轻纺等工业蓬勃兴起，乡镇工业成了乡镇企业产业的主体。

1986—2002年，经过企业兼并、重组、破产、拍卖、联合等多种形式的改革，2002年全市乡镇工业企业由1986年的7.89万家减少到3.91万家，从业人员由49.92万人增加到94.12万人，实现增加值由4.06亿元增加到200.8亿元，增长48.5倍，占乡镇企业增加值的61.6%，产值由17.9亿元增加到840.5亿元，增长46倍，占61.3%，营业收入774.5亿元，占59%。

表4－1　**重庆市乡镇工业一览表**

年份	企业个数（个）	从业人员（人）	产 值（万元）	增加值（万元）	占全市工业增加值比重（%）
1986 年	78876	499183	178695	40609	12
1987 年	92026	548609	230400	52198	13. 6
1988 年	95183	581348	299336	67858	14. 9
1989 年	89204	597795	341163	77519	16. 6
1990 年	88400	592962	528093	120154	18. 4
1991 年	86414	618707	647593	147923	17. 8
1992 年	90769	706774	1052606	241165	20. 9
1993 年	97834	814144	1868255	430254	26. 2
1994 年	105233	985063	3616219	841979	34. 8
1995 年	39788	639432	2812336	672947	29. 7
1996 年	108636	1E +06	4946461	1176137	37. 5
1997 年	34622	697738	3214190	758787	22. 3
1998 年	42087	755470	4064877	963785	23. 6
1999 年	45002	791799	4932616	1153240	25. 2
2000 年	49493	857624	6090852	1419720	31. 3
2001 年	46150	896086	7158835	1669816	32. 5
2002 年	39112	941224	8404869	2008321	33. 8

第一节　机械制造业

机械制造业是乡镇工业中科技含量较高的重要行业，也是重庆乡镇企业的支柱产业。

1986 年，全市乡镇机械制造业有 1651 家，从业人员 2. 4 万人，实现产值 1. 3 亿元。

2002 年，全市乡镇机械制造业有 5906 家，从业人员 20. 1 万人，实现增加值 58. 33 亿元，产值 248. 95 亿元，产值是 1986 年的 191. 5 倍。

2002 年，乡镇企业机械制造业的主要行业和产品是：

（一）交通运输设备制造业：企业有 4437 家，从业人员 15. 9 万人，实现增加值 45. 4 亿元，产值 196. 2 亿元。

（二）普通机械制造业：企业有 231 家，从业人员 5. 2 万人，实现增加值 10. 3 亿元，产值 40. 5 亿元。

（三）专用设备制造业：企业有 60 家，从业人员 2407 人，实现增加值 9002 万元，产值 3. 7 亿元。

（四）电气机械及器材制造业：企业有 99 家，从业人员 4206 人，实现增加值 1. 1 亿元，产值

5.67 亿元。

（五）电子及通信设备制造业：企业有 22 家，从业人员 957 人，实现增加值 1918 万元，产值 9218 万元。

（六）仪器仪表及文化办公用品机械制造业：企业有 57 家，从业人员 2186 人，实现增加值 4640 万元，产值 1.97 亿元。

（七）金属制品业：企业有 1297 家，从业人员 2.46 万人，实现增加值 4.8 亿元，产值 21.4 亿元。

表 4－2　**2002 年重庆市乡镇机械制造业主要产品产量**

序 号	产品名称	计量单位	产量/产值
1	摩托车	辆	1567276
2	摩托发动机	万台	436
3	摩托车零配件	万元	1277677
4	组装汽车辆	辆	1275
	其中：农用运输车	辆	2965
5	汽车配件	万元	223679
6	标准（紧固）件	吨	5390
7	自行车	辆	7509
8	电子元件	万元	11022
9	农用水泵	台	26747
10	喷雾器	部	110000
11	脱粒机	台	33146
12	中小农具	件	7049250
13	小五金	吨	22097

交通设备制造业是乡镇机械制造业重要行业，特别是以隆鑫、力帆和宗申为代表的汽车、摩托车“两车”制造业发展快，占有较大比重，其产品出口不仅是乡镇企业的创汇大户，而且在国内有广大的市场。2002 年隆鑫集团、力帆集团、宗申集团实现的销售收入分别达到 42 亿、40 亿和 25 亿元。

到 2002 年，全市交通设备制造业中的“两车”实现增加值 45.4 亿元，产值 196.23 亿元，分别占乡镇机械制造业的 77.7% 和 78.8%。

表 4－3　**重庆市乡镇交通设备制造业一览表**

年份	企业个数（个）	从业人员（人）	汽车配件产值（万元）	摩托车配件产值（万元）	总产值（万元）
1986 年	251	6580	466		5019
1987 年	310	8793	825		6739

续表

年份	企业个数（个）	从业人员（人）	汽车配件产值（万元）	摩托车配件产值（万元）	总产值（万元）
1988 年	336	9200	1419		9424
1989 年	452	12453	2089		11675
1990 年	527	11953	2895		14738
1991 年	685	15777	3074		20451
1992 年	368	15788	9386	4649	30696
1993 年	471	21526	24562	19288	68521
1994 年	589	31190	39168	73691	193058
1995 年	697	39994	52702	230338	307418
1996 年	777	43887	80833	316771	402085
1997 年	1023	115659	82081	282242	616765
1998 年	1356	117889	74123	384678	755175
1999 年	1656	135646	94259	486586	978668
2000 年	2121	120360	120026	739842	1303080
2001 年	2725	141664	149475	1135468	1601719
2002 年	2937	159223	223679	1277667	1962340

第二节　采矿业

重庆矿产资源丰富，适宜乡镇企业开发利用的有煤炭、铁矿石、铅锌矿、锰矿、石膏、天青矿、石灰石等。在有矿产的地方，经过乡镇矿产业多年的开发，形成了“以煤为主，多矿开发”的格局，特别是在部分山区，矿产成为当地经济的主要优势。

1986 年，乡镇采矿业有 1.2 万家，从业人员 7.3 万人，实现产值 1.7 亿元。

2002 年，乡镇采矿业有 9611 家，从业人员 25.9 万人，实现产值 116.5 亿元，是 1986 年的 68.5 倍。

2002 年，乡镇企业采矿业的主要行业和产品产量是：

（一）煤炭采选业：企业有 1599 家，从业人员 6.27 万人，实现增加值 9.5 亿元，产值 27.4 亿元。

（二）黑色金属矿采选业：企业有 141 家，从业人员 2157 人，实现增加值 3399 万元，产值 1.8 亿元。

（三）有色金属矿产选业：企业有 48 家，从业人员 3853 人，实现增加值 6936 万元，产值 2.6 亿元。

（四）黑色金属冶炼及压延加工业：企业有 84 家，从业人员 4236 人，实现增加值 8203 万元，产值4亿元。

（五）有色金属冶炼及压延加工业：企业有71家，从业人员1373人，实现增加值2665万元，产值1.4亿元。

（六）非金属矿采选业：企业有2189家，从业人员5.73万人，实现增加值8.5亿元，产值31.4亿元。

表4－4　　2002年重庆市乡镇采矿业主要产品产量一览表

序号	产品名称	计量单位	产量
1	铁矿石	吨	93449
2	锰矿石	吨	804118
3	铅锌矿石	吨	55713
4	原煤	万吨	2054
5	焦炭	吨	42808
6	生铁铸造件	吨	235396
7	钢材（成品量）	吨	560287
8	钢（钢锭）	吨	266994
9	废、旧有色金属冶炼	吨	47694
10	铁合金	吨	129526
11	硫铁矿（生产量）	吨	138491
12	铸铁锅	万口	1277667
13	石膏矿石	吨	831268
14	天青石矿	吨	997019

第三节　农产品加工业

农产品加工业是以农产品为主要原料的加工制造业，是乡镇工业的重要组成部分，也是乡镇企业的支柱产业之一。

1986年，全市乡镇企业中以农产品为原料的加工企业有5.26万家，从业人员19.31万人，实现产值7.66亿元，占乡镇工业产值的42.8%。

2002年，全市乡镇企业农产品加工企业有1.57万家，从业人员22.94万人，实现产值231.51亿元，是1986年的30.2倍，占乡镇工业产值的32.34%，涌现出一批全国中型农产品加工流通企业。

2002年，乡镇企业农产品加工业的主要行业和产品产量是：

（一）食品加工业：企业有5583家，从业人员4.32万人，实现增加值10.9亿元，产值50.9亿元。

（二）食品制造业：企业有1307家，从业人员1.7万人，实现增加值3.4亿元，产值16.9亿元。

（三）服装、鞋、皮革制造业：企业有1919家，从业人员3.3万人，实现增加值8.2亿元，产值37.6亿元。

（四）纺织业：企业有923家，从业人员40032人，实现增加值4亿元，产值28.2亿元。

（五）造纸及纸制品业：企业有362家，从业人员1.03万人，实现增加值2.6亿元，产值11.4亿元。

（六）印刷业：企业有259家，从业人员5272人，实现增加值1.8亿元，产值6.6亿元。

（七）木材加工及竹、藤、棕、草、葵制品业：企业有894家，从业人员8481人，实现增加值1.7亿元，产值6.7亿元。

表4－5　　**2002年重庆市乡镇企业农产品加工业主要产品产量一览表**

序号	产品名称	计量单位	产量
1	布	万米	73795
	其中：棉布	万米	22611
2	棉纱	吨	6905
3	印染布	万米	9631
4	针棉制品（折用纱量）	吨	864
5	夏布	米	1367000
6	生丝	吨	3344
7	丝织品	万米	332
8	皮革	万张	245
	其中：牛皮	万张	117
	猪皮	万张	157
9	麻袋	万条	201
10	糖	吨	46559
11	服装	万件	2365
12	皮鞋	万双	7037
13	机制纸及纸板	吨	229785
	（1）机制纸	吨	85180
	（2）机制纸板	吨	144605
14	书刊印制品	万令	1873
15	酒	吨	252720
	其中：白酒	吨	159798
	啤酒	吨	90096
16	非酒精饮料	吨	62420
17	食用植物油	吨	45271

续表

序号	产品名称	计量单位	产 量
18	非食用植物油	吨	15331
19	粮食加工量	吨	5114272
	其中：大米	吨	4241581
	面粉	吨	654471
	淀粉	吨	20560
20	肉制品	吨	30575
21	罐头	吨	27617
	其中：肉罐头	吨	14087
	蔬菜罐头	吨	12657
22	配（混合）饲料	吨	491961
23	饲料原料	吨	14255
24	榨菜	吨	205139
25	茶叶	吨	34939
	其中：精制茶叶	吨	32397
26	肠衣	万根	66027
27	猪鬃	吨	4195
28	乳制品	吨	5471
29	竹藤棕草葵制品	万元	7307
30	工艺美术品	万元	4588
31	木制家具	件	3426638

表4－6 **重庆市全国中型农产品加工流通企业名录**

企业名称	授予称号	授予单位	授予时间
重庆市铜梁县粮油购销总公司	全国中型农产品加工流通企业	农业部	2002年
重庆富源茶叶开发有限公司	全国中型农产品加工流通企业	农业部	2002年
重庆市钱江食品有限公司	全国中型农产品加工流通企业	农业部	2002年
重庆金州食品有限公司	全国中型农产品加工流通企业	农业部	2002年
重庆市蜀达饲料有限公司	全国中型农产品加工流通企业	农业部	2002年
重庆今天饲料有限公司	全国中型农产品加工流通企业	农业部	2002年
重庆三江羽绒有限公司	全国中型农产品加工流通企业	农业部	2002年
重庆市梁山米业有限公司	全国中型农产品加工流通企业	农业部	2002年
重庆市梁平县天友豆制品有限公司	全国中型农产品加工流通企业	农业部	2002年
忠县种子公司	全国中型农产品加工流通企业	农业部	2002年
重庆市风味源食品有限责任公司	全国中型农产品加工流通企业	农业部	2002年
重庆市雁山机械制造有限公司	全国中型农产品加工流通企业	农业部	2002年

续表

企业名称	授予称号	授予单位	授予时间
重庆正大有限公司	全国中型农产品加工流通企业	农业部	2002 年
重庆市荣昌县双龙夏布织染有限公司	全国中型农产品加工流通企业	农业部	2002 年
重庆诗仙太白集团	全国中型农产品加工流通企业	农业部	2002 年
重庆万州鱼泉榨菜有限公司	全国中型农产品加工流通企业	农业部	2002 年
重庆市万州区乳峰乳业（集团）有限公司	全国中型农产品加工流通企业	农业部	2002 年
重庆新合南山花木产业有限公司	全国中型农产品加工流通企业	农业部	2002 年
重庆红旗汽车零部件制造总厂	全国中型农产品加工流通企业	农业部	2002 年
重庆银钢摩托车销售有限公司	全国中型农产品加工流通企业	农业部	2002 年
荣昌县加合织染有限公司	全国中型农产品加工流通企业	农业部	2002 年
重庆嘉华摩托车曲轴工业有限公司	全国中型农产品加工流通企业	农业部	2002 年
重庆市银钢科技（集团）有限公司	全国中型农产品加工流通企业	农业部	2002 年
重庆华洋电器有限公司	全国中型农产品加工流通企业	农业部	2002 年
重庆胜利工业有限公司	全国中型农产品加工流通企业	农业部	2002 年
重庆天正建设工程有限公司	全国中型农产品加工流通企业	农业部	2002 年

第四节　化学工业

1986 年以前，重庆乡镇企业化学工业规模小，产品不多，以小化肥和塑料制品为主。1986 年，全市乡镇化学工业企业有 269 家，从业人员 7442 人，实现产值 5975. 9 万元。由于化学工业污染环境，20 世纪 90 年代后期，乡镇企业加快产业结构调整，除医药制造行业继续保持发展势头外，传统的电石、塑料、橡胶等化学制品逐年减少。2002 年，全市乡镇企业中的化学工业企业有1656 家，从业人员 34875 人，实现产值 396977 万元，是 1986 年的 66. 4 倍，占乡镇工业产值总量的 4. 7%。

2002 年，乡镇化学工业的主要行业产值和产品产量是：

（一）石油加工、炼焦及核燃料加工业：企业有 34 家，从业人员 799 人，实现增加值 1949 万元，产值 7219 万元。

（二）化学原料及化学制品制造业：企业有 349 家，从业人员 1762 人，实现增加值 60209 万元，产值 204642 万元。

（三）医药制造业：企业有 30 家，从业人员 3415 人，实现增加值 12149 万元，产值 49510 万元。

（四）塑料制品业：企业有 1199 家，从业人员 1. 23 万人，实现增加值 2. 6 亿元，产值 11 亿元。

（五）橡胶制品业：企业有 176 家，从业人员 6689 人，实现增加值 1. 2 亿元，产值 5. 6 亿元。

表 4－7　　　　　2002 年乡镇化学工业主要产品产量

产品名称	计量单位	产 量
硫酸	吨	14915
硫化碱	吨	1836
农用氮、磷、钾化学肥料	吨	229848
其中：磷肥（标准量）	吨	28827
磷肥（实物量）	吨	152695
洗涤剂	吨	5080
碳酸锶	吨	137187
胱氨酸	吨	91
电石	吨	14409
油漆	吨	4141
中成药	万元	26679
兽药	万元	47566
橡胶制品	吨	32428
塑料制品	吨	269999

第五节　建材工业

乡镇建材工业是乡镇企业的主导产业，以砖瓦、石灰、沙石起步。砖瓦行业规模随着国家建设和市场需求扩大，水泥及水泥制品迅速发展。到 1986 年，全市乡镇建材企业有 9698 家，从业人员 10.8 万人，产值 3.1 亿元。由于建材企业对环境造成严重污染，国家对小水泥、小石灰厂实行关停并转，再加上国家积极扶持发展新工艺、新技术和新型、轻型、环保型建材产品，传统的建材产品退出市场，落后工艺被淘汰，乡镇建材行业起伏较大。到 2002 年，全市乡镇建材企业有 5097 家，从业人员 15.3 万人，产值 80.4 亿元，是 1986 年的 25.9 倍。

2002 年，乡镇企业建材工业的主要行业和产品产量是：

（一）砖瓦制造业

重庆直辖前，乡镇建材工业主要分布在长江、嘉陵江沿岸和川黔、成渝、渝达、渝南（南充）铁路和公路沿线。到 20 世纪 80 年代中期，除市中区、大渡口区外，其他 19 个区县都有建材工业。乡镇烧制砖瓦也逐步由机制砖瓦取代了传统的土制砖瓦，并能采用隧道窑、罐窑焙烧和烧熔技术生产页岩砖、矸石砖、灰沙砖，产品质量也不断提高，重庆市花溪一砖厂、永川县的双石沙砖厂和常青矸砖厂、重庆马鞍山页岩砖厂、江津市德感沙砖厂、中梁山人和页岩砖厂、合川县青平矸砖厂生产的灰沙砖、页岩砖、矸石砖还分别荣获市优秀产品称号。为了推动乡镇建材工业发展，1988 年，由重庆市第一建材厂、重庆花溪一砖厂、永荣矿务局建材总厂等 20 多个建材企业发起，经重庆市建材工业局、重庆市乡镇企业局同意，由重庆市经济委员会批准成立了“重庆墙体材料工业行业协会”。该协会聘请重庆墙材行业的知名专家为顾问，指导产品结构调整，推进墙材革新，开发新型、轻型墙体材料，提高产品质量。

1988年，重庆市人民政府针对墙材主要用黏土烧结实心砖，每年要耗用大量耕地和燃煤的问题，制定印发了《关于限制黏土砖生产有关问题的通知》，重庆墙体材料工业行业协会组织乡镇建材企业认真贯彻执行《通知》精神，积极配合执行关闭和严禁新建黏土砖厂的政策，采取机制砖质量整顿验收等措施，严格限制黏土砖的生产和使用。90年代末，乡镇企业已基本消灭了黏土砖生产。乡镇建材企业充分利用重庆页岩资源丰富的优势，以页岩为主要原料，在原页岩砖厂的基础上，大规模地发展页岩砖厂生产页岩砖，以页岩取代了黏土。1998年，农业部乡镇企业局同意市乡企局建立农业部乡镇企业建材产品质量检测重庆站，加强建材质量的检测和监督，确保了乡镇企业的建材产品质量稳中有升。为了延长页岩矿的使用年限，减少土地和能源消耗，重庆乡镇建材系统贯彻落实国家在墙材行业中提倡“实改空”的发展方向，大力推广烧结页岩空心砖。到2002年，全市乡镇企业有2000多家页岩砖厂，生产砖143.5亿块，其中页岩砖达到12亿块，仅此一项，就节约耕地2.1万亩。

（二）水泥及制品业

1. 乡镇企业水泥行业兴起于20世纪80年代初期，大都是土法上马，简易投产，设备陈旧，工艺落后，综合生产能力只达到40%左右。在全市有乡镇企业的19个区县中，除潼南县、江北县、南岸区、江北区、双桥区等5个区县外，其他14个区县都有水泥厂。生产水泥的企业规模较小，绝大部分企业的设备都是普立窑，只能生产325号低标号水泥，不能用于建筑工程，能生产425号的企业不多。规模小、工艺落后、产量低、产品质量不稳定。到1986年，全市乡镇水泥企业有44家，从业人员6880人，生产水泥33.14万吨，占全市水泥产量的22.2%，实现产值3171.07万元。

90年代初期，乡镇企业水泥生产企业开始进行技术改造。1994年国家对水泥生产企业实行生产许可证制度，并决定淘汰土立窑水泥生产线，加速了水泥生产企业技术改造步伐。在市墙材协会指导下，全市乡镇水泥生产企业逐步用新型的机立窑、湿法长窑、旋风预热窑取代了土立窑，不少水泥企业完善配料程序，强化质量检测手段。在市委、市政府评选“乡镇企业五十强”活动的推动下，一大批乡镇水泥企业抓技改、上规模。原设计能力在10万吨以下的重庆文峰水泥厂、璧山县鞍子水泥厂、合川县的三汇水泥厂、铜梁县的铜郭水泥厂、北碚区的北碚水泥厂、九龙坡区的中梁山水泥厂、南岸区的红旗水泥厂等一批企业产能都逐步提高到10万吨以上。如红旗水泥厂1985年建厂时年产只有4万吨，经过技术改造，到1998年产能达到25.6万吨，成了全市乡镇企业最大的水泥生产厂家。

重庆直辖后，重庆市水泥行业出现了新的变化。一方面是随着旧城改造、道路桥梁等基础设施建设和社会主义新农村建设的加快，特别是三峡库区淹没县城的新建，水泥的需求量日趋增大；另一方面是重庆市加大水泥行业产业结构调整力度，坚定不移地贯彻执行关闭“五小”企业措施。乡镇水泥企业为了适应新的变化，不断加大技改力度，节能减排，淘汰落后工艺，提高产量，满足市场需求。如涪陵区加大产业结构调整力度，在关闭乌江沿岸一批小水泥厂的同时，重点培育建涪水泥、大业和乐达混凝土等一批注重环境保护、有减排能力、自主研发新技术、产品质量好的水泥企业。涪陵百兴水泥厂年产18万吨，是全国乡镇企业管理基础工作一级企业，自主研发的φ2.5米高效涡流选粉机获得国家专利，多次荣获“四川省先进乡镇企业”“涪陵市明星企业”称号。

2002 年，全市乡镇企业生产水泥 930 万吨，比 1986 年增长 18.1 倍。

2. 水泥制品主要产于各区县（市）的乡镇水泥预制场（厂），产品主要有房屋预制构件、空心板、花窗、水泥瓦、栏杆、楼梯等。1986 年，全市乡镇企业生产水泥制品 34.7 万立方米，有规模的乡镇预制场（厂）有沙坪坝区覃家岗预制场、合川凉亭水泥预制场、沙坪坝区石桥预制场、江北县回兴建材制品厂、九龙坡区九龙预制场、九龙坡区八桥预制场、沙坪坝区凤鸣山预制场等 7 家乡镇企业，产量均在 1 万立方米，产值超过 100 万元。1996 年，全市乡镇企业生产水泥制品 1500.88 万立方米，比 1986 年增长 42.3 倍。

重庆直辖后，随着房地产业的发展和人民群众生活水平的不断提高，建材行业为了适应用户对装饰材料提出的新要求，积极采用新工艺、新技术，大力发展烧结页岩空心砖（多孔砖）、陶粒及陶粒砌块、金属夹芯板等轻型、新型建材产品，逐渐取代了传统的水泥制品，也出现了一批大跨度预制构件企业。如沙坪坝区的重庆大跨度预制构件厂，占地 60 亩，生产大跨度加肋雁形板、大跨度 T 型板，年产达 10 万平方米。一批建材企业也从水泥制品向金属制品转型。

到 2002 年，全市乡镇企业生产的水泥制品从 1986 年的 34.7 万立方米增加到 938.4 万立方米，增长 26 倍。

（三）大理石及制品业

1. 大理石属高档建筑材料，重庆市直辖前，大理石资源主要在万盛区和綦江县。由于大理石主要用于城市宾馆和高档建筑物的外景装饰，社会需求量较少，所以这类矿产开采加工企业少。1985 年，全市只有万盛区大理石厂等 7 家乡镇大理石厂，从业人员 245 人，产量只有 2.1 万立方米，1996 年，在全市 730 家从事建筑用石开采的乡镇企业中，只开采了 1 个大理石矿，从业人员 310 人，开采大理石荒料 1.2 万立方米，仅有 5 家大理石制品厂，从业人员 130 人。重庆市直辖后，新增了黔江区、南川县（9400 多立方米）、开县、石柱县、彭水县的矿产资源，其中彭水县储量达 5 亿多立方米。

2. 随着城乡建设的推进、人民生活水平的提高和大理石资源的拓展，大理石和大理石制品进入了建设工程和千家万户。

2002 年，全市乡镇企业开采大理石（荒料）1.2 万立方米，大理石板材 8.75 万平方米。

（四）石灰制造业

石灰是建筑材料和造纸、化工的重要原料，也是乡镇企业起步产业之一。由于生产石灰是农村的一项重要副业，全市农村的各乡镇都利用丰富的石灰石资源，大办梭梭窑，装一窑，烧一窑，出售一窑，常年煅烧不停。1986 年，全市乡镇企业有 334 家生产石灰的企业，从业人员 6158 人，产量 160 万吨。随着城乡建设步伐加快，乡镇石灰行业加快发展。到 1996 年产量达到 260.34 万吨，比 1986 年增长 62.7%。重庆直辖后，市委、市政府加大了资源保护和空气环境整治力度，在鼓励和支持发展轻型、新型、环保型建材产品的同时，坚定不移地贯彻执行国家关闭“五小企业”的方针，一批破坏北碚小三峡、乌江流域地矿资源、污染环境的小石灰窑被关闭停产。随着新型涂料的出现和发展，传统的石灰烧窑被逐步淘汰。再加之乡镇石灰生产企业都是粗放型的小企业，是关停的重点，从 20 世纪 90 年代中期开始，乡镇生产石灰企业的数量和从业人员就没有纳入各级乡镇企业主管部门的统计范围，而只统计其产量。

2002 年，全市乡镇企业生产石灰的产量从 1996 年的 260.34 万吨减少到 145.1 万吨。

（五）其他建材制造业

2002 年，全市乡镇企业生产花岗石板材 1.7 万平方米，水磨石板材 38.3 万平方米，建筑用石膏板 691.4 万平方米，釉面砖 476.8 万平方米，铺地砖 147 万平方米，耐火材料 2.6 万吨，卫生陶瓷 350 万件，日用陶瓷 2133 万件，平板玻璃 113.4 万重量箱，日用玻璃制品 7.6 万吨，人造板 37.7 万立方米。

表 4－8　**重庆市乡镇企业建材工业主要产品产量一览表**

年份	建材工业			水泥（万吨）	砖（亿块）	瓦（万片）	水泥制品（万立方米）	日用陶瓷（万件）	大理石制品（平方米）	大理石板材（平方米）
	企业（个）	职工（人）	总产值（万元）							
1986 年	9698	107462	30798	33.14	20.24	9.7	34.7	905.3	17877	
1987 年	10586	117848	38530	43.8	23.1	11.8	50.5	1398	20616	
1988 年	11166	121762	45272	57.1	26.7	11.5	53.1	1580	21730	
1989 年	10316	118735	48729	56.7	27	15.2	51.4	1615	46306	
1990 年	8347	106557	79953	63.5	24.5	11.5	53.6	1433	45118	
1991 年	7417	101861	93327	86	27	8.4	57.9	2070	4205	
1992 年	3006	83338	102108	111.8	34.1	10.6	99	2602	41439	
1993 年	3379	100605	162557	137.1	48.6	15.3	146.1	3125	18529	
1994 年	2953	106768	223168	166	58	21.9	244.2	3636	19365	62606
1995 年	2054	96382	235740	196	54.8	7.8	349.8	3911	22768	33200
1996 年	3468	144545	429664	415	99.4	9.1	1500.1	4157	25153	38996
1997 年	6921	155142	509690	515	72.4	3.6	1007	4331	28879	15730
1998 年	8578	175061	676811	602	101.3	6.4	493	3783	29184	19136
1999 年	8707	189711	865662	690	99.8	4.1	540	3151	22388	19526
2000 年	4141	130666	525277	762	118.3	3.8	674.3	2954	18875	21363
2001 年	4785	141337	654671	862	128.8	3.7	813	1714	19976	30100
2002 年	5097	152480	803551	930	143.5	15.7	938	2133	17371	41450

第二章　建筑业

建筑业是乡镇企业的支柱产业，也是乡镇企业中的第二大产业。在乡镇企业发展初期，乡镇建筑业的技术力量主要是石匠、木匠、泥匠、瓦匠、漆匠等“农村五匠”，施工主要限于在农村修建农房、筑路。

1986 年，全市乡镇建筑企业有 9079 家，其中联户和户办企业有 7628 家，占乡镇建筑企业的

84.02%；从业人员 23.31 万人，实现产值 10.02 亿元，分别占乡镇企业个数的 5%、从业人员的 24% 和总产值的 28%。

2002 年，全市乡镇建筑施工企业 2947 家，从业人员 37 万人，房屋施工面积 3962 万平方米，实现增加值 65.7 亿元，产值 287.1 亿元，产值是 1986 年的 28.7 倍，占全市建筑业产值的 59.4%。

第一节　资质等级

1991 年，乡镇企业各级主管部门按照农业部乡镇企业局《关于乡镇企业开展上等级活动的报告》和市政府提出开展“企业管理年”活动后，配合建筑管理部门加强了对乡镇建筑企业的资质评审和人才培训，积极推行承包经营责任制，改善经营管理和装备条件。

1992 年，全市乡镇具有二、三级资质的建筑企业分别有 25 家和 182 家，

1995 年，全市乡镇建筑施工企业有 2184 家，其中一级企业 4 家，二级企业 77 家。

到 2002 年，全市乡镇建筑企业有 4840 家，从业人员 50.54 万人，其中具有一级资质的建筑企业有 20 家、二级企业有 180 家、三级企业 240 家，拥有 432 名高级工程师、3936 名中级工程师。资质以上等级的建筑企业实现增加值 60.82 亿元，占全市乡镇建筑施工企业增加值的 92.6%。

第二节　施工地区及主要业绩

1986 年，全市乡镇建筑企业中的三级企业 90 家、四级企业 372 家、五级企业 308 家、施工专业队 179 个，占乡镇建筑施工企业总量的 10.5%，这批企业和施工专业队一般都在市内的农村承接房屋修建和筑路工程。在市委、市政府允许乡镇建筑施工企业进城施工后，也只能在城市国营建筑企业的总包下，承接二包、三包的一般基础性工程和维修工程。

1991 年，乡镇企业各级主管部门按照农业部乡镇企业局《关于乡镇企业开展上等级活动的报告》，配合建筑管理部门加强了对乡镇建筑企业的资质评审和人才培训，促进了乡镇建筑施工企业改善经营管理和装备条件，提高了企业资质等级和技术力量，承接的工程也越来越大，出市出省承接工程的实力明显增强。在九龙坡区、沙坪坝区、巴县、江北县、綦江县、长寿县、潼南县、江津市等区县（市）涌现出了花溪、一品、九龙、石桥、西彭、御临、巨龙、德感等一批一级和二级建筑企业。这批企业不仅能承接一般的基础维修工程，也能承建 30 层楼的高层建筑安装工程，足迹遍及云南、贵州、西藏、新疆、青海、甘肃、山西、河南、河北、辽宁、吉林、黑龙江、北京、天津、上海、浙江、湖北、广东等省、自治区、直辖市。其中綦江县的巨龙、九龙坡区的花溪、巴县的元明、北碚区的灯塔等 4 个建筑公司获农业部优秀企业称号。在市内一批重大的楼堂馆所、在外省市一批像北京的国际贸易大厦、亚洲大饭店这样高层建筑的修建和装饰；从市内参与公路的承建到承外省市公路桥梁的建设，都有重庆乡镇建筑施工企业的业绩并受到赞誉。1991 年 4 月 23 日，重庆九龙坡区花溪建筑工程公司被农业部授予全国乡镇建筑优秀企业铜杯奖。

1992 年，江津建筑总公司第六公司进入北京市建筑市场后，坚持“靠质量求发展，向管理要效益，全心全意为用户负责”的思想，在 1995 年承建的 18 万平方米建筑中，没有出现工程事故和

拖延工期现象，工程合格率达100%。其中第三建筑队还被北京市建委评为“北京市十大优秀青年突击队”，成为四川省100多家建筑队中唯一获此殊荣的队伍。

1996年，全市乡镇建筑施工企业有8879家，房屋竣工面积1291.3万平方米，比国有建筑施工企业多920.4万平方米；实现产值172.1亿元，比国有建筑施工企业多116.9亿元，占乡镇企业总产值的18.8%，占全市建筑业总产值的74.5%。

重庆直辖后，市建管部门对建筑市场秩序进行了整顿和规范，四级及以下登记的建筑施工企业退出了建筑市场，具有招标资格的乡镇建筑队伍遍及城乡。它们由过去被动承接国有建筑企业的转包工程转变为自己主动承包工程，不仅能承接三峡库区的移民迁建工程和重庆主城区旧城改造工程，而且还进入了房地产领域，参与房地产开发，承接高、中档商品住宅楼宇的建设。涌现出重庆九龙建设集团公司、重庆华宇物业（集团）有限公司、重庆富悦实业集团有限公司、重庆悦来建筑工程有限公司、重庆渝永建设集团、重庆市渝北区兴隆建筑安装工程公司、重庆市奉节县五湖建筑有限公司、潼南双龙房地产开发公司、重庆一品建设集团有限公司、重庆花溪建设集团、重庆市渝万建设集团有限公司、重庆市万州地方建筑总公司、重庆三信建设集团有限公司、涪陵长锋房地产开发有限公司等一批明星建筑企业。黔江区鹏达建筑安装工程有限公司2000年改制后，承建黔江区内外几十个重点工程建设，完成施工总面积20万平方米。这批企业具有国家建设部批准的工业与民用房屋建筑工程总承包一、二级资质，其中有的获得建筑最高质量的“鲁班奖”，有的获得重庆市“巴渝杯”优质工程奖、“三峡杯优质结构奖”，先后都进入了“乡镇企业五十强”“民营企业五十强”行列。重庆市垫江县建筑工程公司、建筑总公司、永泰建筑公司、建筑实业股份有限公司等4家二级建筑企业每年在湖北省十堰市承接竣工项目30个以上。其中垫江县建筑工程公司二工区承接十堰市开发公司办公楼被评为十堰市“全优工程”。

2000年，重庆市垫江县建筑工程公司、万州第三建筑工程公司、涪陵五一建筑工程公司、黔江区第二建筑公司、重庆花溪建筑（集团）有限公司等125家企业被重庆市建委评为“重庆市建筑明星企业”；奉节县兴安建筑有限责任公司、开县东海建筑建材工程公司、重庆市万州区恒通建筑工程有限公司、重庆市涪陵荔枝建筑公司、重庆市铜梁第八建筑安装工程有限公司等146家企业被评为重庆市建筑先进企业。

表4-9　**重庆市乡镇建筑企业一览表**

年份	企业（个）	职工（人）	增加值（万元）	总产值（万元）	占全市建筑业总产值比重（%）
1986年	9079	233085	20850	100232	66.3
1987年	10501	262066	25408	127301	68.5
1988年	12345	304752	33030	165387	69.4
1989年	10592	295625	35342	176198	70.1
1990年	8805	273106	41267	200590	71.6
1991年	10774	28707	54853	265795	73.3
1992年	14227	355272	99832	483016	72.6
1993年	14576	412275	183691	887256	71.4

续表

年份	企业（个）	职工（人）	增加值（万元）	总产值（万元）	占全市建筑业总产值比重%
1994 年	18893	552453	338578	1630062	70.9
1995 年	2184	329019	261690	1158261	52.2
1996 年	8879	474138	381196	1721005	74.5
1997 年	2402	389534	304841	1321979	54.2
1998 年	2408	417107	374712	1632305	56.4
1999 年	2883	417717	433473	1872005	57.9
2000 年	2875	422801	503502	2138251	58.3
2001 年	1989	419813	626180	2565605	58.7
2002 年	2947	369554	657298	2871479	59.4

第三章　第三产业

第三产业包括了交通运输仓储业、批发零售业、住宿餐饮业和社会服务行业，也是乡镇企业的支柱产业。1986 年以前，乡镇第三产业只限于在农村经营，规模较小。由于第三产业与城乡居民日常生活息息相关，深受各地群众的喜爱，发展也快，到 1986 年，全市乡镇企业中的第三产业就有 10.56 万家，从业人员 21.87 万人，实现产值 7.3 亿元。1986 年后，市委、市政府扩大了城乡经营范围，允许乡镇服务行业进城经营，让乡镇服务业融入了城市服务行业大军，缓解了城市吃、住、行的难题。1989—1991 年，国家用 3 年时间治理整顿国民经济秩序，其他产业受到限制和影响，服务业却得到重视和发展。到 1992 年，全市乡镇服务企业发展到 16.87 万家，安置了 43 万农村剩余劳动力就业，实现产值 55.4 亿元，乡镇企业服务行业的崛起和发展增强了城市服务功能。

2002 年，全市乡镇服务企业有 55059 家，从业人员 25.3 万人，实现增加值 46.97 亿元，产值 187.1 亿元。产值是 1986 年的 25.6 倍，占乡镇企业总量的 54%、15.6%、14.4%和 13.5%。

第一节　交通运输仓储业

交通运输仓储业是乡镇企业的支柱产业之一，包括了交通运力和交通货物仓库、货场等物流行业。既是农村的基本运输力量，又是城乡国有交通运输仓储业的重要补充，乡镇交通运输仓储业主要有车、船两种运输工具，企业分布在有公路和江河的乡镇。

1980 年以来，在国务院对交通运输仓储业管理体制改革的推动下，重庆市打破了交通运输仓储长期独家经营的模式，乡镇交通运输仓储企业快速发展。1986 年，全市乡镇交通运输仓储企业有 1.51 万家，从业人员 4.32 万人，实现产值 2.33 亿元。

乡镇企业的交通运输业最初以人力挑运为主，板车、木船运输为辅。如江北区 1958 年全区成立大公社（“中苏友好人民公社”）时才组建了江北区乡镇企业系统第一个交通运输企业——“中苏友好人民公社船队”。该船队当时的船只全是木船，没有机电动力，全靠人力划船。1961 年撤销大公社时，将该船队一分为二，划给了寸滩和唐家沱公社，分别相应建立“寸滩公社水运队”和“唐家沱公社水运队”。1966 年五里店畜牧场有了第一辆三轮汽车，除为本企业服务外，也对外开展一些运输业务（但仍不是独立核算企业）。同一时期，江北区原有 4 个公社都有了拖拉机，主要不是耕地，而是搞运输。从此，江北区乡镇企业开始了机械运输。20 世纪 80 年代以来，江北区交通条件有了很大改善，乡镇企业交通运输业也有了很快发展。1985 年，随着寸滩大桥的建成，当时的江北区实现了乡乡通车。1985 年，全区有乡级运输企业 6 家，村级运输企业 15 家，队办、联户办和户办运输企业 174 家，从业人员 406 人，完成总产值 198.54 万元，占当年全区乡镇企业总产值的 3.63%。当时，观音桥地区交通条件最好，所以原观音桥乡的运输队伍发展也快。1986 年，全乡有 75 辆汽车，20 台拖拉机，有驾驶员 151 人，基本实现运输机械化。

从体制和经营方式看，近郊区县的乡镇交通运输仓储业以集体企业为主，并出现为城市服务和联合经营，向市外开拓运输市场的态势。

1986 年就有为城市服务的“中日汽车出租公司”“渝双客运公司”。巴县的木洞、接龙、一品 3 个区的乡镇交通运输仓储企业与县汽车运输公司联运，下设 3 个客运队。巴县小坝乡船队，1986 年就拥有 80 多艘船舶、3000 多载重吨位，不仅在本市从事客货运输，而且还远航湖北、江西、江苏、安徽、四川等省的 20 多个地、市承运物资，年货运量近 500 万吨。

远郊区县乡镇交通运输仓储企业是以乡镇联户、户办企业为主。1986 年，全市乡镇交通运输仓储企业中，户办的运输仓储企业就有 1.28 万家，占乡镇交通运输仓储企业的 85%；从业人员 19862 人，占 46%；实现产值 1.6 亿元，占 68%。如潼南县在 1986 年就有 230 家交通运输仓储企业，其中联办和户办的运输仓储专业户达 200 家，占全县交通运输仓储企业的 80% 以上。1996 年，全市乡镇交通运输仓储企业有 6.08 万家，从业人员 12.48 万人，完成货运量 10.25 亿吨，货物周转量达到 334.6 亿吨公里，实现产值 98.1 亿元，比 1986 年增长 41 倍。其中个体运输仓储企业 5.99 万家、从业人员 9.78 万人，分别占乡镇交通运输仓储企业的 98.5% 和 78.4 %，个体私营企业仍是乡镇交通运输仓储业的主体。

重庆直辖后，乡镇交通运输仓储业扩展到三峡库区和乌江区域。如在忠县东溪镇就出现了长生船队，拥有 3 艘 3800 吨位的货船，年创产值 1000 万元。涪陵区十分重视乡镇交通运输仓储业发展，因为千里乌江画廊的景观和丰富的地矿资源及沿岸水果、食品等土特产品，给交通运输仓储业发展带来了生机和条件。1986 年，涪陵地区乡镇交通运输仓储业产值占该区乡镇企业总产值的 9%。1990 年末，交通运输仓储企业产值的比重占到 14.94%，企业个数达 5879 家，其中乡办 69 家，村办 62 家，村以下 5748 家，从业人员 11463 人，货运量达 3.17 万吨。1997 年重庆成为直辖市后，涪陵区乡镇交通运输仓储业的发展上了一个新台阶。通过加大产权改革力度，在陆上组建汽车运输公司，在水上组建有限责任公司或企业集团，壮大了交通运输仓储企业规模。如泽胜集团就是涪陵区乡镇水上运输仓储企业的突出代表，是集运输、造船等为一体的现代运输仓储企业，承接危化物品、特殊物品和普通物品的运输任务，运力达 6 万载重吨，年货运量达 5.5 万吨，年产值

1.3 亿元。集团液货危险品年水上运输量已达 100 万余吨，年造船修船 6 万吨，年经营收入超过 1.8 亿元。已成为长江水系最大的内河液货危险品运输仓储企业和重庆市最大的乡镇民营船舶制造企业，先后获得了交通部长江航务管理局授予的“长江水系液货危险品运输十佳企业”、重庆市港航管理局授予的“优秀企业”、重庆市海事局授予的“安全生产先进单位”和重庆市涪陵区人民政府授予的“明星乡镇企业”和“重点民营企业”称号。涪陵区的李渡、平台、镇安等镇也出现了一批造船企业。

到 2002 年，全市乡镇企业的交通运输仓储企业有 1.07 万家，从业人员 5.36 万人，拥有 19.04 亿元的固定资产，实现增加值 13.2 亿元，产值 52.54 亿元，营业收入 54.93 亿元，利润 2.02 亿元，入库税金 3.51 亿元。

第二节 批发零售业

批发零售是商品流通的重要环节。在乡镇企业发展初期，市和区县先后成立了乡镇企业供销公司，在乡镇设置了供销经营部，成为乡镇商品流通的主体。在市、县乡镇企业供销公司和乡镇供销经营部的组织带动下，乡办、村办、联户办、个体办的大量批发零售企业在农村和小集镇兴办起来。1986 年，全市乡镇批发零售企业有 4.4 万家，从业人员 6.8 万人，实现产值 1.55 亿元、收入 4.69 亿元，分别占乡镇企业总量的 4.3% 和 13.9%。在随后的发展中，由于体制改革，乡镇批发零售企业逐年减少。2002 年，全市乡镇批发零售企业有 2.8 万家，占乡镇企业总数量的 27.5%，从业人员 10.7 万人，占 6.6%，实现产值 80 亿元，占 5.8%。

（一）所有制结构

乡镇批发零售企业以个体私营为主。1986 年以前，乡镇个体批发零售企业有 4.4 万家，占乡镇批发零售企业总量的 84.7%。到 2002 年，90% 以上的乡镇批发零售企业是个体私营企业。

（二）企业规模

1986 年，乡镇批发零售企业以小门市（店）为主。1993 年后乡镇企业大力推进承包、租赁、联合、拍卖、兼并、破产等多种所有制形式的改革，一些区县在改革中把零零碎碎的乡镇小摊小贩商业网点集聚起来形成市场，商品经营规模也越来越大。如九龙坡区的重庆渝州交易城，占地 150 亩，商贸用房 20 万平方米，成为全国最大的五金标件市场之一和重庆最大的农副产品批发市场，机械、轴承、百货、木器专业市场，在交易城内还设有大西南平价市场、精品市场和高档气派的娱乐厅，1997 年实现的营业收入就达 1.38 亿元、利税总额 972 万元，成为全市乡镇企业利税前 10 位的大户。以个人承包经营的小批发零售企业在改革中逐步取代了集体所有制的企业，发展也越来越大。渝北区聚信商业（集团）有限责任公司就是个体私营的批发零售企业，2000 年实现营业收入 3.1 亿元，跻身“中国最大规模乡镇企业 1000 家企业”和“重庆乡镇企业五十强”行列。

涪陵区的重庆市新大兴实业（集团）有限公司是一家以百货、超市零售业为主，电子产业、房地产开发等多元化发展的综合性企业集团。公司辖“新大兴爱家超市连锁有限公司”“新大兴依蝶百货有限公司”“新大兴集团黔江依蝶百货公司”“新大兴集团泰兴电脑公司”“新大兴集团成都广成电子公司”“新大兴集团嘉新房地产开发有限公司”“新大兴中港国际投资集团（香港）有限公司”7 家分（子）公司，辐射区域包括香港、成都、重庆、涪陵、黔江、忠县等地。公司现有经营面积近10万平方米，注册资金3300万元，员工3000余人。

（三）经营的主要产品

1986年，乡镇批发零售企业主要经营农用生产资料、食品、小百货及乡镇企业生产的产品等。1995年以后，乡镇批发零售企业以市场为导向，经营的产品种类越来越多，形成了产品专业化和服务多元化的格局。

沙坪坝区的重庆显丰集团下属40家企业，主营房地产开发、旅游、商贸、建筑建材、生产及销售等，是一个多元化的产业集团。从1995年到1998年的3年间，坚持“转化一产业，加快非农化进程；优化二产业，促进产品结构调整；大力发展第三产业”的思路，建起了马家岩板材市场、联芳家具城、双朝门大型装饰城、夏家湾农贸市场和纸制品纸业市场、斑竹林商业市场。重庆市临江家具有限公司主要生产各种木制家具，也经营板材及装饰材料，为了发展和壮大企业，该公司在1997年建起了临江国际装饰城，经营场地1.5万平方米。乡镇企业批发零售企业除销售日用商品外，也组织销售原燃材料，为生产企业和人民群众生活服务。如奉节县乡镇企业供销公司，年销售煤炭11万吨。

第三节　住宿餐饮业

住宿与餐饮是紧密相连的服务业，起步于农村的乡镇。餐饮住宿企业属小本经营，主要在乡镇逢场赶集时经营，忙碌于小饭店和住宿。旅店多数建在乡镇和公路旁边，为长途客货运输车辆的驾驶员提供吃、宿服务。1986年，全市乡镇餐饮住宿服务企业有9585家，从业人员2万人，实现产值1.2亿元，收入1亿元，分别占乡镇企业总量的4.34%、2.3%、2.7%和3%。

一、企业所有制结构

1986年以后，乡镇企业大力推行所有制改革，乡政府把小旅店、小饭馆租赁或拍卖给户办经营，乡镇住宿餐饮企业纷纷改制成为个体私营企业，经营灵活，在政策扶持下，各地积极兴办“农家乐”住宿餐饮服务业。经过国家治理整顿国民经济秩序的1993年，全市乡镇住宿餐饮企业发展到2.15万家，占乡镇企业个数总量的70.2%，其中个体私营企业有20890家，占乡镇住宿餐饮企业总量的97%，从业人员5.7万人，占93%，实现产值17.3亿元，占92%。个体私营企业成为乡镇住宿餐饮业的主体。

二、经营范围

1986年以来，乡镇餐饮住宿服务业随着城乡体制改革的深入，冲破城乡壁垒，面向城市服务，解决食、住难的问题。1989年，江北区在红旗河沟修建的“重庆荷花饭店”，占地20亩，总投资600多万元，建筑面积1.2万多平方米，内设住宿、餐饮、停车、舞厅和小卖部等多个服务项目，是当时全市乡镇企业系统中规模最大、规格最高的住宿餐饮企业，市、区许多重要会议和会展都在此举行。重庆直辖前后，在九龙坡区的九龙乡、沙坪坝区的石桥乡、南岸区的南坪乡、璧山县等区县出现了一批像“园外园”“九龙饭店”“渝西饭店”“石羊饭店”“石桥饭店”“南坪饭店”“璧山宾馆”这样的集餐饮、住宿、娱乐为一体的中高档住宿餐饮企业。其中位于南岸区南坪镇的“重庆浪高凯悦大酒店”，总面积14.5万平方米，总投资达7亿元，是集五星级酒店、公寓、商场为一体的乡镇企业。

三、经营品种

乡镇企业在发展高中档酒店服务企业的同时，抓住重庆旅游开发的机遇，在各旅游胜地大力开办集食宿、旅游、娱乐为一体的“农家乐”服务业。这种服务企业多数为个体私人经营，分高、中、低3个档次，各具特色。有的是以园林式为主，突出风景；有的是以餐饮为主，突出名特食品；有的是有景有味，突出地方特色。如南岸区南山上的“泉水鸡”一条街，歌乐山的“辣子鸡”等，既增加了重庆的美食佳肴品种，又促进了乡镇第三产业发展。潼南县太安鱼蜚声巴蜀，仅太安镇公路沿线开办的太安鱼庄就有40家。为了保证太安鱼食品的质量、技术开发和产前产中产后服务，1995年，太安镇政府把太安鱼餐饮经营户组织起来，成立了“太安鱼开发有限总公司”，将太安鱼的养殖、餐饮、游乐融为一体，推动了乡镇服务业的发展。大足县的荷花山庄，不仅景色诱人，而且以烹饪荷花鱼闻名，每年当地居民和到大足宝顶观光的游客在这里就餐就达1万多人次，实现营业收入100多万元。

1996年，全市乡镇企业的餐饮住宿企业有3.34万家，是1986年的3.49倍，从业人员9.9万人，是1986年的4.9倍，实现产值50.27亿元，是1986年的41.4倍。

但由于乡镇企业的餐饮住宿行业的经营主体是个体私营，随着就餐和住宿人群对餐饮住宿业的服务质量提出更高的要求和餐饮住宿行业的治理整顿，一批素质不高，经营单一，开发市场能力较弱，诚信度低，“脏、乱、差”问题突出的中小型餐饮住宿企业，在餐饮住宿行业的竞争中处于下风，被大企业兼并或停业。另一方面，重庆市执行1997年农业部颁布实施的新的统计制度，一批小型餐饮住宿企业没有纳入乡镇企业统计范围。有的餐饮住宿企业在土地开发中撤销，如江北区的荷花饭店等。1997年，乡镇企业的餐饮住宿服务企业数量比1996年减少了3.07万家，从业人员减少7.32万人，产值减少39.2万元。1997年以后，乡镇企业的餐饮住宿行业加强治理整顿，改善经营方式，上规模、上水平，在激烈的市场竞争中稳健发展，企业数量逐年增加。涪陵区以爱家超市为代表的商贸流通企业和以巴人餐饮公司、建涪宾馆为代表的餐饮服务企业正向着规模化、集团化发展。

到2002年，全市乡镇企业的餐饮住宿服务企业有3271家，占全市乡镇企业数量的12%；从业人员7.02万人，占4.3%；拥有了13.98亿元的固定资产，占3.6%；实现增加值10.38亿元，占3.2%；产值40.24亿元，占2.9%；营业收入38.42亿元，占2.9%；入库税金1.37亿元，占3.7%；利润2.03亿元，占4.5%。

第四节　社会服务业

乡镇社会服务业包括家政服务、中介机构、疏通下水管道、修锁配钥匙、修理门窗和交通工具等。1986年，全市乡镇企业中的社会服务企业有9.06万家，从业人员17.56万人，占乡镇企业总人数的1.78%，实现产值4.94亿元，占13.8%。

一、所有制结构。乡镇服务行业从事社会服务，一般都是以个体私营为主。1986年，乡镇个体私营服务行业有3.82万家，占乡镇社会服务企业总数的42.2%，从业人员15.02万人，占85.6%，产值38186万元，占77.3%。

二、服务范围。在20世纪80年代中期，重庆市乡镇企业修理服务行业从乡镇的钟表、农用机械小修理开始转向城市汽车和摩托车的维修和护养，技术水平上了一个档次。如1986年，在沙坪坝区就有了“珠江进口汽车维修中心”，是当时重庆市唯一的一家乡镇企业汽车检测中心。1995年，在沙坪坝区又新建了“重庆星源世界名车维修中心”，专门维修“奔驰”“宝马”“丰田”等世界名车。摩托车维修企业遍布全市各区县的乡镇街道。

2002年，全市乡镇社会服务企业有4040家，占乡镇企业总量的4%；从业人员2.2万人，占1.4%；拥有6.5亿元固定资产，占1.7%；实现增加值2.99亿元，占0.9%；产值14.32亿元，占1%；营业收入14.32亿元，占1.1%；入库税金2986万元，占0.8%；利润6589万元，占1.4%。

表4－10　　　　**重庆市乡镇企业第三产业一览表**

年份	企业数（个）	从业人员（人）	实现产值（万元）
1986年	105630	218703	72730
1987年	118154	252638	107250
1988年	129371	288445	141012
1989年	131056	281430	183111
1990年	142707	324068	226032
1991年	145970	599902	289653
1992年	168673	430027	553920
1993年	190339	559581	752645
1994年	196590	515292	1807052
1995年	130094	302531	1453893
1996年	240007	515111	2436260
1997年	31737	133026	604997
1998年	45135	164676	955840
1999年	59020	207725	1275506
2000年	52952	206605	1507452
2001年	57748	226030	1745978
2002年	57678	284695	2289872

表4－11　　　　**重庆市乡镇服务行业一览表**

年份	交通运输仓储业			批发零售业			住宿餐饮业		
	企业数（个）	职工（人）	产值（万元）	企业数（个）	职工（人）	产值（万元）	企业数（个）	职工（人）	产值（万元）
1986年	15062	43152	23305	44314	68335	15452	9585	20330	12131
1987年	18138	48583	33209	50023	77654	20741	10272	27288	16507
1988年	20902	53316	45156	55570	90822	31511	12315	36599	23929
1989年	21867	57002	63921	59980	99372	39540	12740	36002	31570

续表

年份	交通运输仓储业			批发零售业			住宿餐饮业		
	企业数（个）	职工（人）	产值（万元）	企业数（个）	职工（人）	产值（万元）	企业数（个）	职工（人）	产值（万元）
1990 年	22134	59166	76685	61157	104694	47661	13180	41153	40027
1991 年	23238	64332	99483	62658	108693	58460	15329	44014	50958
1992 年	26214	69812	164335	74131	141681	120320	17932	51328	97032
1993 年	29864	84461	310296	80504	150012	255839	21500	61774	186510
1994 年	37148	111231	671952	96681	199122	651241	29234	84424	483859
1995 年	27104	62479	544175	73627	152890	569931	19453	63527	339789
1996 年	60797	124824	981068	129108	248754	952444	33424	99099	502748
1997 年	8004	36587	191807	14712	53500	236754	2712	25887	110464
1998 年	12076	47959	285817	21338	65776	365806	2788	28455	141861
1999 年	14411	54066	376293	29275	88371	471533	2912	30347	158595
2000 年	8340	45985	376039	27877	86054	528215	3030	31185	191079
2001 年	7654	48047	487233	30987	97189	624229	3105	34542	218009
2002 年	10737	53591	525439	28011	106735	799894	3271	70216	402441

第四章　农　业

农业是乡镇企业的一个重要产业，乡镇农业企业也是随着农村专业分工和多种经营发展而出现的，主要包括农场、茶场、果园、药材场、林场等种植业和养猪场、养鸡场、养鱼场、奶牛场、菌种场、养蚕场等养殖业。农业企业与农业保持着紧密的联系，由于种、养殖业是受季节影响的产业，发展受农村经济水平的制约和乡镇企业整体水平的引导。1985 年以后，重庆市兴办乡镇企业以工业为主体，在工农业比较效益影响下，农业企业发展缓慢，在乡镇企业中所占比重小。

1986 年，全市乡镇企业中的农业企业 2417 家，占乡镇企业总数的 1%，从业人员 3. 37 万人，占 3%，实现产值 5271 万元，占乡镇企业总产值的 1%，营业收入 4900 万元，占 1. 4%。

乡镇企业的农业企业主要集中在重庆市主城的远郊区域经营种植和养殖，农村基础设施较差，信息闭塞，市场应变能力较弱。

从企业规模和经营方式看，90% 以上的农业企业属私人承包经营，规模偏小，仍然沿袭传统的种养模式，经营管理粗放，发展维艰。

到“九五”期间的 1996 年，全市乡镇农业企业有 3369 家，从业人员 3. 32 万人，在乡镇企业实现 224. 6 亿元的增加值中，农业企业只有 1. 55 亿元，仅占 0. 7%。

重庆直辖后，各区县党委、政府加快农村产业结构调整，支持和鼓励农业产业化经营，特别是2001年全市启动培育百万亩天然香料、百万亩优质中药材、百万亩笋竹、百万亩优质甘蓝型黄籽油菜、百万亩花卉苗木、百万吨优质柑橘深加工、百万吨优质粮加工、百万头（只）草食牲畜、百万头出口创汇优质瘦肉型猪、百万担优质蚕茧等“10个农业产业百万工程”以来，推动了农业企业由传统的种、养殖业向农产品加工方面转型。以农产品为原料的纺织工业、食品工业、造纸工业和中药材为原料的医药工业等农产品加工业成了农业企业的主体，出现了万州区和涪陵区的榨菜、黔江区和酉阳县的青蒿、奉节县的脐橙等一批生产、加工、销售“一条龙”的产业集群。石柱县是全国著名的“黄连之乡”，也是长毛兔大县和莼菜、辣椒基地，乡镇企业利用得天独厚的特色，积极开发黄连、山茱萸、银杏、金银花、大黄等为成分的中医药及兽药制品，发展菌类、银杏、牛羊肉等绿色食品加工业，形成了以研发和产销医药、食品加工为主的乡镇企业工业园区和专业村镇。

随着农业企业的转型和统计口径的调整，种养殖业的个体经营户没纳入乡镇企业统计范围，以种植业、养殖业为主的乡镇纯农业企业逐年减少。

2002年，全市乡镇企业中的农业企业有2110家，占乡镇企业数量的2.1%；从业人员2.72万人，占1.7%；拥有4.19亿元的固定资产，占1.1%；实现增加值3.24亿元，占1%；产值14.33亿元，比1986年增长27%，占1%；营业收入14.11亿元，占1.1%；入库税金2109万元，占0.6%；利润5020万元，占1.1%。

表4－12　**重庆市乡镇农业企业一览表**

年 份	企业（个）	从业人员（人）	产值（万元）
1986年	2417	33709	5271
1987年	2680	36947	6309
1988年	2526	38631	6599
1989年	2413	36115	7262
1990年	2418	36219	8354
1991年	2634	36183	11224
1992年	3016	38717	19962
1993年	3400	39021	32528
1994年	2858	36148	48702
1995年	2001	23936	36628
1996年	3369	33217	54319
1997年	2094	21430	29911
1998年	1869	19064	39211
1999年	1985	22424	46938
2000年	1371	23023	67701
2001年	1428	20201	89170
2002年	2110	27214	143336

第五篇　经营管理

第一章　生产管理

生产管理是指企业对生产计划的安排、生产能力的平衡、合理组织生产等工作要求的统称。市和区县乡镇企业行政管理部门对企业的生产计划实行宏观的、间接的管理，起好导向作用。企业的生产决策、生产计划的组织实施，由企业自主决定。

第一节　生产计划

乡镇企业是自主经营、自主决策、自负盈亏、自我发展的经济实体，但生产计划必须服从于和服务于各级政府的国民经济计划。1986 年以来，市乡企局每年都以全市经济社会发展的目标为依据、国家产业政策为导向，向全市乡镇企业下达指导性的生产计划。生产计划主要有：从业人数、总产值、利润、入库税金、上缴管理费等，总体要求是检验乡镇企业安置农村剩余劳动力、对国民经济增长的贡献。20 世纪 90 年代初期，乡镇企业生产计划有了增加值、企业规模，总体要求是检验乡镇企业上规模、上水平。重庆直辖后，乡镇企业的计划除继续强调从业人数、增加值等外，取消了上缴管理费，重点强化了企业规模、工业园区和专业村镇建设，总体要求是生产计划要与乡镇企业“二次创业”的目标相衔接。乡镇企业的生产作为市政府对乡镇企业目标考核的主要依据。

市和区县（自治县、市）乡镇企业行政管理部门都设置有生产计划管理机构，配有专职管理人员，按市乡企局编制的全市乡镇企业年度计划的总体目标，结合当地党委、政府的要求，负责计划的编制和检查，但其作用只是对企业的生产进行宏观指导和间接管理。企业则按照上级下达的年度计划，根据市场的需求和自身能力，自行确定生产经营目标。经营目标确定后，及时以承包或目标管理的形式落实到企业的各个部门、各个环节，积极组织生产。企业生产在受到外部条件影响和国家调控时，市和各区县（自治县、市）乡镇企业主管部门则采取措施，及时指导和调整企业生产。乡镇企业的生产计划安排不是硬性指标，可以随着市场的变化而调整，生产经营活动有较大的灵活性。

第二节　组织形式

在生产活动中，人的劳动起着决定性的作用。为了有效、合理地组织员工生产，处理好在生产过程中人与人之间的分工协作，合理确定人与生产工具、生产对象之间的计划关系，乡镇企业在组织生产经营过程中，主要采取以下形式：

1. 企业经营者与管理者、管理者与生产者建立和完善内部责、权、利相结合的经济责任制和多种形式的承包责任制；

2. 管理部门对车间定任务、车间对班组定指标；

3. 车间与车间、班组与班组开展劳动竞赛。企业开展“双增双节”活动。

为了确保计划的完成，乡镇企业普遍实行定额管理和劳动计酬管理：

1. 工资制度由过去的固定工资制改为以计件为主的浮动工资制；

2. 物资消耗按定额下达到车间、班组，实行定额管理，增产节约；

3. 一批工业企业和建筑施工企业还按专业化分工的原则来配备人力资源，推行二级承包制，实行全员担保。

随着乡镇企业的发展和产权制度改革的深入，特别是实行了股份制和股份合作制企业的职工都有股金投入，体现了“劳者有其股”“能者有多股”的原则，职工既是企业生产经营者，又是企业所有者，使个人利益与企业效益紧密结合起来，更增强了全员的责任感。使大家都能关心企业的发展和盈利，爱厂如家，从而保证了生产计划的完成。

第三节　企业整顿

企业整顿主要是解决生产经营活动中的突出问题，目的是确保生产计划的完成，也是推进企业健康发展的重要手段和措施。为了达到增加生产、促进发展的目的，1986 年以来，市和区县各级乡镇企业行政管理部门针对一个时期企业存在带倾向性的问题，对企业进行整顿。

1. 整顿和完善经济责任制，推行各种形式的承包责任制，改进经营管理，提高经济效益；

2. 整顿财经纪律，建立健全财务、会计制度；

3. 整顿劳动纪律，加强思想政治工作，培育遵纪守法、刻苦钻研技术、团结互助、克服困难、千方百计完成任务的职工队伍；

4. 整顿领导班子，增进团结合作，提高自主经营和决策能力。

进入 20 世纪 90 年代后，企业整顿的重点是经营体制上的改革：

1. 普遍推行股份制和股份合作制，进一步提高企业经营管理水平；

2. 对经营管理不善、效益低下、长期亏损的企业实行租赁、转让、拍卖、合并。

1997 年重庆直辖后，市和区县各级乡镇企业行政管理部门按照市委、市政府强化环境保护、节能减排、科学发展的总体要求，把指导企业整顿的重点放在了关停“五小”企业上，对影响生态环境、效益低下、整改不力、限期不能改变落后面貌的小水泥厂、小砖瓦厂、小煤窑、小冶炼厂等“五小”企业进行整顿。经过整顿，到2002年，全市关闭并转了200多家“五小”乡镇企业，使企业结构在整顿中得到优化。

第四节　生产调度和形势分析

生产调度是整个生产指挥系统的重要环节。由于乡镇企业行业点多面广，情况又千变万化，为了确保生产达到年计划进度，从1986年开始，市和各区县乡镇企业主管部门由过去定期或不定期地到企业检查，转变为每月召开一次经济形势分析会或生产调度会，由企业负责人汇报生产完成进度，总结经验教训，研究解决生产中出现的主要问题。通常这种经济形势分析会或生产调度会，市乡企局和区县党委、政府都要派领导出席，进行指导，帮助企业协调关系，共同排忧解难。市乡企局根据企业的反映，一方面参加市政府经济形势分析会，通报情况，提出建议，主动争取市委、市政府的领导和相关部门的支持，为企业正常生产创造条件。另一方面每半年召开1次区县（自治县）乡镇企业局长会，分析全市乡镇企业发展情况，交流经验，提出指导性的意见和措施，推动生产发展。

乡镇企业则根据市场变化，结合自身实际进行调度指挥。主要内容是：

1. 建立企业内部的协调会或碰头会制度，定期检查生产进度，发现和解决生产中存在的问题；
2. 及时协调企业各部门、各个环节关系，衔接和平衡原燃材料供应，保证生产正常运转；
3. 组织厂级领导或中层干部深入车间、班组，现场指挥生产；
4. 组织有关部门加强产品质量的监察，通报情况，杜绝不合格的产品出厂。

第二章　安全管理与环境保护

安全管理与环境保护是企业的重要基础管理工作，市和各区县乡镇企业行政管理部门都十分重视这项工作，并把它作为企业生存与发展的关键环节来抓，并设置了专门的机构，配备专（兼）人员，加强企业安全管理与环境保护的指导和监督。1999年9月，经市委批准，撤销重庆市乡镇企业管理局，成立重庆市中小企业发展指导局（乡镇企业局）后，原重庆市乡镇企业管理局承担的全市乡镇企业安全管理与环境保护职能下放区县（自治县、市）人民政府。

第一节　组织机构

1984年，市乡企局成立了安全生产领导小组，由副局长黄培中任组长，局顾问王照恩任副组长，成员由生产安全处及有关人员12人组成，负责对全市乡镇企业进行安全教育和人员培训，对企业安全生产进行指导和监管。全市有17个区县乡镇企业行政管理部门和6372个乡镇建立了安全生产领导小组。荣昌县双河区、广顺区和巴县的12个区乡成立了乡镇企业地区安全监察联络组，配置了11516名专（兼）安全员，成为乡镇企业安全工作的骨干。安全管理工作已纳入各级乡镇企业管理部门及企业的重要议事日程和考核内容。从1987年市乡企局重新调整局安全生产领导小组以后，由局主要领导任组长、分管局领导任副组长，局办公室、人事处、安全处负责人为领导小组成员，负责对全市乡镇企业的安全工作进行指导和检查、监督。1994年后，市乡企局还增设了由上述人员组成的局消防安全领导小组，负责指导全市乡镇企业的安全生产、消防安全日常管理工作的开展，市乡企局的周天荣、沈山、李云宏也被农业部聘任为部级安全监督员。

按市乡企局要求，各区县乡镇企业局从“八五”期间开始，逐渐健全了安全、环保管理工作机构，配备专、兼职人员专门抓安全生产工作。到1994年年底，原重庆市的9区12县有82%的区县乡镇企业局设有独立的安全、环保科（股），全部落实有专人负责管理安全生产和环境保护工作；有77.2%的乡镇企办室设有专职安全管理干部、54.5%的乡镇企业设有专职安全员、28.4%的乡镇企业设有兼职的安全员，在全市乡镇企业系统基本形成了横向到边、纵向到底的比较完善的安全环保管理网络，保障了乡镇企业安全生产和环境保护。

在“八五”至“十五”期间，全市乡镇企业系统的安全生产、环境保护工作都坚持把保护劳动者的生命与健康、企业财产安全，强化环境治理、稳定和提高环境质量作为安全环保工作的根本出发点，通过层层落实安全环保生产责任制，推进安全环保生产目标管理，健全和完善安全环保生产的自我约束和自我保护机制。为了强化全市乡镇企业的安全环保管理，市乡企局内设的安全生产、环境保护业务管理部门从1987年到2002年还经历了由综合性的生产处转变为独立的安全环保处，再由安全环保处与建管处合署办公，最后调整职能合并到企业发展指导处的历程。市乡企局开始从过去对企业安全生产、环境保护实行微观管理向比较宏观的指导转变。

第二节　管理措施

市乡企局为了把各级乡镇企业管理部门的安全生产落到实处，1986年以来，对加强企业安全管理采取了以下措施：

1. 开展安全生产宣传教育。每年组织收集各部门发布的劳动安全法律、法规和政策文件等，汇编成册，发到各区县乡镇企业行政管理部门和乡镇及重点企业，作为乡镇企业各级安全管理人员的工作手册和学习资料，按分级负责原则，对安全管理人员进行安全培训。企业也对新进厂人员、调换工种人员进行岗前的安全生产教育培训。

2. 开展安全生产活动。结合全市安全生产活动，组织企业开展“百日安全生产竞赛”活动，并严格检查评比，表彰先进，批评后进，促进企业安全工作的检查经常化、制度化和规范化。

3. 实行目标考核与风险抵押。在原有的年度目标分解细化基础上，从1996年开始试行每年初与各区县乡镇企业主管部门签订安全生产目标责任书。责任书的主要内容是：将全市乡镇企业（不含煤矿）因工死亡人数，重伤人数，火灾经济损失金额，消除尘毒危害点，新、改、扩建项目劳动保护和环境建设“三同时”报审率、执行率，新开工“三废”治理项目数，治理合格数等8个指标细化分解到各区县，并在全市首次推出收取安全责任风险抵押金，实行“发生事故按比例扣款，未发生事故全额返还”的模式，督促区县乡镇企业局抓好安全生产、环境保护工作。

4. 对企业实行全员安全岗位责任制，要求企业职工人人都是安全员，对安全生产实行一票否决制，建立、完善和执行安全生产各项规章制度、安全记录台账、安全操作规程，逐渐形成日常安全工作做到安全管理按制度执行、安全生产按规范操作、安全检查按程序进行的一整套制度化、规范化、科学化管理流程和运行机制，把安全隐患从“事后控制”转向“事前预防”。

5. 开展安全标准化班组的创建工作。从1990年开始，市乡企局在全市推行了重庆市乡镇企业安全生产标准化车间（班组）创建试点工作，并于1993年正式颁布了《重庆市乡镇企业安全生产标准化车间（班组）验收标准》。1999年后，市乡企局根据各区县乡镇企业安全生产标准化车间（班组）创建的实际情况，决定不再对各区县下达指令性的安全标准化班组创建指标，而把工作重点放在已有安全标准化班组的复查上。要求各级乡镇企业主管部门在开展此项工作中，坚持实行“听”（听班组长汇报）、“阅”（翻阅安全记录）、“问”（询问班组人员）、“查”（检查班组现场），确保复查工作不走过场、不流于形式，真正督促企业把安全基础管理工作搞好、搞扎实。

6. 在全市乡镇企业系统中开展安全生产综合治理活动。根据国家农业部、劳动部统一部署，市乡企局联合市劳动局在全市乡镇企业开展了从1995年至1997年为期3年的全国乡镇企业安全生产综合治理活动，将安全法制和安全知识培训重点放在对乡镇企业职工安全意识的培养和提高上，取得了预期的效果。重庆市北碚区乡镇企业管理局、合川市乡企局、九龙坡区西彭镇企办室、荣昌县峰高镇企办室等4个乡镇企业主管部门和王儒惠、许文全、吴万全、何文权、秦顺恒、谢平西、谢 忠、谭晴光等8人分别荣获农业部、劳动部授予的安全生产综合治理活动先进单位和先进工作者称号。在乡镇企业经营管理者安全生产法制教育培训方面，市乡企局按照分级负责，多渠道、多形式培训，坚持理论与实际相结合、注重实效的原则，要求区县高度重视，加强领导，充分准备，积极动员企业经营管理者认真参加安全培训，并通过培训使企业安全第一责任人深刻体会生产、安全、效益三者之间辩证统一的关系，促使企业搞好安全生产工作。

7. 开展特殊工种持证上岗的调查工作。企业特殊工种人员是安全生产易发事故的重要环节，抓好特殊工种人员的安全管理，可以极大地减少和有效控制事故的发生。从1997年起，市乡企局开始对全市乡镇企业特殊工种人员持证上岗的情况开展摸底调查，并大力推进乡镇企业所需的特殊工种培训及复训工作，组织力量按照市有关部门的工作要求，为全市4196名特殊工种人员换发了全国统一的IC卡。

第三节　专项检查与行业整顿

一、深入开展烟花爆竹行业安全整顿

烟花爆竹生产企业作为易燃易爆企业，历经数次清理整顿，收效明显。1993年，市乡企局对原重庆区域乡镇的烟花爆竹企业进行了一次从厂址选择、厂房建设、工艺流程等方面大规模的清理整顿。按照国家有关法规逐厂核查后，关闭了90家不具备安全生产条件的生产作坊，暂时保留了54家基本具备安全生产条件的企业。1995—1996年，市乡企局联合市公安局又开展了一次全市烟花爆竹企业安全生产条件整顿验收，确定保留了15家基本符合国家烟花爆竹安全生产有关标准规定的企业。1999年，市乡企局会同市公安部门对全市烟花爆竹行业重新进行了一次清理整顿，全市只保留了45家具备安全生产条件的企业。经过整顿，烟花爆竹生产企业在硬件方面基本上做到

了工、库房规划布局基本合理，生产条件合乎“三个分开”和“小型分散”的原则。

二、坚持开展建筑行业的质量安全检查

按照国家建设部的工作部署，乡镇建筑企业的安全生产作为一项重要内容纳入施工企业资质审查。为此，市乡企局主动组织区县（市）根据当地实际情况，制定工作计划，帮助乡镇建筑企业在管理力量、技术资料、工程质量等方面落实具体措施，积极创造条件，迎接建筑行业的资质审核工作。同时，继续在乡镇建筑企业中开展安全、质量大检查活动。确保了重庆市乡镇建筑系统从1994年以来未发生重大质量安全事故，乡镇建筑行业的伤亡事故得到了有效控制。

加强安全生产管理和实行安全生产责任制、全员安全生产岗位责任制，在全市乡镇企业安全生产管理工作中起着极为重要的作用。特别是各级乡镇企业主管部门在帮助乡镇企业改革、改组、改制过程中，以建立健全安全生产责任制为目标，大力推行安全管理工作“五不变”，即安全第一的思想不变，企业法人代表作为安全生产第一责任人的责任不变，行之有效的安全规章制度不变，从严强化企业安全工作的力度不变，安全生产重奖重罚的原则不变。从而减少了各类事故的发生数量。据统计，通过实施安全生产责任制，从1990年到1999年十年间，乡镇企业系统年均死亡事故发生率降低7.3%，死亡人数降低5.8%。通过实行安全生产责任制、全员安全生产岗位责任制，完善了乡镇企业内部安全制约机制，使乡镇企业内部逐步建立并形成一个安全生产的自我约束和激励机制。到2002年全市乡镇企业因工死亡率控制在0.03‰以内，重伤人数控制在0.05‰以内，火灾经济损失金额控制在120万元以内，分别比1990年下降13%、35%和21%；全市安全环保教育培训人数累计达97320人次；规模以上乡镇企业工伤保险参保率达93%以上，消除尘毒危害点2487个；乡镇企业新、改、扩建项目做到劳动保护和环境保护“三同时”达92%。除乡镇煤矿外，全市乡镇企业连续13年杜绝了特大伤亡事故，连续21年杜绝了重、特大火灾事故。

第四节　环境保护管理

1986年以来，乡镇企业蓬勃发展，各乡镇“村村点火，户户冒烟”地大办企业，为吸纳农村剩余劳动力就业、增加农民收入、调整农业产业结构、繁荣农村经济做出了贡献。但也办起了不少消耗高、效益差、产品无销路、环境污染重的企业，给环境卫生带来了不少负面影响。进入20世纪90年代以后，为了减少不利因素，从市到各区县的乡镇企业行政管理部门都建立了环境保护机构，设有专职人员加强环境保护，指导和监督检查企业的环境保护工作，主要方面是：

1. 对污染企业采取多种途径进行治理，重点关闭了合川县盐井区设在嘉陵江边的小石灰窑；

2. 对新、改、扩建项目首先考虑无污染或轻污染项目；

3. 把环境保护作为企业管理的重要内容，实行专项检查和考核，组织环保人员培训，抓废气、废水、废渣治理示范，组织经验交流。

重庆直辖后，全市乡镇企业系统按照市政府提出的“五管齐下”净空工程要求，市和区县乡镇企业行政管理部门在继续巩固“一控双达标”成绩的基础上，结合产业结构调整、整顿和关闭不符合环保要求的生产企业。与当地环保部门密切配合，进一步强化对新、改、扩建项目环境保护治理工程与主体工程的同步审查、验收工作，从源头消除环境污染隐患。对现有的环境污染问题，采取坚决措施，督促、帮助企业合理规划、积极实施区域综合整治加以解决。同时，结合推进企业相对集中，连片开发，建立布局合理、设施配套、环境优美的乡镇企业工业园区，逐步实现污染物的集中处理和统一排放。

乡镇企业系统加强环境保护管理的主要措施是：

1. 对建材行业中已经基本达标的企业，要求环保设施必须按设计方案严格运行，不得随意停用；对纳入限期治理的项目，督促企业新增治理设备，严格治理污染隐患，达到符合达标验收条件；坚持按国家规定关停年产 1000 万块以下的小砖瓦厂和 Φ2. 2m 以下机立窑生产线工作。

2. 继续按区域（流域）规划要求，进行污染治理或有计划的关停工作，重点关停了涪陵区乌江沿岸的小水泥企业。

3. 主城各区继续积极配合城区“清洁能源工程”建设，严格节能减排，对不符合规定的锅炉、茶水炉、餐饮炉灶分别进行拆除停用或实施煤改气改造。

4. 按照国家能源政策，继续对布局不合理的小煤窑进行关停。

5. 编制环保规划，指导可持续发展。

市乡企局和库区 15 个区县（特别是沿江的涪陵区、万州区、长寿县、忠县等）的乡镇企业管理部门，在“九五”期间对全市特别是库区乡镇企业环保现状进行了大量调查研究基础上，于 2001 年编制了《三峡库区乡镇企业污染防治规划》。

6. 组织开展文明生产，建立文明车间和班组。在一批建筑、建材企业规范文明生产，消除和减少粉尘污染。

7. 加强环境执法管理，注重发展经济同环境保护并重，认真执行“三同时”制度。使污染较重的冶金和化学工业大幅度下降。

2002 年，全市乡镇企业冶金工业实现增加值 4. 6 亿元，比 2001 年下降 25. 21%，产值下降 6. 38%。冶金企业比较集中的地方只有永川市三教镇和大足县龙水镇这两个冶金铸造专业镇和小五金专业镇，其余地方的冶金企业较少，不再上冶金项目。传统化学工业也逐步退出乡镇工业行列，硫酸、油漆、洗涤剂等主要产品都是大幅度下降，分别比 2001 年下降 62. 93%、45. 98% 和 13. 22%。

第三章　财务管理

加强财务管理，是乡镇企业基础管理的重要内容，也是乡镇企业健康发展的重要保证。1986 年至 2002 年，重庆市乡镇企业认真贯彻执行《中华人民共和国会计法》，推动了企业财务会计制度从简易到全面，逐步规范完善，乡镇企业各级主管部门对企业的财务管理也从简单化、粗放化的计划管理，转变为制度化、规范化的指导服务。

第一节　财务制度

重庆市乡镇企业管理机构建立前，社队企业财务管理工作薄弱，管理手段粗放，全市没有统一的财务管理制度和会计核算方法。

一、财务制度的制定和执行

1986 年 9 月，全市乡镇企业全面贯彻执行财政部、农牧渔业部《关于印发乡镇企业财务会计制度的通知》（财农字〔1986〕第 306 号）。市乡企局结合重庆实际情况，在市财政局、税务局指导下，制定了《乡镇企业财务制度》《乡镇企业会计制度》《关于乡镇企业成本开支范围的规定》等 3 项制度。推动了乡镇企业财务会计工作从简易核算逐步走向全面制度化。

1987 年 4 月，市乡企局、市财政局、市地税局结合重庆市实际情况，研究制定了《关于贯彻执行全国乡镇企业财务会计制度的补充规定》（重乡企〔1987〕第 98 号）。1991 年，乡镇企业局、市财政局、市税务联合制定了《关于乡镇企业财务会计制度几个问题的补充规定》。《规定》适用主体是乡镇各级（乡、村、组、联户）集体企业。主要对基金费用的计提、利润分配管理、会计核算科目和成本开支范围和会计报表制度做了相应的补充规定。对固定资产实行按月提取折旧，年综合折旧率为 10%，乡镇煤矿按原煤产量每吨提取 8 元的维简费；对工、建、交企业实行每月按折旧基金的 40% 计提大修理基金；按销售收入的 1% 计提管理费；利润分配实行兼顾国家、集体、个人三者利益和保障投资者权益的原则；在税前按 10% 提取补助社会性支出；按税后净利润的 1% 提取扶助乡镇企业基金；企业利润留成不得少于 60%，上交乡村的部分控制在 40% 以内。要求乡镇企业在实行经营承包时必须签订承包合同，基数要准确、指标要齐全（包括产值、收入、利润、基金费用提取上交、安全等）。主要体现巩固和壮大集体经济的原则。

1993 年，全国实行统一的企业《财务通则》和《会计准则》，重庆市财税部门根据“两则”制定了工业、商业等 10 个行业的财务会计制度。乡镇企业系统全面实行新的制度，积极主动变更与接轨。市乡企局组织了全面的新制度师资培训和业务衔接辅导，1993 年 6 月在江北县乡镇企业培训中心培训师资骨干 150 多人，开展执行新制度交叉检查活动、组织经验交流等，保证了新旧制度的顺利接轨。

二、《会计法》的贯彻实施

1985 年 1 月 21 日，第六届全国人大常委会第九次会议通过了《中华人民共和国会计法》，并从 1985 年 5 月 1 日起执行。

1990 年，市乡企局、市财政局联合下发《关于乡镇企业开展会计工作达标升级活动的通知》（重乡镇企财发〔1990〕第 101 号），提出了会计工作达标升级的目标，制定了企业会计工作一级、二级、三级达标标准和考核评分办法。如会计工作达标的标准，按会计机构设置、会计基础工作、会计核算、财务管理等 4 个方面的 21 项指标进行考核评分，核实验收；会计工作升一级、二级、三级以上的标准，按财务会计制度建设、定额管理体系、财务分析、经济效益 4 个方面的 18 个指标进行考核评分，核实验收。考核得分在 85 分以上方可验收合格，由市财政局、市乡企局授予相应等级证书。

1994 年，在总结经验的基础上，重庆市结合实际，将会计工作达标升级工作转为开展会计基础工作和财务管理规范考核评价活动。同年5月，市乡企局下发了《关于继续开展会计基础工作和财务管理规范考核评价活动的通知》（重乡镇企财发〔1994〕104号），制定了《重庆市乡镇企业会计基础工作规范考核标准》《重庆市乡镇企业财务会计管理工作规范考核标准》和《重庆市乡镇企业财务会计管理工作规范考核标准》，对考核评价指标做了少许调整修改，指导全市乡镇企业加强会计基础和财务管理工作。

1996年，财政部颁发了《企业会计基础工作规范》，市乡企局组织乡镇企业系统全面贯彻执行，开展专业培训，使企业的会计基础工作普遍得到了加强和规范。

企业会计基础工作达标升级和财务管理规范化工作延续至2002年停止，共计考核验收合格的企业有1058家。

1999年第九届全国大大常委会第12次会议通过新的《中华人民共和国会计法》，于2000年7月1日起施行。2000年下半年到2001年，全市乡镇企业集中开展了全面培训，培训人数达12000多人，并组织8123人参加会计知识大赛答卷活动，在本系统组织开展自查和交叉检查活动，查找问题、制定整改措施，检查整改面达99.3%。

2001年，财政部制定了统一的《企业会计制度》，明确在股份有限公司范围内执行，重庆市极少数的股份制乡镇企业可执行该制度。

第二节 财会人员的管理

1. 对会计人员实行持证上岗和会计证年检制度

1987年，重庆市在《关于贯彻执行全国乡镇企业财务会计制度的补充规定》中明确提出“坚持实行会计人员合格（任用）证制度”“会计人员必须经过业务考核考试合格后发给合格（任用）证，任何企业和主管部门均不得使用无证会计”，对乡镇企业系统财会人员实行持证上岗和年检制度的管理，此后，重庆市乡镇企业系统会计证管理自成体系，收效良好，此项工作走在全国乡镇企业前列。

1995年，《市乡企局关于加强乡镇企业会计证管理有关问题的规定》（重乡镇企财发〔1995〕142号），对乡镇企业会计证的颁发、考核、变更登记等做了具体规定。《规定》重申坚持会计人员持证上岗制度和任免审批制度。凡在岗财会人员必须持有农业部统一颁发的“会计证”，财会人员的任免，由上一级主管部门审批。市乡企局负责全市乡镇企业会计证的年检和财会人员的业务培训，每年的11月为乡镇企业会计证的年检时间。经市乡企局批复同意，委托了部分区县局代办年检工作。

1997年，市乡企局下发《关于乡镇企业系统执行〈会计证管理办法〉有关问题的函》，乡镇企业系统统一使用财政部制发的会计证，年检管理由市乡企局负责并接受市财政局监督。至2000年止，持证会计人员共计1.3万余人。

2001年，乡镇企业的会计证管理、会计人员继续教育培训全部交由财政系统实行属地管理。

2. 开展财会人员“创先争优”、表彰“双先”活动

1992年，市乡企局为了调动财会人员的积极性，加强财会队伍建设，提出在乡镇企业系统开展创先争优、表彰双先的活动，并制定了乡镇企业系统先进财会工作者、先进财会集体评选表彰办法。

1993 年，市乡企局、人事局联合下发了《关于表彰全市乡镇企业系统先进财会工作集体和先进财会工作者决定的通知》，表彰先进财会工作集体 37 个、先进财会工作者 134 人。1995 年以后与市财政局联合开展表彰活动，每隔 3 年表彰 1 次。

3. 成立会计行业学会

1994 年 6 月，市乡企局批准成立重庆市乡镇企业会计学会，由副局长黄培中任会长。会员单位最多时有 200 多个。会计学会的成立，为加强乡镇企业的财务管理，积极开展学术研究与专业培训，提高财会队伍素质发挥了重要作用。

第三节　资金筹集与管理

1. 主管部门经费——乡镇企业管理费的收取使用

1987 年，市财政局、市地税局、市乡企局制定了《重庆市乡镇企业主管部门财务管理制度》（重乡镇企〔1987〕财字第 288 号），乡镇企业管理费收取标准为按企业营业收入的 1% 足额提取解缴，并按规定开支的用途使用。

自 1992 年起，乡镇企业管理费收取由税务机关代收，按实收数的 10% 提取手续费。

1994 年，国家计委、财政部下发《关于修改（1992）价费字 452 号附件 17 项的通知》（计价费〔1994〕400 号），乡镇企业管理费收取标准由按企业营业收入的 1% 降为 0.5% ~0.7%。

1997 年，国家计委、财政部下发《关于第一批 22 项收费标准的规定》（计价费〔1997〕2500 号），乡镇企业管理费收取标准由按企业营业收入的 0.5% ~0.7% 降为 0.1%。

1998 年，市乡企局、市财政局、市地方税务局下发《关于规范乡镇企业管理费的收取标准和使用管理工作的通知》（重乡镇企财发〔1998〕138 号），收取标准为按企业营业收入总额的 1‰ 足额提取解缴。其中：上缴市乡企局 10%，区市县及其以下乡镇企业主管部门留成 90%。收取的管理费主要用于补助各级乡镇企业主管部门行政经费不足和专项业务经费不足。

2000 年，市政府对各项行政事业性收费进行清理规范。市物价局、市财政局下发了《关于发布重庆市乡镇企业系统行政事业性收费标准的通知》（渝价费〔2000〕91 号），乡镇企业管理费收取标准仍按销售收入的 0.1% 的比例收取。乡镇企业主管部门重新申领《收费许可证》收取管理费。

为了减轻企业负担，2001 年国家计委、财政局下发《关于公布取消部分涉及乡镇（集体）企业负担的行政事业性收费项目的通知》（财综〔2001〕78 号），从此，各级乡镇企业主管部门不再收取和使用乡镇企业管理费。

2. 建立乡镇企业发展专项资金

自 1994 年起，市政府从财政预算中每年安排一定的资金用于乡镇企业发展。1994—1998 年共安排乡镇企业周转金 2480 万元。其中：1994—1997 年乡镇企业周转金每年 400 万元，1998 年周转金增加到 880 万元。

1997 年 1 月 1 日，经 1996 年 10 月 29 日第八届全国人民代表大会常务委员会第 22 次会议通过的《中华人民共和国乡镇企业法》正式实施。该法明确规定：县级以上人民政府依照国家有关规定，可以设立“乡镇企业发展基金”。

基金由下列资金组成：

（一）政府拨付的用于乡镇企业发展的周转金；

（二）乡镇企业每年上缴地方税金增长部分中一定比例的资金；

（三）基金运用产生的收益；

（四）农村集体经济组织、乡镇企业、农民等自愿提供的资金。

乡镇企业发展基金专门用于扶持乡镇企业发展，其使用范围如下：

（一）支持少数民族地区、边远地区和贫困地区发展乡镇企业；

（二）支持经济欠发达地区、少数民族地区与经济发达地区的乡镇企业之间进行经济技术合作和举办合资项目；

（三）支持乡镇企业按照国家产业政策调整产业结构和产品的结构；

（四）支持乡镇企业进行技术改造，开发名特优新产品和生产传统手工艺产品；

（五）发展生产农用生产资料或者直接为农业生产服务的乡镇企业；

（六）发展从事粮食、饲料、肉类的加工、贮存、运销经营的乡镇企业；

（七）支持乡镇企业职工的职业教育和技术培训；

（八）其他需要扶持的项目。

重庆市依法规定，1999—2002 年市财政预算共安排乡镇企业发展资金 4970 万元。其中：

1999 年乡镇企业发展资金 1100 万元；

2000 年乡镇企业发展资金 1080 万元；

2001 年乡镇企业发展资金 1350 万元；

2002 年乡镇企业发展资金 1440 万元。

乡镇企业发展资金主要用于农业百镇工程、乡镇骨干企业的无偿扶持和贴息补助。

3. 多渠道解决乡镇企业融资难

20 世纪 80 年代后期，乡镇企业采取多种形式筹集资金解决发展资金紧缺困难。主要方式有：企业职工集资、新职工带资入厂、动员乡村干部集资、清仓挖潜等内部筹资，面向社会发行债券、向单位借资、预收货款、补偿贸易、引导兴办股份合作企业、招商引资等外部筹资。

20 世纪 90 年代初期，乡镇企业实行股份制改造，股份合作制企业不断增多。1992 年，市经济体制改革委员、市乡企局印发了《〈关于重庆市乡镇企业进一步推进股份合作制的试行意见〉的通知》（渝改委〔1992〕68 号），对推行股份合作制的原则、组建与审批、股权设置与管理、收益分配等提出了指导性意见。

1993 年，《重庆市人民政府关于进一步加快乡镇企业发展若干政策规定的意见》（重府发〔1993〕185 号），要求："组建市和区（市）县乡镇企业投资公司，由市级有关部门帮助筹资 3000 万元，扶持市和各区（市）县乡镇企业投资公司的组建"。5 月，经重庆市农委《关于同意成立重庆市乡镇企业投资开发公司的批复》（重农委〔1993〕第 74 号），重庆市乡镇企业投资开发公司成立，注册资金 1000 万元，刘洪林任法人代表。该公司主要从事乡镇企业周转金、发展资金的运作，并进行民间资金代管，对重点乡镇骨干企业进行放款投资，收取占用费。

1995—1999 年，各区县相继组建乡镇企业投资公司，多方筹集乡镇企业发展资金，吸收社会民间资金，支持乡镇企业发展。至 1998 年年底止，全市乡镇企业投资公司达到 29 家，从业职工 1157 人，营业网点 238 个，资产总额达到 187448 万元，代管资金 131294 万元，放款总额

110247 万元。

1999 年，全市开展“三金三乱”清理工作。区县级乡镇企业投资公司多因经营不善、资不抵债或违规操作被停业终止，限期清偿。仅重庆市乡镇企业投资公司的资产负债率较低，社会代管资金全部按期偿还，后经批准更名为重庆市乡镇企业发展公司，取消了代管资金业务。

4. 建立信用担保服务体系

1999 年，国家经贸委下发了《关于建立中小企业信用担保体系试点的指导意见》（国经贸中小企业〔1999〕540 号），重庆市建立信用担保体系试点工作正式启动。

1999 年，重庆市信用担保机构建立试点，重庆市中小企业信用担保中心南岸区中心成为本市首家信用担保机构，其注册资金 1000 万元。

第四节　财务检查

为了严格按国家财务制度和政策法规办事，减少和纠正各种浪费，避免违纪、违规行为，乡镇企业系统从 20 世纪 90 年代初就加强了财务检查。

（1）建立财务审计机构。

为了加强财务管理，及时做好财务审计，市和各区县乡镇企业行政管理部门在加强资金、财产、项目管理的同时，坚持审计工作制度。1994 年 8 月，由市乡企局发起，并经四川省审计局《关于同意成立重庆异军审计事务所的批复》（川审指〔1994〕194 号）批准，成立了“重庆异军审计事务所”，专门从事审计查证、财务咨询，为乡镇企业和社会提供中介服务。各区县乡镇企业行政管理部门也相应建立了财务审计机构，加强财务审计。

1998 年 5 月，市乡企局设立内审处。主要职责是：贯彻审计法规；督促区县建立健全内审机构和有关工作制度；配备专兼职内审人员，为改善乡镇企业的内控监督管理，提高经济效益，发挥重要作用；指导重庆异军审计事务所工作。

（2）积极配合市财政和税务部门审查资金项目和开支，及时纠正不合理的项目设置和开支。

第五节　清产核资

1998 年 2 月，财政部、农业部联合下发《关于印发农村集体资产清产核资工作方案的通知》（农经发〔1998〕2 号）。同年 5 月，市乡企局、市财政局、市地税局、市国资局结合重庆市实际情况，下发了《关于开展乡镇企业清产核资工作的意见》，对全市乡镇企业启动了全面清产核资工作。

1. 清产核资的目的

十一届三中全会以后，乡镇企业的发展使集体资产总额剧增，为稳定农村和农民增收奠定了重要的物质基础。同时，集体资产结构复杂、家底不清、产权不明、资产被平调和流失的现象也比较严重。因此，要通过清产核资，搞清乡村集体资产的存量、结构、分布及经营效益情况，解决资产状况不清、账实不符、闲置浪费和流失严重的问题，为优化资产结构，深化产权制度改革创造条件。

2. 清产核资的范围

在中国境内的乡（镇）村集体企业。具体范围是：乡（镇）村集体经济组织举办的企业；乡（镇）村集体经济组织或乡村集体企业起控股或实际支配作用的股份合作制企业；股份制联营、中外合资合作企业；各类工业区、经济开发区中属于乡（镇）村集体经济组织举办的企业；乡（镇）村集体经济组织投资举办的资产经营公司和财务公司以及其他企业。

3. 清产核资的主要内容

户数清理，确定清产核资的基本单位；资产清查，摸清家底；产权界定，明确资产归属；价值重估，解决资产账实不符；资金核实，核定资本金；产权登记，确立资产产权关系；建章建制，加强资产管理。

4. 主要做法

组建了清产核资工作班子；制定清产核资工作实施方案、召开专门会议布置；组织了全面的清产核资培训；统一培训教材，统一阶段步骤，统一报表格式，逐级汇总上报；市级各部门通力配合。市乡企局多次与市国资局、市农业局座谈，相互沟通、协调，最后形成完整的重庆市农村集体资产清产核资报表及分析报告报送农业部。

5. 主要成果

至1998年6月30日止，全市乡镇企业集体企业核实8304家，资产总额130亿元，负债94.8亿元，资产负债率72.64%；所有者权益35.7亿元，实收资本中个人资本金8.7亿元，占23.7%，法人资本金7.7亿元，占20.9%，外资本金3.74万元，占1.02%，投资主体正转向多元化。不良资产4.8亿元，不良资产率为3.71%。

1999年，在农业部、财政部《关于表彰全国农村集体资产清产核资工作先进单位和先进个人的决定》（农经发〔1999〕8号）中，市乡企局被命名为“全国农村集体资产清产核资工作先进单位”，乡企局财务审计处副处长冯庄被评为先进个人。

第四章　人事劳动管理

合理组织职工从事生产劳动，提高经济效益，是企业经营中的一项基础管理工作。由于转移农村剩余劳动力是乡镇企业的重要使命和义务，所以从事乡镇企业的职工主要来自农村，农村剩余劳动力是企业职工的主体。

乡镇企业的劳动人事管理与国有和集体企业不尽相同，市和区县乡镇企业行政管理部门设置的人事劳动机构，对企业的人事劳动管理进行指导。1986年后，重庆市乡镇企业系统的人事劳动管理逐步规范，市和区县乡镇企业管理部门的管理制度比较健全。按照政府机构改革的要求，县级以上乡镇企业管理机构积极推进政企分开，由直接管理向间接管理、直接服务转变，重点突出指导、管理、监督、协调和服务职能。同时，按照中央和市委、市政府要求，积极探索乡镇一级企业办公室劳动人事管理，开展了定编、定员、定机构的工作；对企业的劳动人事管理，则结合深化企业改革，优化经营机制，建立激励机制，完善以按劳分配为主体的收入分配体制。

第一节　人事管理

全市乡镇企业系统有党政机关、企事业单位和各类企业人事劳动管理，除市和区县乡镇企业行政管理部门和直属的全民、集体企事业单位人员的任免、调动管理制度比较健全外，企业没有统一的规定，企业人员的任免、调动由企业自主决定。

一、干部管理

1. 1986 年以来，市和区县乡镇企业行政管理部门的正副局长按领导职数规定，由市政府和所在的区县政府任命并管理。

2. 市乡企局的正副处长按职数规定，经考察后由局党组任命和管理。从 2001 年开始，正副处长按职数规定实行竞争上岗，经群众评议和组织考察后，由局党组任命和管理。

3. 局直属企事业单位的正职领导，由局党组任命和管理。副职由正职提名，报市乡企局批准，由正职聘任，属市乡企局人事部门管理。中层干部由正职任命，并报市乡企局人事部门备案。

4. 区县乡镇企业行政管理部门的正副科（股）长，由所在局的党组织任命和管理。直属企事业单位的正副职领导和中层干部的任命与管理，与市乡企局大致相同。

5. 市和区县乡镇企业行政管理部门的工作人员，在编制内的按公务员制度由人事部门进行管理，其他人员按事业编制由人事部门进行管理。

6. 乡镇企办室的主任，由乡镇政府任命和管理，副主任由乡镇政府实行聘用制，由乡镇政府按聘用制进行管理。有的区县乡镇企办室人员属所在地的乡镇企业行政管理部门管理。如涪陵区企办室人员就属区乡镇企业管理局管理。区辖的各乡镇企办室人员的任命，由乡镇政府报经区乡镇企业管理局审查备案后，纳入区乡镇企业管理局的人事统一管理。

由于多种复杂的历史原因，重庆市乡镇企业劳动人事管理仍存在一些问题，相当部分乡镇企办室人员没有纳入编制进行管理，实行劳动合同制的覆盖面还不大。

二、职工管理

重庆市乡镇企业系统的职工主要来自 5 个方面：

1. 全民所有制单位调入的人员；

2. 国家统一分配的大中专生和技校毕业生，为数不多的社会闲散科技、管理人员；

3. 城镇集体所有制单位的调入人员和二轻划归人员，粮油等系统下放人员；

4. 农村被征地后的农转非人员；

5. 农村剩余劳动力。

对前 4 个方面的人员，乡镇企业系统都按市和区县人事劳动部门的有关规定及管理办法办理。对转移的农村剩余劳动力，企业则按“亦工亦农”的身份管理：农忙季节，企业领导可以安排回家务农，职工身份不变，但不在企业领取劳动报酬；农闲时，这部分人员可返回原企业继续在岗位上务工，领取应有的劳动报酬和福利。

企业为了合理安置职工，使职工个人利益与生产效益挂钩，普遍参照国有和城镇集体的人事管理办法，对职工实行定编、定责、定岗管理。

第二节　用工制度

乡镇企业系统的用工制度，主要是指管理部门和企业的用工制度。

一、管理部门主要实行以下制度：

1. 行政管理部门实行公务员制度，对管理部门的部分后勤人员实行事业编制；

2. 直属企事业单位实行全民和集体所有制，乡镇企业干部学校实行事业编制；

3. 乡镇企办室专职管理人员实行聘用制，绝大多数的管理人员则是临时工。

二、企业在经营机制改革前，有部分企业学国营和城镇集体企业体制，实行固定工制度。由于企业经营管理粗放，职工普遍存在固定工就是捧了“铁饭碗”的思想，满足于现状，生产积极性不高。企业改革后，积极参照国有和集体企业办法，普遍实行以下制度：

1. 企业经营者实行任期目标责任制，企业管理者实行聘用制；

2. 企业职工实行全员合同制；

3. 对进企业的科技和管理人员实行聘用制；

4. 对劳动强度大又无技术要求的岗位，雇用临时工；

5. 股份制和股份合作制企业实行股份制；

6. 个体私营实行雇佣制。

第三节　分配形式

乡镇企业系统无论在改制前或者改制后，对职工的计酬都坚持按劳分配原则。

1986 年以前，乡镇企业依据企业的规模和工艺水平，采取计时工资加奖金、计件工资、浮动工资、含量工资、销售费用包干、除本分成等形式。

1. 计时工资加奖励。一般是对行政管理人员、后勤人员确定一定数量的基本工资，按目标考核，在基本工资基础上，奖金按超额指标或职工平均奖金浮动。

2. 计件工资。由企业内部确定定额，按合格工作量计发工资。

3. 含量工资。工资分配与产品数量和质量挂钩，又与企业经济效益挂钩，实行单位产品或收入工资含量。如綦江县采掘业，每吨煤含 5.5 ~6.5 元的工资，其中井下职工占 75%，行政管理人员占 8%，后勤人员占 17%。

4. 销售费用包干。一般是对供销人员按销售额的一定比例支付工资和各种费用。

5. 除本分成。对商业服务企业和微利亏损企业，在销售收入中扣除成本、税金、管理费后，企业和职工按一定比例分成。

6. 乡村集体企业普遍实行计件、计时工资加奖励的月薪和年终分配制度。基本工资、奖金、津贴是按月支付，股金分红、劳动分红、承包分利、集资利息是年终决算后分配。职工的收入一部分来自税前，即进入企业生产成本的部分，主要有基本工资、工资性奖金、津贴、集资利息或股息；另一部分从企业税后利润中获得，主要有承包分利、劳动分红、股金分红、奖金、集资利息或股息。

1986 年以后，乡镇企业普遍推行经营承包责任制和产权制度改革，改制后的企业在分配上采取定岗、定责、定薪和按股分红等形式。

1. 股份制和股份合作制企业实行按劳分配的工资制与按股分红制度。

2. 实行经营承包责任制的企业，打破铁工资，对企业职工实行优化组合，对被组合上的职工按岗位基本任务定基本工资，以劳动量计算工资，实行按劳动成果计发工资的收益分配制度。

3．户办企业属个体私营经济，企业收入除缴纳税收和上交管理费外（在管理费被取消前），都归私人所有，由私营者支配。

第五章　职工队伍管理

1986—2002 年，重庆乡镇企业系统就一直把提高职工素质作为企业发展的基础，加强职工队伍管理，着力提高文化素质、技术素质、政治思想素质，优化企业职工队伍结构。

第一节　职工队伍文化技术结构与素质

1986 年，全市乡镇企业职工队伍结构是：

1. 文化结构：大专以上学历 1075 人，仅占职工总数的 0.1%；中专（含高中）学历 124078 人，占 1.26%；初中学历 362544 人，占 3.68%。

2. 专业技术结构：具有各种专业技术职称的 7147 人，占 0.73%。其中：中级以上 402 人，初级 550 人，技术员 5879 人。

3. 聘用人员技术结构：具有技术职称的 1416 人，技术工人 5871 人，合计 8131 人，占 0.82%。

4. 在业余大学、电大和中专技校接受培训的有 4094 人，占 0.4%。

5. 被四川省人民政府表彰的乡镇企业家有 33 人。

经过 17 年不间断的优化，到 2002 年，全市乡镇企业系统职工队伍结构发生了很大变化：

1. 大专及以上文化程度的职工有 79043 人，中专及技校文化程度的职工有 173685 人，大中专学历职工共有 252728 人，共计占职工总数的 15.6%。

2. 在各行业中涌现出一批技术标兵和技术能手。

3. 在工程类中涌现出一批高、中、初级职称的专业人才。

4. 重庆直辖前后，涌现出了 800 多名被农业部、四川省政府和重庆市政府命名表彰的乡镇企业家、优秀厂长（经理）。

表 5－1　　重庆市乡镇企业职工文化技术素质一览表

年份	文化程度			技术职称			
	大专以上（人）	高中（含中专）（人）	初中（人）	高级（人）	中级以上（人）	初级（人）	工程技术员（人）
1986 年	1075	124078	362544		402	550	5879
1987 年							
1988 年	1338	155329	516896		903	3655	26448
1989 年	1304	163720	527295		900	3954	26934
1990 年	1798	160224	534752		1139	4123	27095
1991 年							
1992 年	3333	146010	449965		3087	22820	27843
1993 年	5660	196342	567116		5352	29360	35115
1994 年	6689	221466	541020		7494	35131	46204
1995 年	10127	196278	402379	1475	9830	42109	643539
1996 年	17014	276458	545956	2119	15509	61472	77038
1997 年	17930	239638	460258	2931	15166	55766	67819
1998 年	20669	258936	427670	3459	18763	55791	72902
1999 年	22728	239975	381368	3560	18937	54040	69934
2000 年	24610	223631	331114	4035	19491	49804	66245
2001 年	25991	185330	251534				
2002 年	79043	173685			49435	114118	

第二节　职工培训

人才匮乏的现状，远远不适应乡镇企业发展的需要，也提高了乡镇企业系统上下各级对改善和提高职工素质的重要性、必要性、紧迫性的认识。1986 年以来，企业积极创造条件，吸引大、中专学校毕业生就业，聘请相关的技术人才到乡镇企业现场指导，将技术转化为生产成果。同时选派有条件的职工到大中专院校进行脱产培训。1988 年，全市乡镇企业系统结合职称改革评聘专业技术人员的同时，还选派了 2423 名职工进大中专院校接受文化培训。当年，乡镇企业职工中具有初中以上文化程度的有 67.36 万人，占乡镇企业职工总数的比重，从 1987 年的 52.6% 提高到 55.5%。1990 年，市乡镇企业领导小组又把职工教育培训纳入区县乡镇企业目标管理内容进行计分考核评比，重庆市乡镇企业干部学校加强了系统内部的培训教育。

1. 学历培训。1990 年，市乡企局在乡镇企业系统制定并组织实施以领导干部岗位培训为中心、以大中专学历和适应性短期培训为“两翼”的“2224 人才开发工程”。1990—1992 年，全市将培训各区县、乡（区镇）主管乡镇企业的领导干部 2 人；总产值 100 万元以上的厂长（经理）各 2

人；总产值50万元以上的企业厂长（经理）达到中专以上学历的各2人；总产值50万元以上的工业企业及100万元以上的建筑企业，获各类技术职称的人员占本企业职工总数的40%。到1991年，共有10.8万职工接受了各类培训，受训人员回到原单位发挥了骨干作用。其中不少人员在重庆直辖前成为全国、四川省和重庆市乡镇企业家和优秀青年厂长（经理）。

1993年，市乡企局继续在乡镇企业系统中实施“63624教育工程”，人才培训工作开始由领导岗位培训为主转为以大中专学历教育为主，培训了6万多名职工。1995年，在农业部组织的全国30个乡镇企业培训教育中心检查评比中，重庆市乡镇企业的人才教育培训工作获得第一名，1998年，重庆市乡镇企业培训教育中心被农业部命名为全国乡镇企业育才兴教示范单位。

2. 技能培训。为了提高职工技能，1992年，团市委与市乡企局联合发出在全市开展乡镇企业青工技术练兵比试活动的通知，在机械、电器、食品、缫丝等行业举办专业培训班，组织职工技能培训。通过培训，在乡镇企业系统里涌现出一批技术标兵和技术能手，用掌握的工种技术，较好地解决了生产中的技术问题，促进了企业发展。他们当中有的还成为全国青年企业家。到1996年，全市乡镇企业专业技术人员达到5.4万人。

3. 厂长（经理）培训。从1987年开始，重庆乡镇企业系统就把厂长（经理）的培训作为一个关键环节来抓，市乡企局每年都向各区县下达厂长（经理）培训计划，由市乡镇企业干部学校负责组织培训。培训的内容主要是经营管理知识、机制和体制改革的内容，并聘请有关专家学者讲课和深入企业指导。同时，也创造条件，每年举办1～2期四川考察班或者沿海地区学习班，组织厂长（经理）到乡镇企业发达地区学习考察，让他们开阔眼界，吸收先进的办企业经验和科学管理。每次的厂长（经理）培训，都要经过考核，颁发结业证书，作为乡镇政府和主管部门对其考察的依据。受训的厂长（经理）见识得到很大的拓展，提高了管理水平和办企业能力，他们当中很大一批人成为全国、四川省和重庆市乡镇企业家及优秀厂长（经理）。

第三节　职称评定

20世纪80年代，重庆市乡镇企业为了加快本系统专业技术人员管理体制改革进程，有利于本系统积极开展培训与合理使用专业人员，吸引城市科技人员、管理人员为乡镇企业服务，把职称评定作为市乡镇企业科技管理的一项重要内容纳入了重要议事日程，成立专门机构，启动了在本系统实行专业技术称号和职务评聘工作。

1986年9月，四川省乡镇企业管理局根据中共中央、国务院有关精神，制定了《四川省乡镇企业专业技术称号、评聘暂行规定》（以下简称《规定》）。

1987年6月，重庆市乡企局成立了以分管科技教育的副局长任组长的乡镇企业职称改革领导小组，并由市乡企局科教处负责实施四川省乡镇企业管理局的职改《规定》。市职改办委托市乡企局成立专业技术、职务评审委员会，并设置了工程类专业组，评审委员会坚持标准和条件，负责工程类专业技术人员技术称号的申报、评审，市职改办负责颁发证书。

1988年8月30日，全市乡镇企业系统职改工作基本结束，共评出各类技术职称23122人，其中高级职称21人，中级职称481人，初级职称22820人。到1988年年底，乡镇企业自身的专业技术人员总数达到26448人，占职工总人数的2.18%，乡镇企业有了一支自己的技术队伍，引进了一大批科技和管理人才，涌现出一批成绩显著、科技创业的乡镇企业家。

1992 年 8 月，四川省职改工作领导小组批转了四川省乡镇企业管理局《关于完善乡镇企业专业技术称号、职务评聘工作的意见》，重庆市乡镇企业职改工作转入了经常化、制度化。在市职改办的指导下，市乡企局研究制定了重庆市贯彻意见。除正常的开展技术称号、职务评聘工作外，结合重庆实际，重点组织实施了育才工程。

为了推动乡镇企业技术进步，从 1996 年开始，市乡企局结合职称评定，组织实施“448236 育才工程”［力争在“九五”期间，全市乡镇企业新增大专以上文化程度 4000 人；营业收入 500 万元以上的工业企业、建筑企业和出口创汇企业的“一长三师”岗位任职资格培训 4000 人；中心村、乡镇的企业办公室，分管乡镇企业的乡、镇长和区县（市）乡镇企业局科级以上干部岗位培训 8000 人；工程技术人员继续教育达到 20 万人；开展各种全员适应性培训 30 万人次；专业技术人员拥有量达到 6 万人］和开展骨干工业企业、建筑企业主要工种的等级培训、考核、鉴定、发证和评审的“25205 结构工程”（中级工程师要占 25%，高级工程师占 2%，技师或高级技师占 0.5%）为主要内容和目标的技术管理人才培训，每年由市乡企局向各区县乡镇企业行政主管部门下达乡镇企业技术人才培训计划。在市科委、市教委的帮助和指导下，以市乡镇企业干部学校为中心，万州区、黔江区、永川区培训基地为分中心，按照农业部实施的“蓝色证书工程”要求，开展企业管理人员、专业技术人员培训，每年组织培训的各类技术人员达 2 万人。到 2002 年，全市乡镇企业有 11.4 万人获得初级技术职称，4.9 万人获得中高级技术职称，乡镇企业专业技术人员队伍进一步壮大。

第四节　政治思想教育

提高职工政治素质，加强职工政治思想教育，这也是职工队伍管理的重要内容。乡镇企业各级行政管理部门指导企业开展职工政治思想教育的主要内容是：

1. 广泛深入开展“三基教育”（基本路线、基本政策、基本国情），加强干部职工坚持以经济建设为中心、坚持党的领导、坚持社会主义、保证党的方针政策贯彻落实的意识，使干部职工树立发展乡镇企业的信心和决心。

2. 结合形势任务和乡镇企业职工思想实际，开展“三热爱”（热爱祖国、热爱社会主义、热爱企业）教育，使职工把个人理想同国家利益、企业前途紧密结合起来，正确处理好国家与企业、企业与职工、局部与整体、眼前与长远利益的关系，树立“厂荣我荣，厂衰我耻”“我与企业同呼吸、共命运”的主人翁责任感。

3. 结合企业发展实际，开展艰苦奋斗、艰苦创业、勤俭办厂的光荣传统教育，培养乡镇企业精神。

4. 结合开展职工文化学习和技术业务培训，开展理想、前途和职业道德以及“自尊、自爱、自强”的“三自”教育，把乡镇企业职工培育造就成为有理想、有道德、有文化、有纪律的一代新人。

重庆乡镇企业系统在提高职工队伍政治思想觉悟的同时，加强了企业经营管理者的政治思想教育，为职工的行为起了好的示范作用。1996 年，全市乡镇企业认真学习贯彻党的十四届六中全会精神，重庆荣龙实业总公司总经理周光龙、重庆显丰实业总公司总经理张学忠等35位乡镇企业家和优秀（厂长、经理）结合贯彻落实市委做出的弘扬“红岩精神，塑造当代重庆人”的决定，向全市乡镇企业发起了《重庆市乡镇企业家（厂长、经理）行为规范倡议书》。行为规范的内容是：

一、立场坚定，注重政治

自觉贯彻执行党中央的路线、方针、政策，在政治上与党中央保持一致，坚持一个中心、两个基本点，弘扬红岩精神。

二、热爱祖国，不损国格

时时、事事、处处维护国家利益和尊严；不做损害国家利益的事；与外籍人员打交道不卑不亢，不做有损国格、人格的事。

三、解放思想，开拓进取

解放思想，更新观念，抓住机遇，开拓进取。积极探索社会主义市场经济体制，做农村现代化建设的开拓者，不满足现状，敢为人先。

四、敬业务实，建功立业

热爱乡镇企业事业，恪尽职守，实事求是，善谋实干，企业管理要严，产品质量要高。在经济工作中不搞短期行为，以信誉诚实为本。

五、好学上进，刻苦钻研

刻苦学习政治理论、市场经济知识，认真钻研科学技术和业务知识，不断更新知识结构，提高自身素质。不因循守旧，不骄傲自满。

六、谦虚谨慎，平易近人

坚持群众观点，走群众路线，依靠群众办企业。平易近人，善于听取不同意见，勇于自我批评；在成绩面前不居功自傲，在挫折面前不丧失信心。

七、精诚团结，顾全大局

胸襟开阔，以诚待人，光明磊落，以大局为重。善于与人团结共事，特别要善于团结那些与自己意见不同的人一道工作，尊重人才，不武断专行，不搞宗族宗派，不任人唯亲。

八、艰苦奋斗，勤俭办事

发扬艰苦朴素的民族传统美德，勤俭办一切事业，不追求奢华，不搞形式主义，不铺张浪费，不大吃大喝。在生活消费上不相互攀比。坚决抵制和反对“黄、赌、毒”等社会丑恶现象。

九、清正廉洁，办事公道

以身作则，模范执行党和国家廉洁自律的有关规定，办事公道，不优亲厚友，不以权谋私，管好自己，管好亲友和身边工作人员。

十、遵纪守法，学法懂法

严格遵守党纪国法和企业的规章制度，尊重和服从当地党委、政府领导，自觉接受组织和群众监督；学法懂法，不做法盲；不做违背社会公德、职业道德和社会主义伦理道德的事，做一个有理想有抱负的社会主义企业家。

1996年11月1日，重庆市乡镇企业协会第二届三次常务理事会讨论通过并印发《重庆市乡镇企业家（厂长、经理）行为规范》。

第六章　科技管理

科技管理是企业经营管理的重要内容，因此，市和区县各级乡镇企业行政主管部门在生产管理中，都十分重视加强科技管理和指导。

重庆市乡镇企业的科技管理工作在1986年前就开始了，市和各区县乡镇企业主管部门都设有专门的职能机构抓科技管理工作。由于当时社会上对乡镇企业的地位作用没有足够的认识，相关部门对乡镇企业重视和帮扶不够，乡镇企业的科技管理工作处于一种自发抓的状态。1986年以后，市委、市政府为了提高乡镇企业的发展水平，积极引导乡镇企业技术进步。1989年，市乡企局、市科委等部门印发《关于贯彻重庆市乡镇工业企业技术进步的意见》（重乡镇企〔1989〕科字第106号），成立了“重庆市乡镇企业科技顾问团”，指导、帮助和推进乡镇企业技术进步，并把乡镇企业的科技进步纳入了全市科技进步规划整体推动，使乡镇企业的科技管理工作从过去的自发抓转入了正常管理工作的轨道，科技管理也列入了乡镇企业发展工作的重要议事日程。重庆直辖后，全市乡镇企业科技管理工作按照“夯实基础、强化创新、突出应用、支撑发展”的总体思路，制定科技进步规划，每年下达科技进步计划，不断推进科技管理创新。

第一节　管理的主要内容

重庆市乡镇企业的科技管理以技术开发、技术引进为主要内容，重点是新产品开发，新技术引进，新技术、新工艺、新材料、新设备的应用推广。这些工作，都是由乡镇企业主管理部门与市科技部门、科研院所、大专院校，互相配合，共同指导和帮助企业实施的。

（一）技术开发

乡镇企业的技术开发是以开发新产品为主。新产品开发实行计划管理，每年根据市委、市政府科技兴渝的总体要求和市科委推进科技进步的部署，依据各区县乡镇企业发展的实际水平，由市乡企局向各区县乡镇企业主管部门下达新产品开发计划。各区县按照这个计划向市乡企局上报新产品开发计划和推荐新产品开发项目，经过市乡企局初审后，以新产品开发的技术含量高低和市场需求程度，分别向国家科委和市科委上报。经市科委和国家科委认可的计划，由市乡企局组织实施。新产品开发分三个层次进行评审：

1. 属国家级的由国家科委组织评审。

2. 属市级的由市科委组织专家评审。

3. 属市局级的由市乡企局邀请专家组会同市科委评审。

评审结果也由这三个部门分别行文公布。从2000年起，开发新产品列入了全市乡镇企业目标管理之中，把每年开发100个名、特、新产品作为一项硬性指标下达到各区县，市乡企局负责与市科委、科研院所、大专院校进行指导和协调，各区县乡镇企业主管部门负责组织实施。到2002年，全市乡镇企业开发市级以上新产品749项，有150项获得市局级以上科研成果奖。其中，重庆银钢内燃机制造公司研制开发的“摩托车双向可控超越滑行节能器”获得第三届爱因斯坦世界发明新技术产品金奖、第八届中国专利新技术产品博览会金奖。

（二）技术引进

乡镇企业的技术开发，多数是市和各区县乡镇企业主管理依靠科研院所、大专院校、大中型厂矿引进项目、技术和人才实现的。进入20世纪90年代以后，市委、市政府加大科技进步的推进力度，广泛开展“科技成果推广应用年”等活动。市和区县各级乡镇企业主管部门抓住机遇，积极引导企业大力引进高新技术，提升技术装备水平，加快了乡镇企业技术进步的步伐。重庆直辖前后，宗申和隆鑫公司引进美国加工中心生产线、九洲印务公司引进西德六色凹凸印刷生产线、海曼家具公司引进西德家具生产线、罗伯特公司引进意大利服装生产线、科而士公司引进西德制鞋生产线、三木公司引进台湾木地板生产线等，改善了技术装备，提升了产品质量。

第二节　主要措施

一、建立产、学、研联合体

为了推动乡镇企业新产品开发，重庆市科研院所、大专院校从20世纪90年代开始，特别是在重庆直辖后进一步加强与乡镇企业的技术合作，积极推行校企、院企挂钩，在乡镇企业建立密切的产、学、研联合体，帮助乡镇企业开发新产品。到2002年，全市的大专院校、科研院所在乡镇企业建立了305个技术创新中心和研发机构，累计研发新产品3566项，其中自主开发的比例达70%，主要涉及汽车、摩托车、医药、化工、电子、信息软件、机电、机械、仪表、造纸、建筑建材、冶炼等行业，有420项分别获国家农业部、重庆市技术进步奖、优秀产品奖和新产品开发奖，涌现出一批国家级和市级品牌产品。如隆鑫工业集团2002年研制开发的“loncin”摩托车及零部件被国家工商行政管理总局认定为中国驰名商标，成为乡镇企业首家自创驰名商标的企业。科尔士皮鞋、段记服饰、涪陵辣妹子集团有限公司生产的辣妹子牌榨菜等，获得重庆市著名商标和国家驰名商标。

二、组织开展学历、技能、技术培训

以市乡镇企业干部学校为中心，万州区、黔江区、永川区培训基地为分中心，组织工程技术人员继续教育和全员职工短期适应性培训，选派职工进有条件的企业进行技术定向培训。

三、组织开展工程类专业技术人员职称、职务评聘工作

1987年6月，重庆市乡企局成立了以分管科技教育的副局长任组长的乡镇企业职称改革领导小组，并由市乡企局科教处负责实施四川省乡镇企业管理局的职改《规定》。市职改办委托市乡企局成立专业技术、职务评审委员会，并设置了工程类专业组，评审委员会坚持标准和条件，负责工程类专业技术人员技术称号的申报、评审，市职改办负责颁发证书，使重庆乡镇企业系统有了一支自己的技术队伍。

四、建立会议制度

重庆市从直辖前划分的近郊、中郊、远郊区县到直辖后划分的都市经济发达圈、渝西经济走廊、三峡库区生态经济区来看，紧靠国有大中型企业和大专院校、科研院落所的都市经济发达圈的乡镇企业技术进步快于、好于其他区域。为了推动全市乡镇企业科技管理工作整体水平的提高，市

乡企局每年都要召开全市乡镇企业科技工作会议，着重坚定和扩大“科技是第一生产力”的共识，检查技术进步规划和年度计划的执行情况，总结交流经验，分析存在的问题，落实好任务，缩小差距。

五、理顺各级关系和渠道

市乡镇企业系统各级主管部门在直辖前后，不断加强与农业部乡镇企业局、市和区县科技等部门的工作联系，畅通了工作渠道。在国家和市科技部门的帮助指导下，市乡企局与各区县乡镇企业主管部门建立起了一套科技立项、科技计划实施、科技项目申报、鉴定、请奖、推广的工作程序。

第七章　质量管理

在20世纪80年代初，市和区县乡镇企业主管部门都有专门的机构负责全面质量管理、产品标准化、计量、质量监督、产品创优、生产许可证发放和质量考核等质量管理工作。随着我国经济体制改革的不断深入，重庆市各级乡镇企业主管部门从20世纪90年代开始，改变了以评比、检查为主的传统微观管理方式，推行了“以教育培训为先导，强化标准化、计量等基础工作，加强产品监督检查，引导企业建立健全质量保证体系，着力实施‘名牌战略’”的宏观指导方式。

第一节　质量管理知识培训

从1995年开始，市乡企局就对全市乡镇企业管理人员和广大职工进行质量意识教育和质量管理知识培训。市乡企局依据农业部编写的《乡镇企业质量管理》普及教材，负责编制培训方案、复习考试大纲和试卷，各区县乡镇企业管理部门负责组织培训和考试。1996—2000年的“九五”期间，每年都有5000多人通过乡镇企业质量管理基本知识培训和考试，其中有28600人获得农业部乡镇企业局颁发的《乡镇企业质量管理知识培训合格证》，为全市乡镇企业培养了一批质量管理人才。

第二节　标准、计量管理

全市各级乡镇企业主管部门认真贯彻执行国家《标准化法》和《计量法》，重视加强乡镇企业标准化和计量工作，引导企业按标准组织生产，严格执行国家标准或行业标准、地方标准。对没有标准的产品，要求企业加快制定。使全市乡镇企业产品标准覆盖率年年提高。到2000年，全市乡镇企业产品标准覆盖率达到92%以上。同时，各级乡镇企业主管部门引导企业重视产品质量检测设备的配置，全市规模以上乡镇企业都能按产品标准化的规定，配备质量检测仪器设备和生产过程的计量器具，严把产品质量关。

第三节　质量监督

全市各级乡镇企业主管部门依据国家《产品质量法》，积极配合质量管理部门加强对乡镇企业产品质量的监督检查：

（1）乡镇企业各级主管部门每年会同质量监督部门，把乡镇企业生产的重要产品和关系民生安全的产品列入各级政府的监督计划，定期进行产品质量检验。从1995年开始，重庆市根据国家质量管理的要求，将乡镇企业生产的140种产品实行抽样统计考核，从而提高了产品质量。到2002年，全市乡镇企业产品实物监督检查合格率保持在85%左右，主要产品质量稳定提高率在90%以上。

（2）建立乡镇企业质量监督检验技术机构，加强质量监督管理服务。根据重庆市乡镇企业建材工业发展的需要，在农业部乡镇企业局的支持下，市乡企局于1997年建立了“农业部乡镇企业建材产品质量监督检测重庆站”，这是重庆市唯一的市级乡镇企业主管部门的检验机构。从1998年开始为全市乡镇企业水泥厂提供产品质量对比检验服务，提高乡镇水泥企业质量检测水平。“农业部乡镇企业建材产品质量监督检测重庆站”也是市乡企局监督的技术服务机构，同时对全市墙体材料质量开展监督检测。

（3）加强重点行业产品质量监督管理。1997年以来，市乡企局每年都制定《重庆市乡镇企业水泥产品质量检查考核办法》和《重庆市乡镇企业墙体材料产品质量检查考核办法》及工作方案，组织有关技术人员和质量管理人员分组、分片地深入水泥企业和重点墙体材料生产企业，对产品质量和企业质量管理工作进行检查评比和调研。

（4）建立健全保证体系，推行科学管理。随着专业化的分工和管理科学化的推进，企业质量管理也开始从产品检验把关向建立有效的质量保证体系，实行科学管理方向转变。1998年，国家参照国际标准，颁布实施《质量保证体系》国家标准后，于2000年修订为ISO9001《质量体系标准》（后简称为《质量体系》），要求引导企业按《质量体系》标准，建立企业的质量管理和质量保证体系，对产品质量形成的全过程进行有效控制，保证最终产品质量。市乡企局从1998年开始，大力宣传和贯彻实施《质量体系》标准，并依托重庆市中小企业质量认证中心等服务机构，指导乡镇企业按《质量体系》的要求建立健全质量保证体系。1998年，重庆九龙建设公司、铜梁县特种水泥厂等重点乡镇企业首批通过了质量体系认证。通过大力推动，到2002年，全市有125家乡镇企业通过了ISO9001企业质量体系认证。全市三分之一的规模以上乡镇企业都按《质量体系》要求建立健全了企业质量管理体系，使乡镇企业的质量管理水平不断提高。

（5）实施名牌战略，增强乡镇企业竞争力。按照经济发展方式转变的要求，市乡企局积极引导乡镇企业走“以质量求生存，靠品牌谋发展”的壮大之路，大力实施乡镇企业名牌产品战略，争创名牌产品和著名商标。为此，市乡企局主动协调，积极争取市质量技术监督部门把乡镇企业的一些重点产品纳入了全市名牌产品培育计划，对其进行扶持，使全市每年都有30家乡镇企业产品进入重庆市名牌产品评选。到2002年，在全市200个有效期的名牌产品中，50%是乡镇企业生产的，其中隆鑫集团、力帆集团、宗申集团的摩托车，重庆市辣妹子公司生产的榨菜等一批产品获得了中国名牌和驰名商标称号。

（6）加强优质优秀产品监督，掌握优质优秀产品质量水平。市优秀产品称号有效期为3年，1986—1991年，每年经市优秀产品评选委员会办公室决定，由市乡企局会同市技术监督局、市标准计量局组成复查组对被市政府命名的优秀产品进行一次复查。复查的主要内容是“五查五看”。先由企业按“五查五看”内容进行自查，再由区县乡企局和标准计量局联合组织对市优秀产品逐一进行复查，在此基础上由市乡企局和市标准计量局有重点的抽查一部分市优秀产品。“五查五看”的内容是：

1. 查质量意识，看领导和职工“质量第一”的思想树立牢不牢；
2. 查工序保证能力，从工艺、设备、材料上看能不能保证生产优秀产品的需要；
3. 查产品质量水平，看产品质量标准是否先进，产品本身符不符合优秀产品标准；
4. 查质量管理基础，看全面质量管理体系是否完善，是否真正达到全面质量管理的各项要求；
5. 查销售服务，看对用户提出的意见是否认真采纳，并使产品质量真正得到改进。

在复查过程中，发现产品质量下降或不合格，无质量控制手段，管理混乱，严重亏损的优秀产品生产企业，复查组可按3个月的期限要求进行整顿。到期再由有关部门组织验收，验收不合格的生产企业，由市评选委员会办公室确认后取消其市优秀产品称号，并通报全市。

第四节　改进管理的主要措施

乡镇企业的质量管理，主要是企业根据市场竞争和企业自身发展的内在要求所开展的一项基础工作，它需要主管部门的促进和推动。1986年前，这项工作只注重产品质量评比、检查，每年由有关企业主管技术的厂长或工程人员聘请国家、省、市级评审人员组成评审小组，分别对有关产品进行评比，没有把质量管理纳入发展乡镇企业的目标管理考核内容，缺乏质量管理的推动力。1989年开始，市政府把质量管理纳入了区县乡镇企业目标管理考核、推动乡镇企业质量管理工作方式从微观管理到宏观指导的转变。主要措施是：

1. 市乡企局每年年初制定加强乡镇企业质量管理的指导意见，提出明确的工作目标、工作重点和对策措施，指导企业建立健全质量保证体系；
2. 市乡企局建立质量工作考核评比机制，每年都把质量工作纳入全市乡镇企业发展管理目标进行考核；
3. 实行质量单项考核、奖励，由市考核区县、区县考核乡镇、乡镇考核企业；
4. 理顺部门关系，形成工作合力，各级乡镇企业管理部门正确处理好与各级质量监督部门的关系，争取他们对乡镇企业质量管理工作的扶持和监督。正确处理好与行业部门的行业管理关系，对乡镇企业质量管理统一布置，对产品质量统一评比。

第五节　群众性质量管理

重庆市加强乡镇企业质量管理的一项重要内容是指导企业建立QC小组（质量管理），开展QC小组成果评选活动。QC小组是一项群众性的质量管理活动，是企业质量管理的重要组成部分，也是激发企业员工创新意识和提高创新能力的有效途径。1986 年以来，全市乡镇企业普遍成立了 QC 小组，在市和区县乡镇企业行政管理部门和质量监管部门指导下开展工作。QC 小组针对企业特点，采取先易后难、从简到繁评选的办法进行攻关，市乡企局每年召开 1 次成果发布会，对成果进行评选。自 1987 年市乡企局首次与市技术质量监督局组织有关专家对乡镇企业 QC 小组成果进行评选，并对评选出的 28 个优秀成果进行奖励后，受到奖励的优秀成果对解决企业生产过程中存在的问题，提高企业质量管理水平和经济效益起到了积极的作用，推动了群众性质量管理的深入开展。市乡企局对每年评选出的 QC 小组优秀成果进行筛选，择优推荐上报农业部，由农业部乡镇企业局（简称农业部乡企局，下同）组织有关专家对各省、市、自治区上报的优秀成果进行评选，对评选出的优秀成果经农业部批准后，由农业部乡企局授予农业部乡镇企业系统优秀质量管理小组称号，并颁发一、二、三等奖。1986—2000 年，全市有 33 个 QC 小组分别获此殊荣。

表 5－2　　**重庆市全国乡镇企业系统优秀质量管理小组名录**

QC 小组名称	企业名称	荣誉称号	奖级	授予单位	授予时间
厂部综合攻关 QC 小组	重庆市长寿县联合塑料厂	农业部乡镇企业系统优秀质量管理小组	一等奖	农业部乡企局	1990 年
厂部 QC 小组	忠县汝溪丝绸厂	农业部乡镇企业系统优秀质量管理小组	一等奖	农业部乡企局	1991 年
厂部 QC 小组	忠县卫星水泥厂	农业部乡镇企业系统优秀质量管理小组	一等奖	农业部乡企局	1998 年
全质办 QC 小组	忠县花桥沙砖厂	农业部乡镇企业系统优秀质量管理小组	一等奖	农业部乡企局	1998 年
技术质量管理科 QC 小组	重庆金象起重设备厂	农业部乡镇企业系统优秀质量管理小组	一等奖	农业部乡企局	1998 年
第一项目南方花园 D 区 10 号楼 QC 小组	重庆九龙建设集团	农业部乡镇企业系统优秀质量管理小组	一等奖	农业部乡企局	1999 年
厂部 QC 小组	重庆雄峰化工厂	农业部乡镇企业系统优秀质量管理小组	一等奖	农业部乡企局	1999 年
25024 项目部钢筋电渣压力焊 QC 小组	重庆花溪建设（集团）有限公司	农业部乡镇企业系统优秀质量管理小组	一等奖	农业部乡企局	2000 年
厂部三结合攻关 QC 小组	重庆石桥页岩砖厂	农业部乡镇企业系统优秀质量管理小组	二等奖	农业部乡企局	1990 年
全质办综合 QC 小组	重庆市陈家桥溶解乙炔气厂	农业部乡镇企业系统优秀质量管理小组	二等奖	农业部乡企局	1991 年
综合降耗 QC 小组	重庆市北碚橡胶厂	农业部乡镇企业系统优秀质量管理小组	二等奖	农业部乡企局	1998 年

续表

QC 小组名称	企业名称	荣誉称号	奖级	授予单位	授予时间
工程公司 QC 小组	江津市德感建筑安装工程公司	农业部乡镇企业系统优秀质量管理小组	二等奖	农业部乡企局	1998 年
技术质量 QC 小组	合川市川陵机械厂	农业部乡镇企业系统优秀质量管理小组	二等奖	农业部乡企局	1998 年
技术科 QC 小组	重庆东方塑料制品厂	农业部乡镇企业系统优秀质量管理小组	二等奖	农业部乡企局	1998 年
攻关型 QC 小组	重庆市雄峰化工厂	农业部乡镇企业系统优秀质量管理小组	二等奖	农业部乡企局	1998 年
生产技术科 QC 小组	重庆市涪陵区酒店水泥二厂	农业部乡镇企业系统优秀质量管理小组	二等奖	农业部乡企局	1998 年
安全防火 QC 小组	重庆市鹿角印刷厂	农业部乡镇企业系统优秀质量管理小组	二等奖	农业部乡企局	1998 年
三结合 QC 小组	重庆红旗汽车零部件制造厂钢圈分厂	农业部乡镇企业系统优秀质量管理小组	二等奖	农业部乡企局	1998 年
技术质量 QC 小组	重庆市红旗钢板弹簧厂	农业部乡镇企业系统优秀质量管理小组	二等奖	农业部乡企局	1998 年
技术攻关 QC 小组	重庆西南运输机械制造厂	农业部乡镇企业系统优秀质量管理小组	二等奖	农业部乡企局	1999 年
贯标办 QC 小组	重庆石宝九龙集团	农业部乡镇企业系统优秀质量管理小组	二等奖	农业部乡企局	1999 年
技术质量管理 QC 小组	重庆金象起重设备厂	农业部乡镇企业系统优秀质量管理小组	二等奖	农业部乡企局	1999 年
钢圈分厂技术质量 QC 小组	重庆红旗汽车零部件制造总厂	农业部乡镇企业系统优秀质量管理小组	二等奖	农业部乡企局	2000 年
技术质量 QC 小组	重庆晨星车辆配件厂	农业部乡镇企业系统优秀质量管理小组	二等奖	农业部乡企局	2000 年
质量检测 QC 小组	重庆市江北县丝绸厂	农业部乡镇企业系统优秀质量管理小组	三等奖	农业部乡企局	1990 年
熔炼 QC 小组	重庆市美鱼铝业有限公司	农业部乡镇企业系统优秀质量管理小组	三等奖	农业部乡企局	1998 年
厂部 QC 小组	忠县官坝丝绸厂	农业部乡镇企业系统优秀质量管理小组	三等奖	农业部乡企局	1998 年
厂部综合 QC 小组	重庆中梁山化肥厂	农业部乡镇企业系统优秀质量管理小组	三等奖	农业部乡企局	1999 年

续表

QC 小组名称	企业名称	荣誉称号	奖级	授予单位	授予时间
厂部 QC 小组	重庆市忠县石宝寨建材厂	农业部乡镇企业系统优秀质量管理小组	三等奖	农业部乡企局	1999 年
厂部 QC 小组	开县水泥一厂	农业部乡镇企业系统优秀质量管理小组	三等奖	农业部乡企局	1999 年
弹簧分厂技术质量 QC 小组	重庆红旗汽车零部件制造厂	农业部乡镇企业系统优秀质量管理小组	三等奖	农业部乡企局	1999 年
厂部 QC 小组	重庆市忠县石宝寨建材厂	农业部乡镇企业系统优秀质量管理小组	三等奖	农业部乡企局	2000 年
厂部三结合 QC 小组	重庆新立药用玻璃厂	农业部乡镇企业系统优秀质量管理小组	三等奖	农业部乡企局	2000 年

第八章　文明企业建设

加强文明企业建设，是提高乡镇企业经营管理水平的重要内容，也是乡镇企业管理工作的新课题。重庆直辖后，在市和区县（自治县、市）精神文明建设委员会办公室（简称精神文明办，下同）和乡镇企业行政管理部门指导下，全市乡镇企业普遍重视企业文明建设，把它作为提高企业管理水平，提升企业形象的重要措施来抓。

第一节　组织领导

重庆直辖后，各乡镇选择一批有条件的重点骨干企业开展创建文明乡镇企业活动。这批企业在乡镇政府领导下，在区县乡镇企业行政管理部门指导和乡镇企业办公室帮助下，成立由厂长（经理）为组长、1 名副厂长（经理）为副组长，有关科室和工会为成员的文明建设领导小组，把文明建设与生产计划同步规划。分管的厂长（经理）亲自抓，有关科室和工会落实责任制，分工负责具体抓，厂长（经理）负责检查督办。

第二节　文明企业建设主要内容

1. 建设好一个领导班子，增进相互间的团结和互信，诚信守法；

2. 建设好一支职工队伍，提高职工素质；

3. 建设好一个优美环境，注重环境卫生和环境保护；

4. 注重安全生产，杜绝重大事故；

5. 生产好和维护好用户满意的产品，注重产品信誉。

第三节　主要措施

1. 抓好领导成员的作风建设。领导成员按照1996年重庆市乡镇企业协会第二届三次常务理事会讨论通过并印发的《重庆市乡镇企业家（厂长、经理）行为规范》要求，发扬民主，定期或不定期地开展批评与自我批评，扬长避短，增进相互间的团结和互信；

2. 对职工开展经常性的政治思想教育和文化技能培训，杜绝违法乱纪行为和责任事故发生；

3. 培植厂区（公司）绿化，积极配合城区“清洁能源工程”建设，严格节能减排，改造不符合规定的设备和设施；

4. 建立清洁车间、班组，规范现场管理，消除和减少粉尘污染；

5. 全面落实安全生产责任制，加强安全生产的检查和监督，注重设备的维护保养，消除安全隐患；

6. 建立和完善质量监测体系，加强产品生产全过程的质量监测，杜绝不合格的产品出厂（公司），确保无产品退货和用户投诉；

7. 开展诚信守法的宣传教育，杜绝假冒伪劣产品；

8. 在车间、班组、科室建立文明建设责任制，文明建设领导小组定期或不定期地对文明建设工作进行检查，发现问题，及时研究对策，限期整改。

第四节　文明企业建设成果

1997年，重庆市精神文明办和市乡企局在全市乡镇企业系统开展了创建文明乡镇企业活动。在企业自愿申报的基础上，经乡镇企业办公室推荐，区县（自治县、市）乡镇企业行政管理部门初审，最后由市乡企局审核，报经市精神文明办批准，授予万县市地方建筑总公司和重庆啤酒集团第八啤酒厂等55家企业重庆市文明乡镇企业的称号（重乡企〔1997〕194号）。

表5－3　　重庆市文明乡镇企业名录

企业名称	授予称号	授予单位	授予时间
万县市地方建筑总公司	重庆市文明乡镇企业	重庆市精神文明办、市乡企局	1997年
万县市建筑开发总公司	重庆市文明乡镇企业	重庆市精神文明办、市乡企局	1997年
万县市长江有限责任公司	重庆市文明乡镇企业	重庆市精神文明办、市乡企局	1997年

续表

企业名称	授予称号	授予单位	授予时间
万县市蜀峰建筑建材公司	重庆市文明乡镇企业	重庆市精神文明办、市乡企局	1997年
万县市龙宝第二建筑工程公司	重庆市文明乡镇企业	重庆市精神文明办、市乡企局	1997年
万县市龙宝建筑工程公司	重庆市文明乡镇企业	重庆市精神文明办、市乡企局	1997年
万县市环球陶瓷有限公司	重庆市文明乡镇企业	重庆市精神文明办、市乡企局	1997年
万县市江北碳素厂	重庆市文明乡镇企业	重庆市精神文明办、市乡企局	1997年
涪陵市川陵食品公司	重庆市文明乡镇企业	重庆市精神文明办、市乡企局	1997年
大渡口区重庆啤酒集团第八啤酒厂	重庆市文明乡镇企业	重庆市精神文明办、市乡企局	1997年
大渡口区重庆建胜建筑工程公司	重庆市文明乡镇企业	重庆市精神文明办、市乡企局	1997年
江北区重庆市三和车辆零部件制造厂	重庆市文明乡镇企业	重庆市精神文明办、市乡企局	1997年
沙坪坝区重庆荣龙实业总公司	重庆市文明乡镇企业	重庆市精神文明办、市乡企局	1997年
沙坪坝区重庆渝港宏漆化工有限公司	重庆市文明乡镇企业	重庆市精神文明办、市乡企局	1997年
九龙坡区重庆九龙坡橡胶股份有限公司	重庆市文明乡镇企业	重庆市精神文明办、市乡企局	1997年
九龙坡区重庆松岭建筑工程公司	重庆市文明乡镇企业	重庆市精神文明办、市乡企局	1997年
九龙坡区重庆九龙建筑总公司	重庆市文明乡镇企业	重庆市精神文明办、市乡企局	1997年
北碚区重庆恒达磁性材料有限公司	重庆市文明乡镇企业	重庆市精神文明办、市乡企局	1997年
北碚区重庆市两路煤矸石砖厂	重庆市文明乡镇企业	重庆市精神文明办、市乡企局	1997年
北碚区重庆市滩口玻璃厂	重庆市文明乡镇企业	重庆市精神文明办、市乡企局	1997年
北碚区重庆市伍达畜产品有限公司	重庆市文明乡镇企业	重庆市精神文明办、市乡企局	1997年
万盛区兴隆煤焦有限公司	重庆市文明乡镇企业	重庆市精神文明办、市乡企局	1997年
万盛区其林水泥厂	重庆市文明乡镇企业	重庆市精神文明办、市乡企局	1997年
双桥区重庆市星火耐磨耐热材料厂	重庆市文明乡镇企业	重庆市精神文明办、市乡企局	1997年
双桥区重庆红岩汽车传动轴厂	重庆市文明乡镇企业	重庆市精神文明办、市乡企局	1997年
巴南区重庆花溪建材总厂	重庆市文明乡镇企业	重庆市精神文明办、市乡企局	1997年
巴南区重庆市花溪建筑工程公司	重庆市文明乡镇企业	重庆市精神文明办、市乡企局	1997年
江津市第五建筑公司驻京办事处	重庆市文明乡镇企业	重庆市精神文明办、市乡企局	1997年
江津市杜市水泥厂	重庆市文明乡镇企业	重庆市精神文明办、市乡企局	1997年
合川市重庆啤酒集团第六啤酒厂	重庆市文明乡镇企业	重庆市精神文明办、市乡企局	1997年
永川市东南建筑材料厂	重庆市文明乡镇企业	重庆市精神文明办、市乡企局	1997年
长寿县望江运输队	重庆市文明乡镇企业	重庆市精神文明办、市乡企局	1997年
长寿县重庆渝发建设公司	重庆市文明乡镇企业	重庆市精神文明办、市乡企局	1997年
长寿县重庆长寿江南橡胶总厂	重庆市文明乡镇企业	重庆市精神文明办、市乡企局	1997年
大足县宝顶酿造厂	重庆市文明乡镇企业	重庆市精神文明办、市乡企局	1997年
大足县联美锶盐化工有限公司	重庆市文明乡镇企业	重庆市精神文明办、市乡企局	1997年
铜梁县重庆铜梁电工材料厂	重庆市文明乡镇企业	重庆市精神文明办、市乡企局	1997年

续表

企业名称	授予称号	授予单位	授予时间
潼南县重庆市大佛建筑安装工程公司	重庆市文明乡镇企业	重庆市精神文明办、市乡企局	1997年
潼南县重庆市潼南第一造纸厂	重庆市文明乡镇企业	重庆市精神文明办、市乡企局	1997年
璧山县重庆南雁实业有限公司	重庆市文明乡镇企业	重庆市精神文明办、市乡企局	1997年
璧山县鞍子水泥厂	重庆市文明乡镇企业	重庆市精神文明办、市乡企局	1997年
荣昌县重庆市荣昌冶炼厂	重庆市文明乡镇企业	重庆市精神文明办、市乡企局	1997年
荣昌县古昌建筑工程公司	重庆市文明乡镇企业	重庆市精神文明办、市乡企局	1997年
开县重庆开县水泥一厂	重庆市文明乡镇企业	重庆市精神文明办、市乡企局	1997年
开县温泉水泥厂	重庆市文明乡镇企业	重庆市精神文明办、市乡企局	1997年
忠县长江建筑建材公司	重庆市文明乡镇企业	重庆市精神文明办、市乡企局	1997年
忠县建材厂	重庆市文明乡镇企业	重庆市精神文明办、市乡企局	1997年
忠县官坝丝绸厂	重庆市文明乡镇企业	重庆市精神文明办、市乡企局	1997年
云阳生物技术厂	重庆市文明乡镇企业	重庆市精神文明办、市乡企局	1997年
奉节县夔峡航运公司	重庆市文明乡镇企业	重庆市精神文明办、市乡企局	1997年
奉节县华厦建筑工程公司	重庆市文明乡镇企业	重庆市精神文明办、市乡企局	1997年
巫山县化工总厂	重庆市文明乡镇企业	重庆市精神文明办、市乡企局	1997年
南川市平板玻璃厂	重庆市文明乡镇企业	重庆市精神文明办、市乡企局	1997年
垫江县炭黑厂	重庆市文明乡镇企业	重庆市精神文明办、市乡企局	1997年
酉州水泥股份有限公司	重庆市文明乡镇企业	重庆市精神文明办、市乡企局	1997年

第六篇　重点乡（镇）村和园区建设

1986 年以来，重庆市各级党委、政府推动乡镇企业发展十分重视抓重点，以点带面，突出典型。通过 1986～1995 年重点发展亿元乡、村到 1993 年开始重点建设乡镇企业工业园区和培育专业村镇，2000 年开始发展明星乡镇，在不同的时期都形成了一批典型。

第一章　重点乡（镇）村建设

第一节　亿元乡、村

重庆市乡镇企业亿元乡的发展始于 1986 年。1985 年，沙坪坝区的石桥乡乡镇企业产值突破亿元，达到 1.07 亿元，成为重庆市乡镇企业第一个产值上亿元的乡。1986 年 2 月 7 日，市委书记廖伯康、市政府副市长于汉卿等领导率市级有关部门负责人和沙坪坝区委、区政府领导到石桥乡表示祝贺，并赠送了“富冠渝州”的金匾。廖伯康发表了重要讲话，号召全市区县的各级干部和广大群众在今后发展乡镇企业工作中，学习石桥精神，走石桥乡路子，推广石桥乡经验，使重庆出现更多的亿元乡，提高农村经济发展水平。同年 2 月 15 日，市乡企局在石桥乡召开学习和推广石桥乡经验现场会，部署了学石桥经验、大力发展乡镇企业的工作，在全市开展了“学石桥，创亿元乡”竞赛活动。1986 年，沙坪坝区的覃家岗乡乡镇企业产值突破亿元，达到 1.02 亿元，市委、市人大、市政府、市政协和市级有关部门及沙坪坝区委、区政府领导又到覃家岗乡赠送了“比翼齐飞”的金匾，并给予表彰奖励，推动了“创亿元乡”竞赛活动。1987 年，九龙坡区的九龙乡、花溪乡、华岩乡和巴县的青木关区、界石区的乡镇企业产值都突破亿元，创造出 1 年涌现出 5 个亿元乡的好成绩。在“创亿元乡”竞赛活动推动下，1988 年，南岸区的南坪乡、九龙坡区的八桥乡、巴县的虎溪区乡镇企业产值或收入也突破亿元。针对乡镇企业产值或收入上亿元的乡（县辖区）都出现在近郊区县，还有乡镇企业“空白村”、乡镇企业发展不平衡的问题，从 1990 年开始，市政府每年都召开乡镇企业亿元区、乡干部座谈会，市领导在会上发表重要讲话，动员和支持区、乡大力发展乡镇企业，争创亿元区、乡。如江北区为了推动全区乡镇企业加快发展步伐，1991 年春，经区委、区政府研究决定，向原观音桥乡派出创建亿元乡协调小组，进驻该乡，代表区委、区政府对该乡创建亿元乡的试点工作进行具体指导，并同时帮助该乡协调有关创建亿元乡的各种关系。协调小组到乡镇企业和各村、社进行广泛调查研究后，同乡、村干部一起经过多次研究制定了创建亿元乡的实施方案。帮助该乡招商引资，积极开发新项目和新产品，协调各有关方面的关系。该乡乡镇企业总产值突破亿元大关，成为江北区第1个亿元乡，区委、区府授予该乡“富冠江北”的奖牌。

从1990年开始，市政府动员有条件的区、乡发展亿元村。以亿元乡（区）带动亿元村发展，以亿元村的发展促进亿元乡（区）上新台阶，并把创亿元村纳入到创元乡竞赛活动中给予表彰奖励。重庆市委、市政府为了推动全市“创亿元乡”竞赛活动，每年都对乡镇企业新上亿元的区乡进行表彰奖励，鼓励再创亿元村。1992年，沙坪坝区的上桥村、新桥村乡镇企业产值或收入上亿元，市委、市人大、市政府、市政协、市顾委、市纪委及市级有关部门和沙坪坝区委、区政府领导出席了在新桥村召开的“重庆市亿元村授牌大会”，给上桥和新村赠送了“双星齐耀”金匾。

1996年，乡镇企业产值或收入上亿元的村有72个；上5亿元的乡（镇）有28个。其中九龙坡区的九龙镇、沙坪坝区的覃家岗镇乡镇企业营业收入超过20亿元，九龙坡区的石桥镇突破30亿元。抓乡镇企业亿元乡、村建设，促进了乡镇企业发展。也提升了区县和乡镇在全省和全国的知名度。1988年，重庆市沙坪坝区的石桥乡、覃家岗乡和九龙坡区的九龙乡、花溪乡产值超亿元，受到四川省政府表彰。1994年，在农业部表彰对社会贡献大的200个县（市）中，有重庆的北碚区、九龙坡区和巴县；在农业部表彰对社会贡献大的300个乡镇中，有重庆的石桥镇、覃家岗镇、九龙镇、华岩镇、南坪镇、花溪镇、蔡家岗镇。

到2002年，乡镇企业产值或营业收入上5亿元的乡镇有47个，实现营业收入683亿元，占全市乡镇企业营业收入的50.2%。亿元村发展到111个，实现营业收入348亿元，占全市乡镇企业营业收入的26.5%。

第二节　专业村镇

乡镇企业专业村镇，主要是指重点专业化生产1~2种具有地方特色产品的乡镇。它们依靠龙头企业带动或依靠千家万户的群体优势，发展“一乡一品”或“一村一品”。主要的产品有酿酒、缫丝、玻璃制品、竹编制品、棉纺织品、制伞、制糖、食品、服装、鞋类、铸造、机械等，包括专业市场、运输、餐饮、休闲、服务等第三产业也是构成专业村镇的重要内容。

1986年以来，重庆市在大力发展乡镇企业进程中，各级党委政府就注意发现培育“一乡一品”“一村一品”的专业村镇。1996年，全市乡镇企业专业村镇有规模和影响力的主要是沙坪区回龙坝的纺织、南岸区涂山镇的皮革、江北区寸滩村的布拖鞋和大足县龙水镇的五金制品。

1997年重庆直辖后，乡镇企业在推进“二次创业”进程中，市乡企局把培育和发展具有地方特色的专业村镇列入了“九五”时期发展规划，各区县（自治县、市）党委政府十分注重把培育和发展乡镇企业专业村镇作为农村产业结构调整和布局创新的重点，对集中连片开发地方特色产品的重点企业加以指导和扶持，有的地方提升专业化程度，突出了特色示范作用。如沙坪坝区的回龙镇以纺织行业为主，集中发展了300多家织布厂，拥有织布机1万多台，年产坯布4亿米，占全国市场的20%；沙坪坝区凤凰镇五福村以生产摩托车弹簧为主，集中兴建了50家弹簧生产企业，年销售收入达2亿元。2001年，永川市三教镇联合20多家小铸造企业，组建了年产30万吨优质钢材的钢铁集团，带动小铸钢走向规模经营。有的地方由“一乡一品”“一村一品”发展到多行业、多产品，加快了当地经济发展。

到 2002 年，全市培育出了 85 个以农产品加工为主和以机械制造加工为主的专业村镇。

表 6－1　**重庆市乡镇企业专业村镇名录**

专业村镇名称	主要行业	主要产品	年产量	从业人员（人）	年营业收入（万元）	年创利润（万元）	年缴税金（万元）
万州区高梁镇石沟村	食品加工	豆腐	375 千克	160	300	58	
万州区高梁镇金岭村	竹编	扫帚	50 万把	48	100	18	
万州区高梁镇柳湾村	木材加工	衣架	20 万个	70	100	15	
大渡口区民胜村	皮革	皮鞋	618 万双	410	18581	766	63
江北区寸滩村	制鞋	布拖鞋	3076 万双	2405	13668	175	10
沙坪坝区歌乐山镇金刚村	建材制品	铸铁件 预制构件		845	17042	970	123
沙坪坝区土主镇三圣宫村	皮革	皮鞋	213500 双	649	3075	68	134
沙坪坝区回龙坝镇	纺织	布匹	45020 万米	13988	102466	2415	1050
沙坪坝区回龙村	纺织	布匹	3700 万米	1108	7956	174	87
沙坪坝区青龙庙村	机械制造 印染	摩托车配件 印染布匹	4500 万件 1700 万米	1028	13802	195	93
沙坪坝区西溪桥村	纺织	布匹	3500 万米	856	7535	143	69
沙坪坝区五云山村	纺织	布匹	1020 万米	265	2234	47	24
沙坪坝区梁滩村	纺织	布匹	4990 万米	1766	10693	239	118
沙坪坝区大桥村	纺织	布匹	21070 万米	6801	42850	1223	588
沙坪坝区回龙坝村	纺织	布匹	4930 万米	1429	10573	250	124
沙坪坝区保农村	纺织	布匹	230 万米	116	865	16	8
沙坪坝区真武山村	纺织	布匹	1140 万米	213	2439	40	20
沙坪坝区大水沟村	纺织	布匹	1640 万米	406	3519	90	45
沙坪坝区青木关镇关口村	机械加工	摩托车配件		713	15419	42	186
沙坪坝区凤凰镇	机械加工	摩托车配件		8572	83223	1936	1095
沙坪坝区凤凰桥村	机械加工	摩托车配件		1264	15116	321	285
沙坪坝区五福村	机械加工	摩配、弹簧		1103	15018	390	151
九龙坡区中梁村	地矿开采	煤矿	144 万吨	2088	16458	816	24
九龙坡区云峰村	地矿开采	煤矿	540 万吨	6205	27128	1234	15
九龙坡区大堰村	机械制造	摩托车		3358	126261	2075	6888

续表

专业村镇名称	主要行业	主要产品	年产量	从业人员（人）	年营业收入（万元）	年创利润（万元）	年缴税金（万元）
九龙坡区盘龙村	机械制造	摩托车及配件		12863	169197	4257	5856
南岸区黄桷垭镇联合村	住宿餐饮			678	6400	470	450
南岸区涂山镇	皮革	皮鞋	1831 万双	6428	126667	811	594
北碚区歇马镇永远村	纺织	布匹	2070 万米	1393	6320	74	153
北碚区万寿桥村	铸造	摩托车配件 机床配件	350 万件	1150	8450	250	257
北碚区水土镇	铸造	摩托车缸体	11000 吨	2300	8800	380	25
渝北区大竹林镇	机械加工	摩托车配件	62531 件	4079	60174	4088	3264
渝北区新坪村	旅游服务			168	2315	25	202
巴南区花溪镇其龙村	纺织	服装	1112 万件	3475	105553	1895	4224
巴南区花溪镇先锋村	皮革	皮鞋	4767 万双	2529	26913	898	1614
巴南区南泉镇和平村	建材	水磨石板材	100 万平方米	150	3456	26	26
巴南区鹿角镇	建材	石膏板	200 万平方米	300	700	50	10
江津市广兴镇彭桥村	机械制造	汽车配件		582	2580	45	18
江津市广兴镇	餐饮	鱼		182	360	18	8
江津市仁沱镇花铺村	种植	蔬菜	35375 吨	136	6476	290	6
江津市仁沱镇	交通运输			237	4096	103	91
江津市仁沱镇龙井村	采掘	白泡石	114177 吨	91	850	72	30
江津市白沙镇高屋村	机械制造	机械配件		497	2649	186	146
江津市白沙镇长安村	轻工制造	小五金		637	3408	212	148
江津市白沙镇东山村口	化工	塑料制品		249	1068	76	56
江津市白沙镇交通街道	运输			1394	3565	113	48
江津市白沙镇公园街道	食品加工	食品		537	2705	151	81
江津市白沙镇糟房村	食品加工	食品		548	2640	139	75
永川市中山路玉清村	食品加业	糖果	2500 吨	620	11940	970	160
永川市汉东街道	竹编	伞	392 万把	780	2684	80	18
合川市杨柳坝村	轻工	日用玻璃		2646	7362	312	525
合川市大屋村	轻工	日用玻璃		1243	2281	49	92
合川市太和镇阳光村	农产品加工	桑蚕丝	350 吨	3000	12091	630	120
铜梁县永加镇大土村	竹编	竹制品	1000 吨	500	75	21	25
铜梁县永加镇圣水村	造纸	纸	500 吨	200	35	11	15
大足县保竹村	铸造	铸造件		373	5327	373	87
大足县龙水镇	轻工	五金制品		52000	170000	5000	2000

续表

专业村镇名称	主要行业	主要产品	年产量	从业人员（人）	年营业收入（万元）	年创利润（万元）	年缴税金（万元）
大足县中敖镇卫平村	竹编	竹篦	3000 万把	1300	180	15	3
大足县中敖镇农丰村	竹编	竹板刷	2000 万个	900	100	8	3
大足县中敖镇	竹编	竹席	20 万张	1300	300	28	5
璧山县璧城镇南关街道	机械制造	摩托车配件		620	4182	28	88
璧山县璧城镇塘湾街道	皮革制造	皮鞋		5881	65600	1706	1836
荣昌县吴家镇	机械制造	阀门	1600 万只	1560	11000	450	25
荣昌县古昌镇盛家沟村	食品加工	粉条	1000 吨	160	200	19	1
荣昌县河包镇大地村	食品加工	粉条	1320 吨	220	264	25	1
荣昌县转龙村	食品加工	粉条	1050 吨	245	210	20	1
荣昌县卢家岩村	食品加工	粉条	1255 吨	257	251	24	1
荣昌县许溪乡大河坝村	轻工制造	刀制品	50 万把	100	150	7	1
荣昌县清升乡花宝村	机械制造	铸造件	1.1 吨	144	3300	90	8
荣昌县路孔乡莲花村	食品加工	蜂制品		215	69	40	4
荣昌县麻柳村	食品加工	粉条	1500 吨	310	428	43	2
开县温泉镇	建材	水泥、砖	15 万吨 2500 万块	2500	1250	450	40
巫溪县花台乡八龙村	农产品加工	蚕茧	24 吨	852	60	20	5
巫溪县丛树乡楼门村	种植	蔬菜	160 吨	411	9	5	1
石柱县黄水镇	种植	纯菜 黄连	3060 吨 62 吨	3500	2640	801	20
石柱县下路乡	农产品加工	猪鬃	8500 担	10	3200	730	40
彭水县汉葭镇柏香村	采矿	矿石		80	196	23	10
彭水县保家镇天星村	食品加工	玉米粉丝	80 吨	120	80	5	3
彭水县郁山镇南京街道	食品加工	晶丝苕粉	1500 吨	3590	800	240	
酉阳县钟多镇官苍坝村	二、三产业			300	464	37	22
酉阳县龙潭镇五育村	二、三产业	电解金属、页岩砖		531	3526	241	95
酉阳县李溪镇娥池村	商业			451	1450	100	45
酉阳县黑水镇	商业			430	1354	248	29
酉阳县平地坝村	农产品加工	酒、药材		114	707	58	18
酉阳县大泉村	农产品加工			58	296	28	8

第三节　明星乡镇

1999 年 12 月 21 日，市委、市政府召开全市乡镇企业工作会议，时任中共重庆市委书记的贺国强在会上做了重要报告。他站在抓住西部大开发的历史机遇，加快乡镇企业发展，增强乡级政府经济实力，率领农民奔小康的高度，提出了突出重点，典型示范，在全市农村开展“创发展乡镇企业明星乡镇”活动的要求。市乡企局按照这个要求，提出了从 2000 年起在全市开展乡镇企业“明星乡镇”创建活动的意见。重庆市人民政府批转了这个《意见》（渝府发〔2000〕28 号），从 2000 年开始启动了这项创建活动。明星乡镇实行一年一评定，不搞终身制。

2001—2002 年，经过各区县（市）自下而上评选推荐，市政府每年命名 30 个乡镇为发展乡镇企业的“明星乡镇”。

2002 年，被市政府命名的 30 个“明星乡镇”的主要特点是：

领导力度强。党政一把手亲自抓乡镇企业发展，有明确的思路，亲自抓改革、抓招商引资、抓扶优扶强政策的落实、抓基础设施建设。

经济总量大。乡镇企业营业收入达到 586.5 亿元，完成增加值 135.56 亿元，上缴税金 13.91 亿元，占全市乡镇企业总量的比重，分别达到 44.65%、41.61% 和 37.11%。这 30 个乡镇（街道）平均实现乡镇企业营业收入 19.55 亿元、增加值 4.52 亿元、乡镇企业当地入库税金 4635.77 万元，分别是全市乡镇（街道）平均水平的 19.57 倍、18.24 倍和 16.26 倍。沙坪坝区的覃家岗镇、九龙坡区的九龙镇乡镇企业实现的增加值首次突破 10 亿元，分别达到 11.46 亿元和 10.44 亿元。巴南区的花溪镇、九龙坡区的八桥镇、南岸区的南坪镇、渝北区的龙溪街道乡镇企业的增加值也接近 10 亿元。

所占比重高。入选的“明星乡镇（街道）”，乡镇企业实现增加值和实缴税金分别占本镇（街道）一、二、三产业增加值比重达到 80% 以上，乡镇企业已成为本镇（街道）的经济主体。2002 年，评选出来的 30 个“明星乡镇”，仅占全市乡镇（街道）的 2% 左右，但所在的乡镇企业实现的增加值和实缴税金，却占全市乡镇企业总量的 41.6% 和 37.1%。

发展速度快。“明星乡镇（街道）”的乡镇企业，年平均增长速度为 28.35%，比全市乡镇企业平均增长的 18.55% 高出 9.8 个百分点。在 30 个“明星乡镇（街道）”中，有 22 个乡镇（街道）3 年平均增幅在 20% 以上。永川市的三教镇以渝西铸造城为依托，引导小铸钢走向规模经营，到 2002 年，从 1998 年的 1 家规模企业发展到拥有 2 个企业集团和 26 家 1000 万元的规模企业，带动乡镇企业经济总量翻了两番。渝北区的回兴街道依托乡镇企业科技产业园区，乡镇企业增加值从 1999 年的 4120 万元增加到 2002 年的 34323 万元，增长了 7.33 倍。渝北区的龙溪镇、铜梁县的巴川镇、江北区的石马河街道等 15 个乡镇（街道）乡镇企业实现的增加值都在 1999 年的基础上翻番。渝北区的大竹林镇乡镇企业上缴当地的入库税金，从 1998 年的 143.4 万元增加到 2002 年的 2237 万元，增长 14.6 倍。

园区效果好。有 30 个农业部命名的“全国乡镇企业示范区”“全国乡镇企业东西合作示范区”“全国乡镇企业科技园区”和重庆市政府命名的“重庆市乡镇企业示范区”，占全市市级以上“乡镇企业示范区”的 46.2%。渝北区回兴镇的“重庆科技产业园区”入驻企业技术先进，科技含量高，实现销售收入 18.16 亿元，比 2000 年增长 133.42%，占全镇乡镇企业营业收入的 94.2%。

规模企业多。年销售收入上千万元的企业有 403 家。其中 5000 万元至 1 亿元的企业有 106 家，占全市乡镇企业销售收入的 50.48%；亿元以上的企业有 53 家；在全市乡镇企业经营规模前 50 名排序中，这 30 个镇（街道）占了 48 个；在全市乡镇企业实缴税金 1000 万元以上的 32 家企业中，有 26 家企业分布在这 30 个镇（街道）；在 2002 年乡镇企业 50 强中，有 35 家企业来自于 30 个明星乡镇（街道）。

科技含量高。重视提高企业科技创新能力，大多数都制定了科技兴镇的规划和扶持政策，引导和鼓励企业运用高新技术改造传统产业，调整产业结构。在园区建设、招商引资中，都把提高科技水平和产品的科技含量摆在了重要位置。沙坪坝区的井口镇 1 年来实施科技项目 20 个，技改资金达 7430 万元；覃家岗镇实施科技项目 106 项，经沙坪坝区科委认定的高新技术企业就有 3 家，高新技术产品有 13 个。

创汇能力强。大多拥有自己的出口产品基地和出口产品骨干企业。他们当中 22 个乡镇（街道）有出口业绩，出口交货值 28.9 亿元，占全市乡镇企业出口交货值的 35.68 亿元的 80.99%。经重庆市海关统计，九龙镇的隆鑫集团、覃家岗镇的力帆集团、花溪镇的宗申集团分别以 11479.69 万美元、11284.34 万美元、6868.05 万美元居 2002 年度重庆市出口 15 强企业的一、二、三位。

品牌优势突出。大多拥有重庆市政府以上命名的品牌产品和品牌企业。2000 年到 2002 年的 3 年里，有 37 个产品被市政府命名为名牌产品，占全市乡镇企业这 3 年获得市政府命名的 49 个名牌产品的 75.51%。其中沙坪坝区的覃家岗镇有 6 项，大渡口区的八桥镇有 5 项，九龙坡区的九龙镇和南岸区的南坪镇分别有 4 项、巴南区的花溪镇和璧山县的青杠镇各有 3 项。

招商引资力度大。积极参与市政府每年举办的“一会一节”“高交会”等招商引资活动，把“坐地招商”变为“外出拉商”，把“企业落户后完善设施”转变为“先完善设施后招商”，强化服务，实行项目代办、建立领导联系重点企业等制度，招商引资取得了显著成效。2002 年完成乡镇工业企业固定资产投资 33.48 亿元，占全市乡镇企业固定资产投资总量的 42.72%。如江津市的德感街道洽谈项目 50 多个，引资 1.5 亿元；璧山县的青杠镇印发 11000 多份“招商指南”，接待外商 500 多人次，引进 10 家企业，协议投资 13 亿元，完成投资 1 亿多元。

产业特色鲜明。入选的“明星乡镇（街道）”都有自己的支柱产业。其中沙坪坝区的覃家岗、井口镇，九龙坡区的九龙镇，渝北区的回兴镇，巴南区的花溪镇，是摩托车和汽车及其零部件的主要生产基地；南岸区的黄桷垭镇全力打造“泉水鸡一条街”，实现入库税金 2204 万元，比 1998 年增长 8.46 倍；璧山县的璧城镇全力打造出了“西部鞋都”；渝北区的龙溪（街道）拥有全市较多的品牌商住楼盘和餐饮名店；永川市的三教镇以渝西钢铁集团为依托，全力打造“渝西铸造城”；铜梁县的巴川镇通过“公司＋农户”模式，做大做强农产品加工业，生产的“三江羽绒”畅销国内外市场。

城市化进程快。入选的“明星乡镇（街道）”通过大力发展乡镇企业和加快园区建设，促进了本镇农业人口向非农产业和城镇转移，城区面积迅速扩大，经历或正在经历由乡镇向街道、由农村向城市的转变。如江北区的观音桥街道、合川市的凉亭子街道、渝北区的龙溪街道和鸳鸯街道、江津市的德感街道、合川市的合阳街道、璧山县的璧城街道等已完成了从乡到镇、由镇到街道的转变。南岸区的长生桥镇依托茶园园区、大渡口区的八桥镇依托建桥园区、江津市的德感街道依托德感园区、北碚区的童家溪镇依托同兴园区、渝北区的大竹林镇和鸳鸯街道依托北部新区推进城市化建设，地区面积得到了扩张。到2002年，九龙坡区的九龙镇、沙坪坝区的覃家岗镇、江北区的观音桥街道、渝北区的龙溪街道城市化率已达90%以上，农民人均收入水平已经接近重庆市城镇居民人均可支配收入，出现了城乡一体化的格局。

转移劳动力多。2002年，30个“明星乡镇（街道）”在乡镇企业的从业人员达到50.08万人，占全市乡镇企业从业人员总量的30.86%，占30个镇（街道）农村劳动力总和42.48万人的117.89%，有效转移本乡镇（街道）和周边乡镇（街道）农村剩余劳动力的示范作用明显。璧山县的璧城镇皮鞋工业园区就吸纳了当地4.6万农民就业，沙坪坝区的井口镇以工业园区建设为主体，加快了乡镇企业发展，农村剩余劳动力得到有效转移。2002年，全镇仅在乡镇企业务工的社员就达4000余人。渝北区的龙溪镇、九龙坡区的九龙镇、沙坪坝区的覃家岗等16个乡镇（街道）乡镇企业从业人员超过了本镇农村劳动力。

公益事业建设好。入选的“明星的乡镇（街道）”实现村村通广播、户户有电视电话，在完善学校、医院、敬老院等公益事业建设方面都取得了显著成绩。

表6-2　**重庆市发展乡镇企业明星乡镇名录**

区县（市）乡镇名称	荣誉称号	授予单位	授予时间
万州区天城镇	发展乡镇企业明星乡镇	重庆市政府	2001年
大渡口区八桥镇	发展乡镇企业明星乡镇	重庆市政府	2001年
大渡口区建胜镇	发展乡镇企业明星乡镇	重庆市政府	2001年
江北区观音桥街道	发展乡镇企业明星乡镇	重庆市政府	2001年
江北区石马河街道	发展乡镇企业明星乡镇	重庆市政府	2001年
沙坪坝区覃家岗镇	发展乡镇企业明星乡镇	重庆市政府	2001年
沙坪坝区歌乐山镇	发展乡镇企业明星乡镇	重庆市政府	2001年
沙坪坝区井口镇	发展乡镇企业明星乡镇	重庆市政府	2001年
九龙坡区九龙镇	发展乡镇企业明星乡镇	重庆市政府	2001年
九龙坡区石桥镇	发展乡镇企业明星乡镇	重庆市政府	2001年
九龙坡区华岩镇	发展乡镇企业明星乡镇	重庆市政府	2001年
南岸区涂山镇	发展乡镇企业明星乡镇	重庆市政府	2001年
南岸区黄桷垭镇	发展乡镇企业明星乡镇	重庆市政府	2001年
南岸区鸡冠石镇	发展乡镇企业明星乡镇	重庆市政府	2001年
南岸区南坪镇	发展乡镇企业明星乡镇	重庆市政府	2001年
北碚区歇马镇	发展乡镇企业明星乡镇	重庆市政府	2001年
渝北区回兴街道	发展乡镇企业明星乡镇	重庆市政府	2001年
渝北区龙溪街道	发展乡镇企业明星乡镇	重庆市政府	2001年
渝北区双凤桥街道	发展乡镇企业明星乡镇	重庆市政府	2001年
渝北区大竹林镇	发展乡镇企业明星乡镇	重庆市政府	2001年
巴南区鱼洞街道	发展乡镇企业明星乡镇	重庆市政府	2001年

续表

区县（市）乡镇名称	荣誉称号	授予单位	授予时间
巴南区花溪镇	发展乡镇企业明星乡镇	重庆市政府	2001 年
长寿县凤城镇	发展乡镇企业明星乡镇	重庆市政府	2001 年
江津市德感街道	发展乡镇企业明星乡镇	重庆市政府	2001 年
江津市珞璜镇	发展乡镇企业明星乡镇	重庆市政府	2001 年
合川市合阳街道	发展乡镇企业明星乡镇	重庆市政府	2001 年
永川市三教镇	发展乡镇企业明星乡镇	重庆市政府	2001 年
铜梁县巴川镇	发展乡镇企业明星乡镇	重庆市政府	2001 年
璧山县璧城镇	发展乡镇企业明星乡镇	重庆市政府	2001 年
垫江县桂溪镇	发展乡镇企业明星乡镇	重庆市政府	2001 年
万州区天城镇	发展乡镇企业明星乡镇	重庆市政府	2002 年
大渡口区八桥镇	发展乡镇企业明星乡镇	重庆市政府	2002 年
大渡口区建胜镇	发展乡镇企业明星乡镇	重庆市政府	2002 年
江北区观音桥街道	发展乡镇企业明星乡镇	重庆市政府	2002 年
江北区石马河街道	发展乡镇企业明星乡镇	重庆市政府	2002 年
沙坪坝区覃家岗镇	发展乡镇企业明星乡镇	重庆市政府	2002 年
沙坪坝区歌乐山镇	发展乡镇企业明星乡镇	重庆市政府	2002 年
沙坪坝区井口镇	发展乡镇企业明星乡镇	重庆市政府	2002 年
九龙坡区九龙镇	发展乡镇企业明星乡镇	重庆市政府	2002 年
九龙坡区石桥镇	发展乡镇企业明星乡镇	重庆市政府	2002 年
九龙坡区华岩镇	发展乡镇企业明星乡镇	重庆市政府	2002 年
南岸区黄桷垭镇	发展乡镇企业明星乡镇	重庆市政府	2002 年
南岸区南坪镇	发展乡镇企业明星乡镇	重庆市政府	2002 年
渝北区回兴街道	发展乡镇企业明星乡镇	重庆市政府	2002 年
渝北区龙溪街道	发展乡镇企业明星乡镇	重庆市政府	2002 年
渝北区双凤桥街道	发展乡镇企业明星乡镇	重庆市政府	2002 年
渝北区大竹林镇	发展乡镇企业明星乡镇	重庆市政府	2002 年
巴南区鱼洞街道	发展乡镇企业明星乡镇	重庆市政府	2002 年
巴南区花溪镇	发展乡镇企业明星乡镇	重庆市政府	2002 年
长寿县凤城镇	发展乡镇企业明星乡镇	重庆市政府	2002 年
江津市德感街道	发展乡镇企业明星乡镇	重庆市政府	2002 年
江津市珞璜镇	发展乡镇企业明星乡镇	重庆市政府	2002 年
江津市几江街道	发展乡镇企业明星乡镇	重庆市政府	2002 年
合川市合阳街道	发展乡镇企业明星乡镇	重庆市政府	2002 年
永川市中山路街道	发展乡镇企业明星乡镇	重庆市政府	2002 年
永川市三教镇	发展乡镇企业明星乡镇	重庆市政府	2002 年

续表

区县（市）乡镇名称	荣誉称号	授予单位	授予时间
铜梁县巴川镇	发展乡镇企业明星乡镇	重庆市政府	2002年
璧山县璧城镇	发展乡镇企业明星乡镇	重庆市政府	2002年
璧山县青杠镇	发展乡镇企业明星乡镇	重庆市政府	2002年
垫江县桂溪镇	发展乡镇企业明星乡镇	重庆市政府	2002年

第二章　园区建设

第一节　工业园区

重庆乡镇企业从20世纪80年代的“村村点火，遍地冒烟”到有规模地集中连片发展，走过了20余年的漫长路程。

1992年，重庆市乡镇企业工业园区建设开始起步。当年规划乡镇工业园区120个，面积12万亩，批准开发3.8万亩，落实建设项目744个，投资总额达14.2亿元。其中江北区的“乡镇企业科技城”、电子仪表、医药、化工、建材等7个工业园区开始建设并初具规模，吸引外商投资200多万元，联合开办了6家企业从事房地产开发、汽车维修和旅游服务业。

1993年，重庆市政府又把建设乡镇企业工业园区与农村经济“创亿元、上台阶”的竞赛活动结合起来，要求各区县鼓励和支持在乡镇规划建设乡镇企业工业园区，以工业园区为载体，制定优惠政策，以地招商引资，外引内联。当年九龙坡区的华岩镇、沙坪坝区的上桥村、江北区的南桥寺、花园村、江北县的龙溪镇、巴县的陈家桥镇等一批乡镇企业工业园区开始以地招商，外引内联。1993年落实进入小区建设项目和企业有2241个，总投资50.74亿元，其中到位9.08亿元，引进外资2.6亿美元。

1995年以后，市乡企局把工业园区建设作为推进小城镇建设的重要内容写进每年的年度计划和“九五”“十五”发展规划，对园区建设提出指导性意见。

1998年，中共重庆市委、市人民政府做出《关于进一步加快我市乡镇企业发展的决定》（渝委发〔1998〕3号文），提出“九五”期间要建设好50个乡镇企业工业园区。并明确今后新办乡镇企业和重大的技改项目，原则上要向工业园区集中，凡经市政府批准的乡镇工业园区，享受市级小城镇建设的优惠政策。

市和各区县乡镇企业行政管理部门按照市委、市政府的要求，制定和落实工业园区建设规划，争取财政的资金扶持，组织企业到园区开发建设，对已建的乡镇工业园区，按照建成示范区的管理办法，积极指导，规范管理。引导各地采取高起点规划，高标准建设，高效益发展，不断提高了乡镇企业工业园区发展水平。乡镇企业工业园区建设出现了以下特点：

多数集生产、经营为一体，从事工业、商业、城市建设开发业、旅游业等。其中以工贸为主的园区占规划建设园区总量的58%。

多种所有制企业竞相发展。近郊区的工业园区以集体经济为主，远郊区的工业园区以个体私营企业为主。

带动了亿元乡、村发展。到1996年，全市发展了51个各类乡镇工业园区，工业园区共规划土地面积5.8万亩，有1509家企业入驻小区开发。带动了亿元乡、村的建设和发展。全市乡镇企业产值或营业收入上亿元的村达到72个，上5亿元的乡镇达到28个，其中九龙坡区的九龙镇、沙坪坝区的覃家岗镇，营业收入超过20亿元，九龙坡区的石桥镇突破30亿元。

示范作用突出。1995年以来，各区县根据自身的条件，组织实施农业部颁发的《乡镇企业东西合作示范工程》，并按照《全国乡镇企业东西合作示范区管理办法（试行)》，在已有的乡镇企业工业园区基础上，积极抓示范项目和示范区建设，开展创建全国乡镇企业科技园区活动和组织实施《重庆市乡镇企业示范区建设管理办法》。出现了一批全国乡镇企业科技园区、全国乡镇企业东西合作示范区和重庆市乡镇企业示范区。

通过企业、行政主管部门及社会各界的共同努力。重庆乡镇工园建设取得较大进展。到2002年，全市建起了规模不等、各具特色的乡镇工业园区74个，入驻企业有2496家，从业人员有34.5万人，资本金达到253亿元，形成了290亿元的固定资产，资产总额达到754.5亿元，实现工业产值761.2亿元，占乡镇工业总产值的45%；实缴税金37.2亿元，占乡镇企业实交税金总额的44.2%。

第二节　示范区

为了使乡镇企业工业园区在农村小城镇建设、开展东西合作、发展高新技术产业和产品中起好带头和示范作用。从1994年起，按照农业部和重庆市政府的要求，全市已建和在建的乡镇企业工业园区在当地党委、政府的支持和乡镇企业行政管理部门的指导下，积极创建示范区。

一、全国东西合作示范区

各区县乡镇企业工业园区实施农业部颁布实施的《乡镇企业东西合作示范工程方案》，按照农业部1994年制定的《全国乡镇企业东西合作示范区管理办法（试行)》提出的目标和任务，积极创造条件，优化配置，加强基础设施建设，发展东西合作项目。经各区县乡镇企业行政管理部门初审核实、区县政府审查、市乡企局评审后，报农业部确认。1994～1996年重庆市有4个乡镇企业园区被农业乡企局部命名为全国东西合作示范区。

表6－3　**重庆市全国东西合作示范区名录**

区县	园区名称	授予称号	授予单位	授予时间
江北区	重庆乡镇企业科技城	全国东西合作示范区	农业部乡企局	1994年
沙坪坝区	联芳经济园区	全国东西合作示范区	农业部乡企局	1996年

续表

区县	园区名称	授予称号	授予单位	授予时间
渝北区	龙溪镇乡镇企业园区	全国东西合作示范区	农业部乡企局	1996 年
大渡口区	双山乡镇企业小区	全国东西合作示范区	农业部乡企局	1996 年

二、全国乡镇企业科技园

1999 年农业部开展创建全国乡镇企业科技园区活动，重庆市具有发挥科技创新优势，生产高科技产品的九龙坡、沙坪坝、大渡口、南岸等 4 个区的工业园区踊跃参加活动。这 4 个地方的区委、区政府和乡镇企业行政管理部门，加强领导和指导，对区域内在建和新建的乡镇企业工业园区，选择布局合理，并具备了高新技术和产业条件的园区，以发展高新技术及其产业化为重点，提高园区乡镇企业整体素质为目标，高起点、高标准规划，组织有关部门积极扶持发展高新技术企业，使这些园区对周边地区产生了很好的辐射和带动作用，实现科技以点带面。经乡镇企业行政管理部门初审核实、区政府审查、市乡企局评审后，报农业部确认，2000 年—2002 年，农业部乡企局分三批命名了重庆市 6 个园区为全国乡镇企业科技园。

表 6－4　**重庆市全国乡镇企业科技园名录**

区县	园区名称	授予单位	授予称号	授予时间
九龙坡区	重庆市隆鑫乡镇企业科技园	农业部乡企局	全国乡镇企业科技园	2000 年
沙坪坝区	重庆市上桥乡镇企业科技园	农业部乡企局	全国乡镇企业科技园	2000 年
大渡口区	重庆市大渡口区双山小区	农业部乡企局	全国乡镇企业科技园	2000 年
	重庆科技产业园	农业部乡企局	全国乡镇企业科技园	2000 年
南 岸 区	盘龙工业园区	农业部乡企局	全国乡镇企业科技园	2002 年
沙坪坝区	井口科技园区	农业部乡企局	全国乡镇企业科技园	2002 年

三、重庆市乡镇企业示范区

1994 年，农业部制定了《全国乡镇企业示范区命名暂行办法》，1998 年，重庆市人民政府办公厅根据农业部的《办法》，制定了《重庆市乡镇企业示范区建设管理办法（试行）》，各区县党委、政府和乡镇企业行政管理部门加强领导和指导，对全市经批准建立的乡镇企业工业园区，按照管理办法提出的要求，合理布局，发挥优势，与小城镇建设相结合，注重环境保护，搞好基础设施建设，积极扩大合作领域，优先发展高新技术产业，积极推进农业产业化，大力培植骨干企业（特别是东西合作项目），发展规模经济和企业集团。经各区县乡镇企业行政管理部门对园区管理部门申报材料初审核实、区县政府审查、市乡企局评审后，报经市政府审查批准。1999～2002 年，重庆市政府分四批命名了 55 个园区为重庆市乡镇企业示范区。

表6－5　**重庆市乡镇企业示范区名录**

园区名称	授予称号	授予单位	授予时间
九龙坡区九龙镇新盘龙乡镇企业工业园区	重庆市乡镇企业示范区	重庆市政府	1999年
九龙坡区白市驿重点乡镇企业工业园区	重庆市乡镇企业示范区	重庆市政府	1999年
沙坪坝区梨树湾工业园区	重庆市乡镇企业示范区	重庆市政府	1999年
沙坪坝区井口工业园区	重庆市乡镇企业示范区	重庆市政府	1999年
沙坪坝区上桥工业园区	重庆市乡镇企业示范区	重庆市政府	1999年
南岸区南坪白鹤工业工业园区	重庆市乡镇企业示范区	重庆市政府	1999年
南岸区涂山皮革工贸园区	重庆市乡镇企业示范区	重庆市政府	1999年
大渡口区八一乡镇企业工业小区	重庆市乡镇企业示范区	重庆市政府	1999年
大渡口区四胜乡镇企业工业小区	重庆市乡镇企业示范区	重庆市政府	1999年
江北区太平冲工业园区	重庆市乡镇企业示范区	重庆市政府	1999年
渝北区沙坪镇乡镇企业片区	重庆市乡镇企业示范区	重庆市政府	1999年
巴南区经济技术开发区民主工贸区	重庆市乡镇企业示范区	重庆市政府	1999年
万盛区乡镇工业小区	重庆市乡镇企业示范区	重庆市政府	1999年
永川市南大街乡镇企业工业园区	重庆市乡镇企业示范区	重庆市政府	1999年
重庆市渝西铸造城	重庆市乡镇企业示范区	重庆市政府	1999年
大足县龙水镇明光工业园区	重庆市乡镇企业示范区	重庆市政府	1999年
綦江县工业开发区	重庆市乡镇企业示范区	重庆市政府	1999年
铜梁县个体私营经济示范区	重庆市乡镇企业示范区	重庆市政府	1999年
荣昌县乡镇企业示范区	重庆市乡镇企业示范区	重庆市政府	1999年
石柱县悦来乡镇企业示范小区	重庆市乡镇企业示范区	重庆市政府	1999年
南岸区玉马池工业园区	重庆市乡镇企业示范区	重庆市政府	2000年
南岸区鸡冠石镇盘龙工业园区	重庆市乡镇企业示范区	重庆市政府	2000年
九龙坡区大堰乡镇企业工业园区	重庆市乡镇企业示范区	重庆市政府	2000年
北碚区童家溪镇乡镇企业示范区	重庆市乡镇企业示范区	重庆市政府	2000年
渝北区回兴镇乡镇企业片区	重庆市乡镇企业示范区	重庆市政府	2000年
渝北区人和镇乡镇企业片区	重庆市乡镇企业示范区	重庆市政府	2000年
渝北区鸳鸯镇乡镇企业片区	重庆市乡镇企业示范区	重庆市政府	2000年
渝北区重庆科技产业园区	重庆市乡镇企业示范区	重庆市政府	2001年
璧山县青杠经济开发区	重庆市乡镇企业示范区	重庆市政府	2001年
璧山县皮鞋城	重庆市乡镇企业示范区	重庆市政府	2001年
璧山县璧城工业园区	重庆市乡镇企业示范区	重庆市政府	2001年
璧山县乡镇企业工业园区	重庆市乡镇企业示范区	重庆市政府	2001年
北碚区歇马镇乡镇企业工业园区	重庆市乡镇企业示范区	重庆市政府	2001年
九龙坡区华岩摩配工业园区	重庆市乡镇企业示范区	重庆市政府	2001年
綦江县赶水铁石垭开发区	重庆市乡镇企业示范区	重庆市政府	2001年

续表

园区名称	授予称号	授予单位	授予时间
潼南县凉风垭经济园区	重庆市乡镇企业示范区	重庆市政府	2001 年
大足县邮亭经济开发区	重庆市乡镇企业示范区	重庆市政府	2001 年
万州区董家智能开发区	重庆市乡镇企业示范区	重庆市政府	2001 年
巴南区重庆麒龙工贸园区	重庆市乡镇企业示范区	重庆市政府	2001 年
巴南区重庆市界石乡镇企业示范区	重庆市乡镇企业示范区	重庆市政府	2001 年
涪陵区蒿枝坝工业园区	重庆市乡镇企业示范区	重庆市政府	2001 年
合川市太和镇丝绸工业园区	重庆市乡镇企业示范区	重庆市政府	2001 年
江津市渝黔乡镇企业示范区	重庆市乡镇企业示范区	重庆市政府	2001 年
江津市东方红乡镇企业示范园区	重庆市乡镇企业示范区	重庆市政府	2001 年
彭水县汉葭镇鱼塘私营经济开发区	重庆市乡镇企业示范区	重庆市政府	2001 年
沙坪坝区新桥工业园区	重庆市乡镇企业示范区	重庆市政府	2001 年
沙坪坝区山洞工业示范区	重庆市乡镇企业示范区	重庆市政府	2001 年
江津市珞璜建材工业园区	重庆市乡镇企业示范区	重庆市政府	2001 年
江津市白沙项垭乡镇企业园区	重庆市乡镇企业示范区	重庆市政府	2001 年
万州区皮鞋工业园区	重庆市乡镇企业示范区	重庆市政府	2001 年
万州区乡镇企业示范区	重庆市乡镇企业示范区	重庆市政府	2001 年
大渡口区磨盘田工业小区	重庆市乡镇企业示范区	重庆市政府	2001 年
大渡口区互助科技工业园区	重庆市乡镇企业示范区	重庆市政府	2001 年
潼南县双江文家坝经济园区	重庆市乡镇企业示范区	重庆市政府	2001 年
梁平县梁山乡镇企业示范区	重庆市乡镇企业示范区	重庆市政府	2001 年

第七篇　荣誉榜

第一章　劳动模范

1986—2002 年，重庆直辖前的四川省重庆市、万县地区、涪陵地区、黔江地区和直辖后的重庆市在乡镇企业系统中涌现出一批先进人物。他们当中，有 35 人分别被国务院、农业部和四川省、重庆市政府评为全国和四川省、重庆市劳动模范。

第一节　重庆市乡镇企业系统全国劳动模范

1989 年 9 月 29 日，国务院做出《关于表彰全国劳动模范和先进工作者的决定》，有 2790 人被国务院授予全国劳动模范称号。四川省乡镇企业系统有 6 人获此殊荣，其中有重庆市红旗钢板弹簧厂厂长邓世荣。

1992 年 1 月，中华人民共和国农业部授予 19 人全国农业劳动模范称号，其中有四川省开县温泉工艺厂厂长刘传清。中华人民共和国国务院决定，从 1992 年 10 月起，刘传清享受政府特殊津贴，并颁发《政府特殊津贴证书》。

1995 年 4 月 29 日，国务院做出《关于表彰全国劳动模范和先进工作者的决定》，有 2877 人被国务院授予全国劳动模范和先进工作者称号。其中四川省重庆市沙坪坝区覃家岗镇新桥村新桥实业总公司总经理董德明被国务院授予全国劳动模范荣誉称号。

2000 年 4 月 29 日，国务院做出《关于表彰全国劳动模范和先进工作者的决定》，2946 人被国务院授予全国劳动模范和先进工作者称号。重庆市有 51 人被授予全国劳动模范称号，其中乡镇企业系统有重庆渝发建设公司总经理彭柏树。

第二节　重庆市乡镇企业系统全国劳动模范简介

邓世荣　男，汉族，重庆市人，重庆市红旗钢板弹簧厂厂长。1936 年 1 月出生，初中文化，1975 年 7 月参加工作，1972 年 6 月加入中国共产党。1988 年被四川省和重庆市人民政府评为四川省优秀乡镇企业家和重庆市乡镇企业优秀厂长，1988年被中共四川省委和重庆市委评为优秀共产党员，1989年被国务院授予全国劳动模范荣誉称号。

董德明 男，汉族，山东新泰人，重庆市沙坪坝区覃家岗镇新桥村新桥实业总公司总经理。出生于1949年，中专文化，中共党员。曾在中国人民解放军部队荣立三等功，1992年被四川省政府和重庆市委评为四川省优秀村委会主任、沙坪坝区优秀党员，1993年被选为全国第八届人大代表。他坚持发展乡镇企业，注重企业上规模、上水平，自1993年担任新桥实业总公司总经理以来，总公司下属已有了5家分公司、76家集体企业。1994年总公司实现产值2.5亿元、营业收入2.35亿元、利税1068.84万元。1995年被国务院授予全国劳动模范荣誉称号。

刘传清 男，汉族，开县人，开县温泉工艺厂厂长，大学文化，是县知识分子中的拔尖人才。1988年2月被四川省人民政府授予优秀乡镇企业家荣誉称号，1988年4月，他带领一个团队攻克了四川省科委下达的“竹纤维板生产工艺技术与推广”科研项目，荣获四川省乡镇企业管理局颁发的四川省乡镇企业科技进步一等奖；1988年12月，荣获国家星火奖评审委员会颁发的科技星火奖；1989年5月被四川省人民政府授予四川省农业劳动模范荣誉称号；1991年被农业部授予全国乡镇企业家荣誉称号；1992年被农业部授予全国农业劳动模范荣誉称号；1992年10月国务院决定，刘传清享受政府津贴，并颁发了《政府特殊津贴证书》；1994年7月被四川省科委、四川省乡镇企业管理局评为四川省乡镇企业优秀科技工作者；1991—2002年，连续保留了四届全国乡镇企业家荣誉称号。

彭柏树 男，汉族，重庆市人，重庆渝发建设公司总经理。生于1947年，高中文化，中共党员。1985年他带领30多人艰苦创业，白手起家，在无资金、无技术、无设备的极度困难条件下，通过自筹资金4万元作为底垫，靠职工的艰苦努力，由最初创建的渝发建筑施工队逐步发展成为渝发建设公司，1997年已有职工1000多人，科技人员300多名，拥有了3000多万元的固定资产，企业产值以205%的速度增长，利税以191%的速度增长。公司1995～1997年连续3年营业收入超亿元，发展成为了建筑与开发为一体的一级施工企业。彭柏树从1989年起连续获四川省“先进企业”“明星企业”、重庆市集体企业协会“优胜企业”、市乡企局“先进企业”等荣誉称号。他本人也从20世纪90年代的施工队队长升为经理，于1995年获“四川省劳动模范”“四川省乡镇企业家”荣誉称号，1998年4月30日被全国总工会授予全国“五一劳动奖章”，2000年被国务院授予全国劳动模范荣誉称号，2002年被农业部授予第四届全国乡镇企业家称号。

第三节 重庆市乡镇企业系统四川省劳动模范

1989年4月29日，四川省人民政府评选了150名四川省劳动模范，乡镇企业系统25名。其中有四川省重庆市的周光龙、夏元平，四川省开县的刘传清。

1995年，四川省人民政府授予重庆市120人四川省劳动模范称号，其中乡镇企业系统有5人，他们是：余精华、陈大金、姚代平、彭柏树、冷雪钢。

第四节　重庆市乡镇企业系统市劳动模范

1991年10月4日，四川省重庆市人民政府做出《关于命名和表彰劳动模范和先进集体的决定》（重府发〔1991〕199号），有350人被重庆市人民政府授予重庆市劳动模范荣誉称号。乡镇企业系统有9人，其中刘友伦被授予特等劳动模范称号，李功顺、尹龙学、陈显和、许世强、郭中杰、张作政、白时仲、刘洪亮等8人被授予劳动模范称号。

1995年4月27日，四川省重庆市人民政府做出《关于表彰重庆市劳动模范和先进工作者的决定》（重府发〔1995〕71号），有378人被市政府授予重庆市劳动模范荣誉称号。其中乡镇企业系统有8人，他（她）们是：李肇吉、梁安萍、罗昭强、邓先登、冯秀乾、蒋志凌、张朝刚、杜国强。

2000年4月28日，重庆市人民政府做出《关于表彰重庆市劳动模范和先进工作者的决定》（渝府发〔2000〕23号），有382人被重庆市人民政府授予劳动模范荣誉称号。其中乡镇企业系统有6人，他们是：刘洪亮、尹兴明、刘茂怀、梁先林、杨胜文、周召华。

表7－1　**重庆市乡镇企业系统劳动模范名录**

姓名	性别	单位及职务	劳模称号	授予单位	授予时间
邓世荣	男	重庆市红旗钢板弹簧厂厂长	全国劳动模范	国务院	1989年
董德明	男	重庆市新桥实业总公司总经理	全国劳动模范	国务院	1995年
彭柏树	男	重庆渝发建设公司总经理	全国劳动模范	国务院	2000年
刘传清	男	开县温泉工艺厂厂长	全国农业劳动模范	农业部	1992年
周光龙	男	重庆陈家桥溶解乙炔气厂厂长	四川省劳动模范	四川省政府	1989年
夏元平	男	重庆九龙工业总公司经理	四川省劳动模范	四川省政府	1989年
刘传清	男	开县温泉工艺厂厂长	四川省劳动模范	四川省政府	1989年
余精华	男	重庆一品建筑工程公司经理	四川省劳动模范	四川省政府	1995年
姚代平	男	重庆市綦江县大理石厂厂长	四川省劳动模范	四川省政府	1995年
彭柏树	男	重庆渝发建设公司经理	四川省劳动模范	四川省政府	1995年
冷雪钢	男	重庆科而士鞋业有限公司总经理	四川省劳动模范	四川省政府	1995年
陈大金	男	重庆大堰实业总公司总经理	四川省劳动模范	四川省政府	1995年
刘友伦	男	重庆市北碚纸板厂厂长	重庆市特等劳动模范	重庆市政府	1991年
李功顺	男	重庆市乡镇企业管理局驾驶员	重庆市劳动模范	重庆市政府	1991年
陈显和	男	重庆沙坪坝青年页岩砖厂厂长	重庆市劳动模范	重庆市政府	1991年
尹龙学	男	綦江县乡镇企业管理局干部	重庆市劳动模范	重庆市政府	1991年
许世强	男	重庆市红旗水泥厂厂长	重庆市劳动模范	重庆市政府	1991年
郭中杰	男	重庆长寿蓬垫厂厂长	重庆市劳动模范	重庆市政府	1991年
白时仲	男	江北县洛碛化工厂厂长	重庆市劳动模范	重庆市政府	1991年

续表

姓名	性别	单位及职务	劳模称号	授予单位	授予时间
张作政	男	巴县月华有色金属冶炼厂厂长	重庆市劳动模范	重庆市政府	1991 年
刘洪亮	男	重庆华蓥山建材建筑总公司总经理	重庆市劳动模范	重庆市政府	1991 年
罗昭强	男	綦江县篆塘玻璃厂厂长	重庆市劳动模范	重庆市政府	1995 年
梁安萍	女	重庆市九洲印务公司总经理	重庆市劳动模范	重庆市政府	1995 年
冯秀乾	男	重庆川江针纺有限公司经理	重庆市劳动模范	重庆市政府	1995 年
李肇吉	男	重庆市石桥建筑工程公司经理	重庆市劳动模范	重庆市政府	1995 年
邓先登	男	重庆恒达磁性材料有限公司总经理	重庆市劳动模范	重庆市政府	1995 年
蒋志凌	男	江北区第三建筑工程公司总经理	重庆市劳动模范	重庆市政府	1995 年
张朝刚	男	重庆花溪建筑工程公司经理	重庆市劳动模范	重庆市政府	1995 年
杜国强	男	江津市夏强工业公司经理	重庆市劳动模范	重庆市政府	1995 年
刘洪亮	男	重庆华蓥山建材建筑总公司总经理	重庆市劳动模范	重庆市政府	2000 年
尹兴明	男	重庆钰鑫实业有限公司董事长	重庆市劳动模范	重庆市政府	2000 年
刘茂怀	男	万盛区其林水泥厂厂长助理	重庆市劳动模范	重庆市政府	2000 年
梁先林	男	璧山县鞍子水泥厂机立窑车间主任	重庆市劳动模范	重庆市政府	2000 年
杨胜文	男	双桥区重庆红岩汽车传动轴厂工人	重庆市劳动模范	重庆市政府	2000 年
周召华	男	忠县卫星水泥厂看火班班长	重庆市劳动模范	重庆市政府	2000 年

第二章　乡镇企业家

直辖前的四川省重庆市、万县地区、涪陵地区、黔江地区和直辖后的重庆市一批乡镇企业经营管理者分别被中华人民共和国农业部和四川省、重庆市人民政府授予乡镇企业家称号。

第一节　重庆市全国乡镇企业家

1986—2002 年，农业部在全国乡镇企业系统共开展了 7 次评选乡镇企业家活动。其中与共青团中央和全国妇联各评选了一次；单独评选了四届。重庆直辖前的四川省重庆市、万县地区、涪陵地区和重庆直辖后的重庆市乡镇企业有 63 人次被评为全国乡镇企业家，其中有的连续荣获此殊荣。

1989 年 12 月 1 日，共青团中央和农业部做出《关于表彰全国优秀青年乡镇企业厂长（经理）的决定》，授予 10 人全国明星青年乡镇企业家荣誉称号，其中有四川省重庆市巴县红卫丝厂厂长张国淑。

1991 年 11 月，农业部开展第一届全国乡镇企业家评选活动，做出《表彰全国乡镇企业家的决定》［农〔1991〕农（企）字 24 号］，授予 500 名优秀乡镇企业厂长（经理）全国乡镇企业家称号，其中有四川省重庆市的刘有伦、张国淑、周发兴、周光龙和开县的刘传清，秀山县的肖广修。农业部于 1992 年 1 月 5—12 日在北京召开首届全国乡镇企业家表彰会对评选出的 500 名企业家进行了表彰。

1994 年农业部开展第二届全国乡镇企业家评选活动，890 人被授予全国乡镇企业家荣誉称号，其中有四川省重庆市的马厚富、刘洪亮。同时对第一届评选的 500 名全国乡镇企业家进行了复评，凡符合条件的视为复评合格，第二届予以认可，并视为连续两届的全国乡镇企业家，有 442 人复评合格，其中有四川省重庆市的刘有伦、周发兴、周光龙和四川省开县的刘传清。

1995 年，全国妇联、农业部首次授予 122 人全国优秀女乡镇企业家称号，其中有四川省重庆市九洲印务公司总经理梁安萍。

1998 年，农业部进行第三届全国乡镇企业家评选活动，对第二届全国乡镇企业家进行复评，有 728 人复查合格，继续保留了全国乡镇企业家称号，其中有重庆市的刘有伦、马厚富、周光龙、刘传清、刘洪亮。

2002 年 1 月 31 日，农业部印发《关于表彰第四届全国乡镇企业家的决定》（农企发〔2002〕3 号）授予 1150 人全国乡镇企业家称号，其中重庆市赵忠等 24 名优秀乡镇企业厂长（经理、董事长）被授予第四届全国乡镇企业家称号。经复评合格的 1222 人中，重庆市涂建华等 20 名前三届全国乡镇企业家和优秀厂长（经理、董事长）保留了全国乡镇企业家称号。

表 7－2　**重庆市全国明星青年乡镇企业家名录**

姓名	性别	单位及职务	荣誉称号	授予单位	授予时间
张国淑	女	四川省重庆市巴县红卫丝厂厂长	全国明星青年乡镇企业家	共青团中央 农业部	1989 年

表 7－3　**重庆市全国乡镇企业家名录**

姓名	性别	单位及职务	荣誉称号	授予单位	授予时间
刘有伦	男	重庆北碚纸板厂厂长	全国乡镇企业家	农业部	1991 年
刘传清	男	开县温泉工艺厂厂长	全国乡镇企业家	农业部	1991 年
肖广修	男	秀山县平凯农机修配厂厂长	全国乡镇企业家	农业部	1991 年
张国淑	女	重庆红卫丝绸厂厂长	全国乡镇企业家	农业部	1991 年
周发兴	男	合川县太和丝绸厂厂长	全国乡镇企业家	农业部	1991 年
周光龙	男	重庆陈家桥熔解乙炔气厂厂长	全国乡镇企业家	农业部	1991 年
马厚富	男	重庆市江津实业公司董事长	全国乡镇企业家	农业部	1994 年
刘洪亮	男	重庆市华蓥山建材建筑总公司总经理	全国乡镇企业家	农业部	1994 年
梁安萍	女	重庆市九洲印务公司总经理	全国优秀女乡镇企业家	全国妇联 农业部	1995 年
刘有伦	男	重庆北碚宏大集团公司董事长	全国乡镇企业家	农业部	1994 年

续表

姓名	性别	单位及职务	荣誉称号	授予单位	授予时间
刘传清	男	开县温泉工艺厂厂长	全国乡镇企业家	农业部	1994 年
周发兴	男	合川市太和丝绸总厂厂长	全国乡镇企业家	农业部	1994 年
周光龙	男	重庆陈家桥熔解乙炔气厂厂长	全国乡镇企业家	农业部	1994 年
刘有伦	男	重庆北碚宏大集团公司董事长、总经理	全国乡镇企业家	农业部	1998 年
马厚富	男	重庆市江津实业公司总经理	全国乡镇企业家	农业部	1998 年
周光龙	男	重庆荣龙实业总公司总经理	全国乡镇企业家	农业部	1998 年
刘传清	男	重庆市开县星星建材总厂厂长	全国乡镇企业家	农业部	1998 年
刘洪亮	男	重庆华蓥山建筑建材总公司总经理	全国乡镇企业家	农业部	1998 年
涂建华	男	重庆隆鑫工业（集团）有限公司董事长	全国乡镇企业家	农业部	2002 年
左宗申	男	重庆宗申摩托车集团董事长兼总裁	全国乡镇企业家	农业部	2002 年
张学忠	男	重庆显丰集团有限公司总裁	全国乡镇企业家	农业部	2002 年
冷雪钢	男	重庆科而士鞋业（集团）有限公司董事长	全国乡镇企业家	农业部	2002 年
尹兴明	男	重庆钰鑫实业集团公司董事长	全国乡镇企业家	农业部	2002 年
陈强	男	重庆三和企业集团有限公司董事长	全国乡镇企业家	农业部	2002 年
刘万志	男	重庆九龙建设（集团）有限公司董事长兼总经理	全国乡镇企业家	农业部	2002 年
张朝刚	男	重庆花溪建设（集团）有限公司董事长兼总经理	全国乡镇企业家	农业部	2002 年
马厚富	男	重庆聚英实业股份有限公司董事长兼总经理	全国乡镇企业家	农业部	2002 年
刘洪亮	男	重庆市华蓥山建材建筑总公司总经理	全国乡镇企业家	农业部	2002 年
吴永富	男	重庆市荷花米花糖（集团）有限责任公司董事长	全国乡镇企业家	农业部	2002 年
许世强	男	重庆红旗水泥厂厂长	全国乡镇企业家	农业部	2002 年
周光龙	男	重庆荣龙实业总公司总经理	全国乡镇企业家	农业部	2002 年
刘海波	男	重庆临江家具（集团）有限公司董事长	全国乡镇企业家	农业部	2002 年
刘有伦	男	重庆北碚宏大集团有限公司董事长兼总经理	全国乡镇企业家	农业部	2002 年
章开成	男	重庆立丹集团有限公司总经理	全国乡镇企业家	农业部	2002 年
蒋廷华	男	南川市渝华平板玻璃有限责任公司董事长兼总经理	全国乡镇企业家	农业部	2002 年
彭柏树	男	重庆渝发建设公司总经理	全国乡镇企业家	农业部	2002 年
傅章品	男	重庆丰都包装工业有限公司董事长	全国乡镇企业家	农业部	2002 年
刘传清	男	重庆市开县星星建材有限责任公司董事长	全国乡镇企业家	农业部	2002 年
甘游	男	重庆市川江车辆制造有限公司董事长	全国乡镇企业家	农业部	2002 年
伍本银	男	重庆银钢节能摩托车制造有限公司董事长	全国乡镇企业家	农业部	2002 年
张朝明	男	重庆上桥实业总公司总经理	全国乡镇企业家	农业部	2002 年
张兴海	男	重庆长安减震器有限公司董事长兼总经理	全国乡镇企业家	农业部	2002 年
杜平	男	重庆平伟科技（集团）有限公司董事长	全国乡镇企业家	农业部	2002 年
杜国强	男	重庆市江津夏强实业有限公司总经理	全国乡镇企业家	农业部	2002 年
罗国强	男	重庆东方建筑装（集团）有限公司董事长兼总经理	全国乡镇企业家	农业部	2002 年
郑光华	男	重庆华洋产业集团有限公司董事长兼总经理	全国乡镇企业家	农业部	2002 年

续表

姓名	性别	单位及职务	荣誉称号	授予单位	授予时间
龙富勇	男	重庆市渝北区中汽吉龙摩托车有限公司董事长	全国乡镇企业家	农业部	2002 年
朱益民	男	重庆宏愿气动工具厂厂长	全国乡镇企业家	农业部	2002 年
周继群	女	重庆顺多利机车（机电进出口）有限公司董事长	全国乡镇企业家	农业部	2002 年
李光秋	男	重庆秋实房地产开发（集团）有限责任公司董事长	全国乡镇企业家	农业部	2002 年
罗书全	男	重庆市渝万建设集团董事长	全国乡镇企业家	农业部	2002 年
曾庆玖	男	重庆渝永建设（集团）有限公司董事长兼总经理	全国乡镇企业家	农业部	2002 年
谢春雨	男	重庆世纪金马集团总经理	全国乡镇企业家	农业部	2002 年
赵忠	男	重庆市三峡水泥有限公司董事长	全国乡镇企业家	农业部	2002 年
袁志华	男	重庆南川市矿产品开发（集团）有限公司总经理	全国乡镇企业家	农业部	2002 年
肖基成	男	重庆渝建实业股份有限公司董事长兼总经理	全国乡镇企业家	农业部	2002 年
聂银钟	男	重庆金凤丝绸有限公司总经理	全国乡镇企业家	农业部	2002 年
夏峰	男	重庆市巴南区吉力电装品厂总经理	全国乡镇企业家	农业部	2002 年
白勇	男	重庆三江羽绒有限公司董事长	全国乡镇企业家	农业部	2002 年
唐忠华	男	重庆隆西建设（集团）公司董事长兼总经理	全国乡镇企业家	农业部	2002 年
罗其胜	男	江津市金桥房地产有限公司董事长兼总经理	全国乡镇企业家	农业部	2002 年
曾礼浦	男	重庆鸡冠石建设集团董事长	全国乡镇企业家	农业部	2002 年

第二节　重庆市四川省乡镇企业家

1986—1995 年，四川省日报、四川省人民广播电台、四川电视台、四川省乡镇企业管理局（简称省乡企局，下同）共同在全省乡镇企业系统组织开展了三届评选乡镇企业家活动。在评选活动中，四川省重庆市、万县地区、涪陵地区、黔江地区有 67 人被省乡企局分别授予了优秀乡镇企业家和乡镇企业家荣誉称号。

表 7－4　　**重庆市四川省乡镇企业家名录**

姓名	性别	单 位 及 职 务	荣誉称号	授予单位	授予时间
马厚富	男	重庆市江津实业公司经理	四川省优秀乡镇企业家	四川省乡企局	1988 年
周发兴	男	合川县太和丝绸厂厂长	四川省优秀乡镇企业家	四川省乡企局	1988 年
周承付	男	重庆市江北铸钢厂厂长	四川省优秀乡镇企业家	四川省乡企局	1988 年
邓世荣	男	重庆市红旗钢板弹簧厂厂长	四川省优秀乡镇企业家	四川省乡企局	1988 年
刘传清	男	开县温泉工艺厂厂长	四川省优秀乡镇企业家	四川省乡企局	1988 年
冉懋权	男	秀山县钟和水泥厂厂长	四川省优秀乡镇企业家	四川省乡企局	1990 年
肖广修	男	秀山县平凯农修厂厂长	四川省优秀乡镇企业家	四川省乡企局	1990 年

续表

姓名	性别	单位及职务	荣誉称号	授予单位	授予时间
尹邦丙	男	重庆永生食品罐头厂厂长	四川省优秀乡镇企业家	四川省乡企局	1995年
李肇吉	男	重庆市沙坪坝石桥建筑工程公司经理	四川省优秀乡镇企业家	四川省乡企局	1995年
张大荣	男	重庆红旗化工厂厂长	四川省优秀乡镇企业家	四川省乡企局	1995年
覃义云	男	重庆红旗钢板弹簧厂厂长	四川省优秀乡镇企业家	四川省乡企局	1995年
刘定兰	女	重庆塔山皮革厂厂长	四川省乡镇企业家	四川省乡企局	1988年
陈显和	男	重庆沙坪坝青年页岩砖厂厂长	四川省乡镇企业家	四川省乡企局	1988年
付天河	男	重庆歌乐山水泥厂厂长	四川省乡镇企业家	四川省乡企局	1988年
何国诚	男	重庆石桥机械厂厂长	四川省乡镇企业家	四川省乡企局	1988年
袁玉华	男	重庆九龙坡花溪建筑工程公司经理	四川省乡镇企业家	四川省乡企局	1988年
李祥银	男	重庆南方水泥厂厂长	四川省乡镇企业家	四川省乡企局	1988年
邱森林	男	长寿渡舟塑料厂厂长	四川省乡镇企业家	四川省乡企局	1988年
杨华富	男	重庆南桐青年茶厂厂长	四川省乡镇企业家	四川省乡企局	1988年
周光龙	男	重庆陈家桥溶解乙炔气厂厂长	四川省乡镇企业家	四川省乡企局	1988年
刘光明	男	重庆三桥棉织厂厂长	四川省乡镇企业家	四川省乡企局	1988年
罗昭强	男	綦江篆塘玻璃厂厂长	四川省乡镇企业家	四川省乡企局	1988年
郭中杰	男	重庆长寿蓬垫厂厂长	四川省乡镇企业家	四川省乡企局	1988年
周升荣	男	江北县建筑安装工程公司经理	四川省乡镇企业家	四川省乡企局	1988年
颜继学	男	合川县太和丝绸厂分厂厂长	四川省乡镇企业家	四川省乡企局	1988年
张永春	男	重庆潼南第三丝绸厂厂长	四川省乡镇企业家	四川省乡企局	1988年
陈世强	男	重庆市铜梁铜郭水泥厂厂长	四川省乡镇企业家	四川省乡企局	1988年
莫体志	男	永川双石电石厂厂长	四川省乡镇企业家	四川省乡企局	1988年
蒋秉林	男	重庆市荣昌县双沙镇煤矿矿长	四川省乡镇企业家	四川省乡企局	1988年
邓盛美	男	重庆市璧山炼油厂厂长	四川省乡镇企业家	四川省乡企局	1988年
吴永富	男	重庆江津县米花糖厂厂长	四川省乡镇企业家	四川省乡企局	1988年
严荣仲	男	璧山塑料印刷厂厂长	四川省乡镇企业家	四川省乡企局	1988年
邓世明	男	重庆北碚水泥厂厂长	四川省乡镇企业家	四川省乡企局	1988年
杨谋书	男	梁平县屏锦印刷厂厂长	四川省乡镇企业家	四川省乡企局	1994年
温心凡	男	江津市双九建筑工程公司经理	四川省乡镇企业家	四川省乡企局	1995年
梁安萍	女	重庆市九洲印务公司总经理	四川省乡镇企业家	四川省乡企局	1995年
黄心贵	男	重庆红旗汽车钢圈厂厂长	四川省乡镇企业家	四川省乡企局	1995年
蒋志凌	男	江北区第三建筑工程公司总经理	四川省乡镇企业家	四川省乡企局	1995年
郑启炎	男	猴王焊接公司重庆电焊条厂厂长	四川省乡镇企业家	四川省乡企局	1995年
曾礼浦	男	南岸鸡冠石建筑工程公司经理	四川省乡镇企业家	四川省乡企局	1995年
梁万富	男	北碚区澄江建设工程公司总经理	四川省乡镇企业家	四川省乡企局	1995年
周祥富	男	江北县回兴钢厂厂长	四川省乡镇企业家	四川省乡企局	1995年

续表

姓名	性别	单位及职务	荣誉称号	授予单位	授予时间
刘世华	男	南岸电子开关厂厂长	四川省乡镇企业家	四川省乡企局	1995年
王前义	男	北碚区灯塔建筑安装工程公司总经理	四川省乡镇企业家	四川省乡企局	1995年
邓先登	男	重庆恒达磁性材料有限公司总经理	四川省乡镇企业家	四川省乡企局	1995年
何华清	男	重庆市峰高水泥厂厂长	四川省乡镇企业家	四川省乡企局	1995年
廖华贵	男	重庆市潼南第三丝绸厂厂长	四川省乡镇企业家	四川省乡企局	1995年
张朝刚	男	重庆花溪建筑工程公司经理	四川省乡镇企业家	四川省乡企局	1995年
刘万志	男	重庆九龙建筑建材公司经理	四川省乡镇企业家	四川省乡企局	1995年
陈大金	男	重庆大堰实业总公司总经理	四川省乡镇企业家	四川省乡企局	1995年
彭柏树	男	重庆渝发建设公司经理	四川省乡镇企业家	四川省乡企局	1995年
余光棋	男	重庆市沙坪坝歌乐山中药饮片厂厂长	四川省乡镇企业家	四川省乡企局	1995年
刘德银	男	重庆金星包装厂厂长	四川省乡镇企业家	四川省乡企局	1995年
黄良位	男	重庆市荣昌夏布有限公司经理	四川省乡镇企业家	四川省乡企局	1995年
李斌	男	永川市万寿乡石马煤矿矿长	四川省乡镇企业家	四川省乡企局	1995年
张永达	男	重庆永达实业公司经理	四川省乡镇企业家	四川省乡企局	1995年
苏中生	男	重庆市璧山县河边建筑公司经理	四川省乡镇企业家	四川省乡企局	1995年
李金明	男	重庆江南卷尺厂厂长	四川省乡镇企业家	四川省乡企局	1995年
余精华	男	重庆一品建筑工程公司经理	四川省乡镇企业家	四川省乡企局	1995年
吴永富	男	江津市米花糖厂厂长	四川省乡镇企业家	四川省乡企局	1995年
谭均平	男	开县中和缫丝厂厂长	四川省乡镇企业家	四川省乡企局	1995年
唐千文	男	开县大堰煤矿矿长	四川省乡镇企业家	四川省乡企局	1995年
何洪安	男	彭水县郁山水泥厂厂长	四川省乡镇企业家	四川省乡企局	1995年
李朝贵	男	彭水县橡胶厂厂长	四川省乡镇企业家	四川省乡企局	1995年
廖秀伦	男	彭水县第二建筑工程公司经理	四川省乡镇企业家	四川省乡企局	1995年
石登科	男	酉阳县第二建筑工程公司经理	四川省乡镇企业家	四川省乡企局	1995年
张献芳	男	酉州水泥股份有限公司总经理	四川省乡镇企业家	四川省乡企局	1995年
冉懋权	男	秀山土家苗族自治县钟合水泥厂厂长	四川省乡镇企业家	四川省乡企局	1995年

第三节　四川省重庆市乡镇企业家

1988—1995年，四川省重庆市人民政府、重庆市乡镇企业领导小组在全市乡镇企业系统评选了三届乡镇企业家。共有148名企业经营管理者经重庆市乡镇企业家和优秀厂长（经理）评选小组评审认可，报经重庆市乡镇企业领导小组批准，被授予重庆市乡镇企业家称号，并分别印发重乡镇企领〔1990〕1号、〔1991〕8号和〔1995〕1号文进行了表彰。

1994—1996 年，四川省共青团重庆市委、市乡企局和市青年乡镇企业家协会联合在全市乡镇企业系统的青年中评选了两届青年乡镇企业家，共有 88 名青年被分别授予重庆市优秀青年乡镇企业家和明星乡镇企业家称号，并印发渝团联发〔1994〕17 号和〔1996〕19 号文进行了表彰，明确享受重庆市乡镇企业家的相应待遇。

表 7 – 5　　四川省重庆市乡镇企业家名录

姓名	性别	单位及职务	荣誉称号	授予单位	授予时间
邓世荣	男	重庆珠江进口汽车维修中心书记兼副厂长	重庆市乡镇企业家	重庆市乡镇企业领导小组	1989 年
周光龙	男	重庆陈家桥溶解乙炔气厂厂长	重庆市乡镇企业家	重庆市乡镇企业领导小组	1989 年
夏元平	男	重庆九龙工业公司经理	重庆市乡镇企业家	重庆市乡镇企业领导小组	1989 年
张国淑	女	重庆红卫丝绸厂厂长	重庆市乡镇企业家	重庆市乡镇企业领导小组	1989 年
刘信勇	男	重庆山城铁合金厂厂长	重庆市乡镇企业家	重庆市乡镇企业领导小组	1989 年
陈显和	男	重庆沙坪坝青年页岩砖厂厂长	重庆市乡镇企业家	重庆市乡镇企业领导小组	1989 年
付天河	男	重庆歌乐山水泥厂厂长	重庆市乡镇企业家	重庆市乡镇企业领导小组	1989 年
龚尊乐	男	重庆实验电炉厂厂长	重庆市乡镇企业家	重庆市乡镇企业领导小组	1989 年
何诚国	男	重庆石桥机械厂厂长	重庆市乡镇企业家	重庆市乡镇企业领导小组	1989 年
曾光海	男	重庆市九龙坡区建新页岩砖厂厂长	重庆市乡镇企业家	重庆市乡镇企业领导小组	1989 年
熊祖荣	男	重庆市九龙坡区江南塑料厂厂长	重庆市乡镇企业家	重庆市乡镇企业领导小组	1989 年
袁玉华	男	九龙坡区花溪建筑工程公司经理	重庆市乡镇企业家	重庆市乡镇企业领导小组	1989 年
许世强	男	重庆红旗水泥厂厂长	重庆市乡镇企业家	重庆市乡镇企业领导小组	1989 年
王公民	男	重庆南岸香料厂厂长	重庆市乡镇企业家	重庆市乡镇企业领导小组	1989 年
张信礼	男	重庆北碚丝绸厂书记兼厂长	重庆市乡镇企业家	重庆市乡镇企业领导小组	1989 年
刘光明	男	重庆三桥棉织厂厂长	重庆市乡镇企业家	重庆市乡镇企业领导小组	1989 年
鲁德贵	男	巴县鹿角页岩砖厂厂长	重庆市乡镇企业家	重庆市乡镇企业领导小组	1989 年
白时仲	男	江北县洛碛化工厂厂长	重庆市乡镇企业家	重庆市乡镇企业领导小组	1989 年
陈鸿开	男	重庆市江北县红星化工厂厂长	重庆市乡镇企业家	重庆市乡镇企业领导小组	1989 年
邓盛美	男	重庆市璧山炼油厂厂长	重庆市乡镇企业家	重庆市乡镇企业领导小组	1989 年
严云仲	男	重庆市璧山定林塑料印刷厂厂长	重庆市乡镇企业家	重庆市乡镇企业领导小组	1989 年
王代炳	男	璧山县三合煤矿矿长	重庆市乡镇企业家	重庆市乡镇企业领导小组	1989 年
黄明才	男	綦江县蓄电池总厂副厂长	重庆市乡镇企业家	重庆市乡镇企业领导小组	1989 年
赵模章	男	綦江县巨龙建筑工程公司经理	重庆市乡镇企业家	重庆市乡镇企业领导小组	1989 年
陈贵华	男	重庆市荣昌县建筑材料厂厂长	重庆市乡镇企业家	重庆市乡镇企业领导小组	1989 年
唐怀远	男	重庆市荣昌县双河镇煤矿书记兼副矿长	重庆市乡镇企业家	重庆市乡镇企业领导小组	1989 年
郭中杰	男	重庆长寿篷垫厂厂长	重庆市乡镇企业家	重庆市乡镇企业领导小组	1989 年
莫体志	男	永川县双石电石厂厂长	重庆市乡镇企业家	重庆市乡镇企业领导小组	1989 年
唐永兴	男	合川县太和丝绸厂书记兼副厂长	重庆市乡镇企业家	重庆市乡镇企业领导小组	1989 年

续表

姓名	性别	单位及职务	荣誉称号	授予单位	授予时间
马文初	男	重庆市铜梁服装丝织公司地毯厂厂长	重庆市乡镇企业家	重庆市乡镇企业领导小组	1989 年
刘英吾	男	重庆市大足供水设备厂厂长	重庆市乡镇企业家	重庆市乡镇企业领导小组	1989 年
刘友伦	男	重庆北碚纸板厂厂长	重庆市乡镇企业家	重庆市乡镇企业领导小组	1990 年
周发兴	男	合川县太和丝绸厂厂长	重庆市乡镇企业家	重庆市乡镇企业领导小组	1990 年
马厚富	男	重庆市江津实业公司经理	重庆市乡镇企业家	重庆市乡镇企业领导小组	1990 年
易维章	男	重庆华岩机械厂厂长	重庆市乡镇企业家	重庆市乡镇企业领导小组	1990 年
张大荣	男	重庆红旗涂料厂厂长	重庆市乡镇企业家	重庆市乡镇企业领导小组	1990 年
宋建渝	男	重庆珠江进口汽车维修联合中心经理	重庆市乡镇企业家	重庆市乡镇企业领导小组	1990 年
覃义云	男	重庆红旗钢板弹簧厂厂长	重庆市乡镇企业家	重庆市乡镇企业领导小组	1990 年
王兼善	男	重庆石桥页岩砖厂副厂长	重庆市乡镇企业家	重庆市乡镇企业领导小组	1990 年
焦芳智	女	重庆市九龙坡区花溪第二砂砖厂厂长	重庆市乡镇企业家	重庆市乡镇企业领导小组	1990 年
刘万志	男	重庆九龙建筑材料公司经理	重庆市乡镇企业家	重庆市乡镇企业领导小组	1990 年
何昌全	男	九龙坡区八桥乡马鞍山 第二页岩沙厂厂长	重庆市乡镇企业家	重庆市乡镇企业领导小组	1990 年
李祥银	男	重庆南方水泥厂厂长	重庆市乡镇企业家	重庆市乡镇企业领导小组	1990 年
罗建国	男	重庆茄子溪兽药厂厂长	重庆市乡镇企业家	重庆市乡镇企业领导小组	1990 年
陈大金	男	重庆市九龙坡区大堰企业公司经理	重庆市乡镇企业家	重庆市乡镇企业领导小组	1990 年
刘支德	男	重庆市北碚炼铁厂厂长	重庆市乡镇企业家	重庆市乡镇企业领导小组	1990 年
张世禄	男	重庆市北碚橡胶厂厂长	重庆市乡镇企业家	重庆市乡镇企业领导小组	1990 年
田其珍	女	重庆市南岸区涂山黄丹厂厂长	重庆市乡镇企业家	重庆市乡镇企业领导小组	1990 年
张立贵	男	重庆市南岸区南坪建筑工程公司经理	重庆市乡镇企业家	重庆市乡镇企业领导小组	1990 年
王公民	男	重庆毛毯厂副厂长	重庆市乡镇企业家	重庆市乡镇企业领导小组	1990 年
叶绍全	男	重庆市南方实业公司经理	重庆市乡镇企业家	重庆市乡镇企业领导小组	1990 年
喻长明	男	重庆永光电镀厂厂长	重庆市乡镇企业家	重庆市乡镇企业领导小组	1990 年
刘定兰	女	重庆塔山皮革厂厂长	重庆市乡镇企业家	重庆市乡镇企业领导小组	1990 年
杨华富	男	重庆南桐青年茶厂厂长	重庆市乡镇企业家	重庆市乡镇企业领导小组	1990 年
陈昌明	男	重庆市南桐矿区邱家湾煤矿书记	重庆市乡镇企业家	重庆市乡镇企业领导小组	1990 年
戚幼芳	男	重庆红岩汽车配件厂厂长	重庆市乡镇企业家	重庆市乡镇企业领导小组	1990 年
刘明华	男	重庆元明针织厂厂长	重庆市乡镇企业家	重庆市乡镇企业领导小组	1990 年
王云奎	男	巴县白市耐火材料厂厂长	重庆市乡镇企业家	重庆市乡镇企业领导小组	1990 年
岑永正	男	重庆荧光电器仪表二厂厂长	重庆市乡镇企业家	重庆市乡镇企业领导小组	1990 年
李承萍	女	重庆青木电器厂厂长	重庆市乡镇企业家	重庆市乡镇企业领导小组	1990 年
张作政	男	巴县月华有色金属冶炼厂厂长	重庆市乡镇企业家	重庆市乡镇企业领导小组	1990 年
谢正楷	男	巴县曲水织布厂厂长	重庆市乡镇企业家	重庆市乡镇企业领导小组	1990 年
戚万海	男	重庆松岭床单厂厂长	重庆市乡镇企业家	重庆市乡镇企业领导小组	1990 年

续表

姓名	性别	单位及职务	荣誉称号	授予单位	授予时间
周全	男	合川县思居丝棉加工厂厂长	重庆市乡镇企业家	重庆市乡镇企业领导小组	1990年
刘洪亮	男	合川县三汇水泥厂厂长	重庆市乡镇企业家	重庆市乡镇企业领导小组	1990年
郭祖林	男	合川县清平锻造厂厂长	重庆市乡镇企业家	重庆市乡镇企业领导小组	1990年
颜继学	男	合川县太和丝绸三分厂厂长	重庆市乡镇企业家	重庆市乡镇企业领导小组	1990年
吴昌树	男	璧山河边丝厂厂长	重庆市乡镇企业家	重庆市乡镇企业领导小组	1990年
胡宗义	男	重庆市永川织绸厂厂长	重庆市乡镇企业家	重庆市乡镇企业领导小组	1990年
蒋秉林	男	重庆市荣昌县汉白玉复合材料厂厂长	重庆市乡镇企业家	重庆市乡镇企业领导小组	1990年
贺际忠	男	荣昌县荣隆区工农煤矿矿长	重庆市乡镇企业家	重庆市乡镇企业领导小组	1990年
罗道贵	男	荣昌县安富丝厂厂长	重庆市乡镇企业家	重庆市乡镇企业领导小组	1990年
吴洲贵	男	重庆市荣昌县茶叶公司经理	重庆市乡镇企业家	重庆市乡镇企业领导小组	1990年
王维凡	男	江北县昆仑化工厂厂长	重庆市乡镇企业家	重庆市乡镇企业领导小组	1990年
田世沛	男	重庆市江北县御临建筑工程公司经理	重庆市乡镇企业家	重庆市乡镇企业领导小组	1990年
周升荣	男	重庆市江北县建筑安装工程公司经理	重庆市乡镇企业家	重庆市乡镇企业领导小组	1990年
王官政	男	长寿县江南橡胶制品厂厂长	重庆市乡镇企业家	重庆市乡镇企业领导小组	1990年
何治民	男	长寿县联合页岩机砖厂厂长	重庆市乡镇企业家	重庆市乡镇企业领导小组	1990年
江宗应	男	綦江县适中煤矿矿长	重庆市乡镇企业家	重庆市乡镇企业领导小组	1990年
罗昭强	男	綦江县篆塘玻璃厂厂长	重庆市乡镇企业家	重庆市乡镇企业领导小组	1990年
吴永富	男	重庆市江津县米花糖厂厂长	重庆市乡镇企业家	重庆市乡镇企业领导小组	1990年
秦隆江	男	江津县铜锣建筑工程公司经理	重庆市乡镇企业家	重庆市乡镇企业领导小组	1990年
钟泽明	男	江津县顺江石膏厂厂长	重庆市乡镇企业家	重庆市乡镇企业领导小组	1990年
周德佑	男	重庆市江津县滩盘塑料机模厂厂长	重庆市乡镇企业家	重庆市乡镇企业领导小组	1990年
王安全	男	重庆市大足县天青石矿业公司经理	重庆市乡镇企业家	重庆市乡镇企业领导小组	1990年
兰国恩	男	重庆市大足县铸钢厂厂长	重庆市乡镇企业家	重庆市乡镇企业领导小组	1990年
罗中文	男	大足县双塔制砖厂厂长	重庆市乡镇企业家	重庆市乡镇企业领导小组	1990年
蒋淑英	女	重庆市大足宝顶化工厂厂长	重庆市乡镇企业家	重庆市乡镇企业领导小组	1990年
陈仕强	男	重庆市铜梁县铜郭水泥厂厂长	重庆市乡镇企业家	重庆市乡镇企业领导小组	1990年
胡正远	男	重庆市铜梁县虎峰制镜厂厂长	重庆市乡镇企业家	重庆市乡镇企业领导小组	1990年
赵吉敏	女	铜梁县安居丝厂厂长	重庆市乡镇企业家	重庆市乡镇企业领导小组	1990年
杨庭元	男	重庆市关溅丝绸厂厂长	重庆市乡镇企业家	重庆市乡镇企业领导小组	1990年
陈清和	男	潼南县双江第二机械厂厂长	重庆市乡镇企业家	重庆市乡镇企业领导小组	1990年
张永春	男	重庆市潼南县第三丝绸厂厂长	重庆市乡镇企业家	重庆市乡镇企业领导小组	1990年
蒋正木	男	沙坪坝区上桥建筑工程公司经理	重庆市乡镇企业家	重庆市乡镇企业领导小组	1995年
李泽福	男	沙坪坝区天星桥汽车检测站站长	重庆市乡镇企业家	重庆市乡镇企业领导小组	1995年
欧道福	男	沙坪坝区红旗建筑工程公司经理	重庆市乡镇企业家	重庆市乡镇企业领导小组	1995年
吴安全	男	重庆东风机械厂厂长	重庆市乡镇企业家	重庆市乡镇企业领导小组	1995年

续表

姓名	性别	单位及职务	荣誉称号	授予单位	授予时间
刘海波	男	重庆临江家具有限公司经理	重庆市乡镇企业家	重庆市乡镇企业领导小组	1995 年
唐良彬	男	重庆渝北机械配件厂厂长	重庆市乡镇企业家	重庆市乡镇企业领导小组	1995 年
周郁庆	男	重庆联芳塑料厂厂长	重庆市乡镇企业家	重庆市乡镇企业领导小组	1995 年
乔世英	女	重庆石桥商业公司经理	重庆市乡镇企业家	重庆市乡镇企业领导小组	1995 年
王先秀	女	重庆新立药用玻璃厂厂长	重庆市乡镇企业家	重庆市乡镇企业领导小组	1995 年
叶光鑫	男	沙坪坝区宏达建筑公司经理	重庆市乡镇企业家	重庆市乡镇企业领导小组	1995 年
魏巨强	男	重庆金华电器成套公司经理	重庆市乡镇企业家	重庆市乡镇企业领导小组	1995 年
王福明	男	重庆市九龙页岩砖厂厂长	重庆市乡镇企业家	重庆市乡镇企业领导小组	1995 年
杨思亮	男	重庆市马鞍山建材厂厂长	重庆市乡镇企业家	重庆市乡镇企业领导小组	1995 年
赵昌德	男	重庆市白水泥厂厂长	重庆市乡镇企业家	重庆市乡镇企业领导小组	1995 年
秦光勋	男	重庆江南建筑工程公司经理	重庆市乡镇企业家	重庆市乡镇企业领导小组	1995 年
涂富霞	女	重庆杨坪金属材料保护厂厂长	重庆市乡镇企业家	重庆市乡镇企业领导小组	1995 年
杨大刚	男	重庆花溪织造厂厂长	重庆市乡镇企业家	重庆市乡镇企业领导小组	1995 年
喻继恩	男	北碚水泥厂厂长	重庆市乡镇企业家	重庆市乡镇企业领导小组	1995 年
刘茂怀	男	重庆市万盛区其林水泥厂厂长	重庆市乡镇企业家	重庆市乡镇企业领导小组	1995 年
吴大昌	男	重庆市万盛区龙叫煤矿矿长	重庆市乡镇企业家	重庆市乡镇企业领导小组	1995 年
杨作鲂	男	重庆市万盛区铜鼓滩煤矿矿长	重庆市乡镇企业家	重庆市乡镇企业领导小组	1995 年
郭文玖	男	双桥区龙星实业总公司总经理	重庆市乡镇企业家	重庆市乡镇企业领导小组	1995 年
王元朝	男	巴县接龙水泥厂厂长	重庆市乡镇企业家	重庆市乡镇企业领导小组	1995 年
罗治政	男	巴县青木水泥厂厂长	重庆市乡镇企业家	重庆市乡镇企业领导小组	1995 年
文德全	男	綦江县川黔煤炭联营开发公司经理	重庆市乡镇企业家	重庆市乡镇企业领导小组	1995 年
姚代平	男	綦江县大理石厂厂长	重庆市乡镇企业家	重庆市乡镇企业领导小组	1995 年
陶正德	男	綦江县文龙第二页岩砖厂厂长	重庆市乡镇企业家	重庆市乡镇企业领导小组	1995 年
肖弟吉	男	綦江县石角建筑工程公司经理	重庆市乡镇企业家	重庆市乡镇企业领导小组	1995 年
唐跃洪	男	綦江县郭扶建筑公司经理	重庆市乡镇企业家	重庆市乡镇企业领导小组	1995 年
陈洪发	男	綦江县羊叉煤矿矿长	重庆市乡镇企业家	重庆市乡镇企业领导小组	1995 年
古云香	男	綦江县赶水水泥厂厂长	重庆市乡镇企业家	重庆市乡镇企业领导小组	1995 年
代祖忠	男	江北县两路建筑工程公司经理	重庆市乡镇企业家	重庆市乡镇企业领导小组	1995 年
甘廷富	男	重庆富源实业公司经理	重庆市乡镇企业家	重庆市乡镇企业领导小组	1995 年
杨武铭	男	重庆三峡实业总公司 建筑工程公司经理	重庆市乡镇企业家	重庆市乡镇企业领导小组	1995 年
苏定富	男	江北县两口乡煤矸石砖厂厂长	重庆市乡镇企业家	重庆市乡镇企业领导小组	1995 年
刘茂全	男	长寿县页岩砖厂厂长	重庆市乡镇企业家	重庆市乡镇企业领导小组	1995 年
张开权	男	长寿双龙联合盐卤厂厂长	重庆市乡镇企业家	重庆市乡镇企业领导小组	1995 年
鲜明亮	男	长寿县滴水岩煤矿矿长	重庆市乡镇企业家	重庆市乡镇企业领导小组	1995 年

续表

姓名	性别	单位及职务	荣誉称号	授予单位	授予时间
李则民	男	长寿县城关建筑工程公司经理	重庆市乡镇企业家	重庆市乡镇企业领导小组	1995 年
聂林彰	男	长寿县晏家镇页岩砖厂厂长	重庆市乡镇企业家	重庆市乡镇企业领导小组	1995 年
杜国强	男	江津市夏强工业公司经理	重庆市乡镇企业家	重庆市乡镇企业领导小组	1995 年
何沛发	男	江津市石门水泥厂厂长	重庆市乡镇企业家	重庆市乡镇企业领导小组	1995 年
周树银	男	江津市肉食品加工厂厂长	重庆市乡镇企业家	重庆市乡镇企业领导小组	1995 年
高生禄	男	合川市云门压铸厂厂长	重庆市乡镇企业家	重庆市乡镇企业领导小组	1995 年
王平	男	合川市铜溪建筑工程公司经理	重庆市乡镇企业家	重庆市乡镇企业领导小组	1995 年
王君麟	男	重庆市大佛建筑安装工程公司经理	重庆市乡镇企业家	重庆市乡镇企业领导小组	1995 年
游华栋	男	铜梁县岚兴水泥厂厂长	重庆市乡镇企业家	重庆市乡镇企业领导小组	1995 年
旷昌成	男	永川市宝峰镇老石坝煤矿矿长	重庆市乡镇企业家	重庆市乡镇企业领导小组	1995 年
吴大坤	男	永川市寿永胱氨酸厂厂长	重庆市乡镇企业家	重庆市乡镇企业领导小组	1995 年
曾祥彬	男	永川市双竹轧钢厂厂长	重庆市乡镇企业家	重庆市乡镇企业领导小组	1995 年
徐占全	男	永川市第二建筑工程公司经理	重庆市乡镇企业家	重庆市乡镇企业领导小组	1995 年
罗德芳	女	荣昌县丝纺厂厂长	重庆市乡镇企业家	重庆市乡镇企业领导小组	1995 年
刘成辉	男	重庆山城电脑刺绣厂副厂长	重庆市乡镇企业家	重庆市乡镇企业领导小组	1995 年
陈万友	男	璧山县关口水泥厂厂长	重庆市乡镇企业家	重庆市乡镇企业领导小组	1995 年

表 7－6　**四川省重庆市青年乡镇企业家名录**

姓名	性别	单位及职务	荣誉称号	授予单位	授予时间
刘信勇	男	重庆三峡实业总公司总经理	重庆市乡镇企业优秀青年企业家	共青团重庆市委 市乡企局	1994 年
陈显和	男	重庆跃华实业公司总经理	重庆市乡镇企业优秀青年企业家	共青团重庆市委 市乡企局	1994 年
赵吉敏	女	铜梁县安居丝厂厂长	重庆市乡镇企业优秀青年企业家	共青团重庆市委 市乡企局	1994 年
刘洪亮	男	重庆市华莹山建材建筑总公司总经理	重庆市乡镇企业优秀青年企业家	共青团重庆市委 市乡企局	1994 年
刘静	女	中外合资重庆大江摩托车发动机制造有限公司总经理	重庆市乡镇企业优秀青年企业家	共青团重庆市委 市乡企局	1994 年
温心凡	男	江津市双九建筑工程公司经理	重庆市乡镇企业优秀青年企业家	共青团重庆市委 市乡企局	1994 年
陈云琴	女	重庆荣龙实业总公司工贸公司经理	重庆市乡镇企业优秀青年企业家	共青团重庆市委 市乡企局	1994 年
罗治政	男	重庆青木水泥厂厂长	重庆市乡镇企业优秀青年企业家	共青团重庆市委 市乡企局	1994 年

续表

姓名	性别	单位及职务	荣誉称号	授予单位	授予时间
辛国荣	男	重庆北部石化总公司总经理	重庆市乡镇企业优秀青年企业家	共青团重庆市委 市乡企局	1994 年
蒋正木	男	重庆上桥建筑公司经理	重庆市乡镇企业优秀青年企业家	共青团重庆市委 市乡企局	1994 年
尹帮炳	男	重庆市永生食品罐头厂厂长	重庆市乡镇企业优秀青年企业家	共青团重庆市委 市乡企局	1994 年
周昌炳	男	綦江县巨龙建筑安装工程公司副经理	重庆市乡镇企业优秀青年企业家	共青团重庆市委 市乡企局	1994 年
曾礼浦	男	重庆南岸鸡冠石建筑工程公司经理	重庆市乡镇企业优秀青年企业家	共青团重庆市委 市乡企局	1994 年
杨春梅	女	重庆山洞水泥厂厂长	重庆市乡镇企业优秀青年企业家	共青团重庆市委 市乡企局	1994 年
苏中生	男	璧山县第三建筑工程公司业务副经理	重庆市乡镇企业优秀青年企业家	共青团重庆市委 市乡企局	1994 年
刘兵	男	永川市四建筑工程公司经理	重庆市乡镇企业优秀青年企业家	共青团重庆市委 市乡企局	1994 年
高生禄	男	合川市云门压铸厂厂长	重庆市乡镇企业优秀青年企业家	共青团重庆市委 市乡企局	1994 年
杨毓彪	男	万盛区铜鼓滩煤矿副矿长	重庆市乡镇企业优秀青年企业家	共青团重庆市委 市乡企局	1994 年
任德伟	男	綦江县桥河汽车配件厂厂长	重庆市乡镇企业优秀青年企业家	共青团重庆市委 市乡企局	1994 年
涂中荣	男	江北县兴达铸造厂厂长	重庆市乡镇企业优秀青年企业家	共青团重庆市委 市乡企局	1994 年
周银树	男	江津市肉食品加工厂厂长	重庆市乡镇企业优秀青年企业家	共青团重庆市委 市乡企局	1994 年
杨大刚	男	重庆花溪织造厂厂长	重庆市乡镇企业优秀青年企业家	共青团重庆市委 市乡企局	1994 年
邓章林	男	重庆市北碚区碚东化工中间体厂厂长	重庆市乡镇企业优秀青年企业家	共青团重庆市委 市乡企局	1994 年
江勇	男	重庆北碚玻璃仪器总厂东阳分厂厂长	重庆市乡镇企业优秀青年企业家	共青团重庆市委 市乡企局	1994 年
刘正义	男	重庆南岸肉联厂厂长	重庆市乡镇企业优秀青年企业家	共青团重庆市委 市乡企局	1994 年

续表

姓名	性别	单位及职务	荣誉称号	授予单位	授予时间
曾超	男	重庆市神童玩具工业公司经理	重庆市乡镇企业优秀青年企业家	共青团重庆市委市乡企局	1994年
文茂全	男	长寿县页岩机砖厂厂长	重庆市乡镇企业优秀青年企业家	共青团重庆市委市乡企局	1994年
曹正素	女	北碚歇马机械厂厂长	重庆市乡镇企业优秀青年企业家	共青团重庆市委市乡企局	1994年
张晓鸿	男	重庆市鸿图彩色印刷厂厂长	重庆市乡镇企业优秀青年企业家	共青团重庆市委市乡企局	1994年
赵学君	男	重庆南岸大兴农机厂厂长	重庆市乡镇企业优秀青年企业家	共青团重庆市委市乡企局	1994年
廖华贵	男	重庆市潼南第三丝绸厂厂长	重庆市乡镇企业优秀青年企业家	共青团重庆市委市乡企局	1994年
贺廷洪	男	璧山县河边丝织厂厂长	重庆市乡镇企业优秀青年企业家	共青团重庆市委市乡企局	1994年
兰国恩	男	大足县铸钢厂厂长	重庆市乡镇企业优秀青年企业家	共青团重庆市委市乡企局	1994年
刘秀福	男	重庆灯塔织布厂厂长	重庆市乡镇企业优秀青年企业家	共青团重庆市委市乡企局	1994年
杨志富	男	长寿县纸箱厂厂长	重庆市乡镇企业优秀青年企业家	共青团重庆市委市乡企局	1994年
高长伦	男	合川市川心玻璃仪器厂厂长	重庆市乡镇企业优秀青年企业家	共青团重庆市委市乡企局	1994年
陈登华	男	重庆市太和丝绸厂一分厂厂长	重庆市乡镇企业优秀青年企业家	共青团重庆市委市乡企局	1994年
夏太胜	男	重庆鱼洞房地产开发公司经理	重庆市乡镇企业优秀青年企业家	共青团重庆市委市乡企局	1996年
高国云	男	重庆新型建设材总厂厂长	重庆市乡镇企业优秀青年企业家	共青团重庆市委市乡企局	1996年
陈明	男	重庆飞泉纸箱厂厂长	重庆市乡镇企业青年明星企业家	共青团重庆市委市乡企局	1996年
张兴海	男	重庆凤凰电器弹簧厂厂长	重庆市乡镇企业青年明星企业家	共青团重庆市委市乡企局	1996年
练德富	男	九龙坡区白市耐火材料厂厂长	重庆市乡镇企业青年明星企业家	共青团重庆市委市乡企局	1996年

续表

姓名	性别	单位及职务	荣誉称号	授予单位	授予时间
陶天华	男	重庆利华铝箔包装材料厂厂长	重庆市乡镇企业青年明星企业家	共青团重庆市委市乡企局	1996 年
萧读刚	男	重庆渝州搪瓷设备总厂厂长	重庆市乡镇企业青年明星企业家	共青团重庆市委市乡企局	1996 年
李光容	女	重庆渝西摩托车灯具厂厂长	重庆市乡镇企业青年明星企业家	共青团重庆市委市乡企局	1996 年
陈光源	男	重庆市南岸纸桶厂厂长	重庆市乡镇企业青年明星企业家	共青团重庆市委市乡企局	1996 年
刘世勇	男	重庆三峡实业总公司副总经理	重庆市乡镇企业青年明星企业家	共青团重庆市委市乡企局	1996 年
田延伦	男	重庆市御临建筑工程公司经理	重庆市乡镇企业青年明星企业家	共青团重庆市委市乡企局	1996 年
周道军	男	重庆市渝北制冷设备厂厂长	重庆市乡镇企业青年明星企业家	共青团重庆市委市乡企局	1996 年
王琪林	男	重庆市北碚橡胶厂厂长	重庆市乡镇企业青年明星企业家	共青团重庆市委市乡企局	1996 年
周文静	男	重庆山城工业总公司总经理	重庆市乡镇企业青年明星企业家	共青团重庆市委市乡企局	1996 年
邓勇	男	重庆市滩口玻璃厂厂长	重庆市乡镇企业青年明星企业家	共青团重庆市委市乡企局	1996 年
王维云	男	重庆市兽药一厂厂长	重庆市乡镇企业青年明星企业家	共青团重庆市委市乡企局	1996 年
郭明模	男	重庆市万盛区四通建筑工程有限公司经理	重庆市乡镇企业青年明星企业家	共青团重庆市委市乡企局	1996 年
杨秀一	男	重庆市钻井材料公司经理	重庆市乡镇企业青年明星企业家	共青团重庆市委市乡企局	1996 年
高传沪	男	重庆红岩汽车传动轴厂厂长	重庆市乡镇企业青年明星企业家	共青团重庆市委市乡企局	1996 年
赵训伟	男	重庆市双桥区双路乡镇企业总公司总经理	重庆市乡镇企业青年明星企业家	共青团重庆市委市乡企局	1996 年
唐中林	男	重庆合川玻璃仪器厂厂长	重庆市乡镇企业青年明星企业家	共青团重庆市委市乡企局	1996 年
高驹	男	合川市云门压铸厂厂长	重庆市乡镇企业青年明星企业家	共青团重庆市委市乡企局	1996 年

续表

姓名	性别	单位及职务	荣誉称号	授予单位	授予时间
邓迎春	男	重庆市渝南水泥厂厂长	重庆市乡镇企业青年明星企业家	共青团重庆市委市乡企局	1996年
王明和	男	江津市笋河贸易开发公司经理	重庆市乡镇企业青年明星企业家	共青团重庆市委市乡企局	1996年
王一夫	男	永川市三峰钢铁有限公司经理	重庆市乡镇企业青年明星企业家	共青团重庆市委市乡企局	1996年
何苗	男	永川市城乡建设开发总公司胜利路分公司经理	重庆市乡镇企业青年明星企业家	共青团重庆市委市乡企局	1996年
张大发	男	綦江县三角羊叉二煤矿常务副矿长	重庆市乡镇企业青年明星企业家	共青团重庆市委市乡企局	1996年
朱光伟	男	綦江县三角建筑工程公司经理	重庆市乡镇企业青年明星企业家	共青团重庆市委市乡企局	1996年
杨志富	男	长寿县纸箱厂厂长	重庆市乡镇企业青年明星企业家	共青团重庆市委市乡企局	1996年
李德文	男	重庆渝凤建筑安装工程公司副经理	重庆市乡镇企业青年明星企业家	共青团重庆市委市乡企局	1996年
杨光华	男	铜梁县岚峰建材开发公司经理	重庆市乡镇企业青年明星企业家	共青团重庆市委市乡企局	1996年
陈帮碧	女	重庆市潼南大佛塑料厂厂长	重庆市乡镇企业青年明星企业家	共青团重庆市委市乡企局	1996年
薛永强	男	重庆市金龙保健食品有限公司经理	重庆市乡镇企业青年明星企业家	共青团重庆市委市乡企局	1996年
刘国富	男	荣昌县广顺镇企业总公司总经理	重庆市乡镇企业青年明星企业家	共青团重庆市委市乡企局	1996年
赵家友	男	重庆市璧山县依凤铸钢厂厂长	重庆市乡镇企业青年明星企业家	共青团重庆市委市乡企局	1996年
冯大义	男	重庆市鸿展实业公司经理	重庆市乡镇企业青年明星企业家	共青团重庆市委市乡企局	1996年
毕富国	男	璧山县大路机械配件厂厂长	重庆市乡镇企业青年明星企业家	共青团重庆市委市乡企局	1996年
鲁逸荣	男	重庆聚隆实业有限公司总经理	重庆市乡镇企业青年明星企业家	共青团重庆市委市乡企局	1996年
杨用贵	男	大足县建筑工程公司总经理	重庆市乡镇企业青年明星企业家	共青团重庆市委市乡企局	1996年

续表

姓名	性别	单位及职务	荣誉称号	授予单位	授予时间
刘千洪	男	大足县古龙水泥制造有限公司董事长兼总经理	重庆市乡镇企业青年明星企业家	共青团重庆市委市乡企局	1996年
刘洪亮	男	重庆市华莹山建筑建材总公司董事长兼总经理	重庆市乡镇企业青年明星企业家	共青团重庆市委市乡企局	1996年
杜永平	男	重庆市渝北区沙坪建筑工程公司总经理	重庆市乡镇企业青年明星企业家	共青团重庆市委市乡企局	1996年
冷雪钢	男	重庆市科而士鞋业有限公司总经理	重庆市乡镇企业青年明星企业家	共青团重庆市委市乡企局	1996年
段昌俊	男	重庆市万盛区兴隆煤焦有限公司经理	重庆市乡镇企业青年明星企业家	共青团重庆市委市乡企局	1996年
杜国强	男	江津市夏强工业公司经理	重庆市乡镇企业青年明星企业家	共青团重庆市委市乡企局	1996年
张大荣	男	重庆红旗化工厂厂长	重庆市乡镇企业青年明星企业家	共青团重庆市委市乡企局	1996年
卢明永	男	荣昌县春光夏布实业有限公司副总经理	重庆市乡镇企业青年明星企业家	共青团重庆市委市乡企局	1996年
宋晓平	男	重庆市綦江冶金物资公司总经理	重庆市乡镇企业青年明星企业家	共青团重庆市委市乡企局	1996年
李登惠	女	重庆渝通机械厂厂长	重庆市乡镇企业青年明星企业家	共青团重庆市委市乡企局	1996年
吕中银	男	重庆铜梁电工材料厂厂长	重庆市乡镇企业青年明星企业家	共青团重庆市委市乡企局	1996年

第三章　优秀乡镇企业厂长（经理）

重庆直辖前的四川省重庆市、万县地区、涪陵地区、黔江地区在发展乡镇企业中涌现出一大批优秀的经营管理者，他（她）们分别被中华人民共和国农业部和四川省重庆市人民政府、重庆市乡镇企业领导小组授予全国优秀乡镇企业厂长（经理）、四川省重庆市优秀乡镇企业厂长（经理）荣誉称号。重庆直辖后，原有的优秀厂长（经理）继续保持荣誉称号，又新涌现出一批优秀厂长（经理、董事长），受到重庆市人事局和市乡企局的表彰奖励。

第一节　重庆市全国优秀乡镇企业厂长（经理、董事长）

1989年12月1日，共青团中央和农业部做出《关于表彰全国优秀青年乡镇企业厂长（经理）的决定》，授予100人全国优秀青年厂长（经理）荣誉称号，其中有四川省重庆市山城铁合金厂厂长刘信勇。

1998年农业部印发《关于命名全国优秀乡镇企业厂长（经理、董事长）的通知》（农企发〔1998〕13号），命名1000人为全国优秀乡镇企业厂长（经理、董事长），其中重庆市有左宗申等18人。

表7－7　　重庆市全国优秀青年乡镇企业厂长（经理）名录

姓名	性别	单位及职务	荣誉称号	授予单位	授予时间
刘信勇	男	四川省重庆市山城铁合金厂厂长	全国优秀青年乡镇企业厂长（经理）	共青团中央 农业部	1989年

表7－8　　重庆市全国优秀乡镇企业厂长（经理、董事长）名录

姓名	性别	单位及职务	荣誉称号	授予单位	授予时间
左宗申	男	重庆宗申摩托车开发有限公司董事长	全国优秀乡镇企业厂长（经理、董事长）	农业部	1998年
涂建华	男	重庆隆鑫工业（集团）公司总经理	全国优秀乡镇企业厂长（经理、董事长）	农业部	1998年
章开成	男	重庆立丹（集团）有限公司董事长	全国优秀乡镇企业厂长（经理、董事长）	农业部	1998年
张朝刚	男	重庆花溪建筑（集团）有限公司董事长	全国优秀乡镇企业厂长（经理、董事长）	农业部	1998年
张学忠	男	重庆显丰实业（集团）有限公司董事长	全国优秀乡镇企业厂长（经理、董事长）	农业部	1998年
刘万志	男	重庆九龙建设（集团）有限公司总经理	全国优秀乡镇企业厂长（经理、董事长）	农业部	1998年
尹兴明	男	重庆钰兴啤酒有限公司董事长	全国优秀乡镇企业厂长（经理、董事长）	农业部	1998年
刘海波	男	重庆临江家具（集团）有限公司董事长	全国优秀乡镇企业厂长（经理、董事长）	农业部	1998年
许世强	男	重庆红旗水泥厂厂长	全国优秀乡镇企业厂长（经理、董事长）	农业部	1998年

续表

姓名	性别	单位及职务	荣誉称号	授予单位	授予时间
蒋廷华	男	重庆南川市平板玻璃厂厂长	全国优秀乡镇企业厂长（经理、董事长）	农业部	1998年
冷雪钢	男	重庆科而士鞋业有限公司董事长	全国优秀乡镇企业厂长（经理、董事长）	农业部	1998年
吴永富	男	重庆市江津米花糖厂厂长	全国优秀乡镇企业厂长（经理、董事长）	农业部	1998年
陈强	男	重庆三和企业（集团）有限公司董事长	全国优秀乡镇企业厂长（经理、董事长）	农业部	1998年
唐元华	男	重庆渝西矿业（集团）有限公司总经理	全国优秀乡镇企业厂长（经理、董事长）	农业部	1998年
付章品	男	重庆丰都包装工业有限公司董事长	全国优秀乡镇企业厂长（经理、董事长）	农业部	1998年
彭柏树	男	重庆渝发建设（集团）有限公司总经理	全国优秀乡镇企业厂长（经理、董事长）	农业部	1998年
牟一兴	男	重庆市云阳县生物技术厂厂长	全国优秀乡镇企业厂长（经理、董事长）	农业部	1998年
张献方	男	重庆市酉阳县金鑫化工集团有限责任公司董事长	全国优秀乡镇企业厂长（经理、董事长）	农业部	1998年

第二节　四川省重庆市优秀乡镇企业厂长（经理）

1986—1996年，四川省重庆市人民政府和重庆市乡镇企业领导小组在全市乡镇企业系统评选了四届优秀乡镇企业厂长（经理），有338名企业经营管理者被授予四川省重庆市优秀乡镇企业厂长（经理）荣誉称号，并分别印发重庆市人民政府表彰决定、重乡企领发〔1990〕1号、〔1991〕8号和〔1995〕1号文进行了表彰。

1988年，共青团四川省重庆市委开展了农村青年“成才致富兴百业明星竞赛”活动，有26人被团市委和市乡镇企业管理局联合授予四川省重庆市优秀乡镇企业青年厂长（经理）荣誉称号，印发渝团发〔1988〕2号文进行了表彰。

表7－9　　**四川省重庆市优秀乡镇企业厂长（经理）名录**

姓名	性别	单位及职务	荣誉称号	授予单位	授予时间
邓世荣	男	重庆市红旗钢板弹簧厂厂长	重庆市优秀乡镇企业厂长（经理）	重庆市政府	1988年

续表

姓名	性别	单位及职务	荣誉称号	授予单位	授予时间
周发兴	男	合川县太和缫丝厂厂长	重庆市优秀乡镇企业厂长（经理）	重庆市政府	1988 年
周承富	男	重庆市江北县铸钢厂厂长	重庆市优秀乡镇企业厂长（经理）	重庆市政府	1988 年
马厚富	男	江津县德感建筑安装工程公司经理	重庆市优秀乡镇企业厂长（经理）	重庆市政府	1988 年
何诚国	男	重庆石桥机械厂厂长	重庆市优秀乡镇企业厂长（经理）	重庆市政府	1988 年
陈文学	男	重庆市沙坪坝区金星纸箱厂厂长	重庆市优秀乡镇企业厂长（经理）	重庆市政府	1988 年
陈显和	男	重庆沙坪坝青年页岩砖厂厂长	重庆市优秀乡镇企业厂长（经理）	重庆市政府	1988 年
付天河	男	重庆歌乐山水泥厂厂长	重庆市优秀乡镇企业厂长（经理）	重庆市政府	1988 年
谭继贵	男	沙坪坝区光彩印刷橡塑厂厂长	重庆市优秀乡镇企业厂长（经理）	重庆市政府	1988 年
张大云	男	重庆红旗涂料厂厂长	重庆市优秀乡镇企业厂长（经理）	重庆市政府	1988 年
乔世英	女	重庆石桥商业服务公司经理	重庆市优秀乡镇企业厂长（经理）	重庆市政府	1988 年
李顺群	男	重庆维他果汁品饮料厂厂长	重庆市优秀乡镇企业厂长（经理）	重庆市政府	1988 年
李同庆	男	覃家岗乡预制场场长	重庆市优秀乡镇企业厂长（经理）	重庆市政府	1988 年
周仁明	男	沙坪坝区井口农药厂厂长	重庆市优秀乡镇企业厂长（经理）	重庆市政府	1988 年
刘定兰	女	重庆塔山皮革厂书记	重庆市优秀乡镇企业厂长（经理）	重庆市政府	1988 年
王茂全	男	江北区东方红机械厂厂长	重庆市优秀乡镇企业厂长（经理）	重庆市政府	1988 年
蒋志凌	男	江北区第三建筑工程公司经理	重庆市优秀乡镇企业厂长（经理）	重庆市政府	1988 年
喻长明	男	重庆永光汽车电镀厂厂长	重庆市优秀乡镇企业厂长（经理）	重庆市政府	1988 年

续表

姓名	性别	单位及职务	荣誉称号	授予单位	授予时间
张立贵	男	重庆南坪建筑工程公司经理	重庆市优秀乡镇企业厂长（经理）	重庆市政府	1988 年
刘文辞	男	重庆南岸三类建材商店经理	重庆市优秀乡镇企业厂长（经理）	重庆市政府	1988 年
王公民	男	重庆南岸南坪皮鞋厂厂长	重庆市优秀乡镇企业厂长（经理）	重庆市政府	1988 年
王普善	男	重庆丹桂日用化工厂厂长	重庆市优秀乡镇企业厂长（经理）	重庆市政府	1988 年
袁玉华	男	九龙坡区花溪建筑工程公司经理	重庆市优秀乡镇企业厂长（经理）	重庆市政府	1988 年
夏元平	男	重庆九龙坡区九龙皮鞋厂厂长	重庆市优秀乡镇企业厂长（经理）	重庆市政府	1988 年
李祥银	男	重庆红旗水泥厂厂长	重庆市优秀乡镇企业厂长（经理）	重庆市政府	1988 年
焦芳智	女	重庆市九龙坡区花溪二沙砖厂厂长	重庆市优秀乡镇企业厂长（经理）	重庆市政府	1988 年
卢盛礼	男	重庆市三峡皮鞋厂厂长	重庆市优秀乡镇企业厂长（经理）	重庆市政府	1988 年
罗礼益	男	重庆中梁山运输机械厂厂长	重庆市优秀乡镇企业厂长（经理）	重庆市政府	1988 年
乐永华	男	重庆江南焊割设备厂厂长	重庆市优秀乡镇企业厂长（经理）	重庆市政府	1988 年
曾庆亚	男	重庆市大渡口农机修造厂厂长	重庆市优秀乡镇企业厂长（经理）	重庆市政府	1988 年
罗建国	男	重庆茄子溪兽药厂厂长	重庆市优秀乡镇企业厂长（经理）	重庆市政府	1988 年
邱时猛	男	重庆市九龙坡区大堰建筑工程公司经理	重庆市优秀乡镇企业厂长（经理）	重庆市政府	1988 年
张信礼	男	北碚丝绸厂厂长	重庆市优秀乡镇企业厂长（经理）	重庆市政府	1988 年
张世明	男	重庆市北碚水泥厂厂长	重庆市优秀乡镇企业厂长（经理）	重庆市政府	1988 年
刘友伦	男	重庆北碚纸板厂厂长	重庆市优秀乡镇企业厂长（经理）	重庆市政府	1988 年

续表

姓名	性别	单位及职务	荣誉称号	授予单位	授予时间
欧永华	男	重庆市北碚铜钱造纸厂厂长	重庆市优秀乡镇企业厂长（经理）	重庆市政府	1988 年
李华富	男	重庆市南桐青年茶厂厂长	重庆市优秀乡镇企业厂长（经理）	重庆市政府	1988 年
黎朝彦	男	南桐矿区沙坝煤矿矿长	重庆市优秀乡镇企业厂长（经理）	重庆市政府	1988 年
刘华良	男	重庆市南桐矿区麒麟水泥厂厂长	重庆市优秀乡镇企业厂长（经理）	重庆市政府	1988 年
陈绍坤	男	双桥区建筑工程公司经理	重庆市优秀乡镇企业厂长（经理）	重庆市政府	1988 年
郭中杰	男	重庆长寿篷垫厂厂长	重庆市优秀乡镇企业厂长（经理）	重庆市政府	1988 年
邱森林	男	重庆市长寿县渡舟塑料厂厂长	重庆市优秀乡镇企业厂长（经理）	重庆市政府	1988 年
黄天成	男	长寿棉纺厂厂长	重庆市优秀乡镇企业厂长（经理）	重庆市政府	1988 年
张真明	男	重庆市长寿长江化工厂厂长	重庆市优秀乡镇企业厂长（经理）	重庆市政府	1988 年
周光龙	男	重庆陈家桥溶解乙炔气厂厂长	重庆市优秀乡镇企业厂长（经理）	重庆市政府	1988 年
黄生明	男	重庆宝龙皮鞋厂厂长	重庆市优秀乡镇企业厂长（经理）	重庆市政府	1988 年
陈明洋	男	重庆西彭建筑娄装公司经理	重庆市优秀乡镇企业厂长（经理）	重庆市政府	1988 年
刘光明	男	重庆三桥棉织厂厂长	重庆市优秀乡镇企业厂长（经理）	重庆市政府	1988 年
陈希国	男	重庆惠民建筑安装工程公司经理	重庆市优秀乡镇企业厂长（经理）	重庆市政府	1988 年
邹少章	男	巴县忠兴五金综合厂厂长	重庆市优秀乡镇企业厂长（经理）	重庆市政府	1988 年
刘明华	男	重庆元明针织厂厂长兼书记	重庆市优秀乡镇企业厂长（经理）	重庆市政府	1988 年
胡长兴	男	巴县石板造纸厂厂长	重庆市优秀乡镇企业厂长（经理）	重庆市政府	1988 年

续表

姓名	性别	单位及职务	荣誉称号	授予单位	授予时间
王云奎	男	巴县白市耐火材料厂厂长	重庆市优秀乡镇企业厂长（经理）	重庆市政府	1988 年
彭自修	男	巴县凤凰金属铸造厂厂长	重庆市优秀乡镇企业厂长（经理）	重庆市政府	1988 年
鲁德贵	男	巴县鹿角页岩砖厂厂长兼书记	重庆市优秀乡镇企业厂长（经理）	重庆市政府	1988 年
景树国	男	巴县兴隆织布厂厂长	重庆市优秀乡镇企业厂长（经理）	重庆市政府	1988 年
李仁华	男	巴县曾家乡建筑公司经理	重庆市优秀乡镇企业厂长（经理）	重庆市政府	1988 年
何绍奎	男	重庆巴渝钟表联合公司副经理	重庆市优秀乡镇企业厂长（经理）	重庆市政府	1988 年
胡益忠	男	重庆青木铸造厂厂长	重庆市优秀乡镇企业厂长（经理）	重庆市政府	1988 年
胡远模	男	巴县中梁联办猪鬃厂厂长	重庆市优秀乡镇企业厂长（经理）	重庆市政府	1988 年
周生云	男	重庆市江北县建筑安装工程公司经理	重庆市优秀乡镇企业厂长（经理）	重庆市政府	1988 年
刘支孝	男	江北县滩口乡铸造厂厂长	重庆市优秀乡镇企业厂长（经理）	重庆市政府	1988 年
陈鸿开	男	重庆市江北县红星化工厂厂长	重庆市优秀乡镇企业厂长（经理）	重庆市政府	1988 年
邓正川	男	重庆市江北县大地玻璃厂厂长	重庆市优秀乡镇企业厂长（经理）	重庆市政府	1988 年
陈世辉	男	重庆市江北县振华建材厂厂长	重庆市优秀乡镇企业厂长（经理）	重庆市政府	1988 年
吴永富	男	重庆市江津县米花糖厂厂长	重庆市优秀乡镇企业厂长（经理）	重庆市政府	1988 年
周德佑	男	重庆市江津县滩盘塑料机模厂厂长	重庆市优秀乡镇企业厂长（经理）	重庆市政府	1988 年
张超	男	江津县白沙篷垫厂厂长	重庆市优秀乡镇企业厂长（经理）	重庆市政府	1988 年
谭君富	男	江津县圣泉酒厂厂长	重庆市优秀乡镇企业厂长（经理）	重庆市政府	1988 年

续表

姓名	性别	单位及职务	荣誉称号	授予单位	授予时间
刘长清	男	江津县德感沙砖厂厂长	重庆市优秀乡镇企业厂长（经理）	重庆市政府	1988 年
莫体志	男	永川县双石电石厂厂长兼书记	重庆市优秀乡镇企业厂长（经理）	重庆市政府	1988 年
曾德远	男	永川县东南乡建材厂厂长兼书记	重庆市优秀乡镇企业厂长（经理）	重庆市政府	1988 年
喻文明	男	永川县麻秆林煤矿矿长	重庆市优秀乡镇企业厂长（经理）	重庆市政府	1988 年
唐天万	男	永川县石竹乡永胜煤矿矿长	重庆市优秀乡镇企业厂长（经理）	重庆市政府	1988 年
丁宗铭	男	永川县第二建筑工程公司三处处长	重庆市优秀乡镇企业厂长（经理）	重庆市政府	1988 年
阮祥佑	男	重庆市永川小竹酒厂厂长	重庆市优秀乡镇企业厂长（经理）	重庆市政府	1988 年
蒋秉林	男	荣昌县双河镇煤矿矿长	重庆市优秀乡镇企业厂长（经理）	重庆市政府	1988 年
陈贵华	男	重庆市荣昌县建筑材料厂厂长	重庆市优秀乡镇企业厂长（经理）	重庆市政府	1988 年
贺际中	男	荣昌县荣隆区工农煤矿矿长	重庆市优秀乡镇企业厂长（经理）	重庆市政府	1988 年
严荣仲	男	璧山县定林塑料印刷厂厂长	重庆市优秀乡镇企业厂长（经理）	重庆市政府	1988 年
邓盛美	男	重庆市璧山炼油厂厂长	重庆市优秀乡镇企业厂长（经理）	重庆市政府	1988 年
徐德操	男	重庆市璧山县生物化学试剂厂厂长	重庆市优秀乡镇企业厂长（经理）	重庆市政府	1988 年
陈仕强	男	重庆市铜郭水泥厂厂长	重庆市优秀乡镇企业厂长（经理）	重庆市政府	1988 年
银代烈	男	重庆市铜梁淀粉厂厂长	重庆市优秀乡镇企业厂长（经理）	重庆市政府	1988 年
马文初	男	铜梁县关溅丝厂厂长	重庆市优秀乡镇企业厂长（经理）	重庆市政府	1988 年
颜继学	男	合川县太和织绸厂厂长	重庆市优秀乡镇企业厂长（经理）	重庆市政府	1988 年

续表

姓名	性别	单位及职务	荣誉称号	授予单位	授予时间
陈英智	男	合川县盐井建材一厂厂长	重庆市优秀乡镇企业厂长（经理）	重庆市政府	1988 年
艾万喜	男	合川县水泥制品厂经理	重庆市优秀乡镇企业厂长（经理）	重庆市政府	1988 年
李泽润	男	合川县三汇水泥厂厂长	重庆市优秀乡镇企业厂长（经理）	重庆市政府	1988 年
王友明	男	合川县康佳乡雷兴村青杠坪煤矿矿长	重庆市优秀乡镇企业厂长（经理）	重庆市政府	1988 年
李自然	男	重庆市合川嘉陵轧钢厂厂长	重庆市优秀乡镇企业厂长（经理）	重庆市政府	1988 年
张永春	男	重庆市潼南县第三丝绸厂厂长	重庆市优秀乡镇企业厂长（经理）	重庆市政府	1988 年
张显国	男	合川县土场铸造二厂厂长兼书记	重庆市优秀乡镇企业厂长（经理）	重庆市政府	1988 年
陈清和	男	潼南县第二机械厂厂长	重庆市优秀乡镇企业厂长（经理）	重庆市政府	1988 年
罗昭强	男	綦江县篆塘玻璃厂厂长	重庆市优秀乡镇企业厂长（经理）	重庆市政府	1988 年
古云香	男	綦江县赶水水泥厂厂长	重庆市优秀乡镇企业厂长（经理）	重庆市政府	1988 年
杨远谷	男	重庆市大足县宝顶酿造厂厂长	重庆市优秀乡镇企业厂长（经理）	重庆市政府	1988 年
刘英吾	男	重庆市大足县供水设备厂厂长	重庆市优秀乡镇企业厂长（经理）	重庆市政府	1988 年
冷德全	男	大足县铁山贸易公司经理	重庆市优秀乡镇企业厂长（经理）	重庆市政府	1988 年
程正才	男	新石乡邓家山煤矿矿长	重庆市优秀乡镇企业厂长（经理）	重庆市政府	1988 年
易维章	男	重庆华岩机械厂厂长	重庆市优秀乡镇企业厂长（经理）	重庆市乡镇企业领导小组	1989 年
张树成	男	重庆中梁山工程机械厂厂长	重庆市优秀乡镇企业厂长（经理）	重庆市乡镇企业领导小组	1989 年
雷天利	男	重庆长风针织厂厂长	重庆市优秀乡镇企业厂长（经理）	重庆市乡镇企业领导小组	1989 年

续表

姓名	性别	单位及职务	荣誉称号	授予单位	授予时间
何昌全	男	重庆马鞍山页岩砖厂厂长	重庆市优秀乡镇企业厂长（经理）	重庆市乡镇企业领导小组	1989 年
刘万志	男	重庆九龙建筑建材公司经理	重庆市优秀乡镇企业厂长（经理）	重庆市乡镇企业领导小组	1989 年
焦芳智	女	重庆市花溪二沙砖厂厂长	重庆市优秀乡镇企业厂长（经理）	重庆市乡镇企业领导小组	1989 年
梁安萍	女	重庆市西郊印刷厂厂长	重庆市优秀乡镇企业厂长（经理）	重庆市乡镇企业领导小组	1989 年
罗建国	男	重庆茄子溪兽药厂厂长	重庆市优秀乡镇企业厂长（经理）	重庆市乡镇企业领导小组	1989 年
刘秀福	男	重庆灯塔织布厂厂长	重庆市优秀乡镇企业厂长（经理）	重庆市乡镇企业领导小组	1989 年
邓世明	男	重庆市北碚水泥厂厂长	重庆市优秀乡镇企业厂长（经理）	重庆市乡镇企业领导小组	1989 年
刘友伦	男	重庆市北碚纸板厂厂长	重庆市优秀乡镇企业厂长（经理）	重庆市乡镇企业领导小组	1989 年
邓先登	男	重庆市北碚磁性材料厂厂长	重庆市优秀乡镇企业厂长（经理）	重庆市乡镇企业领导小组	1989 年
赵顺友	男	重庆市北碚橡胶建材厂厂长	重庆市优秀乡镇企业厂长（经理）	重庆市乡镇企业领导小组	1989 年
刘支德	男	重庆市北碚炼铁厂厂长	重庆市优秀乡镇企业厂长（经理）	重庆市乡镇企业领导小组	1989 年
李泽福	男	重庆市沙坪坝汽车检测站站长	重庆市优秀乡镇企业厂长（经理）	重庆市乡镇企业领导小组	1989 年
王兼善	男	重庆石桥页岩砖厂厂长	重庆市优秀乡镇企业厂长（经理）	重庆市乡镇企业领导小组	1989 年
邹用明	男	重庆新桥页岩砖厂厂长	重庆市优秀乡镇企业厂长（经理）	重庆市乡镇企业领导小组	1989 年
张大荣	男	重庆红旗涂料厂厂长	重庆市优秀乡镇企业厂长（经理）	重庆市乡镇企业领导小组	1989 年
李绍材	男	重庆市沙坪坝区井口农药厂厂长	重庆市优秀乡镇企业厂长（经理）	重庆市乡镇企业领导小组	1989 年
周兴业	男	重庆南岸新华泡沫厂厂长	重庆市优秀乡镇企业厂长（经理）	重庆市乡镇企业领导小组	1989 年

续表

姓名	性别	单位及职务	荣誉称号	授予单位	授予时间
石成明	男	重庆南方实业公司经理	重庆市优秀乡镇企业厂长（经理）	重庆市乡镇企业领导小组	1989 年
汪武扬	男	南岸合成塑料制品厂厂长	重庆市优秀乡镇企业厂长（经理）	重庆市乡镇企业领导小组	1989 年
田其珍	女	重庆南岸涂山黄丹厂厂长	重庆市优秀乡镇企业厂长（经理）	重庆市乡镇企业领导小组	1989 年
何绍刚	男	重庆翠云副食品加工厂厂长	重庆市优秀乡镇企业厂长（经理）	重庆市乡镇企业领导小组	1989 年
王福远	男	重庆市南桐矿区王家坝茶厂厂长	重庆市优秀乡镇企业厂长（经理）	重庆市乡镇企业领导小组	1989 年
阮秀其	男	南桐矿区瓮子塘煤矿矿长	重庆市优秀乡镇企业厂长（经理）	重庆市乡镇企业领导小组	1989 年
陈昌明	男	重庆市南桐矿区邱家湾煤矿矿长	重庆市优秀乡镇企业厂长（经理）	重庆市乡镇企业领导小组	1989 年
王茂全	男	重庆东方红机械厂厂长	重庆市优秀乡镇企业厂长（经理）	重庆市乡镇企业领导小组	1989 年
刘明华	男	重庆元明针织厂厂长	重庆市优秀乡镇企业厂长（经理）	重庆市乡镇企业领导小组	1989 年
吴能和	男	重庆白市驿织布厂厂长	重庆市优秀乡镇企业厂长（经理）	重庆市乡镇企业领导小组	1989 年
胡长兴	男	巴县石板造纸厂厂长	重庆市优秀乡镇企业厂长（经理）	重庆市乡镇企业领导小组	1989 年
罗治政	男	重庆青木水泥厂厂长	重庆市优秀乡镇企业厂长（经理）	重庆市乡镇企业领导小组	1989 年
杨文学	男	巴县界石丝厂厂长	重庆市优秀乡镇企业厂长（经理）	重庆市乡镇企业领导小组	1989 年
赵久学	男	重庆鱼洞船舶蓄电池厂厂长	重庆市优秀乡镇企业厂长（经理）	重庆市乡镇企业领导小组	1989 年
冷崇明	男	巴县西方彭滨江联合化工厂厂长	重庆市优秀乡镇企业厂长（经理）	重庆市乡镇企业领导小组	1989 年
张作政	男	巴县月华乡有色金属冶炼厂厂长	重庆市优秀乡镇企业厂长（经理）	重庆市乡镇企业领导小组	1989 年
胡益忠	男	重庆青木铸造厂厂长	重庆市优秀乡镇企业厂长（经理）	重庆市乡镇企业领导小组	1989 年

续表

姓名	性别	单位及职务	荣誉称号	授予单位	授予时间
岑永正	男	重庆荧光电器仪表二厂厂长	重庆市优秀乡镇企业厂长（经理）	重庆市乡镇企业领导小组	1989年
谢正楷	男	巴县曲水织布厂厂长	重庆市优秀乡镇企业厂长（经理）	重庆市乡镇企业领导小组	1989年
刘昌东	男	重庆成渝箱柜制造厂厂长	重庆市优秀乡镇企业厂长（经理）	重庆市乡镇企业领导小组	1989年
戚万海	男	巴县松岭床单厂厂长	重庆市优秀乡镇企业厂长（经理）	重庆市乡镇企业领导小组	1989年
彭自修	男	巴县凤凰金属铸造厂厂长	重庆市优秀乡镇企业厂长（经理）	重庆市乡镇企业领导小组	1989年
李承萍	女	巴县青木电器厂厂长	重庆市优秀乡镇企业厂长（经理）	重庆市乡镇企业领导小组	1989年
潘隆明	男	重庆市巴县一品区建筑公司经理	重庆市优秀乡镇企业厂长（经理）	重庆市乡镇企业领导小组	1989年
王荣奎	男	巴县白市耐火材料厂厂长	重庆市优秀乡镇企业厂长（经理）	重庆市乡镇企业领导小组	1989年
谭茂	男	合川县盐井双扶白石厂厂长	重庆市优秀乡镇企业厂长（经理）	重庆市乡镇企业领导小组	1989年
陈英智	男	合川县盐井建材一厂厂长	重庆市优秀乡镇企业厂长（经理）	重庆市乡镇企业领导小组	1989年
高仑伦	男	合川县川心玻璃仪器厂厂长	重庆市优秀乡镇企业厂长（经理）	重庆市乡镇企业领导小组	1989年
宋久贵	男	合川县康家乡联办煤矿矿长	重庆市优秀乡镇企业厂长（经理）	重庆市乡镇企业领导小组	1989年
郭祖林	男	合川县清平锻造厂厂长	重庆市优秀乡镇企业厂长（经理）	重庆市乡镇企业领导小组	1989年
盛泽勇	男	合川县太和丝绸厂副厂长	重庆市优秀乡镇企业厂长（经理）	重庆市乡镇企业领导小组	1989年
易宗荣	男	合川县太和丝绸厂副厂长	重庆市优秀乡镇企业厂长（经理）	重庆市乡镇企业领导小组	1989年
秦寿华	女	合川县太和丝绸厂副厂长	重庆市优秀乡镇企业厂长（经理）	重庆市乡镇企业领导小组	1989年
周全	男	合川县思居丝棉制品加工厂厂长	重庆市优秀乡镇企业厂长（经理）	重庆市乡镇企业领导小组	1989年

续表

姓名	性别	单位及职务	荣誉称号	授予单位	授予时间
周升荣	男	江北县建筑安装工程公司经理	重庆市优秀乡镇企业厂长（经理）	重庆市乡镇企业领导小组	1989 年
刘支孝	男	江北滩口铸造厂厂长	重庆市优秀乡镇企业厂长（经理）	重庆市乡镇企业领导小组	1989 年
王远槐	男	江北县三圣乡辽叶河沟煤矿矿长	重庆市优秀乡镇企业厂长（经理）	重庆市乡镇企业领导小组	1989 年
苏定富	男	江北县两口乡煤矸石砖厂厂长	重庆市优秀乡镇企业厂长（经理）	重庆市乡镇企业领导小组	1989 年
贺兴才	男	重庆市江北县钢材改制厂厂长	重庆市优秀乡镇企业厂长（经理）	重庆市乡镇企业领导小组	1989 年
潘太文	男	重庆市江北县静观建筑工程公司经理	重庆市优秀乡镇企业厂长（经理）	重庆市乡镇企业领导小组	1989 年
谭均富	男	江津县圣泉酒厂厂长	重庆市优秀乡镇企业厂长（经理）	重庆市乡镇企业领导小组	1989 年
刘德超	男	江津德感建筑安装公司副经理	重庆市优秀乡镇企业厂长（经理）	重庆市乡镇企业领导小组	1989 年
罗世立	男	江津县双龙电石厂厂长	重庆市优秀乡镇企业厂长（经理）	重庆市乡镇企业领导小组	1989 年
陈树凡	男	江津县龙吟乡曙光茶场场长	重庆市优秀乡镇企业厂长（经理）	重庆市乡镇企业领导小组	1989 年
文德才	男	江津县珞璜砖厂厂长	重庆市优秀乡镇企业厂长（经理）	重庆市乡镇企业领导小组	1989 年
王安全	男	大足县天青石矿业公司经理	重庆市优秀乡镇企业厂长（经理）	重庆市乡镇企业领导小组	1989 年
唐义国	男	大足县红旗玻璃厂厂长	重庆市优秀乡镇企业厂长（经理）	重庆市乡镇企业领导小组	1989 年
韩在德	男	大足县东升造纸厂厂长	重庆市优秀乡镇企业厂长（经理）	重庆市乡镇企业领导小组	1989 年
兰国恩	男	重庆市大足铸钢厂厂长	重庆市优秀乡镇企业厂长（经理）	重庆市乡镇企业领导小组	1989 年
罗中文	男	大足县双塔制砖厂厂长	重庆市优秀乡镇企业厂长（经理）	重庆市乡镇企业领导小组	1989 年
王官政	男	长寿县江南橡胶制品厂厂长	重庆市优秀乡镇企业厂长（经理）	重庆市乡镇企业领导小组	1989 年

续表

姓名	性别	单位及职务	荣誉称号	授予单位	授予时间
郭宪明	男	长寿县但渡乡黄桷岩煤矿矿长	重庆市优秀乡镇企业厂长（经理）	重庆市乡镇企业领导小组	1989 年
何治民	男	长寿县页岩砖厂厂长	重庆市优秀乡镇企业厂长（经理）	重庆市乡镇企业领导小组	1989 年
候兴贤	男	重庆长寿联合塑料厂厂长	重庆市优秀乡镇企业厂长（经理）	重庆市乡镇企业领导小组	1989 年
霍克杨	男	綦江县第六建筑工程公司经理	重庆市优秀乡镇企业厂长（经理）	重庆市乡镇企业领导小组	1989 年
翁明佐	男	綦江县藻渡乡大山煤矿矿长	重庆市优秀乡镇企业厂长（经理）	重庆市乡镇企业领导小组	1989 年
罗玉超	男	綦江县三江页岩砖厂副厂长兼书记	重庆市优秀乡镇企业厂长（经理）	重庆市乡镇企业领导小组	1989 年
胡永才	男	綦江县羊叉乡二煤矿矿长	重庆市优秀乡镇企业厂长（经理）	重庆市乡镇企业领导小组	1989 年
喻文明	男	永川县寿永乡麻杆林煤矿矿长	重庆市优秀乡镇企业厂长（经理）	重庆市乡镇企业领导小组	1989 年
谢榜荣	男	永川县大安区石竹乡永胜煤矿矿长	重庆市优秀乡镇企业厂长（经理）	重庆市乡镇企业领导小组	1989 年
梁光辉	男	重庆永川县长江羽绒厂厂长	重庆市优秀乡镇企业厂长（经理）	重庆市乡镇企业领导小组	1989 年
李伯荣	男	铜梁县安居丝织厂厂长	重庆市优秀乡镇企业厂长（经理）	重庆市乡镇企业领导小组	1989 年
胡正远	男	铜梁县虎峰制镜厂厂长	重庆市优秀乡镇企业厂长（经理）	重庆市乡镇企业领导小组	1989 年
陈清和	男	潼南县第二机械厂厂长	重庆市优秀乡镇企业厂长（经理）	重庆市乡镇企业领导小组	1989 年
戚幼芳	男	重庆红岩汽车配件厂厂长	重庆市优秀乡镇企业厂长（经理）	重庆市乡镇企业领导小组	1990 年
李泽福	男	重庆沙坪坝汽车检测站站长	重庆市优秀乡镇企业厂长（经理）	重庆市乡镇企业领导小组	1990 年
邹用明	男	重庆新桥页岩砖厂厂长	重庆市优秀乡镇企业厂长（经理）	重庆市乡镇企业领导小组	1990 年
唐良彬	男	重庆渝北机械厂厂长	重庆市优秀乡镇企业厂长（经理）	重庆市乡镇企业领导小组	1990 年

续表

姓名	性别	单位及职务	荣誉称号	授予单位	授予时间
乔世英	女	重庆石桥振兴五金公司经理	重庆市优秀乡镇企业厂长（经理）	重庆市乡镇企业领导小组	1990 年
周郁庆	男	重庆联芳塑料厂厂长	重庆市优秀乡镇企业厂长（经理）	重庆市乡镇企业领导小组	1990 年
余光棋	男	重庆市沙坪坝区歌乐山中药饮片厂厂长	重庆市优秀乡镇企业厂长（经理）	重庆市乡镇企业领导小组	1990 年
张树成	男	重庆市中梁山工程机械厂厂长	重庆市优秀乡镇企业厂长（经理）	重庆市乡镇企业领导小组	1990 年
梁安萍	女	重庆市西郊印刷厂厂长	重庆市优秀乡镇企业厂长（经理）	重庆市乡镇企业领导小组	1990 年
孙兴儒	男	重庆市九龙坡区石坪桥铁桶加工厂厂长	重庆市优秀乡镇企业厂长（经理）	重庆市乡镇企业领导小组	1990 年
黄古华	男	重庆九龙铸造厂厂长	重庆市优秀乡镇企业厂长（经理）	重庆市乡镇企业领导小组	1990 年
秦光勋	男	重庆市九龙坡区江南建筑工程公司经理	重庆市优秀乡镇企业厂长（经理）	重庆市乡镇企业领导小组	1990 年
何治荣	男	重庆柏树堡磷肥厂厂长	重庆市优秀乡镇企业厂长（经理）	重庆市乡镇企业领导小组	1990 年
杨昌荣	男	重庆江南服装厂厂长	重庆市优秀乡镇企业厂长（经理）	重庆市乡镇企业领导小组	1990 年
范光明	男	重庆南坪针织厂厂长	重庆市优秀乡镇企业厂长（经理）	重庆市乡镇企业领导小组	1990 年
沈家同	男	重庆南岸防腐设备厂厂长	重庆市优秀乡镇企业厂长（经理）	重庆市乡镇企业领导小组	1990 年
范映贵	男	重庆南岸南坪皮鞋厂厂长	重庆市优秀乡镇企业厂长（经理）	重庆市乡镇企业领导小组	1990 年
夏杰胜	男	重庆南岸双桥塑料厂厂长	重庆市优秀乡镇企业厂长（经理）	重庆市乡镇企业领导小组	1990 年
邱礼安	男	重庆南洋农药联营厂厂长	重庆市优秀乡镇企业厂长（经理）	重庆市乡镇企业领导小组	1990 年
王茂全	男	重庆东方红机械厂厂长	重庆市优秀乡镇企业厂长（经理）	重庆市乡镇企业领导小组	1990 年
蒋志凌	男	重庆市江北区第三建筑工程公司经理	重庆市优秀乡镇企业厂长（经理）	重庆市乡镇企业领导小组	1990 年

续表

姓名	性别	单位及职务	荣誉称号	授予单位	授予时间
候代发	男	重庆市江北区东方红印刷厂厂长	重庆市优秀乡镇企业厂长（经理）	重庆市乡镇企业领导小组	1990 年
刘秀福	男	重庆灯塔织布厂厂长	重庆市优秀乡镇企业厂长（经理）	重庆市乡镇企业领导小组	1990 年
邓先登	男	重庆市北碚磁性材料厂厂长	重庆市优秀乡镇企业厂长（经理）	重庆市乡镇企业领导小组	1990 年
赵顺友	男	重庆市北碚橡胶厂厂长	重庆市优秀乡镇企业厂长（经理）	重庆市乡镇企业领导小组	1990 年
罗世成	男	重庆缙云光学元件厂厂长	重庆市优秀乡镇企业厂长（经理）	重庆市乡镇企业领导小组	1990 年
梁万富	男	重庆北碚区澄江建筑工程公司经理	重庆市优秀乡镇企业厂长（经理）	重庆市乡镇企业领导小组	1990 年
何良成	男	重庆同兴蓄电池厂厂长	重庆市优秀乡镇企业厂长（经理）	重庆市乡镇企业领导小组	1990 年
吴长鑫	男	重庆市北碚东风工业公司经理	重庆市优秀乡镇企业厂长（经理）	重庆市乡镇企业领导小组	1990 年
张永达	男	重庆市北碚压铸厂厂长	重庆市优秀乡镇企业厂长（经理）	重庆市乡镇企业领导小组	1990 年
阮秀其	男	南硐区瓮子塘煤矿矿长	重庆市优秀乡镇企业厂长（经理）	重庆市乡镇企业领导小组	1990 年
王富远	男	重庆王家坝茶厂厂长	重庆市优秀乡镇企业厂长（经理）	重庆市乡镇企业领导小组	1990 年
陈兴田	男	南桐矿区洗煤炼焦厂厂长	重庆市优秀乡镇企业厂长（经理）	重庆市乡镇企业领导小组	1990 年
卢祥银	男	南桐矿区万盛建筑工程公司经理	重庆市优秀乡镇企业厂长（经理）	重庆市乡镇企业领导小组	1990 年
陈绍坤	男	重庆市双桥区建筑工程公司经理	重庆市优秀乡镇企业厂长（经理）	重庆市乡镇企业领导小组	1990 年
吴伦和	男	重庆白市驿织布厂厂长	重庆市优秀乡镇企业厂长（经理）	重庆市乡镇企业领导小组	1990 年
胡长兴	男	巴县石板造纸厂厂长	重庆市优秀乡镇企业厂长（经理）	重庆市乡镇企业领导小组	1990 年
罗治政	男	重庆青木水泥厂厂长	重庆市优秀乡镇企业厂长（经理）	重庆市乡镇企业领导小组	1990 年

续表

姓名	性别	单位及职务	荣誉称号	授予单位	授予时间
杨文学	男	巴县界石丝厂厂长	重庆市优秀乡镇企业厂长（经理）	重庆市乡镇企业领导小组	1990年
赵久学	男	重庆鱼洞船舶蓄电池厂厂长	重庆市优秀乡镇企业厂长（经理）	重庆市乡镇企业领导小组	1990年
冷崇明	男	重庆西彭滨江联合化工厂厂长	重庆市优秀乡镇企业厂长（经理）	重庆市乡镇企业领导小组	1990年
胡益忠	男	重庆青木铸造厂厂长	重庆市优秀乡镇企业厂长（经理）	重庆市乡镇企业领导小组	1990年
刘昌东	男	重庆成渝箱柜制造厂厂长	重庆市优秀乡镇企业厂长（经理）	重庆市乡镇企业领导小组	1990年
彭自修	男	巴县凤凰金属铸造厂厂长	重庆市优秀乡镇企业厂长（经理）	重庆市乡镇企业领导小组	1990年
鲁德贵	男	巴县鹿角页岩砖厂厂长	重庆市优秀乡镇企业厂长（经理）	重庆市乡镇企业领导小组	1990年
周世华	男	重庆兴隆浆纱厂厂长	重庆市优秀乡镇企业厂长（经理）	重庆市乡镇企业领导小组	1990年
赵峰	男	巴县麻柳化工厂厂长	重庆市优秀乡镇企业厂长（经理）	重庆市乡镇企业领导小组	1990年
李仕华	男	巴县曾家建筑工程公司经理	重庆市优秀乡镇企业厂长（经理）	重庆市乡镇企业领导小组	1990年
刘支孝	男	重庆市陵江机械厂厂长	重庆市优秀乡镇企业厂长（经理）	重庆市乡镇企业领导小组	1990年
王远槐	男	江北县三圣乡辽叶河沟煤矿矿长	重庆市优秀乡镇企业厂长（经理）	重庆市乡镇企业领导小组	1990年
苏定富	男	江北县两口乡煤矸石砖厂厂长	重庆市优秀乡镇企业厂长（经理）	重庆市乡镇企业领导小组	1990年
潘太文	男	重庆市江北县静观建筑工程公司经理	重庆市优秀乡镇企业厂长（经理）	重庆市乡镇企业领导小组	1990年
贺兴才	男	重庆华华吸排油烟机厂厂长	重庆市优秀乡镇企业厂长（经理）	重庆市乡镇企业领导小组	1990年
杨武铭	男	重庆市江北县静观建筑工程公司经理	重庆市优秀乡镇企业厂长（经理）	重庆市乡镇企业领导小组	1990年
吴延辉	男	江北县丝绸厂厂长	重庆市优秀乡镇企业厂长（经理）	重庆市乡镇企业领导小组	1990年

续表

姓名	性别	单位及职务	荣誉称号	授予单位	授予时间
李静	男	重庆市兴达铸造厂厂长	重庆市优秀乡镇企业厂长（经理）	重庆市乡镇企业领导小组	1990年
霍克杨	男	綦江县第六建筑工程公司经理	重庆市优秀乡镇企业厂长（经理）	重庆市乡镇企业领导小组	1990年
翁明佐	男	綦江县藻渡乡大山煤矿矿长	重庆市优秀乡镇企业厂长（经理）	重庆市乡镇企业领导小组	1990年
胡永才	男	綦江县羊叉二煤矿矿长	重庆市优秀乡镇企业厂长（经理）	重庆市乡镇企业领导小组	1990年
董志荣	男	綦江县赶水页岩砖厂厂长	重庆市优秀乡镇企业厂长（经理）	重庆市乡镇企业领导小组	1990年
陈世明	男	綦江桥河建筑工程公司经理	重庆市优秀乡镇企业厂长（经理）	重庆市乡镇企业领导小组	1990年
郭宪明	男	长寿县黄桷岩煤矿矿长	重庆市优秀乡镇企业厂长（经理）	重庆市乡镇企业领导小组	1990年
彭柏树	男	长寿县第九建筑工程公司经理	重庆市优秀乡镇企业厂长（经理）	重庆市乡镇企业领导小组	1990年
胥清合	男	长寿县联盟织布厂厂长	重庆市优秀乡镇企业厂长（经理）	重庆市乡镇企业领导小组	1990年
杨志富	男	长寿县纸箱厂厂长	重庆市优秀乡镇企业厂长（经理）	重庆市乡镇企业领导小组	1990年
杨胜明	男	重庆长寿联合塑料厂厂长	重庆市优秀乡镇企业厂长（经理）	重庆市乡镇企业领导小组	1990年
谭均富	男	江津县圣泉酒厂厂长	重庆市优秀乡镇企业厂长（经理）	重庆市乡镇企业领导小组	1990年
刘德超	男	江津县德感建筑安装工程公司副总经理	重庆市优秀乡镇企业厂长（经理）	重庆市乡镇企业领导小组	1990年
陈树凡	男	江津县龙吟乡曙光茶场场长	重庆市优秀乡镇企业厂长（经理）	重庆市乡镇企业领导小组	1990年
文德才	男	江津县珞璜砖厂厂长	重庆市优秀乡镇企业厂长（经理）	重庆市乡镇企业领导小组	1990年
罗世立	男	江津县电石厂厂长	重庆市优秀乡镇企业厂长（经理）	重庆市乡镇企业领导小组	1990年
杜国强	男	四川省江津夏坝水泥厂厂长	重庆市优秀乡镇企业厂长（经理）	重庆市乡镇企业领导小组	1990年

续表

姓名	性别	单位及职务	荣誉称号	授予单位	授予时间
温心凡	男	江津双九建筑工程公司经理	重庆市优秀乡镇企业厂长（经理）	重庆市乡镇企业领导小组	1990 年
李镇泽	男	重庆市江津农用化工厂厂长	重庆市优秀乡镇企业厂长（经理）	重庆市乡镇企业领导小组	1990 年
李明清	男	重庆市江津县粗农药器械厂厂长	重庆市优秀乡镇企业厂长（经理）	重庆市乡镇企业领导小组	1990 年
张超	男	重庆市江津县白沙蓬垫厂厂长	重庆市优秀乡镇企业厂长（经理）	重庆市乡镇企业领导小组	1990 年
杨昭贵	男	重庆市骆来山茶林场场长	重庆市优秀乡镇企业厂长（经理）	重庆市乡镇企业领导小组	1990 年
陈英智	男	合川县盐井建材一厂厂长	重庆市优秀乡镇企业厂长（经理）	重庆市乡镇企业领导小组	1990 年
高长伦	男	合川县川心乡玻璃仪器厂厂长	重庆市优秀乡镇企业厂长（经理）	重庆市乡镇企业领导小组	1990 年
盛泽勇	男	合川县太和丝绸厂副厂长	重庆市优秀乡镇企业厂长（经理）	重庆市乡镇企业领导小组	1990 年
易宗荣	男	合川县太和丝绸厂副厂长	重庆市优秀乡镇企业厂长（经理）	重庆市乡镇企业领导小组	1990 年
秦寿华	男	合川县太和丝绸厂副厂长	重庆市优秀乡镇企业厂长（经理）	重庆市乡镇企业领导小组	1990 年
张显国	女	合川县土场铸造厂厂长	重庆市优秀乡镇企业厂长（经理）	重庆市乡镇企业领导小组	1990 年
殷安涛	男	重庆市合川造纸厂厂长	重庆市优秀乡镇企业厂长（经理）	重庆市乡镇企业领导小组	1990 年
刘显银	男	合川县泥溪沙砖厂厂长	重庆市优秀乡镇企业厂长（经理）	重庆市乡镇企业领导小组	1990 年
江开乾	男	合川县保合建筑工程公司经理	重庆市优秀乡镇企业厂长（经理）	重庆市乡镇企业领导小组	1990 年
毛远祥	男	合川县皮毛制品厂厂长	重庆市优秀乡镇企业厂长（经理）	重庆市乡镇企业领导小组	1990 年
梁光辉	男	重庆市永川长江羽绒厂厂长	重庆市优秀乡镇企业厂长（经理）	重庆市乡镇企业领导小组	1990 年
康庄	男	永川县寿永乡打挂石煤矿矿长	重庆市优秀乡镇企业厂长（经理）	重庆市乡镇企业领导小组	1990 年

续表

姓名	性别	单位及职务	荣誉称号	授予单位	授予时间
邱封占	男	永川县永隆乡深沟煤矿矿长	重庆市优秀乡镇企业厂长（经理）	重庆市乡镇企业领导小组	1990年
陈常明	男	永川县小南建筑材料厂厂长	重庆市优秀乡镇企业厂长（经理）	重庆市乡镇企业领导小组	1990年
陈德礼	男	铜梁县福果乡联办伍家沟煤矿矿长	重庆市优秀乡镇企业厂长（经理）	重庆市乡镇企业领导小组	1990年
张礼	男	重庆市铜梁县第三建筑工程公司经理	重庆市优秀乡镇企业厂长（经理）	重庆市乡镇企业领导小组	1990年
王德根	男	铜梁波仑页岩机砖厂厂长	重庆市优秀乡镇企业厂长（经理）	重庆市乡镇企业领导小组	1990年
何小渝	男	重庆市铜梁机电厂厂长	重庆市优秀乡镇企业厂长（经理）	重庆市乡镇企业领导小组	1990年
李伯荣	男	铜梁县安居丝织厂厂长	重庆市优秀乡镇企业厂长（经理）	重庆市乡镇企业领导小组	1990年
韩在德	男	大足县东升造纸厂厂长	重庆市优秀乡镇企业厂长（经理）	重庆市乡镇企业领导小组	1990年
唐义国	男	大足县红旗玻璃厂厂长	重庆市优秀乡镇企业厂长（经理）	重庆市乡镇企业领导小组	1990年
刘景云	男	大足县沙桥胱氨酸厂厂长	重庆市优秀乡镇企业厂长（经理）	重庆市乡镇企业领导小组	1990年
林世富	男	大足县新利纸板厂厂长	重庆市优秀乡镇企业厂长（经理）	重庆市乡镇企业领导小组	1990年
李德荣	男	重庆市荣昌县广顺镇供销公司经理	重庆市优秀乡镇企业厂长（经理）	重庆市乡镇企业领导小组	1990年
蒋富贵	男	国营重庆市荣昌县双河镇红茶厂厂长	重庆市优秀乡镇企业厂长（经理）	重庆市乡镇企业领导小组	1990年
何永基	男	璧山县璧城镇南关金属构件厂厂长	重庆市优秀乡镇企业厂长（经理）	重庆市乡镇企业领导小组	1990年
刘成华	男	重庆市璧山丁家塑料一厂厂长	重庆市优秀乡镇企业厂长（经理）	重庆市乡镇企业领导小组	1990年
陈万友	男	重庆市璧山县关口水泥厂厂长	重庆市优秀乡镇企业厂长（经理）	重庆市乡镇企业领导小组	1990年
毛兴远	男	重庆市璧山县第三建筑工程公司经理	重庆市优秀乡镇企业厂长（经理）	重庆市乡镇企业领导小组	1990年

续表

姓名	性别	单位及职务	荣誉称号	授予单位	授予时间
王君麟	男	重庆市潼南大佛建筑工程公司经理	重庆市优秀乡镇企业厂长（经理）	重庆市乡镇企业领导小组	1990 年
李向学	男	潼南县机砖厂厂长	重庆市优秀乡镇企业厂长（经理）	重庆市乡镇企业领导小组	1995 年
付洪平	男	沙坪坝区新桥铝制品杂件厂厂长	重庆市优秀乡镇企业厂长（经理）	重庆市乡镇企业领导小组	1995 年
刘正华	男	南岸文峰建筑安装工程公司经理	重庆市优秀乡镇企业厂长（经理）	重庆市乡镇企业领导小组	1995 年
马成荣	男	九龙坡区西站橡胶制品厂厂长	重庆市优秀乡镇企业厂长（经理）	重庆市乡镇企业领导小组	1995 年
马代荣	男	重庆中梁山建材厂厂长	重庆市优秀乡镇企业厂长（经理）	重庆市乡镇企业领导小组	1995 年
武会源	男	北碚缙云摩托车配件厂厂长	重庆市优秀乡镇企业厂长（经理）	重庆市乡镇企业领导小组	1995 年
付双现	男	万盛建筑安装工程公司经理	重庆市优秀乡镇企业厂长（经理）	重庆市乡镇企业领导小组	1995 年
万双华	男	万盛乡镇企业供销公司煤焦经营处经理	重庆市优秀乡镇企业厂长（经理）	重庆市乡镇企业领导小组	1995 年
敖以章	男	重庆市星火耐磨耐热材料厂厂长	重庆市优秀乡镇企业厂长（经理）	重庆市乡镇企业领导小组	1995 年
雷施福	男	双桥区建筑工程公司经理	重庆市优秀乡镇企业厂长（经理）	重庆市乡镇企业领导小组	1995 年
瞿泽全	男	重庆虎溪织布厂厂长	重庆市优秀乡镇企业厂长（经理）	重庆市乡镇企业领导小组	1995 年
邓昌荣	男	巴县二圣缫丝厂厂长	重庆市优秀乡镇企业厂长（经理）	重庆市乡镇企业领导小组	1995 年
张兴荣	男	巴县界石页岩砖厂厂长	重庆市优秀乡镇企业厂长（经理）	重庆市乡镇企业领导小组	1995 年
程亦禄	男	巴县凤凰摩托车配件厂厂长	重庆市优秀乡镇企业厂长（经理）	重庆市乡镇企业领导小组	1995 年
张大清	男	巴县金凤建筑工程公司经理	重庆市优秀乡镇企业厂长（经理）	重庆市乡镇企业领导小组	1995 年
谢明天	男	綦江县扶欢建筑工程公司经理	重庆市优秀乡镇企业厂长（经理）	重庆市乡镇企业领导小组	1995 年

续表

姓名	性别	单位及职务	荣誉称号	授予单位	授予时间
陶清远	男	重庆羊叉水泥厂厂长	重庆市优秀乡镇企业厂长（经理）	重庆市乡镇企业领导小组	1995 年
徐世兴	男	綦江县古南金属冲件厂厂长	重庆市优秀乡镇企业厂长（经理）	重庆市乡镇企业领导小组	1995 年
周道君	男	重庆市渝北制冷设备厂厂长	重庆市优秀乡镇企业厂长（经理）	重庆市乡镇企业领导小组	1995 年
辛国荣	男	重庆市北部石化总公司总经理	重庆市优秀乡镇企业厂长（经理）	重庆市乡镇企业领导小组	1995 年
李其和	男	江北县第三建筑工程公司经理	重庆市优秀乡镇企业厂长（经理）	重庆市乡镇企业领导小组	1995 年
祖应吉	男	长寿县洪湖区称沱乡制茶厂厂长	重庆市优秀乡镇企业厂长（经理）	重庆市乡镇企业领导小组	1995 年
代富江	男	江津仁沱建筑安装工程公司经理	重庆市优秀乡镇企业厂长（经理）	重庆市乡镇企业领导小组	1995 年
陈作银	男	江津银达实业贸易公司经理	重庆市优秀乡镇企业厂长（经理）	重庆市乡镇企业领导小组	1995 年
甘游	男	重庆川江汽车改装厂一分厂厂长	重庆市优秀乡镇企业厂长（经理）	重庆市乡镇企业领导小组	1995 年
荆德宽	男	合川市大岩建筑工程公司经理	重庆市优秀乡镇企业厂长（经理）	重庆市乡镇企业领导小组	1995 年
冯德元	男	合川市南屏建筑工程公司经理	重庆市优秀乡镇企业厂长（经理）	重庆市乡镇企业领导小组	1995 年
郑维梧	男	合川市土场轧钢厂厂长	重庆市优秀乡镇企业厂长（经理）	重庆市乡镇企业领导小组	1995 年
蒋昌华	男	重庆市华蓥山建材建筑总公司副总经理	重庆市优秀乡镇企业厂长（经理）	重庆市乡镇企业领导小组	1995 年
何景智	女	潼南县汇江丝厂厂长	重庆市优秀乡镇企业厂长（经理）	重庆市乡镇企业领导小组	1995 年
江家福	男	潼南县汇江丝棉厂厂长	重庆市优秀乡镇企业厂长（经理）	重庆市乡镇企业领导小组	1995 年
冷永烈	男	铜梁县第四建筑工程公司经理	重庆市优秀乡镇企业厂长（经理）	重庆市乡镇企业领导小组	1995 年
吴国亮	男	铜梁土桥建筑工程公司经理	重庆市优秀乡镇企业厂长（经理）	重庆市乡镇企业领导小组	1995 年

续表

姓名	性别	单位及职务	荣誉称号	授予单位	授予时间
李朝郁	男	铜梁五龙建筑安装工程公司经理	重庆市优秀乡镇企业厂长（经理）	重庆市乡镇企业领导小组	1995 年
张礼洪	男	铜梁县大庙丝厂厂长	重庆市优秀乡镇企业厂长（经理）	重庆市乡镇企业领导小组	1995 年
李清明	男	铜梁县精细化工厂厂长	重庆市优秀乡镇企业厂长（经理）	重庆市乡镇企业领导小组	1995 年
谢荣全	男	永川大南石英黏土矿厂厂长	重庆市优秀乡镇企业厂长（经理）	重庆市乡镇企业领导小组	1995 年
曾庆玖	男	永川市三教建筑工程公司经理	重庆市优秀乡镇企业厂长（经理）	重庆市乡镇企业领导小组	1995 年
杜清学	男	永川市麻杆林煤矿矿长	重庆市优秀乡镇企业厂长（经理）	重庆市乡镇企业领导小组	1995 年
王树猷	男	大足县龙水镇铸钢厂西湖分厂厂长	重庆市优秀乡镇企业厂长（经理）	重庆市乡镇企业领导小组	1995 年
李伦	男	大足县轧钢厂厂长	重庆市优秀乡镇企业厂长（经理）	重庆市乡镇企业领导小组	1995 年
胡少权	男	荣昌县丝绸厂厂长	重庆市优秀乡镇企业厂长（经理）	重庆市乡镇企业领导小组	1995 年
朱鸿煜	男	荣昌县第四建贡工程公司经理	重庆市优秀乡镇企业厂长（经理）	重庆市乡镇企业领导小组	1995 年
林富洲	男	荣昌县建设总公司总经理	重庆市优秀乡镇企业厂长（经理）	重庆市乡镇企业领导小组	1995 年
周言刚	男	璧山县河边丝厂副厂长	重庆市优秀乡镇企业厂长（经理）	重庆市乡镇企业领导小组	1995 年
易天寿	男	重庆市璧山汽车弹簧厂厂长	重庆市优秀乡镇企业厂长（经理）	重庆市乡镇企业领导小组	1995 年
曾顺华	男	璧山第五建筑工程公司经理	重庆市优秀乡镇企业厂长（经理）	重庆市乡镇企业领导小组	1995 年

第三节 重庆市优秀乡镇企业厂长（经理、董事长）

重庆直辖后的 1998—2002 年，重庆市人事局和市乡企局在乡镇企业系统中继续开展评选优秀厂长（经理、董事长）的活动。共有 360 人被市人事局和乡企局授予重庆市优秀乡镇企业厂长

（经理、董事长）荣誉称号，并印发渝人发〔1998〕100 号和〔2002〕86 号文进行了表彰。

1999 年，共青团重庆市委、重庆市青年乡镇企业家协会对评选出的 38 人分别授予杰出青年厂长（经理、董事长）和优秀青年厂长（经理、董事长）荣誉称号，并印发渝团联发〔1999〕8 号文进行了表彰。

表 7－10　**重庆市优秀乡镇企业厂长（经理、董事长）名录**

姓名	性别	单位及职务	荣誉称号	授予单位	授予时间
李英烈	男	万州区地方建筑总公司总经理	重庆市优秀乡镇企业厂长（经理、董事长）	重庆市人事局 重庆市乡企局	1998 年
谭四新	男	万州区地方建筑总公司第三分公司经理	重庆市优秀乡镇企业厂长（经理、董事长）	重庆市人事局 重庆市乡企局	1998 年
况守孝	男	重庆市涪陵川陵食品有限公司董事长	重庆市优秀乡镇企业厂长（经理、董事长）	重庆市人事局 重庆市乡企局	1998 年
传友文	男	重庆市涪陵建涪水泥厂厂长	重庆市优秀乡镇企业厂长（经理、董事长）	重庆市人事局 重庆市乡企局	1998 年
吴方华	男	重庆市涪陵区泰安路桥工程有限公司经理	重庆市优秀乡镇企业厂长（经理、董事长）	重庆市人事局 重庆市乡企局	1998 年
刘云	男	重庆市涪陵区五一建筑工程公司经理	重庆市优秀乡镇企业厂长（经理、董事长）	重庆市人事局 重庆市乡企局	1998 年
王永钊	男	重庆涪陵马武电力公司经理	重庆市优秀乡镇企业厂长（经理、董事长）	重庆市人事局 重庆市乡企局	1998 年
陈正举	男	重庆涪陵金银摩托车配件有限公司总经理	重庆市优秀乡镇企业厂长（经理、董事长）	重庆市人事局 重庆市乡企局	1998 年
唐圣玺	男	重庆涪陵江南肉食品厂厂长	重庆市优秀乡镇企业厂长（经理、董事长）	重庆市人事局 重庆市乡企局	1998 年
李文勇	男	重庆建胜建筑工程公司总经理	重庆市优秀乡镇企业厂长（经理、董事长）	重庆市人事局 重庆市乡企局	1998 年
陈协孝	男	重庆大渡口区八桥建筑工程总公司总经理	重庆市优秀乡镇企业厂长（经理、董事长）	重庆市人事局 重庆市乡企局	1998 年
何磊	男	重庆市中磊发动机厂厂长	重庆市优秀乡镇企业厂长（经理、董事长）	重庆市人事局 重庆市乡企局	1998 年
罗远海	男	重庆马鞍山建材厂厂长	重庆市优秀乡镇企业厂长（经理、董事长）	重庆市人事局 重庆市乡企局	1998 年
唐智华	男	重庆蜀道摩托车汽缸有限责任公司董事长	重庆市优秀乡镇企业厂长（经理、董事长）	重庆市人事局 重庆市乡企局	1998 年
陈争鸣	男	重庆必扬（集团）冰点水有限公司总经理	重庆市优秀乡镇企业厂长（经理、董事长）	重庆市人事局 重庆市乡企局	1998 年

续表

姓名	性别	单位及职务	荣誉称号	授予单位	授予时间
王光钧	男	重庆广厦冲压件厂厂长	重庆市优秀乡镇企业厂长（经理、董事长）	重庆市人事局 重庆市乡企局	1998 年
王邦彦	男	重庆茂源实业公司总经理	重庆市优秀乡镇企业厂长（经理、董事长）	重庆市人事局 重庆市乡企局	1998 年
江洪英	女	重庆民江工贸（集团）有限公司董事长	重庆市优秀乡镇企业厂长（经理、董事长）	重庆市人事局 重庆市乡企局	1998 年
魏建川	男	重庆建川实业集团有限公司总经理	重庆市优秀乡镇企业厂长（经理、董事长）	重庆市人事局 重庆市乡企局	1998 年
陈若梧	男	长安集团农用运输车辆制造厂厂长	重庆市优秀乡镇企业厂长（经理、董事长）	重庆市人事局 重庆市乡企局	1998 年
蒋志凌	男	重庆江北工程建设（集团）有限公司董事长	重庆市优秀乡镇企业厂长（经理、董事长）	重庆市人事局 重庆市乡企局	1998 年
付元才	男	重庆江北利得工业制造有限公司董事长	重庆市优秀乡镇企业厂长（经理、董事长）	重庆市人事局 重庆市乡企局	1998 年
赵成进	男	重庆华洋实业总公司董事长	重庆市优秀乡镇企业厂长（经理、董事长）	重庆市人事局 重庆市乡企局	1998 年
覃义云	男	重庆红旗汽车零部件制造厂厂长	重庆市优秀乡镇企业厂长（经理、董事长）	重庆市人事局 重庆市乡企局	1998 年
付天河	男	重庆歌乐山水泥厂厂长	重庆市优秀乡镇企业厂长（经理、董事长）	重庆市人事局 重庆市乡企局	1998 年
张大荣	男	重庆渝港红旗化工有限公司董事长	重庆市优秀乡镇企业厂长（经理、董事长）	重庆市人事局 重庆市乡企局	1998 年
李泽福	男	沙坪坝区天星桥汽车检测站站长	重庆市优秀乡镇企业厂长（经理、董事长）	重庆市人事局 重庆市乡企局	1998 年
王先秀	女	重庆新立药用玻璃厂厂长	重庆市优秀乡镇企业厂长（经理、董事长）	重庆市人事局 重庆市乡企局	1998 年
赵明金	男	沙坪坝区陈家桥煤矸石砖厂厂长	重庆市优秀乡镇企业厂长（经理、董事长）	重庆市人事局 重庆市乡企局	1998 年
欧道福	男	重庆红旗建筑工程公司经理	重庆市优秀乡镇企业厂长（经理、董事长）	重庆市人事局 重庆市乡企局	1998 年
魏巨强	男	重庆金华电器成套公司总经理	重庆市优秀乡镇企业厂长（经理、董事长）	重庆市人事局 重庆市乡企局	1998 年
叶光鑫	男	沙坪坝区宏达建设筑材料公司总经理	重庆市优秀乡镇企业厂长（经理、董事长）	重庆市人事局 重庆市乡企局	1998 年

续表

姓名	性别	单位及职务	荣誉称号	授予单位	授予时间
罗治政	男	重庆青木水泥厂厂长	重庆市优秀乡镇企业厂长（经理、董事长）	重庆市人事局 重庆市乡企局	1998年
张朝明	男	重庆上桥实业总公司总经理	重庆市优秀乡镇企业厂长（经理、董事长）	重庆市人事局 重庆市乡企局	1998年
郑光华	男	重庆华洋产业集团董事长	重庆市优秀乡镇企业厂长（经理、董事长）	重庆市人事局 重庆市乡企局	1998年
张兴海	男	重庆长安减震器有限公司经理	重庆市优秀乡镇企业厂长（经理、董事长）	重庆市人事局 重庆市乡企局	1998年
涂富霞	女	立邦涂料（重庆）化工有限公司总经理	重庆市优秀乡镇企业厂长（经理、董事长）	重庆市人事局 重庆市乡企局	1998年
柳建忠	男	重庆建发机械制造公司总经理	重庆市优秀乡镇企业厂长（经理、董事长）	重庆市人事局 重庆市乡企局	1998年
刘柱刚	男	重庆天池水泥厂厂长	重庆市优秀乡镇企业厂长（经理、董事长）	重庆市人事局 重庆市乡企局	1998年
邓正禄	男	重庆松岭建筑工程有限公司总经理	重庆市优秀乡镇企业厂长（经理、董事长）	重庆市人事局 重庆市乡企局	1998年
张大清	男	重庆金凤建筑工程有限公司经理	重庆市优秀乡镇企业厂长（经理、董事长）	重庆市人事局 重庆市乡企局	1998年
刘念玖	男	重庆西南运输机械制造厂厂长	重庆市优秀乡镇企业厂长（经理、董事长）	重庆市人事局 重庆市乡企局	1998年
李明亮	男	重庆九龙坡区明鑫机器厂厂长	重庆市优秀乡镇企业厂长（经理、董事长）	重庆市人事局 重庆市乡企局	1998年
李达志	男	重庆玉清寺建筑工程有限公司经理	重庆市优秀乡镇企业厂长（经理、董事长）	重庆市人事局 重庆市乡企局	1998年
梁安萍	女	重庆九洲印务公司经理	重庆市优秀乡镇企业厂长（经理、董事长）	重庆市人事局 重庆市乡企局	1998年
马佑荣	男	重庆九龙橡胶股份公司经理	重庆市优秀乡镇企业厂长（经理、董事长）	重庆市人事局 重庆市乡企局	1998年
陈谭明	男	重庆白市明通机械配件有限公司经理	重庆市优秀乡镇企业厂长（经理、董事长）	重庆市人事局 重庆市乡企局	1998年
秦荣贵	男	重庆石桥房地产开发总公司总经理	重庆市优秀乡镇企业厂长（经理、董事长）	重庆市人事局 重庆市乡企局	1998年
陈显寿	男	重庆石桥饭店经理	重庆市优秀乡镇企业厂长（经理、董事长）	重庆市人事局 重庆市乡企局	1998年

续表

姓名	性别	单位及职务	荣誉称号	授予单位	授予时间
陈显和	男	重庆石桥建筑集团有限公司总经理	重庆市优秀乡镇企业厂长（经理、董事长）	重庆市人事局 重庆市乡企局	1998 年
汪武杨	男	重庆延峰汽车零部件有限公司总经理	重庆市优秀乡镇企业厂长（经理、董事长）	重庆市人事局 重庆市乡企局	1998 年
李万虎	男	重庆万虎机电有限责任公司董事长	重庆市优秀乡镇企业厂长（经理、董事长）	重庆市人事局 重庆市乡企局	1998 年
李良铭	男	重庆迎龙化工有限责任公司经理	重庆市优秀乡镇企业厂长（经理、董事长）	重庆市人事局 重庆市乡企局	1998 年
谢启华	男	重庆天姿骄制鞋有限公司董事长	重庆市优秀乡镇企业厂长（经理、董事长）	重庆市人事局 重庆市乡企局	1998 年
李金明	男	重庆江南卷尺厂厂长	重庆市优秀乡镇企业厂长（经理、董事长）	重庆市人事局 重庆市乡企局	1998 年
邓勇	男	重庆市正川玻璃有限公司总经理	重庆市优秀乡镇企业厂长（经理、董事长）	重庆市人事局 重庆市乡企局	1998 年
曹正素	女	北碚歇马机械厂厂长	重庆市优秀乡镇企业厂长（经理、董事长）	重庆市人事局 重庆市乡企局	1998 年
苏定富	男	重庆市两路煤矸石砖厂厂长	重庆市优秀乡镇企业厂长（经理、董事长）	重庆市人事局 重庆市乡企局	1998 年
江礼华	男	北碚滩口建筑工程公司经理	重庆市优秀乡镇企业厂长（经理、董事长）	重庆市人事局 重庆市乡企局	1998 年
邓先登	男	重庆恒达磁性材料有限公司经理	重庆市优秀乡镇企业厂长（经理、董事长）	重庆市人事局 重庆市乡企局	1998 年
梁万富	男	北碚澄江建设工程总公司经理	重庆市优秀乡镇企业厂长（经理、董事长）	重庆市人事局 重庆市乡企局	1998 年
范德瑜	男	重庆川江摩托车配件制造有限公司董事长	重庆市优秀乡镇企业厂长（经理、董事长）	重庆市人事局 重庆市乡企局	1998 年
刘茂怀	男	万盛区其林水泥厂厂长	重庆市优秀乡镇企业厂长（经理、董事长）	重庆市人事局 重庆市乡企局	1998 年
付双现	男	万盛区建筑安装工程有限责任公司董事长	重庆市优秀乡镇企业厂长（经理、董事长）	重庆市人事局 重庆市乡企局	1998 年
唐治模	男	万盛区金桥造纸厂厂长	重庆市优秀乡镇企业厂长（经理、董事长）	重庆市人事局 重庆市乡企局	1998 年
郭明木	男	万盛四通建筑工程有限公司董事长	重庆市优秀乡镇企业厂长（经理、董事长）	重庆市人事局 重庆市乡企局	1998 年

续表

姓名	性别	单位及职务	荣誉称号	授予单位	授予时间
杨秀一	男	重庆市钻井材料公司经理	重庆市优秀乡镇企业厂长（经理、董事长）	重庆市人事局 重庆市乡企局	1998 年
段昌俊	男	万盛煤炭（集团）有限责任公司董事长	重庆市优秀乡镇企业厂长（经理、董事长）	重庆市人事局 重庆市乡企局	1998 年
敖义	男	重庆市星火耐磨耐热材料厂厂长	重庆市优秀乡镇企业厂长（经理、董事长）	重庆市人事局 重庆市乡企局	1998 年
周荣海	男	杭州汽车发动机厂西南销售公司经理	重庆市优秀乡镇企业厂长（经理、董事长）	重庆市人事局 重庆市乡企局	1998 年
高传沪	男	重庆红岩汽车传动轴厂厂长	重庆市优秀乡镇企业厂长（经理、董事长）	重庆市人事局 重庆市乡企局	1998 年
雷施福	男	重庆市双桥区建筑工程公司董事长	重庆市优秀乡镇企业厂长（经理、董事长）	重庆市人事局 重庆市乡企局	1998 年
周仕进	男	重庆三峡钢化玻璃厂厂长	重庆市优秀乡镇企业厂长（经理、董事长）	重庆市人事局 重庆市乡企局	1998 年
田世沛	男	重庆市御临筑工程有限公司经理	重庆市优秀乡镇企业厂长（经理、董事长）	重庆市人事局 重庆市乡企局	1998 年
曹选利	男	重庆聚信商业（集团）有限公司经理	重庆市优秀乡镇企业厂长（经理、董事长）	重庆市人事局 重庆市乡企局	1998 年
邓步长	男	重庆三峡城市建筑工程有限公司总经理	重庆市优秀乡镇企业厂长（经理、董事长）	重庆市人事局 重庆市乡企局	1998 年
吴阳成	男	重庆市渝北区聚星实业有限公司董事长	重庆市优秀乡镇企业厂长（经理、董事长）	重庆市人事局 重庆市乡企局	1998 年
刘世勇	男	重庆宏泰实业发展有限公司总经理	重庆市优秀乡镇企业厂长（经理、董事长）	重庆市人事局 重庆市乡企局	1998 年
周道学	男	重庆渝北压铸厂厂长	重庆市优秀乡镇企业厂长（经理、董事长）	重庆市人事局 重庆市乡企局	1998 年
王维凡	男	重庆昆仑化工厂厂长	重庆市优秀乡镇企业厂长（经理、董事长）	重庆市人事局 重庆市乡企局	1998 年
余精华	男	重庆一品建筑工程公司总经理	重庆市优秀乡镇企业厂长（经理、董事长）	重庆市人事局 重庆市乡企局	1998 年
王元朝	男	重庆接龙水泥厂厂长	重庆市优秀乡镇企业厂长（经理、董事长）	重庆市人事局 重庆市乡企局	1998 年
焦芳智	女	重庆花溪建材总厂厂长	重庆市优秀乡镇企业厂长（经理、董事长）	重庆市人事局 重庆市乡企局	1998 年

续表

姓名	性别	单位及职务	荣誉称号	授予单位	授予时间
李祥银	男	重庆南方企业总公司总经理	重庆市优秀乡镇企业厂长（经理、董事长）	重庆市人事局 重庆市乡企局	1998 年
申远发	男	巴南区第四建筑工程公司经理	重庆市优秀乡镇企业厂长（经理、董事长）	重庆市人事局 重庆市乡企局	1998 年
张宜森	男	重庆雅典房地产开发集团公司总经理	重庆市优秀乡镇企业厂长（经理、董事长）	重庆市人事局 重庆市乡企局	1998 年
夏太胜	男	重庆鱼洞房地产开发公司经理	重庆市优秀乡镇企业厂长（经理、董事长）	重庆市人事局 重庆市乡企局	1998 年
张志明	男	重庆日月实业总公司经理	重庆市优秀乡镇企业厂长（经理、董事长）	重庆市人事局 重庆市乡企局	1998 年
张永钻	男	重庆宏达家具实业公司经理	重庆市优秀乡镇企业厂长（经理、董事长）	重庆市人事局 重庆市乡企局	1998 年
成文值	男	江津市石蟆建筑安装工程公司经理	重庆市优秀乡镇企业厂长（经理、董事长）	重庆市人事局 重庆市乡企局	1998 年
杜国强	男	重庆夏强工业公司经理	重庆市优秀乡镇企业厂长（经理、董事长）	重庆市人事局 重庆市乡企局	1998 年
张学辉	男	江津市支坪建筑工程公司经理	重庆市优秀乡镇企业厂长（经理、董事长）	重庆市人事局 重庆市乡企局	1998 年
邵坤灿	男	江津市石门建筑安装工程公司经理	重庆市优秀乡镇企业厂长（经理、董事长）	重庆市人事局 重庆市乡企局	1998 年
杨勋跃	男	江津市石门水泥总厂厂长	重庆市优秀乡镇企业厂长（经理、董事长）	重庆市人事局 重庆市乡企局	1998 年
丁华锋	男	江津市吴滩建筑工程公司经理	重庆市优秀乡镇企业厂长（经理、董事长）	重庆市人事局 重庆市乡企局	1998 年
邹伟	男	重庆市白沙地产开发（集团）公司总经理	重庆市优秀乡镇企业厂长（经理、董事长）	重庆市人事局 重庆市乡企局	1998 年
万先模	男	江津市珞璜建筑工程公司总经理	重庆市优秀乡镇企业厂长（经理、董事长）	重庆市人事局 重庆市乡企局	1998 年
欧高东	男	江津市第十建筑工程公司总经理	重庆市优秀乡镇企业厂长（经理、董事长）	重庆市人事局 重庆市乡企局	1998 年
甘游	男	重庆市川江汽车改装有限责任公司经理	重庆市优秀乡镇企业厂长（经理、董事长）	重庆市人事局 重庆市乡企局	1998 年
秦隆江	男	江津建筑建材总公司经理	重庆市优秀乡镇企业厂长（经理、董事长）	重庆市人事局 重庆市乡企局	1998 年

续表

姓名	性别	单位及职务	荣誉称号	授予单位	授予时间
毛远鹏	男	合川市皮毛制品厂厂长	重庆市优秀乡镇企业厂长（经理、董事长）	重庆市人事局 重庆市乡企局	1998 年
陈邦武	男	重庆啤酒集团第六啤酒厂厂长	重庆市优秀乡镇企业厂长（经理、董事长）	重庆市人事局 重庆市乡企局	1998 年
陆支国	男	合川市太和缫丝厂厂长	重庆市优秀乡镇企业厂长（经理、董事长）	重庆市人事局 重庆市乡企局	1998 年
胡泽光	男	合川市三江水泥厂厂长	重庆市优秀乡镇企业厂长（经理、董事长）	重庆市人事局 重庆市乡企局	1998 年
杨清元	男	永川市双竹轧钢厂厂长	重庆市优秀乡镇企业厂长（经理、董事长）	重庆市人事局 重庆市乡企局	1998 年
肖向东	男	永川市群力房地产开发有限公司董事长	重庆市优秀乡镇企业厂长（经理、董事长）	重庆市人事局 重庆市乡企局	1998 年
蒋世禄	男	永川市小南建材厂厂长	重庆市优秀乡镇企业厂长（经理、董事长）	重庆市人事局 重庆市乡企局	1998 年
陈庭春	男	永川市虹宇实业有限公司董事长	重庆市优秀乡镇企业厂长（经理、董事长）	重庆市人事局 重庆市乡企局	1998 年
张义明	女	重庆羲明实业（集团）有限公司董事长	重庆市优秀乡镇企业厂长（经理、董事长）	重庆市人事局 重庆市乡企局	1998 年
李旬	男	永川市万寿乡石马门煤矿董事长	重庆市优秀乡镇企业厂长（经理、董事长）	重庆市人事局 重庆市乡企局	1998 年
孔令和	男	永川富丽装饰工程有限公司经理	重庆市优秀乡镇企业厂长（经理、董事长）	重庆市人事局 重庆市乡企局	1998 年
赵著源	男	重庆市源力实业（集团）有限公司董事长	重庆市优秀乡镇企业厂长（经理、董事长）	重庆市人事局 重庆市乡企局	1998 年
蒋光吉	男	永川市第五建筑工程公司总经理	重庆市优秀乡镇企业厂长（经理、董事长）	重庆市人事局 重庆市乡企局	1998 年
唐忠华	男	重庆隆西建设（集团）有限公司总经理	重庆市优秀乡镇企业厂长（经理、董事长）	重庆市人事局 重庆市乡企局	1998 年
孙定生	男	长寿鹏达建筑工程公司经理	重庆市优秀乡镇企业厂长（经理、董事长）	重庆市人事局 重庆市乡企局	1998 年
李则民	男	重庆渝凤建筑安装工程公司总经理	重庆市优秀乡镇企业厂长（经理、董事长）	重庆市人事局 重庆市乡企局	1998 年
张开权	男	长寿双龙联合盐卤厂厂长	重庆市优秀乡镇企业厂长（经理、董事长）	重庆市人事局 重庆市乡企局	1998 年

续表

姓名	性别	单位及职务	荣誉称号	授予单位	授予时间
栾长清	男	重庆三峡建设有限公司经理	重庆市优秀乡镇企业厂长（经理、董事长）	重庆市人事局 重庆市乡企局	1998 年
文德全	男	重庆啤酒（集团）有限公司第三啤酒厂厂长	重庆市优秀乡镇企业厂长（经理、董事长）	重庆市人事局 重庆市乡企局	1998 年
杨朝福	男	重庆綦江建筑材料公司董事长	重庆市优秀乡镇企业厂长（经理、董事长）	重庆市人事局 重庆市乡企局	1998 年
唐跃洪	男	现重庆宏发实业总公司董事长	重庆市优秀乡镇企业厂长（经理、董事长）	重庆市人事局 重庆市乡企局	1998 年
黄现仁	男	綦江县羊叉二煤矿董事长	重庆市优秀乡镇企业厂长（经理、董事长）	重庆市人事局 重庆市乡企局	1998 年
朱光伟	男	重庆市德信建筑安装工程有限公司经理	重庆市优秀乡镇企业厂长（经理、董事长）	重庆市人事局 重庆市乡企局	1998 年
古云香	男	綦江县赶水水泥厂厂长	重庆市优秀乡镇企业厂长（经理、董事长）	重庆市人事局 重庆市乡企局	1998 年
黄昭智	男	重庆渝洋钢模板厂厂长	重庆市优秀乡镇企业厂长（经理、董事长）	重庆市人事局 重庆市乡企局	1998 年
江家福	男	潼南县绢纺厂厂长	重庆市优秀乡镇企业厂长（经理、董事长）	重庆市人事局 重庆市乡企局	1998 年
简林富	男	潼南县造纸厂厂长	重庆市优秀乡镇企业厂长（经理、董事长）	重庆市人事局 重庆市乡企局	1998 年
王君麟	男	重庆市大佛建筑安装工程公司经理	重庆市优秀乡镇企业厂长（经理、董事长）	重庆市人事局 重庆市乡企局	1998 年
李国彬	男	潼南县太平丝绢厂厂长	重庆市优秀乡镇企业厂长（经理、董事长）	重庆市人事局 重庆市乡企局	1998 年
姚祖明	男	潼南第一造纸厂厂长	重庆市优秀乡镇企业厂长（经理、董事长）	重庆市人事局 重庆市乡企局	1998 年
何景智	男	潼南县三汇丝绢总厂厂长	重庆市优秀乡镇企业厂长（经理、董事长）	重庆市人事局 重庆市乡企局	1998 年
杨光华	男	铜梁县岚峰建材开发公司经理	重庆市优秀乡镇企业厂长（经理、董事长）	重庆市人事局 重庆市乡企局	1998 年
张正伦	男	铜梁县特种水泥有限责任公司总经理	重庆市优秀乡镇企业厂长（经理、董事长）	重庆市人事局 重庆市乡企局	1998 年
杨强	男	重庆蓝洋礼品有限公司总经理	重庆市优秀乡镇企业厂长（经理、董事长）	重庆市人事局 重庆市乡企局	1998 年

续表

姓名	性别	单位及职务	荣誉称号	授予单位	授予时间
王昌奎	男	大足县黎家湾煤矿矿长	重庆市优秀乡镇企业厂长（经理、董事长）	重庆市人事局 重庆市乡企局	1998年
刘千洪	男	大足县古龙水泥制造有限公司董事长	重庆市优秀乡镇企业厂长（经理、董事长）	重庆市人事局 重庆市乡企局	1998年
吴光富	男	荣昌冶炼厂厂长	重庆市优秀乡镇企业厂长（经理、董事长）	重庆市人事局 重庆市乡企局	1998年
张朝均	男	荣昌县第九建筑工程公司经理	重庆市优秀乡镇企业厂长（经理、董事长）	重庆市人事局 重庆市乡企局	1998年
黄邦贵	男	荣昌县福利供销社总经理	重庆市优秀乡镇企业厂长（经理、董事长）	重庆市人事局 重庆市乡企局	1998年
何华清	男	重庆市峰高水泥有限公司董事长	重庆市优秀乡镇企业厂长（经理、董事长）	重庆市人事局 重庆市乡企局	1998年
陈依弟	男	荣昌县闽航钢铁有限公司总经理	重庆市优秀乡镇企业厂长（经理、董事长）	重庆市人事局 重庆市乡企局	1998年
曾顺华	男	璧山县第五建筑工程公司总经理	重庆市优秀乡镇企业厂长（经理、董事长）	重庆市人事局 重庆市乡企局	1998年
甘伟勤	男	璧山县鞍子水泥厂厂长	重庆市优秀乡镇企业厂长（经理、董事长）	重庆市人事局 重庆市乡企局	1998年
王兴华	男	重庆望江兴华摩托车制造有限公司董事长	重庆市优秀乡镇企业厂长（经理、董事长）	重庆市人事局 重庆市乡企局	1998年
王祖水	男	璧山冶炼厂厂长	重庆市优秀乡镇企业厂长（经理、董事长）	重庆市人事局 重庆市乡企局	1998年
杨明文	男	璧山县福里机械电镀有限公司经理	重庆市优秀乡镇企业厂长（经理、董事长）	重庆市人事局 重庆市乡企局	1998年
陈文隆	男	璧山大兴金属厂厂长	重庆市优秀乡镇企业厂长（经理、董事长）	重庆市人事局 重庆市乡企局	1998年
赵天楷	男	梁平县金柱水泥厂厂长	重庆市优秀乡镇企业厂长（经理、董事长）	重庆市人事局 重庆市乡企局	1998年
伍仕俊	男	重庆市华东建筑集团公司总经理	重庆市优秀乡镇企业厂长（经理、董事长）	重庆市人事局 重庆市乡企局	1998年
石安祥	男	梁平县邵新纸厂厂长	重庆市优秀乡镇企业厂长（经理、董事长）	重庆市人事局 重庆市乡企局	1998年
胡良才	男	梁平县建筑集团有限公司经理	重庆市优秀乡镇企业厂长（经理、董事长）	重庆市人事局 重庆市乡企局	1998年

续表

姓名	性别	单位及职务	荣誉称号	授予单位	授予时间
张忠文	男	重庆市鸿达彩印厂厂长	重庆市优秀乡镇企业厂长（经理、董事长）	重庆市人事局 重庆市乡企局	1998 年
汪文政	男	城口县矿产资源开发有限公司经理	重庆市优秀乡镇企业厂长（经理、董事长）	重庆市人事局 重庆市乡企局	1998 年
熊诗田	男	城口县双河乡扶贫开发有限公司经理	重庆市优秀乡镇企业厂长（经理、董事长）	重庆市人事局 重庆市乡企局	1998 年
向绍君	男	城口县修齐锰矿有限责任公司董事长	重庆市优秀乡镇企业厂长（经理、董事长）	重庆市人事局 重庆市乡企局	1998 年
李云强	男	南川市嘉南水泥厂厂长	重庆市优秀乡镇企业厂长（经理、董事长）	重庆市人事局 重庆市乡企局	1998 年
韦济波	男	南川市白沙水泥厂厂长	重庆市优秀乡镇企业厂长（经理、董事长）	重庆市人事局 重庆市乡企局	1998 年
郭承俊	男	南川市红峰水泥厂厂长	重庆市优秀乡镇企业厂长（经理、董事长）	重庆市人事局 重庆市乡企局	1998 年
付泽光	男	丰都县第一建筑工程公司经理	重庆市优秀乡镇企业厂长（经理、董事长）	重庆市人事局 重庆市乡企局	1998 年
李吉仲	男	丰都县第一建材厂厂长	重庆市优秀乡镇企业厂长（经理、董事长）	重庆市人事局 重庆市乡企局	1998 年
黄泽平	男	丰都县三元复合肥厂厂长	重庆市优秀乡镇企业厂长（经理、董事长）	重庆市人事局 重庆市乡企局	1998 年
刘仁俊	男	垫江县炭黑厂厂长	重庆市优秀乡镇企业厂长（经理、董事长）	重庆市人事局 重庆市乡企局	1998 年
李建华	男	垫江县普顺造纸厂厂长	重庆市优秀乡镇企业厂长（经理、董事长）	重庆市人事局 重庆市乡企局	1998 年
曾宪才	男	垫江县龙泉食品有限公司总经理	重庆市优秀乡镇企业厂长（经理、董事长）	重庆市人事局 重庆市乡企局	1998 年
谭正六	男	垫江县建筑工程三公司经理	重庆市优秀乡镇企业厂长（经理、董事长）	重庆市人事局 重庆市乡企局	1998 年
董世东	男	垫江县建筑工程总公司经理	重庆市优秀乡镇企业厂长（经理、董事长）	重庆市人事局 重庆市乡企局	1998 年
陈廷忠	男	武隆县鸭江水力发电厂董事长	重庆市优秀乡镇企业厂长（经理、董事长）	重庆市人事局 重庆市乡企局	1998 年
黄虎孝	男	武隆县第二建筑工程公司经理	重庆市优秀乡镇企业厂长（经理、董事长）	重庆市人事局 重庆市乡企局	1998 年

续表

姓名	性别	单位及职务	荣誉称号	授予单位	授予时间
沈春映	男	忠县忠马丝绸厂厂长	重庆市优秀乡镇企业厂长（经理、董事长）	重庆市人事局 重庆市乡企局	1998 年
康建华	男	忠县建材厂厂长	重庆市优秀乡镇企业厂长（经理、董事长）	重庆市人事局 重庆市乡企局	1998 年
孙宗富	男	忠县卫星水泥厂厂长	重庆市优秀乡镇企业厂长（经理、董事长）	重庆市人事局 重庆市乡企局	1998 年
余永富	男	万州区长江水泥有限责任公司总经理	重庆市优秀乡镇企业厂长（经理、董事长）	重庆市人事局 重庆市乡企局	1998 年
谭祖祥	男	开县水泥一厂厂长	重庆市优秀乡镇企业厂长（经理、董事长）	重庆市人事局 重庆市乡企局	1998 年
吴生现	男	开县丰盛建筑工程公司经理	重庆市优秀乡镇企业厂长（经理、董事长）	重庆市人事局 重庆市乡企局	1998 年
付代华	男	开县中和丝厂厂长	重庆市优秀乡镇企业厂长（经理、董事长）	重庆市人事局 重庆市乡企局	1998 年
胡定坤	男	开县盛山建筑工程公司经理	重庆市优秀乡镇企业厂长（经理、董事长）	重庆市人事局 重庆市乡企局	1998 年
邬宗禄	男	云阳栖霞水泥厂厂长	重庆市优秀乡镇企业厂长（经理、董事长）	重庆市人事局 重庆市乡企局	1998 年
朱云辉	男	云阳县摩托车配件加工厂厂长	重庆市优秀乡镇企业厂长（经理、董事长）	重庆市人事局 重庆市乡企局	1998 年
柯耀武	男	奉节县华兴精煤公司经理	重庆市优秀乡镇企业厂长（经理、董事长）	重庆市人事局 重庆市乡企局	1998 年
陈祖耀	男	奉节县草堂区乡镇企业供销公司经理	重庆市优秀乡镇企业厂长（经理、董事长）	重庆市人事局 重庆市乡企局	1998 年
欧序林	男	奉节县嘉奉精煤联合公司经理	重庆市优秀乡镇企业厂长（经理、董事长）	重庆市人事局 重庆市乡企局	1998 年
周明选	男	巫山县化工总厂厂长	重庆市优秀乡镇企业厂长（经理、董事长）	重庆市人事局 重庆市乡企局	1998 年
刘启东	男	巫山县福田镇黑门千煤厂厂长	重庆市优秀乡镇企业厂长（经理、董事长）	重庆市人事局 重庆市乡企局	1998 年
杨秀品	男	黔江县扶贫建筑工程公司经理	重庆市优秀乡镇企业厂长（经理、董事长）	重庆市人事局 重庆市乡企局	1998 年
粟永发	男	黔江县联合镇建运公司经理	重庆市优秀乡镇企业厂长（经理、董事长）	重庆市人事局 重庆市乡企局	1998 年

续表

姓名	性别	单位及职务	荣誉称号	授予单位	授予时间
高可华	男	黔江县珍珠兰茶叶总公司董事长	重庆市优秀乡镇企业厂长（经理、董事长）	重庆市人事局 重庆市乡企局	1998 年
冉懋权	男	秀山县中和水泥厂厂长	重庆市优秀乡镇企业厂长（经理、董事长）	重庆市人事局 重庆市乡企局	1998 年
李朝贵	男	重庆彭水华龙橡胶厂厂长	重庆市优秀乡镇企业厂长（经理、董事长）	重庆市人事局 重庆市乡企局	1998 年
何洪安	男	重庆郁江建材有限责任公司总经理	重庆市优秀乡镇企业厂长（经理、董事长）	重庆市人事局 重庆市乡企局	1998 年
熊道清	男	万州区第三建筑公司（龙宝）经理	重庆市优秀乡镇企业厂长（经理、董事长）	重庆市人事局 重庆市乡企局	1998 年
邓厚恩	男	万州区江北碳素厂（龙宝）厂厂长	重庆市优秀乡镇企业厂长（经理、董事长）	重庆市人事局 重庆市乡企局	1998 年
王万乾	男	万州区蜀峰建筑建材公司（龙宝）总经理	重庆市优秀乡镇企业厂长（经理、董事长）	重庆市人事局 重庆市乡企局	1998 年
方祯祥	男	万州区龙宝建筑公司经理	重庆市优秀乡镇企业厂长（经理、董事长）	重庆市人事局 重庆市乡企局	1998 年
陈步诗	男	万州区黄泥造纸厂厂长	重庆市优秀乡镇企业厂长（经理、董事长）	重庆市人事局 重庆市乡企局	1998 年
陈斌	男	重庆三信建设（集团）有限公司总经理	重庆市优秀乡镇企业厂长（经理、董事长）	重庆市人事局 重庆市乡企局	1998 年
黄佐祥	男	重庆华升建筑工程（集团）有限公司总经理	重庆市优秀乡镇企业厂长（经理、董事长）	重庆市人事局 重庆市乡企局	1998 年
赵忠	男	万州区三峡水泥有限公司（天城）董事长	重庆市优秀乡镇企业厂长（经理、董事长）	重庆市人事局 重庆市乡企局	1998 年
向前丰	男	万州区宏远鞋业有限公司（天城）董事长	重庆市优秀乡镇企业厂长（经理、董事长）	重庆市人事局 重庆市乡企局	1998 年
张廷荣	男	万州区长南石油有限公司（五桥）总经理	重庆市优秀乡镇企业厂长（经理、董事长）	重庆市人事局 重庆市乡企局	1998 年
刘东鑫	男	万州区谭绍溪灰沙砖厂厂长	重庆市优秀乡镇企业厂长（经理、董事长）	重庆市人事局 重庆市乡企局	1998 年
方桢祥	男	重庆市万州区龙宝建设工程有限公司董事长	重庆市优秀乡镇企业厂长（经理、董事长）	重庆市人事局 重庆市乡企局	2002 年
袁安明	男	重庆万州建安建设（集团）有限公司总经理	重庆市优秀乡镇企业厂长（经理、董事长）	重庆市人事局 重庆市乡企局	2002 年

续表

姓名	性别	单位及职务	荣誉称号	授予单位	授予时间
张康林	男	重庆万州福兴钢厂厂长	重庆市优秀乡镇企业厂长（经理、董事长）	重庆市人事局 重庆市乡企局	2002年
王万乾	男	重庆市蜀峰建筑建材有限公司董事长	重庆市乡镇企业	重庆市乡企局	2002年
牟方国	男	重庆市万州区芳方丝绸有限公司董事长	重庆市优秀乡镇企业厂长（经理、董事长）	重庆市人事局 重庆市乡企局	2002年
黄美和	男	重庆市美和建设集团有限公司董事长	重庆市优秀乡镇企业厂长（经理、董事长）	重庆市人事局 重庆市乡企局	2002年
宋光宪	男	万州环球陶瓷有限公司董事长	重庆市优秀乡镇企业厂长（经理、董事长）	重庆市人事局 重庆市乡企局	2002年
聂绍林	男	重庆万州鸿泰建筑工程有限公司总经理	重庆市优秀乡镇企业厂长（经理、董事长）	重庆市人事局 重庆市乡企局	2002年
姜维义	男	重庆市万州南华建筑工程公司经理	重庆市优秀乡镇企业厂长（经理、董事长）	重庆市人事局 重庆市乡企局	2002年
向万吉	男	重庆市万州区银达丝绸公司经理	重庆市优秀乡镇企业厂长（经理、董事长）	重庆市人事局 重庆市乡企局	2002年
陈斌	男	重庆市三信建设（集团）有限公司董事长	重庆市优秀乡镇企业厂长（经理、董事长）	重庆市人事局 重庆市乡企局	2002年
程钧	男	重庆市黔江鹏达房地产开发有限公司总经理	重庆市优秀乡镇企业厂长（经理、董事长）	重庆市人事局 重庆市乡企局	2002年
黄红光	男	重庆市涪陵江龙建筑安装工程有限公司董事长	重庆市优秀乡镇企业厂长（经理、董事长）	重庆市人事局 重庆市乡企局	2002年
周开桂	男	重庆市涪陵三峡建筑有限责任公司总经理	重庆市优秀乡镇企业厂长（经理、董事长）	重庆市人事局 重庆市乡企局	2002年
传友文	男	重庆市涪陵建涪水泥厂厂长	重庆市优秀乡镇企业厂长（经理、董事长）	重庆市人事局 重庆市乡企局	2002年
王永钊	男	重庆市涪陵马武电力公司董事长	重庆市优秀乡镇企业厂长（经理、董事长）	重庆市人事局 重庆市乡企局	2002年
刘顺齐	男	重庆市涪陵酒店电力有限公司经理	重庆市优秀乡镇企业厂长（经理、董事长）	重庆市人事局 重庆市乡企局	2002年
吴方华	男	重庆市涪陵路桥工程有限公司总经理	重庆市优秀乡镇企业厂长（经理、董事长）	重庆市人事局 重庆市乡企局	2002年
陈显和	男	重庆石桥建筑（集团）有限公司总经理	重庆市优秀乡镇企业厂长（经理、董事长）	重庆市人事局 重庆市乡企局	2002年

续表

姓名	性别	单位及职务	荣誉称号	授予单位	授予时间
秦荣贵	男	重庆石桥房地产开发总公司总经理	重庆市优秀乡镇企业厂长（经理、董事长）	重庆市人事局 重庆市乡企局	2002年
庞远贵	男	重庆鑫泰实业总公司总经理	重庆市优秀乡镇企业厂长（经理、董事长）	重庆市人事局 重庆市乡企局	2002年
陈显忠	男	重庆石桥民政企业公司经理	重庆市优秀乡镇企业厂长（经理、董事长）	重庆市人事局 重庆市乡企局	2002年
李松	男	重庆环松工业有限公司董事长	重庆市优秀乡镇企业厂长（经理、董事长）	重庆市人事局 重庆市乡企局	2002年
涂富霞	女	立邦涂料（重庆）化工有限公司总经理	重庆市优秀乡镇企业厂长（经理、董事长）	重庆市人事局 重庆市乡企局	2002年
张洛	男	重庆聚兴交通机械有限公司董事长	重庆市优秀乡镇企业厂长（经理、董事长）	重庆市人事局 重庆市乡企局	2002年
傅传明	男	重庆富川电装品有限公司总经理	重庆市优秀乡镇企业厂长（经理、董事长）	重庆市人事局 重庆市乡企局	2002年
徐小龙	男	重庆华龙配件制造有限公司董事长	重庆市优秀乡镇企业厂长（经理、董事长）	重庆市人事局 重庆市乡企局	2002年
程志柏	男	重庆新桥实业总公司总经理	重庆市优秀乡镇企业厂长（经理、董事长）	重庆市人事局 重庆市乡企局	2002年
罗大伦	男	重庆吉马玻璃制品有限公司总经理	重庆市优秀乡镇企业厂长（经理、董事长）	重庆市人事局 重庆市乡企局	2002年
胡长平	男	重庆渝惠高频焊管有限责任公司董事长	重庆市优秀乡镇企业厂长（经理、董事长）	重庆市人事局 重庆市乡企局	2002年
郑三林	男	重庆永红织造有限责任公司总经理	重庆市优秀乡镇企业厂长（经理、董事长）	重庆市人事局 重庆市乡企局	2002年
曾红雁	男	重庆市雁山机械制造有限公司董事长	重庆市优秀乡镇企业厂长（经理、董事长）	重庆市人事局 重庆市乡企局	2002年
张大平	男	重庆市金星实业总公司总经理	重庆市优秀乡镇企业厂长（经理、董事长）	重庆市人事局 重庆市乡企局	2002年
杜象生	男	重庆市沙坪坝区新立建筑工程公司经理	重庆市优秀乡镇企业厂长（经理、董事长）	重庆市人事局 重庆市乡企局	2002年
叶光鑫	男	重庆市沙坪坝区宏达建筑材料公司经理	重庆市优秀乡镇企业厂长（经理、董事长）	重庆市人事局 重庆市乡企局	2002年
张大荣	男	重庆宏漆涂料有限公司董事长	重庆市优秀乡镇企业厂长（经理、董事长）	重庆市人事局 重庆市乡企局	2002年

续表

姓名	性别	单位及职务	荣誉称号	授予单位	授予时间
刘奇梅	女	重庆三洞水泥厂厂长	重庆市优秀乡镇企业厂长（经理、董事长）	重庆市人事局 重庆市乡企局	2002年
付天河	男	重庆歌乐山水泥厂厂长	重庆市优秀乡镇企业厂长（经理、董事长）	重庆市人事局 重庆市乡企局	2002年
邹景昌	男	重庆兴宇房地产开发有限公司总经理	重庆市优秀乡镇企业厂长（经理、董事长）	重庆市人事局 重庆市乡企局	2002年
彭隆明	男	重庆红旗汽车零部件制造总厂厂长	重庆市优秀乡镇企业厂长（经理、董事长）	重庆市人事局 重庆市乡企局	2002年
叶红兵	男	重庆共创工业有限公司董事长	重庆市优秀乡镇企业厂长（经理、董事长）	重庆市人事局 重庆市乡企局	2002年
欧道福	男	重庆红旗建筑工程公司总经理	重庆市优秀乡镇企业厂长（经理、董事长）	重庆市人事局 重庆市乡企局	2002年
徐小平	男	重庆市君和实业有限公司总经理	重庆市优秀乡镇企业厂长（经理、董事长）	重庆市人事局 重庆市乡企局	2002年
戴祖辉	男	重庆市平侨纸业有限公司董事长	重庆市优秀乡镇企业厂长（经理、董事长）	重庆市人事局 重庆市乡企局	2002年
刘世勇	男	重庆宏泰实业发展有限公司总经理	重庆市优秀乡镇企业厂长（经理、董事长）	重庆市人事局 重庆市乡企局	2002年
周仕进	男	重庆万阁药业有限公司董事长	重庆市优秀乡镇企业厂长（经理、董事长）	重庆市人事局 重庆市乡企局	2002年
卿兴胜	男	重庆时代建设集团董事长	重庆市优秀乡镇企业厂长（经理、董事长）	重庆市人事局 重庆市乡企局	2002年
曹选利	男	重庆聚信商业（集团）有限公司董事长	重庆市优秀乡镇企业厂长（经理、董事长）	重庆市人事局 重庆市乡企局	2002年
周秀明	男	重庆山峰凸轮有限公司董事长	重庆市优秀乡镇企业厂长（经理、董事长）	重庆市人事局 重庆市乡企局	2002年
贺伦江	男	重庆华夏建工（集团）有限公司总经理	重庆市优秀乡镇企业厂长（经理、董事长）	重庆市人事局 重庆市乡企局	2002年
明开富	男	重庆富悦实业集团有限公司董事长	重庆市优秀乡镇企业厂长（经理、董事长）	重庆市人事局 重庆市乡企局	2002年
王维凡	男	重庆市昆仑化工厂厂长	重庆市优秀乡镇企业厂长（经理、董事长）	重庆市人事局 重庆市乡企局	2002年
覃明	男	重庆希望集团饲料有限公司总经理	重庆市优秀乡镇企业厂长（经理、董事长）	重庆市人事局 重庆市乡企局	2002年

续表

姓名	性别	单位及职务	荣誉称号	授予单位	授予时间
刘步长	男	重庆三峡城市建筑工程有限公司总经理	重庆市优秀乡镇企业厂长（经理、董事长）	重庆市人事局 重庆市乡企局	2002 年
潘明政	男	重庆三峡钢化玻璃厂厂长	重庆市优秀乡镇企业厂长（经理、董事长）	重庆市人事局 重庆市乡企局	2002 年
胡志清	男	重庆市东冠建筑工程公司董事长	重庆市优秀乡镇企业厂长（经理、董事长）	重庆市人事局 重庆市乡企局	2002 年
叶星阳	男	重庆市渝北区兴业建筑工程公司总经理	重庆市优秀乡镇企业厂长（经理、董事长）	重庆市人事局 重庆市乡企局	2002 年
刘国庆	男	重庆北部双龙建设（集团）有限公司董事长	重庆市优秀乡镇企业厂长（经理、董事长）	重庆市人事局 重庆市乡企局	2002 年
于仁江	男	重庆渝生钢绳有限责任公司总经理	重庆市优秀乡镇企业厂长（经理、董事长）	重庆市人事局 重庆市乡企局	2002 年
王邦彦	男	重庆茂源实业公司总经理	重庆市优秀乡镇企业厂长（经理、董事长）	重庆市人事局 重庆市乡企局	2002 年
邱宁	男	重庆莱美药业有限公司董事长	重庆市优秀乡镇企业厂长（经理、董事长）	重庆市人事局 重庆市乡企局	2002 年
何裕华	男	重庆隆发皮革制品有限责任公司总经理	重庆市优秀乡镇企业厂长（经理、董事长）	重庆市人事局 重庆市乡企局	2002 年
沈安龙	男	重庆鹏程房屋开发有限责任公司董事长	重庆市优秀乡镇企业厂长（经理、董事长）	重庆市人事局 重庆市乡企局	2002 年
孙斌	男	重庆绅帝置业发展（集团）有限公司董事长	重庆市优秀乡镇企业厂长（经理、董事长）	重庆市人事局 重庆市乡企局	2002 年
韩鸣	男	重庆长安跨越车辆有限公司总经理	重庆市优秀乡镇企业厂长（经理、董事长）	重庆市人事局 重庆市乡企局	2002 年
谭浪	男	重庆西普实业有限公司董事长	重庆市优秀乡镇企业厂长（经理、董事长）	重庆市人事局 重庆市乡企局	2002 年
曹正素	女	重庆北碚歇马机械厂厂长	重庆市优秀乡镇企业厂长（经理、董事长）	重庆市人事局 重庆市乡企局	2002 年
梁万富	男	重庆澄江建设有限责任公司董事长	重庆市优秀乡镇企业厂长（经理、董事长）	重庆市人事局 重庆市乡企局	2002 年
熊鹰	男	重庆长江造型材料有限责任公司董事长	重庆市优秀乡镇企业厂长（经理、董事长）	重庆市人事局 重庆市乡企局	2002 年
陈周刚	男	重庆市静观建筑娄装工程公司总经理	重庆市优秀乡镇企业厂长（经理、董事长）	重庆市人事局 重庆市乡企局	2002 年

续表

姓名	性别	单位及职务	荣誉称号	授予单位	授予时间
李元驹	男	重庆天奇建筑安装工程公司董事长	重庆市优秀乡镇企业厂长（经理、董事长）	重庆市人事局 重庆市乡企局	2002年
唐建川	男	重庆市永固工程拉筋带有限公司总经理	重庆市优秀乡镇企业厂长（经理、董事长）	重庆市人事局 重庆市乡企局	2002年
邓勇	男	重庆市正川玻璃有限公司总经理	重庆市优秀乡镇企业厂长（经理、董事长）	重庆市人事局 重庆市乡企局	2002年
成福均	男	重庆四海工业有限公司董事长	重庆市优秀乡镇企业厂长（经理、董事长）	重庆市人事局 重庆市乡企局	2002年
王棋	男	重庆通盛机械工业有限公司总经理	重庆市优秀乡镇企业厂长（经理、董事长）	重庆市人事局 重庆市乡企局	2002年
唐远华	男	重庆南岸长生建筑工程有限公司经理	重庆市优秀乡镇企业厂长（经理、董事长）	重庆市人事局 重庆市乡企局	2002年
禹玉玲	女	重庆市芭笛鞋业厂厂长	重庆市优秀乡镇企业厂长（经理、董事长）	重庆市人事局 重庆市乡企局	2002年
金振远	男	重庆金华汽车制动器公司董事长	重庆市优秀乡镇企业厂长（经理、董事长）	重庆市人事局 重庆市乡企局	2002年
刘富学	男	重庆塑皇物业有限责任公司董事长	重庆市优秀乡镇企业厂长（经理、董事长）	重庆市人事局 重庆市乡企局	2002年
徐在华	男	重庆华林印务有限公司董事长	重庆市优秀乡镇企业厂长（经理、董事长）	重庆市人事局 重庆市乡企局	2002年
李庆平	男	巴南区先锋第二建筑工程公司经理	重庆市优秀乡镇企业厂长（经理、董事长）	重庆市人事局 重庆市乡企局	2002年
周光华	男	重庆长坪建设集团人限公司董事长	重庆市优秀乡镇企业厂长（经理、董事长）	重庆市人事局 重庆市乡企局	2002年
刘万明	男	重庆金国机械制造有限公司董事长	重庆市优秀乡镇企业厂长（经理、董事长）	重庆市人事局 重庆市乡企局	2002年
田孟生	男	重庆市丽都房地产开发有限公司董事长	重庆市优秀乡镇企业厂长（经理、董事长）	重庆市人事局 重庆市乡企局	2002年
饶福海	男	重庆先峰建筑工程有限公司总经理	重庆市优秀乡镇企业厂长（经理、董事长）	重庆市人事局 重庆市乡企局	2002年
易如波	男	重庆庆丰料业有限公司董事长	重庆市优秀乡镇企业厂长（经理、董事长）	重庆市人事局 重庆市乡企局	2002年
彭光其	男	重庆光鑫冶金有限公司总经理	重庆市优秀乡镇企业厂长（经理、董事长）	重庆市人事局 重庆市乡企局	2002年

续表

姓名	性别	单位及职务	荣誉称号	授予单位	授予时间
刘昌伦	男	重庆东泉水泥厂厂长	重庆市优秀乡镇企业厂长（经理、董事长）	重庆市人事局 重庆市乡企局	2002 年
李嘉豪	男	重庆一品建设集团有限公司董事长	重庆市优秀乡镇企业厂长（经理、董事长）	重庆市人事局 重庆市乡企局	2002 年
白胜	男	重庆盛成畜产制品有限公司总经理	重庆市优秀乡镇企业厂长（经理、董事长）	重庆市人事局 重庆市乡企局	2002 年
邹山	男	重庆川渝精工机械配件厂厂长	重庆市优秀乡镇企业厂长（经理、董事长）	重庆市人事局 重庆市乡企局	2002 年
唐志模	男	重庆金桥纸业有限公司董事长	重庆市优秀乡镇企业厂长（经理、董事长）	重庆市人事局 重庆市乡企局	2002 年
李盛林	男	重庆市红岩汽车车厢厂厂长	重庆市优秀乡镇企业厂长（经理、董事长）	重庆市人事局 重庆市乡企局	2002 年
郭定昌	男	江津市津粮建筑安装工程有限公司董事长	重庆市优秀乡镇企业厂长（经理、董事长）	重庆市人事局 重庆市乡企局	2002 年
欧高东	男	江津市第十建筑安装工程有限责任公司董事长	重庆市优秀乡镇企业厂长（经理、董事长）	重庆市人事局 重庆市乡企局	2002 年
蒋忠智	男	重庆市江津第五建筑工程有限公司董事长	重庆市优秀乡镇企业厂长（经理、董事长）	重庆市人事局 重庆市乡企局	2002 年
徐从良	男	江津市津辉建筑安装工程有限责任公司经理	重庆市优秀乡镇企业厂长（经理、董事长）	重庆市人事局 重庆市乡企局	2002 年
张学辉	男	重庆市渝津建筑安装工程有限公司董事长	重庆市优秀乡镇企业厂长（经理、董事长）	重庆市人事局 重庆市乡企局	2002 年
喻贵祥	男	重庆荣华建筑（集团）有限公司董事长	重庆市优秀乡镇企业厂长（经理、董事长）	重庆市人事局 重庆市乡企局	2002 年
邹伟	男	重庆市阜泰建筑工程有限责任公司董事长	重庆市优秀乡镇企业厂长（经理、董事长）	重庆市人事局 重庆市乡企局	2002 年
杨勋跃	男	江津市石门水泥有限责任公司董事长	重庆市优秀乡镇企业厂长（经理、董事长）	重庆市人事局 重庆市乡企局	2002 年
万先模	男	江津市珞璜建筑安装工程有限公司总经理	重庆市优秀乡镇企业厂长（经理、董事长）	重庆市人事局 重庆市乡企局	2002 年
温怀志	男	重庆江洲粉末冶金科技有限公司总经理	重庆市优秀乡镇企业厂长（经理、董事长）	重庆市人事局 重庆市乡企局	2002 年
李忠富	男	重庆市富丰建材有限公司总经理	重庆市优秀乡镇企业厂长（经理、董事长）	重庆市人事局 重庆市乡企局	2002 年

续表

姓名	性别	单位及职务	荣誉称号	授予单位	授予时间
罗尚勋	男	合川市龙市建筑工程公司经理	重庆市优秀乡镇企业厂长（经理、董事长）	重庆市人事局 重庆市乡企局	2002 年
陈邦武	男	重啤集团合川啤酒有限公司总经理	重庆市优秀乡镇企业厂长（经理、董事长）	重庆市人事局 重庆市乡企局	2002 年
孔令和	男	重庆市腾龙实业（集团）有限公司董事长	重庆市优秀乡镇企业厂长（经理、董事长）	重庆市人事局 重庆市乡企局	2002 年
陈伍国	男	重庆市渝永耐火材料有限公司总经理	重庆市优秀乡镇企业厂长（经理、董事长）	重庆市人事局 重庆市乡企局	2002 年
陈亚平	男	重庆市永南建筑工程有限责任公司总经理	重庆市优秀乡镇企业厂长（经理、董事长）	重庆市人事局 重庆市乡企局	2002 年
吴林森	男	重庆永川第十建筑工程有限公司董事长	重庆市优秀乡镇企业厂长（经理、董事长）	重庆市人事局 重庆市乡企局	2002 年
张伟	男	重庆市伟映实业有限公司董事长	重庆市优秀乡镇企业厂长（经理、董事长）	重庆市人事局 重庆市乡企局	2002 年
许后荣	男	永川市四建筑工程有限公司董事长	重庆市优秀乡镇企业厂长（经理、董事长）	重庆市人事局 重庆市乡企局	2002 年
蒋礼军	男	重庆市永昌丝绸有限公司董事长	重庆市优秀乡镇企业厂长（经理、董事长）	重庆市人事局 重庆市乡企局	2002 年
陈焕顺	男	重庆西源凸轮轴有限公司董事长	重庆市优秀乡镇企业厂长（经理、董事长）	重庆市人事局 重庆市乡企局	2002 年
刘兴国	男	南川市兴达玻璃有限公司经理	重庆市优秀乡镇企业厂长（经理、董事长）	重庆市人事局 重庆市乡企局	2002 年
李云强	男	重庆市南川嘉南水泥制造有限公司董事长	重庆市优秀乡镇企业厂长（经理、董事长）	重庆市人事局 重庆市乡企局	2002 年
古育刚	男	綦江县赶水水泥有限责任公司总经理	重庆市优秀乡镇企业厂长（经理、董事长）	重庆市人事局 重庆市乡企局	2002 年
王山岗	男	长寿县渝龙建筑工程公司总经理	重庆市优秀乡镇企业厂长（经理、董事长）	重庆市人事局 重庆市乡企局	2002 年
任文明	男	长寿县新市建筑工程公司经理	重庆市优秀乡镇企业厂长（经理、董事长）	重庆市人事局 重庆市乡企局	2002 年
罗兴文	男	重庆市长寿县第二建筑公司经理	重庆市优秀乡镇企业厂长（经理、董事长）	重庆市人事局 重庆市乡企局	2002 年
江涛	男	重庆市长寿县第二水泥厂厂长	重庆市优秀乡镇企业厂长（经理、董事长）	重庆市人事局 重庆市乡企局	2002 年

续表

姓名	性别	单位及职务	荣誉称号	授予单位	授予时间
邹联明	男	重庆光宇建设开发有限公司总经理	重庆市优秀乡镇企业厂长（经理、董事长）	重庆市人事局 重庆市乡企局	2002年
孙定生	男	重庆长寿鹏达建筑工程公司经理	重庆市优秀乡镇企业厂长（经理、董事长）	重庆市人事局 重庆市乡企局	2002年
姚祖民	男	重庆潼南第一造纸厂厂长	重庆市优秀乡镇企业厂长（经理、董事长）	重庆市人事局 重庆市乡企局	2002年
张清	男	重庆市潼南第四建筑工程公司经理	重庆市优秀乡镇企业厂长（经理、董事长）	重庆市人事局 重庆市乡企局	2002年
柏敏	男	重庆市铜梁食品有限责任公司董事长	重庆市优秀乡镇企业厂长（经理、董事长）	重庆市人事局 重庆市乡企局	2002年
曹韬伟	男	重庆市琼江机械厂厂长	重庆市优秀乡镇企业厂长（经理、董事长）	重庆市人事局 重庆市乡企局	2002年
肖中明	男	重庆市铜梁县玉峡精细化工有限公司董事长	重庆市优秀乡镇企业厂长（经理、董事长）	重庆市人事局 重庆市乡企局	2002年
张正伦	男	重庆市铜梁县特种水泥有限责任公司董事长	重庆市优秀乡镇企业厂长（经理、董事长）	重庆市人事局 重庆市乡企局	2002年
曾顺虹	男	重庆市璧山县顺山机械有限公司董事长	重庆市优秀乡镇企业厂长（经理、董事长）	重庆市人事局 重庆市乡企局	2002年
陈文隆	男	重庆市璧山大兴金属厂厂长	重庆市优秀乡镇企业厂长（经理、董事长）	重庆市人事局 重庆市乡企局	2002年
曾德华	男	重庆华陵工业有限公司董事长	重庆市优秀乡镇企业厂长（经理、董事长）	重庆市人事局 重庆市乡企局	2002年
甘伟勤	男	璧山县鞍子水泥厂厂长	重庆市优秀乡镇企业厂长（经理、董事长）	重庆市人事局 重庆市乡企局	2002年
王登建	男	重庆市璧山县关口水泥厂厂长	重庆市优秀乡镇企业厂长（经理、董事长）	重庆市人事局 重庆市乡企局	2002年
朱堂福	男	重庆市蓝黛实业有限公司董事长	重庆市优秀乡镇企业厂长（经理、董事长）	重庆市人事局 重庆市乡企局	2002年
周邦恒	男	重庆大江摩托车发动机制造有限公司董事长	重庆市优秀乡镇企业厂长（经理、董事长）	重庆市人事局 重庆市乡企局	2002年
王兴富	男	重庆市璧山大路机具厂厂长	重庆市优秀乡镇企业厂长（经理、董事长）	重庆市人事局 重庆市乡企局	2002年
丁志明	男	重庆市璧山县第二建筑工程有限公司总经理	重庆市优秀乡镇企业厂长（经理、董事长）	重庆市人事局 重庆市乡企局	2002年

续表

姓名	性别	单位及职务	荣誉称号	授予单位	授予时间
孙露	男	重庆专用汽车特种车辆制造有限公司董事长	重庆市优秀乡镇企业厂长（经理、董事长）	重庆市人事局 重庆市乡企局	2002 年
文邦祥	男	重庆市峰高水泥有限公司董事长	重庆市优秀乡镇企业厂长（经理、董事长）	重庆市人事局 重庆市乡企局	2002 年
周其建	男	重庆市荣昌县兴业五金制品有限公司总经理	重庆市优秀乡镇企业厂长（经理、董事长）	重庆市人事局 重庆市乡企局	2002 年
颜太彬	男	重庆市荣昌县双龙夏布织染有限公司总经理	重庆市优秀乡镇企业厂长（经理、董事长）	重庆市人事局 重庆市乡企局	2002 年
黄家德	男	重庆市荣昌县荣发茶厂厂长	重庆市优秀乡镇企业厂长（经理、董事长）	重庆市人事局 重庆市乡企局	2002 年
苏家友	男	重庆大足美锶盐化工有限公司总经理	重庆市优秀乡镇企业厂长（经理、董事长）	重庆市人事局 重庆市乡企局	2002 年
李德刚	男	重庆市大足天青石矿业公司总经理	重庆市优秀乡镇企业厂长（经理、董事长）	重庆市人事局 重庆市乡企局	2002 年
周相华	男	重庆市垫江蓝星实业有限公司董事长	重庆市优秀乡镇企业厂长（经理、董事长）	重庆市人事局 重庆市乡企局	2002 年
杨胜林	男	重庆市丰都县江龙页岩砖厂厂长	重庆市优秀乡镇企业厂长（经理、董事长）	重庆市人事局 重庆市乡企局	2002 年
杨正祥	男	重庆市奇正建设实业有限公司董事长	重庆市优秀乡镇企业厂长（经理、董事长）	重庆市人事局 重庆市乡企局	2002 年
黄麒麟	男	重庆市丰都县花园水泥厂厂长	重庆市优秀乡镇企业厂长（经理、董事长）	重庆市人事局 重庆市乡企局	2002 年
黄虎孝	男	重庆市武隆县第二建筑有限责任公司董事长	重庆市优秀乡镇企业厂长（经理、董事长）	重庆市人事局 重庆市乡企局	2002 年
谭书长	男	重庆石柱龙能源建材有限公司董事长	重庆市优秀乡镇企业厂长（经理、董事长）	重庆市人事局 重庆市乡企局	2002 年
付恒洋	男	重庆市秀山县龙洋建筑有限公司经理	重庆市优秀乡镇企业厂长（经理、董事长）	重庆市人事局 重庆市乡企局	2002 年
金显成	男	重庆市酉阳业成铁合金总厂厂长	重庆市优秀乡镇企业厂长（经理、董事长）	重庆市人事局 重庆市乡企局	2002 年
付朝仪	男	重庆市忠县汝溪丝绸有限公司董事长	重庆市优秀乡镇企业厂长（经理、董事长）	重庆市人事局 重庆市乡企局	2002 年
冉崇华	男	重庆市忠县华怡建筑工程有限责任公司董事长	重庆市优秀乡镇企业厂长（经理、董事长）	重庆市人事局 重庆市乡企局	2002 年

续表

姓名	性别	单位及职务	荣誉称号	授予单位	授予时间
向志勇	男	重庆市忠县卫星水泥厂厂长	重庆市优秀乡镇企业厂长（经理、董事长）	重庆市人事局 重庆市乡企局	2002 年
管祖美	男	重庆市开县科技发展实业有限公司总经理	重庆市优秀乡镇企业厂长（经理、董事长）	重庆市人事局 重庆市乡企局	2002 年
谭祖祥	男	重庆市开县益祥水泥有限责任公司董事长	重庆市优秀乡镇企业厂长（经理、董事长）	重庆市人事局 重庆市乡企局	2002 年
余永富	男	重庆市开县长江水泥有限责任公司总经理	重庆市优秀乡镇企业厂长（经理、董事长）	重庆市人事局 重庆市乡企局	2002 年
黄玉清	男	奉节县明荣建筑工程有限公司董事长	重庆市优秀乡镇企业厂长（经理、董事长）	重庆市人事局 重庆市乡企局	2002 年

表 7－11　　**重庆市乡镇企业杰出（优秀）青年厂长（经理、董事长）名录**

姓名	性别	单位及职务	荣誉称号	授予单位	授予时间
何德文	男	彭水县芳草有限责任公司董事长	重庆市乡镇企业杰出青年厂长（经理、董事长）	共青团重庆市委	1999 年
骆箭勋	男	重庆三和汽油机有限公司总经理	重庆市乡镇企业杰出青年厂长（经理、董事长）	共青团重庆市委	1999 年
李德刚	男	重庆市大足天青石矿业公司总经理	重庆市乡镇企业杰出青年厂长（经理、董事长）	共青团重庆市委	1999 年
叶贻军	男	重庆市华东建筑集团公司副总经理	重庆市乡镇企业杰出青年厂长（经理、董事长）	共青团重庆市委	1999 年
杜永平	男	重庆杜亨实业有限公司经理	重庆市乡镇企业杰出青年厂长（经理、董事长）	共青团重庆市委	1999 年
袁志华	男	南川市矿产集团有限公司总经理	重庆市乡镇企业杰出青年厂长（经理、董事长）	共青团重庆市委	1999 年
罗其胜	男	江津市金桥房地产开发有限公司董事长、总经理	重庆市乡镇企业杰出青年厂长（经理、董事长）	共青团重庆市委	1999 年
肖基成	男	重庆市垫江建筑实业股份有限公司董事长、总经理	重庆市乡镇企业杰出青年厂长（经理、董事长）	共青团重庆市委	1999 年
刘成伟	男	重庆五湖机械制有限公司总经理	重庆市乡镇企业杰出青年厂长（经理、董事长）	共青团重庆市委	1999 年
魏晓丽	女	重庆环宇实木家具厂厂长	重庆市乡镇企业杰出青年厂长（经理、董事长）	共青团重庆市委	1999 年
高碧超	男	重庆市洪泰建筑安装工程有限公司董事长、总经理	重庆市乡镇企业优秀青年厂长（经理、董事长）	共青团重庆市委	1999 年

续表

姓名	性别	单位及职务	荣誉称号	授予单位	授予时间
田忠云	男	重庆市中意摩托车有限公司董事长、总经理	重庆市乡镇企业优秀青年厂长（经理、董事长）	共青团重庆市委	1999 年
周瑞桦	男	南川市先峰建材工业总公司总经理	重庆市乡镇企业优秀青年厂长（经理、董事长）	共青团重庆市委	1999 年
饶富海	男	重庆市先峰建筑工程公司常务副经理	重庆市乡镇企业优秀青年厂长（经理、董事长）	共青团重庆市委	1999 年
杨洪远	男	永川市杨氏实业有限公司总经理	重庆市乡镇企业优秀青年厂长（经理、董事长）	共青团重庆市委	1999 年
徐小平	男	重庆市沙坪坝区新桥房地产开发有限公司总经理	重庆市乡镇企业优秀青年厂长（经理、董事长）	共青团重庆市委	1999 年
唐有忠	男	重庆市璧山振兴木业有限公司经理	重庆市乡镇企业优秀青年厂长（经理、董事长）	共青团重庆市委	1999 年
杨毓彪	男	万盛区铜鼓滩煤矿矿长	重庆市乡镇企业优秀青年厂长（经理、董事长）	共青团重庆市委	1999 年
邹联明	男	重庆光宇建筑开发有限公司经理	重庆市乡镇企业优秀青年厂长（经理、董事长）	共青团重庆市委	1999 年
冉崇华	男	忠县华怡建筑公司经理	重庆市乡镇企业优秀青年厂长（经理、董事长）	共青团重庆市委	1999 年
赵训伟	男	重庆市双桥区锻造厂厂长	重庆市乡镇企业优秀青年厂长（经理、董事长）	共青团重庆市委	1999 年
肖君红	男	重庆市巴南区前进建筑工程有限公司经理	重庆市乡镇企业优秀青年厂长（经理、董事长）	共青团重庆市委	1999 年
徐在华	男	重庆华林印务有限公司总经理	重庆市乡镇企业优秀青年厂长（经理、董事长）	共青团重庆市委	1999 年
杨长春	男	大足县乡镇企业投资公司总经理	重庆市乡镇企业优秀青年厂长（经理、董事长）	共青团重庆市委	1999 年
廖小平	男	重庆雄峰化工厂厂长	重庆市乡镇企业优秀青年厂长（经理、董事长）	共青团重庆市委	1999 年
文邦祥	男	重庆市峰高水泥有限公司董事长	重庆市乡镇企业优秀青年厂长（经理、董事长）	共青团重庆市委	1999 年
刘祖超	男	彭水县郁山区水泥厂厂长	重庆市乡镇企业优秀青年厂长（经理、董事长）	共青团重庆市委	1999 年
朱文全	男	云阳县三峡铁厂厂长	重庆市乡镇企业优秀青年厂长（经理、董事长）	共青团重庆市委	1999 年

续表

姓名	性别	单位及职务	荣誉称号	授予单位	授予时间
伍鼎文	男	重庆伍达畜产品有限公司经理	重庆市乡镇企业优秀青年厂长（经理、董事长）	共青团重庆市委	1999 年
陈伍国	男	永川市大安耐火厂厂长	重庆市乡镇企业优秀青年厂长（经理、董事长）	共青团重庆市委	1999 年
陈永生	男	万盛区盛发建筑工程公司经理	重庆市乡镇企业优秀青年厂长（经理、董事长）	共青团重庆市委	1999 年
罗家明	男	忠县石宝寨建材厂厂长	重庆市乡镇企业优秀青年厂长（经理、董事长）	共青团重庆市委	1999 年
谭建平	男	忠县神安化建总厂副厂长	重庆市乡镇企业优秀青年厂长（经理、董事长）	共青团重庆市委	1999 年
王长海	男	重庆金鑫建筑工程有限公经理	重庆市乡镇企业优秀青年厂长（经理、董事长）	共青团重庆市委	1999 年
孔林	男	酉阳县房地产实业开发公司经理	重庆市乡镇企业优秀青年厂长（经理、董事长）	共青团重庆市委	1999 年
姜延均	男	巫溪县田坝电厂厂长	重庆市乡镇企业优秀青年厂长（经理、董事长）	共青团重庆市委	1999 年
唐庆	男	重庆梦柯达鞋业有限公司总经理	重庆市乡镇企业优秀青年厂长（经理、董事长）	共青团重庆市委	1999 年
张晓伦	男	南川市大冶煤矿矿长	重庆市乡镇企业优秀青年厂长（经理、董事长）	共青团重庆市委	1999 年

第四章 全国先进单位与先进工作者

1992 年以来，农业部在全国乡镇企业系统评选先进集体和个人。到 2002 年，直辖前的四川省重庆市、万县地区、涪陵地区、黔江地区和直辖后的重庆市在乡镇企业的专项工作中有 45 个单位和 105 名个人被农业部乡镇企业局评选为全国乡镇企业系统先进单位（集体）和先进工作者，受到农业部表彰。

第一节 重庆市全国乡镇企业系统先进单位

表 7－12 重庆市全国乡镇企业系统先进单位名录

单位名称	先进称号	授予单位	授予时间
重庆市乡镇企业干部学校	全国乡镇企业系统成人教育先进集体	农业部	1989 年
四川省南川县乡镇企业管理局	全国乡镇企业系统成人教育先进集体	农业部	1989 年
重庆市乡镇企业管理局	全国乡镇企业档案工作先进单位	农业部	1992 年
重庆市乡镇企业管理局	全国乡镇企业系统成人教育先进集体	农业部	1993 年
重庆市乡镇企业干部学校	全国乡镇企业系统成人教育先进集体	农业部	1993 年
璧山县乡镇企业供销公司	全国乡镇企业系统供销系统先进单位	农业部	1994 年
江津市米花糖厂	全国乡镇企业系统供销系统先进单位	农业部	1994 年
希望集团重庆希望饲料有限公司	全国乡镇企业系统供销系统先进单位	农业部	1994 年
重庆市北碚区乡镇企业管理局	全国乡镇企业系统安全管理先进集体	农业部	1994 年
南川市乡镇企业管理局	全国乡镇企业系统安全管理先进集体	农业部	1994 年
重庆松岭建筑工程公司	全国乡镇企业系统安全管理先进集体	农业部	1994 年
南川市大观镇煤矿	全国乡镇企业系统安全管理先进集体	农业部	1994 年
重庆市乡镇企业管理局财务处	全国乡镇企业系统财会工作先进集体	农业部	1995 年
重庆市华蓥山建材建筑总公司	全国乡镇企业系统财会工作先进集体	农业部	1995 年
重庆北碚水泥厂	全国乡镇企业系统财会工作先进集体	农业部	1995 年
重庆市乡镇企业管理局计统处	全国乡镇企业系统统计工作先进集体	农业部	1995 年
重庆沙坪坝区覃家岗镇综合统计站	全国乡镇企业系统统计工作先进集体	农业部	1995 年
重庆市北碚区乡镇企业局生产科	全国乡镇企业系统统计工作先进集体	农业部	1995 年
南川市平板玻璃厂	全国乡镇企业系统环境保护先进单位	农业部	1995 年
重庆市乡镇企业管理局	全国乡镇企业系统先进乡镇企业局	农业部	1998 年
荣昌县盘龙镇企业办公室	全国乡镇企业系统出口创汇管理先进集体	农业部	1998 年
重庆市乡镇企业培训中心	全国乡镇企业系统育才兴教示范单位	农业部	1998 年
重庆红旗汽车零部件制造总厂	全国乡镇企业系统技术创新示范单位	农业部	1998 年
中美合资重庆隆鑫汽油机制造有限公司	全国乡镇企业系统技术创新示范单位	农业部	1998 年
重庆市乡镇企业管理局	全国乡镇企业系统财务决算报表先进集体	农业部	1999 年
重庆市乡镇企业管理局	全国乡镇企业系统统计年报先进集体	农业部	1999 年
重庆市乡镇企业管理局	全国乡镇企业系统清产核资工作先进单位	农业部	1999 年
重庆隆鑫工业（集团）有限公司	全国乡镇企业系统管理先进单位	农业部	1999 年
重庆聚英实业股份有限公司	全国乡镇企业系统管理先进单位	农业部	1999 年
重庆红旗汽车零部件制造总厂	全国乡镇企业系统管理先进单位	农业部	1999 年
重庆红旗水泥厂	全国乡镇企业系统管理先进单位	农业部	1999 年

续表

单位名称	先进称号	授予单位	授予时间
重庆市乡镇企业管理局	全国乡镇企业系统质量管理先进集体	农业部	2000 年
沙坪坝区乡镇企业管理局	全国乡镇企业系统质量管理先进集体	农业部	2000 年
涪陵区乡镇企业管理局计财科	全国乡镇企业系统统计工作先进集体	农业部	2001 年
沙坪坝区乡镇企业管理局计财科	全国乡镇企业系统统计工作先进集体	农业部	2001 年
江津市乡镇企业管理局统计科	全国乡镇企业系统统计工作先进集体	农业部	2001 年
垫江县乡镇企业管理局计财科	全国乡镇企业系统统计工作先进集体	农业部	2001 年
江津市乡镇企业管理局财务科	全国乡镇企业系统财会工作先进集体	农业部	2001 年
九龙坡区乡镇企业管理局计财科	全国乡镇企业系统财会工作先进集体	农业部	2001 年
荣昌县乡镇企业管理局财计科	全国乡镇企业系统财会工作先进集体	农业部	2001 年
巴南区乡镇企业管理局财审科	全国乡镇企业系统财会工作先进集体	农业部	2001 年
重庆市乡镇企业管理局	全国乡镇企业系统行政执法先进集体	农业部	2001 年
江津市乡镇企业管理局	全国乡镇企业系统行政执法先进集体	农业部	2001 年
巴南区乡镇企业管理局	全国乡镇企业系统行政执法先进集体	农业部	2001 年
渝北区乡镇企业委员会	全国乡镇企业系统行政执法先进集体	农业部	2001 年

第二节　重庆市全国乡镇企业系统先进工作者

表 7－13　**重庆市全国乡镇企业系统先进工作者名录**

姓名	性别	单位及职务	先 进 称 号	授予单位	授予时间
罗来吉	男	重庆市长寿县乡镇企业管理局 科技教育科科长	全国乡镇企业系统 成人教育先进工作者	农业部	1989 年
李为聆	女	重庆市永川县乡镇企业管理局 科技教育科科长	全国乡镇企业系统 成人教育先进工作者	农业部	1989 年
刘庆华	男	重庆市乡镇企业管理局办公室 主任科员	全国乡镇企业系统 档案管理先进工作者	农业部	1992 年
黄先一	男	重庆市乡镇企业管理局副局长	全国乡镇系统 成人教育先进工作者	农业部	1993 年
曾金	男	重庆市江北县乡镇企业委员会 科技教育科科长	全国乡镇企业系统 成人教育先进工作者	农业部	1993 年
陈时忠	男	重庆市永川市乡镇企业委员会 科技教育科科长	全国乡镇企业系统 成人教育先进工作者	农业部	1993 年

续表

姓名	性别	单位及职务	先进称号	授予单位	授予时间
崔中建	男	开县乡镇企业管理局办公室主任	全国乡镇企业系统优秀统计工作者	农业部	1993年
谭奇翠	女	黔江地区乡镇企业管理局统计科员	全国乡镇企业系统优秀统计工作者	农业部	1993年
张娅	女	万县地区乡镇企业管理局统计科员	全国乡镇企业系统优秀统计工作者	农业部	1993年
蒋淑芬	女	涪陵地区乡镇企业管理局统计科长	全国乡镇企业系统优秀统计工作者	农业部	1993年
黄培中	男	重庆市乡镇企业管理局副局长	全国乡镇企业系统优秀安全管理工作者	农业部	1994年
肖兴禄	男	重庆市北碚区乡镇企业管理局技安科科长	全国乡镇企业系统优秀安全管理工作者	农业部	1994年
周天荣	男	重庆市乡镇企业管理局安全环保处处长	全国乡镇企业系统优秀安全管理工作者	农业部	1994年
王儒惠	男	重庆市江北县乡镇企业委员会副主任	全国乡镇企业系统优秀安全管理工作者	农业部	1994年
何文权	男	涪陵地区乡镇企业管理局全安科科长	全国乡镇企业系统优秀安全管理工作者	农业部	1994年
唐千文	男	开县大堰煤矿矿长	全国乡镇企业系统优秀安全管理工作者	农业部	1994年
邹绍康	男	重庆市乡镇企业总公司总经理	全国乡镇企业供销系统优秀供销员	农业部	1994年
王绍之	男	重庆市乡镇企业物资公司经理	全国乡镇企业供销系统优秀供销员	农业部	1994年
邹开源	男	重庆市乡镇企业物资公司副经理	全国乡镇企业供销系统优秀供销员	农业部	1994年
罗建伟	男	重庆市红旗钢圈厂副厂长	全国乡镇企业供销系统优秀供销员	农业部	1994年
曹树宏	男	江津市乡镇企业供销公司经理	全国乡镇企业供销系统优秀供销员	农业部	1994年
魏长荣	男	永川市永隆乡深沟煤矿科长	全国乡镇企业供销系统优秀供销员	农业部	1994年
李德荣	男	荣昌县广顺镇企业供销公司经理	全国乡镇企业供销系统优秀供销员	农业部	1994年

续表

姓名	性别	单位及职务	先进称号	授予单位	授予时间
姚代平	男	綦江县大理石厂厂长	全国乡镇企业供销系统优秀供销员	农业部	1994年
陈吉星	男	涪陵地区乡镇企业供销公司经理	全国乡镇企业供销系统优秀供销员	农业部	1994年
谭祖祥	男	开县水泥一厂厂长	全国乡镇企业供销系统优秀供销员	农业部	1994年
郭绪升	男	奉节县草堂区乡镇企业供销公司经理	全国乡镇企业供销系统优秀供销员	农业部	1994年
李学炳	男	彭水县汉葭镇橡胶厂供销员	全国乡镇企业供销系统优秀供销员	农业部	1994年
杜宏俊	男	重庆市乡镇企业管理局科教处副主任科员	全国乡镇企业系统优秀质量管理工作者	农业部	1994年
黄玉福	男	万县市乡镇企业管理局企业管理科科长	全国乡镇企业系统优秀质量管理工作者	农业部	1994年
杨开敏	男	重庆市沙坪坝区乡镇企业管理局经营管理科科长	全国乡镇企业系统优秀质量管理工作者	农业部	1994年
张崇敏	女	重庆市陈家桥溶解乙炔气厂质量管理员	全国乡镇企业系统优秀质量管理工作者	农业部	1994年
刘顺平	男	重庆市经旗水泥厂质量科科长	全国乡镇企业系统优秀质量管理工作者	农业部	1994年
靖泽义	男	重庆市歌乐山水泥厂质量科科长	全国乡镇企业系统优秀质量管理工作者	农业部	1994年
熊国强	男	涪陵地区乡镇企业管理局法规审计科科长	全国乡镇企业系统先进审计工作者	农业部	1994年
牟延金	男	重庆市九龙坡区花溪镇审计站站长	全国乡镇企业系统先进审计工作者	农业部	1994年
杨晓华	男	巴县乡镇企业管理局审计科科长	全国乡镇企业系统先进审计工作者	农业部	1994年
许星春	男	綦江县审计事务所乡镇企业分所所长	全国乡镇企业系统先进审计工作者	农业部	1994年
林安德	男	江津市德感镇乡镇企业办公室审计员	全国乡镇企业系统先进审计工作者	农业部	1994年
陈文鹏	男	巫溪县乡镇企业管理局物价股股长	全国乡镇企业系统先进审计工作者	农业部	1994年

续表

姓名	性别	单位及职务	先进称号	授予单位	授予时间
冉启明	男	彭水县乡镇企业乡镇企业管理局审计服务所所长	全国乡镇企业系统先进审计工作者	农业部	1994 年
蒋廷华	男	南川市平板玻璃厂厂长	全国乡镇企业系统科技进步先进工作者	农业部	1995 年
刘传清	男	开县温泉工艺厂厂长	全国乡镇企业系统科技进步先进工作者	农业部	1995 年
刘贤早	男	忠县乡镇企业管理局科技股股长	全国乡镇企业系统科技进步先进工作者	农业部	1995 年
刘大全	男	重庆市合川市乡镇企业管理局计财科科长	全国乡镇企业系统优秀财会工作者	农业部	1995 年
王继华	男	重庆市璧山县乡镇企业管理局计财股股长	全国乡镇企业系统优秀财会工作者	农业部	1995 年
文帮祥	男	重庆市荣昌县乡镇企业委员会计财股科员	全国乡镇企业系统优秀财会工作者	农业部	1995 年
季巧林	男	重庆市九龙坡区乡镇企业管理局计财科科长	全国乡镇企业系统优秀财会工作者	农业部	1995 年
冉克贵	男	重庆市沙坪坝区乡镇企业管理局财务科科员	全国乡镇企业系统优秀财会工作者	农业部	1995 年
谭钦海	男	重庆市渝北区乡镇企业委员会财务科科员	全国乡镇企业系统优秀财会工作者	农业部	1995 年
杨文英	女	重庆市南岸区乡镇企业管理局计财科科员	全国乡镇企业系统优秀统计工作者	农业部	1995 年
杨明新	男	重庆市北碚区乡镇企业管理局计财科科员	全国乡镇企业系统优秀统计工作者	农业部	1995 年
周蜀番	男	重庆市潼南县乡镇企业委员会计统股科员	全国乡镇企业系统优秀统计工作者	农业部	1995 年
郑元莲	女	重庆市沙坪区乡镇企业管理局计财科科员	全国乡镇企业系统优秀统计工作者	农业部	1995 年
陈东	男	重庆市铜梁县乡镇企业委员会计财科科员	全国乡镇企业系统优秀统计工作者	农业部	1995 年
兰江泉	男	重庆市大足县乡镇企业委员会计财股科员	全国乡镇企业系统优秀统计工作者	农业部	1995 年
马如一	男	重庆市乡镇企业管理局外经处副处长	全国乡镇企业系统外经外贸先进工作者	农业部	1995 年

续表

姓名	性别	单位及职务	先进称号	授予单位	授予时间
刘安军	男	重庆市乡镇企业管理局企业管理处副处长	全国乡镇企业系统优秀企业管理工作者	农业部	1995 年
余作金	男	重庆市九龙坡区乡镇企业管理局经营管理科科长	全国乡镇企业系统优秀企业管理工作者	农业部	1995 年
袁应相	男	綦江县乡镇企业委员会主任	全国乡镇企业系统优秀企业管理工作者	农业部	1995 年
王昌渠	男	重庆市乡镇企业管理局局长	全国乡镇企业系统优秀局长	农业部	1999 年
林维利	男	重庆市乡镇企业管理局副局长	全国乡镇企业系统优秀管理工作者	农业部	1999 年
邱昌富	男	重庆市乡镇企业管理局企业管理处处长	全国乡镇企业系统优秀管理工作者	农业部	1999 年
何海运	男	九龙坡区乡镇企业管理局经营管理科科长	全国乡镇企业系统优秀管理工作者	农业部	1999 年
李本举	男	合川市乡镇企业管理局经营管理科科长	全国乡镇企业系统优秀管理工作者	农业部	1999 年
杨开敏	男	沙坪坝区乡镇企业管理局经营管理站站长	全国乡镇企业系统优秀管理工作者	农业部	1999 年
陈明芬	女	渝北区乡镇企业委员会企业管理科科长	全国乡镇企业系统优秀管理工作者	农业部	1999 年
陈大贵	男	巴南区乡镇企业管理局经营管理科副科长	全国乡镇企业系统优秀管理工作者	农业部	1999 年
陈然	男	巴南区花溪镇乡镇企业办公室主任	全国乡镇企业系统优秀管理工作者	农业部	1999 年
石绍成	男	渝北区龙溪镇乡镇企业办公室主任	全国乡镇企业系统优秀管理工作者	农业部	1999 年
杜光淇	男	沙坪坝区覃家岗镇乡镇企业办公室副主任	全国乡镇企业系统优秀管理工作者	农业部	1999 年
冯庄	女	重庆市乡镇企业管理局财务审计处副处长	全国乡镇企业系统清产核资先进工作者	农业部 财政部	1999 年
王晓	男	重庆市乡镇企业管理局计划统计处处长	全国乡镇企业系统东西合作先进工作者	农业部	2000 年
黄邦义	男	万州区乡镇企业管理局安全科科长	全国乡镇企业系统东西合作先进工作者	农业部	2000 年
陈清龙	男	涪陵区乡镇企业管理局科教科科员	全国乡镇企业系统质量管理先进工作者	农业部	2000 年

续表

姓名	性别	单位及职务	先 进 称 号	授予单位	授予时间
李德国	男	铜梁县乡镇企业委员会安全科科长	全国乡镇企业系统质量管理先进工作者	农业部	2000 年
周德才	男	渝北区兴隆煤矸石砖厂厂长	全国乡镇企业系统质量管理先进工作者	农业部	2000 年
刘万志	男	重庆九龙建设（集团）有限公司总经理	全国乡镇企业系统质量管理先进工作者	农业部	2000 年
张朝刚	男	重庆花溪建筑（集团）有限公司董事长	全国乡镇企业系统质量管理先进工作者	农业部	2000 年
曹正素	女	北碚区歇马机械厂厂长	全国乡镇企业系统质量管理先进工作者	农业部	2000 年
欧高东	男	江津市第十建筑工程公司总经理	全国乡镇企业系统质量管理先进工作者	农业部	2000 年
金振远	男	重庆金华汽车制动公司董事长	全国乡镇企业系统质量管理先进工作者	农业部	2000 年
孙长清	男	重庆市乡镇企业管理局主任科员	全国乡镇企业系统优秀统计工作者	农业部	2001 年
蒋纪群	女	重庆市乡镇企业管理局主任科员	全国乡镇企业系统优秀统计工作者	农业部	2001 年
罗娟	女	大渡口区乡镇企业管理局统计科科长	全国乡镇企业系统优秀统计工作者	农业部	2001 年
杨晓碧	女	渝北区乡镇企业委员会统计科科长	全国乡镇企业系统优秀统计工作者	农业部	2001 年
王廷明	男	巴南区乡镇企业管理局统计科科长	全国乡镇企业系统优秀统计工作者	农业部	2001 年
王昌庆	男	潼南县乡镇企业委员会统计科科长	全国乡镇企业系统优秀统计工作者	农业部	2001 年
李必中	男	合川市乡镇企业管理局副局长	全国乡镇企业系统优秀统计工作者	农业部	2001 年
冉崇华	男	忠县乡镇企业管理局统计科科长	全国乡镇企业系统优秀统计工作者	农业部	2001 年
郑三云	男	万州区乡镇企业管理局统计科科长	全国乡镇企业系统优秀统计工作者	农业部	2001 年
黎金花	女	酉阳县乡镇企业管理局统计科科长	全国乡镇企业系统优秀统计工作者	农业部	2001 年

续表

姓名	性别	单位及职务	先进称号	授予单位	授予时间
黎学英	女	重庆市乡镇企业管理局财务处处长	全国乡镇企业系统优秀财会工作者	农业部	2001 年
林卫国	男	江北区城乡集体经济管理局干部	全国乡镇企业系统优秀财会工作者	农业部	2001 年
刘玲	女	北碚区乡镇企业管理局统计科科长	全国乡镇企业系统优秀财会工作者	农业部	2001 年
刘巧灵	女	南岸区乡镇企业管理局统计科科长	全国乡镇企业系统优秀财会工作者	农业部	2001 年
周晓玲	女	永川市乡镇企业管理局统计科科长	全国乡镇企业系统优秀财会工作者	农业部	2001 年
犹元福	男	万盛区乡镇企业管理局统计科科长	全国乡镇企业系统优秀财会工作者	农业部	2001 年
欧书莉	女	铜梁县乡镇企业委员会统计科科长	全国乡镇企业系统优秀财会工作者	农业部	2001 年
覃兴碧	女	奉节县乡镇企业管理局统计科科长	全国乡镇企业系统优秀财会工作者	农业部	2001 年
杨秀琪	女	黔江区乡镇企业管理局统计科科长	全国乡镇企业系统优秀财会工作者	农业部	2001 年
施明钢	男	万州区五桥乡镇企业管理局统计科科长	全国乡镇企业系统优秀财会工作者	农业部	2001 年
赵吉林	男	重庆市乡镇企业管理局副局长	全国乡镇企业系统行政执法先进工作者	农业部	2001 年
彭自强	男	巴南区乡镇企业管理局副局长	全国乡镇企业系统行政执法先进工作者	农业部	2001 年
张兴模	女	沙坪坝区乡镇企业管理局企业管理科科长	全国乡镇企业系统行政执法先进工作者	农业部	2001 年
李光军	男	涪陵区乡镇企业管理局法规科科长	全国乡镇企业系统行政执法先进工作者	农业部	2001 年
欧阳林川	男	永川市乡镇企业局政策法规科科长	全国乡镇企业系统行政执法先进工作者	农业部	2001 年
郑平	男	奉节县乡镇企业管理局办公室主任	全国乡镇企业系统行政执法先进工作者	农业部	2001 年

第三节　重庆市全国乡镇企业系统先进企业

1991—2002 年，农业部乡企局在全国乡镇企业系统授予表彰了一批先进企业，其中重庆直辖前的四川省重庆市、万县地区、涪陵地区和直辖后的重庆市有 31 家乡镇企业受到表彰。

表 7－14　　重庆市全国乡镇企业系统先进企业名录

企业名称	先进称号	授予单位	授予时间
重庆市九龙坡区花溪建筑工程公司	全国乡镇企业系统建筑优秀企业	农业部乡企局	1991 年
四川省南川县东方红建筑工程公司	全国乡镇企业系统建筑优秀企业	农业部乡企局	1991 年
四川省万县地区太白红建筑工程公司	全国乡镇企业系统建筑优秀企业	农业部乡企局	1991 年
重庆市巴县元明建筑工程公司	全国乡镇企业系统建筑优秀企业	农业部乡企局	1991 年
重庆市綦江县巨龙建筑工程公司	全国乡镇企业系统建筑优秀企业	农业部乡企局	1991 年
重庆市北碚区灯塔建筑工程公司	全国乡镇企业系统建筑优秀企业	农业部乡企局	1991 年
重庆市红旗钢板弹簧厂	全国乡镇企业系统先进企业	农业部乡企局	1991 年
南川县先锋水泥厂	全国乡镇企业系统水泥质量良好企业	农业部乡企局	1991 年
开县水泥一厂	全国乡镇企业系统水泥质量良好企业	农业部乡企局	1991 年
忠县卫星水泥厂	全国乡镇企业系统水泥质量优胜企业	农业部乡企局	1991 年
涪陵地区酒店水泥厂	全国乡镇企业系统水泥质量优胜企业	农业部乡企局	1991 年
重庆市红旗水泥厂	全国乡镇企业系统水泥质量优胜企业	农业部乡企局	1991 年
重庆市九龙坡华岩机械厂	全国乡镇企业系统先进企业	农业部乡企局	1993 年
重庆歌乐山水泥厂	全国乡镇企业系统先进企业	农业部乡企局	1993 年
合川三汇水泥厂	全国乡镇企业系统先进企业	农业部乡企局	1993 年
忠县汝溪丝厂	全国乡镇企业系统先进企业	农业部乡企局	1993 年
四川省涪陵国光榨菜罐头食品厂	全国乡镇企业系统出口创汇先进企业	农业部乡企局	1995 年
重庆北碚宏大（集团）公司	全国文明乡镇企业	农业部乡企局	1997 年
北碚区歇马机械厂	全国文明乡镇企业	农业部乡企局	1997 年
大足天青石矿业公司	全国文明乡镇企业	农业部乡企局	1997 年
江津实业公司	全国文明乡镇企业	农业部乡企局	1997 年
重庆红旗汽车零部件制造厂	全国文明乡镇企业	农业部乡企局	1997 年
重庆红旗水泥厂	全国文明乡镇企业	农业部乡企局	1997 年
重庆汇利达电子集团有限公司	全国乡镇企业系统出口创汇先进企业	农业部乡企局	1998 年
合川皮毛制品厂	全国乡镇企业系统出口创汇先进企业	农业部乡企局	1998 年
荣昌县春光夏布实业有限公司	全国乡镇企业系统出口创汇先进企业	农业部乡企局	1998 年
重庆华洋产业集团有限公司	全国诚信守法乡镇企业	农业部乡企局	2002 年
江津市金桥房地产开发有限公司	全国诚信守法乡镇企业	农业部乡企局	2002 年

续表

企业名称	先进称号	授予单位	授予时间
重庆市正川玻璃有限公司	全国诚信守法乡镇企业	农业部乡企局	2002 年
重庆南川市矿产品开发（集团）有限公司	全国诚信守法乡镇企业	农业部乡企局	2002 年
重庆金凤丝绸有限公司	全国诚信守法乡镇企业	农业部乡企局	2002 年

第五章　四川省乡镇企业系统先进单位

1988 年以来，中共四川省委、省人民政府在全省乡镇企业系统开展了评选表彰先进管理部门、发展乡镇企业先进区县（乡镇）活动。四川省乡镇企业管理局（简称四川省乡企局，下同）也在乡镇企业系统开展先进企业评选表彰活动。四川省重庆市、万县地区、涪陵地区和黔江地区涌现出的先进单位分别受到省政府和省乡企业局表彰。

第一节　先进管理部门

表 7－15　　**四川省乡镇企业系统（重庆市）先进管理部门名录**

管理部门名称	先进称号	授予单位	授予时间
重庆市乡镇企业管理局	四川省乡镇企业系统先进管理部门	四川省政府	1990 年
重庆市沙坪坝区乡镇企业管理局	四川省乡镇企业系统先进管理部门	四川省政府	1990 年
重庆市九龙坡区乡镇企业管理局	四川省乡镇企业系统先进管理部门	四川省政府	1990 年
重庆市南岸区乡镇企业管理局	四川省乡镇企业系统先进管理部门	四川省政府	1990 年
重庆市北碚区乡镇企业管理局	四川省乡镇企业系统先进管理部门	四川省政府	1990 年
重庆市巴县乡镇企业管理局	四川省乡镇企业系统先进管理部门	四川省政府	1990 年
重庆市綦江县乡镇企业管理局	四川省乡镇企业系统先进管理部门	四川省政府	1990 年
重庆市江北县乡镇企业管理局	四川省乡镇企业系统先进管理部门	四川省政府	1990 年
重庆市江津县乡镇企业管理局	四川省乡镇企业系统先进管理部门	四川省政府	1990 年
重庆市合川县乡镇企业管理局	四川省乡镇企业系统先进管理部门	四川省政府	1990 年
涪陵地区乡镇企业管理局	四川省乡镇企业系统先进管理部门	四川省政府	1990 年
万县市乡镇企业管理局	四川省乡镇企业系统先进管理部门	四川省政府	1990 年
开县乡镇企业管理局	四川省乡镇企业系统先进管理部门	四川省政府	1990 年
忠县乡镇企业管理局	四川省乡镇企业系统先进管理部门	四川省政府	1990 年
重庆市南岸区南坪乡企业办公室	四川省乡镇企业系统先进管理部门	四川省政府	1990 年

续表

管理部门名称	先进称号	授予单位	授予时间
重庆市九龙坡区八桥乡企业办公室	四川省乡镇企业系统先进管理部门	四川省政府	1990年
重庆市九龙坡区华岩乡企业办公室	四川省乡镇企业系统先进管理部门	四川省政府	1990年
重庆市九龙坡区九龙乡企业办公室	四川省乡镇企业系统先进管理部门	四川省政府	1990年
重庆市九龙坡区花溪乡企业办公室	四川省乡镇企业系统先进管理部门	四川省政府	1990年
重庆市沙坪坝区石桥乡企业办公室	四川省乡镇企业系统先进管理部门	四川省政府	1990年
重庆市沙坪坝区覃家岗乡企业办公室	四川省乡镇企业系统先进管理部门	四川省政府	1990年
重庆市合川县盐井区副业办公室	四川省乡镇企业系统先进管理部门	四川省政府	1990年
重庆市永川县双石区企业办公室	四川省乡镇企业系统先进管理部门	四川省政府	1990年
重庆市巴县青木关区企业办公室	四川省乡镇企业系统先进管理部门	四川省政府	1990年
云阳县沙沱区企业办公室	四川省乡镇企业系统先进管理部门	四川省政府	1990年
巫山县福田乡企业办公室	四川省乡镇企业系统先进管理部门	四川省政府	1990年

第二节　先进县（市、区）

表7－16　**四川省发展乡镇企业先进区县名录（重庆市）**

区县名称	先进称号	授予单位	授予时间
江津市	发展乡镇企业标兵县（市、区）	四川省政府	1994年
綦江县	发展乡镇企业标兵县（市、区）	四川省政府	1994年
巴县	发展乡镇企业标兵县（市、区）	四川省政府	1994年
荣昌县	发展乡镇企业标兵县（市、区）	四川省政府	1994年
双桥区	发展乡镇企业标兵县（市、区）	四川省政府	1994年
沙坪坝区	发展乡镇企业标兵县（市、区）	四川省政府	1994年
长寿县	发展乡镇企业标兵县（市、区）	四川省政府	1994年
江北区	发展乡镇企业标兵县（市、区）	四川省政府	1994年
江北县	发展乡镇企业标兵县（市、区）	四川省政府	1994年
北碚区	发展乡镇企业标兵县（市、区）	四川省政府	1994年
潼南县	发展乡镇企业标兵县（市、区）	四川省政府	1994年
永川市	发展乡镇企业标兵县（市、区）	四川省政府	1994年
璧山县	发展乡镇企业标兵县（市、区）	四川省政府	1994年
万盛区	发展乡镇企业标兵县（市、区）	四川省政府	1994年
涪陵地区	发展乡镇企业标兵县（市、区）	四川省政府	1994年
南川县	发展乡镇企业标兵县（市、区）	四川省政府	1994年
丰都县	发展乡镇企业标兵县（市、区）	四川省政府	1994年

续表

区县名称	先进称号	授予单位	授予时间
武隆县	发展乡镇企业标兵县（市、区）	四川省政府	1994 年
黔江县	发展乡镇企业标兵县（市、区）	四川省政府	1994 年
彭水县	发展乡镇企业标兵县（市、区）	四川省政府	1994 年
石柱县	发展乡镇企业标兵县（市、区）	四川省政府	1994 年

第三节　先进乡镇

表 7－17　**四川省发展乡镇企业先进乡镇名录（重庆市）**

乡镇名称	先进称号	授予单位	授予时间
重庆市沙坪坝区石桥镇	发展乡镇企业先进乡镇	中共四川省委、省政府	1994 年
重庆市沙坪坝区覃家岗镇	发展乡镇企业先进乡镇	中共四川省委、省政府	1994 年
重庆市沙坪坝区歌乐山镇	发展乡镇企业先进乡镇	中共四川省委、省政府	1994 年
重庆市九龙坡区九龙镇	发展乡镇企业先进乡镇	中共四川省委、省政府	1994 年
重庆市九龙坡区花溪镇	发展乡镇企业先进乡镇	中共四川省委、省政府	1994 年
重庆市九龙坡区华岩镇	发展乡镇企业先进乡镇	中共四川省委、省政府	1994 年
重庆市九龙坡区八桥镇	发展乡镇企业先进乡镇	中共四川省委、省政府	1994 年
重庆市南岸区南坪镇	发展乡镇企业先进乡镇	中共四川省委、省政府	1994 年
重庆市南岸区黄桷垭镇	发展乡镇企业先进乡镇	中共四川省委、省政府	1994 年
重庆市北碚区蔡家岗镇	发展乡镇企业先进乡镇	中共四川省委、省政府	1994 年
重庆市北碚区歇马镇	发展乡镇企业先进乡镇	中共四川省委、省政府	1994 年
重庆市北碚区澄江镇	发展乡镇企业先进乡镇	中共四川省委、省政府	1994 年
重庆市巴县西彭镇	发展乡镇企业先进乡镇	中共四川省委、省政府	1994 年
重庆市巴县鱼洞镇	发展乡镇企业先进乡镇	中共四川省委、省政府	1994 年
重庆市綦江县古南镇	发展乡镇企业先进乡镇	中共四川省委、省政府	1994 年
重庆市江北区观音桥办事处	发展乡镇企业先进乡镇	中共四川省委、省政府	1994 年
万县市天城区天城镇	发展乡镇企业先进乡镇	中共四川省委、省政府	1994 年
万县市龙宝区龙宝镇	发展乡镇企业先进乡镇	中共四川省委、省政府	1994 年
涪陵市荔枝办事处	发展乡镇企业先进乡镇	中共四川省委、省政府	1994 年
南川县隆化镇	发展乡镇企业先进乡镇	中共四川省委、省政府	1994 年
南川县文凤镇	发展乡镇企业先进乡镇	中共四川省委、省政府	1994 年
开县温泉镇	发展乡镇企业先进乡镇	中共四川省委、省政府	1994 年

第四节　先进企业

表7－18　　四川省乡镇企业系统（重庆市）先进企业一览表

企业名称	先进称号	授予单位	授予时间
重庆红旗汽车钢板弹簧厂	四川省先进乡镇企业	四川省乡企局	1993年
重庆山洞水泥厂	四川省先进乡镇企业	四川省乡企局	1993年
江津米花糖厂	四川省先进乡镇企业	四川省乡企局	1993年
重庆马鞍山第二页岩砖厂	四川省先进乡镇企业	四川省乡企局	1993年
重庆茄子溪兽药厂	四川省先进乡镇企业	四川省乡企局	1993年
重庆市中梁山工程机械厂	四川省先进乡镇企业	四川省乡企局	1993年
重庆花溪建筑工程公司	四川省先进乡镇企业	四川省乡企局	1993年
重庆江南建筑工程公司	四川省先进乡镇企业	四川省乡企局	1993年
重庆九龙页岩砖厂	四川省先进乡镇企业	四川省乡企局	1993年
合川市云门压铸厂	四川省先进乡镇企业	四川省乡企局	1993年
重庆市华莹山建材建筑公司	四川省先进乡镇企业	四川省乡企局	1993年
重庆市沙坪坝新桥铝制品杂件厂	四川省先进乡镇企业	四川省乡企局	1993年
重庆长江减震器厂	四川省先进乡镇企业	四川省乡企局	1993年
江北县回兴轧钢厂	四川省先进乡镇企业	四川省乡企局	1993年
重庆渝北制冷设备厂	四川省先进乡镇企业	四川省乡企局	1993年
江北县两口煤矸石砖厂	四川省先进乡镇企业	四川省乡企局	1993年
长寿县页岩砖厂	四川省先进乡镇企业	四川省乡企局	1993年
綦江县文龙页岩砖厂	四川省先进乡镇企业	四川省乡企局	1993年
合川市皮毛制品厂	四川省先进乡镇企业	四川省乡企局	1993年
重庆山城铁合金厂	四川省先进乡镇企业	四川省乡企局	1993年
重庆市陵江机械厂	四川省先进乡镇企业	四川省乡企局	1993年
重庆江北丝绸厂	四川省先进乡镇企业	四川省乡企局	1993年
重庆市江北县回兴钢厂	四川省先进乡镇企业	四川省乡企局	1993年
长寿县江南橡胶制品厂	四川省先进乡镇企业	四川省乡企局	1993年
綦江县巨龙建筑安装工程公司	四川省先进乡镇企业	四川省乡企局	1993年
江北县珞磺化工厂	四川省先进乡镇企业	四川省乡企局	1993年
重庆市綦江县羊叉水泥厂	四川省先进乡镇企业	四川省乡企局	1996年
重庆市建新页岩砖厂	四川省先进乡镇企业	四川省乡企局	1996年
重庆市綦江建筑建材公司	四川省先进乡镇企业	四川省乡企局	1996年
重庆东风机械配件厂	四川省先进乡镇企业	四川省乡企局	1996年

第六章　重庆市乡镇企业办公室先进集体与个人

1999年，经各乡镇评选推荐和区县（自治县、市）有关部门审查，经重庆市人事局、乡企局研究决定，对在乡镇企业管理工作中做出了显著成绩的80个乡镇企业办公室和158名先进工作者予以表彰奖励（渝人发〔1999〕14号）。

第一节　重庆市乡镇企业办公室先进集体

表7-19　重庆市乡镇企业办公室先进集体名录

名称	先进称号	授予单位	授予时间
万州区武陵镇乡镇企业办公室	重庆市乡镇企业办公室先进集体	重庆市人事局 重庆市乡企局	1999年
万州区天城镇乡镇企业办公室	重庆市乡镇企业办公室先进集体	重庆市人事局 重庆市乡企局	1999年
万州区龙宝镇乡镇企业办公室	重庆市乡镇企业办公室先进集体	重庆市人事局 重庆市乡企局	1999年
万州区董家镇乡镇企业办公室	重庆市乡镇企业办公室先进集体	重庆市人事局 重庆市乡企局	1999年
万州五桥街道办事处乡镇企业办公室	重庆市乡镇企业办公室先进集体	重庆市人事局 重庆市乡企局	1999年
涪陵区百胜镇乡镇企业办公室	重庆市乡镇企业办公室先进集体	重庆市人事局 重庆市乡企局	1999年
涪陵区酒店乡乡镇企业办公室	重庆市乡镇企业办公室先进集体	重庆市人事局 重庆市乡企局	1999年
涪陵敦仁街道办事处乡镇企业办公室	重庆市乡镇企业办公室先进集体	重庆市人事局 重庆市乡企局	1999年
大渡口区建胜镇乡镇企业办公室	重庆市乡镇企业办公室先进集体	重庆市人事局 重庆市乡企局	1999年
大渡口区八桥镇乡镇企业办公室	重庆市乡镇企业办公室先进集体	重庆市人事局 重庆市乡企局	1999年
江北区华新街街道办事处经济发展科	重庆市乡镇企业办公室先进集体	重庆市人事局 重庆市乡企局	1999年

续表

名称	先进称号	授予单位	授予时间
江北区观音桥街道办事处经济发展科	重庆市乡镇企业办公室先进集体	重庆市人事局 重庆市乡企局	1999 年
沙坪坝区歌乐山镇乡镇企业办公室	重庆市乡镇企业办公室先进集体	重庆市人事局 重庆市乡企局	1999 年
沙坪坝区覃家岗镇乡镇企业办公室	重庆市乡镇企业办公室先进集体	重庆市人事局 重庆市乡企局	1999 年
沙坪坝区井口镇乡镇企业办公室	重庆市乡镇企业办公室先进集体	重庆市人事局 重庆市乡企局	1999 年
九龙坡区九龙镇乡镇企业办公室	重庆市乡镇企业办公室先进集体	重庆市人事局 重庆市乡企局	1999 年
九龙坡区白市驿镇乡镇企业办公室	重庆市乡镇企业办公室先进集体	重庆市人事局 重庆市乡企局	1999 年
九龙坡区石桥镇乡镇企业办公室	重庆市乡镇企业办公室先进集体	重庆市人事局 重庆市乡企局	1999 年
南岸区涂山镇乡镇企业办公室	重庆市乡镇企业办公室先进集体	重庆市人事局 重庆市乡企局	1999 年
南岸区南坪镇乡镇企业办公室	重庆市乡镇企业办公室先进集体	重庆市人事局 重庆市乡企局	1999 年
北碚区复兴镇乡镇企业办公室	重庆市乡镇企业办公室先进集体	重庆市人事局 重庆市乡企局	1999 年
北碚区歇马镇乡镇企业办公室	重庆市乡镇企业办公室先进集体	重庆市人事局 重庆市乡企局	1999 年
万盛区南桐镇乡镇企业办公室	重庆市乡镇企业办公室先进集体	重庆市人事局 重庆市乡企局	1999 年
万盛区丛林镇乡镇企业办公室	重庆市乡镇企业办公室先进集体	重庆市人事局 重庆市乡企局	1999 年
双桥区通桥镇乡镇企业办公室	重庆市乡镇企业办公室先进集体	重庆市人事局 重庆市乡企局	1999 年
渝北区石船镇乡镇企业办公室	重庆市乡镇企业办公室先进集体	重庆市人事局 重庆市乡企局	1999 年
渝北区龙溪镇乡镇企业办公室	重庆市乡镇企业办公室先进集体	重庆市人事局 重庆市乡企局	1999 年
渝北区两路镇乡镇企业办公室	重庆市乡镇企业办公室先进集体	重庆市人事局 重庆市乡企局	1999 年

续表

名称	先进称号	授予单位	授予时间
巴南区花溪镇乡镇企业办公室	重庆市乡镇企业办公室先进集体	重庆市人事局 重庆市乡企局	1999 年
巴南区一品镇乡镇企业办公室	重庆市乡镇企业办公室先进集体	重庆市人事局 重庆市乡企局	1999 年
巴南区鱼洞镇乡镇企业办公室	重庆市乡镇企业办公室先进集体	重庆市人事局 重庆市乡企局	1999 年
江津市石门镇乡镇企业办公室	重庆市乡镇企业办公室先进集体	重庆市人事局 重庆市乡企局	1999 年
江津市德感镇乡镇企业办公室	重庆市乡镇企业办公室先进集体	重庆市人事局 重庆市乡企局	1999 年
江津市杜市镇乡镇企业办公室	重庆市乡镇企业办公室先进集体	重庆市人事局 重庆市乡企局	1999 年
江津市珞璜镇乡镇企业办公室	重庆市乡镇企业办公室先进集体	重庆市人事局 重庆市乡企局	1999 年
合川市三汇镇乡镇企业办公室	重庆市乡镇企业办公室先进集体	重庆市人事局 重庆市乡企局	1999 年
合川市太和镇乡镇企业办公室	重庆市乡镇企业办公室先进集体	重庆市人事局 重庆市乡企局	1999 年
合川市凉亭子街道办事处 乡镇企业办公室	重庆市乡镇企业办公室先进集体	重庆市人事局 重庆市乡企局	1999 年
永川市三教镇乡镇企业办公室	重庆市乡镇企业办公室先进集体	重庆市人事局 重庆市乡企局	1999 年
永川市何埂镇乡镇企业办公室	重庆市乡镇企业办公室先进集体	重庆市人事局 重庆市乡企局	1999 年
永川市南大街街道办事处 乡镇企业办公室	重庆市乡镇企业办公室先进集体	重庆市人事局 重庆市乡企局	1999 年
綦江县篆塘镇乡镇企业办公室	重庆市乡镇企业办公室先进集体	重庆市人事局 重庆市乡企局	1999 年
綦江县羊角乡乡镇企业办公室	重庆市乡镇企业办公室先进集体	重庆市人事局 重庆市乡企局	1999 年
长寿县朱家镇乡镇企业办公室	重庆市乡镇企业办公室先进集体	重庆市人事局 重庆市乡企局	1999 年
长寿县云台镇乡镇企业办公室	重庆市乡镇企业办公室先进集体	重庆市人事局 重庆市乡企局	1999 年

续表

名称	先进称号	授予单位	授予时间
大足县万古镇乡镇企业办公室	重庆市乡镇企业办公室先进集体	重庆市人事局 重庆市乡企局	1999 年
大足县石龙乡乡镇企业办公室	重庆市乡镇企业办公室先进集体	重庆市人事局 重庆市乡企局	1999 年
铜梁县蒲吕镇乡镇企业办公室	重庆市乡镇企业办公室先进集体	重庆市人事局 重庆市乡企局	1999 年
铜梁县石鱼镇乡镇企业办公室	重庆市乡镇企业办公室先进集体	重庆市人事局 重庆市乡企局	1999 年
潼南县梓潼镇乡镇企业办公室	重庆市乡镇企业办公室先进集体	重庆市人事局 重庆市乡企局	1999 年
潼南县双江镇乡镇企业办公室	重庆市乡镇企业办公室先进集体	重庆市人事局 重庆市乡企局	1999 年
璧山县丁家镇乡镇企业办公室	重庆市乡镇企业办公室先进集体	重庆市人事局 重庆市乡企局	1999 年
璧山县来凤镇乡镇企业办公室	重庆市乡镇企业办公室先进集体	重庆市人事局 重庆市乡企局	1999 年
荣昌县荣隆镇乡镇企业办公室	重庆市乡镇企业办公室先进集体	重庆市人事局 重庆市乡企局	1999 年
荣昌县双河镇乡镇企业办公室	重庆市乡镇企业办公室先进集体	重庆市人事局 重庆市乡企局	1999 年
开县渠口镇乡镇企业办公室	重庆市乡镇企业办公室先进集体	重庆市人事局 重庆市乡企局	1999 年
开县临江镇乡镇企业办公室	重庆市乡镇企业办公室先进集体	重庆市人事局 重庆市乡企局	1999 年
开县郭家镇乡镇企业办公室	重庆市乡镇企业办公室先进集体	重庆市人事局 重庆市乡企局	1999 年
忠县黄金镇乡镇企业办公室	重庆市乡镇企业办公室先进集体	重庆市人事局 重庆市乡企局	1999 年
忠县汝溪镇乡镇企业办公室	重庆市乡镇企业办公室先进集体	重庆市人事局 重庆市乡企局	1999 年
梁平县梁山镇企业管办公室	重庆市乡镇企业办公室先进集体	重庆市人事局 重庆市乡企局	1999 年
梁平县七星镇乡镇企业办公室	重庆市乡镇企业办公室先进集体	重庆市人事局 重庆市乡企局	1999 年

续表

名称	先进称号	授予单位	授予时间
云阳县故陵镇乡镇企业办公室	重庆市乡镇企业办公室先进集体	重庆市人事局 重庆市乡企局	1999 年
奉节县永安镇乡镇企业办公室	重庆市乡镇企业办公室先进集体	重庆市人事局 重庆市乡企局	1999 年
巫山县大昌镇乡镇企业办公室	重庆市乡镇企业办公室先进集体	重庆市人事局 重庆市乡企局	1999 年
巫溪县文峰区乡镇企业办公室	重庆市乡镇企业办公室先进集体	重庆市人事局 重庆市乡企局	1999 年
城口县巴山镇乡镇企业办公室	重庆市乡镇企业办公室先进集体	重庆市人事局 重庆市乡企局	1999 年
南川市南平镇乡镇企业办公室	重庆市乡镇企业办公室先进集体	重庆市人事局 重庆市乡企局	1999 年
南川市水江镇乡镇企业办公室	重庆市乡镇企业办公室先进集体	重庆市人事局 重庆市乡企局	1999 年
垫江县澄溪镇乡镇企业办公室	重庆市乡镇企业办公室先进集体	重庆市人事局 重庆市乡企局	1999 年
垫江县桂溪镇乡镇企业办公室	重庆市乡镇企业办公室先进集体	重庆市人事局 重庆市乡企局	1999 年
丰都县湛普镇乡镇企业办公室	重庆市乡镇企业办公室先进集体	重庆市人事局 重庆市乡企局	1999 年
丰都县虎威镇乡镇企业办公室	重庆市乡镇企业办公室先进集体	重庆市人事局 重庆市乡企局	1999 年
武隆县兴顺乡乡镇企业办公室	重庆市乡镇企业办公室先进集体	重庆市人事局 重庆市乡企局	1999 年
黔江县冯家区乡镇企业办公室	重庆市乡镇企业办公室先进集体	重庆市人事局 重庆市乡企局	1999 年
石柱县南宾镇乡镇企业办公室	重庆市乡镇企业办公室先进集体	重庆市人事局 重庆市乡企局	1999 年
石柱县南宾镇乡镇企业办公室	重庆市乡镇企业办公室先进集体	重庆市人事局 重庆市乡企局	1999 年
彭水县汉葭镇乡镇企业办公室	重庆市乡镇企业办公室先进集体	重庆市人事局 重庆市乡企局	1999 年
酉阳县钟多镇乡镇企业办公室	重庆市乡镇企业办公室先进集体	重庆市人事局 重庆市乡企局	1999 年
秀山县中和区乡镇企业办公室	重庆市乡镇企业办公室先进集体	重庆市人事局 重庆市乡企局	1999 年

第二节 重庆市乡镇企业办公室先进工作者

表 7－20 重庆市乡镇企业办公室先进工作者名录

姓名	性别	单位及职务	先进称号	授予单位	授予时间
冉茂林	男	万州区武陵镇企业办公室主任	重庆市乡镇企业办公室先进工作者	重庆市人事局 重庆市乡企局	1999 年
周远成	男	万州区龙宝镇企业办公室主任	重庆市乡镇企业办公室先进工作者	重庆市人事局 重庆市乡企局	1999 年
周胜祥	男	万州区牌楼街道办事处企业办公室主任	重庆市乡镇企业办公室先进工作者	重庆市人事局 重庆市乡企局	1999 年
陈革	男	万州区熊家镇经贸发展办公室主任	重庆市乡镇企业办公室先进工作者	重庆市人事局 重庆市乡企局	1999 年
姜学清	男	万州区高梁镇经贸发展办公室副主任	重庆市乡镇企业办公室先进工作者	重庆市人事局 重庆市乡企局	1999 年
陈心禹	男	万州区五桥街道办事处企业办公室主任	重庆市乡镇企业办公室先进工作者	重庆市人事局 重庆市乡企局	1999 年
罗青田	男	万州区长岭镇企业办公室主任	重庆市乡镇企业办公室先进工作者	重庆市人事局 重庆市乡企局	1999 年
周芳文	男	万州区分水镇企业办公室副主任	重庆市乡镇企业办公室先进工作者	重庆市人事局 重庆市乡企局	1999 年
刘畅	女	万州区周家坝街道办事处企业办公室科员	重庆市乡镇企业办公室先进工作者	重庆市人事局 重庆市乡企局	1999 年
向万吉	男	万州区新乡镇企业办公室主任	重庆市乡镇企业办公室先进工作者	重庆市人事局 重庆市乡企局	1999 年
熊尚兰	女	万州区太白街道办事处企业办公室主任	重庆市乡镇企业办公室先进工作者	重庆市人事局 重庆市乡企局	1999 年
秦光禄	男	涪陵区丛林乡企业办公室主任	重庆市乡镇企业办公室先进工作者	重庆市人事局 重庆市乡企局	1999 年
袁如影	男	涪陵区李渡镇企业办公室主任	重庆市乡镇企业办公室先进工作者	重庆市人事局 重庆市乡企局	1999 年
赵和平	男	涪陵区卷洞乡企业办公室主任	重庆市乡镇企业办公室先进工作者	重庆市人事局 重庆市乡企局	1999 年
叶茂权	男	涪陵区焦石镇企业办公室主任	重庆市乡镇企业办公室先进工作者	重庆市人事局 重庆市乡企局	1999 年

续表

姓名	性别	单位及职务	先进称号	授予单位	授予时间
方针	男	涪陵区马武镇企业办公室主任	重庆市乡镇企业办公室先进工作者	重庆市人事局 重庆市乡企局	1999 年
陈学红	男	涪陵区镇安镇企业办公室主任	重庆市乡镇企业办公室先进工作者	重庆市人事局 重庆市乡企局	1999 年
刘均乾	男	大渡口区八桥镇企业办公室主任	重庆市乡镇企业办公室先进工作者	重庆市人事局 重庆市乡企局	1999 年
余祥元	男	大渡口区跳磴镇企业办公室科员	重庆市乡镇企业办公室先进工作者	重庆市人事局 重庆市乡企局	1999 年
苏华元	男	大渡口区跳磴镇企业办公室主任	重庆市乡镇企业办公室先进工作者	重庆市人事局 重庆市乡企局	1999 年
龚金明	女	江北区五里店街道办事处经济发展科科长	重庆市乡镇企业办公室先进工作者	重庆市人事局 重庆市乡企局	1999 年
向宏玲	女	江北区郭家沱街道办事处经济发展科统计员	重庆市乡镇企业办公室先进工作者	重庆市人事局 重庆市乡企局	1999 年
罗登富	男	江北区观音桥街道办事处经济发展科科长	重庆市乡镇企业办公室先进工作者	重庆市人事局 重庆市乡企局	1999 年
田永强	男	江北区寸滩街道办事处经济发展科副科长	重庆市乡镇企业办公室先进工作者	重庆市人事局 重庆市乡企局	1999 年
黄天智	男	沙坪坝区凤凰镇企业办公室主任	重庆市乡镇企业办公室先进工作者	重庆市人事局 重庆市乡企局	1999 年
袁万明	男	沙坪坝区青木关镇企业办公室主任	重庆市乡镇企业办公室先进工作者	重庆市人事局 重庆市乡企局	1999 年
况浩荣	男	沙坪区陈家桥镇企业办公室主任	重庆市乡镇企业办公室先进工作者	重庆市人事局 重庆市乡企局	1999 年
伍光荣	男	沙坪坝区歌乐山镇企业办公室主任	重庆市乡镇企业办公室先进工作者	重庆市人事局 重庆市乡企局	1999 年
吴维清	男	沙坪坝区覃家岗镇企业办公室科长	重庆市乡镇企业办公室先进工作者	重庆市人事局 重庆市乡企局	1999 年
唐应明	男	沙坪坝区井口镇企业办公室主任	重庆市乡镇企业办公室先进工作者	重庆市人事局 重庆市乡企局	1999 年
吕祖恒	男	沙坪坝区回龙坝镇企业办公室主任	重庆市乡镇企业办公室先进工作者	重庆市人事局 重庆市乡企局	1999 年
叶忠华	男	九龙坡区华岩镇企业办公室主任	重庆市乡镇企业办公室先进工作者	重庆市人事局 重庆市乡企局	1999 年

续表

姓名	性别	单位及职务	先进称号	授予单位	授予时间
尹先玲	女	九龙坡区石板镇企业办公室主任	重庆市乡镇企业办公室先进工作者	重庆市人事局 重庆市乡企局	1999 年
刘明惠	女	九龙坡区陶家镇企业办公室会计	重庆市乡镇企业办公室先进工作者	重庆市人事局 重庆市乡企局	1999 年
刘光福	男	九龙坡区铜罐驿镇企业办公室主任	重庆市乡镇企业办公室先进工作者	重庆市人事局 重庆市乡企局	1999 年
周岱禄	男	九龙坡区含谷镇企业办公室主任	重庆市乡镇企业办公室先进工作者	重庆市人事局 重庆市乡企局	1999 年
廖代惠	女	九龙坡区西彭镇企业办公室干部	重庆市乡镇企业办公室先进工作者	重庆市人事局 重庆市乡企局	1999 年
罗明洲	男	九龙坡区走马镇企业办公室主任	重庆市乡镇企业办公室先进工作者	重庆市人事局 重庆市乡企局	1999 年
刘先雄	男	南岸区峡口镇企业办公室主任	重庆市乡镇企业办公室先进工作者	重庆市人事局 重庆市乡企局	1999 年
甘炳华	男	南岸区黄桷垭镇企业办公室主任	重庆市乡镇企业办公室先进工作者	重庆市人事局 重庆市乡企局	1999 年
唐良彬	男	南岸区长生桥镇企业办公室主任	重庆市乡镇企业办公室先进工作者	重庆市人事局 重庆市乡企局	1999 年
梁大庆	男	南岸区南坪镇企业办公室科员	重庆市乡镇企业办公室先进工作者	重庆市人事局 重庆市乡企局	1999 年
艾神高	男	北碚区歇马镇企业办公室主任	重庆市乡镇企业办公室先进工作者	重庆市人事局 重庆市乡企局	1999 年
陈德明	男	北碚区三圣镇企业办公室主任	重庆市乡镇企业办公室先进工作者	重庆市人事局 重庆市乡企局	1999 年
刘树芬	女	北碚区蔡家岗镇企业办公室科长	重庆市乡镇企业办公室先进工作者	重庆市人事局 重庆市乡企局	1999 年
殷清均	男	北碚区天府镇企业办公室科员	重庆市乡镇企业办公室先进工作者	重庆市人事局 重庆市乡企局	1999 年
徐世明	男	万盛区关坝镇企业办公室副主任	重庆市乡镇企业办公室先进工作者	重庆市人事局 重庆市乡企局	1999 年
向武浩	男	万盛区金桥乡企业办公室主任	重庆市乡镇企业办公室先进工作者	重庆市人事局 重庆市乡企局	1999 年
罗宗荣	男	万盛区青年镇企业办公室主任	重庆市乡镇企业办公室先进工作者	重庆市人事局 重庆市乡企局	1999 年

续表

姓名	性别	单位及职务	先进称号	授予单位	授予时间
李炬	男	双桥区双路镇企业办公室副主任	重庆市乡镇企业办公室先进工作者	重庆市人事局 重庆市乡企局	1999 年
胡代军	男	双桥区龙滩子街道办事处企业办公室主任	重庆市乡镇企业办公室先进工作者	重庆市人事局 重庆市乡企局	1999 年
唐继柏	男	渝北区华秦乡企业办公室主任	重庆市乡镇企业办公室先进工作者	重庆市人事局 重庆市乡企局	1999 年
李荣	男	渝北区舒家乡企业办公室主任	重庆市乡镇企业办公室先进工作者	重庆市人事局 重庆市乡企局	1999 年
曾祥炎	男	渝北区关兴乡企业办公室主任	重庆市乡镇企业办公室先进工作者	重庆市人事局 重庆市乡企局	1999 年
廖玉	女	渝北区大竹林镇企业办公室副主任	重庆市乡镇企业办公室先进工作者	重庆市人事局 重庆市乡企局	1999 年
蒋光兰	女	巴南区南泉镇企业办公室副主任	重庆市乡镇企业办公室先进工作者	重庆市人事局 重庆市乡企局	1999 年
陈然	男	巴南区花溪镇企业办公室主任	重庆市乡镇企业办公室先进工作者	重庆市人事局 重庆市乡企局	1999 年
郭荣康	男	巴南区一品镇企业办公室书记	重庆市乡镇企业办公室先进工作者	重庆市人事局 重庆市乡企局	1999 年
杨礼孝	男	巴南区接龙镇企业办公室秘书	重庆市乡镇企业办公室先进工作者	重庆市人事局 重庆市乡企局	1999 年
马隆水	男	巴南区鱼洞镇企业办公室科长	重庆市乡镇企业办公室先进工作者	重庆市人事局 重庆市乡企局	1999 年
曹记友	男	巴南区花溪镇企业办公室高级会计师	重庆市乡镇企业办公室先进工作者	重庆市人事局 重庆市乡企局	1999 年
张文龙	男	江津市夏坝镇企业办公室主任	重庆市乡镇企业办公室先进工作者	重庆市人事局 重庆市乡企局	1999 年
钟灿恒	男	江津市仁沱镇企业办公室主任	重庆市乡镇企业办公室先进工作者	重庆市人事局 重庆市乡企局	1999 年
王文采	男	江津市双溪镇企业办公室主任	重庆市乡镇企业办公室先进工作者	重庆市人事局 重庆市乡企局	1999 年
赵福元	男	江津市滩盘镇企业办公室主任	重庆市乡镇企业办公室先进工作者	重庆市人事局 重庆市乡企局	1999 年
涂中文	男	江津市贾嗣镇企业办公室主任	重庆市乡镇企业办公室先进工作者	重庆市人事局 重庆市乡企局	1999 年

续表

姓名	性别	单位及职务	先进称号	授予单位	授予时间
雷武文	男	江津市马宗镇企业办公室主任	重庆市乡镇企业办公室先进工作者	重庆市人事局 重庆市乡企局	1999年
耿世奇	男	合川市三汇镇企业办公室主任	重庆市乡镇企业办公室先进工作者	重庆市人事局 重庆市乡企局	1999年
谢贤明	男	合川市凉亭子街道办事处企业办公室主任	重庆市乡镇企业办公室先进工作者	重庆市人事局 重庆市乡企局	1999年
吴度华	男	合川市福寿镇企业办公室主任	重庆市乡镇企业办公室先进工作者	重庆市人事局 重庆市乡企局	1999年
周天军	男	合川市清平镇企业办公室会计	重庆市乡镇企业办公室先进工作者	重庆市人事局 重庆市乡企局	1999年
彭国元	男	合川市渭溪镇企业办公室副主任	重庆市乡镇企业办公室先进工作者	重庆市人事局 重庆市乡企局	1999年
何利川	男	合川市大石镇企业办公室副主任	重庆市乡镇企业办公室先进工作者	重庆市人事局 重庆市乡企局	1999年
雷世荣	男	永川市花桥乡企业办公室书记	重庆市乡镇企业办公室先进工作者	重庆市人事局 重庆市乡企局	1999年
闻世彬	男	永川市胜利路街道办事处企业办公室科长	重庆市乡镇企业办公室先进工作者	重庆市人事局 重庆市乡企局	1999年
苏文智	男	永川市仙龙镇企业办公室主任	重庆市乡镇企业办公室先进工作者	重庆市人事局 重庆市乡企局	1999年
易永春	男	永川市陈食镇企业办公室主任	重庆市乡镇企业办公室先进工作者	重庆市人事局 重庆市乡企局	1999年
龙方杰	男	永川市青峰镇企业办公室主任	重庆市乡镇企业办公室先进工作者	重庆市人事局 重庆市乡企局	1999年
叶新民	女	永川市南大街街道办事处企业办公室主任	重庆市乡镇企业办公室先进工作者	重庆市人事局 重庆市乡企局	1999年
胡顺明	男	綦江县石壕镇企业办公室主任	重庆市乡镇企业办公室先进工作者	重庆市人事局 重庆市乡企局	1999年
张宗宜	男	綦江县土台镇企业办公室主任	重庆市乡镇企业办公室先进工作者	重庆市人事局 重庆市乡企局	1999年
刘国语	男	綦江县永新镇企业办公室主任	重庆市乡镇企业办公室先进工作者	重庆市人事局 重庆市乡企局	1999年
张元锦	男	綦江县安稳镇企业办公室主任	重庆市乡镇企业办公室先进工作者	重庆市人事局 重庆市乡企局	1999年

续表

姓名	性别	单位及职务	先进称号	授予单位	授予时间
袁炳清	男	长寿县葛兰镇企业办公室主任	重庆市乡镇企业办公室先进工作者	重庆市人事局 重庆市乡企局	1999年
张礼中	男	长寿县晏家镇企业办公室主任	重庆市乡镇企业办公室先进工作者	重庆市人事局 重庆市乡企局	1999年
文茂全	男	长寿县但渡镇企业办公室主任	重庆市乡镇企业办公室先进工作者	重庆市人事局 重庆市乡企局	1999年
夏道智	男	长寿县江南镇企业办公室主任	重庆市乡镇企业办公室先进工作者	重庆市人事局 重庆市乡企局	1999年
杨远炉	男	大足县宝顶镇企业办公室主任	重庆市乡镇企业办公室先进工作者	重庆市人事局 重庆市乡企局	1999年
司永清	男	大足县邮亭镇企业办公室主任	重庆市乡镇企业办公室先进工作者	重庆市人事局 重庆市乡企局	1999年
秦科友	男	大足县拾万镇企业办公室副主任	重庆市乡镇企业办公室先进工作者	重庆市人事局 重庆市乡企局	1999年
梅兴华	男	大足县三驱镇企业办公室副主任	重庆市乡镇企业办公室先进工作者	重庆市人事局 重庆市乡企局	1999年
周有彬	男	铜梁县旧县镇企业办公室主任	重庆市乡镇企业办公室先进工作者	重庆市人事局 重庆市乡企局	1999年
柏海	男	铜梁县安居镇企业办公室副主任	重庆市乡镇企业办公室先进工作者	重庆市人事局 重庆市乡企局	1999年
杨世文	男	铜梁县西河镇企业办公室主任	重庆市乡镇企业办公室先进工作者	重庆市人事局 重庆市乡企局	1999年
陈朝均	男	铜梁县福果镇企业办公室主任	重庆市乡镇企业办公室先进工作者	重庆市人事局 重庆市乡企局	1999年
陈法明	男	潼南县米心镇企业办公室主任	重庆市乡镇企业办公室先进工作者	重庆市人事局 重庆市乡企局	1999年
张清	男	潼南县塘坝镇企业办公室主任	重庆市乡镇企业办公室先进工作者	重庆市人事局 重庆市乡企局	1999年
谭忠	男	潼南县卧佛镇企业办公室主任	重庆市乡镇企业办公室先进工作者	重庆市人事局 重庆市乡企局	1999年
谢宝文	男	璧山县来凤镇企业办公室主任	重庆市乡镇企业办公室先进工作者	重庆市人事局 重庆市乡企局	1999年
张金海	男	璧山县依凤乡企业办公室主任	重庆市乡镇企业办公室先进工作者	重庆市人事局 重庆市乡企局	1999年

续表

姓名	性别	单位及职务	先进称号	授予单位	授予时间
陈祥明	女	璧山县丁家镇企业办公室干部	重庆市乡镇企业办公室先进工作者	重庆市人事局 重庆市乡企局	1999年
蒋坤华	男	荣昌县仁义镇企业办公室主任	重庆市乡镇企业办公室先进工作者	重庆市人事局 重庆市乡企局	1999年
刘国富	男	荣昌县广顺镇企业办公室主任	重庆市乡镇企业办公室先进工作者	重庆市人事局 重庆市乡企局	1999年
贺太友	男	荣昌县治安乡企业办公室主任	重庆市乡镇企业办公室先进工作者	重庆市人事局 重庆市乡企局	1999年
唐仕政	男	开县中兴乡企业办公室副主任	重庆市乡镇企业办公室先进工作者	重庆市人事局 重庆市乡企局	1999年
周邦亚	男	开县长沙镇企业办公室主任	重庆市乡镇企业办公室先进工作者	重庆市人事局 重庆市乡企局	1999年
罗华国	男	开县温泉镇企业办公室副主任	重庆市乡镇企业办公室先进工作者	重庆市人事局 重庆市乡企局	1999年
胡定坤	男	开县镇东镇企业办公室主任	重庆市乡镇企业办公室先进工作者	重庆市人事局 重庆市乡企局	1999年
吴生现	男	开县丰乐镇企业办公室主任	重庆市乡镇企业办公室先进工作者	重庆市人事局 重庆市乡企局	1999年
谢安文	男	忠县官坝镇企业办公室副主任	重庆市乡镇企业办公室先进工作者	重庆市人事局 重庆市乡企局	1999年
王顺富	男	忠县涂井乡企业办公室主任	重庆市乡镇企业办公室先进工作者	重庆市人事局 重庆市乡企局	1999年
阎忠厚	男	忠县新生镇企业办公室副主任	重庆市乡镇企业办公室先进工作者	重庆市人事局 重庆市乡企局	1999年
陈世忠	男	忠县东溪镇企业办公室主任	重庆市乡镇企业办公室先进工作者	重庆市人事局 重庆市乡企局	1999年
王德富	男	梁平县礼让镇企业办公室主任	重庆市乡镇企业办公室先进工作者	重庆市人事局 重庆市乡企局	1999年
吴官清	男	梁平县仁贤镇企业办公室主任	重庆市乡镇企业办公室先进工作者	重庆市人事局 重庆市乡企局	1999年
唐波	男	梁平县七星镇企业办公室主任	重庆市乡镇企业办公室先进工作者	重庆市人事局 重庆市乡企局	1999年
刘兆富	男	云阳县江口镇企业办公室主任	重庆市乡镇企业办公室先进工作者	重庆市人事局 重庆市乡企局	1999年

续表

姓名	性别	单位及职务	先进称号	授予单位	授予时间
孙俊奇	男	云阳县双江镇企业办公室副主任	重庆市乡镇企业办公室先进工作者	重庆市人事局 重庆市乡企局	1999 年
唐俊	男	云阳县云阳镇企业办公室副主任	重庆市乡镇企业办公室先进工作者	重庆市人事局 重庆市乡企局	1999 年
王道全	男	云阳县农坝镇企业办公室主任	重庆市乡镇企业办公室先进工作者	重庆市人事局 重庆市乡企局	1999 年
杨兴奎	男	奉节县竹园区企业办公室副主任	重庆市乡镇企业办公室先进工作者	重庆市人事局 重庆市乡企局	1999 年
王立清	男	奉节县平皋区企业办公室副主任	重庆市乡镇企业办公室先进工作者	重庆市人事局 重庆市乡企局	1999 年
马于沛	男	奉节县兴隆区企业办公室副主任	重庆市乡镇企业办公室先进工作者	重庆市人事局 重庆市乡企局	1999 年
宁芝碧	女	奉节县永安镇企业办公室会计	重庆市乡镇企业办公室先进工作者	重庆市人事局 重庆市乡企局	1999 年
向兴明	女	巫山县秀峰区企业办公室主任	重庆市乡镇企业办公室先进工作者	重庆市人事局 重庆市乡企局	1999 年
杨坤章	男	巫山县福田镇企业办公室主任	重庆市乡镇企业办公室先进工作者	重庆市人事局 重庆市乡企局	1999 年
曾祥海	男	巫溪县通城区企业办公室主任	重庆市乡镇企业办公室先进工作者	重庆市人事局 重庆市乡企局	1999 年
秦世安	男	巫溪县城厢镇企业办公室主任	重庆市乡镇企业办公室先进工作者	重庆市人事局 重庆市乡企局	1999 年
陈维刚	男	城口县庙双区企业办公室副主任	重庆市乡镇企业办公室先进工作者	重庆市人事局 重庆市乡企局	1999 年
李保琼	女	城口县修齐区企业办公室副主任	重庆市乡镇企业办公室先进工作者	重庆市人事局 重庆市乡企局	1999 年
侯永强	男	南川市隆化镇企业办公室会计	重庆市乡镇企业办公室先进工作者	重庆市人事局 重庆市乡企局	1999 年
李常爱	男	南川市水江镇企业办公室主任	重庆市乡镇企业办公室先进工作者	重庆市人事局 重庆市乡企局	1999 年
罗文凌	男	南川市南平镇企业办公室主任	重庆市乡镇企业办公室先进工作者	重庆市人事局 重庆市乡企局	1999 年
韩德明	男	南川市文凤镇企业办公室主任	重庆市乡镇企业办公室先进工作者	重庆市人事局 重庆市乡企局	1999 年

续表

姓名	性别	单位及职务	先进称号	授予单位	授予时间
汤继忠	男	垫江县桂溪镇企业办公室主任	重庆市乡镇企业办公室先进工作者	重庆市人事局 重庆市乡企局	1999年
余长远	男	垫江县澄溪镇企业办公室主任	重庆市乡镇企业办公室先进工作者	重庆市人事局 重庆市乡企局	1999年
徐忠荣	男	垫江县坪山镇企业办公室会计	重庆市乡镇企业办公室先进工作者	重庆市人事局 重庆市乡企局	1999年
李华生	男	丰都县双路镇企业办公室会计	重庆市乡镇企业办公室先进工作者	重庆市人事局 重庆市乡企局	1999年
李天钊	男	丰都县虎威镇企业办公室副主任	重庆市乡镇企业办公室先进工作者	重庆市人事局 重庆市乡企局	1999年
罗志义	男	丰都县湛普镇企业办公室主任	重庆市乡镇企业办公室先进工作者	重庆市人事局 重庆市乡企局	1999年
夏明仿	男	武隆县白马镇企业办公室主任	重庆市乡镇企业办公室先进工作者	重庆市人事局 重庆市乡企局	1999年
杨宗华	男	武隆县铁矿乡企业办公室主任	重庆市乡镇企业办公室先进工作者	重庆市人事局 重庆市乡企局	1999年
张朝江	男	黔江县联合镇企业办公室主任	重庆市乡镇企业办公室先进工作者	重庆市人事局 重庆市乡企局	1999年
马月矿	男	黔江县两河镇企业办公室主任	重庆市乡镇企业办公室先进工作者	重庆市人事局 重庆市乡企局	1999年
李绍成	男	黔江县黄溪区企业办公室主任	重庆市乡镇企业办公室先进工作者	重庆市人事局 重庆市乡企局	1999年
左木雨	男	石柱县马武区企业办公室主任	重庆市乡镇企业办公室先进工作者	重庆市人事局 重庆市乡企局	1999年
张国良	男	石柱县下路区企业办公室会计	重庆市乡镇企业办公室先进工作者	重庆市人事局 重庆市乡企局	1999年
王泽文	男	石柱县南宾镇企业办公室副主任	重庆市乡镇企业办公室先进工作者	重庆市人事局 重庆市乡企局	1999年
冉隆兴	男	石柱县沙子区工业办公室副主任	重庆市乡镇企业办公室先进工作者	重庆市人事局 重庆市乡企局	1999年
周必兴	男	彭水县郁山镇企业办公室主任	重庆市乡镇企业办公室先进工作者	重庆市人事局 重庆市乡企局	1999年
何有荣	男	彭水县鹿角镇企业办公室主任	重庆市乡镇企业办公室先进工作者	重庆市人事局 重庆市乡企局	1999年

续表

姓名	性别	单位及职务	先进称号	授予单位	授予时间
潘发轩	女	酉阳县黑水区企业办公室会计	重庆市乡镇企业办公室先进工作者	重庆市人事局 重庆市乡企局	1999 年
杨蓉	女	酉阳县钟多镇企业办公室统计员	重庆市乡镇企业办公室先进工作者	重庆市人事局 重庆市乡企局	1999 年
冉懋书	男	酉阳县麻旺区企业办公室主任	重庆市乡镇企业办公室先进工作者	重庆市人事局 重庆市乡企局	1999 年
黄大彬	男	酉阳县龙潭镇企业办公室主任	重庆市乡镇企业办公室先进工作者	重庆市人事局 重庆市乡企局	1999 年
赵相文	男	秀山县龙池区企业办公室副主任	重庆市乡镇企业办公室先进工作者	重庆市人事局 重庆市乡企局	1999 年
余明亮	男	秀山县梅江区工委企业办公室主任	重庆市乡镇企业办公室先进工作者	重庆市人事局 重庆市乡企局	1999 年
褚廷钜	男	秀山县中和镇企业办公室主任	重庆市乡镇企业办公室先进工作者	重庆市人事局 重庆市乡企局	1999 年

第七章 名优产品

第一节 部优产品

1986—1991 年，农业部（农牧渔业部）在全国乡镇企业系统的农机、机电、轻工、轻纺、渔机、医药、矿建、食品等行业开展了优质产品评选活动。经部优质产品奖审定委员会审定并报经农业部批准，全国乡镇企业系统有 2071 个产品（包括有效期复评产品）被农业部（农牧渔业部）命名为部优质产品，其中重庆市乡镇企业有 13 个产品获农业部优质产品奖。

表 7－21 **重庆市乡镇企业部优产品名录**

产品名称	生产企业	产品称号	命名单位	命名时间
龙水牌大曲酒	大足沙桥曲酒厂	部优质产品	农牧渔业部	1986 年
天府牌 1#瓦楞纸	重庆北碚铜钱纸厂	部优质产品	农牧渔业部	1986 年
飞洲牌线上皮鞋	大足中敖皮鞋厂	部优质产品	农牧渔业部	1986 年
飞花牌 70307 软缎提花被面	重庆市合川县太和丝绸厂	部优质产品	农牧渔业部	1987 年

续表

产品名称	生产企业	产品称号	命名单位	命名时间
红渝牌 TCI－5 型拖拉机钢板弹簧	重庆市沙坪坝红旗汽车钢板弹簧厂	部优质产品	农牧渔业部	1987 年
荷花牌 611 装油酥米花糖	重庆市江津米花糖厂	部优质产品	农业部	1989 年
固牌 425#普通硅酸盐水泥	重庆红旗水泥厂	部优质产品	农业部	1991 年
北泉牌 420g/㎡黄纸板	重庆北碚纸板厂	部优质产品	农业部	1991 年
恒蓝牌溶解乙炔	重庆陈家桥溶解乙炔气厂	部优质产品	农业部	1991 年
石马牌 MZ3－1 型密封式钻孔攻丝机	重庆大足县供水设备厂	部优质产品	农业部	1991 年
涂山牌精制黄丹（Pbo）	重庆市南岸区涂山黄丹厂	部优质产品	农业部	1991 年
天府牌 200g/㎡一号普通瓦楞纸	重庆北碚铜钱造纸厂	部优质产品	农业部	1991 年
飞洲牌缝制牛面三接头男鞋	重庆市中敖皮鞋厂	部优质产品	农业部	1991 年

第二节　市优产品

1986—1991 年，重庆市政府在乡镇企业系统开展优质（优秀）产品评选活动。截至 1991 年，全市乡镇企业 30 个产品经重庆市质量奖审定委员会审定通过，报经市政府批准，被市政府命名为市优质产品；有 164 个产品被市政府命名为优秀产品。1992 年乡镇企业优质（优秀）产品评选活动结束。

表 7－22　**重庆市乡镇企业优质产品名录**

产品名称	生产企业	命名称号	命名单位	命名时间
梅花牌 20/22D 桑蚕丝	合川太和缫丝厂	市优质产品	重庆市政府	1986 年
梅花牌 20/22D 桑蚕丝	巴县红卫丝厂	市优质产品	重庆市政府	1986 年
天池牌 325 矿渣硅酸盐水泥	重庆歌乐山水泥厂	市优质产品	重庆市政府	1986 年
花溪牌蒸压灰沙砖	重庆花溪一砖厂	市优质产品	重庆市政府	1986 年
红渝牌汽车 TCL－5 弹簧钢板	重庆红旗弹簧钢板厂	市优质产品	重庆市政府	1986 年
龙水牌大曲酒	大足县沙桥曲酒厂	市优质产品	重庆市政府	1986 年
龙门牌蛋黄元	重庆市铜梁县涪江食品厂	市优质产品	重庆市政府	1986 年
吉祥牌甲醇钠一级品	江北县洛碛昆仑化工厂	市优质产品	重庆市政府	1989 年
川塔牌氯丁胶乳沥青防水涂料	重庆市长寿长江化工厂	市优质产品	重庆市政府	1989 年
飞鹿牌烧结普通 150#页岩砖	巴县鹿角页岩砖厂	市优质产品	重庆市政府	1989 年
石马牌 MZ3－1 型密封式钻孔攻丝机	重庆市大足县供水设备厂	市优质产品	重庆市政府	1989 年
二郎牌一级品烧结普通页岩砖	重庆石桥页岩砖厂	市优质产品	重庆市政府	1989 年
梅花牌优级土丝	重庆市北碚丝绸厂	市优质产品	重庆市政府	1989 年
北泉牌 4209/㎡黄纸板	重庆北碚纸板厂	市优质产品	重庆市政府	1989 年

续表

产品名称	生产企业	命名称号	命名单位	命名时间
美宫牌无铅皮蛋	重庆巴县界石蛋制品厂	市优质产品	重庆市政府	1989 年
鸦山牌一级茉莉花茶	重庆市荣昌县安北茶厂	市优质产品	重庆市政府	1989 年
梅花牌 19/22D 白厂丝	重庆关溅丝绸厂	市优质产品	重庆市政府	1991 年
北泉牌单面光纸板	重庆北碚纸板厂	市优质产品	重庆市政府	1991 年
石马牌 DG 摇摆式多刀割管机	大足县供水设备厂	市优质产品	重庆市政府	1991 年
猎豹牌搪玻璃片式冷凝器	重庆南岸防腐设备厂	市优质产品	重庆市政府	1991 年
渝乐牌工业草酸二乙酯	江北县洛碛昆仑化工厂	市优质产品	重庆市政府	1991 年
金星牌 CY80 型摩托车箱	重庆金星包装厂	市优质产品	重庆市政府	1991 年
南海牌 425#普通硅酸盐水泥	重庆小南海水泥厂	市优质产品	重庆市政府	1991 年
蜀秀牌玻璃玛赛克	荣昌县建筑材料厂	市优质产品	重庆市政府	1991 年
巴岳牌普通硅酸盐 41.7MPa 水泥	重庆铜郭水泥厂	市优质产品	重庆市政府	1991 年
山城牌 106 内墙涂料	重庆红旗涂料厂	市优质产品	重庆市政府	1991 年
红渝牌 NKR552LW 钢板弹簧后总成	重庆红旗钢板弹簧厂	市优质产品	重庆市政府	1991 年
新月牌 342－3 三针满花女衫	重庆长风针织厂	市优质产品	重庆市政府	1991 年
荣牌头曲 52 度（瓶装）	重庆荣昌县荣隆曲酒厂	市优质产品	重庆市政府	1991 年
圣寿牌麻辣调料	重庆市大足县宝顶酿造厂	市优质产品	重庆市政府	1991 年

表 7－23　**重庆市乡镇企业优秀产品名录**

产品名称	生产企业	命名称号	命名单位	命名时间
金湾牌大曲酒	荣昌县卧佛酒厂	市优秀产品	重庆市政府	1986 年
仙翠牌五郎大曲酒	重庆市江北县五郎曲酒厂	市优秀产品	重庆市政府	1986 年
宝桂牌大曲酒	大足县宝兴曲酒厂	市优秀产品	重庆市政府	1986 年
龙岗牌大曲酒	重庆市大足县双塔曲酒厂	市优秀产品	重庆市政府	1986 年
尖山牌大曲酒	重庆市荣昌县龙泉曲酒厂	市优秀产品	重庆市政府	1986 年
玉井牌特曲	重庆市綦江玉井酒厂	市优秀产品	重庆市政府	1986 年
鸦屿牌高粱白酒	重庆市荣昌县烧酒房酒厂	市优秀产品	重庆市政府	1986 年
豹泉牌高粱白酒	江津县夹滩乡豹泉酒厂	市优秀产品	重庆市政府	1986 年
白鸟牌人参香槟	重庆市北碚饮料厂	市优秀产品	重庆市政府	1986 年
东升牌三级炒青茶	重庆市潼南东升茶厂	市优秀产品	重庆市政府	1986 年
荷花牌江津油酥米花糖	重庆市江津县中渡食品厂	市优秀产品	重庆市政府	1986 年
山城牌无铅皮蛋	重庆界石蛋制品厂	市优秀产品	重庆市政府	1986 年
赛龙牌川味香肠	铜梁县安居镇赛龙食品厂	市优秀产品	重庆市政府	1986 年
二郎牌页岩砖	重庆石桥页岩砖厂	市优秀产品	重庆市政府	1986 年
品牌页岩砖	重庆市九龙坡区建新页岩砖厂	市优秀产品	重庆市政府	1986 年
150#灰沙砖	合川县盐井建材一厂	市优秀产品	重庆市政府	1986 年

续表

产品名称	生产企业	命名称号	命名单位	命名时间
渝洲牌灰沙砖	重庆市九龙坡区刘家坝页岩砖厂	市优秀产品	重庆市政府	1986 年
飞跃牌灰沙砖	重庆花溪二砖厂	市优秀产品	重庆市政府	1986 年
古龙牌 425#普通硅酸盐水泥	大足县古龙水泥厂	市优秀产品	重庆市政府	1986 年
青山牌 325#矿渣水泥	巴县青木关水泥厂	市优秀产品	重庆市政府	1986 年
聚美牌 425#普通硅酸盐水泥	重庆北碚水泥厂	市优秀产品	重庆市政府	1986 年
华冠牌浇钢用高铝质滑板砖	沙坪坝区井口耐火材料厂	市优秀产品	重庆市政府	1986 年
歌乐牌硅砖	重庆井口硅质耐火材料厂	市优秀产品	重庆市政府	1986 年
天鹅牌膨胀珍珠岩	重庆市沙坪坝区上桥保温材料厂	市优秀产品	重庆市政府	1986 年
石马牌密封钻孔攻丝机	重庆市大足供水设备厂	市优秀产品	重庆市政府	1986 年
菱花牌合金铝卷帘门	重庆市石桥机械厂	市优秀产品	重庆市政府	1986 年
山城牌 106 内墙涂料	重庆红旗涂料厂	市优秀产品	重庆市政府	1986 年
山城牌 LMZ - LMK - 0. 5 电流互感器	重庆小南海电器厂	市优秀产品	重庆市政府	1986 年
沪渝牌 GM 型丙烯酸酯共聚浆料	上海市光明化工厂合川分厂	市优秀产品	重庆市政府	1986 年
丹桂牌防裂香脂	重庆丹桂日用化工厂	市优秀产品	重庆市政府	1986 年
从龙牌男女全脱驼毛棉衣	重庆市合川县云门服装厂	市优秀产品	重庆市政府	1986 年
梅花牌 20/22 白厂丝	潼南县缫丝三厂	市优秀产品	重庆市政府	1986 年
梅花牌优土丝	重庆北碚丝绸厂	市优秀产品	重庆市政府	1986 年
彩云牌上线接尖男皮鞋	重庆市沙坪坝区前进皮鞋厂	市优秀产品	重庆市政府	1986 年
千里牌粘胶沿口女皮鞋	重庆市沙坪坝区光明皮鞋厂	市优秀产品	重庆市政府	1986 年
白泉牌 200g ㎡瓦楞原纸	重庆北碚纸板厂	市优秀产品	重庆市政府	1986 年
永宁牌精制敌百虫片	重庆茄子溪兽药厂	市优秀产品	重庆市政府	1986 年
润石牌硫化钠	永川县双石硫化碱厂	市优秀产品	重庆市政府	1987 年
千里牌蓄电池用硫酸	重庆市九龙坡区花溪精细化工厂	市优秀产品	重庆市政府	1987 年
迎龙牌速效发泡粉	巴县迎龙化工厂	市优秀产品	重庆市政府	1987 年
工农牌聚醋酸乙烯乳液	重庆江北工农化工厂	市优秀产品	重庆市政府	1987 年
万力牌 45%代森铵水剂	重庆市沙坪坝区井口农药厂	市优秀产品	重庆市政府	1987 年
庆华牌复合防落素	重庆市永川县化学制品厂	市优秀产品	重庆市政府	1987 年
川塔牌氯丁胶沥青防水涂料	重庆长寿长江化工厂	市优秀产品	重庆市政府	1987 年
春燕牌家用硬盖箱	重庆长寿县春燕皮革制品厂	市优秀产品	重庆市政府	1987 年
三汇牌 425#普通硅酸盐水泥	合川三汇水泥厂	市优秀产品	重庆市政府	1987 年
民生牌 425#矿渣硅酸盐水泥	江津县杜市水泥厂	市优秀产品	重庆市政府	1987 年
璧关牌 425#矿渣硅酸盐水泥	璧山县关口水泥厂	市优秀产品	重庆市政府	1987 年
嘉陵牌蒸压灰沙砖	重庆沙坪坝光明灰沙砖厂	市优秀产品	重庆市政府	1987 年
海棠牌页岩砖	重庆南坪页岩砖厂	市优秀产品	重庆市政府	1987 年
烧结普通砖	巴县鹿角页岩砖厂	市优秀产品	重庆市政府	1987 年

续表

产品名称	生产企业	命名称号	命名单位	命名时间
永东牌页岩砖	永川东南建材厂	市优秀产品	重庆市政府	1987 年
沙强牌页岩砖	重庆南溪口页岩砖厂	市优秀产品	重庆市政府	1987 年
红石牌页岩砖	重庆沙坪坝青年页岩砖厂	市优秀产品	重庆市政府	1987 年
民胜牌彩色透明有机玻璃板材	重庆九龙坡区民胜化工厂	市优秀产品	重庆市政府	1987 年
石膏装饰板	重庆长生装饰材料厂	市优秀产品	重庆市政府	1987 年
建花牌石膏装饰板	重庆长江建筑材料厂	市优秀产品	重庆市政府	1987 年
天凤牌红橘带肉浓缩汁	重庆滨江食品厂	市优秀产品	重庆市政府	1987 年
白橙糖	重庆市合川华蓥山矿泉饮料食品厂	市优秀产品	重庆市政府	1987 年
云雾山牌红碎茶	永川县永荣乡联合制茶厂	市优秀产品	重庆市政府	1987 年
鸦山牌红碎茶	重庆市荣昌县安北红茶厂	市优秀产品	重庆市政府	1987 年
仁义牌头曲	重庆市荣昌三奇曲酒厂	市优秀产品	重庆市政府	1987 年
仙翠牌头曲	重庆市江北县五郎曲酒厂	市优秀产品	重庆市政府	1987 年
金笛牌大曲酒	大足县金山曲酒厂	市优秀产品	重庆市政府	1987 年
荣牌头曲	荣昌县荣隆曲酒厂	市优秀产品	重庆市政府	1987 年
玉舞牌大曲	重庆市荣昌县玉伍曲酒厂	市优秀产品	重庆市政府	1987 年
圣泉牌高粱白酒	江津县圣泉酒厂	市优秀产品	重庆市政府	1987 年
一休牌（待）茶酒	重庆市永川县临江酒厂	市优秀产品	重庆市政府	1987 年
合岛牌啤酒	四川省合岛啤酒厂	市优秀产品	重庆市政府	1987 年
八桥牌金星啤酒	重庆金星啤酒厂	市优秀产品	重庆市政府	1987 年
宝龙牌粘胶女皮鞋	重庆宝龙皮鞋厂	市优秀产品	重庆市政府	1987 年
渝兰牌全毛华达尼中山装	重庆市沙坪坝区玉兰花服装厂	市优秀产品	重庆市政府	1987 年
麻燕牌麻袋	重庆市潼南麻袋厂	市优秀产品	重庆市政府	1987 年
梅花牌 50/70 桑蚕丝	巴县界石丝厂	市优秀产品	重庆市政府	1987 年
山城牌 LMZ1、LMK1 电流互感器	重庆山城电器厂	市优秀产品	重庆市政府	1987 年
红渝牌汽车 BJ－130 前钢板弹簧	重庆红旗汽车钢板弹簧厂	市优秀产品	重庆市政府	1987 年
渝圈牌 5.00E－16 钢圈	重庆沙坪坝区红旗汽车钢圈厂	市优秀产品	重庆市政府	1987 年
华西牌箱式实验电炉	重庆实验电炉厂	市优秀产品	重庆市政府	1987 年
热轧扁钢	重庆市合川嘉陵轧钢厂	市优秀产品	重庆市政府	1987 年
天鹰牌 TD75 型固定式带式输送机	重庆中梁山运输机械厂	市优秀产品	重庆市政府	1987 年
渝江牌但尼尔秤	江北县但尼尔秤制造厂	市优秀产品	重庆市政府	1987 年
金牛牌油染防雨篷布	重庆长寿蓬垫厂	市优秀产品	重庆市政府	1987 年
缙云牌圆形办公椅	北碚缙云藤竹工艺厂	市优秀产品	重庆市政府	1987 年
金星牌高档商品纸包装箱	重庆金星包装厂	市优秀产品	重庆市政府	1987 年
兰鹰牌广式香肠	重庆市江津肉联厂	市优秀产品	重庆市政府	1987 年
新喜牌 KHGL－25B 型百叶换气扇	重庆东方电器厂	市优秀产品	重庆市政府	1988 年

续表

产品名称	生产企业	命名称号	命名单位	命名时间
华西牌 SX－6－13 箱式电阻炉	重庆实验电炉厂	市优秀产品	重庆市政府	1988 年
红渝牌汽车 EQ140 付钢板弹簧	重庆市红旗钢板弹簧厂	市优秀产品	重庆市政府	1988 年
天马牌葡萄糖注射液双瓦楞纸箱	重庆沙坪坝区马家岩纸箱厂	市优秀产品	重庆市政府	1988 年
赛龙牌广式香肠	重庆市铜梁县赛龙食品厂	市优秀产品	重庆市政府	1988 年
宝顶牌折椅	重庆市宝顶机械厂	市优秀产品	重庆市政府	1988 年
恒德利牌 70mm 耐磨合金钢球	大足县龙平钢球厂	市优秀产品	重庆市政府	1988 年
常青牌煤矸石红砖	永川县常青矸石砖厂	市优秀产品	重庆市政府	1988 年
津德牌灰沙砖	江津县德感沙砖厂	市优秀产品	重庆市政府	1988 年
山溪牌页岩砖	綦江县三江页岩砖厂	市优秀产品	重庆市政府	1988 年
清溪牌沱茶	綦江县永新茶厂	市优秀产品	重庆市政府	1988 年
金雁牌玳黛双月丽	重庆露美日用化学品厂	市优秀产品	重庆市政府	1988 年
玉凤牌带肉浓缩广柑汁	重庆滨江食品饮料厂	市优秀产品	重庆市政府	1988 年
页岩红砖	长寿县页岩机砖厂	市优秀产品	重庆市政府	1988 年
响水洞牌瓦楞原纸	长寿县晏家乡造纸厂	市优秀产品	重庆市政府	1988 年
瓦楞纸箱	长寿县纸箱厂	市优秀产品	重庆市政府	1988 年
江南牌氯丁胶乳沥青	长寿县江南橡胶制品厂	市优秀产品	重庆市政府	1988 年
飞牌 31. 1tex 棉毛拉条运动裤	重庆元明针织厂	市优秀产品	重庆市政府	1988 年
渝州牌 F03－1 黄酚醛调和漆	重庆渝州造漆厂	市优秀产品	重庆市政府	1988 年
三圣牌硫酸亚铁	重庆北碚化学试剂厂	市优秀产品	重庆市政府	1988 年
北泉牌 XL 胶浆防水嵌缝油膏	重庆市北碚橡胶建材厂	市优秀产品	重庆市政府	1988 年
新泉牌华夫饼干	重庆天府食品厂	市优秀产品	重庆市政府	1988 年
三胜牌重铬酸铵	重庆北碚化学试剂厂	市优秀产品	重庆市政府	1988 年
山城牌漂白机制草帽	重庆北碚草帽厂	市优秀产品	重庆市政府	1988 年
亲合牌工农－12 驱动轮轴承座	潼南县双江第二机械厂	市优秀产品	重庆市政府	1988 年
四通牌注塑布鞋	潼南县涪江鞋厂	市优秀产品	重庆市政府	1988 年
联结牌矸石砖	重庆市荣昌县杜家坎矸石砖厂	市优秀产品	重庆市政府	1988 年
矸石砖	荣昌县广顺镇矸石砖厂	市优秀产品	重庆市政府	1988 年
尔玉牌大曲酒	荣昌县龙井曲酒厂	市优秀产品	重庆市政府	1988 年
装苑牌仿毛男开衫	重庆南坪针织厂	市优秀产品	重庆市政府	1988 年
装苑牌仿毛男开背	重庆南坪针织厂	市优秀产品	重庆市政府	1988 年
装苑牌订扣女套衫	重庆南坪针织厂	市优秀产品	重庆市政府	1988 年
腾飞牌 25 号变压汽油	重庆市璧山炼油厂	市优秀产品	重庆市政府	1988 年
璧泉牌健曲	璧山县东南健曲厂	市优秀产品	重庆市政府	1988 年
凤凰牌牛皮胶粘男鞋	璧山县凤凰皮鞋厂	市优秀产品	重庆市政府	1988 年
抢宝牌页岩砖	重庆市花溪页岩砖厂	市优秀产品	重庆市政府	1988 年

续表

产品名称	生产企业	命名称号	命名单位	命名时间
白鹰牌高尔夫西服	重庆市明星劳保服装厂	市优秀产品	重庆市政府	1988 年
花溪牌建筑水磨石制品	重庆花溪一砖厂	市优秀产品	重庆市政府	1988 年
鹤牌胶粘皮鞋	重庆市九龙坡区南泉第五皮鞋厂	市优秀产品	重庆市政府	1988 年
双龙牌中压乙炔发生器	重庆江南焊割设备厂	市优秀产品	重庆市政府	1988 年
川鸭牌羽绒被	重庆市永川羽绒厂	市优秀产品	重庆市政府	1988 年
高香绿碎茶	荣昌县双河乡红茶厂	市优秀产品	重庆市政府	1988 年
永石牌炭渣砖	永川县双石沙砖厂	市优秀产品	重庆市政府	1988 年
聚丙烯编织袋	重庆长寿联合塑料厂	市优秀产品	重庆市政府	1988 年
渝歇牌液体葡萄糖	重庆歇台子液糖厂	市优秀产品	重庆市政府	1988 年
荷花牌沥青防潮原纸	长寿县桃花造纸厂	市优秀产品	重庆市政府	1990 年
11209 电力纺	重庆市永川织绸厂	市优秀产品	重庆市政府	1990 年
梅花牌 19/22D 生丝	重庆市关溅丝绸厂	市优秀产品	重庆市政府	1990 年
11215 电力纺	重庆市永川织绸厂	市优秀产品	重庆市政府	1990 年
12102 双绉绸	重庆市永川织绸厂	市优秀产品	重庆市政府	1990 年
高燕牌牛皮卡纸圆桶	重庆市南岸木包装制品厂	市优秀产品	重庆市政府	1990 年
牙妹牌 K 型搪玻璃微型反应	重庆南岸防腐设备厂	市优秀产品	重庆市政府	1990 年
牙妹牌 W 型玻璃片式冷凝器	重庆南岸防腐设备厂	市优秀产品	重庆市政府	1990 年
长桥牌猪皮狗毛线缝男鞋	重庆南岸皮鞋厂	市优秀产品	重庆市政府	1990 年
矿山牌一级茉莉花茶	南桐区王家坝茶厂	市优秀产品	重庆市政府	1990 年
渝羊牌毛尼男大衣	重庆江南服装厂	市优秀产品	重庆市政府	1990 年
天塔牌 41. 7MPa 矿渣硅酸盐水泥	重庆南方水泥厂	市优秀产品	重庆市政府	1990 年
飘雨牌仿毛中山服	重庆九龙坡新华服装厂	市优秀产品	重庆市政府	1990 年
稼获牌 2 号复合叶肥	重庆江津肥料厂	市优秀产品	重庆市政府	1990 年
江山牌 WD－3 型交流稳压器	重庆江南电器厂	市优秀产品	重庆市政府	1990 年
黄荆牌烧结普通砖	綦江县湘黔页岩砖厂	市优秀产品	重庆市政府	1990 年
双塔牌页岩砖	大足县双塔制砖厂	市优秀产品	重庆市政府	1990 年
石马牌 GBJ 手摇摆式割管机	重庆市大足县供水设备厂	市优秀产品	重庆市政府	1990 年
西湖牌煤矸石砖	大足县龙水镇西湖矸石砖厂	市优秀产品	重庆市政府	1990 年
云兰牌三套样红碎茶	璧山县依凤红茶厂	市优秀产品	重庆市政府	1990 年
塑料覆膜包装袋	璧山县定林塑料印制厂	市优秀产品	重庆市政府	1990 年
腾飞牌 N100 号机械油	重庆市璧山炼油厂	市优秀产品	重庆市政府	1990 年
璧阳牌雅箱	重庆市璧山县日用化学品厂	市优秀产品	重庆市政府	1990 年
虎城牌聚合氯化铝	巴县巴工精经细化工厂	市优秀产品	重庆市政府	1990 年
渝江牌 40W 管式荧光灯镇流器	重庆市巴县江南电器厂	市优秀产品	重庆市政府	1990 年
渝风牌 SF 系列漆雾净化器	重庆巴县凤凰环保设备厂	市优秀产品	重庆市政府	1990 年

续表

产品名称	生产企业	命名称号	命名单位	命名时间
梅花牌装饰石膏板	重庆巴县石膏板厂	市优秀产品	重庆市政府	1990 年
北泉牌单面光纸板	重庆北碚纸板厂	市优秀产品	重庆市政府	1990 年
天塔牌 T/C14/14 涤棉细布	重庆北碚灯塔织布厂	市优秀产品	重庆市政府	1990 年
煤矸石砖	北碚大坝沟矸砖厂	市优秀产品	重庆市政府	1990 年
北灯牌解放鞋	重庆北碚橡胶厂	市优秀产品	重庆市政府	1990 年
飞花牌 11209 电力纺	合川县太和丝绸厂	市优秀产品	重庆市政府	1990 年
星星牌 20W 荧光灯镇流器	重庆鱼洞变压器厂	市优秀产品	重庆市政府	1990 年
永丰牌二元复混肥	永川县复混肥料厂	市优秀产品	重庆市政府	1990 年

第三节　名牌产品

重庆市乡镇企业在发展中大力实施名牌战略，争创名牌产品。2000—2002 年的 3 年间，乡镇企业生产的 49 项产品被市政府命名为市名牌产品。

表 7 - 24　**重庆市乡镇企业名牌产品名录**

产品名称	生产企业	命名称号	命名单位	命名时间
渝汇牌 YH465Q 汽油机	宗申集团重庆渝汇发动机有限公司	市名牌产品	重庆市政府	2000 年
隆鑫牌 LC150 汽油机	隆鑫集团	市名牌产品	重庆市政府	2000 年
隆鑫牌 FMG - A 发动机	隆鑫集团	市名牌产品	重庆市政府	2000 年
力帆牌 FMG - A 发动机	重庆力帆轰达实业（集团）有限公司	市名牌产品	重庆市政府	2000 年
正能牌 425#普通硅酸盐水泥	重庆市铜梁县特种水泥有限责任公司	市名牌产品	重庆市政府	2000 年
正川牌 S - 20MI 管制口服液瓶	重庆市正川玻璃有限公司	市名牌产品	重庆市政府	2000 年
铜龙牌系列挂面	重庆市铜龙食品有限公司	市名牌产品	重庆市政府	2000 年
沁园牌裱花蛋糕	重庆沁园实业有限公司	市名牌产品	重庆市政府	2000 年
段记牌男西服	重庆段氏服饰实业有限公司	市名牌产品	重庆市政府	2000 年
力帆牌 LF100 - 5 型摩托车	重庆力帆实业（集团）有限公司	市名牌产品	重庆市政府	2001 年
精通牌 KT125 - 8 型摩托车	重庆精通工业集团有限公司	市名牌产品	重庆市政府	2001 年
力帆牌 LF125 - 3 型摩托车	重庆力帆实业（集团）有限公司	市名牌产品	重庆市政府	2001 年
RB 牌工业碳酸锶	重庆铜梁红蝶锶业有限公司	市名牌产品	重庆市政府	2001 年
HQ 牌宏时丽内墙乳胶漆	重庆宏漆涂料有限公司	市名牌产品	重庆市政府	2001 年
川山牌 32. 5、42. 5 普通硅酸盐水泥	重庆铜梁共和水泥有限责任公司	市名牌产品	重庆市政府	2001 年
群星牌星星套装门	重庆市开县星星建材有限责任公司	市名牌产品	重庆市政府	2001 年

续表

产品名称	生产企业	命名称号	命名单位	命名时间
顾地牌 U－PVC 环保供、排水管及难燃线槽管	重庆顾地塑胶电器有限公司	市名牌产品	重庆市政府	2001 年
唐人牌 JSTDIO 家用燃气快速热水器	重庆唐人厨房设备制造有限公司	市名牌产品	重庆市政府	2001 年
三木牌精制榫接木地板	重庆三木木业制品有限公司	市名牌产品	重庆市政府	2001 年
极力牌男西裤	重庆极力服饰有限公司	市名牌产品	重庆市政府	2001 年
奥卡利牌男衬衫	重庆（意大利）罗伯特服装有限公司	市名牌产品	重庆市政府	2001 年
川江牌毛线（精梳绒线）	重庆川江针纺有限公司	市名牌产品	重庆市政府	2001 年
美帝牌胶粘牛皮女鞋	重庆斯玛特鞋业有限公司	市名牌产品	重庆市政府	2001 年
富士达牌胶粘女式皮鞋	重庆富士达鞋业有限公司	市名牌产品	重庆市政府	2001 年
芭士拉牌胶粘女式皮鞋	重庆芭士拉制鞋有限公司	市名牌产品	重庆市政府	2001 年
女兆牌牛面仿皮底胶粘女皮鞋	重庆姚氏鞋业有限公司	市名牌产品	重庆市政府	2001 年
载君舟牌胶粘真皮男、女鞋	重庆载君舟鞋业有限公司	市名牌产品	重庆市政府	2001 年
梦柯达牌胶粘牛皮男、女鞋	重庆梦柯达鞋业有限公司	市名牌产品	重庆市政府	2001 年
巴渝牌 50 度巴渝老窖巴酒	重庆三峡酒业有限公司	市名牌产品	重庆市政府	2001 年
双绿牌珍珠兰花茶	重庆黔江珍珠兰花茶有限责任公司	市名牌产品	重庆市政府	2001 年
宗申牌 ZS150 型摩托车	重庆宗申摩托车科技集团有限公司	市名牌产品	重庆市政府	2002 年
宗申牌 ZS125 型摩托车	重庆宗申摩托车科技集团有限公司	市名牌产品	重庆市政府	2002 年
力帆牌 LF125 型摩托车	重庆力帆实业（集团）有限公司	市名牌产品	重庆市政府	2002 年
力帆牌 IP50FMG 型摩托车发动机	重庆力帆实业（集团）有限公司	市名牌产品	重庆市政府	2002 年
耀勇牌摩托车减震器	重庆耀勇减震器有限公司	市名牌产品	重庆市政府	2002 年
得亿牌低烟难燃电线槽管、U－PVC 环保排水管及配件	重庆顾地塑胶电器有限公司	市名牌产品	重庆市政府	2002 年
瑞泰牌 JSTDI5－25 家用燃气快速热水器	重庆峡江燃气具有限公司	市名牌产品	重庆市政府	2002 年
感诺牌复方氨酚烷胺胶囊	重庆科瑞制药有限责任公司	市名牌产品	重庆市政府	2002 年
欧碧倩牌 OBEG 女装（裙装）系列	重庆新旺族服饰有限公司	市名牌产品	重庆市政府	2002 年
美心牌 FMA－A－P 防盗安全门	重庆美心麦森门业有限公司	市名牌产品	重庆市政府	2002 年
曼可牌胶粘女式皮鞋	重庆华丽达制鞋有限公司	市名牌产品	重庆市政府	2002 年
科而士牌男、女皮鞋	重庆科而士鞋业（集团）有限公司	市名牌产品	重庆市政府	2002 年
欧伯特牌板式家具	重庆欧化宝家具有限公司	市名牌产品	重庆市政府	2002 年
百折不挠牌牛皮胶粘男、女皮鞋	重庆卓雅鞋业有限公司	市名牌产品	重庆市政府	2002 年
米棋牌牛皮胶粘男、女皮鞋	重庆市裕华鞋业鞋材有限公司	市名牌产品	重庆市政府	2002 年
白云湖牌 500g ± 10g 野味鸭	重庆市光宁珍稀动物养殖有限公司	市名牌产品	重庆市政府	2002 年
永川牌永川豆豉系列	永川豆豉食品有限公司	市名牌产品	重庆市政府	2002 年
玫瑰牌油酥米花糖	重庆市江津米花糖有限责任公司	市名牌产品	重庆市政府	2002 年
冰点牌 400mL、600mL、19L 饮用纯净水	重庆必扬冰点水有限公司	市名牌产品	重庆市政府	2002 年

第八篇　区县乡镇企业简介

第一章　万州区

1986年，万县地区属四川省管辖，全地区乡镇企业有7272家，实现产值2.7亿元，营业收入2.9亿元，利润759万元，上缴税金1226万元。

1987年，全地区有乡镇企业办公室436个。

1989年，全地区乡镇企业乡村两级企业有7767家，从业人员33.88万人，拥有3.98亿元的固定资产，初步形成了农产品加工、建筑建材、煤矿采选、第三产业等支柱产业，实现产值11.7亿元，比上年增长14.73%，占全地区工农总产值的29.47%，实现利润6638万元，入库税金4938万元。全区出口产品交货完成了145万元。

1991年，全地区各地认真贯彻地委、行署关于促进乡镇企业发展的27条政策措施，坚持“大力发展、狠抓提高、注重效益”的方针，加快企业产权制度改革，注重人才的教育培训。

1992年，全地区乡镇企业有19961家，比上年净增8478家，从业人员41万人，占全区农村劳动力的10%。固定资产7.5亿元，比上年净增8390万元。实现产值25.8亿元，占全区工农业总产值的27.5%，占全区农业总产值的51.33%．占全区国内生产总值的46.12%，营业收入23.9亿元，实现利税总额1.1亿元，其中税金8191万元，占全区财政收入的19.98%。全地区乡村两级拥有各类工程技术人员8065人。

1993年，乡镇企业贯彻国务院关于中西部地区加快乡镇企业发展的决定和全省加快乡镇企业发展会议精神，积极推进产业结构调整和扶持重点企业发展，总产值、总收入大幅度增长。全年完成总产值41.96亿元。

1994年，乡镇企业抓住万县撤区设地级市的时机加快发展，形成了农业、工业、建筑业、交通运输仓储业、商业、餐饮服务业等支柱产业和能源、房产、建材、食品、轻纺、机械、化工等工业门类。乡镇企业有12.7万家，从业人员52.4万人，实现产值70.1亿元。比上年增长67.1%，占万县市国内生产总值的87.5%。出口创汇企业21家，从业人员9557人，出口产品有茶叶、生丝、猪鬃、柑橘、陶瓷标杯、羽绒服、纺纱工艺品、胱氨酸，产值达2.3亿元，比上年增长111.65%。

1996年，万县市乡镇企业实现产值179.4亿元，老口径统计占计划165亿元的108.7%，比上年增长59.4%；营业收入158.5亿元，比上年增长55.5%；利润5.31亿元，比上年增长41.1%；

入库税金（两税）4.82亿元，比上年增长39.8%。产值比1986年增长65.4倍。

1997年重庆成为直辖市，万县移民开发区乡镇企业抓住机遇大发展。全区乡镇企业实现产值69.84亿元，增加值18.21亿元，营业收入62.15亿元，利润1.57亿元，入库税金1.84亿元。

1998年，万县移民开发区改为万州区，乡镇企业有2.87万家，其中集体企业2801家，私营企业2525家，个体2.33万家；实现产值（现价）78.8亿元；增加值21.8亿元；出口交货值6492万元；营业收入70.7亿元；利润1.8亿元；入库税金3.4亿元；从业人员人均年工资4147.7元。提供补助社会性支出和补农建农资金1118万元。

2001年是机构改革后正式运行的第一年。乡镇企业抓住国家援建三峡库区的有利时机，积极上项目，扶持发展农产品加工业、建筑业、建材工业、轻纺工业和机械制造业，大力发展非公有制经济。全区乡镇企业完成固定资产投资3.62亿元，新增固定资产2.5亿元，新上项目178个，企业个数发展到9450家，产值达到61.3亿元，比上年增长16.48%；增加值14.8亿元，比上年增长14.24%；利润56亿元，比上年增加16.03%；出口交货值4068万元，比上年增长222.35%。入库税金1.4亿元，比上年净增2947万元，增长26.66%。

2002年，万州区新建企业178家，新增固定资产2.5亿元，乡镇企业有9450家，从业人员9.99万人，拥有了18.73亿元的固定资产，实现产值61.8亿元。营业收入56亿元，增加值14.75亿元。利润1.46亿元。入库税金1.41亿元，支付从业人员的工资总额达到5.91亿元。

第二章　涪陵区

涪陵区乡镇企业门类齐全，行业众多。1984年以前，涪陵地区各区县社队企业的蓬勃发展，为乡镇企业的发展奠定了良好基础，形成了工业、农业、建筑、建材、交通运输仓储、商贸、餐饮、旅游服务等支柱产业和机械加工制造业、轻纺工业、能源工业、煤矿开采业、建材制造业、农产品加工业等工业体系。主要产品有：农具和五金等金属制品、纺织制品、煤炭、水泥、砖瓦、发电量、机制纸及纸板、陶瓷、榨菜、白酒等。

1986年，全区乡镇企业有7.32万家，从业人员22.24万人，实现产值6.65亿元，营业收入6.35亿元，入库税金1113万元，利润551万元。

1986年以来，全区乡镇企业加快经营承包制的改革，不断完善经营承包责任制；积极贯彻执行党中央提出的“调整、整顿、改造、提高”的方针，对能耗高、效率差、污染严重的小造纸、小水泥、小煤窑等行业限制发展和关停并转，逐步淘汰，大力扶持发展榨菜、生猪、红薯、蚕桑、红萝卜等农副产品加工型企业和交通运输仓储业、机械加工制造业、商贸流通服务业等。

1988年，涪陵地区进行区划调整，设立涪陵地区和黔江地区，将原管辖的石柱县、彭水县、酉阳县、黔江县、秀山县划入黔江地区管辖。涪陵地区管辖涪陵市、南川市和垫江县、丰都县、武隆县，全地区乡镇企业有5.9万家，从业人员18.74万人，实现产值8.91亿元，营业收入9.13亿元，入库税金1540万元，利润1057万元。

1996年，涪陵撤地区设地级市，全市乡镇企业有4.99万家，从业人员22.12万人，实现产值

116.58 亿元，营业收入 72.17 亿元，入库税金 1.47 亿元，利润 1.98 亿元。乡镇企业产值比 1986 年增长 16.5 倍。

1997 年，重庆成为直辖市，涪陵区乡镇企业抓住机遇，推进多种形式的产权制度改革，大力发展非公有制经济，在乡镇食品行业中，绝大多数是个体私营等民营企业；积极调整产业结构和布局结构，优化重点行业和重点企业，淘汰落后产能和污染环境的企业；扶持发展以涪陵榨菜为龙头的农产品加工业、餐饮服务业、新型建材业、机械制造业、交通运输仓储业，开发建筑市场，扶持发展房地产业；加速企业上规模、上水平，培植三海兰陵、桂楼食品、辣妹子公司、新盛公司、德丰公司等一批重点骨干企业，大力组建企业集团；积极推进乡镇企业工业园区建设，全区乡镇企业的产业结构、企业结构和布局日趋合理。

2002 年，涪陵区乡镇企业有 790 家，从业人员 3.58 万人，拥有 9.47 亿元的固定资产，实现增加值 5.34 亿元，产值 23.79 亿元，营业收入 21.29 亿元，入库税金 1.66 亿元，利润 1.46 亿元，支付从业人员的工资总额达到 2.22 亿元。

第三章　黔江区

黔江地区乡镇企业是在农业企业的基础上发展起来的，部分乡村根据本地资源和条件，兴办种植业和养殖业，作为集体农业的副业收入。乡村以种植业、养殖业作为发展乡镇企业的“龙头”。随着乡镇企业的不断发展，区委、区政府引导乡镇企业从种养植业转到发展工业，使乡镇企业逐步形成了工业、农业、采矿业、建材业、建筑业、商业服务业和旅游等主导产业和采煤、农产品加工制造业等工业门类。

1986 年，全区乡镇企业有 3.02 万家，从业人员 7.96 万人，实现增加值 7068 万元，产值 1.96 亿元，营业收入 1.87 亿元，入库税金 895 万元，利润 1208 万元，支付从业人员的劳动报酬总额 6482 万元。

1986 年以后，乡镇企业加快产业结构调整，积极扶持发展农产品加工业、采矿业和建筑建材业，在发展中十分重视提高产品质量，提升企业档次，着力加强企业基础管理，开发新产品，在农产品加工业和建筑材料行业中，涌现出了一批获部、省、市级奖项的企业和产品。

1994 年，乡镇企业产值突破 10 亿大关，达到 15.21 亿元。

1996 年，乡镇企业产值跃上 20 亿台阶，达到 27.48 亿元，比 1986 年增长 13 倍。

1997 年，重庆成为直辖市，黔江区乡镇企业抓住机遇，加快改革和发展。从 1998 年开始，积极调整产业结构和布局结构，巩固和提升传统产业、产品，重点发展农产品加工业、建筑建材业、采矿业和旅游服务业，培育具有地方特色产品的专业村镇，创造条件推进工业园区建设，形成了采矿业、建材业、加工制造业、建筑业、商业、服务、旅游业、种养殖业等支柱产业。全面推行股份制、股份合作制等多种形式的产权制度改革，大力发展非公有制经济。2002 年，全区 95% 以上的乡镇企业完成了改制任务。

2002 年，黔江区乡镇企业有 1294 家，从业人员 9435 人，拥有了 3.2 亿元的固定资产，实现增加值 1.96 亿元，产值 7.2 亿元，营业收入 6.87 亿元，入库税金 2771 万元，利润 3645 万元，支付从业人员的工资总额达到 4761 万元。

第四章　大渡口区

大渡口区是重庆市重工业区，是国有大型企业重钢所在地。农业人口较少，全区只有八桥、建胜、跳磴 3 个镇，乡镇企业发展较迟，1995 年 1 月才组建区乡镇企业管理局。乡镇企业有 2368 家，从业人员 2.39 万人，实现产值 14.68 亿元，增加值 3.2 亿元，营业收入 12.9 亿元，利润 7861 万元，入库税金 8055 万元，从业人员人均年工资 9339 元。

乡镇企业的主要产业是机械加工制造业、轻纺工业、建材业和食品工业。主要产品有：啤酒、皮鞋、服装、水泥、木材制品、摩托车及配件。

1996 年成立了摩托车协会和鞋业协会。

在区委、区政府领导下，在市乡企局的指导下，乡镇企业发展虽迟，但依托区位优势，起步较高。乡镇企业在发展中重视产业和产品结构调整，培育发展重点企业和重点产品，着力推进产权制度改革，大力发展民营经济；加强企业管理，强化企业技术进步，积极实施“名牌战略”；以建设和发展工业园区为载体，相对集中，连片发展，提高规模效益，提升了乡镇企业发展的质量和水平。

到 2002 年，八桥镇、建胜镇被市政府命名为“发展乡镇企业明星乡镇”。双山工业园区、八一乡镇企业工业小区、四胜乡镇企业工业小区、磨盘田工业小区、互助科技工业园区等荣获重庆市“乡镇企业示范区”称号。重庆三木木业制品有限公司生产的“三木牌”精制木地板、重庆精通工业集团有限公司生产的“精通牌”KT125 型摩托车、重庆（意大利）罗伯特有限公司生产的“奥卡利牌”男衬衫、重庆载君舟鞋业有限公司生产的“载君舟牌”粘胶真皮男女鞋、重庆梦柯达鞋业有限公司生产的“梦柯达牌”粘胶牛皮男女鞋、重庆科而士鞋业（集团）有限公司生产的“科而士牌”男女皮鞋、重庆欧化宝家具公司生产的“欧珀特牌”板式家具获得重庆市名牌产品称号。涌现出了冷雪刚、尹兴明、付中秋这样的民营企业排头兵。

2002 年，全区乡镇企业有 934 家，从业人员 3.85 万人，拥有 9.1 亿元的固定资产，实现产值 64.79 亿元，增加值 14.14 亿元，营业收入 57.55 亿元，利润 2.75 亿元，入库税金 8132 万元，支付从业人员的工资总额达到 3.3 亿元。

第五章　江北区

江北区乡镇企业萌芽于 20 世纪 50 年代末期，成长于党的十一届三中全会以后。1986 年，全区乡镇企业有1294家，从业人员1.22万人，固定资产2499万元，实现产值6421万元，营业收入6703万元，利税620万元，支付从业人员的工资总额991万元。

1993年和1994年两个年度，乡镇企业产值连续翻番，出现了超常规、跳跃式发展，受到四川省和重庆市人民政府的表彰、奖励。

从1986年到2002年的17年间，一是加快产业结构调整。从乡镇企业初期以发展畜牧场、奶牛场、鸡场、渔场、育苗场、花木站等种植、养殖业和农业生产服务的农用机械工业为主，调整为发展为大工业加工协作和配套服务的乡镇工业；为城乡建设服务的建筑施工企业和建材工业；为城乡人民生活服务的交通运输仓储、商品流通、服务及餐饮业和直接或间接出口的创汇企业。形成了为汽车、摩托车配套的加工制造业，为人民生活服务的商贸、餐饮、旅游、房地产和交通运输仓储等支柱产业。二是加大改革力度。从1994年以前学“苏南模式”，大力发展乡村集体企业，转变到引导乡、村、组集体企业推行以股份合作制为主的多种形式产权制度改革，加大对外开放，招商引资，积极引进港、澳、台资企业和外商投资企业，大力发展个体私营企业和混合所有制企业。到2002年，非公有制企业有436家，占全区乡镇企业总数的76.5%。全区乡镇企业总产值的54.3%，营业收入的63.6%，增加值的56.8%，利润总额的57.9%都来自于非公有制经济。三是积极推进乡镇企业园区建设。按照农业部和市委、市政府提出乡镇企业要相对集中、连片发展的要求，引导乡镇企业以建设工业园区为重点，走集中成片发展的道路。1994年，全区在石马河街道所属的南桥寺村建立了“重庆乡镇企业科技城”。以后，又分别在观音桥街道所属的大坪村、花园村和铁山坪街道所属的太坪冲村、五里坪村分别建立了工业园区。2002年开始，全区对原有园区建设布局做了新的调整，除已建成的“乡镇企业科技城”和南桥寺工业园区外，又集中建设了港城工业园区、鱼嘴镇工业园区、复盛镇中小企业基地。在观音桥地区有一定规模的重庆庆兰塑料制品有限公司、重庆必扬企业（集团）有限公司、重庆三和企业（集团）有限公司、重庆宗申三机动力制造有限公司、重庆天人冲压汽车车身制造有限公司、重庆长安跨越车辆有限公司等企业都已分别迁至南桥寺或港城工业园区。四是扶持发展规模以上企业。从1996年开始，把发展乡镇企业的重点转到坚持大发展、上规模、上水平、上效益上来，大力实施“亿、千、百”工程（即创建年营业收入上亿元、千万元和百万元的企业）。到2002年，全区规模以上企业达到122家，占全区乡镇企业总数的21.4%，在全市除渝中区外的39个区县（自治县、市）中，规模以上企业户数位居第二名，创造的各项主要经济指标在乡镇工业总量中所占比重均达85%以上。重庆长安座椅内饰有限公司进入了农业部按照国家大中型企业标准严格审定的全国中型乡镇企业1024家的行列。

1996年，全区乡镇企业产值达到21.96亿元，比1986年增长33.2倍。

2002年，全区乡镇企业有570家，从业人员4.35万人，拥有了11.69亿元固定资产，完成增加值13.2亿元，实现产值68.3亿元，营业收入58.8亿元，利润总额1.9亿元，入库税金3.2亿元，支付从业人员的工资总额达到4.18亿元。

第六章　沙坪坝区

沙坪坝区是重庆市主城的近郊区，工业基础和科技实力雄厚。乡镇企业依据优越的区位优势形成了工业、建筑建材业、交通运输仓储业、修理业、餐饮业和商贸服务业等支柱产业及多门类、多行业的机械加工制造、地矿资源开发、农产品加工等工业体系。主要产品有汽车、摩托车配件、电子元件、纺织制品、塑料制品、玻璃制品、木材制品、砖瓦、水泥及水泥制品、食品等。

1986年，全区乡镇企业有2225家，从业人员3.7万人，固定资产1.09亿元，实现产值2.61亿元，营业收入2.41亿元，创利税2746万元，支付从业人员的工资总额2723万元。

全区乡镇企业在发展中注重抓重点乡镇和村的上规模、上水平。1985年就涌现出了全市第一个乡镇企业产值上亿元的石桥乡；1986年，覃家岗乡乡镇企业产值又登上亿元台阶；1993年，新桥村和上桥村成为全市首批乡镇企业产值上亿元的村。在1986年至1996年，重庆市政府对发展乡镇企业实行目标管理考核评比中，全区乡镇企业发展的业绩都排在全市前三名，多次受到四川省政府和重庆市政府表彰。

推进多种形式的产权制度改革，大力发展个体私营等非公有制经济。1995年区划调整，从原巴县划入陈家桥、青木关区后，沙坪坝区的253家乡镇集体企业有100多家改制成了非公有制企业，个体私营企业成了乡镇企业的主体。

1996年，全区乡镇企业产值达到64.91亿元，比1986年增长14.9倍。

1997年重庆直辖后，乡镇企业推进“二次创业”，大力调整产业结构和产业布局，积极扶持发展为汽车、摩托车配套的机械加工制造业、高新技术产业及产品，淘汰落后产能和工艺，巩固提升建材工业；开发建筑市场，扶持发展房地产业；加快乡镇企业工业小区和明星乡镇建设；积极培育和发展专业市场和专业村镇，涌现出了马家岩板材市场、联芳家具城、临江国际装饰城等有规模的专业市场和回龙坝的纺织、土主镇三圣宫村的皮革、歌乐山镇金刚村的建材、凤凰镇的机械加工等17个专业村镇，建起了上桥工业园、联芳经济园等6个乡镇企业示范区和覃家岗、井口等一批乡镇企业明星乡镇。

2002年，全区乡镇企业有2697家，从业人员8.99万人，拥有21.15亿元的固定资产，实现增加值23.62亿元，产值113.63亿元，营业收入135.88亿元，入库税金2.24亿元，利润7.1亿元，支付从业人员的工资总额达到6.64亿元。

第七章　九龙坡区

九龙坡区是重庆市近郊的工业区，区域优势为乡镇企业发展创造了良好条件。

1986 年，全区乡镇企业有 3675 家，从业人员 2. 87 万人，固定资产 1. 29 亿元，实现产值 3. 28 亿元，营业收入 2. 81 亿元，利税 3118 万元，支付从业人员工资总额 5083 万元。产值从 1982 年全市排列第 5 位，跃居第 2 位，居四川省 206 个县的第 9 位。全省 20 个产值上 5000 万元的乡中有九龙、华岩、花溪、八桥 4 个乡，其产值分别居全省第 8、10、12 和 16 位。杨坪村、九龙村、新华村的产值，分别居全省村级企业产值的第 5、9、11 位。

1987 年，区乡镇企业保持较快速度增长，九龙、花溪、华岩 3 个乡产值超亿元。乡镇企业总收入占全区农村总劳动力的 83. 2%，从业职工 5. 35 万人，占农村总劳动力的 67%。

1990 至 1992 年，乡镇企业实现超常规、跳跃式发展。全区 6 个镇产值均超亿元，其中九龙、华岩、花溪 3 个镇产值突破 3 亿元。全区乡镇企业产值 14. 97 亿元，其中工业 8. 68 亿元，工业产值占区属工业总产值 83. 29%。

1993 年，国务院做出加快发展中西部地区乡镇企业的决定。9 月，区制定 26 条贯彻意见，乡镇企业积极培育大企业，主攻大项目。投入 1. 6 亿元，完成了 174 个新项目和 67 个技改项目。其中投入 1700 万元建设九龙橡胶塑管厂 PVC 橡胶阻燃带生产线，形成年产值近亿元的生产能力。有 3 个镇总产值突破 5 亿元，杨坪、大堰、九龙 3 个村成为亿元村。乡镇企业产值突破 20 亿元大关，达到 24. 56 亿元，位列全市第一，其中工业产值 13. 93 亿元。区乡镇企业跻身全国乡镇企业二百强、四川省二十强，6 个镇全部进入四川省乡镇企业百强镇行列。乡镇企业上缴的税收占区属企业 60% 以上，产值占全区社会总产值 70% 以上，占农村社会总产值的 90% 以上，工业产值占区属工业总产值 80% 以上。

1994 年，全年投入 2. 3 亿元，完成 139 个技术项目。新产品立项 42 个，列入市经委项目 10 个、市百亿工程 7 个，有 20 个新产品通过鉴定。全年乡镇企业跃上 50 亿台阶，达到 56. 66 亿元，比上年增长 130. 67%，其中工业 32. 42 亿元，工业产值占区属工业的 82. 62%。3 个镇成为 10 亿元镇，有 25 个亿元村，占全区村总数的 47%。产值超亿元企业 2 家，1000 万以上企业 54 家。

1995 年，区政府制定《关于加快发展我区乡镇企业东西合作意见的通知》。依靠庆铃汽车厂和国营建设机床厂生产汽车、摩托车零部件，初步形成“两车”零部件生产集群，成为区属工业第一大支柱产业，汽车、摩托车配件成为出口的主要产品。同年，乡、村集体工业企业中，有交通运输仓储设备制造业 74 家，实现工业总产值 7. 82 亿元，占乡、村集体企业工业总产值的 27. 8%。

1996 年，区委、区政府提出把九龙坡区建设成汽车、摩托车零部件生产基地和销售中心的发展战略。重庆隆鑫交通机械厂与蟠龙实业公司组建全市乡镇企业第一家集团公司——重庆隆鑫工业（集团）有限公司。重庆九龙橡胶股份有限公司与建设工业（集团）有限公司联合开发摩托车轮胎。当年，全区乡镇企业产值达到 80. 98 亿元，比 1986 年增长 23. 6 倍。

1997 年，隆鑫工业（集团）有限公司入选全国第三批乡镇企业集团，2 家企业进入全国乡镇企业大型二档企业，1 家企业进入中型二档企业。建成 5 个乡镇企业工业小区。1997 年全区乡镇企业产值突破 100 亿元。

1998 年把中梁山以东地区作为高新技术产业发展重点，中梁山以西地区作为农副产品加工业发展重点。

1999 年，有重庆名牌产品 8 个，有 6 家企业进入重庆市乡镇企业五十强，大堰乡镇企业工业园区被市政府命名为重庆市乡镇企业示范园区。

2000 年，建成九龙园区、华岩工业园、隆鑫工业园等，吸引规模以上企业到园区落户。同年，生产摩托车 40 万辆，占全市乡镇企业摩托车产量的 54%；配件产值 25 亿元，占全市乡镇企业摩托车配件产值的 35%；摩托车出口交货值达 4000 万美元。有 3 个镇收入上 10 亿元，22 个村上亿元。营业收入上 1000 万元的企业 45 家、5000 万元以上 5 家、1 亿元以上 9 家。2001 年，隆鑫集团进入全国乡镇企业百强行列。

2002 年，全区乡镇企业有 2611 家，从业人员 10.4 万人，拥有 27.40 亿元的固定资产，实现增加值 23.1 亿元，产值 122.1 亿元，营业收入 118.3 亿元，利润 3.8 亿元，入库税金 2.7 亿元，支付从业人员的工资总额达到 8.83 亿元。

第八章　南岸区

南岸区乡镇企业发展起始于 20 世纪 50 年代的农村传统手工作坊式生产的社队企业，到 80 年代改为乡镇企业后有了大发展。形成了农业、工业、建筑、交通运输仓储及商业饮食服务业五大产业。工业是乡镇企业的主体，有煤炭采选、非金属矿采选、农产品加工、化学原料化学制品、医药制造、非金属矿物制品、黑色金属冶炼及压延、有色金属冶炼及压延、金属制品、普通机械制造、专用设备制造、交通运输仓储设备制造、电器机械及器材制造、电子及通信设备制造、仪器仪表文化办公用品制造等近三十个门类。

1986 年，全区乡镇企业有 2530 家，从业人员 2.76 万人，固定资产 5164 万元，实现产值 1.21 亿元，营业收入 1.32 亿元，利税 1564 万元，支付从业人员工资总额 1995 万元。

1987 年以后，乡镇企业大力发展机械工业、化学工业、皮革工业、建材工业和第三产业，形成了比较合理的产业体系。

1996 年，全区乡镇企业产值达到 50.71 亿元，比 1986 年增长 40.9 倍。

机械工业。1990 年前，机械工业主要生产生铁铸造件、标准紧固件、农机配件及为城市工业生产加工配套的一些产品，在乡镇工业中所占比重仅为 10% 左右。1996 年，机械工业实现产值 5.3 亿元、增加值 1.1 亿元，分别占乡镇工业的 14.8% 和 11.65%。90 年代末，随着万虎机电、通盛机械、两江机械等一批汽摩企业快速壮大和隆鑫、宗申、宗庆等一大批汽摩企业的引进，为汽车、摩托车配套的加工制造业成为机械工业的主导产业。到 2002 年，南岸区乡镇企业生产摩托车成车 50 多万辆、摩托车发动机 180 万台。机械工业已占全区乡镇工业的 50% 以上。

化工工业。1990 年，化工工业在乡镇工业中所占比重在 20% 左右。比较有名的企业有南岸香料厂、涂山黄丹厂、新华泡沫厂、南岸合成塑料制品厂、涂山化工厂、迎龙化工厂、南洋农药厂、洪宇聚酯厂等一批化工企业。从 90 年代中期开始，部分企业由于经营不善、亏损严重而关闭，部分企业由于污染严重而搬迁，化工工业开始萎缩，到 2001 年，其比重下降到历史最低点，仅占乡企工业的 2.42%。此后随着万丰塑胶、力宏精细化工、南松医药等一批新型化工企业的崛起，化工工业在乡企中的比重有所上升，2002 年达到 15% 左右。

皮革工业。皮鞋业是南岸区的传统优势产业。涂山镇境内沿南弹公路两旁兴建了大量的家庭作坊式的个体皮鞋厂，在西起觉林寺、东至大石坝全长约 3 千米的地段上形成了前店后厂的“皮鞋一条街”，成为南岸区乡镇皮革工业集中生产基地。为了规范和促进皮鞋业的健康发展，1994 年 2 月，成立了涂山皮革市场管理委员会办公室，负责市场的管理协调和服务工作，同时还成立了涂山技术质量管理站，专门负责对皮鞋质量的监督管理。同年 6 月，经报请国家计委、国内贸易部认可，经四川省工商局批准，正式挂牌成立了集皮鞋生产、销售、原辅材料经营为一体的国家级区域性市场——“西南皮革批发交易市场”，区内外的皮鞋生产和销售厂商不断向交易市场聚集。到 2001 年，以涂山为主体的全区皮革制造加工业皮鞋产量达到 2715 万双，产值达到 16.7 亿元，占全区乡镇工业总产值的 28.3%。

建材工业。建材工业在 90 年代初是南岸区乡镇工业中的重要支柱，主要集中在黄桷垭、鸡冠石、南坪、广阳等地，其产品主要有水泥及水泥制品、砖、石料、河沙和建筑用石膏板等。2000 年，全区建材工业实现产值 5.9 亿元，占全区工业总产值的 12.32%。

第三产业。商业批发零售、餐饮、旅馆服务业等第三产业是南岸区乡镇企业的支柱产业。90 年代末，南岸区把大力发展第三产业作为发展乡镇企业乃至全区经济的突破口，餐饮业得到快速发展。此间先后建起了南坪六公里美食一条街、黄桷垭泉水鸡一条街、南坪南城大道美食一条街、鸡冠石长江鱼一条街以及南滨风情餐饮一条街等。2002 年，南岸区乡镇企业的第三产业实现营业收入占全区乡镇企业营业收入的 30% 左右。

2002 年，全区乡镇企业有 3380 家，从业人员 6.49 万人，拥有了 27.29 亿元的固定资产，实现增加值 23.95 亿元，产值 106.18 亿元，营业收入 100.89 亿元，入库税金 1.72 亿元，利润 3.55 亿元，支付从业人员的工资总额达到 5.91 亿元。

第九章　北碚区

北碚区乡镇企业的主要产业是建材工业、机械制造业、化学工业、纺织工业、食品工业、交通运输仓储业。但社队企业发展迟缓。到 1978 年底，全区只有 612 家社队企业，从业人员 10614 人，实现产值 1546.16 万元，营业收入 1493.87 万元，利润总额 220.63 万元。

1984 年，全区社队企业更名为乡镇企业。市委、市政府制定的一系列扶持政策为乡镇企业带来了转机，创造了比较宽松的发展环境，1985 年全区乡镇企业产值达 1.01 亿元，首次突破亿元大关，受到省市政府的表彰奖励。

1986 年，全区乡镇企业有 4047 家，从业人员 3.33 万人，拥有 5489 万元固定资产，实现产值 1.21 亿元，营业收入 1.27 亿元，利税 1487 万元。

1989 年，全区乡镇企业积极治理整顿，深化改革，发展企业 6927 家，从业人员 4.5 万人，实现产值 3.2 亿元，比上年增长 20.2%，利润 2799 万元，比上年增长 12.3%，入库税金 2307 万元，比上年增长 39.6%，连续三年名列全市郊区组第一名，获得市政府颁发的锦旗和奖励。

1990 年以后，全区乡镇企业充分利用当地资源和国有工业企业、大专院校的优势，调整产业和产品结构，围绕汽车、摩托车、电子仪器仪表等，积极发展配套的机械制造加工制造业，提升化学工业、建筑业和食品工业的档次和水平；加快产权制度改革，在巩固乡村集体经济的同时，大力发展非公有制经济；积极推进企业的科技进步，加强企业管理，促进企业上规模、上水平、上效益，加速了乡镇企业发展。

1994 年，全区发展乡镇企业 1. 042 万家，从业人员达到 7. 52 万人，完成产值 34. 7 亿元，比上年增长 75. 51%，净增 14 个亿，增长量创历史最高水平。其中完成工业产值 16. 3 亿元，同比增长 65. 08%。镇村集体企业产值 10. 1 亿元，比上年增长 27. 36%。实现营业收入 37. 1 亿元，利润 2. 6 亿元，入库税金 5669. 2 万元，分别比上年增长 79. 81%、73. 90%和 27. 28%。有三个镇产值收入利税总额三项指标比上年翻了一番。

1996 年，全区乡镇企业产值达到 37. 9 亿元，比 1986 年增长 30. 3 倍。

1997 年以来，全区乡镇企业稳步推进“二次创业”，加大产权制度改革，注重培植和发展重点乡镇、重点企业，引导企业相对集中、连片发展，加大污染的治理，支持和鼓励企业文明生产。2002 年，歇马镇和童家溪镇被市政府命名为“重庆市乡镇企业示范区”，重庆市正川玻璃有限公司和重庆市富丰水泥集团富华水泥有限公司被市政府评为“乡镇企业五十强”企业，重庆恒达磁性材料有限公司、重庆市两路煤矸石砖厂、重庆市滩口玻璃厂被市政府命名为“文明乡镇企业”。

2002 年，全区乡镇企业有 1060 家，从业人员 6. 06 万人，固定资产达到 13. 21 亿元，实现增加值 11. 3 亿元，其中工业增加值 7. 9 亿元；产值 42. 5 亿元，营业收入 38. 9 亿元，利润 5203 万元，入库税金 1. 2 亿元，实现出口交货值 3. 78 亿元，支付从业人员的工资总额达到 4. 49 亿元。

第十章　万盛区

万盛区原是重庆市南桐矿区，煤炭等地矿资源十分丰富。乡镇企业在发展过程中，依据区域的资源优势，形成了工业、农业、建筑建材业等主导产业，拥有煤炭采选、农产品加工、机械制造、轻纺、化工等多门类的行业。

主要产品有：煤炭、硫铁矿、橡胶制品、玻璃制品、汽车和摩托车零配件、机制纸及纸板、塑料制品、砖、水泥及水泥制品、大理石及制品、白酒、茶叶等。

1986 年，全区乡镇企业有 2977 家，从业人员 2. 18 万人，拥有固定资产 2933 万元，实现产值 6567 万元，营业收入 6699 万元，利税 638 万元，支付从业人员的工资总额 1357 万元。

1986 年以来，乡镇企业注重改革，推行多种形式的经营承包，不断完善经营承包责任制；大力调整产业结构，扶持发展农产品加工业、建筑建材业；积极发展城乡联合、东西合作，引入资金和技术壮大现有企业，基本形成了以建筑建材、茶叶加工、煤炭采选为主的产业体系。1988 年，乡镇企业产值突破亿元，达到 1. 05 亿元。

1989 年和 1990 年，国家治理整顿经济秩序，全区强化乡镇企业的治理整顿，淘汰落后产能，关停“五小”企业，加上投入减少，乡镇企业基本没有新建。

1991 年，全区在区、乡两级成立了乡镇企业发展领导小组，建立了发展乡镇企业的目标考核制，在税收、信贷、项目审批、人才引进等方面出台了 40 多项优惠政策，乡镇企业出现了恢复性增长，产值突破亿元大关，达到 1. 97 亿元，比 1990 年增长 20. 2%。

1992 年，建立万盛工业园和南桐、万盛两个综合开放试点镇，进一步下放项目审批权，当年完成固定资产投资 2515 万元。

1996 年，全区乡镇企业产值达到 5.67 亿元，比 1986 年增长 7.5 倍。

1996 年以后，全面推进乡镇企业产权制度改革，积极推行股份制和股份合作制，大力发展个体私营等非公有制经济；加大固定资产投入和产业结构调整，优化布局，加快地下的煤炭企业向地面上转移，扶持发展运用先进工艺生产的非煤企业和新产品，非煤企业的总规模从 1995 年的 40%提高到 1999 年的 75%，改变了万盛区乡镇企业长期以来，一直以煤为主，以茶叶、建材为辅的产业格局。

2002 年，全区乡镇企业 468 家，从业人员 1.43 万人，拥有 3.25 亿元固定资产，实现增加值 2 亿元，产值 6.1 亿元，营业收入 7.35 亿元，入库税金 4378 万元，利润 2860 万元，支付从业人员工资总额 9317 万元。

第十一章　双桥区

双桥区建于 1975 年，是由大足县平桥公社划出两个大队，元通公社划出四个大队成立的通桥公社和大足县的双路公社组成的。

从 1977 年兴办起来的社队企业为乡镇企业的发展奠定了良好的基础，建立了工业、建筑业、交通运输业、商业服务业和种养殖业等产业，形成了小五金、能源、化工、建材、机械制造、铸造、农产品加工等多门类的工业行业。

主要产品有：原煤、汽车配件、小五金、组装汽车、中小农具、钢材、钢锭、废旧有色金属、塑料制品、焦炭、水泥及水泥制品、砖瓦等。

1986 年，全区乡镇企业有 100 家，从业人员 2736 人，拥有 297 万元的固定资产，实现产值 786 万元，营业收入 702 万元，入库税金 25 万元，利润 38 万元，支付从业人员的工资总额 153 万元。

1990 年以后，全区乡镇企业围绕川汽配套服务，步入了快速发展的时期。

双桥区是全国三大重型汽车生产基地之一的四川汽车制造厂所在地。乡镇企业就充分依托和发挥本区重型汽车生产基地的优势，主动与川汽厂发展经济、技术联合，从 80 年代初承接川汽厂的零部件和工艺性加工件的分散联合到 90 年代双方出资金、出设备、出技术和人才的紧密联合，共同合资经营，开发项目，积极扶持发展重型汽车配件销售服务业。配套工业和配件销售服务业成了乡镇企业的支柱产业。

1992 年，乡镇企业实现超常规发展，产值突破亿元，达到 1.11 亿元。

1993 年，投资 1 亿多元，创建了车厢厂、车桥厂和传动轴厂，实现的产值超过 2 亿元；全区开办的红岩·斯太尔重型汽车配件经营销售公司和部市达 160 家，年销售额 1 亿多元。到 1994 年，为川汽厂配套的乡镇企业发展到 20 多家，产品达 200 多种，在双南路、双北路和双龙西路形成了“红岩汽配一条街”。

1993 年至 1994 年，乡镇企业产值实现连续翻番。1994 年，产值突破 5 亿元，达到 5. 12 亿元，受到重庆市人民政府表彰奖励。

1996 年 3 月，重庆红岩汽车传动轴厂生产的重型红岩汽车系列传动轴获得四川省乡镇企业、重庆市乡镇企业科技进步一等奖。当年，全区乡镇企业产值达到 5. 88 亿元，比 1986 年增长 6. 4 倍。

2002 年，全区乡镇企业有 542 家，从业人员 1. 03 万人，拥有 3. 33 亿元的固定资产，实现增加值 1. 87 亿元，产值 9. 1 亿元，入库税金 1458 万元，利润 1610 万元，支付从业人员的工资总额达到 1. 1 亿元。

第十二章　渝北区

渝北区是原重庆市江北县，1995 年，经国务院批准，撤县设区，组建成为重庆市渝北区。

渝北区乡镇企业的发展起始于 20 世纪 70 年代的社队企业。社队企业的蓬勃发展为乡镇企业奠定了良好的产业基础。到 1986 年，全县乡镇企业有了工业、农业、建筑、交通运输、商贸服务五大产业和采矿业、机械制造业、建材工业、农副产品加工业、化学工业等多门类的行业。主要产品有：原煤、炼焦及煤制品、水泥及水泥制品、非金属矿、金属制品、食品、调味品、饮料、饲料、轻纺织品、皮革制品、橡胶和塑料制品、汽车和摩托车配件等。

1986 年，全县乡镇企业有 12951 家，从业人员 85658 人，实现产值 2. 39 亿元，营业收入 2. 07 亿元，利润 1026 万元。

从 1986 年开始，县委、县政府针对县属工业多是为地方生产、生活服务的煤炭采掘、土陶、青瓷等行业，企业小、个数多、产量少、质量低的现状，引导乡镇企业加快上档升级和技术改造，扩大产能，积极建设新项目等，加强企业组织结构和产业结构调整，发展重点企业，淘汰落后工艺。

1987 年，乡镇企业总产值跃上 3 亿台阶，达到 3. 23 亿元，首次超过农业总产值。1988 年，乡镇企业总产值达 4. 6 亿元，占全县工农业总产值 5. 66 亿元的 81%。

1990 年，县委、县政府以“发挥优势，依靠科技，大力发展，全面提高”作为发展乡镇企业的指导思想，采取城郊型发展模式，充分利用大城市的工业技术扩散、三峡工程上马等契机和资源、信息、交通、人才等条件，大力发展乡镇企业。全县乡镇企业增至 16524 家，从业人员 95166 人，实现总产值 7. 3 亿元，总收入 5. 62 亿元，利润 2700 万元。有 29 家企业、30 个产品进入国际市场，出口交货值达 3000 余万元。

1991 年，乡镇企业实行分级管理、考核、奖励，大力引进人才、资金、项目、技术，实现总产值 9. 43 亿元，总收入 7. 18 亿元，利润 3511 万元。1992 年，继续坚持大发展，依靠科技，深化改革，推动企业上规模、上等级、上效益，增大投入，骨干企业、重点企业迅速发展，各项指标超常规增长，产值突破 10 亿元大关，达到 15. 76 亿元，营业收入 12. 03 亿元，利润 5420 万元。

1993 年，县委、县政府出台《关于鼓励发展个体、私营经济的决定》，1994 年，集体、个体、私营企业全面启动，乡、村、组、联户、股份合作和“三资”企业共同发展。实现产值 41. 75 亿元，营业收入 42. 06 亿元，利润 20438 万元。产值比 1985 年增加 22 倍，总收入增加 37. 6 倍，总利润增加21.8倍。

1996年，全区乡镇企业产值达到35.84亿元，是1986年的15倍。

1997年以来，乡镇企业实施“二次创业”，大力推进多种形式的产权制度改革，发展非公有制经济；调整产业和布局结构，加快工业园区和专业村镇建设，扶持企业上规模、上水平，积极发展出口产品企业，扩大产品出口，乡镇企业发展水平上了一个新台阶。涌现出一批被市政府命名的50强企业、全国和市的示范园区及专业村镇、明星乡镇。全区规模以上企业越来越多，越来越大，培育出了20家产值上亿元的骨干企业，98%以上的企业推行了各种形式的产权制度改革，非公有制企业成了乡镇企业主体，并具有聚氨酯油漆系列、钢化玻璃、摩托车配件、橡塑板框、石化、煤炭采选、非金属矿采选、水电、铸造、建筑材料、食品加工、饮料制造、纺织、生丝、缝纫、家具、裘革、竹木、造纸、印刷、金属冶炼压延、非金属矿物制品、机械、电器、交通运输、商业服务等门类比较齐全的制造、加工、修理、服务等行业，产业结构日趋合理。

2002年，全区乡镇企业有933家，从业人员73008人，拥有25.2亿元的固定资产，实现增加值16.67亿元，产值81.89亿元，营业收入82.05亿元，入库税金2.28亿元，利润2.35亿元，支付从业人员的工资总额达到8.95亿元。

第十三章　巴南区

巴南区原是重庆市巴县，乡镇企业的主要产业是为汽车、摩托车零部件配套的机械加工制造业、冶金铸造业和建筑建材业。

主要产品有：汽车、摩托车及零部件，无缝钢管，焊接钢管，黑色金属铸件，有色金属铸件，压铸件，精密铸件，铜离心浇铸件，精密型锻件，大型锻件，水泥，页岩砖，石材，水泥预制构件等。

1986年，全县乡镇企业有2.97万家，从业人员15万人，实现产值6.08亿元，营业收入5.19亿元，利润3213万元，上缴税金1787万元，支付从业人员的劳动报酬总额达8422万元。

1986年以来，县委、县政府坚持“积极扶持、合理规划、依法管理”的方针，大力发展乡镇企业。1987年，县委、县政府确立了乡镇企业在全县经济的主体地位，逐步建立起了以乡镇企业为主体，以多种经营、城镇工业为两翼，城乡经济协调发展的经济模式。

1988年，乡镇企业产值突破10亿元大关。

1993年，乡镇企业产值跃上50亿元台阶，达到53.38亿元（1990年不变价）。

1994年，乡镇企业实现产值106.84亿元（1990年不变价），比上年增长100.2%，成为全市第一个乡镇企业产值突破100亿大关的县，被四川省政府命名为“1994年度四川省乡镇企业10强县”，受到省委、省政府表彰。同年，重庆区划调整，巴县撤县设为巴南区。

1996年，全区乡镇企业有8967家，从业人员8.04万人，实现增加值10.23亿元，产值37.32亿元（1990年价），比1986年增长5.1倍。

1997年以来，乡镇企业不断完善各项承包经营责任制，推进以股份制为重点的产权制度改革，发展非公有制经济，加快工业小区建设，积极扶持发展重点的机械制造、建筑施工、建材和农产品加工等骨干企业，大力培植特色产业和产品，花溪镇其龙乡镇企业工业园、经济技术开发区民主工贸区和界石镇乡镇企业工业园区被市政府命名为“重庆市乡镇企业示范区”。出现了花溪镇其龙村生产服装、先锋村生产皮鞋、南泉镇和平村和鹿角镇生产建材这样的专业村镇。拥有弘愿气动公司、吉力电装品厂、重庆宗申集团有限公司等一批创品牌产品的重点骨干企业。全区80%以上的乡镇企业改制为股份制和民营企业。

2002年，全区乡镇企业有2121家，从业人员8.57万人，拥有16.32亿元的固定资产，实现增加值18.3亿元，产值83.2亿元，比1986年增长12.6倍；营业收入78.7亿元，增长14.2倍；利润1.8亿元，增长4.6倍；上缴税金1.2亿元，增长5.6倍；支付从业人员的工资总额达到6.6亿元。

第十四章　江津市

江津市原是重庆市江津县。乡镇企业的支柱产业是机械工业、建筑建材业、农产品加工业和旅游、餐饮服务业。

1986年，全县乡镇企业有1.88万家，从业人员8.2万人，拥有6936万元的固定资产，实现产值1.29亿元，营业收入2.2亿元，利税1624万元，支付从业人员的工资总额达5399万元。

1992年12月，江津撤县设市，乡镇企业实现了“跳跃式”发展。产值突破20亿大关，达到20.1亿元，跃居重庆市第二位、全省第八位，出现了10个亿元区、2个2亿元区。

1993年以来，江津市乡镇企业发展的重点是：（1）加快工业小区建设。先后建有德感东方红工业园区、珞璜建材工业园区、杜市广兴渝黔工业园区、白沙项垭乡镇企业园区。这些小区制定各种优惠政策广泛开展招商引资。到2001年，这4个工业小区引进外来企业58家，规模企业32家，引进资金3.5亿元。园区内企业实现产值13.1亿元，增加值4.7亿元，入库税金3515万元。（2）提升建筑建材企业的规模和水平。聚英公司、江津市十建公司、阜泰建筑公司、荣华集团等龙头企业营业收入都超过亿元。5家水泥企业年产量达50万吨。（3）积极扩大产品出口。江洲粉末冶金公司生产的齿轮系列产品由90年代中期的80种增加到2000年的100种，其中有8种产品出口到美国和德国。（4）积极扶持农产品加工业发展。形成了白酒生产基地，独具特色的花椒、辣椒生产基地。荷花米花糖厂、顺发麻糖厂、油溪花生厂、四面山食品厂等一批食品生产企业利用本地大米、糯米、芝麻、花生、生猪等进行加工，成为地方经济的特色。（5）加快第三产业发展。培育了金桥房地产开发公司等一批房地产开发企业，大力发展假日经济、旅游经济，开发了四面山洪海旅游度假专业村、骆来山旅游景区、中山古镇风景区、匀坪山游乐场、临峰的桃花山等旅游景区。

1996年，江津市乡镇企业产值达到30.35亿元，比1986年增长22.5倍。

2002年，江津市乡镇企业有6095家，从业人员11.1万人，拥有23.4亿元的固定资产，实现增加值19.3亿元，产值75.7亿元，营业收入57.1亿元，入库税金1.5亿元，利润1.3亿元，支付从业人员的工资总额达到6.67亿元。

第十五章 合川市

合川市在1992年以前是重庆市合川县。乡镇企业经过不断发展，形成了工业、建筑建材、交通运输仓储、商业、餐饮、修理服务等支柱产业，主要产品有：汽车和摩托车配件、煤炭、电、水泥、石灰、砖瓦、天青石、碳酸锶、陶瓷制品、丝绸、食品等。

1986年，合川县乡镇企业积极发展横向联合，当年就拥有了27家乡镇联营企业，完成产值685.27万元，营业收入701.44万元，入库税金56.96万元，利润43.86万元。到年底，全县乡镇企业有2.01万家，从业人员8.76万人，拥有8994万元的固定资产，实现产值2.82亿元，营业收入2.7亿元，利税2187万元，支付从业人员工资总额4767万元。

1992年合川撤县设市后，乡镇企业抓住机遇加快改革和发展。继续加强横向联合，积极推行多种形式的产权制度改革，大力发展非公有制经济。到1998年底，乡镇企业改革面达到92%，个体私营企业成了乡镇企业的主体。

乡镇企业在发展中，积极调整产业结构和产业布局，对一批污染环境又难以治理的小砖瓦、小石灰企业实行了关、停，淘汰落后工艺和产能，重点扶持和发展为汽车、摩托车配套的机械加工制造业、农产品加工业、轻纺工业和有市场前景的新型建材业，开发建筑市场，扶持发展房地产业。

1996年，合川市市乡镇企业产值达到27.92亿元，比1986年增长8.9倍。

1996年以来，合川市乡镇企业加快工业小区和特色村镇的布局和建设，培植起了太和丝绸工业园区，以及杨柳坝和大屋村的轻工制造业、太和镇阳光村的缫丝等专业村。其中，太和丝绸工业园区被重庆市人民政府命名为“乡镇企业示范区”，合阳街道还进入了重庆市乡镇企业“明星乡镇”的行列，乡镇企业的整体水平有了较大提高。

2002年，合川市乡镇企业有3841家，从业人员6.68万人，拥有12.5亿元的固定资产，实现增加值15.04亿元，产值49.3亿元，营业收入45.4亿元，入库税金1.71亿元，利润1.1亿元，支付从业人员的工资总额达到3.72亿元。

第十六章 永川市

永川市原是重庆市永川县。乡镇企业的主要产业是能源化工、农产品加工、冶金、建材、交通运输仓储等。

主要产品有原煤、土焦、配（混）合饲料、食品、生铁铸件、水泥、皮革制品、服装等。

1986年，全县乡镇企业有1.4万家，从业人员6.7万人，拥有7.88万元的固定资产，实现产值9905万元，营业收入8965万元，利税1907万元，支付从业人员的工资总额为4264万元。

1992 年，永川撤县设市，乡镇企业借撤县建市的机遇，加快改革和发展，积极扶持发展出口产品企业和工业，新建了一批短、平、快的新项目，出现了 2 个乡镇企业产值上亿元的乡镇，9 个上 5000 万元的乡镇，1 个上 1000 万元的村，8 家产值上 500 万元的企业和 6 家产值上 1000 万元的企业，形成了冶金工业、电力、煤炭、化学、机械、建筑建材、食品、纺织、皮革等多门类的工业行业。全市乡镇企业产值首次突破 10 亿元大关，达到 12. 2 亿元，实现营业收入 13. 2 亿元，实现利润总额 4886 万元，税金 2718 万元，出口创汇 4399 万元。

1996 年，永川市乡镇企业产值达到 41. 05 亿元，比 1986 年增长 40. 5 倍。

1996 年以来，永川市乡镇企业坚持发展与提高并重，以提高为主；速度与效益并重，以效益为主；大中小项目并重，以大中项目为主的“三为主”方针，坚持大发展、上规模、上水平、上效益。促进乡镇企业人才科技化、投资多元化、发展区域化、企业规模化、产品名优化、经济效益高效化。坚持以经济效益为中心，以深化改革为动力，以资产为纽带，盘活存量资产，实行整体推动。（1）注重产业结构调整。加强第一产业，优化提高第二产业，大力发展第三产业。在规划上，着重考虑从重工业逐步向轻工业转移，从传统产业、资源型企业向产品深加工、高附加值、高科技和围绕农业产业化、农产品的深加工增值方向发展。（2）推进农业产业化。重点抓好中山食品工业园区制糖业、莲花制革业发展，充分发挥龙头企业的带动作用，提高产品的档次，扩大品牌知名度和市场占有率。（3）努力扩大对外开放。重点抓好丝绸企业的技术改造，增加产品科技含量，提高产品档次和附加值。抓好双丰农药化工产品，以及部分机械产品出口。积极引进市外资金，搞好企业资产重组和嫁接，盘活存量资产。（4）积极开展联合与协作。对现有企业实施分类指导，实行重点扶持，形成了建筑建材、煤炭、化工、食品、丝绸、机械电子六大支柱产业，三教的铸造工贸、双竹的冶金工贸、朱沱的（制伞）、莲花的制革商贸、临江镇的酿造工业、南大街的商贸、双石的饲料工业、乡镇工业城八大工业小区及中山路玉清村的糖果食品、汉东街道的制伞两个专业村镇。骨干优势企业又上新台阶，重庆参天水泥有限公司、渝永建设集团有限公司、隆西建设集团有限公司被重庆市政府命名为“重庆五十强企业”，三教镇被重庆市政府命名为发展乡镇企业的“明星乡镇”。非公有制经济成了乡镇企业的主体。

2002 年，永川市乡镇企业有 1834 家，从业人员 8. 4 万人，拥有 13. 9 亿元的固定资产，实现产值 53. 25 亿元，增加值 15. 93 亿元，营业收入 47. 17 亿元，同比增长 20. 61%，利润总额 1. 67 亿元，入库税金 7671 万元，支付从业人员的工资总额达 5. 75 亿元，出口产品交货值 1. 72 亿元，直接出口创汇 323 万美元，创永川市乡镇企业出口创汇史上最高纪录。

第十七章　綦江县

綦江县乡镇企业的主要产业是矿产开采业、机械加工制造业、建筑建材业、食品加工业。

主要产品有煤炭、水泥、砖瓦、汽车、摩托车配件、电瓶、玻璃制品、粉末冶金、食品等。

1986 年，綦江县委、县政府做出把乡镇企业从过去单纯发展农村集体经济，升格为振兴綦江、建设新农村的重大决策，要求各级党政、部门要从人力、物力、财力等方面大力支持乡镇企业发展。全县乡镇企业有1.46万家，从业人员6.92万人，拥有5237万元的固定资产，实现产值1.41亿元，营业收入1.51亿元，利税1226万元，支付从业人员工资总额达3369万元。

1992年，乡镇企业超常规发展，产值突破10亿元大关，达到10.2亿元。

1992年至1994年，全县乡镇企业新建和技改项目810个，投入固定资产资金2.9亿元，产值达到43.45亿元。

1995年，在发展乡镇企业上，改变“村村点火，普遍开花”的模式，实行分类指导、突出重点、扶持优势企业和产业，全县乡镇企业新建、技改项目223个，投入资金1.39亿元。全县乡镇企业拥有固定资产原值3.53亿元，比1990年增长3.9倍。

1996年，全县乡镇企业产值突破50亿元大关，达到56.81亿元，比1986年增长39.3倍。

1997年以来，积极发展城乡联合，扩大对外开放，多渠道引进资金来綦江兴办企业。古南镇引进日本中央化学株式会社来綦江投资1.5亿元人民币在綦江工业开发区新建了一家食品包装容器厂；綦江明兴建筑公司引进1600万元，与香港钟氏实业公司联合兴办了重庆星光机械化土石方工程公司。与西南食品研究院、市农电总公司、重啤集团、松藻矿务局、重铁綦江工务段等单位联合，共引进3700多万元兴办了一批企业，全县乡镇企业从业人员达到9.61万人。

积极调整产业结构，扶持发展机械加工制造业、建材工业和建筑业，开发建筑市场，发展房地产业、农产品加工业和交通商贸餐饮服务业，加快培植和建设乡镇企业工业小区，集中连片发展。綦江县工业开发区、赶水铁石垭开发区被市政府命名为“重庆市乡镇企业示范区”。

2000年，95%以上的企业完成了改制，非公有制经济成了乡镇企业的主体。

2002年，全县乡镇企业有4749家，从业人员6.35万人，拥有7.26亿元的固定资产，实现增加值8.8亿元，产值39.1亿元，营业收入46.6亿元，利润7554万元，入库税金9296万元，支付从业人员的工资总额达3.86亿元。

第十八章　长寿县

长寿县乡镇企业在社队企业发展的基础上，形成了工业、农业、建筑业、交通运输仓储业和商贸、餐饮服务业等支柱产业和矿产资源开采、机械加工制造、轻纺、化工、电力、造纸、食品加工、饲料加工等多门类的工业体系。

主要产品有：煤炭、水泥及水泥制品、机制砖、石膏板、彩色釉面砖、煤矸石砖、保温材料、橡胶制品、塑料制品、农用氨磷钾化学肥料、混纺交织布、针棉织品、汽车和摩托车配件、机制纸及纸板、办公家具、食品和配混饲料等。

1986年，全县乡镇企业有1.14万家，从业人员5.37万人，拥有5541万元的固定资产，实现产值2.17亿元，营业收入1.86亿元，利税1894万元，支付从业人员工资总额为3717万元。

1986至2002年的17年里，全县乡镇企业经历了5个发展阶段：

1986—1988年，发展、改革、整顿、提高。乡镇企业坚持完善各种形式的经营承包责任制，加强企业整顿，增加了1792万元的投入，新建设项目65个，投产15个，新增固定资产3825万元，拥有35家产值上100万元的工业企业，500万～1000万元的企业有503家，1000万～5000万元企业1家，出现了1个亿元乡镇，乡镇企业产值年均增长36%。

1989—1991年，强化责任，加强管理，加快发展。积极推行厂长负责制和经营承包责任制，投入1955万元，新建项目78个，投产57个，新增固定资产4792万元，乡镇企业产值年均增长21.73%，完成出口交货值96.2万元。

1992—1994年，大改革、大投入、大发展。乡村集体企业投入2.39亿元，新建项目668个，投产553个，新增固定资产1.48亿元，出现了8个亿元乡镇和18家规模以上骨干企业。个体私营企业有1.83万家，乡镇企业实现的产值比1991年增长388.58%，年均增长129.53%。入库税金2204.2万元，出口交货值达到142万元。

1995—1997年，调整结构，持续发展，提高效益。积极推行以股份制和股份合作制为主要内容的产权制度改革，大力调整产业结构，实施“百千亿工程”，投入2.86亿元，新建项目392个，投产334个，出现了2家亿元企业。1996年，全县乡镇企业产值达到14.92亿元，比1986年增长5.9倍。

1998—2001年，推进“二次创业”，优化布局。把发展乡镇企业与小城镇建设、农业产业化经营、西部大开发和三峡库区建设相结合，强化领导责任制考核，加强企业管理，开展扭亏增效活动。积极扶持发展农业产业化龙头企业、建筑业和旅游服务业等，投入3.59亿元，新建项目758个，投产732个，新增固定资产3.03亿元，出现了20家产值1000万～5000万元的企业，8家5000万～1亿元的骨干企业和1个5亿元的乡镇。

2002年，全县乡镇企业有1152家，从业人员5.15万人，拥有10.23亿元的固定资产，实现增加值8.76亿元，产值33.85亿元，营业收入32.54亿元，入库税金1.26亿元，利润6259万元，支付从业人员的工资总额达4.02亿元。

第十九章　大足县

1986年，全县乡镇企业有3.15万家，从业人员7.92万人，拥有4628万元的固定资产，实现产值1.92亿元，营业收入2亿元，利税2187万元，支付从业人员的工资总额为3390万元。乡镇企业产值500万元以上的乡镇有7个，产值100万元以上的村有9个。

1991年，根据《中华人民共和国乡村集体所有制企业条例》，重庆市委、市政府提出乡镇企业要“超常规、跳跃式发展”。县政府针对乡镇集体企业少、规模小、资金短缺等问题，多渠道筹集资金，当年全县新办乡村集体企业70家。

1992年，乡镇企业有2.88万家（含个体），产值突破10亿元大关，达到10.3亿元。

1994年，县委、县政府做出《关于加快乡镇企业发展若干问题的决定》，当年投入资金5795万元，新办企业130家。

1996年，全县乡镇企业产值达38.12亿元，比1986年增长18.9倍。乡镇企业的发展每年受市委、市政府表彰。

在县委、县政府领导和引导下，大足县在发展乡镇企业进程中：

一是坚持改革。从1987年起实行“一包三改”，对不同类型企业，推行抵押承包、先交后包、定额定期上缴等多种形式的承包经营责任制。改厂长任命制为选聘制，改固定工制为合同工、临时工制，改固定工资制为浮动工资制。完善多种形式责任制：针对承包经营存在的不少弊端，1988年起探索完善大包干、租赁制、厂长（经理）任期目标责任制及股份制等多种形式的责任制；1993年起对企业产权实行转让，推行了股份制改造、拍卖、兼并、解体破产重组等多种形式的改革。在改革中注重发展横向经济联合，1986年有66家乡镇企业与国有企业、城镇集体企业、乡镇企业之间通过资金、技术等进行了横向联合。

二是加快产业和产品结构调整。形成了新兴的以五金、汽车配件、摩托车配件、供水设备、旅游及农副产品加工为主的支柱产业。龙水的小五金逐步形成了专业市场，产品结构由小五金到大五金，由传统五金迈向现代五金，花色品种由1100多个增至2000多个；销售由分散的小市场演变为两个集中的大市场，并集旅游、观光、购物、五金商品交易于一体。

三是调整产业布局，相对集中，连片发展。1995年以后乡镇企业布局按照产业集聚原则进行调整。电镀企业全部进入龙水电镀园区，集中治理电镀废水。较大规模的五金企业大都进入龙水明光工业园区。其余成型及新开办的企业相对集中于龙水工业园区（邮亭B区）、棠香、弥陀、雍溪工业园区和龙岗、石马、万古、玉龙、古龙等街镇乡（街道）。出现了保竹村生产铸造件、龙水镇生产五金制品、中敖镇卫平村生产竹篾、中敖镇农丰村生产竹板刷、中敖镇生产竹席等专业村镇。

2002年，全县有乡镇企业6334家，从业人员7.03万人，拥有了16.28亿元的固定资产，实现增加值15.9亿元，总产值53.7亿元，营业收入52.8亿元，入库税金1.2亿元，利润2.7亿元，支付从业人员的工资总额达5.55亿元。

第二十章　铜梁县

铜梁县自然资源十分丰富，为乡镇企业发展创造了良好的条件。全县乡镇企业形成了以锶盐、建筑建材、轻纺服装、冶金机械、农副产品加工等为主的五大支柱产业和煤矿开采、天青石矿开采与加工、黑色冶炼及延压加工、汽车配件和小五金加工、食品加工及饲料生产、木材加工、羽绒加工、制革和发电、工艺美术等行业。

主要产品有：汽车配件、小五金、中小农具、碳酸锶系列产品、原煤、水泥、铝材制品、铸钢件、钢材、钢条、钢锭、石灰、天青石、机制砖、纸板、木材制品、羽绒制品、生丝及丝绸制品、皮革制品、猪鬃、混（配）饲料、食品、电力等。

1986年，全县乡镇企业有9829家，从业人员4.37万人，拥有4383万元的固定资产，实现产值1.48亿元，营业收入1.49亿元，利税1050万元，支付从业人员工资总额2464万元。

1987年，县委出台企业承包、租赁经营责任制试行办法。1992年，根据渝改委〔1992〕41号文件，在全县制定了试行城镇集体企业改组为股份合作制企业意见和乡镇企业推行股份制试行意见。初步打破企业单一的公有制，允许企业职工个人，外资参股，以股分红。1993年，在全县乡镇企业中推行股份合作制改革。1994 年，根据县、市产权制度改革意见，县委、县政府抽调 267 名干部，组成 5 个企业改革指导组、38 个工作队，深入各乡镇，各系统具体落实产权制度改革措施。到 2000 年底，全县改制工作基本完成：纳入改制目标任务的 404 家企业，已改制 402 家，完成改制面 99.5%。

1996 年，全县乡镇企业产值达到 37.29 亿元，比 1986 年增长 24.2 倍。

2002 年，县政府出台《关于加快工业结构调整 建设渝西工业大县的意见》，为铜梁工业发展提出了总体战略目标。县政府先后成立“铜梁县工业经济发展领导小组”“铜梁县乡镇企业发展领导小组”“铜梁县经济结构调整领导小组”，加强各部门的协调和服务。在县政府积极引导下，改制后的部分乡镇企业迁入铜梁县“金龙工业园区”。以园区为中心，带动巴川、西河、虎峰、蒲吕、旧县、全德、石鱼、土桥、安居、侣俸、少云、华兴、永清等乡镇企业特色产业基地的发展，形成了锶盐、建筑建材、轻纺服装、冶金机械、农副产品加工等五大支柱产业。在园区工业发展同时，对 184 家耗能高、污染重、效益低的小电镀、小锶盐、小化学制浆车间、小造纸厂、小煤窑、小土窑炼焦、小地条钢企业进行了关闭。

2002 年底，全县乡镇企业有 1724 家，从业人员 49734 人，拥有 17.4 亿元的固定资产，实现增加值 11.8 亿元，产值 45.8 亿元，营业收入 42 亿元，入库税金 1.5 亿元，利润 1.1 亿元，支付从业人员的工资总额达到 3.45 亿元。

第二十一章　潼南县

潼南县原是四川省贫困县之一，也是重庆市的贫困县，乡镇企业发展水平落后。全县乡镇企业主要产业是家庭作坊式的农副产品加工和建筑行业。

1986 年，全县乡镇企业有 3382 家，从业人员为 1.81 万人，固定资产 2115 万元，实现产值 5407 万元，入库税金 117 万元。与先进地区有较大差距。

1994 年 1 月 27 日，县委、县政府制定的《关于加快发展乡镇企业若干政策的补充规定》指出，要按照“放胆、放手、放权”的指导方针，加大改革力度，优化乡镇企业的所有制结构，大力推行股份合作制。立足现有基础，实施集团战略，加快技术进步，培植主要的新兴行业，强化乡镇企业的经营管理，提高整体效益，加快乡镇企业发展。

1995 年 8 月 2 日，县委、县政府印发《关于乡镇企业政策调整的意见》，坚持三个不受限制和工、商、运、建、服五业并举，乡、村、社、户、联户五轮驱动，一、二、三产业协调发展的原则，重点发展建筑建材、机械加工、农副产品加工、商业服务业、轻纺工业和丝绸业、养殖业。

1996 年，全县乡镇企业产值达到 25.13 亿元，比 1986 年增长 45.5 倍。

1997 年 2 月 18 日，县政府发出《关于学习宣传、贯彻实施〈乡镇企业法〉的通知》，做出了《关于进一步加快乡镇企业发展的决定》。坚持大力发展乡镇企业，推进企业上投入、上水平、上规模、上效益。重点抓好“55821”工程（即建设 5 个乡镇企业园，组建 5 个企业集团，培育 8 个本县纳税上 100 万元、20 个县内纳税 50 万元以上的企业，发展 10 个专业村）。加强企业管理，建立健全经营管理制度。对于新发展的经济效益好、附加值较高、提供的税收较多而资金又比较短缺的项目或企业，政府给予优惠政策扶持。

2000 年，县委、县政府制发《关于进一步加快乡镇企业发展的决定》。全县新改制企业 7 家，改制企业达到 907 家，占应改企业的 98.7%。坚持“一大四上”的方针（大发展、上投入、上水平、上规模、上效益），以非公有制经济为主体，以培植支柱产业为重点，加快塘坝、太安、梓潼、双江镇的园区建设。

2002 年，全县乡镇企业有 783 家，从业人员 2.89 万人，拥有 6.45 亿元的固定资产，实现增加值 4.58 亿元，产值 21.12 亿元，营业收入 20.32 亿元，入库税金 5850 万元，利润 3933 万元，支付从业人员的工资总额达 1.88 亿元。

第二十二章　璧山县

1986 年，璧山县乡镇企业已形成了煤矿、冶金、印刷、造纸、氮肥、建材、陶瓷、缫丝、食品等工业体系。乡镇企业有 3951 家，从业人员 3.41 万人，固定资产 3633 万元，总产值 1.17 亿元，利润 460 万元，上缴税金 557 万元。

县委、县府把发展乡镇企业作为发展县域经济的主要增长点来抓，建立了县级领导联系乡镇企业制度对企业实行考核。贯彻《重庆市乡镇企业股份合作制条例》，加大企业改革力度，累计改制企业 520 家，占改制面的 70%，成效显著。如重庆南雁实业公司，通过改制，每年缴税几十万元，获农业部“产值企业达标证书”“重庆市一级产值企业”称号；广泛开展乡镇企业 TQ 小组的推广，强化质量管理。1997 年产品抽查合格率、产品质量稳定提高率均达 100%。

1990 年以来，县委、县政府引导乡镇企业相对集中，连片发展。创建工业小区，形成了马坊皮毛一条街，丁家海椒市场，璧城皮鞋工贸小区和璧城镇的摩托车配件、皮鞋专业村。

1996 年，全县乡镇企业产值达到 24.18 亿元，比 1986 年增长 19.7 倍。

2001 年县委、县政府根据全县经济状况，提出工业强县战略并制定一系列优惠政策，使工业经济不断壮大发展。全县工业生产企业 4661 家，其中轻工业 3766 家，重工业 895 家；实现总产值 55.6 亿元，其中：乡镇工业总产值 6.5 亿元，私营和个体工业企业总产值 42.4 亿元。主要产品量：原煤 25.82 万吨，发电量 660 万千瓦小时，皮鞋 5669 万双，摩托车 5095 辆，摩、汽配件 7.1 亿元，摩托车发动机 3.48 万元；2001 年，全县工业企业和销售收入 500 万元以上的有 56 家，产值 1.48 亿元，利润总额 2779 万元，从业人员 6.16 万人；机械行业 234 家，完成工业产值 12 亿元，税利达 6200 万元；建筑建材产值达 8.8 亿元，传统的水泥企业、墙砖企业稳中发展，新兴的建筑材料工业墙管、钢塑等上规模、大发展，成为建材工业新的增长点；建筑业有 41 家，装饰装修企业 10 家，预制件企业 78 家，从业人员 1.7 万人，完成建筑工程 120 个，实现产值 5 亿元，增加值 1.9 亿元，利润 1850 万元。交通运输仓储企业有营运客车 542 辆，营运货车 2050 辆，汽车维修业 315 家，运输服务企业 74 家。璧城工业园、乡镇企业工业园区、青杠经济开发区和璧山皮鞋城被重庆市人民政府命名为“重庆市乡镇企业示范区”；璧城镇、青杠镇被重庆市政府授予“乡镇企业明星乡镇”称号。

2002 年，全县乡镇企业有 4180 家，从业人员 8.91 万人，拥有 19.42 亿元的固定资产，实现总产值 70.7 亿元，增加值 17 亿元，营业收入 68.6 亿元，实现利润总额 1.3 亿元，入库税金 1.7 亿元，支付从业人员的工资额达 7.1 亿元。

第二十三章　荣昌县

20 世纪 80 年代中后期，荣昌乡镇企业处于一个相对稳定的发展时期。1986 年，全县乡镇企业有 8539 家，从业人员 3.75 万人，实现增加值 2571 万元，产值 1.38 亿元，营业收入 1.09 亿元，入库税金 417 万元，利润 666 万元。

1986—1990 年，产值年平均增长 27%。在这个时期，主要产业仍然是煤炭、建材、五金、食品、铁器、建筑、缫丝、造纸、服装等行业。

主要产品有原煤、水泥、矸砖、茶叶、白酒、生丝、农具、家具、卫生纸、服装、夏布、炊餐具、陶瓷 、普瓷碗、阀门、砖机、条粉等，名优特产品有茶叶、生丝、夏布、陶瓷、五金产品、牛角制品等，出口产品有生丝、红茶、夏布。

跨入 90 年代后，设备简陋、技术薄弱的乡镇企业面临严重挑战，绝大多数企业特别是乡镇企业中原属的二轻企业，生产经营每况愈下，企业发生严重亏损，资不抵债，处于停产、半停产状态。

1992 年以来，全县乡镇企业实行经济体制改革，二轻企业基本上全部解体，其他乡镇企业改制后大多数变为股份制民营企业或个体私营企业。同时，加大产业结构和产品结构调整，大力扶持发展机械制造业、农产品加工业和出口创汇企业，支持和鼓励荣昌夏布和茶叶出口创汇。

1996 年，全县乡镇企业产值达到 25.77 亿元，比 1986 年增长 17.7 倍。

1997 年以后，积极培植乡镇企业工业小区，集中连片发展，有 4 个小区被市政府命名为“重庆市乡镇企业示范区”，涌现出了吴家镇的机械、古昌镇盛家沟村的食品、清升乡花宝村的铸造、许溪乡大河坝村的五金等 9 个专业村镇。

到 2000 年，全县非公有制经济成为地方经济主要力量。煤矿、砖厂、茶厂、酒厂等，绝大多数实行的都是股份制改造，少数企业实行拍卖或转让。如全县 40 家乡镇煤矿、46 家矸砖厂、60 家酒厂、16 家红茶厂改制后，都变成为民营企业。

到 2002 年，全县乡镇企业有 3019 家，从业人员 5.31 万人，拥有 8.17 亿元的固定资产，实现增加值 6.9 亿元，现价总产值 20.1 亿元，营业收入 43.5 亿元，上缴税金 1.1 亿元，利润 1.4 亿元，支付从业人员的工资总额达到 3.3 亿元，有 23 家出口产品企业，从业人员 5037 人，实现出口产品交货值 2.9 亿元，其中自营出口 2.2 亿元。其中据重庆海关统计，荣昌县荣发茶厂出口 491.41 万美元，进入了全市乡镇企业出口大户的行列。

第二十四章　开　县

1985 年，全县乡镇企业有 1.7 万家，从业人员 6.4 万人，实现产值 1.3 亿元，营业收入 1.05 亿元。初步形成了农产品加工、机械、建筑建材、交通运输仓储、餐饮服务等支柱产业。

主要产品有：食用植物油、非食用植物油、饮料酒、食糖、面粉及制品、精制绿茶、高香红碎茶、出口榨菜、水泥及制品、机制砖、石膏及制品、大理石、导火绳、鞭炮、烧碱、机制铁农具、焦煤、生铁、矿石、发电量、服装、缫丝、竹纤板、空心板、室内套装门、钢质门、防火门、机制有光纸、瓦楞纸、纸板、纸箱、出口水竹凉席、香绸扇、日用土陶等。

1986 年以来，乡镇企业利用开县矿产和农副产品资源丰富的区位优势，在发展中坚持以发展建筑材料和农产品加工为重点，加强农产品加工企业基础管理工作，重视技改和技改项目管理，加快农产品加工业发展。大力推进农业产业化经营，注重培育和开发市场适销对路的农副产品，不断提高产品质量。龙珠牌绿茶、星星套装门等一批农产品获四川省和重庆市名优产品称号，一批企业经营者被农业部和省、市评为乡镇企业家和优秀厂长（经理）。

1996 年，全县乡镇企业产值达到 33.03 亿元，比 1986 年增长 24.4 倍。

1997 年以后，加大产业结构调整，积极扶持发展农产品加工业和龙头企业，扩大名优产品出口。其中顶用牌银杏茶与杜仲茶出口美国、德国、加拿大、澳大利亚、科威特、日本、马来西亚、俄罗斯等国家，星星套装门产品在国内市场占有一定的份额。同时，提升建材、机械制造业和轻纺工业，大力推行企业产权制度改革，发展个体私营企业，非公有制经济成了乡镇企业的主体。企业活力明显增强。

2002 年，全县乡镇企业有 4491 家，从业人员 5.2 万人，拥有 11.1 亿元的固定资产，实现增加值 11 亿元，产值 37.5 亿元，营业收入 34.1 亿元，入库税金 6656 万元，利润 5281 万元，支付从业人员的工资总额达到 2.56 亿元。

第二十五章　忠　县

1978 年以来，忠县立足资源，根据自身条件，发挥优势，扬长避短，本着原料有来源、产品有销路、生产有条件、经营有利润的原则，积极发展社队企业。1982 年，全县 70 个公社和 298 个生产大队先后办起了各类型社队企业 858 家，企业人员为 8013 人。

1984 年社队企业更名为乡镇企业后，加快了发展。形成了种植业、养殖业、农副产品加工业、轻纺工业、建筑建材业、能源矿产业、交通运输仓储业、修理服务业、商业等行业。产品亦由单一品种发展到多品种。

1986 年，全县乡镇企业有 6970 家，从业人员 2.12 万人，实现产值 6191 万元，营业收入 4253 万元，利润 205 万元，入库税金 116 万元。

为了推动乡镇企业持续健康发展，县委、县政府着手制定了全县乡镇企业“七五”“八五”“九五”“十五”和“十一五”发展规划，加强各级乡镇企业管理机构建设，引导乡镇企业深化改革，调整产业结构，加强管理，推动企业上档升级，提高产品质量。基本建成柑橘、红豆杉、石大蒜、优质大豆、蚕桑、黄籽油菜等农业产业化基地。积极持续发展农业产业化龙头企业。通过龙头带动、基地推动、农户联动、效益驱动等方式，形成了三峡果汁加工厂、天地药业公司、忠州腐乳公司、清溪丝厂、忠县植物油公司、忠州酒业公司、明珠食品公司等 10 多家农副产品骨干加工企业。培育了“百年老字号”石宝寨牌忠州豆腐乳、白公曲酒、西厢阁牌汤圆粉、石宝寨牌榨菜等 10 多个地方名优特色产品。一批企业的质量管理受到农业部、四川省和重庆市政府表彰奖励。

1996 年，全县乡镇企业产值达到 10.56 亿元，比 1986 年增长 16.03 倍。

到 2002 年，全县乡镇企业有 8995 家，从业人员 3.52 万人，拥有 5.04 亿元的固定资产，实现增加值 4.5 亿元，产值 17.6 亿元，营业收入 17.7 亿元，入库税金 5307 万元，利润 5281 万元，支付从业人员的工资总额达到 2.9 亿元。

第二十六章　梁平县

梁平县于 20 世纪 70 年代兴起的社队企业，为乡镇企业的发展奠定了良好基础。到 1986 年，全县乡镇企业有 9234 家，从业人员 3.75 万人，实现产值 8521 万元，营业收入 8058 万元，入库税金 1347 万元，利润 839 万元，支付从业人员的工资总额 2748 万元。形成了工业、农业、建筑、交通运输仓储、商贸及餐饮服务等支柱产业和地矿开采、非金属矿采选、木材及竹材产运业、轻纺、农产品加工等多门类的工业行业。

主要产品有：铁矿石、石膏矿石、生铁铸件、铁合金、原煤、建筑涂料、中小农具、水泥及水泥制品、砖瓦、耐火材料、日用玻璃、陶瓷、家具、机械制品、机制纸及纸板、羽绒服装、烟花爆竹、畜禽肉制品、茶叶、配混合饲料等。

1986 年以来，乡镇企业大力调整产业结构，重点发展地矿开采业、机械加工制造业、建材工业和农产品加工业，积极扶持重点企业和重点产品发展。

1987 年，乡镇企业产值突破亿元，达到 1.09 亿元。

1995 年，全县乡镇企业发展到 1.71 万家，从业人员达到 7.19 万人，产值突破 10 亿大关，达到 13.42 亿元。

1996 年，全县乡镇企业产值达到 14.9 亿元，比 1986 年增长 16.5 倍。当年，梁平县邵新纸厂荣获四川省造纸行业金标奖，瓦楞厚纸板被评为“省优产品”，并荣获 1995 年四川省工业博览会金奖。

1997 年重庆成为直辖市，乡镇企业抓住机遇加快改革与发展，在 1994 年开始实行多种形式经营承包责任制的基础上，继续推进多种形式的产权制度改革，积极发展非公有制经济；优化布局，加快工业园区建设，淘汰落后产能，提升地矿开采，积极扶持发展农产品加工业、机械工业。培育出了梁山乡镇企业示范区。

2002 年，全县乡镇企业有 2680 家，从业人员 4.1 万人，拥有 2.84 亿元的固定资产，实现增加值 5.07 亿元，产值 27.58 亿元，营业收入 28.64 亿元，入库税金 5484 万元，利润 5652 万元，支付从业人员的工资总额达到 2.04 亿元。

第二十七章　云阳县

20 世纪 80 至 90 年代，云阳乡镇企业快速发展，乡镇企业数量多，但规模小，特色产业不突出。1993 年，全县乡镇企业有 1.51 万家，从业人员 6.62 万人，年产值（不包含服务行业）4.1 亿元，利润总额 1987 万元，入库税金 1473 万元。同年，全县新建、扩建、技改项目 164 个，投资 4108 万元，组建了首家集团性的二级建筑企业——云阳县恒达建筑总公司。栖霞水泥厂全面质量管理达部标。云阳县南溪丝厂、云阳县生物技术厂，被评为四川省乡镇企业重点创汇企业。

1994 年，新上项目 299 个，新增投入 8918 万元。在新产品开发上，胱氨酸产品获四川省科技进步三等奖。桐油树脂、氨基酸营养口服液获万县市科技进步奖。

1995 年，部分乡镇抓住对口支援机遇，引进项目 11 个，引进资金 480 万元。同年全县新上项目 246 个，其中新建项目 173 个，扩建项目 9 个，技改项目 64 个，完成固定资产投入 8426 万元。云阳县生物技术厂被评为四川省先进乡镇企业。

1996 年，全县乡镇企业有 1.72 万家，从业人员 7.01 万人，产值达到 11.69 亿元，比 1993 年增长 1.85 倍，均为县内乡镇企业发展史上最好水平。

1997 年重庆成为直辖市，乡镇企业抓住三峡移民迁建的机遇加快发展。故陵镇故陵村利用移民补偿资金，建成年产 4.4 万吨的移民水泥厂，成为全县规模最大的村办企业。故陵镇荷堰村农民向云波等人联合投资 450 万元，建成年产 4.4 万吨的金峡水泥厂，成为县内务工人员回乡创办的最大企业。云阳县生物技术厂结合企业搬迁，筹资 3000 万元，发展高新技术产业，年产常青树氨基酸口服液 1 亿支，成为全国生产同类产品的第二家。同年，全县新上项目 194 个，完成固定资产投资额 1.2 亿元，当年实现乡镇企业产值 19.1 亿元，创乡镇企业产值历史新高。建立云阳县乡镇企业发展基金，为全县乡镇企业发展提供一定的资金支持，云阳县获重庆市政府表彰的乡镇企业成绩突出的区市县一等奖。

从 1998 年起，加大改革力度。重点是改革乡镇企业所有制结构，转换经营机制，不再新办乡镇集体企业，对原有乡镇集体企业实行产权制度改革。同年，乡镇企业产权制度改革 525 家。其中：股份有限公司（企业集团）5 家、股份合作制 12 家、实施兼并 4 家、破产 38 家、集体变民营 16 家、拍卖 13 家，实行风险承包经营 275 家、租赁经营 160 家。2000 年，乡镇企业有 255 家实行了改制。基中，股份制及股份合作制改造 16 家，组建企业集团 5 个，实行风险承包、租赁经营 173 家、兼并 15 家、净资产转让（拍卖）19 家、集体变民营 26 家、破产关闭 11 家。2001 年，乡镇企业产权制度改革 278 家。其中，建立股份制及股份合作制 39 家，实施关破解体 47 家、拍卖

121家、转让58家、兼并10家。

2002年，全县乡镇企业有1991家，从业人员3.06万人，拥有6.4亿元的固定资产，实现增加值3.9亿元，产值13.5亿元，营业收入12.6亿元，入库税金4148万元，利润4875万元，支付从业人员的工资总额达到1.99亿元。

第二十八章　奉节县

奉节县紧靠长江，随着三峡电站的建设，是三峡库区重点搬迁县之一。20世纪70年代社队企业的蓬勃发展，为乡镇企业奠定了良好的产业基础。1986年，乡镇企业有了农业、工业、建筑业、交通运输业、商贸、餐饮服务业等支柱产业和矿采业、机械制造业、农副产品加工业、建材业等多门类的工业行业体系。主要产品有：煤炭、中小农具、水泥及水泥制品、砖瓦、食用植物油、食品等。由于企业规模小，产业基础脆弱，乡镇企业发展水平相对滞后。到1986年，全县乡镇企业有5532家，从业人员2.15万人，实现产值5170万元。

1986年以后，县委、县政府一方面引导乡镇企业加大经营体制和产权制度改革力度，推行多种形式的经营承包责任制和拍卖、租赁、兼并等，积极扶持发展个体私营企业，增强了乡镇企业发展活力；另一方面指导乡镇企业调整产业结构，加大资金投入，扶持发展地矿开采业、农副产品加工业、建筑业和建材工业，积极开发旅游业。

到重庆直辖的1997年，全县乡镇企业有937家，从业人员25778人，实现增加值1.22亿元，产值3.61亿元，营业收入4.13亿元，入库税金1653万元。乡镇企业产值比1986年增长5.98倍。

1997年以来，县委、县政府按照中央的部署和重庆市委、市政府的要求，引导乡镇企业借助库区淹没企业搬迁新建的机会，加大企业布局和产业结构调整力度，关闭一批技术落后、产品无销路、污染环境、亏损严重、整改无望的企业，积极开展东西合作，引进资金和高新技术，巩固提高矿产资源开采能力，淘汰落后产能。奉节县与江苏宜兴县结为友好兄弟县，一次就得到补偿贸易资金200万元用于发展乡镇企业，宜兴县也在奉节县合资合作兴办了60万吨的水泥厂、6000万吨的耐火材料厂和针织厂等企业，优化了产业结构，增强了奉节县乡镇企业实力；推进农业产业化，大力发展农产品加工业，提高产品质量，拓宽销售渠道；扶持发展建材业和第三产业；拓展建筑市场，积极发展房地产业；培育和扶持重点企业和重点产品，推动乡镇企业发展上了一个新水平。

2002年，全县乡镇企业有2569家，从业人员38566人，拥有5.6亿元的固定资产，实现增加值4.62亿元，产值16.5亿元，营业收入15.27亿元，入库税金4173万元，利润5511万元，支付从业人员的工资总额达到2.95亿元。

第二十九章　巫山县

巫山县紧靠长江和大宁河，随着三峡电站的建设，是三峡库区重点搬迁县之一。县境内地矿和农副产品资源丰富，乡镇企业发展初期，从煤矿开采、农产品加工和小水电起步。但由于经济基础脆弱，人才、资金和能源短缺，乡镇企业发展相对滞后。1985 年，全县乡镇企业有 5266 家，从业人员 1. 89 万人，实现产值 4000. 70 万元。1986 年后，由于国家紧缩银根，市场疲软，产品滞销，贷款难收，乡镇企业的发展遇到了前所未有的困难。一批企业负债累累，生产必需的流动资金紧缺，只好停产。据 1991 年统计，全县乡镇企业尚欠银行贷款 1352. 91 万元，其中非正常流动资金 835 万元；欠扶贫贷款 160 万元，其中非正常流动资金 65 万元；欠移民资金 103 万元、财政周转金 221. 2 万元。在此期间，全县乡镇企业认真贯彻中央“调整、整顿、改造、提高”的方针，关闭了 157 个产品无销路、材料无来源、严重亏损、资不抵债的企业。

1991 年以后，地、县加强了对乡镇企业的重视和领导。万县地区行署印发《关于大力发展乡镇企业的若干政策规定》，对进一步提高发展乡镇企业的认识，稳定和落实对乡镇企业的扶持政策，增加对乡镇企业的投入，加强企业的内部管理等问题做了明确的指示，也为继续振兴巫山县乡镇企业营造了良好的发展环境。县、区、乡（镇）相继成立了以党政负责人为组长的乡镇企业领导小组，健全了区、乡（镇）乡镇企业管理机构，组织和引导乡镇企业推进改革，发展非公有制经济；抓区域和结构调整；抓重点骨干企业发展；广泛筹集资金，增加企业投入；狠抓技改和新建项目，企业内部挖潜，增收节支，降耗节能，增加效益。通过以上措施，乡镇企业形成了农业、工业、建筑和交通运输仓储、批发零售及餐饮服务等支柱产业，拥有了地矿开采、电力、建材、化工、冶金、造纸、食品等 20 个工业门类。

主要产品有：煤、电、水泥、水泥制品、大理石、硫黄、砖瓦、土陶制品、机制农具、木制品、食用植物油、糖果糕点等。

1993 年，全县乡镇企业有 1. 073 万家，从业人员 3. 84 万人，实现营业收入 1. 83 亿元，税利 2075 万元。到 1995 年，非公有制经济成了乡镇企业主体。

1997 年，重庆成为直辖市，巫山县按照中央的部署和重庆市委、市政府的要求，引导乡镇企业借助库区淹没企业搬迁新建的机会，加大企业布局和产业结构调整力度，关闭一批技术落后、产品无销路、污染环境、亏损严重、整改无望的企业，巩固提高矿产资源开发，大力发展农产品加工业、建筑建材业和第三产业，乡镇企业发展上了一个新水平。

2002 年，全县乡镇企业有 3690 家，从业人员 2. 05 万人，拥有 4. 01 亿元的固定资产，实现增加值 2. 23 亿元，产值 7. 44 亿元，营业收入 6. 21 亿元，入库税金 1590 万元，利润 3850 万元，支付从业人员的工资总额达到 1. 07 亿元。

第三十章　巫溪县

巫溪县属农业大县，地处渝东边陲，与湖北、陕西连界，大宁河贯穿全境，农副产品、地矿、水力资源丰富。20世纪70年代社队企业的蓬勃发展，为乡镇企业的发展奠定了良好的产业基础。

1986年，乡镇企业形成了农业、工业、建筑业、交通运输、商贸、餐饮服务等第三产业的支柱产业和农副产品加工、地矿开采、建筑材料加工制造、电力等多门类的工业体系。主要产品有：铁制中小农具、煤炭、水泥、砖瓦、电、食用植物油、食品等。由于乡镇企业规模小，工业经济运行质量不高，产销衔接差，乡镇企业发展水平相对滞后。

1987年，全县乡镇企业有7704家，从业人员2.5万人，实现产值4010万元，占全县工农业总产值23.6%。

1987年以后，乡镇企业积极推行多种形式的经营承包责任制改革，加快农副产品加工业、建材工业、建筑业和交通运输业发展，着力提升地矿开采业，积极开拓建筑市场，组织建筑企业到外地承包工程，拓宽产品供销渠道。到重庆直辖的1997年，全县乡镇企业有181家，从业人员3092人，实现增加值2018万元，产值5117万元，营业收入5193万元，入库税金296万元，利润1395万元。乡镇企业产值比1987年增长27.6%，乡镇企业发展相对缓慢。

重庆直辖后，乡镇企业抓住机遇加快发展，把发展的重点从煤炭和传统农业转到农产品加工业和交通运输、旅游服务业上，优化地矿开采业，淘汰落后产能，积极扶持发展重点骨干企业和重点产品，培育出了花台乡八龙村的农产品加工和丛树乡楼门村的蔬菜2个专业村，乡镇企业发展上了一个新水平。

1998年，全县乡镇企业实现增加值3223万元，产值7477万元。

1999年，全县乡镇企业实现增加值3760万元，产值突破亿元，达到1.06亿元，比1997年增长1倍。

2002年，全县乡镇企业有747家，从业人员7876人，拥有2.18亿元的固定资产，实现增加值8411万元，产值2.68亿元，营业收入2.66亿元，入库税金1384万元，利润1553万元，支付从业人员的工资总额达到3250万元。

第三十一章　城口县

城口县是全国和四川省、重庆市的贫困县。1997年，中国乡镇企业报社派记者到城口县进行了专题采访，写了《全国扶贫不忘城口》的报道。

城口县矿产资源丰富，乡镇企业的主要产业是矿产加工、农产品加工和建筑建材业。

主要产品包括锰粉、硫酸锰、锰铁、焙烧矿、富锰渣、非标锰铁、煤炭、医药皂素、氯化钡、复混肥、木器工艺品、古生物化石雕、水泥、猪肉食品等。

乡镇企业发展初期，由于资源单一，乡镇企业发展相对滞后，没有大的骨干企业。1986 年，全县乡镇企业只有 35 家，从业人员 1050 人，实现产值 300 万元，营业收入 300 万元，利润 45 万元，入库税金 51 万元。

1986 年后，乡镇企业的主导产业是锰矿开采和加工，结构仍然单一，乡镇企业发展的后劲不足。

1996 年，全县乡镇企业仅有 50 家，产值才突破 2000 万元，达到 2605 万元，比 1986 年增长 7.7 倍。

1997 年，重庆成为直辖市，城口县加快产业和产品结构调整，行业由发展初期的锰、煤两矿的开采、销售扩大到钡矿、茶叶、建筑建材、杂木加工等 30 多个大类。加大产权制度改革，大力发展非公有制经济。在发展思路上，不少区、乡立足乡情，走种养殖加工一条龙、贸工农一体化的路子，抓好锰钡两矿开采。无矿的区、乡把着力点放在农副土特产品的开发利用上，对产品统一规划、统一加工、统一销售，形成拳头，带动了企业发展。

2002 年，全县各种所有制的乡镇企业有 875 家，其中工业企业 206 家，建筑企业 24 家，从业人员 4691 人，拥有 1.07 亿元的固定资产，实现增加值 4335 万元，产值 1.39 亿元，营业收入 1.38 亿元，入库税金 1023 万元，利润 420 万元，支付从业人员工资总额达到 2198 万元。

第三十二章　南川市

南川市原是涪陵地区管辖的南川县。地矿资源丰富，乡镇企业主要有地矿开采、农产品加工、机械、能源、轻化、建筑建材、交通运输仓储和商业服务等产业。

主要产品有：发电量、茶叶、水泥、原煤、机制纸及纸板、玻璃制品、轻质碳酸钙、硫化碱、磷肥、硫酸、矿山机具、铸件、农用机具、硫铁矿、石英沙、石灰石、大理石、白云石等。

1986 年，全县乡镇企业有 8567 家，从业人员 4.1 万人，拥有 6309 万元的固定资产，实现产值 1.6 亿元，营业收入 1.5 亿元，利润 1248 万元，入库税金 837 万元。

1994 年以后，南川乡镇企业借撤县建市的机遇，加快改革和发展。形成了能源、食品、建材、化工、轻纺等门类齐全的工业体系，创建了水泥、硫酸、平板玻璃、红碎茶、橡胶制品、方竹笋、麻条、摩托车配件等几十个拳头产品。

1995 年，南川市乡镇企业有 1.72 万家，从业人员 7.6 万人，拥有 4.04 亿元的固定资产，实现产值 36 亿元，营业收入 30 亿元，利润 1.14 亿元，入库税金 3219 万元。

1996 年以来，乡镇企业进入体制创新和调整优化结构阶段。大力推进体制产权制度改革，积极发展非公有制经济，加快传统产业的调整，不断优化主导产业和产品。到 2000 年，南川市乡镇企业中个体私营企业已占企业总量的 94%。铝制品加工、水泥、玻璃制品成了乡镇工业的主导行业，其中玻璃产量占重庆市的 70%，开发了棕刚玉沙、绿玻、琉璃瓦、异型砖等 15 项市级以上新产品，平板玻璃厂、先峰磷肥厂进入了重庆市乡镇企业五十强行列。乡镇企业经济总量保持了持续稳定增长，产值年均增长14.8%，增加值年均增长28.3%。“九五”期间，乡镇企业入库税金累计达到1.4亿元，年均占南川市预算内财政收入的25%左右。

2002年，南川市乡镇企业有3088家，从业人员3.9万人，拥有6.55亿元的固定资产，实现增加值6.5亿元，产值27.7亿元，营业收入22.6亿元，利润3802万元，入库税金5685万元，支付从业人员工资总额达1.86亿元。

第三十三章　垫江县

1986年以前，垫江县工矿企业户数少、规模小，多系手工业和季节性生产，主要产品有原煤、棉布、植物油、酒类、食糖、面粉、石灰、砖瓦、锅、铧、锄、扒、土纸、土陶瓷、棕竹、草编织品等，生产方式落后，品种不多，主要产品为日常生产生活用品。

1986年，全县乡镇企业有6667家，从业人员2.26万人，实现产值7252万元，营业收入6753万元，入库税金270万元，利润351万元，支付从业人员的工资总额1100万元。

1988年，乡镇企业发展到7591家，从业人员2.62万人，产值首次突破亿元大关，形成了建材、食品、建筑三大骨干产业。全县308个乡办企业及局直属的8家企业全部实行了承包租赁经营。

1989年，全县乡镇企业发展到8266家，从业人员2.95万人，高安、新民、周嘉区部分二轻企业下放，将铁业、缝纫、木业社进行了拍卖；41家建筑企业按照自愿、平等、互利的原则合并为11家；对全县63个小煤窑进行整顿，对13个存在安全隐患的小煤窑进行了关闭处理；关停了77家小酒厂，保留了12家。

1990年，全县乡镇建筑、建材、农副产品加工三大行业实现产值突破亿元，达到1.2亿元，占全县乡镇企业总产值的64.88%，成了全县乡镇企业的支柱产业。

1992年，全县乡镇企业迅速发展，产值上千万元的乡镇有12个，其中桂溪镇达5500万元。全县乡镇企业有2988家，从业人员3.5万人。

1993年，乡镇企业总产值实现6.8亿元，实现营业收入5.9亿元，入库税金1524.81万元，从业人员达到5.6万人，桂溪镇首次突破亿元大关。

1994年，全县乡镇企业蓬勃发展。乡镇工业产值占全县工业总产值的67%，为农业提供了151万件中小农具，为农村提供的原煤占全县总量的68%，机制纸及纸板占全县总量的75.37%，机砖、瓦、火柴、石灰、保温涂料占100%，50%以上的农用各种水泥制品、化肥、塑料制品、塑料薄膜、钢材等，来源于乡镇企业。

1995年，全县乡镇企业各项主要经济指标大幅增长，特别是放宽政策，注重科技含量，加强改革创新，乡镇企业快速发展。

1996年，全县新上基建技改项目268个，总投资6061万元，新增个体私营企业50家。乡镇企业产值达到25.01亿元，比1986年增长33.5倍。

1997 年重庆成为直辖市，乡镇企业抓住机遇，加快产权制度改革，积极调整产业结构，淘汰落后产能，优化机械加工制造业，提升建筑建材业，大力发展农产品加工业和非公有制经济。

2002 年，全县乡镇企业有 1195 家，从业人员 4.57 万人，拥有 6.08 亿元的固定资产，实现增加值 5.02 亿元，产值 19.82 亿元，营业收入 19.61 亿元，入库税金 4468 万元，利润 3807 万元，支付从业人员的工资总额达到 2.69 亿元。

第三十四章　丰都县

丰都县 1977 年以来的社队企业发展，为乡镇企业的发展奠定了良好的基础，形成了工业、农业、建筑、交通运输仓储、商贸、餐饮服务等产业和地矿资源开采、金属加工、农产品加工、轻纺、化工、建材等多门类的工业行业，工业是主导产业。

主要产品有：原煤、水泥及水泥制品、石灰石、砖瓦、机制纸及纸板、玻璃马赛克、塑料制品、毛晴绒线、镀锌钢管、黑铁拉丝、麻纺、复合肥和粮油加工制品、榨菜、白酒、茶叶等。

1986 年，全县乡镇企业有 492 家，实现工业产值 1497.68 万元，营业收入 1619.63 万元，入库税金 102 万元，利润 38.48 万元。

1987 年，全县乡镇企业发展到 1800 家，从业人员 2.32 万人，总收入实现 7471 万元，入库税金 710 万元。

1988 年，全县乡镇企业有 2311 家，从业人员 2.53 万人，实现营业收入 1.09 亿元，入库税金 1103 万元。

1991 年，全县乡镇企业有 1.21 万家，从业人员 2.44 万人，乡镇工业产值突破亿元，达到 1.04 亿元，营业收入 1.01 亿元，入库税金 985 万元。

1992 年，全县乡镇企业有 1.49 万家，从业人员 3.4 万人，实现工业产值 5.98 亿元，入库税金 1819 万元，利润 1875 万元。

1994 年，全县乡镇企业有 1.5 万家，从业人员 3.8 万人，乡镇工业产值突破 10 亿大关，达到 10.82 亿元。

1997 年，重庆成为直辖市，丰都县乡镇企业局抓住对口支援三峡库区建设的机遇，主动与对口支援的河北省开展横向联合，当年双方签订了生物制剂、纸浆快餐盒、铁路上使用的绝缘材料等 3 个项目，引进资金 1390 万元。

1997 年以来，乡镇企业加大产业结构调整和产权制度改革，重点发展农产品加工业、建筑业、金属加工业，淘汰落后产能和关闭“五小”企业，发展新型建材产品，大力发展非公有制经济，60% 以上的农产品加工企业和商贸、餐饮服务企业改制成了个体工商户，未纳入乡镇企业统计范围。

2001 年，全县乡镇企业有 164 家，从业人员 6879 人，拥有 2.16 亿元的固定资产，实现增加值 8966 万元，产值 3.58 亿元，入库税金 2808 万元，利润 557 万元，支付从业人员的工资总额达到 3389 万元。

第三十五章　武隆县

武隆县地矿产和农副产品资源丰富，乡镇企业主要有能源工业、煤矿开采业、建筑建材业、农产品加工业等主导产业。

主要产品有：煤炭、水泥及水泥制品、机制砖、发电量、食品等。

1986 年，全县乡镇企业有 3988 家，从业人员 1.3 万人，实现产值 3110 万元，营业收入 3197 万元，利润 126 万元，入库税金 70 万元，支付从业人员工资总额 1573.8 万元。

1986 至 1995 年这 10 年，乡镇企业迅猛发展，主要经济指标成倍增长。1995 年，全县乡镇企业有 9434 家，比 1986 年增长 136.6%，从业人员 4.1 万人，增加 215.4%，实现产值 10.4 亿元，首次突破 10 亿大关，比 1986 年增长 32.4 倍，营业收入 8.6 亿元，增长了 25.9 倍，利润 1695 万元，增长 12.5 倍，入库税金 1669 万元，增长 22.8 倍。

1996 年，全县乡镇企业产值达到 3.49 亿元，比 1986 年增长 10.2 倍。

1997 年，重庆成为直辖市，武隆县乡镇企业抓住机遇，加快改革和发展。从 1998 年开始，乡镇企业加大了改革力度，在 1989 年以后推行各种经承包责任制、股份制和股份合作制的基础上，大力发展个体私营企业。一批发电厂和煤矿、食品企业、建筑建材企业由集体企业转制改为私营企业。通过推行各种形式的产权制度改革，到 2000 年，有 6 家企业破产解体，有 2 家企业合并，2 家企业实行了兼并，39 家企业由集体企业改为私营企业。一批企业在兼并中成为股份合作制企业，增强了发展活力。1986 年至 2001 年，16 年累计完成产值 41.5 亿元，平均每年完成 2.6 亿元。16 年累计上缴税金 9054 万元，平均每年完成 565.9 万元。

2002 年，全县乡镇企业有 231 家，从业人员 9901 人，拥有 3.6 亿元的固定资产，实现产值 4.6 元，增加值 1.3 亿元，营业收入 3.4 亿元，利润 929 万元，入库税金 2225 万元，支付从业人员的工资总额达到 5513 万元。

第三十六章　石柱县

石柱县乡镇企业从 20 世纪 70 年代兴办的社队企业开始，就根据石柱县的自然资源和气候条件大力发展养殖业和茶叶、柑橘、药材（黄连）等农产品加工、采矿业和建材工业、小五金制造加工行业。兴办了一批长毛兔养殖场。依托丰富的煤炭资源优势，在全县发展了一批煤厂，兴办了农具厂、圆钉厂、铁器社、造纸厂、水泥厂、砖瓦厂。

1986 年，全县乡镇企业有 4246 家，从业人员 1.35 万人，实现产值 2754 万元，营业收入 2817 万元，利润 123 万元，入库税金 107 万元。

农副产品加工是石柱县的优势产业，1986 年以来，乡镇企业兴办了各种酒厂、糖果厂、榨菜加工厂、油料加工厂、粮食加工厂、药材厂等农产品加工企业。乡办缝纫店也逐渐兴起。

1996 年，乡镇企业产值达到 5.05 亿元，比 1986 年增长 17 倍。

1997 年以后，乡镇企业积极调整产业结构和优化布局，推行多种形式的产权制度改革，大力发展建材业、建筑业、金属制造加工业，扶持发展农产品加工业，依托黄水的旅游资源，大力发展旅游业，兴办了餐饮、住宿等服务行业。培育发展特色产业和产品，积极开发黄连、山茱萸、银杏、金银花、大黄等为成分的中医药材及兽药制品，发展菌类、银杏、牛羊肉等绿色食品加工业，建起了以研发和产销医药、食品为主的乡镇工业园，出现了黄水镇生产纯菜和黄连、下路乡加工猪鬃的专业村镇。非公有制经济成了乡镇企业的主体。

2002 年，全县乡镇企业有 3058 家，从业人员 2.84 万人，拥有 4.28 亿元的固定资产，实现增加值 3.85 亿元，产值 11.2 亿元，营业收入 12.8 亿元，入库税金 1054 万元，利润 2693 万元，支付从业人员的工资总额达到 1.05 亿元。

第三十七章　彭水县

彭水县社队企业的蓬勃发展，为乡镇企业的发展奠定了良好的产业基础。全县乡镇企业已形成了工业、建筑业、第三产业等支柱产业和机械制造业、采矿业、建材工业、农副产品加工业和交通运输业、批发零售业、餐饮服务等多门类的行业体系。主要产品有：铁制农具、金属材料、原煤、萤石、重晶石、方解石、大理石板材及制品、水泥、砖瓦、机制纸及纸板、食用和非食用植物油、茶叶等。

1986 年，全县乡镇企业有 3835 家，从业人员 12434 人，实现产值 3745 万元，其中工业产值 2610 万元，实现营业收入 3176 万元，入库税金 160 万元，利润 197 万元。

1986 年以来，乡镇企业加大经营机制和产权制度改革，加强企业基础管理，抓重点行业和重点企业。1991 年，乡镇企业产值突破亿元大关，达到 10099 万元。

从 1992 年起，在县委、县政府领导和指导下，加强重点乡镇和重点企业管理，加大经营承包改革力度，进一步完善企业内部承包责任制，推行定岗、定员、定额、定责、定薪、落实责任制，积极上项目，开发新产品，加快了企业发展。

1993 年，全县乡镇企业发展上了一个新台阶，企业有 9196 家，从业人员 26594 人，产值突破 2 亿，达到 28552 万元。

1997 年重庆成立直辖市，乡镇企业抓住机遇加快改革和发展。县乡企局紧紧围绕乡镇企业的发展不放松，与各区（镇）企办室负责人和 18 个重点乡镇、16 个重点企业签订了目标管理责任书。明确了各区（镇）、乡（镇）党政一把手为第一责任人，分管领导为第二责任人和工作目标及职责。并以建立现代企业制度为目标，以乡镇集体企业改革为重点，以深化产权制度改革为核心，以盘活存量资产为突破口，以“三个有利于”为检验标准，以“三改一加强”为原则。拟定了 10 种改制形式：（1）股份制。采用“转债为股，增资扩股”或“投资入股，增加新股”等办法，将集体企业的集体资产全部或部分有偿转让给企业内部职工、社会法人、自然人，组建有限责任公司。(2) 股份合作制。采取“盘活存量，吸纳增量”“集资转股，形成增量”“分配存量，配售增量”等办法，将集体企业的集体资产全部或部分无偿量化到职工人头，作为行使股权和分红依据，组建有限责任公司或股份合作制企业。(3) 租赁经营。将集体企业的集体资产全部或部分实行净资产租赁经营，租赁者向集体资产管理单位缴纳集体资产租金。(4) 组建企业集团。以优势产品为龙头，以骨干企业为核心，在明确产权关系后，以资产为纽带，采取参股、控股等方式，形成规模经营，组建乡镇企业集团。(5) 拍卖出售。将经营不善企业，采取竞价拍卖和协议出售两种形式，面向社会法人或个人实行整体或部分出售。(6) 连锁经营。按照共同收益原则，引进外地企业在资金技术方面进行联合经营。(7) 分块搞活。对整体活力不足的企业，采取母体裂变、化整为零的方式，实行多法人经营或局部包、租、卖等形式，分块搞活。(8) 兼并。在明确产权关系后，优势企业兼并劣势企业，主要有接收债权、债务形势和接收股权式兼并。(9) 破产解体。对长期亏损、扭亏无望、严重资不抵债的企业，依法实行破产，并可用安置破产企业职工的资产，改造重组为股份合作制企业或有限责任公司。(10) 现代企业制度试点。对有一定规模，且效益较好、发展潜力较大的企业，可按照现代企业制度要求，规范运行，实行现代企业制度试点。乡镇企业在加快改革的同时，大力调整产业结构和布局结构，发展具有优势的农副产品加工业、建材工业，开发旅游业，积极扶持园区和专业村镇建设，培育明星企业。经过各方面的通力合作，汉葭镇鱼塘经济开发区被重庆市政府命名为“重庆市乡镇企业示范区”，培植了汉葭镇柏香村的矿石、保家镇天星村的玉米粉丝加工、郁山镇南京居委的晶丝苕粉加工等3个专业村。

2002年，全县乡镇企业有3315家，从业人员21443人，拥有4.31亿元的固定资产，实现增加值3.11亿元，产值9.45亿元，营业收入10.41亿元，入库税金2610万元，利润7821万元，支付从业人员的工资总额达到7381万元。

第三十八章　酉阳县

酉阳县乡镇企业的主要产业是工业、农业、建筑建材、交通运输仓储业和商贸、餐饮服务业。在发展中形成了机械加工制造、电力、农产品加工、造纸、酿造等多门类的工业行业体系。

主要产品有：硫铁矿、水泥及制品、萤石、铁制中小农具、纸及纸板、陶瓷、林产品、机制砖、编织品、烟花爆竹和白酒、植物油、淀粉等食品。

1986年，全县乡镇企业有9276家，从业人员1.78万人，实现产值4690万元，营业收入4668万元，入库税金182万元，利润252万元，支付从业人员的劳动报酬总额961万元。

1986年至1996年，乡镇企业积极推行多种形式的经营承包责任制，不断调整产业结构，重点发展农产品加工业、建材工业，建筑业和交通运输仓储业。

1991年，产值突破亿元，达到1.01亿元。

1996年，全县乡镇企业发展到1.77万家，从业人员3.73万人，产值突破10亿大关，达到12亿元，营业收入11.9亿元，入库税金4536万元，利润5748万元。产值比1986年增长24.6倍。

1997 年以来，乡镇企业抓住重庆成为直辖市的机遇，深化企业产权制度改革，大力推行股份制、股份合作制，发展非公有制经济；积极调整产业结构和优化布局，培植和发展农业产业化龙头企业、建筑建材业、机械加工制造业、商贸服务业，培育和形成了钟多镇官苍坝的工业，龙潭镇五育村的电解金属和页岩砖，李溪镇娥池村和黑水镇的商业，平池坝村和大泉村的农产品加工、药材加工等 6 个专业村镇，非公有制经济成了乡镇企业的主体。

2002 年，全县乡镇企业有 2998 家，从业人员 1.44 万人，拥有 1.73 亿元的固定资产，实现增加值 2 亿元，产值 6.91 亿元，营业收入 6.36 亿元，入库税金 1810 万元，利润 3114 万元，支付从业人员的工资总额达到 1.07 亿元。

第三十九章　秀山县

秀山县地矿资源和农副产品资源丰富，乡镇企业在发展中，依据当地资源优势，形成了工业、农业、建筑业、交通运输仓储业等支柱产业和机械加工、农产品加工、地矿采选及加工等多门类的工业体系。

主要产品有：煤炭、锰矿、水泥及水泥制品、大理石及大理石制品、金属制品、铁制农具、机制纸及纸板、塑料制品、橡胶制品、日用陶瓷、烟花爆竹、配制混合饲料、土砖、饮料等。

1986 年，全县乡镇企业有 8932 家，从业人员 1.67 万人，固定资产 1149 万元，实现产值 4560 万元，营业收入 1441 万元，入库税金 73 万元，利润 78 万元。

1987 年以来，乡镇企业积极推行经营承包，不断完善经营承包责任制。1992 年加大改革力度，推行以股份制和股份合作制为重点的多种形式产权制度改革，在全县乡镇企业中形成了承包经营、股份制经营、联合开发经营等多形式的经营格局。1994 年，按农业部颁布的原统计口径统计，全县乡镇企业产值达 7.21 亿元。

1996 年，按农业部颁布的新统计口径统计，乡镇企业产值达到 2.32 亿元，比 1986 年增长 4 倍。

1997 年，重庆成为直辖市，秀山县乡镇企业狠抓产业结构调整，积极扶持发展地矿资源开采业、农产品加工业、机械制造工业，淘汰落后产能，运用新技术和新工艺改造和提升传统工业，积极培植和发展锰矿企业、农业产业化龙头企业。大力发展非公有制经济，在锰矿开采业和农产品加工企业中，非公有制经济成了主体。

2002 年，全县乡镇企业有 1363 家，从业人员 1.62 万人，拥有 4.05 亿元的固定资产，实现增加值 2.37 亿元，产值 7.34 亿元，营业收入 6.59 亿元，入库税金 3948 万元，利润 3094 万元，支付从业人员的工资总额达到 4898 万元。

附　录

一、中共中央、国务院文件

国务院
关于加快发展中西部地区乡镇企业的决定

国发〔1993〕10号

党的十一届三中全会以来，我国乡镇企业异军突起，为农村发展和国民经济增长做出了重大贡献，成为我国社会主义市场经济中生机勃勃的力量。但是，由于多种原因，乡镇企业发展的区域分布很不平衡，占全国人口约三分之二的广大中西部地区只拥有全国乡镇企业产值的三分之一，已成为我国中西部地区经济发展差距的重要原因。党的十四大指出："继续大力发展乡镇企业，特别要扶持和加快中西部地区和少数民族地区乡镇企业的发展。"这对于逐步缩小中西部地区差距，振兴少数民族地区经济，改变贫穷落后面貌，巩固和发展团结稳定的大局，实现共同富裕，具有十分重要的经济意义和政治意义。为此，特决定如下：

一、提高认识、加强领导，把加快发展乡镇企业作为中西部地区经济工作的一个战略重点

我国中西部地区幅员广大，资源丰富，是少数民族主要聚居区。经过十多年的改革，中西部地区经济发展取得了重大成就，绝大多数农民温饱问题已基本解决，有条件集中精力大力发展乡镇企业。通过加快发展乡镇企业，促进中西部地区经济腾飞，较快地增加农民收入，实现农村小康和国民经济翻两番的战略目标；更有力支持和建设农业，推动农业向高产、优质、高效发展，逐步实现农业现代化；大批转移农村剩余劳动力，加快农村工业化和城镇化进程；为进一步促进我国工业和整个经济的改革与发展，做出更大的贡献。

为此，必须把加快发展乡镇企业作为中西部地区整个经济工作的一个战略重点，提到各级政府重要工作日程上来。改变过去抓工业就是抓国有工业，抓农村经济就是抓农业的传统观念，正确认识乡镇企业与国有企业和农业相互促进、协调发展的关系。要求省、自治区在坚持以农业为基础的前提下，一手抓国有大中型企业，一手抓乡镇企业；地、县要一手抓农业，一手抓乡镇企业。今后，中西部地区县域二、三产业的发展，除国家统一规划开发的工程和项目外，要逐步转到以发展乡镇企业为主的轨道上来；从中央到地方的综合部门和有关业务部门，在为国有大中型企业服务的同时，要积极为发展乡镇企业服务。各级政府主要负责同志要加强领导，一年抓几次，及时解决乡镇企业发展中的重要问题。要选派和配备得力干部充实和加强各级乡镇企业管理机构。

二、实行适应中西部地区经济发展要求的产业政策

兴办乡镇企业要立足于开发利用当地资源。把资源优势转化为经济优势，是实现中西部地区经济迅速增长的重要途径。中央和各级地方政府的综合经济部门、有关业务部门，都要从中西部地区实际情况和加快乡镇企业发展的要求出发，因地制宜地执行国家的产业政策，创造有利于开发资源的条件和环境，促进乡镇企业发展。

中西部地区发展乡镇企业，要面向国内外市场需要，立足当地资源优势，除国家明文规定的外，适合发展什么就发展什么，不受限制；只要产品质量高，销路好，又有治理污染和保护资源、环境的可靠措施，项目规模大小不受限制，并免征固定资产投资方向调节税；在保证效益的前提下，发展速度能多快就多快，不受限制。但是，也不能不顾条件，层层硬性规定指标、摊派任务。

中西部大多数地区，应当在农林牧副渔全面发展的基础上，把积极兴办农副产品加工、储藏、保鲜、运销等企业放在重要地位。在有条件的地方，要发展附加值高的外向型农产品加工企业。暂时没有条件办加工业的地方，要把运销业作为突破口来抓。

要充分利用山上山下、地上地下的丰富资源，在各级政府统一规划下，进行合理开发，发展矿业、建材、小水电和旅游等资源型产业。各有关部门要帮助进行技术论证，提出可行性方案，提供必要的服务。除国务院明文规定外，任何部门、单位增加收费种类和提高收费标准，都必须经省、自治区、直辖市人民政府批准。

要利用中西部地区劳动力多的优势，发展商业、服务业、手工业、建筑业、运输业、旅游业及其他劳动密集型产业，组织劳务输出，繁荣城乡经济。

三、提倡不同组织形式的乡镇企业共同发展

发展乡镇企业，要在继续坚持原来乡办、村办、户办、联户办“四轮驱动”的基础上，再加上联营企业、中外合资企业等，实行“多轮驱动、多轨运行”。

近几年来，我国农村涌现出一批不同类型的乡村股份制企业（包括股份合作制企业）。这种新型的企业组织形式，有利于筹集民间资金、明晰产权关系、实行政企分开，具有适应商品经济发展的许多好处，各地要认真总结试点经验，并积极推广。国家在农村投资开发的项目，凡适合与地方联营的，可以与乡村集体股份相结合，建立联营企业，以减少国家在征地、招工等方面的投入，带动更多的农民脱贫致富。

中西部地区生产力发展水平还比较低，在乡镇企业组织形式上，更需要放开手脚，实行“多种轮子一齐转，哪个转得快就让它转”。不同地区生产力水平不同，多种“轮子”不可能在每个地区都以同样的比重、同样的速度运转，要允许和支持适合当地生产力发展水平的“轮子”转得快些，不限制其发展速度。在那些贫穷落后，集体经济薄弱，办乡、村集体企业缺乏条件的地区，可以放手发展个体、私营和股份合作制企业。不同所有制企业，都要进入市场，实行平等竞争。

建立健全对乡镇企业的法律保护制度。各级政法机关要保护乡镇企业及其经营者的合法经营活动和合法收入，严禁一切“吃大户”、乱摊派甚至敲诈勒索等不法行为。要纠正对个体与私营企业认识上的偏见和政策上的歧视，严禁对个体、私营企业的赎买行为。不得利用行政手段随意平调乡镇企业资产、改变隶属关系或变更企业性质。

四、鼓励和支持各类人才走上开发乡镇企业的主战场

乡镇企业的发展，人才是关键。各级政府要下决心，采取有力措施，为乡镇企业创造一个大胆使用人才、积极吸引人才、加速培养人才和坚决保护人才的环境与机制。

要破除“左”的思想束缚，大胆选拔和放手启用那些敢想敢干，善于经营，在实践中成长起来的各种农村能人。他们是农村发展社会主义市场经济的积极分子，要充分发挥他们的带头示范作用和骨干作用。鼓励他们以个体、私营、联户、承包、租赁、股份制等各种形式领办、创办乡镇企业。农村党员干部要带头兴办乡镇企业，勇于带领群众致富。

中西部地区要结合机构改革，鼓励一部分有才能、有志向从事经济工作的党政机关和事业单位的干部，走向发展乡镇企业的主战场。对离开党政机关到乡镇企业去的干部，在严格实行政企分开的原则下，允许各地采取一些过渡办法，积极创造与党政机关“脱钩”的条件。

乡镇企业是大中专毕业生最能大显身手的场所之一。国家教育部门要鼓励大中专毕业生到乡镇企业就职，对新分配的大中专毕业生，凡是到乡镇企业工作的，允许保留国家干部身份，行政关系保存在县乡镇企业主管部门或人才交流中心，免除见习期，其工资奖金在不低于国家规定标准的前提下，由企业自行确定。为了提高乡镇企业的整体素质，各有关大中专院校要为乡镇企业定向培养人才，并列入各级教育部门的计划；有条件的大专院校，要增设适用于乡镇企业的专业；通过职业中学、民间办学、短期培训等途径加强对农村现有知识青年的职业教育，不断扩大乡镇企业的人才后备资源。

要积极支持科研、事业单位工作人员、国有企业技术人员和职工，利用工余时间和节假日，为乡镇企业提供有偿服务。允许离退休人员接受乡镇企业的聘任，原有离退休待遇保持不变。

对在乡镇企业生产经营中做出突出贡献的科技人员、管理人员，实行收入上不封顶、依法纳税的政策。要严格区分依靠自己专业知识为乡镇企业提供服务所取得的收入与收受贿赂的界线。

五、走因地制宜、合理布局、集中连片发展的路子

中西部地区地域辽阔，交通不便，不少地方缺水缺电，发展乡镇企业不能“遍地开花”。要从当地的资源、人才、交通、能源、水源等综合条件出发，因地制宜，合理布局，建设乡镇工业小区，集中连片发展。这样，有利于扬长避短，选择最容易成功的地方重点突破；有利于节省资源，减少基础设施建设的投入；有利于加强宏观指导，避免重复建设；有利于带动农村小城镇建设。这是一条促进中西部地区经济、社会发展的路子。

集中连片发展，主要是依托现有小城镇和乡镇企业有一定基础的地方，相对集中发展；在沿边开放地区，边贸口岸，有水有电、处于交通沿线、有丰富资源可开发的地方，要重点发展；中小城市实行开放政策，要打破城乡分割格局，允许农村集体和个人进城办二、三产业。各级地方政府和有关部门要集中人力财力物力，在集中连片发展的地方搞好基础设施和政策环境建设。对适宜分散发展的手工业等，继续实行分散经营。

对集中连片发展乡镇企业实行鼓励政策。各地要采取优惠的措施，吸引农民自理口粮，自带资金，来兴办二、三产业；吸引条件较差的乡、村进行异地开发，到条件较好的地方创办乡镇企业；吸引东部地区企业家和国外投资者来办二、三产业。在小城镇和其他集中连片发展的地方，实行土地有偿使用和转让，合理收取费用，用于基础设施建设，以及为小城镇建设配套的文化、教育、卫生和其他社会公益事业。

六、积极在中西部地区培育和发展市场体系

为了加快中西部地区乡镇企业发展，必须建立和培育市场体系，搞活商品流通，实现人才、技术、劳动力和资金等要素的有效配置。要改变乡镇企业千辛万苦地在社会上到处寻求原料、人才、技术、资金和销售对象的状况，逐步转向通过日益完善、公平竞争的市场使供需双方直接见面，去满足自己发展经济的需求，把资源配置和产品交换提高到新的水平。这对交通不便、信息不灵的中西部地区，具有更为迫切、更为重要的意义。今后各级政府要把市场建设作为发展第三产业的重抓紧办好。各有关部门要把培育商品市场和生产要素市场作为发展乡镇企业和为其提供服务的一项重要任务，逐步建立规范的和公平的市场秩序，促进乡镇企业发展。

七、多渠道增加中西部地区乡镇企业的资金投入

资金短缺是制约中西部地区乡镇企业发展的重要因素。为此，国家要给予必要的支持，同时必须进一步放开搞活农村金融，逐步建立、完善农村资金市场，发展横向经济联合，培植企业投资能力，广辟资金渠道，加大资金投入。

从1993年起到2000年，除了用好现有乡镇企业贷款存量和每年正常新增贷款外，再由中国人民银行每年在国家信贷计划中单独安排50亿元贷款，支持发展中西部地区乡镇企业。这项贷款由中国农业银行经营发放，重点用于中西部地区乡镇企业集中连片发展的地方，按项目投放资金，实行资金与人才、技术、管理诸要素综合投入，保证效益。由中国农业银行和农业部共同拟定具体实施办法。各专业银行和有关金融机构，要把发展中西部地区乡镇企业作为资金投放的一个重点。农村信用社在支持农业稳定发展的基础上，积极增加乡镇企业信贷投放量。各级财政每年要安排一定资金支持发展乡镇企业。

开辟新的乡镇企业投资渠道。提倡各地建立乡镇企业发展基金。允许乡镇企业从销售收入中提取1%作为企业技改和新产品开发资金。鼓励农民以劳带资或以资带劳进厂、联户集股办厂。

八、抓住机遇，推进东西部横向经济联合和城乡联合

当前我国东部经济较发达地区乡镇企业已经进入产业结构升级换代的阶段。要在现有基础上不断提高乡镇企业发展水平，注重调整结构，改进技术，提高产品质量，增加经济效益，努力向外向型、高科技发展，为中西部地区乡镇企业腾市场，转移劳动密集型产业，以东部的发展带动中西部发展，实现全国大发展。

要充分利用沿边、沿江地区及内陆省会城市对外开放的机遇，鼓励和支持沿海发达地区乡镇企业、大中城市和国有企业，按照互利互惠的原则，与中西部地区发展横向经济联合，开发资源，实行优势互补，共同发展。中西部地区要从当地经济发展的实际需要出发，采用多种形式，吸引东部地区前往投资，联合兴办乡镇企业。

凡是东部地区和大中城市到中西部地区投资兴办乡镇企业或乡镇联营企业的，都享受当地制定的优惠政策。同样，中西部地区到东部地区兴办或联办的乡镇企业，也享受东部地区的优惠政策。

鼓励城乡联合，提倡中西部地区国有大中型企业、三线军工企业，通过扩散零部件生产、原材开发和加工等形式，与当地联办乡镇企业。凡是与乡镇企业联办的企业，可实行乡镇企业经营机制，享受当地的优惠政策。

近几年来，东部地区与中西部地区之间的干部双向交流，对于推进经济发展与区域合作起到了很好的作用，应坚持下去并不断发展。

九、各有关部门通力合作，为促进中西部地区乡镇企业上新台阶做出贡献

加快中西部地区乡镇企业发展，离不开各部门的大力支持。从中央到地方的各有关部门，都要把支持中西部门地区乡镇企业的发展，作为贯彻落实党的十四大精神的实际行动。计划部门要把乡镇企业纳入国民经济发展规划，安排和落实在中西部地区的能源、交通、通信和资源开发的重要工程项目，为当地的经济发展创造良好的外部环境；工交和国防军工部门要鼓励大中型企业通过产品和技术扩散及原材料基地建设等方式，带动中西部地区乡镇企业的发展和技术进步，并把乡镇企业列入运输计划；商业、外贸部门要加快发育国内市场，对具备国家规定条件的外向型企业赋予进出口经营权；地矿、冶金部门要帮助乡镇企业兴办乡镇矿业和以矿产品为原料的加工业，提供技术和信息服务；财政、金融部门要在资金筹集、融通方面给予积极支持，帮助企业建立健全财务制度，培训财会管理人员；水利部门要帮助解决水土流失防治和乡镇企业供水问题；环保、国土等部门要帮助乡镇企业解决污染、节约用地等问题；税务部门要对中西部地区乡镇企业实行优惠的税收政策，“放水养鱼”，培植税源；工商部门要在企业登记方面提供方便，经营项目方面尽可能放活一些；政法、监察、审计部门要保护乡镇企业的合法经营，合法权益；教育、科技、人事部门要在人才培养、技术开发方面提供支持。

各有关部门都要根据以上原则要求，制订支持乡镇企业发展的政策措施，作为国务院决定的配套文件下达；同时，清理废除过去一切不利于乡镇企业发展的条例、文件和规定，并公诸于众。各级政府要定期检查各有关部门的工作，组织交流经验，表彰为发展乡镇企业做出重要贡献的单位。

本文件的基本精神，也适用于东部经济欠发达的地区。

一九九三年二月十四日

中共中央　国务院
关于转发农业部《关于我国乡镇企业情况和
今后改革与发展意见的报告》的通知

中发〔1997〕8号

各省、自治区、直辖市党委和人民政府，各大军区党委，中央和国家机关各部委，军委各总部、各军兵种党委，各人民团体：

党中央、国务院同意农业部《关于我国乡镇企业情况和今后改革与发展意见的报告》，现转发给你们，请结合实际认真贯彻执行。

乡镇企业是中国农民的伟大创造。党的十一届三中全会以来，乡镇企业迅猛发展，取得了巨大成就。乡镇企业已成为农村经济的主体力量和国民经济的一大支柱，为转移农村富余劳动力，增加农民收入，增加农业投入，巩固和壮大集体经济，建设富裕、文明、繁荣的社会主义新农村做出了重大贡献；在增加社会有效供给、促进国家工业化、提高综合国力、巩固工农联盟和保障社会稳定等方面发挥了重要作用；为在我们这样一个农民占绝大多数人的农业大国解决好农业、农村、农民问题，促进经济体制改革、国民经济和社会发展，探索出了一条成功之路。发展乡镇企业，是推进我国社会主义现代化建设和强国富民的一项重大战略抉择。

未来十五年，是我国社会主义现代化建设的关键时期，乡镇企业肩负着新的历史重任。要按照党的十四届五中、六中全会精神，实施《中华人民共和国国民经济和社会发展“九五”计划和2010年远景目标纲要》和《中华人民共和国乡镇企业法》，坚持物质文明和精神文明一起抓，贯彻科教兴国和可持续发展战略，推进经济体制和经济增长方式的转变，努力提高经济运行的质量和效益。要适应社会主义市场经济和社会化大生产的客观要求，以“三个有利于”为标准，尊重农民的实践、创造和选择，总结经验，逐步规范，采取多种形式，积极支持和正确引导乡镇企业深化改革，明晰产权关系，确保乡镇企业资产特别是集体资产保值增值，完善经营机制，调动所有者、经营者、生产者的积极性和创造性，增强企业的生机和活力，提高企业的经营效益和竞争能力。要正确处理发展与提高的关系，既保持持续快速增长，又注重提高整体素质。要因地制宜，分类指导。东部地区要突出提高，在提高中发展；中西部地区要继续快速发展，在发展中提高。东部地区要积极发展技术密集型、资金密集型产业和外向型经济，推动企业扩大规模、提高技术水平和产品档次，逐步把劳动密集型、资源加工型产业向中西部地区转移，以加快中西部地区的发展步伐。积极实施东西合作战略。东中西地区要按照优势互补、互惠互利、真诚合作的原则，加强联合与合作，走出以东带西，以西促东，携手共进的发展道路，逐步缩小地区间经济发展的差距。要不断完善以工补农建农带农政策，积极兴办以农副产品加工、流通为龙头的企业，实行种养加、贸工农一体化，促进农业的产业化、集约化经营，使农民和企业结成利益共同体，使农产品增值增效，使农民增加收入。要合理开发利用资源，积极防治污染，切实保护资源，保护环境，保护耕地。合理调整产业结构，优化企业布局，依靠科技进步，强化企业管理，切实解决一些地方和企业低水平重复建设、布局分散、经营粗放、管理不善、效益不高等问题。

党和国家对乡镇企业实行“积极扶持，合理规划，分类指导，依法管理”的方针。各级党政领导要站在改革开放和建设有中国特色社会主义的战略高度，充分认识发展乡镇企业的重大深远意义，坚定不移地促进乡镇企业的改革、发展和提高。要把乡镇企业纳入国民经济和社会发展的总体规划，制定切实可行的政策措施，加大扶持力度，为其创造良好的外部环境。各级党委和政府要切实加强领导，把发展乡镇企业作为繁荣农村经济和整个国民经济的一个战略重点，摆上重要议事日程，经常研究乡镇企业发展的新形势、新情况、新经验，对一些重要问题及时做出决策，解决改革和发展中的困难和问题。认真落实有关乡镇企业的法律法规和政策措施。要切实减轻乡镇企业负担，保护乡镇企业的合法权益。进一步健全乡镇企业管理机构，充分发挥其规划、指导、管理、监督、协调和服务的职能作用。各有关部门要通力合作，协调配合，对乡镇企业的发展给予更有力的支持，促进、引导、保护和规范乡镇企业的发展，为实现我国国民经济和社会发展“九五”计划和2010年远景目标，为我国社会主义现代化建设做出新的更大贡献。

中共中央
国务院
一九九七年三月十一日

农业部关于我国乡镇企业情况和今后改革发展意见的报告

改革开放以来，在邓小平建设有中国特色社会主义理论和党的基本路线指引下，我国乡镇企业蓬勃发展，取得了令人瞩目的成就。未来十五年，在实施《国民经济和社会发展“九五”计划和2010年远景目标纲要》的过程中，乡镇企业面临着新的形势，肩负着历史重任。最近，我们根据党的十四届五中、六中全会精神，结合贯彻实施《中华人民共和国乡镇企业法》，研究了乡镇企业的改革、发展和提高问题，现将有关情况和我们的意见报告如下：

一、改革开放以来乡镇企业发展的基本情况

乡镇企业是党的十一届三中全会以后发展壮大起来的。特别是中共中央、国务院1984年转发农牧渔业部《关于开创社队企业新局面的报告》之后的十多年来，乡镇企业经济总量迅速增长，整体素质不断提高，不仅在繁荣农村经济、增加农民收入、支持农业生产、转移富余劳动力、提高农民素质、加强社会主义精神文明建设等方面发挥了巨大作用，而且为我国经济发展、政治稳定和社会进步做出了重大贡献。主要表现在以下几个方面：

壮大农村集体经济的坚实支柱。1995年乡镇企业的增加值占整个农村社会增加值的百分之五十六，在沿海地区和大城市近郊区占三分之二以上。乡镇企业集体资产占整个农村集体资产的百分之七十七，有力地巩固和壮大了社会主义集体经济。实现农民小康的有力保证。1995年乡镇企业支付职工工资4380多亿元，农民人均纯收入净增部分的百分之五十来自乡镇企业。发展乡镇企业还是减轻农民负担和扶贫开发的一支重要力量和治本措施。凡是乡镇企业比较发达的地方，农民收入增长就快，负担就相对较轻，贫困人口就少。

吸纳农村富余劳动力的主要渠道。1995年乡镇企业从业人员达1.28亿人，占农村劳动力百分之二十八。“八五”期间，乡镇企业新安置劳动力3500万人，缓解了我国的就业压力，同时为农业适度规模经营、提高劳动生产率创造了条件。

促进农业现代化的物质基础。乡镇企业的发展，增加了农业投入，提供了大量农用生产资料，实行了农产品加工增值，以工补农建农带农，有力地支持了农业的发展。“八五”期间，乡镇企业用于补农建农和农村各项事业建设的资金达1000多亿元。

增加社会有效供给的有生力量。乡镇企业的生产经营活动，几乎涉及国民经济的各个领域。目前乡镇企业许多产品，特别是日用消费品，已占全国相当大的比重，如电子及通信设备制造占百分之十七，机械占百分之二十六，原煤占百分之四十，水泥占百分之四十，食品饮料占百分之四十三，服装占百分之八十，中小农具占百分之九十五，砖瓦占百分之九十五，为繁荣我国的城乡市场做出了历史性贡献。

推进国家工业化的重要一翼。1995年乡镇工业增加值10804亿元，占全国工业增加值的百分之四十四。“八五”期间，全国工业增加值净增量的百分之五十来自乡镇企业。城乡工业相互依托，相互结合，相互促进，开辟了中国特色工业化的新路子，加快了我国工业化的进程。

增强我国综合国力的有效途径。1995年全国乡镇企业实现营业收入57299亿元；完成增加值

14595 亿元，占国内生产总值的四分之一以上；出口商品交货值 5395 亿元，占全国出口总额的百分之三十四；上缴国家税金 1280 亿元，占全国税收的百分之二十五。“八五”期间，国内生产总值的百分之三十来自乡镇企业。乡镇企业的发展提高了我国经济总体实力。

稳定社会的重要因素。乡镇企业的发展，使大量农村富余劳动力有了稳定的职业和收入。为农村基层政权建设提供了物质基础，增强了农村基层党组织和基层政权的凝聚力。

农村精神文明建设的强大阵地。乡镇企业的发展，促进了小城镇建设以及科学、文化、教育等项事业的发展，缩小了城乡差别、工农差别，巩固了工农联盟，提高了农民素质，造就了一支宏大的产业大军，在农村精神文明建设中发挥了无可替代的重大作用。

尤其值得重视的是，乡镇企业坚持以市场为导向组织生产经营活动，生产要素从市场中来，产品到市场中去，形成了一套独具特色的灵活机制，包括：自主快速的决策机制，能进能出的用工机制，能上能下的干部机制，酬效挂钩的分配机制，奖惩分明的激励机制，自负盈亏的约束机制，自我积累的发展机制等。坚持企业不吃“大锅饭”，职工不捧“铁饭碗”，干部不坐“铁交椅”。这些都为我国建立社会主义市场经济体制进行了有益的探索，提供了宝贵的经验。

1996 年，全国乡镇企业继续保持好的势头，在改革中继续发展，在克服困难中稳步前进，主要经济指标适度增长，为“九五”起步开了个好头。预计全年实现营业收入 68000 亿元，比上年增长百分之十八点七；完成增加值 17700 亿元，其中工业增加值 13000 亿元，分别比上年增长百分之十六点五和百分之十八点五；实现利润总额 4300 亿元，增长百分之十六点三；上缴国家税金 1500 亿元，增长百分之十七点二；新安置劳动力 350 多万人，职工人数达 1. 32 亿人。对农村经济和整个国民经济的持续发展起到了重要支撑作用。

事实证明，乡镇企业已经成为我国农村经济的主体力量和国民经济的重要支柱，成为建设有中国特色社会主义的重要组成部分。它的兴起和壮大，不仅使农村经济和整个国民经济发生了深刻的变化，而且为我们这样一个农民占绝大多数的农业大国，逐步实现农业和农村现代化，加快国家工业化进程，促进改革开放和经济持续发展，开辟了一条新路，符合国情，顺应民意，合乎规律。

乡镇企业虽然取得了很大成绩，但也存在不少问题，在改革和发展中还有许多困难。从乡镇企业自身看，一是有些地方盲目上一般性工业项目，铺新摊子，搞低水平重复建设，产业产品结构不尽合理，企业布局过于分散；二是一些企业产权不清，政企不分，机制弱化，集体资产流失；三是有些企业管理粗放，经营不善，负债率高，物耗能耗高，职业病危害和事故隐患严重，产品质量和经济效益不好；四是一些企业污染环境、浪费资源、滥占耕地现象严重。从外部环境看，有些地方和部门对发展乡镇企业的重大意义认识不足，支持不够，措施不力，政策落实不到位，至今没有把发展乡镇企业摆上重要位置；不少地方乡镇企业不合理负担很重，乱摊派、乱收费、乱罚款、乱集资现象普遍存在；还有些地方和部门随意平调乡镇企业的资产，改变企业的所有制性质，侵犯企业的合法权益；有的地方随意撤并乡镇企业行政管理机构，特别是乡镇级乡镇企业管理机构建设困难较多，管理力量薄弱，队伍不稳定。另外，地区之间存在很大的不平衡性，东中西部的发展差距仍然很大。对乡镇企业改革与发展中存在的这些问题，必须引起高度重视，认真加以解决。

二、今后十五年乡镇企业发展的目标任务和主要措施

乡镇企业是我国农村经济最具活力的一个重要增长点，在实施《国民经济和社会发展“九五”计划和2010 年远景目标纲要》的进程中，肩负着新的历史重任。在农村经济中，“九五”期间要保证粮棉油等主要农产品稳定增长，粮食生产达到一个新水平；保证农民收入有较快增加，解决贫困人口的温饱问题，生活达到小康水平。到2010年，农业综合生产能力、农村经济和农民收入水平要再上一个新台阶。实现这些目标任务，需要乡镇企业继续以工补农建农带农，在农民增收中占有更大的份额，转移更多的农村富余劳动力。在国民经济中，要实现“九五”到2010年的奋斗目标，要求乡镇企业在增加社会有效供给、增加财政收入、扩大出口创汇、促进国家工业化、增强综合国力等方面做出新的贡献。因此，乡镇企业能否有一个新的更大的发展和提高，直接关系到我国现代化建设第二步、第三步战略目标的实现。

乡镇企业不仅需要有一个新的更大的发展和提高，而且是完全可能的。十几年来，乡镇企业已经有了一定的实力，积累了丰富的经验，具备了发展、提高的基础；我国农村有丰富的农产品、矿产品和大量的富余劳动力资源，为发展、提高提供了必要条件；亿万农民脱贫致富奔小康的积极性、创造性高涨，是发展、提高的强大内在动力；《中华人民共和国乡镇企业法》的实施，社会主义市场经济体制的逐步建立和完善，农业基础地位的巩固，国有企业活力的增强，各级党委、政府的高度重视和社会各方面的大力支持，都为乡镇企业创造了良好的外部环境。乡镇企业在发展和提高中，既有难得的机遇，也面临着严峻的挑战，尤其是在市场竞争日趋激烈，资源相对不足，人才严重紧缺，机制优势减弱，整体素质较低的情况下，更要进一步解放思想，坚定信心，增强责任感、紧迫感和危机感，坚定不移地促进乡镇企业发展和提高。

今后十五年，乡镇企业经济总量和整体水平要有一个较快的增长和较大的提高。“九五”期间，乡镇企业增加值年均增长率可保持在百分之十五左右。到2000年乡镇企业增加值国争达到30000亿元左右，工业增加值达到20000亿元左右，出口商品交货值达到10000亿元左右，新安置农村富余劳动力3000万人，从业人员达到1.6亿人。到2010年乡镇企业要继续保持良好的发展势头。

为了实现上述目标和任务，乡镇企业改革和发展的指导思想是：以邓小平建设有中国特色社会主义理论和党的基本路线为指导，认真贯彻党的十四届五中全会、六中全会精神，实施《国民经济和社会发展“九五”计划和2010年远景目标纲要》和《中华人民共和国乡镇企业法》，坚持两个文明一起抓，积极推进两个根本性转变，以市场需求为导向，以改革开放为动力，以提高质量效益为中心，发挥优势，优化结构，合理布局，不断完善机制，依靠科技进步，强化企业管理，增强整体素质，推动乡镇企业再上一个新台阶。

乡镇企业的发展要切实转移到依靠科技进步和提高劳动者素质的轨道上来，提高规模经济效益、技术进步效益、科学管理效益和结构优化效益，走一条投入少、产出多、质量好、效益高的发展路子。东部地区要突出提高，在提高中发展；中西部地区要突出发展，在发展中提高。

（一）不断深化企业改革。深化乡镇企业改革，必须坚持以“三个有利于”为标准，认真贯彻党中央、国务院关于“积极支持，正确引导，总结经验，逐步规范”的原则，尊重农民的实践，尊重农民的创造，尊重农民的选择，积极探索创新，注重实际效果。改革的形式可以多种多样。有条件的企业可以组建有限责任公司、股份有限公司或企业集团；一般的集体企业，可以完善承包制，也可以实行股份合作制；小型、微利、亏损企业，可以通过租赁、拍卖、联合、兼并、破产等办法进行要素重组。不论哪种形式，都要坚持以下几点：一是政企职责分开，政府从直接管理生产经营转向宏观规划、指导、管理、监督、协调、服务，使企业真正成为自主经营、自负盈亏、自我约束、自我发展的市场主体。二是优化企业内部的经营机制和激励机制，使所有者、经营者、劳动者能够充分发挥积极性，主动为企业发展多做贡献。三是确保企业集体资产保值增值，不得流失。

近几年，不少乡镇企业实行了股份合作制，这种形式对于增强企业活力，提高经济效益，是有成效的。股份合作制的形式可以多种多样。新建的乡镇企业，包括农民自己联办的，农民与国有企业、城镇集体企业、外资企业合资合作办的，都可以实行股份合作制。个体、私营、合伙企业转化为股份合作制应予以鼓励和引导。乡村集体企业改组为股份合作制企业，采取增量扩股的做法，有利于增加企业资本金，应予提倡；同时，可探索以多种形式搞活存量。对把集体资产化为私有的做法，是不允许的，应当做好工作，予以纠正。对乡镇企业现有集体资产要全面清产核资，进行产权登记，建立审计监督制度，切实防止集体资产流失。

（二）大力推进科技进步。乡镇企业要不断提高科技进步对经济增长的贡献率，积极采用新技术、新工艺、新设备和新材料，加快技术改造，不断开发新产品，提高产品的技术含量。各地尤其是东部地区乡镇企业新增投入应主要用于企业技术改造和设备更新。依托现有科研开发机构，不断进行技术开发和创新。提倡有条件的企业自办科研所，不断提高消化、吸收、创新技术的能力。加速科技成果的转化，积极利用专利技术，推广先进适用技术。有条件的企业要大力发展高新技术产业。要同国有企业、科研院所、大专院校进行各种形式的经济、技术合作。积极发展科工贸一体化经营，实现优势互补、共同发展和提高。

要十分重视人才培养和引进，造就一支宏大的乡镇企业人才队伍。把培养造就一大批政治素质高、开拓精神强、懂经营、善管理、乐于奉献的乡镇企业经营管理者作为一项重要工作来抓。采取多形式、多渠道培养乡镇企业用得上、留得住的实用人才，通过职业学校、短期培训、民间办学等途径加强对农村青年的职业教育，不断扩大乡镇企业的人才后备资源。采取有效措施，积极引进各类人才。努力创造一个有利于人才成长、吸引人才、使用人才、保护人才的环境和机制。

（三）切实加强经营管理。要把科学管理作为企业生存、发展和转变经济增长方式的关键环节来抓，引导企业扎扎实实地苦练内功，积极推动企业管理工作的制度化、规范化和科学化。抓好企业基础管理、专业管理和现场管理，积极推行现代化管理，提高科学管理水平。建立健全各项管理制度，并严格执行。建立和完善企业民主管理和监督制度，企业内部重大问题，要听取广大职工的意见。通过加强管理，降低物耗能耗，提高质量和效益。注意借鉴国内外先进的管理方法。要在企业管理工作的内容、方法、手段和措施方面不断创新，建立科学的管理体系。突出抓好质量管理，增强质量意识，推行全面质量管理，建立和完善质量保障体系。认真抓好财务管理，降低成本，提高资金周转率和资金使用效益。继续抓好劳动人事管理，严明劳动纪律。大力抓好安全生产和职业卫生工作，建立健全安全目标管理责任制和安全监督机制，为职工创造良好的生产和工作环境。

（四）努力优化产业产品结构。要根据市场需求、国家产业政策和本地资源优势，合理调整结构。继续实行多业并举，发展优势产业和产品，积极带动第一产业，调整优化第二产业，加速发展第三产业，促进农村一、二、三产业协调发展。大力兴办集约型的农业企业。特别注意利用农副产品资源优势，大力发展农副产品加工业和储藏、保鲜、运输业，实行种养加、产供销一条龙，农工商、贸工农一体化，使农民和企业建立稳定的经济联系，形成利益共同体，为农户与市场之间架起桥梁，形成以市场牵“龙头”，“龙头”建基地，基地连农户的格局，带动农业的企业化、集约化和产业化。这样，有利于减少农业自然风险和市场风险；有利于解决农业比较效益低的问题，促进农产品的增值增利增效；有利于乡镇企业与农业形成良性循环。乡镇企业发展农副产品加工业有着独特的优势和巨大的潜力。要进一步改革农产品流通体制，积极鼓励、支持和引导乡镇企业尤其是粮棉主产区乡镇企业把农副产品加工业作为一个带方向性的战略重点，抓紧抓实，抓出成效。

要优化投资结构，新增投资主要用于现有企业的技术改造和新产品开发。新上项目，要努力做到高起点、高效益、低消耗、低污染，避免盲目性，不搞低水平重复建设。积极应用现代技术改造原材料、能源、建材、农用、轻纺等传统工业，有条件的地方要在较高的起点上发展机电、化工、冶金等基础和支柱产业。有重点地引导乡镇企业发展高新技术产业。要适应国内外市场变化，加快产品结构调整，增加花色品种，提高产品质量和档次，争创名牌产品，增强市场竞争能力。要不断开发资源消耗低、对环境影响小、附加值高、技术含量高的新产品和名特优产品。积极发展商业、交通运输仓储、饮食、旅游、服务、信息等第三产业。发挥乡镇企业的自身优势，利用国际国内两种资源、两个市场，大力发展外向型经济，调整出口产品结构，提高质量和档次。

（五）坚持实行大中小企业并举。要不断优化乡镇企业组织结构，积极培植大中型乡镇企业，发展规模经济，引导一批企业向大规模、高科技和外向型方向发展。继续推进横向经济技术联合，鼓励以骨干企业为龙头，以名牌产品为依托，以资产为纽带，组建和创办跨地区、跨行业、跨所有制，集生产经营、科技开发、内外贸于一体的各种类型的企业集团，提高规模效益。数量众多的中小型乡镇企业要走小而专、小而精、专业化生产、社会化协作的路子。乡镇企业要不断增强市场应变能力和竞争能力。

（六）积极引导集中连片发展。发展乡镇企业要十分注意从原来的分散布局向相对集中、连片开发转变，与工业小区和小城镇建设互为依托，互相促进，共同发展，以节约土地，减少公共设施投入，保护和建设环境，提高聚集效应，带动第三产业的发展，增加就业容量。各地区要统筹规划，制定相应的鼓励政策，加强基础设施建设，引导乡镇企业与工业小区和小城镇建设有机结合起来，促进经济和社会的协调发展。

（七）继续推进东西合作。东部地区乡镇企业基础较好，要发挥资金、人才、管理和区位优势，大力发展技术密集型、资金密集型产业和外向型经济，努力推动企业上规模，技术上水平，产品上档次，在有利于优化产业、产品结构的前提下，逐步把一些劳动密集型、资源加工型产业向中西部地区转移。中国西部地区要充分发挥自然资源和劳动力优势，大力发展资源加工型和劳动密集型产业，提高深加工、精加工水平，增加产品附加值，加快发展步伐。东中西部要坚持优势互补、互利互惠的原则，加强联合与协作，全面实施东西合作示范工程，各展所长，共同发展，走出一条以东带西、以西促东、携手共进的发展道路。

（八）重视资源和环境保护。乡镇企业要坚持贯彻可持续发展战略，十分注意合理地开发利用资源，保护耕地，保护环境，决不能滥占耕地，破坏资源，不能走先污染、后治理的路子。合理利用开发矿产资源，凡从事资源开采的乡镇企业，必须依法登记并取得许可证，实行规范化作业。严格用地审批制度，凡有荒地、劣地可以利用的，不得占用耕地、好地。乡镇企业建设或开发对环境有影响的项目，必须严格执行环境影响评价制度，未执行或评价报告未被批准的，不得擅自建设或开发。建设项目中防治污染的设施，必须与主体工程同时设计、同时施工、同时投产使用。不得采用国家明令禁止的污染严重的生产工艺和设备，不得生产和经营国家明令禁止的污染严重的产品。污染物排放量超过国家和地方规定标准的，必须限期治理，逾期达不到治理标准的，要坚决关停并转。

三、继续创造有利于乡镇企业发展的政策环境

改革开放以来，党和国家关于积极扶持乡镇企业的一系列方针政策，极大地调动了广大农民的积极性和创造性，有力地促进、引导、保护和规范了乡镇企业的改革与发展。各地区、各部门要认真贯彻落实。要对乡镇企业实行“积极扶持，合理规划，分类指导，依法管理”的方针，努力创造乡镇企业改革和发展的政策环境。

（一）坚持以集体经济为主导，多种经济成分共同发展。发展乡镇企业要继续实行“多轮驱动，多轨运行”，乡（镇）办、村（含村民小组）办、联户（含农民合作）办、和户（即个体、私营）办，以及合资、合作、联办企业共同发展。采取多种形式发展壮大集体经济，农民举办的各种合作企业，只要留有公共积累，实行按劳分配和民主管理，都是新型的社会主义集体所有制经济，要热情支持。积极探索集体经济的有效实现形式，鼓励股份合作制、股份制企业的发展。鼓励和引导农村个体、私营企业和“三资”企业的发展。依法保护乡镇企业的所有权和经营自主权，任何单位和个人不得侵占乡镇企业财产。

（二）鼓励和重点扶持经济欠发达地区、革命老区和少数民族地区发展乡镇企业。鼓励经济发达地区的乡镇企业、其他经济组织采取多种形式支持经济欠发达地区、革命老区和少数民族地区举办乡镇企业。中西部地区乡镇企业专项贷款、东西合作示范项目贴息贷款、少数民族地区乡镇企业贴息贷款以及扶贫开发贷款等，都要及时足额到位，并逐年有所增加。凡到经济欠发达地区、革命老区和少数民族地区举办乡镇企业的，都可以享受国家和当地政府规定的优惠政策。

（三）鼓励支持乡镇企业按规定多形式、多渠道筹集发展资金。乡镇企业首先要重视自身积累，完善自我积累的发展机制，企业税后利润主要用于扩大再生产。严格控制消费基金过快增长，职工收入增长幅度不得高于企业劳动生产率提高的幅度。坚持按劳分配为主多种分配形式并存，经营者和职工收入分配的差距不宜过分悬殊。拓宽融资渠道，广辟资金来源，积极合理引进外资，并依照国家有关法规，利用多种形式，吸收社会闲散资金。鼓励农民以集资入股、合资、合作、合伙等形式直接融资，兴办企业。

（四）运用信贷、财政手段鼓励和扶持乡镇企业发展。各银行、信用社和其他非银行金融组织要按照“区别对待，择优扶持，效益优先”的原则，积极支持乡镇企业的发展，逐年增加信贷投入。各级政府每年应安排一定数额的财政周转金，重点扶持乡镇企业的技术改造、新产品开发、出口创汇和农副产品加工。按照《中华人民共和国乡镇企业法》和国务院有关规定，鼓励和支持各级人民政府建立乡镇企业发展基金。

（五）继续按照国家规定对乡镇企业实行税收扶持。乡镇企业要严格依法纳税，及时足额交纳税款。对于国家规定扶持乡镇企业或适用于乡镇企业的各项税收减免政策，都要切实兑现。乡镇企业用于补农建农和补助农村社会性的开支，在应缴所得税额中相应减征。中西部地区的乡镇企业，只要产品质量高，销路好，又有治理污染和保护资源、环境的可靠措施，不受项目规模大小限制，均可免征固定资产投资方向调节税。国家确定的老少边穷地区新办的乡镇企业，可在一定时期内减征或免征企业所得税，并享受税法规定的税收优惠。

（六）积极鼓励和支持人才的培养。要把乡镇企业的人才培养列入各级教育发展总体规划。各类高等、中等院校要积极创造条件，对乡镇企业职工进行继续教育和学历教育，提高职工的科技文化素质和职业技能。鼓励依托现有高等、中等院校和培训机构，采用多种形式，共同创办乡镇企业学院（系）、专业，各级政府要在资金上给予支持。对具备条件的乡镇企业院校培养的毕业生，经教育行政部门批准，可承认其学历。采取有力措施继续鼓励各类人才向乡镇企业流动。乡镇企业行政管理部门和人事、劳动部门要参照国家有关规定，开展技术职称评定和职工职业技能鉴定工作，并颁发国家承认的专业技术职务资格证书和职业资格证书。

（七）大力支持发展外向型经济。对效益好、创汇多的企业，在信贷、能源、人才、技术等方面给予重点扶持。对符合条件的乡镇企业赋予进出口经营权，对中西部地区乡镇企业赋予进出口经营权的标准要适当放宽。鼓励和支持出口成本低、创汇多的乡镇企业，使用出口产品许可证。继续加强“贸工农”出口商品基地建设，“贸工农”贴息贷款要择优投放，各地要确保配套资金落实到位。引导和鼓励乡镇企业积极合理引进外资以及先进技术和管理方法。各级乡镇企业行政管理部门和外经贸等部门要加强对乡镇“三资”企业的指导、管理、监督、协调和服务。

（八）加快技术改造和科技开发。对乡镇企业的技术改造、新产品开发和科技开发项目，有关部门要给予必要的支持。逐步加大对农副产品加工、农用工业、出口创汇和符合条件的大中型乡镇企业的贷款和投资支持力度。新产品开发和科技开发所需资金按规定据实列支。按国家有关规定适当提高乡镇企业固定资产年折旧率。乡镇企业要加大科技资金投入，加快科技进步步伐。

（九）鼓励扶持治理环境污染。对乡镇企业治理污染和保护生态所需的费用，有关部门应当给予支持。严格按国家有关规定征收乡镇企业排污费，对排污费的收缴、管理和使用要加强监督，使其集中用于乡镇企业重点污染源的治理，补助乡镇企业环境保护工作的管理、教育、调查和监测。

（十）切实减轻乡镇企业负担。要依法保护乡镇企业的合法权益，坚决制止各种加重乡镇企业负担的行为。任何部门和单位不得向乡镇企业乱收费、乱摊派、乱罚款、乱集资，不得以任何形式和名义拉赞助、搞评比，增加企业的负担。乡村干部不得在乡村集体企业乱开支。对乡镇企业的负担情况要进行调查清理，确定合理项目，逐步实现总量控制、限项、限额。乡镇企业行政管理部门要会同纪检、监察、计划、财政、物价等有关部门制定监督管理具体办法。对有令不行、有禁不止的，要严肃查处。

各地区、各部门应针对乡镇企业改革和发展中出现的新情况、新问题，制定相应的政策措施。

四、切实加强对乡镇企业的领导

大力发展乡镇企业，是党中央、国务院根据我国国情做出的重大战略决策。各级党委政府要继续把发展乡镇企业作为繁荣农村经济和整个国民经济的一个战略重点，摆上重要议事日程。各级党政主要领导要亲自抓乡镇企业，把乡镇企业纳入国民经济和社会发展总体规划，统筹安排。各地要经常研究乡镇企业新形势、新情况，切实解决改革和发展中的困难和问题。

我国地区间经济发展很不平衡，情况千差万别。对不同地区、不同特点的乡镇企业要实行分类指导，切忌搞“一刀切”、搞“一哄而起”、搞“形式主义”。在实际工作中，要注意实效，多办实事，认真抓好落实。在立足当地资源优势的前提下，制定发展乡镇企业规划，提出切合实际的目标，采取切实可行的措施。加强对改革的领导，正确把握改革方向，制定政策措施，把乡镇企业改革不断引向深入。对新上项目要认真考察、反复论证、科学评估，优化资金投向，把乡镇企业的发展与农业、国有企业的发展结合起来，培育支柱产业，形成区域特色。

各地的实践经验表明，发展乡镇企业必须坚持党在农村的一系列方针、政策，尊重农民的首创精神，充分调动广大农民的积极性和创造性；坚持深化改革，完善经营机制，积极探索创新；坚持对外开放，积极开拓国际国内两个市场，努力拓宽生存和发展空间；坚持艰苦创业精神和科学态度相结合，善于抓住机遇，勇于战胜困难；坚持依靠科技，尊重知识和人才，不断提高自身素质；坚持因地制宜，从实际出发，走各具特色的发展路子。随着改革开放的不断深入和实践的发展，各地区、各有关部门要不断总结新经验，树立新典型，帮助基层和乡镇企业建设一个好班子，找到一条好路子，采取一些好法子。对乡镇企业良好的机制和它所积累的丰富经验，应当不断完善和推广。

要重视加强乡镇企业管理机构和队伍的建设。各级乡镇企业行政管理部门是各级人民政府主管乡镇企业的综合职能部门，要根据工作需要充实力量，选派和配备得力干部充实和加强其乡镇企业管理机构，并提供必要的工作条件，切实帮助解决实际问题，确保队伍稳定。乡镇一级管理机构是最基层也是最关键的一个环节，各地要根据《中华人民共和国乡村集体所有制企业条例》和《国务院批转农业部关于促进乡镇企业持续健康发展的报告的通知》的精神，抓紧建立健全起来。各级乡镇企业行政管理部门要充分发挥其规划、指导、管理、监督、协调和服务的职能作用，加强自身建设，增强管理能力，提高服务水平。要切实强化对乡镇企业的执法监督和检查，严格依法行政。建立健全乡村集体经济组织，代表社区农民行使集体资产的所有权。乡镇企业行政管理部门要加强对乡镇企业资产管理的指导和监督。继续加强乡镇企业服务体系建设，搞好供销、培训、检测、咨询、资产评估和审计等服务工作。加强信息指导和服务，及时为乡镇企业提供准确的政策信息、技术信息、人才信息和市场信息。各有关部门要通力合作，协调配合，加大支持力度，共同创造有利于乡镇企业改革与发展的良好环境。

乡镇企业必须始终坚持社会主义物质文明和精神文明一起抓。切实加强企业党的建设，建立健全党的组织，充分发挥党组织的战斗堡垒作用和共产党员的先锋模范作用。积极把符合条件的业务骨干、技术骨干培养吸收到党组织中来。切实加强思想道德和文化建设，改进企业的思想政治工作，认真开展党的基本路线、基本政策和基本国情教育，加强企业文化建设，开展创建文明乡镇企业活动，用社会主义、爱国主义、集体主义思想武装广大职工。深入进行艰苦奋斗、勤俭创业、移风易俗，以及遵纪守法、职业道德和科学文化教育，不断提高职工的思想道德素质和科学文化水平，培养造就一支有理想、有道德、有文化、有纪律的职工队伍，为乡镇企业改革与发展提供强有力的精神动力、智力支持和思想保证。

以上报告如无不妥，建议转发各地区、各部门贯彻执行。

一九九七年一月三十一日

中华人民共和国乡村集体所有制企业条例

第一章　总　则

第一条　为了保障乡村集体所有制企业的合法权益，引导其健康发展，制定本条例。

第二条　本条例适用于由乡（含镇，下同）村（村民小组，下同）农民集体举办的企业。

农业生产合作社、农村供销合作社、农村信用社不适用本条例。

第三条　乡村集体所有制企业是我国社会主义公有制经济的组成部分。

国家对乡村集体所有制企业实行积极扶持，合理规划，正确引导，加强管理的方针。

第四条　乡村集体所有制企业的主要任务是：发展商品生产和服务业，满足社会日益增长的物质和文化生活的需要；调整农村产业结构，合理利用农村劳动力，支援农业生产和农村建设，增加国家财政和农民的收入；积极发展出口创汇生产；为大工业配套和服务。

第五条　国家保护乡村集体所有制企业的合法权益，禁止任何组织和个人侵犯其财产。

第六条　乡村集体所有制企业实行自主经营，独立核算，自负盈亏。

乡村集体所有制企业实行多种形式的经营责任制。

乡村集体所有制企业可以在不改变集体所有制性质的前提下，吸收投资入股。

第七条　国家鼓励和扶持乡村集体所有制企业采用先进适用的科学技术和经营管理方法，加速企业现代化。

第八条　国家鼓励和保护乡村集体所有制企业依照平等互利、自愿协商、等价有偿的原则，进行多种形式的经济技术合作。

第九条　国家鼓励和支持乡村集体所有制企业依法利用自然资源，因地制宜发展符合国家产业政策和市场需要的产业和产品，增加社会有效供给。

第十条　乡村集体所有制企业经依法审查，具备法人条件的，登记后取得法人资格，厂长（经理）为企业的法定代表人。

第十一条　乡村集体所有制企业职工有返回其所属的农民集体经济组织从事农业生产的权利。

第十二条　国务院乡镇企业行政主管部门主管全国乡村集体所有制企业，地方人民政府乡镇企业行政主管部门主管本行政区域内的乡村集体所有制企业（以下简称企业）。

第二章　企业的设立、变更和终止

第十三条　设立企业应当具备下列条件：

（一）产品和提供的服务为社会所需要，并符合国家法律、法规和政策规定；

（二）有自己的名称、组织机构和生产经营场所；

（三）有确定的经营范围；

（四）有与生产经营和服务规模相适应的资金、设备、从业人员和必要的原材料条件；

（五）有必要的劳动卫生、安全生产条件和环境保护措施；

（六）符合当地乡村建设规划，合理利用土地。

第十四条　设立企业必须依照法律、法规，经乡级人民政府审核后，报请县级人民政府乡镇企业主管部门以及法律、法规规定的相关部门批准，持有关批准文件向企业所在地工商行政管理机关办理登记，经核准领取《企业法人营业执照》或者《营业执照》后始得营业，并向税务机关办理税务登记。

企业应当在核准登记的经营范围内从事生产经营活动。

第十五条　企业分立、合并、迁移、停业、终止以及改变名称、经营范围等，须经原批准企业设立的机关核准，向当地工商行政管理机关和税务机关办理变更或者注销登记，并通知开户银行。

第十六条　企业分立、合并、停业或者终止时，必须保护其财产，依法清理债权、债务。

第十七条　企业破产应当进行破产清算，法人以企业的财产对企业债权人清偿债务。

第三章　企业的所有者和经营者

第十八条　企业财产属于举办该企业的乡或者村范围内的全体农民集体所有，由乡或者村的农民大会（农民代表会议）或者代表全体农民的集体经济组织行使企业财产的所有权。

企业实行承包、租赁制或者与其他所有制企业联营的，企业财产的所有权不变。

第十九条 企业所有者依法决定企业的经营方向、经营形式、厂长（经理）人选或者选聘方式，依法决定企业税后利润在其与企业之间的具体分配比例，有权做出关于企业分立、合并、迁移、停业、终止、申请破产等决议。

企业所有者应当为企业的生产、供应、销售提供服务，并尊重企业的自主权。

第二十条 实行承包或者租赁制的企业，企业所有者应当采取公开招标方式确定经营者，不具备条件的，也可以采取招聘、推荐等方式选用经营者。

招标可以在企业内部或者企业外部进行。投标者可以是经营集团或者个人。经营集团中标后，必须确定企业经营者。

企业所有者应当对投标者全面评审，择优选定。

第二十一条 实行承包或者租赁制的企业，企业经营者应当具备下列条件：

（一）坚持四项基本原则和改革开放，遵纪守法；

（二）必要的文化知识和专业技术知识；

（三）必要的企业经营管理能力；

（四）提供必要的财产担保或者保证人；

（五）企业所有者提出的其他合法条件。

第二十二条 企业经营者是企业的厂长（经理）。企业实行厂长（经理）负责制。厂长（经理）对企业全面负责，代表企业行使职权。

第二十三条 实行承包或者租赁制的企业，订立承包或者租赁合同时，应当坚持平等、自愿、协商的原则，兼顾国家、集体和个人的利益。

第四章 企业的权利和义务

第二十四条 企业在生产经营活动中享有下列权利：

（一）占有和使用企业资产，依照国家规定筹集资金；

（二）在核准登记的范围内自主安排生产经营活动；

（三）确定企业内部机构设置和人员配备；依法招聘、辞退职工，并确定工资形式和奖惩办法；

（四）有权自行销售本企业的产品，但国务院另有规定的除外；

（五）有权自行确定本企业的产品价格、劳务价格，但国务院规定由物价部门和有关主管部门控制价格的除外；

（六）自愿参加行业协会和产品评比；

（七）依照国家规定自愿参加各种招标、投标活动，申请产品定点生产，取得生产许可证；

（八）自主订立经济合同，开展经济技术合作；

（九）依法开发和利用自然资源；

（十）依法利用外资、引进先进技术和设备，开展进出口贸易等涉外经济活动，并依照国家规定提留企业的外汇收入；

（十一）拒绝摊派和非法罚款，但法律、法规规定应当提供财力、物力、人力的除外。

第二十五条 企业在生产经营活动中应当履行下列义务：

（一）依法缴纳税金；

（二）依照国家以及省、自治区、直辖市人民政府的规定，上交支农资金和管理费；

（三）依法建立健全财务会计、审计、统计等制度，按期编报财务、统计报表；

（四）保护自然资源和环境，防止和治理污染；

（五）努力降低原材料和能源消耗，发展符合国家产业政策的产品；

（六）做好劳动保护工作，实行安全生产；

（七）保证产品质量和服务质量；

（八）依法履行合同；

（九）对职工进行政治思想、科学文化、技术业务和职业道德等方面的教育；

（十）遵守法律、法规和政策的其他规定。

第五章　企业的管理

第二十六条　企业职工有参加企业民主管理，对厂长（经理）和其他管理人员提出批评和控告的权利。

企业职工大会或者职工代表大会有权对企业经营管理中的问题提出意见和建议，评议、监督厂长（经理）和其他管理人员，维护职工的合法权益。

第二十七条　企业应当兼顾国家、集体和个人的利益，合理安排积累与消费的比例，对职工实行各尽所能、按劳分配的原则。

男工与女工应当同工同酬。

第二十八条　企业招用职工应当依法签订劳动合同，实行灵活的用工形式和办法。

对技术要求高的企业，应当逐步形成专业化的技术职工队伍。

第二十九条　企业不得招用未满十六周岁的童工。

第三十条　企业对从事高度危险作业的职工，必须依据国家规定向保险公司投保。

有条件的企业，应当参照国家有关规定实行职工社会保险。

第三十一条　企业发生劳动争议，可以参照《国营企业劳动争议处理暂行规定》处理。

第三十二条　企业税后利润，留给企业的部分不应低于百分之六十，由企业自主安排，主要用作增加生产发展基金，进行技术改造和扩大再生产，适当增加福利基金和奖励基金。

企业税后利润交给企业所有者的部分，主要用于扶持农业基本建设、农业技术服务、农村公益事业、企业更新改造或者发展新企业。

第三十三条　企业应当根据国家有关规定，加强本企业的各项基础管理和合同管理。

第六章　企业与政府有关部门的关系

第三十四条　各级人民政府乡镇企业行政主管部门根据国家的法律、法规和政策，加强对企业的指导、管理、监督、协调和服务：

（一）监督检查企业执行国家法律、法规和政策；

（二）制订企业发展规划，协同有关部门制定农村剩余劳动力就业规划；

（三）会同有关部门指导企业的计划、统计、财务、审计、价格、物资、质量、设备、技术、劳动、安全生产、环境保护等管理工作；

（四）组织和指导企业的技术进步、职工教育和培训；

（五）向企业提供经济、技术咨询和信息服务；

（六）协调企业与有关方面的关系，帮助企业开展经济技术合作；

（七）总结推广企业发展的经验；

（八）组织和指导企业的思想政治工作，促进企业的社会主义精神文明建设。

第三十五条 各级人民政府有关行业管理部门应当根据国家的产业政策和行业发展规划，对企业的发展方向进行指导和监督；对企业开展技术指导、人才培训和经济、技术信息服务；指导、帮助和监督企业开展劳动保护、环境保护等工作。

第三十六条 政府有关部门应当为符合国家产业政策，经济和社会效益好的企业创造发展条件：

（一）对企业所需的能源、原材料、资金等，计划、物资、金融等部门应当积极帮助解决；生产纳入国家指令性计划的产品所需的能源、原材料等，由安排生产任务的部门和单位组织供应；

（二）根据国家有关规定，对生产名、优产品和出口创汇产品的企业，应当在信贷、能源、原材料和运输等方面给予扶持；

（三）为企业培训、招用专业技术人才和引进先进技术创造条件。

第七章 奖励与处罚

第三十七条 对在企业经营管理、科技进行、劳动保护、环境保护和思想政治工作等方面做出显著成绩的企业和个人，由人民政府给予奖励。

第三十八条 企业产品质量达不到国家规定标准的，企业所有者和企业主管部门应当责令其限期整顿，经整顿无效者，应当责令其停产或者转产，直至建议有关机关撤销生产许可证，吊销营业执照。

企业因生产、销售前款所指的产品，给用户和消费者造成财产损失、人身损害的，应当承担赔偿责任；构成犯罪的，依法追究刑事责任。

第三十九条 企业厂长（经理）侵犯职工合法权益，情节严重的，由企业所有者给予行政处分；构成犯罪的，依法追究刑事责任。

第四十条 对向企业摊派的单位和个人，企业可以向审计机关或者其他有关部门控告、检举。经审计机关确认是摊派行为的，由审计机关通知摊派单位停业摊派行为，限期退回摊派财物；对摊派单位的负责人和直接责任人员，监察机关或者有关主管部门可以根据情节轻重，给予行政处分。

第四十一条 政府部门的工作人员玩忽职守、滥用职权，使企业合法权益遭受损害的，由其所在单位或者上级主管机关给予行政处分；构成犯罪的，依法追究刑事责任。

第四十二条 企业违反财政、税收、劳动、工商行政、价格、资源、环境保护等法律、法规的，依照有关法律、法规处理。

第四十三条 本条例由国务院乡镇企业行政主管部门负责解释，并组织实施。

第八章 附 则

第四十四条 省、自治区、直辖市人民政府可以根据本条例制定实施办法。

第四十五条 本条例自1990年7月1日起施行。

中华人民共和国乡镇企业法

1996年10月29日全国人大常委会第二十二次会议通过，江泽民签发第七十六号主席令公布。

第一条　为了扶持和引导乡镇企业持续健康发展，保护乡镇企业的合法权益，规范乡镇企业的行为，繁荣农村经济，促进社会主义现代化建设，制定本法。

第二条　本法所称乡镇企业，是指农村集体经济组织或者农民投资为主，在乡镇（包括所辖村）举办的承担支援农业义务的各类企业。

前款所称投资为主，是指农村集体经济组织或者农民投资超过百分之五十，或者虽不足百分之五十，但能起到控股或者实际支配作用。

乡镇企业符合企业法人条件的，依法取得企业法人资格。

第三条　乡镇企业是农村经济的重要支柱和国民经济的重要组成部分。

乡镇企业的主要任务是，根据市场需要发展商品生产，提供社会服务，增加社会有效供给，吸收农村剩余劳动力，提高农民收入，支援农业，推进农业和农村现代化，促进国民经济和社会事业发展。

第四条　发展乡镇企业，坚持以农村集体经济为主导，多种经济成分共同发展的原则。

第五条　国家对乡镇企业积极扶持、合理规划、分类指导、依法管理。

第六条　国家鼓励和重点扶持经济欠发达地区、少数民族地区发展乡镇企业，鼓励经济发达地区的乡镇企业或者其他经济组织采取多种形式支持经济欠发达地区和少数民族地区兴办乡镇企业。

第七条　国务院乡镇企业行政管理部门和有关部门按照各自的职责对全国乡镇企业进行规划、协调、监督、服务；县级以上地方各级人民政府乡镇企业行政管理部门和有关部门按照各自的职责对本行政区域内的乡镇企业进行规划、协调、监督、服务。

第八条　经依法登记设立的乡镇企业，应当向当地乡镇企业行政管理部门办理登记备案手续。

乡镇企业改变名称、住所或者分立、合并、停业、终止等，依法办理变更登记、设立登记或者注销登记后，应当报乡镇企业行政管理部门备案。

第九条　乡镇企业在城市设立的分支机构，或者农村集体经济组织在城市开办的并承担支援农业义务的企业，按照乡镇企业对待。

第十条　农村集体经济组织投资设立的乡镇企业，其企业财产权属于设立该企业的全体农民集体所有。

农村集体经济组织与其他企业、组织或者个人共同投资设立的乡镇企业，其企业财产权按照资份额属于投资者所有。

农民合伙或者单独投资设立的乡镇企业，其企业财产权属于投资者所有。

第十一条　乡镇企业依法实行独立核算，自主经营，自负盈亏。

具有企业法人资格的乡镇企业，依法享有法人财产权。

第十二条　国家保护乡镇企业的合法权益；乡镇企业的合法财产不受侵犯。

任何组织或者个人不得违反法律、行政法规干预乡镇企业的生产经营，撤换企业负责人；不得非法占有或者无偿使用乡镇企业的财产。

第十三条 乡镇企业按照法律、行政法规规定的企业形式设立，投资者依照有关法律、行政法规决定企业的重大事项，建立经营管理制度，依法享有权利和承担义务。

第十四条 乡镇企业依法实行民主管理，投资者在确定企业经营管理制度和企业负责人，做出重大经营决策和决定职工工资、生活福利、劳动保护、劳动安全等重大问题时，应当听取本企业工会或者职工的意见，实施情况要定期向职工公布，接受职工监督。

第十五条 国家鼓励有条件的地区建立、健全乡镇企业职工社会保险制度。

第十六条 乡镇企业停业、终止，已经建立社会保险制度的，按照有关规定安排职工；依法订立劳动合同的，按照合同的约定办理。原属于农村集体经济组织的职工有权返回农村集体经济组织从事生产，或者由职工自谋职业。

第十七条 乡镇企业从税后利润中提取一定比例的资金用于支援农业和农村社会性支出，其比例和管理使用办法由省、自治区、直辖市人民政府规定。

除法律、行政法规另有规定外，任何机关组织或者个人不得以任何方式向乡镇企业收取费用，进行摊派。

第十八条 国家根据乡镇企业的发展情况，在一定时期内对乡镇企业减征一定比例的税收。减征税收的税种、期限和比例由国务院规定。

第十九条 国家对符合下列条件之一的中小型乡镇企业，根据不同情况实行一定期限的税收优惠：

（一）集体所有制乡镇企业开办初期经营确有困难的；

（二）设立在少数民族地区、边远地区和贫困地区的；

（三）从事粮食、饲料、肉类的加工、贮存、运销经营的；

（四）国家产业政策规定需要特殊扶持的。

前款税收优惠的具体办法由国务院规定。

第二十条 国家运用信贷手段，鼓励和扶持乡镇企业发展。对于符合前条规定条件之一并且符合贷款条件的乡镇企业，国家有关金融机构可以给予优先贷款，对其中生产资金困难且有发展前途的可以给予优惠贷款。

前款优先贷款、优惠贷款的具体办法由国务院规定。

第二十一条 县级以上人民政府依照国家有关规定，可以设立乡镇企业发展基金。基金由下列资金组成：

（一）政府拨付的用于乡镇企业发展的周转金；

（二）乡镇企业每年上缴地方税金增长部分中一定比例的资金；

（三）基金运用产生的效益；

（四）农村集体经济组织、乡镇企业、农民等自愿提供的资金。

第二十二条 乡镇企业发展基金专门用于扶持乡镇企业发展，其使用范围如下：

（一）支持少数民族地区、边远地区和贫困地区发展乡镇企业；

（二）支持经济欠发达地区、少数民族地区与经济发达地区的乡镇企业之间进行经济技术合作和举办合资项目；

（三）支持乡镇企业按照国家产业政策调整产业结构和产品结构；

（四）支持乡镇企业进行技术改造，开发名特优新产品和生产传统手工艺产品；

（五）发展生产农用生产资料或者直接为农业生产服务的乡镇企业；

（六）发展从事粮食、饲料、肉类的加工、贮存、运销经营的乡镇企业；

（七）支持乡镇企业职工的职业教育和技能培训；

（八）其他需要扶持的项目。

乡镇企业发展基金的设立和使用管理办法由国务院规定。

第二十三条　国家积极培养乡镇企业人才，鼓励科技人员、经营管理人员及大中专毕业生到乡镇企业工作，通过多种方式为乡镇企业服务。

乡镇企业通过多渠道、多形式培训技术人员、经营管理人员和生产人员，并采取优惠措施吸引人才。

第二十四条　国家采取优惠措施，鼓励乡镇企业同科研机构、高等院校、国有企业及其他企业、组织之间开展各种形式的经济技术合作。

第二十五条　国家鼓励乡镇企业开展对外经济技术合作与交流，建设出口商品生产基地，增加出口创汇。

具备条件的乡镇企业依法经批准可以取得对外贸易经营权。

第二十六条　地方各级人民政府按照统一规划、合理布局的原则，将发展乡镇企业同小城镇建设相结合，引导和促进乡镇企业适当集中发展，逐步加强基础设施和服务设施建设，以加快小城镇建设。

第二十七条　乡镇企业应当按照市场需要和国家产业政策，合理调整产业结构和产品结构，加强技术改造，不断采用先进的技术、生产工艺和设备，提高企业经营管理水平。

第二十八条　举办乡镇企业，其建设用地应当符合土地利用总体规划，严格控制、合理利用和节约使用土地，凡有荒地、劣地可以利用的，不得占用耕地、好地。

举办乡镇企业使用农村集体所有的土地的，应当依照法律、法规的规定，办理有关用地批准手续和土地登记手续。

乡镇企业使用农村集体所有的土地，连续闲置两年以上或者因停办闲置一年以上的，应当由原土地所有者收回该土地使用权，重新安排使用。

第二十九条　乡镇企业应当依法合理开发和使用自然资源。

乡镇企业从事矿产资源开采，必须依照有关法律规定，经有关部门批准，取得采矿许可证、生产许可证，实行正规作业，防止资源浪费，严禁破坏资源。

第三十条　乡镇企业应当按照国家有关规定，建立财务会计制度，加强财务管理，依法设置会计账册，如实记录财务活动。

第三十一条　乡镇企业必须按照国家统计制度，如实报送统计资料。对于违反国家规定制发的统计调查报表，乡镇企业有权拒绝填报。

第三十二条　乡镇企业应当依法办理税务登记，按期进行纳税申报，足额缴纳税款。

各级人民政府应当依法加强乡镇企业的税收管理工作，有关管理部门不得超越管理权限对乡镇企业减免税。

第三十三条　乡镇企业应当加强产品质量管理，努力提高产品质量；生产和销售的产品必须符合保障人体健康，人身、财产安全的国家标准和行业标准；不得生产、销售失效、变质产品和国家明令淘汰的产品；不得在产品中掺杂、掺假，以假充真，以次充好。

第三十四条 乡镇企业应当依法使用商标，重视企业信誉，按照国家规定，制作所生产经营的商品标识，不得伪造产品的产地或者伪造、冒用他人厂名、厂址和认证标志、名优标志。

第三十五条 乡镇企业必须遵守有关环境保护的法律、法规，按照国家产业政策，在当地人民政府的统一指导下，采取措施，积极发展无污染、少污染和低资源消耗的企业，切实防治环境污染和生态破坏，保护和改善环境。

地方人民政府应当制定和实施乡镇企业环境保护规划，提高乡镇企业防治污染的能力。

第三十六条 乡镇企业建设对环境有影响的项目，必须严格执行环境影响评价制度。

乡镇企业建设项目中防治污染的设施，必须与主体工程同时设计、同时施工、同时投产使用。防治污染的设施必须经环境保护行政主管部门验收合格后，该建设项目方可投入生产或者使用。

乡镇企业不得采用或者使用国家明令禁止的严重污染环境的生产工艺和设备；不得生产和经营国家明令禁止的严重污染环境的产品。排放污染物超过国家或者地方规定标准，严重污染环境的，必须限期治理，逾期未完成治理任务的，依法关闭、停产或者转产。

第三十七条 乡镇企业必须遵守有关劳动保护、劳动安全的法律、法规，认真贯彻执行安全第一、预防为主的方针，采取有效的劳动卫生技术措施和管理措施，防止生产伤亡事故和职业病的发生；对危害职工安全的事故隐患，应当限期解决或者停产整顿。严禁管理者违章指挥，强令职工冒险作业。发生生产伤亡事故，应当采取积极抢救措施，依法妥善处理，并向有关部门报告。

第三十八条 违反本法规定，有下列行为之一的，由县级以上人民政府乡镇企业行政管理部门责令改正：

（一）非法改变乡镇企业所有权的；

（二）非法占有或者无偿使用乡镇企业财产的；

（三）非法撤换乡镇企业负责人的；

（四）侵犯乡镇企业自主经营权的。

前款行为给乡镇企业造成经济损失的，应当依法赔偿。

第三十九条 乡镇企业有权向审计、监察、财政、物价和乡镇企业行政管理部门控告、检举向企业非法收费、摊派或者罚款的单位和个人。有关部门和上级机关应当责令责任人停止其行为，并限期归还有关财物。对直接责任人员，有关部门可以根据情节轻重，给予相应的处罚。

第四十条 乡镇企业违反国家产品质量、环境保护、土地管理、自然资源开发、劳动安全、税收及其他有关法律、法规的，除依照有关法律、法规处理外，在其改正之前，应当根据情节轻重，停止其享受本法规定的部分或者全部优惠。

第四十一条 乡镇企业违反本法规定，不承担支援农业义务的，由乡镇企业行政管理部门责令改正，在其改正之前，可以停止其享受本法规定的部分或者全部优惠。

第四十二条 对依照本法第三十八条至第四十一条规定所作处罚、处理决定不服的，当事人可以依法申请行政复议、提起诉讼。

第四十三条 本法自 1997 年 1 月 1 日起施行。

二、农业部文件

农业部
印发《关于大力发展乡镇企业第三产业的意见》的通知

〔1993〕农（企）字第4号

各省、自治区、直辖市及计划单列市乡企局：

为了贯彻党的十四大和中共中央、国务院《关于加快发展第三产业的决定》，现将我部《关于大力发展乡镇企业第三产业的意见》印发给你们，请结合本地实际情况贯彻落实，并及时将贯彻落实情况报告我部。

一九九三年二月二十五日

关于大力发展乡镇企业第三产业的意见

改革开放以来，我国乡镇企业第三产业有了较大发展。到1991年，全国乡镇企业第三产业总收入达到2360亿元，拥有职工2168万人，分别占全国乡镇企业总收入和职工总数的22.2%和22.6%，第三产业已成为乡镇企业和农村经济的一个重要产业。但是，从总体上看，乡镇企业第三产业的发展还远远不能适应国民经济和社会发展的需要。主要表现在：与乡镇工业相比，发展滞后，总量少，比重小，内部结构层次低，发展基本上局限于传统行业，一些急需发展的新兴行业相当薄弱，组织程度和服务水平都很低。为了贯彻党的十四大精神和中共中央、国务院《关于加快发展第三产业的决定》，加快乡镇企业第三产业的发展，提出以下意见：

一、充分认识发展乡镇企业第三产业的战略意义

乡镇企业第三产业的发展关系到国民经济发展和社会进步。大力发展乡镇企业第三产业，是建立社会主义市场经济体制，推动农村商品经济向更大范围和更高层次发展，调整优化农村产业结构，加快转移农村剩余劳动力，缩小城乡差别，实现小康目标的一项战略措施。为此，必须进一步解放思想，更新观念，树立第三产业是创造生产性劳动的科学观点，深刻认识第一、二、三产业协调发展，互相促进的经济规律，像重视抓乡镇工业那样，重视抓好乡镇企业第三产业。当前，我国改革开放和社会主义现代化建设正处在一个新的历史时期，发展乡镇企业第三产业的各方面条件十分有利，我们一定要抓住有利时机，加快改革步伐，努力推进乡镇企业第三产业的大发展。

二、明确乡镇企业第三产业发展的目标和重点

90年代乡镇企业第三产业发展的主要任务是：坚持为工农业生产服务，为城乡人民生活服务，为改革开放服务，为发展社会主义市场经济服务，促进乡镇企业和国民经济上新台阶。

90年代，乡镇企业第三产业的发展速度要快于乡镇工业，乡镇企业中第三产业所占的比重要有较大提高。总目标是：第一步，到1995年，全国乡镇企业第三产业总收入占全国乡镇企业总收入的27%，从业人员占全国乡镇企业职工总数的28%，分别比1990年提高3.2个百分点和5.2个百分点。第二步，到2000年，乡镇企业第三产业的收入占全国乡镇企业总收入的35%以上，从业人员占全国乡镇企业职工总数的40%左右，分别比1990年提高11个百分点以上和17个百分点左右。

乡镇企业第三产业主要包括商品流通业、交通运输仓储和邮电通信业、饮食服务业、金融保险业、房地产业、旅游业、科技服务业、劳动就业服务业、信息咨询业、广告业、文化体育事业及其他诸多行业。乡镇企业第三产业的发展要适应尽快开放和社会经济发展的要求，不断拓宽领域，社会需要什么就发展什么，能够兴办什么就兴办什么，同时注意发挥自身优势。抓住社会急需的环节，有重点地加快发展。发展的重点：一是投资少，收效快，就业容量大，适合农民兴办的行业。二是与城乡经济和社会发展以及人民生活密切相关的行业。三是为农村第一、二产业提供产前、产中、产后服务的行业。四是促进商品流通，繁荣市场的行业。五是为提高农民素质和生活质量的服务行业。“八五”期间，乡镇企业在商业、运输业、饮食服务业等传统行业上要有一个大的发展和新的提高，在旅游业、房地产业、金融业、咨询信息业、科技服务业等新兴行业上力争取得突破性发展。

各地发展乡镇企业第三产业的潜力都很大，但条件不尽相同，应根据本地实际情况合理确定发展目标和重点。经济比较发达的地区，要实现第三产业增长速度高于第二产业；经济欠发达地区，第三产业要与第二产业同步加速发展，力争超过第二产业增长速度；经济不发达地区，应通过大力发展第三产业促进第一、二产业加快发展。

三、落实政策措施，推进乡镇企业第三产业发展

加快发展乡镇企业第三产业，必须坚定不移地贯彻执行党的十四大精神和党中央、国务院制定的有关发展乡镇企业的一系列方针政策，并进一步采取切实有效的政策措施。

1. 放手发展乡镇企业第三产业。坚持乡村集体、联户、私营、个体企业一起上，充分发挥乡镇企业中各种经济成分的积极性和优势。除国家法律、法规明令禁止的外，都应当允许乡镇企业兴办，实行谁投资，谁所有，谁受益。积极支持集体企业兴办有利于发挥集体经济优势的行业和项目，向经营的高层次、规模化、集约化发展。鼓励和引导私营和个体企业兴办那些投资少、收效快、流动性大和适合个人分散经营的行业。要简化开业审批手续，除国家有专门规定外，兴办乡镇企业第三产业一律不需要经过行业部门批准。集体企业的职工工资与经济效益、服务质量挂钩浮动，按实支付的工资计入成本。认真落实国家有关开放第三产业价格和收费标准的政策规定。

2. 允许乡镇企业进城兴办第三产业。只要是符合城镇规划和城镇管理规定的，都应当允许乡镇企业采用独资、合资、联营、租赁、承包经营等形式进城设点开店，开发服务业务。积极引导乡镇企业第三产业向小城镇、乡镇相对集中，形成合理布局，促进农村小城镇的发展。要与计划、公安、工商、税务等有关部门加强协调，取消不合理的限制，进一步放宽政策，“打开城门”，为乡镇企业进城兴办第三产业创造条件。

3. 鼓励乡镇工业和建筑企业发展第三产业。乡镇工业企业和建筑企业可以采取独资、合资、联营、入股、租赁等方式兴办各种第三产业经济实体，可以发展与企业生产经营相关的行业，也可以发展其他行业。允许工业企业和建筑企业以本企业资产做担保，筹措发展第三产业的贷款资金。

应积极创造条件使企业内部的招待所、餐厅、车队等生产服务设施向社会开放。积极引导缺乏竞争能力、没有发展前途的工业企业和建筑企业转办第三产业，同时鼓励第三产业企业兼并关停并转的工业企业和建筑企业，在资产转让、债务清理、信贷、税收等方面，请有关部门给予优惠和支持。工业企业和建筑企转化为第三产业，经办理相应的变更手续后，应按新开办的企业对待，给予政策扶持。

4. 扩大对外开放，积极利用外资。积极在乡镇企业第三产业中发展中外合资、合作经营，利用海外资金、技术和经营渠道，大力发展高新技术开发、科技服务等项目，发展旅游业、饮食业、仓储业、房地产业、交通运输仓储业、各类服务等行业。经批准，允许试办中外合资的零售商业、物资供销企业、会计事务所、金融机构。对外开放的边境地区，应本着大胆探索的精神，允许有条件的乡镇企业与外商合资、合作或独立开展境外旅游、跨境客货运输等业务。鼓励乡镇企业与有进出口权的国有大中型商业、物资企业组建企业集团，开展国际化经营。应允许有条件的乡镇企业经主管部门批准获得直接对外经营权。积极创造条件向境外发展，兴办境外合资或境外独资第三产业。

5. 多渠道、多形式增加投入。鼓励集体、私营企业和个体以资金、房产、设备、技术、信息、劳务等形式投入发展乡镇企业第三产业。农村集体经济组织经批准后可以利用集体所有的土地发展第三产业，或作价入股兴办中外合资及内联第三产业企业。鼓励农民群众和企业采取集资、合资、股份合作等多种方式筹集资金，经批准可以发行股票、债券。各级政府应对发展乡镇企业第三产业给予必要的资金支持。在各地乡镇企业周转资金和发展资金中，每年应安排一定的比例用于支持发展乡镇企业第三产业。对新开办的企业、促进科技进步的行业以及经济效益低而社会效益高的行业，应征得税务部门的同意，根据情况给予减免税收的扶持。农业银行和农村信用社应增加乡镇企业第三产业贷款规模，对效益好、有偿还能力的项目给予信贷支持。各地应广开资金渠道，建立乡镇企业第三产业发展基金。

6. 加强人才引进和培养。发展第三产业，必须加快解决乡镇企业第三产业人才匮乏的问题。要进一步拓宽渠道，采取更为灵活的方式和优惠政策，大力吸引社会各方面人才向乡镇企业第三产业流动。要积极与教育部门和大中专院校、职业学校联系挂钩，定向为乡镇企业第三产业培养所需人才。各级乡镇企业教育培训机构，在制定培训计划、确定招生对象、安排教学内容等方面，应考虑第三产业发展的需要，相应增加第三产业的比重。各级乡镇企业主管部门要根据第三产业不同行业的特点，组织开展各种类型的培训活动，普遍提高管理人员和职工队伍的业务素质。乡镇企业第三产业的科技和管理人员的职称评定应与工业企业同等对待，各类技工的等级考核评定，可参照有关标准由省（区、市）乡镇企业主管部门统一组织进行。

7. 深化企业改革。要建立完善适应社会主义市场经济体制的要求，不断完善和优化企业经营机制，使企业真正成为自主经营、自负盈亏、自我约束、自我发展的经济实体。继续坚持和完善承包经营责任制。乡村集体兴办的旅游公司、房地产开发公司、金融机构、劳动就业服务机构、储运公司、批发市场以及其他有一定规模的企业，应坚持集体承包经营为主，实行经理负责制，小型、微利和亏损企业，可以实行个人或合伙承包，也可以向个人出租或出售。积极推行股份合作制和股份制。按照社会化大市场、大流通、大服务的要求，积极推进各种形式的联合，发展集团化经营。

8. 强化乡镇企业主管部门的管理职能。乡镇企业第三产业是乡镇企业的有机组成部分，应与乡镇企业第一、二产业统筹规划，加强管理。各级人民政府乡镇企业行政主管部门是乡镇企业第三产业的主管部门，要切实履行《中华人民共和国乡村集体所有制企业条例》所赋予的“指导、管理、监督、协调、服务”的职能，在当地党委、政府的领导下，组织制定和实施乡镇企业第三产业发展规划，会同有关部门研究制定扶持、引导乡镇企业第三产业发展的政策措施；参照有关规定制定乡镇企业第三产业的管理办法和行业标准，监督检查企业执行国家法律、法规和政策；指导企业完善经营机制，加强企业管理；在项目论证、资金筹措、人才培训、技术进步、经营管理、市场信息等方面加强服务，努力为乡镇企业第三产业的发展创造有利条件。各级乡镇企业主管部门要把乡镇企业第三产业工作列入重要工作议程，根据工作需要建立管理机构，健全管理体系，以适应乡镇企业第三产业的大发展。

全国乡镇企业示范区命名暂行办法

农业部

第一章　总　则

第一条　为指导和带动乡镇企业适当集中、连片发展，总结、推广各地通过乡镇企业小区建设，节省资源，提高效益的经验，促进乡镇企业持续、高效、稳定、健康发展，特制定本暂行办法。

第二条　本暂行办法适用于全国乡镇企业示范区命名活动（以下简称命名活动）的申报、评选和管理。

第三条　命名范围：从已有的乡镇企业集中、连片建设成功的小区（含工业小区、工贸小区、商贸小区等）中择优命名。以乡（镇）、村行政区内小区为主要命名对象，跨乡（镇）集中连片发展的乡镇企业小区也可参加。

第二章　申报条件

第四条　凡申报“全国乡镇企业示范区”者必须具备以下条件：

1. 小区建设有组织管理机构，有科学、合理的小区建设发展规划，已形成小区经济发展优势；

2. 乡镇企业发展成绩明显，在当地具有明显的示范作用；

3. 小区建设与小城镇（小集镇）建设相结合，交通、通信、水电等基础设施完备；

4. 小区内企业布局合理，产业结构符合国家产业政策。乡镇企业第三产业的发展和促进剩余劳动力的转移成绩突出；

5. 小区内企业管理良好，产品质量稳定合格；

6. 小区建设注意环境保护，有必要的环境保护设施及措施；

7. 近两年来无重大责任伤亡事故（重大责任伤亡事故系指企业生产过程中出现的安全责任事故，自然灾害及人为破坏性事故除外）；

8. 注重精神文明建设，注重基础教育工作，小区内农民整体素质有明显提高。

第三章　评选条件和评分办法

第五条　评选条件由基础条件和辅助条件两个部分组成，其评分系数分别为 0.6 和 0.4；最终得分计算公式：最终得分 = 基础条件实际得分 ×0.6 + 辅助条件实际得分 × 0.4。

第六条　基础条件包括以下内容：

1. 乡镇企业利税总额：基本分 20 分，基本指标 5000 万元，凡超过（减少）500 万元者增加（减少）2 分；

2. 乡镇企业规模：基本指标达到 5000 万元产值的企业 2 个（或产值达到 1 亿元的企业 1 个，以此类推），基本分 20 分，凡超过 1 个增加 2 分；

3. 乡镇企业总产值：基本指标 5 亿元，基本分 20 分，凡超过（减少）5000 万元者增加（减少）2 分；

4. 乡镇企业固定资产原值：基本分 20 分，基本指标 1 亿元，凡超过（减少）1000 万元者，增加（减少）2 分；

5. 小区基础建设投资额：基本分 20 分，基本指标 3000 万元，凡超过（减少）500 万元者，增加（减少）2 分。

第七条　凡基础分实际得分不足 70 分者，不得申报。

第八条　中西部地区可根据本地区实际情况，适当放宽基本条件标准。

第九条　辅助条件包括以下内容：

1. 小区所在地农民人均年收入：基本指标 1500 元，基本分 20 分，凡增加（减少）150 元者，增加（减少）2 分；

2. 小区所在地乡镇企业第三产业总收入占小区所在地乡镇企业总收入的比率，基本指标 30%，基本分 20 分，凡增加（减少）3 个百分点者，增加（减少）2 分；

3. 小区所在地当地非农产业就业人数占小区所在地农村劳动力的比率，基本指标 40%，基本分 20 分，凡超过（减少）4 个百分点者，增加（减少）2 分；

4. 小区所在地乡镇企业总产值占本行政区内社会总产值的比率，基本指标 60%，基本分 20 分，凡增加（减少）5 个百分点者，增加（减少）2 分；

5. 乡镇企业外贸出口交货额：基本指标 500 万元人民币，基本分 20 分，凡超过（减少）50 万元者，增加（减少）2 分（本条对中西部地区可以不加考核，直接得 20 分）。

第十条　小区所在地系指小区载体（乡镇、村）。根据实际情况，一个小区一个载体或多个小区共用一个载体均可。

第四章　申报命名程序

第十一条　凡具备第二章申报条件者均可申请参加命名活动。

第十二条　由乡镇企业小区管理部门填写“全国乡镇企业示范区”命名申请书。

第十三条　全国乡镇企业示范区由省、地（市）、县（市）乡镇企业主管部门逐级审核申报。

第十四条　命名活动的初审工作由省级乡镇企业主管部门负责。其主要职责是：

1. 按照本暂行办法第二章的申报条件，负责参评申报书的汇总和综合平衡；

2. 按本暂行办法第三章负责命名活动的计分、初审工作；

3. 填写全国乡镇企业示范区评分表；

4. 对所申报的示范小区进行抽查；

5. 在初审排队的基础上负责向命名活动评审委员会办公室择优推荐；

6. 申报材料包括省级乡镇企业主管部门所推荐申报的，拟命名“全国乡镇企业示范区”的申请书和评分表。

第五章　组织机构

第十五条　“全面乡镇企业示范区”评审委员会办公室设在农业部乡镇企业局。

第十六条　“全国乡镇企业示范区”由农业部命名。

第十七条　命名结果在有关报刊上公布，并组织力量搞好全国乡镇企业示范区的宣传工作。

第十八条　命名活动每三年进行一次。对已命名的示范区由农业部组织复审，复审不合格者给予限期整改和撤销其称号的处罚。

第六章　其　他

第十九条　命名活动要坚持高标准、严要求，求实公正，不徇私情。弄虚作假者撤销称号，并取消下一次评选资格。

第二十条　参加命名活动的有关工作人员，要公正廉洁，不得以权谋私，索贿受贿。对违反国家有关规定者给予行政、经济处罚，触犯刑律者要追究法律责任。

第七章　附　则

第二十一条　本暂行办法由农业部乡镇企业局解释。

第二十二条　本暂行办法自发布之日起施行。

一九九四年七月二十九日

乡镇企业东西合作示范工程方案

农业部

一、目的和原则

改革开放以来，我国农村经济的发展取得了举世瞩目的成就，但也存在一些突出的困难的问题，其中一个重要方面是，中西部地区与东部地区之间的经济发展差距很大，这种差距的一个明显表现是乡镇企业发展的差距。中西部地区农村人口占全国农村总人口的三分之二，1994 年乡镇企业产值仅占全国乡镇企业总产值的三分之一。加快发展中西部地区乡镇企业，关系到全国特别是中西部地区人民生活达到小康水平战略目标的顺利实现，关系到整个国民经济的发展和社会稳定。根据《中共中央、国务院 1994 年农业和农村工作的意见》（中发〔1994〕4 号）中关于“组织实施乡镇企业东西合作示范工程，推动地区间的经济合作”和中央政治局会议通过的 1995 年工作要点提出的“引导东部地区乡镇企业改善结构，提高产品质量和经济效益，积极扶持中西部地区乡镇企业”的要求，决定组织实施《乡镇企业东西合作示范工程》（以下简称《工程》）。

这项《工程》是引导东部地区乡镇企业改善结构调整，积极扶持中西部地区乡镇企业，推进全国乡镇企业均衡发展，从而逐步缩小地区间差距的示范工程。实施《工程》要根据建立社会主义市场经济体制的要求，坚持因地制宜、优势互补、经济互利、风险共担、共同发展的原则，以经济效益为中心，以企业为合作主体，以项目为合作基础。合作范围包括东部与中西部、中部与西部地区间的经济技术合作。合作对象指省际的乡镇企业与乡镇企业、乡镇企业与科研单位、大专院校、国有大中型企业及其他企业之间的合作。合作项目以发展农副产品、矿产品等资源和原料加工业，以及高新技术产业、出口创汇等项目为重点。合作内容主要包括资金、设备、资源、技术、管理、人才、信息、劳务等方面。合作可以采取多种方式进行，既可采用股份合作制或股份制的方式，也可采用联合、联营或独资的方式。

二、目标和任务

《工程》的主要目标是：通过《工程》的示范和导向作用，全面推动乡镇企业东西合作，促进东部地区的先进技术、雄厚的经济实力、科学管理等优势与中西部地区丰富的原材料、能源和劳动力资源优势广泛地结合起来，提高中西部地区乡镇企业的技术素质、管理水平和经济效益，变资源优势为经济优势，推动中西部地区乡镇企业进一步发展和农村经济的振兴，加快农村剩余劳动力的就地转移和农民收入水平的提高，逐步缩小地区间的经济差距。同时，也为东部地区乡镇企业加快产业结构调整、产品更新和提高经济效益拓宽路子，达到东、中、西部地区乡镇企业优势互补、共同发展与提高的目的。

1995 年至 2000 年是组织实施《工程》和全面推进乡镇企业东西合作的关键时期。这个时期《工程》的主要任务是：

（一）根据国家产业政策、区域优势和效益，确立 1000 个东西合作示范项目，为中西部地区乡镇企业的发展与提高起示范和导向作用。

（二）国家科委的“星火计划”“火炬计划”项目在同等条件下，应优先支持乡镇企业东西合作示范项目。由国家科委和农业部共同在中西部地区乡镇企业组织推广 1000 项经省、部级以上鉴定、成熟的新技术、新产品，其中一半以上的项目要形成一定的经营规模。

（三）在充分协商的基础上，组建 100 对对口双边合作市、县，为发展乡镇企业开展经济、技术、商贸、劳务等合作。

（四）采取各种形式（包括代培养、带班学习或中西部就地培训等），为中西部地区培养 1 万名技术骨干和厂长，造就一批懂技术、会管理、善经营的乡镇企业人才。

（五）开展干部交流。根据《工程》实施需要，在原有基础上进一步扩大东、中、西部地区间的干部交流。

三、优惠条件和保障措施

（一）各级人民政府和有关职能部门要切实加强对乡镇企业东西合作的领导和支持。中西部各省（区）要创造良好的合作环境，制定能够吸引合作对象的优惠政策，并简化审批手续。东部各省（市）要把支持加快发展中西部地区乡镇企业作为一项重要任务。

（二）农业部根据国民经济发展总体规划和《国务院关于加快发展中西部地区乡镇企业的决定》（国发〔1993〕10 号）的要求，制定《工程》总体规划、实施细则并组织实施。各省（市、区）要根据本方案要求，结合各地的实际情况，制定本地区东西合作规划，提出具体目标、政策、措施、示范项目及分年度执行计划并积极组织省际、省内发达地区与欠发达地区间不同层次、不同范围的合作，全面推进乡镇企业的发展与提高。

（三）建立全国乡镇企业东西合作示范工程项目库，为《工程》提供有效的信息咨询服务。

（四）自1995年起，每年在新增的乡镇企业贷款中安排一定数额（不少于5亿元）用于实施《工程》项目。按照项目管理的要求，由农业部根据国家产业政策负责协调；农业银行按贷款管理规定评估论证，按贷款审批权限审查决策，按项目安排资金。

（五）中央财政和地方各级财政每年用于支持乡镇企业的资金应优先安排东西合作示范工程项目；各级财政要安排一定数额的专项经费用于示范项目主要管理人员、技术骨干的培训和《工程》项目库建设。

（六）鼓励发展外向型经济，鼓励吸引外资，增加出口创汇。对示范项目中高科技和外向型乡镇企业，符合条件的要赋予进出口经营权。

（七）建立《工程》考核制度，定期表彰、奖励为实施《工程》做出突出贡献的地区、部门、企业和个人。

一九九五年一月十五日

全国乡镇企业东西合作示范区管理办法（试行）

农业部

第一章　总　则

第一条　为促进中西部地区乡镇企业的发展，全面贯彻落实中共中央、国务院关于“组织实施好乡镇企业东西合作示范工程，推进地区间的经济合作”精神，根据《乡镇企业东西合作示范工程》方案及有关规定，制定本办法。

第二条　本办法适用于经中华人民共和国农业部批准命名的全国乡镇企业东西合作示范区。

第三条　全国乡镇企业东西合作示范区从中西部地区已建和在建的布局合理、因地制宜、节省资源、连片开发的乡镇企业工业小区中择优命名。

第二章　目标和任务

第四条　示范区建设的中心任务是通过东西合作实现生产力要素的合理流动、优化配置，带动和推进地方经济的振兴，加快中西部地区乡镇企业的发展。

第五条　示范区经过3～5年的建设，应达到如下指导性经济指标：

1. 乡镇企业销售收入10亿元以上。
2. 乡镇企业利税总额过亿元。
3. 乡镇企业总产值占示范区内社会总产值的80%以上。
4. 示范区内农民年人均收入达到沿海经济发达地区农民人均纯收入平均水平。

第六条　示范区的建设要充分发挥当地经济优势，为中西部地区乡镇企业发展起到示范和导向作用。

第七条　示范区要搞好规划，搞好基础设施建设，落实优惠政策。积极扩大合作领域，使之成为对外开放的窗口。

第八条　示范区要以经济效益为中心，优先发展高新技术产业，逐步建立现代企业管理制度。发展规模经济，组建企业集团。

第九条　示范区要注重社会效益和环境效益，注重物质文明和精神文明建设。

第十条　示范区要与小城镇建设相结合，促进城乡一体化。

第十一条　示范区要有效地增加当地农民的收入，成为农民脱贫致富奔小康的样板。

第三章　组织和管理

第十二条　示范区要有专门的领导管理机构，负责示范区的规划、建设和经济发展。建立示范区管理制度，逐步实现示范区管理工作规范化和标准化。

第十三条　示范区既要有长远规划，又要有年度发展计划。规划要实事求是，因地制宜，根据自己的优势和条件，注重科学性和可行性，节省土地，合理利用资源。坚决避免不切实际的盲目攀比和一哄而上。

第十四条　逐步完善基础设施建设。争取在批准后的 1 ~2 年内实现通信程控化，交通网络化，供电、供水能力协调发展。基础设施的建设要面向未来，科学合理。

第十五条　加大第三产业的发展力度，逐步完善社会化服务体系，争取在批准后的 1 ~2 内第三产业总收入占乡镇企业总收入的比率达 25% 以上。

第十六条　示范区内乡镇企业要合理布局，符合国家产业政策。重点培植一批骨干企业（特别是东西合作企业），要在 1 ~2 年内形成 1 ~2 个利税总额达到 500 万元以上的企业。积极发展具有地方特色的名、特、优、新产品和外向型经济。

第十七条　示范区内乡镇企业要加快产权制度改革的步伐，通过股份制或股份合作制、联合、联营、兼并、租赁、拍卖等方式，逐步发展集约化经济。

第十八条　示范区乡镇企业要严格按国家标准组织生产，要逐步与国际通用标准接轨。坚决杜绝假冒伪劣产品。

第十九条　注重环境保护，有必要的环境保护设施及措施，对造成环境污染、违反国家环保法规的企业要限期整改。

第二十条　改善劳动条件，注重安全生产，保障职工的合法权益。

第二十一条　建立年检报告制度。示范区管理机构每年 1 月份向省级乡镇企业主管部门和国家乡镇企业主管部门报告上一年度示范区的建设情况。省级乡镇企业主管部门定期对示范区的建设情况进行检查指导，审核年检报告，提出示范区发展的建议。年检报告应包括以下内容：

1. 企业发展及效益情况；
2. 东西合作项目进展情况；
3. 基础设施改造建设情况；
4. 科技、质量、环保、安全生产情况；
5. 农村剩余劳动力转移和农民纯收入增长情况；
6. 扶持政策落实情况；

7. 存在的主要困难、问题和建议。

第二十二条 对经济效益、社会效益、环境效益较差，起不到示范作用的撤销示范区称号。

第二十三条 各级乡镇企业主管部门要加强对示范区建设的领导，会同有关部门落实发展示范区的政策，保障示范区的健康发展。具体职责如下：

1. 协调落实赋予示范区的各项优惠政策；

2. 审定示范区发展规划，制定示范区管理制度，并建立示范区档案和数据库；

3. 审查示范区年检报告并对示范区建设做出综合性评价；

4. 检查示范区管理办法的落实情况，对起不到示范作用的示范区提出整改意见，向国家乡镇企业主管部门提出撤销示范区称号的建议；

5. 会同有关部门对示范区的质量、安全、环保等工作进行定期检查和指导；

6. 与有关部门协商解决、协调合作过程中出现的经济矛盾和问题，保护合作双方的合法权益；

7. 为示范区的企业牵线搭桥，逐步扩大合作范围；

8. 总结推广示范区建设及东西合作工作的经验；

9. 表彰、奖励对示范区建设有突出贡献的个人和企业；

10. 完成上级主管部门交给的其他管理任务。

第二十四条 示范区所在市、县政府应制定相应的优惠政策，有效改善投资环境，以利于示范区建设和招商引资。

第四章 附 则

第二十五条 本办法自公布之日起实施。

第二十六条 本办法由农业部解释。

一九九五年六月十二日

农业部
关于引导乡镇企业集中连片发展和加快乡镇企业小区建设的若干意见

为贯彻中共中央、国务院关于乡镇企业要因地制宜，合理布局，建设工业小区，集中连片发展，要和小集镇建设相结合及加快乡镇企业经济增长方式的转变的要求，提出以下意见：

一、充分认识乡镇企业集中连片发展和小区建设的重要意义

引导乡镇企业适当集中连片发展和加快小区建设，有利于调整农村产业结构，加快农村二、三产业的发展；有利于乡镇企业提高规模效益、投资效益；有利于节约土地和环境保护；有利于加快农村剩余劳动力转移，推动农村小城镇建设；有利于加强对乡镇企业的管理和服务。乡镇企业适当集中连片发展和小区建设是“九五”期间实现我国乡镇企业转变经济增长方式，推动乡镇企业上规模、上档次、上水平，提高经济效益，加快农村工业化、城市化、现代化步伐的战略措施。各级乡镇企业行政主管部门要进一步加强对引导乡镇企业适当集中连片发展和加强、加快乡镇企业小区建设重要性的认识。要积极向同级党委和政府汇报本地区引导乡镇企业适当集中连片发展和小区建设的规划和目标，争取党委和政府的支持与重视。

二、进一步明确乡镇企业集中连片发展和小区建设的指导思想、基本原则和发展方向

今后一个时期，乡镇企业集中连片发展和小区建设的指导思想是：根据中共中央“九五”建设要求，通过乡镇企业集中连片发展和小区建设，发展资源节约型经济，提高资源利用率；改善基础设施条件，提高基础设施投入综合效益；发挥区内人才、技术、资金、信息聚集优势，提高规模效益和小区所在地工业化、城市化水平。

乡镇企业集中连片发展和小区建设的基本原则是：坚持实事求是，量力而行；坚持因地制宜，因势利导；坚持合理规划，有序发展；坚持经济效益、社会效益和环境效益三者的统一。只要符合国家产业政策和国家经济发展规划，就要允许发展和建设，不受行业、地域和所有制的限制。重视、支持个体私营经济在乡镇企业集中连片发展和小区建设中的作用。

乡镇企业集中连片发展和小区建设的方向是：

1. 产业结构：经济欠发达地区以劳动密集型和资源加工型为主，优先发展农副产品加工、采矿、建筑建材业。经济发达地区以技术密集型和资金密集型为主，优先发展轻纺加工、机械电子、高科技、高出口创汇产品。各地都要重视和优先发展乡镇企业第三产业。

要形成以拳头产品为龙头，骨干企业为核心，把技术起点高，专业化程度高，产品批量大，竞争能力强的区域优势产业与乡镇企业集中连片发展和小区建设相结合。在乡镇企业集中连片发展和小区建设中，一是要考虑现有产业结构的特点、潜力和发展前景；二是要考虑本地区的资源优势和其他生产要素；三是要符合国家的产业政策，避免地区间产业结构趋同化；四是要考虑环境对产业选择的限制。

2. 基础设施：交通、通信、供水、供电、供气、仓储、环保、绿化、商业应向综合配套方向发展。经济欠发达地区乡镇企业集中连片发展的小区内要逐步达到通水、通路、通电、通信和平基地的“四通一平”。经济发达地区乡镇企业集中连片发展的小区内要有良好的基础设施和通信条件，要逐步实现集中供电、供热、供水、排水及废水处理。

3. 社会化服务：要与小城镇建设相结合，小区内文化、教育、出版、体育、卫生、科研、金融、运输、商业、服务、餐饮、旅馆、娱乐业等要逐步配套发展。

检验乡镇企业集中连片发展和小区建设工作的重要标志是：是否增加农民收入，促进农村实现小康；是否调整和优化农村产业结构，加强了乡镇企业在农村的主导地位；是否节约土地，有利于提高资源利用效率和投资效益；是否增加吸纳农村剩余劳动力，加快农村小城镇建设。

三、因地制宜，合理布局，搞好规划

引导乡镇企业集中连片发展和小区建设是一项跨世纪的工程，要制定科学、合理的发展规划。规划要按照农村工业化、城市化、现代化的要求，正确处理好远期和近期、发展和现实、需要和可能的关系。小区建设既要选择地势好、交通和通信便利、能源充足、临近资源的地方，也要充分考虑建在荒山、荒地、荒坡上，充分节约土地。要集中力量，建一片，用一片，成一片，不允许搞“跑马圈地”。小区内基础配套设施建设要优先安排，特别是水、电、路、通信要首先解决，对文化、教育、卫生、住宅、商业等服务设施也应统筹考虑，妥善配置。小区建设要从实际出发，充分发挥本地的资源优势、区位优势、产业优势、市场优势。提倡多样化，不搞单一模式。

四、分类指导，处理好集中布局与分散布局的关系

东部地区乡镇企业集中连片发展和小区建设要加快发展，加快提高，主要在原有基础上通过集中连片发展和小区建设，改善投资环境，以适应“九五”期间乡镇企业面向国内、国际两个市场的发展需要。在中西部经济发展相对落后的地区，不少乡镇企业尚处于起步阶段，仍要坚持两条腿走路，一方面引导乡镇企业适当集中连片发展，努力改善投资环境，提高经济效益；另一方面还要保持适当的分散发展，加快总量增长，使其成为今后乡镇企业集中连片发展和小区建设新的凝聚点和增长点，以适应中西部地区农村经济发展的需要。

五、抓好基础设施建设的投入

基础设施建设是乡镇企业集中连片发展和小区建设的关键，基础设施建设投资渠道应多样化，其中农民自筹、企业自筹是主要方面，国家信贷也应向乡镇企业集中连片发展和小区建设倾斜，尤其是对小区内的水、电、路、通信建设，应在资金方面给予重点扶持。在国家法律、法规和政策许可范围内，允许集体、个人投资兴建和经营小区基础建设项目，按照“谁投资，谁所有，谁经营，谁受益”的原则，分享投资和经营利益。另外，经有关部门批准，每年应从乡镇企业新增税金部分中提取一定比例的资金，作为小区基础设施建设专用基金。

六、制定优惠政策，加强管理和服务，为乡镇企业集中连片发展和小区建设创造良好的外部环境

要在国家允许的范围内，最大限度地创造良好的政策环境。目前各地对乡镇企业集中连片发展和小区建设都有一些切实可行的政策，起到了很好的推动作用，各级乡镇企业部门要不断充实、完善。要加强对乡镇企业集中连片发展和小区建设的领导，已经建立的乡镇企业小区要成立管委会，明确一名政府领导专门负责，保证集中连片发展和小区建设工作有序进行；要把管理和服务结合起来，既要加强行政管理，加强规划和协调，也要用经济的办法来管理，有条件的地方，可以积极探索小区管理企业化、商业化的路子；要加强扶持力度，各地应在土地使用、税收、信贷、项目审批、出口贸易、流通体制、户籍管理、社会保障制度等方面制定优惠政策；要加强行政主管部门的组织领导和服务，各级乡镇企业局应有专门机构和专职人员负责这项工作。

七、搞好乡镇企业示范区管理

1994 年，农业部开展了全国乡镇企业示范区命名活动。首批公布的 50 个示范区是在全国范围内不同类型地区和不同条件下涌现的乡镇企业小区，通过择优申报、评审、命名产生的，具有一定的代表性，基本上反映了当前全国乡镇企业集中连片发展和小区建设的先进水平。命名示范区的目的，是通过示范区建设，创立经验，树立不同类型的模式和样板，以点带面，进一步推动和引导各地乡镇企业适当集中连片发展和乡镇企业小区建设，带动和促进全国乡镇企业整体水平的提高。示范区应真正成为：发展经济，增强活力的示范；科学规划，有序发展的示范；深化改革，增强活力的示范；技术进步，上规模上水平的示范；两个文明建设一起抓，两个文明双丰收的示范。因此，示范区的建设应充分体现其示范性、先进性、科学性。各级乡镇企业管理部门要进一步做好示范区建设的扶持、服务和管理工作，有关乡镇企业集中连片发展和小区建设的改革政策应安排在示范区试验试行；有关的合作项目要优先安排到示范区内。

农业部
一九九六年一月十二日

农业部关于印发《乡镇企业行政执法办法》的通知

农企发〔1997〕12 号

各省、自治区、直辖市、计划单列市及新疆生产建设兵团乡镇企业局：

为了切实加强乡镇企业行政管理部门的执法工作，规范其行政行为，我们制定了《乡镇企业行政执法办法》，现印发给你们，请认真贯彻执行。希望各地按照“健全制度、加强管理、提高素质、严格执法”的要求，坚持“公平、公正、高效、廉洁”的原则，健全乡镇企业行政执法制度，强化执法监督；完善执法程序，规范执法行为；加强执法教育，实行持证上岗，切实做到有法必依、执法必严、违法必究，把乡镇企业行政管理部门的执法工作提高到一个新水平。

农业部

一九九七年十一月二十四

乡镇企业行政执法办法

第一章　总　则

第一条　为了加强乡镇企业行政管理部门的执法工作，规范其行政行为，根据《中华人民共和国乡镇企业法》（以下简称《乡镇企业法》）、《中华人民共和国行政处罚法》《中华人民共和国行政诉讼法》《农业行政处罚程序规定》等有关法律和规章，制定本办法。

第二条　本办法所称乡镇企业行政执法，是指乡镇企业行政管理部门及其执法人员为执行《乡镇企业法》和其他有关乡镇企业的法律、法规和规章，按照法定程序而实施的具体行为。

行政处罚权由县级以上（包括县级）人民政府乡镇企业行政管理部门行使。

第三条　乡镇企业行政管理部门及其执法人员必须坚持以事实为依据、以法律为准绳和法律面前人人平等的原则，做到有法必依、执法必严、违法必究，准确、及时地制止、纠正和查处各种违反乡镇企业法律、法规的行为。

第四条　乡镇企业行政管理部门依法行使执法权，不受其他机关、社会团体和个人的非法干预。

第二章　执法机关和执法人员

第五条　乡镇企业行政执法机关是县级以上人民政府的乡镇企业行政管理部门。乡级人民政府乡镇企业行政管理部门进行行政执法，应由县级人民政府乡镇企业行政管理部门授权。

第六条　乡镇企业行政执法机关的职责是：

（一）宣传、贯彻《乡镇企业法》和其他有关乡镇企业的法律、法规和规章；

（二）制定有关乡镇企业的规章制度或者向立法机关提出完善乡镇企业法律、法规的意见和建议；

（三）对违反乡镇企业法律、法规的单位或者个人做出处罚决定；

（四）管理、监督乡镇企业行政执法人员的执法工作；

（五）监督、检查下级乡镇企业行政管理部门的行政执法工作；

（六）组织乡镇企业系统有关法律、法规的培训和考核；

（七）总结、交流乡镇企业行政执法工作的经验；

（八）法律、法规和规章赋予的其他行政执法职责。

第七条　乡镇企业行政执法人员是各级人民政府乡镇企业行政管理部门的负责人和从事法律、法规工作的人员。

第八条　乡镇企业行政执法人员必须具备下列条件：

（一）坚持四项基本原则，遵纪守法；

（二）掌握并严格执行有关乡镇企业的法律、法规以及政策；

（三）注重调查研究，实事求是，秉公执法，不徇私枉法；

（四）经过专业培训并取得乡镇企业行政执法资格。

第九条　乡镇企业行政执法人员在履行执法职责时，有权在法律、法规和规章规定的范围内对违反乡镇企业法律、法规和规章的单位或者个人进行调查和取证；有权向案件涉及的单位或者个人进行必要的调查和取证。

第十条　对违反乡镇企业法律、法规和规章的行为，乡镇企业行政执法人员有权制止或者责令行为人改正，有权向乡镇企业行政执法机关提出纠正和查处的意见和建议。

第十一条　乡镇企业行政执法人员依法执行公务时受法律保护。

对于以暴力、胁迫或者其他方法阻碍执法人员执行公务的单位或者个人，依法提请有关部门给予相应的处分。

第十二条　乡镇企业行政执法人员在执行公务时，涉及本人的亲属或者案件的处理与本人有利害关系的，应当回避。

第三章　行政执法的范围

第十三条　乡镇企业行政执法机关对下列行为之一的单位和个人，有权责令改正，对于给乡镇企业造成经济损失的，有权要求当事人依法赔偿：

（一）非法改变乡镇企业所有权的；

（二）非法占有或者无偿使用乡镇企业财产的；

（三）非法撤换乡镇企业负责人的；

（四）侵犯乡镇企业自主经营权的；

（五）非法改变乡镇企业行政管理关系的；

（六）乡镇企业不承担支援农业义务的；

（七）乡镇企业不依法登记备案的；

（八）违反乡镇企业法律、法规和规章的其他行为。

第十四条　对于向乡镇企业摊派或者非法收费、罚款、集资的单位和个人，乡镇企业行政执法机关应当联合有关部门进行查处，并责令责任人停止其行为，限期归还有关财物，对直接责任人员，可以根据情节轻重，给予相应的行政、经济处罚。

乡镇企业行政执法机关应当会同有关部门对涉及乡镇企业收费、罚款和集资的项目进行审查并进行登记。对没有法律、法规依据的收费、罚款和集资项目，乡镇企业行政执法机关有权停止其收费、罚款和集资的行为，并限期归还有关财物。对有关责任人员，可视其情节提请有关部门给予处分。

第十五条 对于乡镇企业违反国家有关产品质量、环境保护、土地管理、自然资源开发、劳动安全、税收等法律、法规的行为，乡镇企业行政执法机关可以责令其改正。已经形成违法事实的，有关部门在查处时，乡镇企业行政执法机关可以给予必要的支持与协助。

第四章 行政执法的工作程序

第十六条 乡镇企业行政执法工作按照统一领导、分级管理的原则，根据乡镇企业行政管理部门的工作关系，分工立案。

农业部负责查处全国范围内有重大影响的和认为应当由农业部查处的案件；省级人民政府乡镇企业行政管理部门负责查处本行政区域内有重大影响的案件和行政复议案件；市、县级人民政府乡镇企业行政管理部门负责本行政区域内一般的案件。

第十七条 上级乡镇企业行政执法机关有权受理应当由下级乡镇企业行政执法机关受理的案件，也可将应由自己受理的案件指定下一级乡镇企业行政执法机关受理。

第十八条 对于违反乡镇企业法律、法规和规章的行为，任何单位和个人均有权向乡镇企业行政执法机关检举和控告。

各级乡镇企业行政执法机关应当重视并充分发挥社会舆论和群众监督作用，为保障群众行使检举、控告违反乡镇企业法律、法规和规章行为的权利提供安全有效的举报设施，以保护检举人、控告人的合法权益。

第十九条 乡镇企业行政执法机关接到检举和控告后，应当在15日内对控告和检举材料进行审查。

审查的内容包括：

（一）检举、控告材料中是否有明确的行为人（包括机关、组织和个人）；

（二）检举、控告所反映的情况是否可靠；

（三）检举、控告所反映的当事人的行为是否应追究法律责任；

（四）是否应由本级、本部门管辖等。

第二十条 经过审查，对于属于乡镇企业行政执法范围的，乡镇企业行政执法机关应当立案受理；对于不属于乡镇企业行政执法范围的，应当做出解释并可以移交有关部门处理。

第二十一条 乡镇企业行政执法机关和执法人员在执法过程中发现的属于乡镇企业行政执法范围的违法行为，应当在15日内立案。

对于不属于乡镇企业行政执法范围，但是涉及侵犯乡镇企业合法权益或者乡镇企业有违法生产经营行为的，应当及时向有关部门反映。

第二十二条 乡镇企业行政执法人员需要跨行政区域进行调查、取证等执法活动时，当地乡镇企业行政执法机关应当积极配合，不得以任何方式维护本地区的不正当利益。

第二十三条 执法人员调查处理乡镇企业行政执法案件时，应当向当事人或者有关人员出示执法证件。有执法标志的应当佩戴执法标志。

第二十四条 乡镇企业行政执法机关的调查、取证等执法活动应由2名以上执法人员共同进行。

调查、取证过程中，调查人员应注意做好调查笔录。

第二十五条 调查、取证应当取得与案件有关的证据，包括书证、物证、视听资料、证人证言、当事人陈述、鉴定结论和勘验笔录等。

第二十六条 调查人员应当制作调查报告。调查报告的内容包括：

（一）立案依据；

（二）违法事实；

（三）案件性质；

（四）有关人员责任；

（五）被调查者态度；

（六）处理意见；

（七）调查人员和时间等。

第二十七条 经调查取证，在事实清楚、证据确凿的基础上，乡镇企业行政执法机关应依法对案件的当事人做出相应的行政处罚，并制作行政处罚决定书。

行政处罚决定书应当载明违法事由、处理依据、处理决定、当事人提请行政复议或者提起诉讼的期限和受理机关等内容。

行政处罚决定书由做出行政处罚的乡镇企业行政执法机关负责人签署。

第二十八条 行政处罚案件终结后，执法人员应当制作行政处罚结案报告，并将全部案件材料立案归档。

上级交办的行政处罚案件办理终结，承办单位应当将案件的处理结果向交办单位报告。

第五章 行政处罚的执行

第二十九条 行政处罚决定书应由被送达人或者被送达单位签名盖章，并注明签收日期。

如果被送达人不在或者拒绝签收，可由其成年家属或者所在单位负责人代为签收，或者在其他有关人员见证下由送达人、见证人签名或者盖章，并注明拒收原因。

第三十条 对乡镇企业行政执法机关做出的处罚决定不服的单位或个人，可以在接到处罚决定书之日起15日内，向做出行政处罚决定的上一级乡镇企业行政执法机关申请行政复议，复议机关应当在收到复议申请之日起两个月内做出复议决定。

逾期不申请行政复议或者复议申请被驳回的单位或者个人必须执行处罚决定，乡镇企业行政执法机关负责人监督执行；拒不执行的，乡镇企业行政执法机关可以向人民法院申请强制执行。

第三十一条 复议申请人不服复议决定的，可以在收到复议决定之日起15日内向人民法院提起诉讼。

复议机关逾期不做出决定的，申请人可以在复议期满之日起15日内向人民法院提起诉讼。

第三十二条 公民、法人或者其他经济组织的合法权益受到乡镇企业行政执法人员做出的行政处罚行为侵犯造成损害的，有权请求赔偿。

依据前款所提赔偿请求，应当先由该执法人员所在的乡镇企业行政执法机关解决。对乡镇企业行政执法机关的处理决定不服的，可以在接到处理决定书之日起 15 日内向人民法院提起诉讼。

第六章　执法证的核发与管理

第三十三条　执法证由农业部统一制定，由省级以上乡镇企业行政管理部门负责发放。

第三十四条　执法证实行定期检验制度。

执法证的定期检查由核发机关组织实施，并将检验情况报农业部。

第三十五条　乡镇企业行政执法人员违反规定使用执法证的，经查证属实，由其所在单位给予批评教育，情节严重的由发证机关收回其执法证，并给予相应的处分。

第三十六条　乡镇企业行政执法人员调离乡镇企业执法工作岗位，应将执法证交回发证机关。

第三十七条　执法证不得涂改、伪造或者转借他人使用。

乡镇企业行政执法人员如遗失执法证，应立即向原发证机关挂失，声明作废后，办理申请补发执法证的有关手续。

第七章　奖励与惩处

第三十八条　各级乡镇企业行政执法机关对符合下列情况之一的执法人员，可以根据国家有关规定给予精神鼓励和物质奖励。

（一）在宣传、贯彻乡镇企业法律、法规和规章工作中成绩显著的；

（二）制止和纠正违反乡镇企业法律、法规和规章的行为，产生良好社会影响的；

（三）维护乡镇企业合法权益，成绩突出的；

（四）在执法工作中避免或者挽回重大损失的；

（五）其他需要奖励的。

第三十九条　乡镇企业行政执法人员做出具体的行为侵犯公民、法人或者其他经济组织的合法权造成损害的，由该行政执法人员所在的乡镇企业行政机关负责赔偿。

第四十条　乡镇企业行政执法人员有失职、徇私枉法行为的，视其情节轻重和因此而造成的后果，由有关部门给予相应的处分。

第八章　附　则

第四十一条　本办法由农业部负责解释。

第四十二条　本办法自发布之日起施行

一九九九年十一月九日

农业部　建设部　国土资源部
关于促进乡镇企业向小城镇集中发展的通知

农企发〔2001〕18 号

各省、自治区、直辖市及计划单列市乡镇企业局、建设厅（建委）、国土资源厅：

为深入贯彻落实党的十五届三中、四中、五中全会和《中共中央国务院关于促进小城镇健康发展的若干意见》精神，积极引导乡镇企业向小城镇集中发展，促进我国工业化、城镇化和现代化进程，现就促进乡镇企业向小城镇集中发展的有关事项通知如下：

一、充分认识乡镇企业向小城镇集中发展的重大意义

促进乡镇企业合理聚集、健康发展，是当前城乡经济社会经济结构战略性调整的一个重点。乡镇企业向小城镇集中发展，可以从根本上改变乡镇企业布局分散和重复建设的问题，有利于生产要素合理流动，科学配置；有利于发挥集聚效应和投资效益，节约土地和资源；有利于加快第三产业发展，更大规模地转移农村富余劳动力；有利于集中治理污染，解决环境保护和可持续发展问题；有利于加强对乡镇企业的管理和社会化服务体系的建立健全；有利于加强小城镇的建设与发展，逐步改变我国城乡分割的二元化结构。

各地要充分认识乡镇企业向小城镇集中发展的重要性、必要性和紧迫性，抓住机遇，开拓进取，扎实工作，制定扶持政策，适时引导乡镇企业向小城镇集中，对乡镇企业布局进行一次战略性调整。要把这项工作作为当前和今后一个时期发展乡镇企业和小城镇的一项重要任务，切实抓紧抓好，抓出成效。

二、进一步明确乡镇企业向小城镇集中发展的指导思想和发展目标

促进乡镇企业向小城镇集中发展的指导思想是，以党的十五届三中、四中、五中全会精神为指导，认真贯彻落实中共中央、国务院关于促进小城镇健康发展的有关方针政策，通过乡镇企业向小城镇集中，发挥集聚效应，以先进技术优势和规模经济优势，推动乡镇企业布局调整和小城镇发展，促进我国工业化、城镇化和现代化建设。

“十五”期间，乡镇企业向小城镇集中发展的目标是，努力提高企业聚集度：东部地区达到40%，中部地区达到30%，西部地区达到25%。到2015年，乡镇企业聚集度提高到60%以上，乡镇企业营业收入的70%来自小城镇内的各类乡镇企业。

检验乡镇企业向小城镇集中发展工作的标志：一是农民生活水平明显改善，农民收入明显增加；二是形成具有地区特色的主导产业和具有一定市场占有率的名、特、优、新产品，经济效益明显提高，农村经济结构优化调整；三是节约土地和资源，生态环境得到明显改善；四是吸纳农村富余劳动力的能力得到加强；五是服务功能逐步完善，工业化和城镇化步伐明显加快。

三、严格遵循乡镇企业向小城镇集中发展的基本原则

促进乡镇企业向小城镇集中发展主要应遵循下列原则：

一是坚持实事求是，因势利导的原则。乡镇企业分散布局有其历史的、社会的成因，由分散走向集中是一个循序渐进的过程。要尊重客观规律，尊重农民和企业意愿，根据本地农村经济和社会发展的实际情况、发展水平和潜力、现有乡镇企业的数量和规模，采取切实可行的方法措施，因势利导，积极推进。要坚决杜绝不顾客观条件，采取行政命令，强制搬迁，加重农民和企业负担的作法。

二是坚持因地制宜，分类指导的原则。各地乡镇企业发展不平衡，经济环境也不同。因此，要以市场需求为导向，以提高经济效益为中心，从实际出发，根据当地乡镇企业发展水平、经济基础、区位特点和资源条件，引导有条件的乡镇企业进行布局调整。要正确处理合理集聚与分散布局的关系。对于乡镇企业发展水平相对落后的地方，要坚持逐步完善基础设施条件，努力改善投资环境。新建企业和有条件的老企业要尽可能进入小城镇。鼓励偏远地区异地到小城镇兴办乡镇企业。支持科技型企业、外向型企业、有规模效益和有特殊行业要求的企业向小城镇集中。

三是坚持规模适度，有序发展的原则。要符合小城镇发展的总体部署，注重向中心镇、重点镇和经济比较活跃的地区集聚，确保与整个小城镇的发展相协调。要注重原有基础上的发展与提高，处理好全面发展与重点建设的关系，突出重点，突出地方特色，注重实效，合理布局。防止不切实际，盲目攀比，铺摊子，扩规模。防止村村、乡乡都搞工业园区的低水平重复建设。进入小城镇的乡镇企业要符合国家产业政策和发展规划，大力培育地方特色产业、支柱产业、支撑企业和知名产品。要充分发挥本地区的资源优势、区位优势和市场优势，注重节约土地、节约资源、保护环境，推动一、二、三产业，人口、资源和环境、经济与社会协调发展。

四、努力推动乡镇企业向小城镇集中发展的各项工作

促进乡镇企业向小城镇集中发展，要认真做好以下工作：

（一）*制定科学合理的建设规划*。乡镇企业向小城镇集中要根据当地乡镇企业的发展基础、自然资源及劳动力情况、市场状况等，统筹规划，科学论证，合理安排；要坚持可持续发展的方针，综合协调生产与生活、经济建设与资源环境保护、近期建设与长远发展的关系。乡镇企业向小城镇集中建设规划要与当地小城镇建设规划、交通建设规划相结合，与土地利用总体规划、环境保护规划相衔接。企业用地选址要符合土地利用总体规划，注意节约用地和保护耕地，尽量利用荒丘、荒坡、荒地及其他非耕地、空闲地。要选择企业比较集中、基础设施条件较好、便于工业“三废”综合治理的区域，避免大量企业搬迁。要集中力量，建一片，用一片，成一片。要因地制宜，切实可行，防止贪大求洋和乱铺摊子。要严格按照规划组织实施，切实维护规划的严肃性、权威性和延续性。

（二）*着力加强基础设施建设*。既考虑现阶段生产、生活的需要，也考虑经济持续发展的需要，保证基础设施能力满足小城镇内企业扩大再生产和城镇不同阶段经济、社会、文化发展的需要。经济欠发达地区，要逐步达到通水、通路、通电、通信和平整土地“四通一平”；经济发达地区，要具备良好的基础设施和通信条件，要逐步实现集中供电、供热、供水、排水及废水处理。基础设施建设要运用市场机制，逐步建立起政府、集体、个人共同投资的多元化投入机制，充分调动全社会建设小城镇的积极性。倡导统一规划下的业主开发和企业开发。采用股份合作、资产收益抵押等多种融资方式，引导、鼓励中外企业、集体、个人特别是农民及社会各方面以多种形式参与基础设施和公用设施的投资、建设、管理和经营。有条件的地方，可以按照有关规定组建基础设施和公用设施建设投资公司，按照规范化的有限责任公司和股份有限公司模式运作，实行“谁投资，谁所有，谁经营，谁受益”的原则，分享投资和经营利益。对有收益的基础设施，可合理确定服务价格，实行有偿使用。鼓励相邻地区共建、共享某些基础设施，降低开发成本，提高投资效益。

（三）采取优惠的政策措施。各地要制定优惠政策，引导乡镇企业合理布局，鼓励乡镇企业向小城镇集中发展。对在小城镇投资兴办的乡镇企业，在一定期限内免征城镇建设配套费，在企业登记、税收、信贷、市场融资等方面给予倾斜。这些乡镇企业的职工，在小城镇有固定住所的，可以在小城镇落户，并根据本人意愿保留其土地承包经营权，也允许依法有偿转让。兴办第三产业的乡镇企业，可以享受国家关于税收和经贸方面的优惠政策。同时要发挥市场对资源配置的基础性作用，引导乡镇企业合理集聚。通过完善基础设施建设，加强服务，减轻企业负担等措施，吸引乡镇企业向小城镇集中。除少数不适宜在小城镇兴办的企业外，原则上农村新办企业都要建在小城镇。有条件的地区，要利用技术改造、扩建、重组等时机，推动现有分散布局的企业向小城镇逐步集中，特别是老企业的技术改造项目和传统产业的结构调整项目要逐步向小城镇转移。严禁国家产业政策禁止的项目、淘汰落后项目和污染环境项目进入小城镇。鼓励有条件的优势乡镇企业进入城镇兼并、收购小企业，组建企业集团，实现低成本快速扩张。

（四）培育主导产业和特色产品。必须十分重视发挥地区产业优势和规模骨干企业的作用。正确处理劳动密集型和资源加工型产业与技术密集型、资本密集型产业的关系。经济欠发达地区应以劳动密集型和资源加工型产业为主，以发展农副产品加工为主线，适当发展技术密集型产业；经济发达地区在大力开发技术密集型和资本密集型产业的同时，也要办好劳动密集型产业。要正确处理传统产业与高新技术产业的关系，把改造提升传统产业同发展高新技术产业结合起来。加快发展规模型、科技型、外向型和农业产业化型企业。重视和优先发展乡镇企业第三产业。按照地区经济发展水平和资源优势，选择和发展当地具有相对优势，在市场上具有一定竞争力的产业和产品，提高专业协作水平，培育和形成具有地方特色的主导产业，避免产业结构和产品结构趋同。

（五）依法解决建设用地。乡镇企业向小城镇集中建设用地要纳入当地土地利用总体规划，在严格执行规划和节约用地、切实保护耕地的前提下，保证乡镇企业向小城镇集中发展的必要用地。要在规范管理的基础上，推行土地置换和新增耕地指标折抵政策，切实解决乡镇企业发展用地。在土地利用总体规划的控制和指导下，推进建设项目补充耕地与土地开发整体复垦项目挂钩制度，实现耕地占补平衡，为乡镇企业向小城镇集中发展创造有利条件。加强农村集体产权制度建设，规范集体土地使用权行为，促进乡镇企业建设用地优化配置和集约利用。采取统一规划、统一征地、统一开发、统一出让的方式，加强乡镇企业建设用地管理，提高土地利用率和利用效益。

五、切实加强对乡镇企业向小城镇集中发展工作的领导

引导乡镇企业向小城镇集中，把发展乡镇企业与小城镇有机结合起来，促进工业化和城镇化协调发展，是党中央、国务院的一项战略决策。要切实加强领导，科学规划，精心组织实施。各地要在党委、政府的领导下，采取优惠政策引导，运用市场机制手段，引导小城镇以外的乡镇企业加快集中。各级乡镇企业、建设、国土资源行政管理部门要认真做好指导、组织、服务和协调工作，与财政、金融、税务、工商、交通、环保、技术监督、电信电力等部门密切配合，通力合作，各司其职，各负其责，努力创造良好环境，支持、促进乡镇企业向小城镇集中。乡镇企业行政管理部门对本区域企业负有建设、开发、服务和管理的职责，要积极协调有关部门，制定扶持政策，营造良好的外部环境。同时，鼓励异地办企业，对于跨地区迁入小城镇的企业，保持隶属关系不变，所有制性质不变，允许在一定时期内统计渠道不变，税费交纳渠道不变。要改进和完善服务制度，强化服务功能，提高服务效率，简化手续，规范审批行为。鼓励发展人才培训、市场信息、物业管理、行业协会等各类为企业服务的中介组织，融管理于服务之中，降低企业生产成本。要坚决制止乱收费、乱检查、乱摊派的违规行为，切实减轻企业负担。要坚持勤政、廉洁、高效的原则，做到办事公开、公正、公平，逐步实现小城镇建设与管理的规范化、制度化、法制化。

二〇〇一年八月二十八日

关于加强乡镇企业科技园区建设和管理的意见

农业部

为进一步贯彻中共中央、国务院《关于加强技术创新，发展高科技，实现产业化的决定》，促进乡镇企业大力发展高新技术产业，并向科技园区集中，加强乡镇企业科技园区的建设和管理，促进乡镇企业科技园区健康发展，提出以下意见：

一、充分认识加强乡镇企业科技园区建设和管理的重要意义

1999 年农业部开展创建全国乡镇企业科技园区活动以来，共创建 150 个全国乡镇企业科技园区。至 2000 年底，全国乡镇企业科技园区实现销售收入 2563 亿元，实现增加值 628 亿元，实现利税 280 亿元，其中高新技术产品实现销售收入 855 亿元，园区内企业技术创新投入占园区销售收入的比例达到 4.08%。实践表明，发展乡镇企业科技园区有利于优化乡镇企业的布局结构，克服以往存在的村村点火、户户冒烟所带来的种种弊端；有利于在基础设施、政策扶持及社会化服务等方面创造一个适宜创业的发展环境，促进资金、技术、人才、管理等生产要素的聚集；有利于政府转变职能，加强对乡镇企业宏观调控和管理，促进乡镇企业高新技术及其产业的发展，提高乡镇企业产品的科技含量，优化乡镇企业的产业产品结构；有利于充分利用公共设施，节约使用土地，保护环境，促进小城镇建设。但一些地方在科技园区建设上仍存在规划设计不完善、入园企业科技水平不高、园区布局不合理等问题。因此，加强对乡镇企业科技园区的建设和管理，引导乡镇企业大力发展高新技术及其产业，对于尽快优化乡镇企业的结构，提高乡镇企业的整体素质，增加乡镇企业的竞争力具有重要的战略意义。各级乡镇企业行政管理部门要高度重视对乡镇企业科技园区的建设和管理，加强规划，协调落实有关政策，采取有力措施，促进乡镇企业科技园区快速健康发展，成为带动整个乡镇企业发展和提高的重要载体。

二、明确乡镇企业科技园区建设和管理的指导思想、指导原则、任务及目标

（一）指导思想

乡镇企业科技园区建设和管理要坚持以市场为导向，以制度创新和技术创新为动力，以培育高新技术产业和拳头产品为重点，坚持经济效益、环境效益和社会效益相统一，科学规划，合理布局，综合开发，滚动发展，充分发挥对周边乡镇企业的示范和辐射带动作用。

（二）指导原则

1. 规范性原则。坚持高起点、高标准规划和建设原则，做到资源共享和可持续发展。

2. 布局合理原则。坚持合理布局，以县域为基本单元，根据经济、合理、效益的原则，统筹规划布局，防止低水平重复建设。

3. 协调原则。坚持乡镇企业科技园区与所在地城镇建设总体规划相协调原则，做到相互促进，共同发展。

4. 突出高新技术及产业的原则。科技园区要以发展高新技术及其产业化为重点，提高乡镇企业的整体技术水平和竞争力。

5. 带动性原则。乡镇企业科技园区的建设，要突出对周边地区的辐射和带动作用，实现科技的以点带面、全面发展。

（三）任务及目标

通过创建乡镇企业科技园区，引导乡镇企业积极发展高新技术企业，并适度集中连片发展；提高高新技术产业在乡镇企业中的比重，优化乡镇企业产业结构，增强乡镇企业竞争力。计划用5年左右的时间，在全国培育300个乡镇企业科技园区，使之成为21世纪乡镇企业中最具有发展潜力和竞争力的经济增长点，为全国乡镇企业技术创新提供良好的示范作用。到“十五”末，经批准创建的全国乡镇企业科技园区应达到以下目标：

（1）东部地区园区内企业销售收入不低于20亿元，中西部地区不低于12亿元，其中，高新技术产品销售收入不低于35%。

（2）园区内企业技术创新投入占园区内企业销售收入的比重不低于2%，其中高新技术企业不低于4%。

（3）园区内高新技术企业和科技型企业应构建稳定的技术依托单位，其中30%的企业建立技术开发机构。新产品、新技术、新工艺应用面达到50%以上，拥有自主知识产权的产品不低于15%。

（4）园区内企业专业技术人员占企业职工人数的比重不低于15%。

（5）园区基本实现管理现代化，服务手段、技术创新服务体系基本配套，实现清洁生产和环境达标。

三、切实搞好园区规划

科学规划是保证科技园区高质量发展的前提。乡镇企业科技园区应以县（市）为基本单元进行统一规划，以条件具备的乡镇为单位进行布局；鼓励突破行政区域限制，发展跨区域的科技园区，一般不再以行政村为单位进行布局，要按照先规划、后建设，一次性规划到位，分步实施的方针，做好规划布局。科技园区建设规划要结合区域经济发展的基础和特点，纳入小城镇建设规划或城市建设规划，并与当地经济社会发展计划、土地利用总体规划、环境保护规划相衔接；与深化土地使用制度改革、调整产业结构、发展外向型经济相结合。要委托有资质的专业规划设计部门，本着节约土地、环境优美及科学性、前瞻性的原则，做好园区产业布局、生活布局、消防、道路、绿化、供排水、排污等专项规划和控制性规划。

四、努力为科技园区创造一个良好的政策环境

依法采取积极的土地政策。将科技园区建设用地规划纳入当地城市建设统一规划，保证乡镇企业科技园区发展的必须用地。要集中力量，开发一片，建成一片，节约用地，提高土地使用效率。推行土地置换和新增耕地指标折抵政策，园区用地除了在国家下达的指标内安排外，还可在土地整理或复垦净增面积按规定折抵的建设用地指标内安排。科技园区建设占用耕地在乡镇难以实现占补平衡的，可以通过土地行政主管部门在本县（市、区）或本省范围内有偿异地调剂。在尊重农民意愿的前提下，按照“等质等量，就近方便”的原则，进行土地互换，促进土地使用权的合理流转，优化配置土地资源。

在地方财力许可的情况下，县市财政在地方税收及增值税地方留成中给予入园企业减免或返还优惠。减少各种规定收费，各种规定收费（如城市建设维护费、城建配套费、土地出让金等）地方财政留成可以部分或全部返还园区管委会，用于园区基础设施开发建设。

鼓励企业跨市、跨乡镇落户工业园区。对市（县）区域内跨乡镇迁入乡镇企业科技园区的企业，经县（市）、区批准，允许在一定期限内保持隶属关系不变，统计渠道不变，税费返回原乡镇。加快推进乡镇企业贷款担保机构建设，积极兴建中介性服务组织，努力解决乡镇企业贷款难的问题。在条件成熟的地区，要引进国内外风险投资机构、金融机构和社会个人在园区创建高新技术风险投资公司及信用担保机构，构建多元化的投融资体系。各级乡镇企业行政管理部门要加强协调工作，落实国家已经制定的扶持高新技术发展的各项优惠政策及其他已制定的政策。

五、把发展高新技术及产业作为重要任务

在“十五”期间，乡镇企业科技园区要把健全企业技术创新机制、发展高新技术产业作为重要任务。要按照农业部印发的《关于大力推进乡镇企业技术创新的意见》及《“十五”乡镇企业科技进步纲要》的要求，逐步建立以企业技术开发中心为主要形式的企业技术创新体系，发展高新技术及其产业。

确定主导产业。乡镇企业科技园区的建设应结合园区规划的产业布局规划，坚持高起点、高标准、高质量，注重超前性、示范性和导向性，合理选择主导产业。要以电子信息、机电一体化、新材料、生物技术与生物制药等高新技术产业为发展重点，培育出一批以资金、技术和知识密集型为主体的科技先导型企业，逐步提高技术密集型产业的比重。注重利用电子技术改造传统产业，重点应用计算机控制技术、数字技术、自动控制技术和网络技术对传统支柱产业进行改造。各地应集中必要的财力、物力，使投资重点向乡镇企业科技园区内的高新技术企业倾斜，以加快乡镇企业高新技术及产业的发展。各级乡镇企业行政管理部门应积极引导乡镇高新技术企业向科技园区集中，把乡镇企业科技园区建成乡镇企业高新技术产业发展的聚集地。

六、抓好园区运行机制的创新

（一）切实搞好园区基础建设

在乡镇企业科技园区建设过程中，应按照市场经济规律，充分发挥市场机制的基础调节作用，积极探索和建立多元化的乡镇企业科技园区建设投入机制，坚持“谁投资、谁所有、谁受益”的原则，多渠道筹措科技园区建设资金。科技园区建设实行政府引导、多元投资、综合开发、滚动发展，鼓励和吸引企业、个人、外商以多种形式参与科技园区的基础设施建设。各级乡镇企业行政管理部门应加强协调，积极争取各级财政对乡镇企业科技园区建设的支持。

（二）实行规范化管理

在乡镇企业科技园区建设和运行过程中，要逐步建立健全规章制度，实行规范化管理。一是建立园区物业管理制度。以园区为单位对基础、公用设施实行全过程物业管理，坚持优质、高效服务，降低运营成本，提高经济效益。二是建立项目管理制度。对进入科技园区的项目进行规划、论证和筛选，优先高新技术企业、科技型企业及国家重点支持的高新技术产业化项目发展用地，在财政贴息、金融担保等方面给予优先支持。要把好入园企业关，污染环境、从事有毒有害及危险品生产的企业不能入园，高耗能企业及国家产业政策限制发展的产业或产品要严格控制，一般也不能入园。三是督促科技园区内企业建立健全规章制度。包括质量管理、现场管理、财务管理、安全卫生环保管理、设备管理等管理制度，提高企业的管理水平。

（三）提供优质服务

乡镇企业科技园区可成立园区企业服务中心，为企业代办项目审批、土地征用、供水供电、通信通邮、环境整治等项目手续，提高办事效率，简化审批手续。严格禁止对企业的乱收费行为，公开收费项目、收费依据、收费部门、收费标准、收费范围，实行集中统一收费。合法收费应通过园区规定的渠道统一实施，任何部门和单位不得直接向园区内的企业收费。园区物业管理及后勤服务可以采取市场化运作的方式，提高办事效率，降低管理成本。完善与高新技术企业营运有关的服务体系建设，包括金融、律师、会计师、市场营销、租赁公司、设备供应商等，提高企业的营运效率。

（四）加强招商引资力度，解决企业资金困难

招商引资是科技园区发展的关键环节，要通过完善政策，吸引更多的企业入园。招商引资要因地制宜，与国际惯例接轨，注重引进先进装备和高新技术。园区应加强信息化建设，建立网络平台，应用信息网络扩大园区的辐射力，加大网上招商引资的力度。

努力解决园区内企业贷款难的问题。各地应积极向金融部门推荐有发展前景的高新技术企业，并加强与有关部门的协调，设立直接面向园区的金融办事机构。有条件的地方可设立贷款担保基金、高新技术风险投资基金、财政贴息专项资金，进一步完善高新技术及科技型企业发展的融资服务体系。

七、加强科技力量和技术支撑体系建设

（一）建立健全技术开发机构和保障体系

鼓励和支持乡镇企业科技园区内的高新技术企业加快建立健全技术开发机制，加大对技术创新的投入，建立开发机构，大力培养、引进技术创新所需的专业管理技术人才，不断研制开发出有市场前景、有竞争力的新产品、新工艺、新技术。要把自主创新同引进、消化、吸收国内外的先进技术结合起来，尤其要加强对引进技术消化、吸收基础上的创新，形成有自主知识产权的主导产品和核心技术。切实提高企业市场反应能力、协调运用资源能力及自主创新能力。建立健全服务于乡镇企业的科技信息、技术评价、技术经纪等中介机构和服务网络，及时为乡镇企业技术创新提供有效的服务。积极鼓励科技管理人员到乡镇企业科技园区创业。对科研院所、大专院校的科技人员，以科研成果或关键技术参与园区内项目实施和科技企业建设的，经评估，给予一定比例的技术入股。

科技园区要在投融资体系、知识生产者的价值评估、产权分配等方面加大改革力度，使之建设成为高新技术企业孵化基地和技术人才的创业基地。可以在园区内建立“高新技术孵化器”，对经筛选进入孵化基地的企业，在租房购房、金融信贷、财政税收等方面给予特殊优惠扶持，催生高新技术尽快完善、成熟并实现商品化和产业化。

（二）走“产学研”相结合的路子

鼓励和支持科技园区内的企业与高等院校、科研院所的联合与协作，根据优势互补、利益共享的原则，建立技术协作机制，走“产学研”相结合的道路。积极促进园区内企业与大专院校、科研单位通过科技成果转让、委托开发、联合开发、共建技术中心和科技型企业等，开展多种形式的“产学研”联合。积极扶持乡镇企业与科研机构联合兴建实（试）验基地、技术开发中心、开放实验室及博士后工作站等。通过走“产学研”相结合的路子，加快科技成果的转化速度，提高乡镇

企业的技术创新能力。各级乡镇企业行政管理部门应组织多种形式的“产学研”合作对接活动，培育技术创新服务机构，发挥社会各种技术中介组织的功能，为企业提供质量诊断、技术咨询、产品调研、成果转让、难题招标、人才服务等多种形式的技术创新服务。

（三）壮大科技园区人才队伍

通过引育结合，迅速壮大科技园区内乡镇企业人才队伍。贯彻农业部、人事部印发的《关于进一步鼓励人才向乡镇企业流动的通知》，鼓励科技人员到园区领办、合办企业，采取专职与兼职相结合的形式，根据绩酬挂钩的原则，采用高工资、高津贴等手段，吸引高科技人才入园，以弥补乡镇企业科技园区人才的不足。各地要把教育培训作为提高乡镇企业科技园区内人员整体素质的重要途径，把专业技术人才的开发利用放在人才资源开发的首要位置，把职称评定和职业技能鉴定工作作为推动科技园区乡镇企业人才资源开发的重要手段。要充分利用现有的各种教育资源，开展对乡镇企业各层次人员学历教育、继续教育及技术培训；发挥企业在职工教育和培训中的重要作用；加强对科技园区内企业管理者进行现代企业管理知识培训，努力建设一支高素质的企业管理者的队伍。在园区内创造一个有利于科技人才创新、创业的环境，努力创造一个有利于人才成长、吸引人才、使用人才、保护人才的环境和机制。

八、加强对科技园区的管理和领导

为加强对乡镇企业科技园区的管理，促使其不断提高管理水平，从 2002 年开始建立乡镇企业科技园区年度报告制度。科技园区应填报年度报告并报省级乡镇企业行政管理部门。省级乡镇企业行政管理部门每年 1 月底汇总后上报农业部乡镇企业局。加强对乡镇企业科技园区的跟踪管理，全国乡镇企业科技园区统一纳入省级乡镇企业行政管理部门的管理范畴。日常性的跟踪管理工作由省级乡镇企业管理机构负责。农业部将结合科技园区的年报情况对全国乡镇企业科技园区进行不定期抽查，对少数不具备条件、管理不善、在发展高新技术等方面成效不大的科技园区，经审查评估后，要限期达标；到期后仍达不到要求的，撤销其全国乡镇企业科技园区的称号。

各级乡镇企业行政管理部门要充分认识科技园区建设的重要意义，加强领导，制定规划，精心组织，落实各项政策，把乡镇企业科技园区工作抓紧抓好。乡镇企业行政管理部门是乡镇企业科技园区建设主管部门，具体负责园区建设的协调、指导等日常工作。要在地方政府统一领导下充分发挥职能作用，对园区管委会搞好指导服务，积极争取地方政府对乡镇企业科技园区发展的支持，研究制定并协调落实支持园区发展的政策措施，促进乡镇企业科技园区持续快速健康发展，为小城镇建设和国民经济的发展做出新贡献。

二〇〇二年一月二十二日

农业部　国家经济贸易委员会　国家发展计划委员会　财政部　监察部　国务院纠风办　审计署　关于印发《乡镇企业负担监督管理办法》的通知

农企发〔2002〕6号

各省、自治区、直辖市人民政府，国务院有关部门：

《乡镇企业负担监督管理办法》业经国务院减轻企业负担部际联席会议审议批准，现印发给你们，请认真贯彻执行。

二〇〇二年三月十八日

乡镇企业负担监督管理办法

第一章　总　则

第一条　为进一步加强乡镇企业负担监督管理，保护乡镇企业合法权益，推进乡镇企业改革和发展，根据《中华人民共和国乡镇企业法》《中共中央国务院关于治理向企业乱收费、乱罚款和各种摊派等问题的决定》等有关规定，制定本办法。

第二条　本办法所称乡镇企业负担是指：除依法向乡镇企业征收税收之外，各级人民政府及其所属部门、事业单位、各社会团体以及垄断性行业向乡镇企业收取行政事业性收费、政府性基金（包括各种基金、资金、附加和专项收费，下同）、政府性集资、罚款、摊派和其他要求乡镇企业提供人力、财力和物力的行为。

第三条　由国家经贸委牵头，国家计委、财政部、农业部、监察部、国务院纠风办和审计署组成的国务院减轻企业负担部际联席会议负责全国乡镇企业治乱减负的工作指导、监督检查和组织协调，研究提出减轻乡镇企业负担的政策。对乡镇企业负担的监督管理实行农业（乡镇企业管理）、经贸、计划（物价）、财政、监察、纠风和审计等部门，按照各自职能，互相配合、齐抓共管的工作机制。国务院减轻企业负担部际联席会议办公室是国务院减轻乡镇企业负担工作的办事机构，负责全国乡镇企业治乱减负的日常工作。县级以上地方人民政府减轻企业负担联席会议（领导小组）负责本行政区域内减轻乡镇企业负担工作。

第四条　各级减轻企业负担联席会议（领导小组）协调各成员单位在乡镇企业治乱减负工作中履行以下职责：

（一）负责监督检查有关乡镇企业负担的法律、法规和政策的执行；

（二）负责监督乡镇企业优惠政策的落实；

（三）受理涉及增加乡镇企业负担的投诉、举报，查处违法违规增加乡镇企业负担的案件；

（四）依法对违反国家法律法规和国务院的有关政策规定，增加乡镇企业负担的单位及其责任人员、不履行或不正确履行乡镇企业负担监督管理职责的单位及其责任人员进行查处；

（五）负责乡镇企业负担监督管理的其他工作。

第二章　监督管理

第五条　向乡镇企业的行政事业性收费项目和收费标准，必须按隶属关系分别报财政部、国家计委或省、自治区、直辖市人民政府审批，重要的报国务院审批。各省、自治区、直辖市人民政府审批的收费项目和收费标准，必须分别征得财政部和国家计委同意。

向乡镇企业收取行政事业性收费，必须出示物价部门核发的收费许可证，并填写企业交费登记卡，按照财务隶属关系分别使用财政部或省、自治区、直辖市人民政府财政部门统一制发的行政事业性收费票据。

第六条　向乡镇企业实施罚款，必须严格按照国家法律法规的规定执行。

执罚单位应出示合法的执法证件，制作并送达法律文书，按照财务隶属关系分别使用财政部或省、自治区、直辖市人民政府财政部门统一印制的罚没票据。

第七条　向乡镇企业实施政府性集资，必须依据国家法律法规和国务院的政策规定进行，按照财务隶属关系分别使用财政部或省、自治区、直辖市财政部门统一印制的政府性集资票据。

第八条　向乡镇企业收取的政府性基金，必须按照规定报财政部会同有关部门审批，重要的报国务院审批。按照财务隶属关系分别使用财政部或省、自治区、直辖市财政部门统一印制的政府性基金票据。

除经国务院或财政部批准设立的政府性基金，其他任何地区、部门和单位不得向乡镇企业征收政府性基金。

第九条　对乡镇企业进行经济检查，必须依照国家法律法规及国务院政策规定和省、自治区、直辖市人民政府的规定进行，严格遵守《控制向企业经济检查暂行办法》的规定。

第十条　国家法律法规、国务院政策规定给予乡镇企业的减免税、退税、减息、低息贷款等优惠政策措施，以及各级人民政府根据国家法律法规制定的优惠政策措施，有关单位必须认真贯彻执行。

第十一条　向乡镇企业颁发有关证照和生产经营许可证，必须依照国家法律法规的规定办理，有关部门和单位不得推诿刁难，不得借机要求购买指定商品或接受指定服务，不得要求乡镇企业重复办理各种证照。

第十二条　各类社会中介机构接受行政机关委托对乡镇企业进行检验、审查审核、咨询、评估等，其费用由委托单位支付，不得向乡镇企业收取任何费用。

第十三条　禁止下列利用行政职能或垄断地位增加乡镇企业负担的行为：

（一）要求提供赞助、资助、捐献；

（二）要求承担不应由乡镇企业开支的各种费用；

（三）要求参加评优、评先活动；

（四）要求提供担保；

（五）要求参加法律、行政法规规定外的保险；

（六）要求订购报纸、杂志、书籍、音像制品或刊登广告等；

（七）要求参加不必要的会议、培训、学术研究、技术考核、学会、协会、研究会等；

（八）要求出资编写名录、年鉴、大全、画册及拍摄影像资料；

（九）将行政职能转移到事业单位或中介机构，变相向乡镇企业收取费用；

（十）借乡镇企业改制登记之机，任意改变乡镇企业类型以收取管理费等；

（十一）以办学、助学名义索要费用和财物；

（十二）限定乡镇企业购买指定的产品（服务），擅自提高商品（服务）的价格，要求乡镇企业无偿提供人力、财力、物力；

（十三）拒不执行国家法律法规、国务院政策规定以及各级人民政府根据国家有关法律法规规定给予乡镇企业的优惠政策；

（十四）违反规定，增加乡镇企业负担的其他行为。

第十四条 行政事业性收费、政府性基金、政府性集资、罚款的收缴和使用，要严格实行收支两条线管理。

第十五条 建立减轻乡镇企业负担责任制。实行统一领导，分级负责。地方各级人民政府及主要负责人对本地区违反规定，加重乡镇企业负担的行为负责。

第十六条 乡镇企业要建立健全内部监督约束机制，严格执行各项财务会计制度，把交费项目列入财务统计科目。定期向职工代表大会或股东大会报告企业交费情况。

第十七条 在发生严重自然灾害、重大事故等紧急情况时，当地人民政府为抢险救灾向乡镇企业征用人力、财力、物力的，应依法给予一定的经济补偿。法律法规另有规定的，从其规定。

第三章 投诉、受理与处罚

第十八条 各级减轻企业负担联席会议（领导小组）办公室（下简称减负办）应设立乡镇企业负担监督举报电话（举报信箱或网址）。

第十九条 任何单位和个人都有权向各级减负办或者农业（乡镇企业管理）、经贸、计划（物价）、财政、监察、纠风、审计等部门投诉、举报向乡镇企业的乱收费、乱集资、乱罚款和各种摊派。受理的部门要为举报者保密，保护举报者的合法权益。

第二十条 有关部门在收到署名的投诉后，应在5个工作日内做出受理或不受理的决定。不予受理的应当视情况向投诉、举报者说明理由。对不属于本部门职责范围的应当移交有关部门办理。

第二十一条 有关部门对已经受理的投诉、举报，应当在30日内查清事实，做出处理，并视情况将处理结果答复投诉、举报者，同时告同级减负办备案；情况复杂的，时限可适当延长。

第二十二条 涉及两个以上行政部门的投诉、举报案件，由减轻企业负担联席会议（领导小组）指定其中一个部门负责组织调查处理，有关部门应当予以配合；对重要的投诉、举报案件，由减轻企业负担联席会议（领导小组）协调组织有关部门共同调查处理。

第二十三条 国务院减负办对重要案件实行督办制度，承办单位应在要求的时限内完成督办任务，不能按期完成的，应当向国务院减负办说明情况。

第二十四条 投诉、举报者对处理结果不满意的，可以向其上一级行政管理部门或减负办申请复查。

第二十五条　各级农业（乡镇企业管理）、经贸、计划（物价）、财政、监察、纠风和审计等有关部门，可以就加重乡镇企业负担的行为向有关部门、企业和个人进行调查。被调查的单位及个人必须如实提供情况，不得刁难和阻挠，不得打击报复投诉、举报者。

第二十六条　地方各级政府及其派出机构的决议、决定、规定、命令和其他文件违反国家法律法规和《中共中央国务院关于治理向企业乱收费、乱罚款和各种摊派等问题的决定》的规定，增加乡镇企业负担的，一律无效，并应当自行撤销；不自行撤销的，由上一级政府有关部门予以撤销。

第二十七条　各级减负办负责投诉、举报案件的督查工作。发现对投诉、举报案件的处理复查确有错误的，可以督促有关部门重新处理。

第二十八条　对违法违规增加乡镇企业负担的单位和个人，由减轻企业负担联席会议（领导小组）的有关部门责令停止违法行为，限期退还财物，对情节严重的依据《行政处罚法》和国务院《违反行政事业性收费和罚没收入则支两条线管理规定行政处分暂行规定》等有关规定予以处罚。对触犯刑律的，移交司法机关依法处理。

对违反本办法规定，给乡镇企业造成损失的，应依法承担赔偿责任。

第二十九条　对投诉、举报、抵制非法增加乡镇企业负担的单位和个人进行打击报复，或妨碍有关行政部门依法查处案件的单位和个人，给予行政处罚；对触犯刑律的，移交司法机关依法处理。

第三十条　减轻企业负担联席会议（领导小组）各有关部门和减负办不履行相应职责，拖延、推诿的，由同级人民政府或者上一级减轻企业负担联席会议（领导小组）给予通报批评，并追究有关人员的行政责任。

第三十一条　对投诉、举报和抵制非法增加乡镇企业负担的有功单位和个人，减轻企业负担联席会议（领导小组）可予以表扬。

第三十二条　被处罚的单位对行政处罚决定不服的，可以向上一级主管部门申请复查。在复查期间，不影响原处罚决定的执行。

第四章　附　则

第三十三条　本办法由国务院减轻企业负担联席会议办公室负责解释，各省、自治区、直辖市可根据本办法，制定相应的实施办法。

第三十四条　本办法自 2002 年 6 月 1 日起施行。

三、中共重庆市委、市人民政府文件

重庆市人民政府
关于继续大力发展乡镇企业若干政策问题的意见

重府发〔1988〕92号

各区、县人民政府，市级有关部门：

我市乡镇企业近几年有了较大的发展。一九八七年完成产值四十七亿一千三百万元，转移农村劳动力达到一百一十万人；已形成固定资产十三亿元。但是，自一九八六年以来，增长幅度开始低于全省平均水平，与省内外先进地区的差距越来越大，农村不富，将直接影响全市实现“小康”水平的大局。为此，全市各级政府和各部门必须从指导思想，宏观管理，配套改革等方面采取有力措施，推动我市乡镇企业进一步发展，以充分发挥其在全市经济建设中的积极作用。

一、必须继续坚持大力发展乡镇企业的指导思想

乡镇企业是我市国民经济的重要组成部分。发展乡镇企业是调整农村产业结构，增强农业发展后劲，促进农村富裕和实现农业现代化的客观要求，是建设中国特色社会主义的长期战略措施。我市各级政府和各部门应全面贯彻中央“积极扶持、合理规划、正确引导、加强管理”的指导方针，坚持大力发展的指导思想，把大力发展乡镇企业视为己任，作为振兴我市城乡经济的长期战略措施来抓。消除一切不利于乡镇企业发展的因素，同心协力，积极扶持乡镇企业的发展。

二、深化改革，不断增强企业活力

（一）继续推行承包经营责任制、股份制、租赁制。要认真按照重府发〔1986〕178号文《关于完善乡镇企业经营承包责任制的暂行规定》和重府行政规章〔1988〕3号文《重庆市乡镇企业租赁经营暂行办法》精神，根据各地企业的不同情况和存在的问题，采取切实可行的措施，重点解决承包指标单一，承包期短，企业留利过少，承包人选择缺乏竞争机制和政企职责不分等问题。对个人承包的乡镇集体企业，不能改变其所有制性质，经营管理上按集体所有制条件办的，作集体企业对待。在完善承包责任制的同时，集体企业要积极推行厂长（经理）任期目标责任制。

（二）乡镇企业，特别是长期微利和亏损企业，经资产所有者或代表机构决定，可实行公开招标，把企业资产承包、出租、转卖给有经营能力的单位和个人。

（三）积极推行股份合作制。对新办的合资、联营企业，可采用股份制形式。对原有的乡（镇）村办集体企业，应按重府发〔1987〕64号文《关于乡镇企业试行股份制若干问题的意见》精神，积极扩大股份制试点工作，在保证公有制前提下，向股份合作经济发展，促进“两权”分离，解决好企业与乡村的关系，调动经营者、投资者的积极性。

三、搞活信贷，多渠道筹集发展资金

发展乡镇企业的资金必须坚持自筹为主的方针，实行多渠道集资的办法。在乡镇企业中就普遍采取投资入股，以资代劳，以劳带资入股等多种办法，把社会闲散资金筹集起来用于发展乡镇企业。

（一）建立乡镇企业发展基金。各区县应认真检查市委、市政府一九八四年就明确的关于建立乡镇企业发展基金的规定的执行情况。已建立的应健全制度，管好用好，未建立的应尽快建立起来。从今年起，市财政每年拿出一百万元，用作市乡镇企业发展基金。市、区县应把收回的历年用作发展乡镇企业的财政周转金继续用作乡镇企业发展基金，并从每年用于农业的资金中划出一部分作为乡镇企业发展基金，由乡镇企业主管部门会同财政部门掌握，有偿扶持，周转使用。

（二）乡（镇）、村集体企业应建立职工养老保险制度。实行养老保险可先在有条件的乡村两级集体企业中由点到面地开展。养老保险金以企业和职工筹集为主，企业交纳部分按人均每月不超过五元进入成本。各级保险公司会同乡镇企业主管部门，可从乡镇企业职工养老保险金中安排一定比例，按借贷条件，以借贷方式用于乡镇企业扩大再生产。养老保险具体实施办法由市乡镇企业管理局会同市保险公司、市税务局拟定。

（三）各区县要认真贯彻中央财农两部颁发的乡镇企业财务制度和市财政局、税务局、乡镇企业管理局补充规定，确保企业税后留利不得少于60%，以增强企业自我积累和自我发展能力。

（四）银行、信用社对乡镇企业的信贷要立足于扶持，能变通的要变通，贷款条件要根据实际情况从宽掌握。在国家控制限额下，择优扶持。积极组织吸收存款实行多存多贷。

综合改革试点区县，可选择有条件的乡（镇）或县属区试办乡镇企业合作金融组织。

开户银行资金有困难，其他银行可以交叉向乡镇企业贷款，但不能多行立结算户头。

乡镇企业技术改造所需贷款，有关部门应纳入计划，银行按国家控制的技改、新建、扩建贷款规模审查发放。

“星火计划”项目应以乡镇企业为重点，所需贷款，银行应优先支持。

四、进一步实行税收优惠政策

（一）新办乡镇集体工业交通企业，除国家限制发展的产品和财政部规定不能免税的产品以外，从投产后取得销售收入的月份起，可免征产品税、增值税、营业税一至二年，所得税二年。

新办乡镇集体饮食、服务、修理行业，从取得收入的月份起，可免征营业税二年，所得税二年。

新办经营商业零售（包括批发）的乡镇集体商业和乡镇集体建筑安装企业，可免征所得税二年。

以上新办乡镇集体企业，免税期满以后，如纳税仍有困难，可按税收管理体制，报经批准给予一定的减税免税照顾。

（二）新建出口创汇的乡镇集体工业企业，从取得营业收入的月份起，免征产品税、增值税、营业税一至二年，免征所得税二年。免税期满后，纳税仍有困难的，按税收管理体制经批准可以给予定额或定期减免税照顾。

（三）乡镇集体工业企业生产出口创汇产品，出口销售额占全厂销售收入70%（含70%）以上的，其产品所创利润比上年度增加部分，可减半征收所得税。

（四）乡镇集体企业“三来一补”（来料加工、来件装配、来样加工、补偿贸易）项目，凡是外商、侨商和港澳台工商业者来料、来件部分占产品的原材料、辅助材料、零部件总值达到20%（含20%）以上的，对其产品复出口的免征产品税或增值税。对其加工、装配所得收入，从取得第一笔收入之月份起，免征营业税、所得税三年。

（五）城市企业与乡镇企业联合新办联营企业，从联营企业取得经营收入月份起，免征产品税、增值税、营业税一至二年，所得税二年。免税期满后，三年内允许城市企业从联营企业分得的利润中，税前提取50%做生产发展基金。

（六）城市企业与现有乡镇集体企业联合兴办联营企业的，以联营前乡镇企业实际完成的利润为基数，其新增的利润，可减半征收所得税二年，免税期满以后，三年内城市企业可以从联营企业分得的利润中，税前提取50%作为生产发展基金。

（七）对现有具备一定生产规模的骨干乡镇集体工业企业，可实行税收效益目标责任制，具体办法，由税务部门另定。

（八）乡镇集体工业企业的新技术开发和新产品试制，仍按市委渝委发〔1986〕9号文件执行。

（九）乡镇企业聘请科技、管理人员的工资、奖金按实列支，允许进入成本。

（十）乡镇集体企业职工评定专业技术职称后，增加的技术职务津贴，可以进入成本。

（十一）城市全民、集体企事业与乡镇联营的企业，原则上执行国营或城镇集体财务会计制度，也可以由联营双方商定，经区、县税务部门同意，执行乡镇集体企业财务制度。

（十二）继续完善计税工资与企业经济效益挂钩的办法。

（十三）乡镇集体企业奖金可按奖金税的计税工资标准发放四个半月（包括一九八八年增加的半个月，不包括劳动分红一个月，加班费放宽一个月和股份制企业按规定发给职工的股金分红），不计征奖金税。奖金税的减免按国务院有关规定办理。

（十四）市、区、县组织的乡镇企业目标管理评比考核奖励，市政府颁发证书的优秀产品、安全生产，供、销人员的一次性奖金，由市、区县政府发放的，可不计征奖金税。

（十五）对乡镇集体企业的减免税，要加强管理。减免的税款，一律转入“生产发展基金”作为国家扶持基金，由享受减免税待遇的企业专项用于扩大再生产和技术改造，不得参与企业分配和挪作他用，由税务部门监督使用。如果不按规定使用，税务部门可以取消该企业的减免税优惠，并追回已减免的税款。

五、鼓励乡镇企业出口创汇

乡镇企业生产的出口产品，除外贸部门收购外，企业可以采用其他合法形式出口。

市外贸部门应扶持建立乡镇企业出口基地。

乡镇企业创汇留成区县部分，应集中用于乡镇企业发展。

六、帮助解决必需的原燃材料供应

各级计划、物资和行业部门，要把对乡镇企业物资供应纳入工作范围。

凡列入计划的乡镇企业产品，在原材料计划上应有统筹安排。

对乡镇企业的名、特、优、新产品和出口创汇产品所需的原材料，应优先支持，给予照顾。

城镇企业的边角余料和废旧金属应优先供应乡镇企业。乡镇企业可与城镇企业开展各种原材料或边角余料的横向调节。

七、加强人才培训，鼓励人才流动，加快乡镇企业科技进步

（一）市、区县要尽快建立与完善人才培训基地，加强对各级管理人员的培训，经常进行各种专业训练，加快人才的开发。

（二）积极鼓励城市企业、事业、科研单位、大专院校和党政机关的科技人员、管理人员以及技术工人到农村联办、承包、租赁、领办乡镇企业。从事技术咨询、技术培训、技术开发和科研成果应用等项工作。派出人员单位可以技术入股形式参加分红。

（三）城市人员可以单位组织、调离、停薪留职、带薪留职、辞职等形式到乡镇企业工作，也可以到乡镇企业业余兼职服务。

（四）凡支援乡镇企业，按下列原则对待：

1. 城市单位与乡镇企业签订的支援项目。所派往乡镇企业的人员，除按规定享受原单位的工资福利待遇外，可从所得收入中提一定的金额，作为直接有关人员的奖励。单位按合同所得收入照章纳税后的纯收入可留作各种基金。

2. 以调离形式去乡镇企业的人员，所在单位应予支持。到乡镇企业工作，工资可上浮两级（承包、领办、租赁的按合同兑现）；其原所有制身份、城镇户口保留不变。

3. 以停薪（或带薪）留职去的，一般留职时间不超过四年；留职期间住房继续使用；如遇国家统一调资、评定专业技术职务，应与在职人员一视同仁，同等对待。

停薪留职人员按国家退休养老有关规定，在留职期间本人应向原单位交纳退休统筹金。

带薪留职人员，应按本人标准工资（基础工资与职务或岗位工资之和）每月向原单位交纳一定比例的续职金。

4. 辞职去乡镇企业的人员，单位应积极支持。在接本人申请后，一月内不答复视作同意；在乡镇企业工作期间工龄连续计算，户口在城镇的可保留，人事关系、档案转到企业所在地的主管部门，不占主管部门编制；原单位住房可继续使用两年。

5. 积极鼓励城市各类离、退休人员到乡镇企业从事各种服务活动，原单位不得干涉，应保证他们的退休金和劳保待遇。在乡镇企业工作期间发生工伤及死亡的费用，由用人单位负责。

距离、退休规定年龄尚差一至三年的人员（不含中小学教员）自愿去乡镇企业工作的，经本人申请，可提前办理离、退休手续，并享受国家规定的有关离、退休人员待遇。

6. 科技、管理、工程技术人员，在保证完成本职工作和不侵犯本单位经济、技术权益下，利用节、假日或补休、调休等业余时间为乡镇企业兼职（包括顾问、咨询等）服务的，收入归己；利用非业余时间兼职的，应经单位同意，并向单位交回所得收入，由单位奖励一部分给个人；利用本单位的设备、资料等为乡镇企业服务的须经单位同意，并付一定费用。

八、鼓励国家征地“农转非”的乡镇企业职工留在原企业工作

（一）因占地而转为非农业人员的乡镇企业职工，鼓励其留在原乡镇企业工作，有关“农转非”待遇不变。如因其所在企业破产或关闭，由原负责安置的区县乡镇企业局或乡（镇）政府的乡镇企业办公室负责调整到辖区内其他乡镇企业继续工作。

（二）继续留在乡镇企业工作的“农转非”人员，其工资福利待遇由接收安置的乡镇企业按县以上集体所有制同行业、同工种对待；需要调出的人员，其工资由调入单位按同年参加工作的大多数人的平均工资给予定级，工龄连续计算。

（三）根据谁接受“农转非”人员安置费，谁负责按国家规定发放退休金的原则，允许企业接受安置费。但“农转非”人员因常调动时应经有关单位协商后，随同划转安置费，确保退休金的发放。

九、健全和完善管理机构

（一）县辖区、乡（镇）设“乡镇企业办公室”，在行政上对全区、乡（镇）的所有乡镇企业进行指导、协调、监督、服务。编制由区县政府核定。工作人员属国家干部和国营企业职工的，其待遇不变；新进人员实行招聘，按事业人员对待，经费从管理费中开支。乡（镇）有条件的，可建立各种综合性或专业性的经营服务公司。

（二）大力发展联户、户办企业。对具备集体条件的联户办企业，应按乡镇集体企业对待。农村个体工商户由工商行政管理部门进行行政管理和业务管理，并由工商行政管理部门向乡镇企业管理部门提供有关统计资料。

（三）产值三十万元以上的村，应尽快建立管理机构，以加强对村办以下企业的管理，所需经费从收取的管理费中开支。

十、减轻乡镇企业负担

严禁向乡镇企业乱摊派、乱收费。凡违反国务院和省市政府的规定，向乡镇企业平调物资、摊派费用，随意要“赞助”、新增收费项目，或提高收费标准的，企业有权拒绝。有关部门要加强监督。

乡（镇）只能按企业税前利润的10%提取统筹用于辅助性的社会开支，超过规定比例提取的，必须立即纠正。

十一、加强对乡镇企业的领导

各级政府要提高对乡镇企业的认识，把发展乡镇企业作为农村经济发展的主体对待，真正纳入重要议事日程，切实加强领导。要及时研究和解决乡镇企业发展中遇到的实际问题，特别是要协调处理好乡镇企业与其他有关部门的关系，帮助乡镇企业排忧解难。

市拟建立重庆市乡镇企业领导小组，以加强对乡镇企业的领导和协调工作，共谋大力发展之策。

有关行业管理部门对乡镇企业要加强规划、行业指导、行业服务和协调工作，凡涉及乡镇企业的方针、政策、规章制度和办法，要与乡镇企业管理局充分协商，取得一致意见后下达。要保持乡镇企业的所有制性质，财务关系和隶属关系“三不变”。任何部门不得以任何借口将乡镇企业上收或划走。随着发展，可在市和区县两级组建乡镇企业行业协会，或组织参加市和区县同行业协会。

重庆市人民政府

一九八八年四月二十八日

重庆市人民政府
批转市乡镇企业管理局《关于对区县乡镇企业发展实行目标管理考核评比的意见》的通知

重府发〔1988〕208 号

各区县人民政府，市级各有关部门：

市政府同意市乡镇企业管理局《关于对区县乡镇企业发展实行目标管理考核评比的意见》，现批转印发给你们，请认真贯彻执行。

重庆市人民政府
一九八八年十月三十一日

关于对区县乡镇企业发展实行目标管理考核评比的意见

自一九八四年以来，我市对市、区县乡镇企业工作建立考核评比制度，这对促进乡镇企业的发展起到了积极的作用，收到了很好的效果。实践证明，开展区县乡镇企业目标管理考核评比，是一项推动乡镇企业健康发展的行之有效的好办法。为了完成市委、市政府提出我市乡镇企业一九九二年达到九十亿元力争实现一百亿元产值的奋斗目标，为了有利于更好地调动各级政府和乡镇企业战线广大职工大力发展乡镇企业的积极性，确保我市乡镇企业持续、稳步、健康地向前发展，在总结四年考核评比活动的基础上，结合我市乡镇企业一九八八年至一九九二年发展目标，现就我市区县乡镇企业发展目标考核评比提出如下具体意见：

一、考核评比指标

以提高效益为中心，推动发展为重点，主要考核销售收入、产品质量、利润、劳动力转移、安全生产、产值增长等经济效益与社会效益相结合的指标。

二、考核评比范围

按行政区划，考核除市中区、大渡口区以外的十九个区县。

三、考核评比和奖励原则

按照考核评比计分办法，采取区县分组考核，由市乡镇企业管理局提出各区县的名次排列依据，经市农委、经委、财政局、税务局等有关部门共同审定后，由市政府进行表彰奖励。

（一）获得市前三名的县和前两名的区，由市政府给予表彰并发给一定数额奖金。

（二）乡镇企业产值达 10 亿元或从一九八八年起，连续三年评上市里优秀名次的区县，由市政府给予表彰，区县委书记、区县长、分管乡镇企业的区县委书记、区县长和乡镇企业局长各晋升一级工资；产值指标超额完成计划，工作卓有成绩的区县，由区县政府给予表彰，并给上述人员以一定数额奖金。

（三）获得市前三名的县和前两名的区乡镇企业管理局，由市乡镇企业管理局给予表彰，并批给人均不超过三个月标准工资的奖金；完成各项指标较好的区县乡镇企业管理局，由市乡镇企业管理局批给人均不超过两个月标准工资的奖金。

（四）对当年乡镇企业产值或销售收入新上亿元的郊区乡和县辖区，由市政府给予表彰奖励。

四、奖励经费来源

实行乡镇企业目标管理考核评比所需奖励经费，以乡镇企业管理局所收管理费为主，财政补贴为辅。乡镇企业管理局收取的管理费用于目标管理考核奖励资金，在当年税前开支。

五、考核指标和计分办法的制定以及具体工作

按照一九九二年的发展总目标，分年度的考核指标和考核办法的制定由市乡镇企业管理局负责，并负责考核评比的具体工作。

各区县政府对乡（镇）、村和骨干企业，可参照市的办法，制定各自的目标管理考核评比。

重庆市乡镇企业管理局

一九八八年十月五日

重庆市人民政府
关于扶持乡镇企业发展若干政策的通知

渝府发〔1991〕36号

各区县人民政府、市级各部门：

为了进一步贯彻中央、国务院“积极扶持、合理规划、正确引导、加强管理”发展乡镇企业的方针和中共重庆市委、市政府“大力发展乡镇企业”的指导思想，现对扶持重庆市乡镇企业发展的若干政策问题做如下规定。

一、关于界定乡镇企业所有制性质问题

1. 按照国家工商局、农业部有关文件规定，正确界定乡镇企业所有制性质。凡是农民群众投资开办，财产属于举办该企业的劳动群众集体所有的企业，实行自主经营、自负盈亏、民主管理、共同劳动、按劳分配为主、适当分红的原则，并有公共积累的，应按集体所有制企业登记注册。

在重新登记时被核准为私营企业或个体工商户的企业，如具备创办集体企业主要条件的，只要投资者自愿，在签订书面协议、履行公证或签证，由主管部门审批后，可以登记为集体企业，但要限期完善集体企业条件。

2. 由农业群众集资兴办，经工商行政管理部门核准登记注册为集体所有制的企业，隶属于同级乡镇企业主管部门管理，企业的管理制度、财务解交、分配制度应与乡村集体所有制企业一致。该类企业享受的扶持性减免税，所有权属同级乡村集体经济组织，由企业用作生产发展基金。当企业停办，清理债权债务后所余的资产除去股金外，均归乡村集体经济组织，专用于发展乡镇企业。

3. 凡以农民为主体开办的各类企业均属于乡镇企业范畴，由各级乡镇企业行政主管部门管理。未经企业资产所有者同意，任何部门、单位不得以任何借口平调企业财产或改变隶属关系，已经发生的，必须认真清理，予以纠正。

二、关于乡镇工业的计划管理问题

4. 乡镇工业的发展要纳入全市工业发展范畴，实行城乡工业统一规划和布局。市计划部门、有关行业管理部门在安排工业发展项目时，凡适宜乡镇企业发展的，原则上乡镇布点农副产品加工，地方建材一般不再在城市布新点。鼓励城市企业与乡镇企业采取联办、专业化协作等方式将产品、零部件加工等扩散到乡镇企业，促进城乡工业协调发展。

5. 从一九九一年起，对符合产业政策的乡镇企业，生产适销对路、出口创汇产品以及生产新产品、优质产品的骨干企业，所需的部分材料、能源、资金、运输等要予以优先照顾。对国家统分的物资和统一安排生产信零部件所需原材料，由计划、物资部门或负责安排生产任务的部门和单位组织供应。

6. 经审查和批准的成建制的一、二、三级乡镇建筑企业允许进入市内区域参与竞争，独立承包工程或分包工程，免征城市容纳费和劳动力调配费。乡镇建筑企业出省、出市承包工程，应予鼓励和支持，并为其创造条件。

7. 乡镇企业的基本建设投资三百万至五百万元和符合市产业政策的技改投资一百万至三百万元的项目，由市乡企局负责审批，基建项目报市计委备案，技改项目报市经委备案。此限额以下的项目由区县乡镇企业局按权限审批，报市乡企局备案。

三、关于增强乡镇企业后劲问题

8. 建立市、区（县）级乡镇企业发展基金，资金按照国务院和省、市政府的有关规定筹集。市级乡镇企业发展基金来源：市级财政每年给一百万元周转金，今后随财政增收则适当增加；市级征收的乡镇企业重点建设费中拿出50%；市乡企局收取的管理费在保证正常开支后，税前按20%以内提取；对一九八九年以来市财政给乡镇企业的“有偿使用周转金”清理后，全部转为乡镇企业发展基金。发展基金由行政主管部门管理并提出项目安排意见，有关经济部门监督，报经市政府批准，实行有偿滚动使用。各区县可参照上述规定建立乡镇企业发展基金。

9. 乡镇企业税后留利，用于扩大再生产不得少于60%，除向企业提取税前利润10%作为社会性支出费用和税后利润20%作为工补农资金外，任何部门和单位不得再提取企业利润。

10. 新办乡村集体企业，除国务院规定不能减免税的产品外，自一九九一年起，从投产之月开始免征所得税一年。对纳税有困难的，按税收管理体制规定报经批准后，可免征产品税、营业税、增值税一年。

11. 从一九九一年起，市定的三十八个贫困乡新办的乡村集体企业，除国务院规定不得减免的产品外，按税收管理体制报经批准后，免征产品税、营业税、所得税二年。

12. 对亏损的乡镇集体企业，自一九九一年起，三年内企业当年实现的利润可先用于抵补前年度的亏损，抵补后企业纳税仍有困难的，可按税收管理体制规定报经批准后，减免当年所得税。

13. 乡镇集体企业利用“三废”为主要原料进行生产的产品，纳税有困难的，按税收管理体制规定报经批准后，可从投产之日起，免征产品税、增值税、所得税一至三年。

14. 金融部门要大力组织资金，积极回收到期贷款，实行多收多贷。农村信用社在缴纳准备金后实行多存多贷。农行、信用社贷款投放额要与乡镇企业发展速度的效益增长保持一致水平。对生产稳定、有支付能力、财务制度健全、资金信誉有保证的乡镇集体企业，可以实行托收，并按有关规定办理承付。

15. 对列入市科委、市经委试制计划的新产品，从取得收入之月起，减免产品税、增值税一至二年。免税期满后纳税仍有困难的，报经市税务局批准，可适当给予减免税照顾。

16. 乡镇集体企业进行科学研究、技术开发、新产品试制所发生的不构成固定资产的费用，其购置样品、样机、一般测试仪器的费用可以直接进入成本。对单台价值在五万元以下的测试仪器、试验装置、试制用的关键设备购置费可摊入当年成本，数额较大的，允许分三至五年摊入成本。

17. 对技术开发的技术改造任务较重的企业，经市乡企局与市税务局协商后，由市税务局批准，按销售收入1%提取技术开发基金，提前列支，用于新产品、技术开发和设备更新。

18. 城乡企业对乡镇企业转让技术成果所产生的效益年利润在三十万元以内的，暂免征所得税。

乡镇企业技术改造还贷办法，参照国营企业的有关规定执行。

四、关于发展横向联合和对外开放问题

19. 城市企事业单位（包括科研单位、大专院校）以投入与农村合作经济组织联合新办的企业，从一九九一年起三年内，城市单位在联合企业所分得利润的50%免征所得税，主要用于生产发展和改善科研、教学条件。

20. 鼓励乡镇企业之间开展多种联合，创建企业群体，提高规模效益。经区、县乡镇企业局批准，可建立综合性、行业性生产经营联合组织（新办经营性公司按有关权限批准）。对加入经济联合组织的企业在明确独立承担经济责任的前提下，可保留其原有的注册登记类型。

21. 年出口创汇产品交货值三百万元以上或占企业总产值70%以上的企业，由市政府命名为“乡镇企业出口创汇产品专厂”，在能源、原材料、运输、信贷资金等方面列入市的计划优先安排。对乡镇集体企业的出口创汇产品利润比上年增长部分，减半征收所得税。

22. 乡镇集体企业接受外商、侨商和港澳台商来料加工、来件装配的，其来料来件占原辅材料和零部件总产值20%以上的，自取得第一笔收入之月起，三年内对加工收入免征增值税（营业税）、所得税。

23. 为增强乡镇企业综合发展能力，允许开展一业为主、多种经营，工商登记应予以支持。

五、关于搞活流通的问题

24. 为鼓励各级乡镇企业供销公司积极为乡镇企业组织供应原燃材料和产品销售工作，从一九九一年起免征所得税二年，专款用于补充自有流动资金，不准移作他用。

25. 市、区县乡镇企业供销公司，应允许为本市乡镇企业采购和经营生产所需物资，对供销公司组织的物资由于品种、规格、型号不对路或有多余的，允许在系统内调剂、串换，但应按季造册送当地工商、物资部门备案。乡镇企业生产所需物资属专营和指定经营的，有关部门可委托乡镇企业供销公司经营。

26. 乡镇企业的市场开拓费按销售收入1%开支；个别企业需要增加的，应报区县税务部门批准。乡镇企业供销人员的奖励费用，按重办法〔1990〕235号文的促销政策执行。

27. 乡镇企业的产品，除国务院指定管理的价格外，企业可在物价管理部门指导下自行定价。

六、关于减轻企业负担问题

28. 各级党政机关、企事业单位、社会团体和个人，不得以下列行为对乡镇企业进行摊派、转嫁负担：（1）要求企业报销、支付与企业生产经营活动无关的费用；（2）违反国家控制集团购买力规定，逃避控制，要求企业支付费用为其购置控制商品；（3）无偿占有、平调、截留企业的人、财、物；（4）违反有关规定乱摊派；（5）要求企业承担与其无关的亏损、关闭企业的债务。对已发生上述行为的，要予以查处，切实纠正。

29. 由各级乡镇企业管理部门按规定收取管理费，其他任何部门和单位不得向企业再收管理费。

30. 在中央、省政府没有明确规定前，对乡镇矿山企业和个体采矿收取的矿山资源补偿费，除提取部分用于矿管人员的必要开支外，均应上交同级财政，用于扶持乡镇企业发展。

七、关于稳定职工队伍和加强组织建设的问题

31. 改进乡镇集体企业工资分配办法，有条件的企业，经区县劳动部门和乡镇企业主管部门审查报区县税务部门批准，可实行单位产品含量工资和计件工资，并可按核定的单位产品工资含量进入成本。

32. 对继续实行计税工资办法的乡镇集体企业，仍采取与效益挂钩按实列支的办法，计税分档工资标准调整为：亏损企业人均月计税工资不超过七十五元；全年人均销售（经营）利润五百元以下的企业，职工月人均计税工资不超过九十五元，以后人均创利润每增加五百元，人均计税工资则相应提高五元；对劳动强度大、井下作业等企业，计税工资标准可在上述计税工资标准基础上每档再增加五至十元，今后随着国家工资政策和物价调整而适时进行调整。

33. 市和区县政府要在城市企业、科研单位、大专院校选聘一批科技干部充实到乡镇企业各级主管部门，并在各级部门抽一批干部到基层挂职专门抓乡镇企业发展和管理工作。

34. 鼓励城市科技人员、管理人员到乡镇企业工作，其标准工资基数，可在原单位的工资基础上上浮两级，从乡镇企业回到原单位的，应按《重庆市流动人员人事档案管理办法》接转工资关系。在乡镇企业工作期间，其全民所有制干部（含聘用制干部）身份不变，有关人才流动手续、人事档案管理、干部统计、档案工资以及今后重新回到全民所有制单位工作等，按《重庆市流动人员人事档案管理办法》优先办理。在乡镇企业工作满五年以上并仍在乡镇企业工作的中级及其以上职称的专业技术人员，其配偶在农村且符合农转非条件的，可优先办理农转非手续。

35. 鼓励国家统配大中专毕业生到乡镇企业工作，全民所有制身份不变，关系挂靠在区县乡镇企业局（不占编制）或人才交流中心（站），直接定级，一年后工资上浮二级。不包分配的“五大毕业生”到乡镇企业工作，与国家统配大中专毕业生同等待遇。在乡镇企业工作年满五年，具有城镇户口，年龄在三十五岁以下的，根据当年干部计划，经人事部门考核合格的，可录用为国家固定制干部。关系挂靠在区县乡镇企业局（不占编制）或人才交流中心（站），但五年之内不得调动。

36. 乡镇集体企业职工评定各项专业技术职称，按职称评定管理权限，经市、区县职改领导小组审查认可。并经聘用后，其职称津贴进入成本，不计入计税工资范围；其他待遇与全民所有制职工评定的同等职称相同。

37. 各区县应逐步选择本地的一至二所中学改办为乡镇企业中学，定向培养乡镇企业专门技术人才。市区县政府应在师资、经费等方面支持办好市乡镇企业干部学校和区县乡镇企业培训中心。

38. 乡镇企业开展职工培训教育所需经费，在企业提取的教育基金中列支，对开发新产品等发生的培训费用在提取的教育基金中开支不足时，经税务部门同意，可在税前按实列支。

39. 区县乡镇企业管理局（县辖区乡镇企业管理部门是县乡镇企业管理局的派出机构），是区县政府管理乡镇企业的行政主管部门，担负着管理、协调、服务等职能。为了使其管理力量与职能相适应，各区县政府应逐步增加其编制，充实人员。

40. 乡（镇）级乡镇企业管理部门是最基层的管理机构，必须切实加强其组织建设。可根据工作需要充实人员，实行定岗、定编、定员。招聘的管理人员，在聘用期间的工资、福利待遇与乡镇聘用干部相同。

41. 对连续三年实现利润一百万元和人均创利一万元以上的，获得省级以上先进企业称号的，产品获部优称号的，获市级以上乡镇企业家称号的，获市级以上质量奖的企业负责人，经批准由市给予精神奖励和一次性的物质奖励。

42. 继续实行年度区县乡镇企业目标管理的考核评比制度。考核评比以生产发展、技术进步、经济效益、对国家的贡献和精神文明等为主要内容。对创亿元和再上台阶的郊区乡和县辖区，由市给予精神和物质奖励。中央、省、市过去对乡镇企业的扶持政策，凡未明令废止的，必须继续执行。市里过去有关规定与本文件有抵触的，按照本文件规定执行。

本规定自一九九一年元月一日起执行。

重庆市人民政府

一九九一年三月十一日

重庆市人民政府
关于进一步发展乡镇企业若干政策规定的通知

重府发〔1993〕185 号

各区（市）县人民政府，市政府有关部门：

去年以来，在邓小平同志一系列重要讲话和党的十四大精神指引下，重庆市乡镇企业抓住机遇，加快发展。一九九二年总产值突破二百亿大关，产值、利税同步增长，上了一个新台阶。但是由于起步较晚，乡镇企业发展水平与全国和省内先进地区相比，还有较大差距。本世纪末要实现小康，乡镇企业的任务还相当艰巨。因此，继续加快乡镇企业发展，已成为重庆市经济建设刻不容缓的战略任务。按照国家加强宏观调控的要求，根据国务院关于加快中西部地区乡镇企业发展的决定和四川省委〔1993〕5 号文件，结合重庆市实际，就进一步加快重庆市乡镇企业的发展，做出如下规定：

1. 继续坚持大力发展乡镇企业的方针。认真贯彻执行国务院提出的“三个不限制”，即乡镇企业只要立足当地资源，适应国内外市场需要，除国家法律规定外，适合发展什么就发展什么，不受限制；只要产品质量高、销路好，又有治理污染和环境保护措施，项目规模大小不受限制；在保证效益的前提下，发展速度能多快就多快，不受限制。各级政府和有关部门要继续执行“放胆、放手、放权”的方针，从实际出发，为乡镇企业创造一个宽松的政策环境。

2. 在继续办好乡村集体企业的同时，鼓励发展个体、私营企业，积极发展农村股份合作企业。各级政府和部门，对不同所有制的乡镇企业发展，要一视同仁，不得加以限制、排斥和歧视，严禁用行政手段改变企业所有制性质，平调、划走乡镇企业。

3. 各区（市）县在产业政策指导下，自主确定发展方向、项目，投资总额在3000万元以内，且不需要市里平衡资金的项目，都由区（市）县政府自行审批。除国家法律、法规规定外，市级部门有关的审批职权、程序要下放给区（市）县，使区（市）县的审批权落到实处。

4. 对乡镇企业技术等级、产品质量的评定以及生产许可证、会计证、岗位培训证、审计证等，均由县以上乡镇企业主管部门按照国家有关部门制定的统一标准严格进行考核评定和自行颁发，或由乡镇企业管理部门会同行业管理部门共同办理。乡镇建筑企业的资质等级评定、复查及年检，均由县以上乡镇企业主管部门和建管部门共同初审，市建管部门审定或上报审批时，应征求市乡镇企业主管部门的意见。

5. 根据重庆市矿产资源分布和储量特点凡适宜于乡镇企业开发利用的，在矿管部门做好规划的前提下，尽量鼓励乡镇企业开发利用。对新办的乡镇矿山企业，免征矿产资源补偿费三年，对原有乡镇矿山企业减半征收矿产资源补偿费三年。从一九九三年起，将每年收取的矿山资源补偿费的一半上交同级财政，专项用于扶持乡镇企业发展。

6. 乡镇企业生产的产品和所需原材料，除国家有明文规定外，都放开经营，取消过去对乡镇企业产品的省市区间出入的各种限制。市经委把乡镇企业的运输问题纳入计划。

7. 金融部门要努力帮助乡镇企业增加和用好贷款。市农业银行应积极落实国家扶持中西部乡镇企业的专项贷款，向上级银行争取新增乡镇企业贷款规模。其他专业银行和金融机构也应把乡镇企业作为资金投入的一个重点。在服从国家调控下，农村信用社实行多存多贷。发展乡镇企业的专项贷款必须专款专用，重点项目由市乡企局组织有关部门论证，市农行据此择优投放。

8. 各级财政要逐步加大对乡镇企业的资金扶持。一九九三年市财政扶持乡镇企业的发展周转金为三百万元，以后逐年增加。各区（市）县每年都要安排一定的资金用于乡镇企业发展，中央和地方的专项支农资金、扶贫资金、村社集体经济资金，凡乡镇企业效益好的项目，应优先安排。

9. 组建市和各区（市）县乡镇企业投资公司，由市级有关部门帮助筹资三千万元，扶持市和各区（市）县乡镇企业投资公司的组建。

10. 乡镇企业要坚持多渠道筹资，积极发展农村合作基金会，大力引进外资，加快合资合作步伐。市政府批准乡镇企业引进的重点建设项目，所需外汇由市计委协调平衡。

11. 乡镇采矿企业的维简费和安全服务费，主要用于技术改造和安全生产。环保部门向乡镇企业收取的排污费，主要用于乡镇企业的污染治理，不得挪作他用并要帮助解决污染问题。

12. 国家征用集体土地的补偿费，集体收取的承包费和折价到户的集体财产收入，主要用于发展乡镇企业，不得分给个人。

13. 乡镇企业新上生产性项目，从一九九三年起，免征固定资产投资方向调节税；边远地区和贫困乡兴办的乡镇企业，免征市公路基础设施附加费和交通重点建设附加费。

14. 在城市发展规划中，结合小集镇建设，建立工业小区，集中成片发展乡镇企业，并对工业小区给予政策上的大力扶持。工业小区和小集镇建设的地方，实行土地有偿租用，收取土地占用费，用于基础设施建设，以及为城镇服务的社会福利事业。

15. 鼓励城乡结合，积极发展一批科技含量高、上规模的骨干企业。城市企事业单位、大专院校和科研院所与乡镇企业联营的项目，继续享受有关优惠政策。

16. 加快乡镇企业人才培训和引进的步伐。积极培养和吸引各类技术和管理人才，组织机关干部、科技人员支援乡镇企业；办好乡镇企业人才培训基地；对在乡镇企业生产和经营中有突出贡献的人员实行重奖，授予光荣称号。

17. 充分发挥部门的职能职责，为乡镇企业发展创造良好条件。乡镇企业行政主管部门，要加强政策指导、宏观协调、法规监督和管理服务的职能，行业管理部门要把支持乡镇企业的发展，作为贯彻落实党的十四大精神的实际行动，帮助搞好发展规划，提供必要的技术信息咨询服务。

18. 加强乡镇企业管理机构的建设。在机构改革过程中，注意选派得力干部充实基层乡镇企业管理部门，增强协调能力和服务手段。特别是乡（镇）企业办公室，必须做到健全机构，落实人员。乡镇企办室的领导和工作骨干，要逐步选配具有实践经验和管理能力的人才，其待遇要与乡（镇）政府其他工作人员一视同仁。

19. 加强对乡镇企业的领导。各级党政领导要把发展乡镇企业作为整个经济工作的战略重点，全市经济新的增长点，农民奔小康的主要途径，区（市）县经济工作的主体。主要领导亲自抓，分管领导具体管，建立工作目标责任制。对发展乡镇企业成绩突出的单位和个人，要给予表彰奖励，对长期以来发展没有起色或支持不力的领导班子要做必要调整。

重庆市人民政府
一九九三年八月十四日

重庆市人民政府关于实施《重庆市乡镇企业股份合作制条例》有关问题的通知

重府发〔1995〕231号

各区、市、县人民政府，市政府有关部门：

实施乡镇企业股份合作制是明晰企业产权，建立财产制度，完善管理和经营机制，调动所有者、经营者、劳动者各方积极性，实现真正意义上的政企分开、民主管理和科学决策的重大举措，是乡镇企业在新形势下加快发展和提高，向现代企业制度过渡的一种有效途径。为此，今年三月市人大审议颁布了《重庆市乡镇企业股份合作制条例》（以下简称《条例》），为了确保《条例》的贯彻实施，现就有关问题做如下通知：

一、各级政府要切实加强领导，各区县必须建立由分管区市县长任组长、有关部门参加的股份合作制领导小组或协调小组，认真解决贯彻实施《条例》中出现的问题。同时要进一步加大力度推行，力争1996年实行股份合作制的企业，达到乡村集体企业总数的三分之一以上，此项任务将纳入市政府1996年对区市县发展乡镇企业的年度目标考核内容。

二、《条例》规定，股份合作制企业是股份制与合作制相结合的一种企业制度，属于集体经济性质。以个人出资联合兴办的股份合作制企业，应予以登记注册。

三、依法办事，把好质量关。乡镇企业实行股份合作制，其申报审批程序应严格按照《条例》第十条的规定办理，由乡（镇）企业办公室签注意见，报区市县乡镇企业管理部门批准后，在所在地工商行政管理部门办理登记手续，依法取得法人资格。

四、防止集体资产流失。由于历史原因，过去主要由私人出资，依附于乡（镇）、村、组集体经济组织，登记为集体企业，现要求改制为私营企业的，必须先经过资产评估，界界产权，并按《条例》第十四条的规定，将集体的投入、土地使用权的优惠部分折资、国家或地方财政扶持的资金、国家对企业的税费减免、企业历年积累增值中集体应得的一部分等资产，作为乡（镇）、村、组的集体资产，依法清理，明确归属。这些集体资产，既可如数抽回，也可转让，或者作为集体参股，留给企业继续使用。

五、乡镇企业实行股份合作制，其资产评估按《条例》第二十四条的规定，由资产所有者自主委托具有资产评估、验资的机构进行，其评估、验资结果在办理有关证照时应予以认可。

六、原有乡镇企业改制为股份合作制的，工商部门按企业变更登记的有关规定办理。企业不主动申请增加注册资本金的，有关部门不得强求企业按评估验资后的资产数额变更登记并收费。

七、乡镇企业实行股份合作制，其评估后的企业固定资产增值部分，按财务制度的规定分项计提折旧。

八、国家扶持乡村集体企业的减免税作为乡村集体股，不划作国家股。

九、乡（镇）、村集体经济组织以土地使用权折资入股兴办、扩建乡村集体企业（不含房地产开发项目），其股权属于土地所有者。但其股权一般不得转让，也不进入产权交易市场。乡镇集体企业的土地使用权可作抵押。土地使用权抵押必须由企业依法到所在地县级以上人民政府土地管理部门办理登记。因处分抵押财产转移乡村企业集体土地使用权的，应当由县级以上人民政府土地管理部门按照审批权限依法先办理征地手续，将抵押土地转为国有，然后再按抵押划拨国有土地使用权的办法依法处置。

十、为便宜于股份合作制企业股权的合理有序流动和股权证书的规范，防止民事、经济纠纷的发生，乡镇企业实行股份合作制的，必须按《条例》第十六条的规定，统一使用重庆市乡镇企业管理局印制的股权证书，其他部门制发的无法律效力。

重庆市人民政府
一九九五年十二月二十二日

中共重庆市委　重庆市人民政府
关于进一步加快重庆市乡镇企业发展的决定

渝委发〔1998〕3 号

万县、涪陵市党委和人民政府，黔江地区党委和行政公署，各区市县党委和人民政府，市委各部委，市级各部门：

改革开放以来，重庆市乡镇企业蓬勃发展，已成为全市农村经济的支柱和国民经济的重要组成部分。大力发展乡镇企业，对于加快重庆市农村经济结构调整，安置农村劳动力，加快库区移民和农村脱贫致富奔小康，推进农村精神文明建设，增强全市综合经济实力等方面都具有重要的作用，对于实现重庆市国民经济和社会发展“九五”计划和 2010 年远景目标规划具有十分重要的意义。为了认真贯彻落实“十五大”和中发〔1997〕8 号文件精神，进一步加快重庆市乡镇企业发展，市委、市政府根据重庆市实际情况，做出如下决定：

一、乡镇企业发展的指导思想和任务

（一）重庆市乡镇企业发展的指导思想：牢固确立乡镇企业在农村经济中的主体地位；坚持解放思想，扩大开放，大力发展不动摇；积极推进两个根本转变，以市场为导向，改革为动力，科技为先导，效益为中心，提高企业整体素质和经济运行质量；分类指导，突出重点，促进企业上水平、上规模、上效益，为全市经济社会发展、富民兴渝做出新贡献。

（二）“九五”期间重庆市乡镇企业发展的目标：总产值年均增长 20%，增加值年均增长 12%，营业收入年均增长 18%，利润总额年均增长 10% 以上，当地入库税金年均增长 10% 以上，每年新安置农村劳动力 10 万人以上，“九五”末农民纯收入中来自乡镇企业部分达到 30% 以上；“九五”期间重点抓好“四五”工程：建设好 50 个重点工业小区，组建 50 个企业集团，培育 50 个收入过亿元的企业，发展 50 个专业村、镇。

（三）乡镇企业的发展要立足于建设长江上游经济中心、加快三峡库区开发和扶贫攻坚的大局。围绕重庆支柱产业配套，建成一批城乡联合的骨干企业和企业集团；依托当地资源，开发矿产和建筑、建材业；积极兴办“种、养、加”龙头企业，促进农业产业化的发展；大力发展旅游、流通、服务等第三产业。

二、深化乡镇企业改革

（四）发展乡镇企业，坚持以农村集体经济为主导、多种经济共同发展的原则。继续实行乡（镇）办、村办、联户（含农民合作）办和户（即个体、私营）办，以及合资、合作、联办企业等“多轮驱动、多轨运行”，共同发展。

（五）乡镇企业的改革重点是产权制度改革。要“坚持谁投资、谁所有、谁受益”的原则，充分尊重企业资产所有者和职工的选择，可以采取股份制、股份合作制、兼并、联合、拍卖、租赁等多种形式。继续贯彻实施《重庆市乡镇企业股份合作制条例》，重点解决原有乡镇集体企业产权关系问题；引导农村个体、私营企业上规模、上水平；倡导举办资本与劳动联合的股份合作制或股份制乡镇企业。

（六）继续培植和发展企业集团，提高规模效益。乡镇企业兼并国有企业、集体企业享受国家和市政府规定的停减缓息等优惠政策。

（七）加强对乡镇企业资产的监督管理，依法保护乡镇企业合法权益。各级乡镇企业行政管理部门是乡镇企业资产的监督管理部门，负责组织指导和依法监督乡镇企业的资产评估、产权登记、合法交易等工作。县级以上乡镇企业管理部门，可建立资产评估监督管理和法律服务等机构；资产评估由资产所有者委托具有资产评估、验资资格的机构进行，其评估验资结果报乡镇企业行政管理部门备案，其评估后企业固定资产增值部分，按财务制度的规定分项计提折旧。乡镇企业产权界定按《重庆市乡镇企业股份合作制条例》第十四条的规定办理。

三、扩大乡镇企业对外开放

（八）积极组织乡镇企业开展多种形式的招商引资活动，不断扩大合作领域，大力引进市外和国外境外的资金、先进技术和管理方式，努力办好外商和港澳台合资合作企业及东西合作工程。

（九）大力发展出口创汇企业。各地都要有计划、有重点地抓好出口生产基地建设，培植出口创汇的拳头产品，增强重庆市乡镇企业在国际市场的竞争能力。对效益好、创汇多的重点出口生产企业，有关部门要在资金、能源、原材料、技术、人才、运输以及办理出口手续等方面给予重点支持。要积极创造条件，为年自营进出口额在100万美元以上的乡镇企业申报自营进出口权，并允许经营同类相关的进出口业务。各级财政每年都要安排一定数量的资金对贸工农出口商品项目实行贷款贴息。进一步落实出口退税政策。

四、提高乡镇企业管理水平

（十）乡镇企业要把苦练内功、加强管理作为求生存、求发展的重要内容。特别要切实加强经营、质量、成本、环保、安全等工作。要建立健全管理制度，积极推动管理工作规范化和科学化。要在乡镇企业中逐渐推广计算机管理技术和ISO9000系列标准，全面提高经济增长的质量和效益。市政府每年开展一次乡镇企业“五十强”评比表彰活动，鼓励企业上规模、上效益。

（十一）各级乡镇企业行政管理部门是政府管理本辖区内乡镇企业的职能部门，要依照《乡镇企业法》的规定负责对乡镇企业进行规划、协调、指导、服务；其他相关的行业管理、综合管理部门要按照各自的职责做好对乡镇企业的扶持发展和依法监督的工作。乡镇企业技术等级、产品质量的评定，以及生产许可证（煤矿生产许可证除外）、会计证、岗位培训证，由县以上乡镇企业管理部门按照国家有关部门的统一标准严格进行培训、考核、评定和颁发；乡镇建筑企业的资质等级评定、复查及年检，由县以上乡镇企业主管部门和建管部门共同初审，二级以上建安施工企业由市乡镇企业管理部门初审，市建管部门审定或上报；乡镇企业的安全生产和环境保护管理工作，由乡镇企业行政管理部门会同有关部门组织实施。

五、促进乡镇企业科技进步

（十二）科技进步是乡镇企业转变经济增长方式的重要举措，乡镇企业要积极开展同国有企业、科研院所、大专院校的经济、技术合作，加快科技成果的转化速度。坚持以企业技术创新、产品创优为目标，加快技术改造，大力开发新产品，实施名牌战略，提高企业技术装备水平和产品科技含量。为了鼓励和促进科技进步，凡列入市乡企局新产品开发项目年度计划的乡镇企业开发新产品、新技术、新工艺所需各项费用，可以在税前按实列支。由农业部确认的大中型和市政府评定的“五十强”乡镇企业，可按销售收入在税前提取2%的科技开发基金。市乡镇企业领导小组每年举行一次全市乡镇企业科技进步表彰活动。

（十三）要重视人才的培养、引进和使用。努力造就一大批政治素质高、开拓精神强、懂经营、善管理、乐于奉献的经营管理者。乡镇企业按职工工资总额的1.5%计提教育经费，主要用于乡镇企业职工和管理人员的教育培训。努力办好乡镇企业学校和各种专业班；鼓励大中专院校为乡镇企业培养人才。鼓励党政机关、事业单位的干部职工、大中专院校和技校毕业生、城市和国有企业的科技人才到乡镇企业工作；用人单位可对这些同志给予物质和精神方面的鼓励，做出显著成绩的可给予表彰奖励。继续在乡镇企业中开展技术职称、职工技术等级和技师、高级技师的考评、颁证工作。市政府每年安排一定数量的“农转非”和招录（聘）干部指标，在乡镇企业厂长（经理）及管理和科技人员中择优办理“农转非”和招录（聘）为干部。

六、认真执行《乡镇企业法》

（十四）依法保护乡镇企业的合法权益，切实减轻乡镇企业负担。乡镇企业的合法财产不受侵犯，任何组织或者个人不得非法改变企业的产权关系和占用或无偿使用企业的财产。除国家和市制定的法律、法规、政策另有规定外，凡面向乡镇企业的行政性收费，必须经市物价局、财政局会同乡镇企业的行政管理部门审核，报市政府批准后才能实施。乡镇企业有权向乡镇企业行政管理部门及有关部门控告、检举向企业非法收费、摊派、罚款或开支费用的单位和个人，有关部门和上级机关依法查处。

（十五）县级以上地方人民政府应依法设立乡镇企业发展基金，基金可由下列资金组成：（1）政府拨付的用于乡镇企业发展的周转金；（2）乡镇企业每年上缴地方税金增长部分中10%～15%的资金；（3）基金运用产生的效益；（4）农村集体经济组织、乡镇企业、农民等自愿提供的资金。乡镇企业发展基金由乡镇企业行政管理部门负责管理和安排使用，同级财政部门监督，乡镇企业投资公司操作。重点用于乡镇企业发展，扶持重点骨干乡镇企业的技术改造、新产品开发和科技开发；老少边穷地区乡镇企业发展，乡镇企业进行经济技术合作项目；扶持乡镇企业的出口创汇；扶持农业龙头企业；支持乡镇企业教育和技术培训及其他需要支持的项目。乡镇企业发展基金的股息允许企业按同期银行贷款利息进入成本；支持乡镇企业经批准发行债券和股票上市。

（十六）乡镇企业应依法向当地乡镇企业行政管理部门办理登记备案；乡镇企业变更登记和注销登记，报乡镇企业行政管理部门备案。乡镇企业行政管理部门对登记备案的企业颁发资格证书。

（十七）乡镇企业应依法承担支农义务和上交乡镇企业管理费。乡镇人民政府乡镇企业办公室依法向乡镇企业收取支援农业和农村社会性支出和管理费。

（十八）乡镇企业要积极实施可持续发展战略，切实保护环境，治理污染，合理开发利用各种资源，严禁乱占滥用耕地。鼓励和扶持乡镇企业治理污染，按国家有关规定征收的乡镇企业排污费，由环保部门和乡镇企业行政管理部门共同研究，集中用于乡镇企业重点污染源的治理。今后新建项目中有污染的必须实行“三同时”制度。

七、加大对乡镇企业的扶持力度

（十九）进一步加大对乡镇企业的投入。各级财政每年安排一定数量的乡镇企业发展基金和周转金，用于支持乡镇企业的发展；金融机构对乡镇企业的贷款规模，每年应有一定幅度的递增；国家用于民族地区经济发展的专项资金，择优扶持发展乡镇企业；国家和各级政府用于扶贫的资金可安排一部分在乡镇企业兴办开发性项目；三峡库区乡镇企业淹没搬迁应与其他企业一视同仁，国家补偿资金应按搬迁进度要求及时足额到位。在国家确定的革命老区、少数民族地区、边远山区、贫困地区新办的以及上述地区在异地举办的乡镇企业，免征所得税 3 年；乡镇企业新建、扩建、技改等生产性项目，只要产品质量较高，销路好，又有保护资源和环境的可靠措施，项目规模不受限制，均免征固定资产投资方向调节税。乡镇企业用于支农、建农和补助农村社会性的开支在企业应交所得税中减征 10%。乡镇企业享受市政府及有关部门扶持私营个体企业的政策。乡镇矿山企业确有困难的，可申请减免资源补偿费；乡镇采矿业的维简费和安全服务费，主要用于乡镇采矿企业的技术改造和安全生产。

（二十）切实抓好乡镇工业小区建设，推动农村小城镇发展。各区市县人民政府要按照统一规划、分步实施的原则，搞好工业小区的发展规划，加强基础设施建设，改善投资环境，鼓励乡镇企业到小区落户。今后新办乡镇企业和重大的技改项目，原则上要向工业小区集中。凡经市政府批准的乡镇工业小区享受市级小城镇建设的优惠政策。

八、切实加强对乡镇企业的领导

（二十一）各级党委、政府要认真把发展乡镇企业摆上重要议事日程，纳入总体规划。各区市县要充实乡镇企业领导小组的力量，有专职领导分工抓乡镇企业，及时研究乡镇企业发展中出现的新情况、新问题，切实帮助解决乡镇企业困难和问题，制定政策措施，加大扶持力度，创造良好的外部环境。市和各区市县继续把发展乡镇企业纳入目标责任制管理。

（二十二）健全乡镇企业管理机构，加强队伍建设。各级乡镇企业行政管理部门要根据工作需要，实行定编定员定机构，其人头经费和工作经费按同级行政机关的标准全部纳入当地财政预算解决。各级乡镇企业行政管理部门要转变工作作风，加强自身建设，提高服务水平，充分发挥职能作用。

（二十三）坚持“两手抓，两手都要硬”，切实加强乡镇企业和思想政治工作。乡镇企业是农村社会主义精神文明建设的重要阵地。开展创建“优秀企业党组织”活动，充分发挥乡镇企业党组织的战斗堡垒作用和共产党员的先锋模范作用；加强思想道德教育和企业文化建设，认真开展“三基”教育和创建“文明乡镇企业”活动，深入进行艰苦奋斗、勤俭创业、移风易俗、遵纪守法、职业道德和科学文化教育，用邓小平建设有中国特色的社会主义理论和社会主义、爱国主义、集体主义思想武装广大干部职工，努力培养造就一支“四有”职工队伍和企业家队伍，为进一步加快重庆市乡镇企业的发展做出新的贡献。

一九九八年二月十三日

重庆市人民政府办公厅
关于印发重庆市乡镇企业示范区
建设管理办法（试行）的通知

渝办发〔1998〕142号

万州、黔江开发区管委会、各区县（自治县、市）人民政府、市政府有关部门：

《重庆市乡镇企业示范区建设管理办法（试行）》已经市政府同意，现印发给你们，请认真贯彻执行。

重庆市人民政府办公厅

一九九八年十月二十五日

重庆市乡镇企业示范区建设管理办法（试行）

第一章 总 则

第一条 为了加强宏观指导，推动全市乡镇企业适当集中、连片发展，搞好乡镇企业小区的开发建设，总结推广乡镇企业小区建设经验，使乡镇企业小区成为乡镇企业改革与发展的示范区、先行区和基地区，发挥其示范、辐射、引导和带动作用，促进我市乡镇企业持续、稳定、高效、健康发展，特制定本办法。

第二条 乡镇企业小区是以乡（镇）、村行政区为载体，以发展乡镇企业为主，同时引进城镇及外地国有、集体、个体、外资企业等，从而带动当地乡镇企业发展为主的各类型乡镇企业小区。

第三条 “重庆市乡镇企业示范区”（以下简称示范区）从各区县（自治县、市）已批准建立的乡镇企业小区中择优确认。

第四条 本办法适用于命名“重庆市乡镇企业示范区”的申报、评选和管理。

第二章 目标任务

第五条 示范区建设的中心任务是推进乡镇企业实现“两个根本转变”，带动和促进乡镇企业上水平、上规模、上效益，为发展和富民做贡献。

第六条 示范区建设要布局合理，因地制宜，量力而行，发挥优势，与小城镇建设相结合，注重环境保护，符合国家产业政策，搞好基础设施建设。积极扩大合作领域，使之成为对外开放的窗口，为我市乡镇企业的发展起到示范和导向作用。

第七条 示范区要以经济建设为中心，优先发展高新技术产业，积极推进农业产业化，逐步建立现代企业管理制度。大力培植骨干企业（特别是东西合作项目），发展规模经济和企业集团。

第八条 “九五”期间全市重点抓好50个示范区建设，每个示范区经过3年至5年建设，应达到以下指导性经济指标：

（一）乡镇企业营业收入5亿元以上；

（二）乡镇企业利税总额5000万元以上；

（三）乡镇企业销售收入过5000万元，利税总额达到500万元以上的企业2家~3家。

第三章 申报条件

第九条 申报示范区，必须具备以下条件：

（一）示范区经县以上人民政府批准设立，有专门的组织管理机构，负责示范区的规划、建设和管理。

（二）有科学、合理的示范区建设发展规划，示范区内具备较完善的水、电、交通、通信等基础设施。

（三）示范区内企业布局合理，有必要的环境保护设施，产业结构符合国家产业政策和我市产业发展要求。乡镇企业发展成绩显著，经济效益和社会效益突出，在当地乃至全市具有明显的示范作用。

第十条 示范区采取综合评选择优确认。由基础条件指标和辅助条件指标两个部分组成，其平分系数分别为0.6和0.4。

（一）示范区基础条件指标包括以下内容：

1. 乡镇企业营业收入：基本指标2亿元，基本分20分，凡超过（减少）1000万元者，增加（减少）1分；

2. 乡镇企业利税总额：基本指标3000万元，基本分30分，凡超过（减少）100万元者，增加（减少）1分；

3. 乡镇企业规模：基本指标达到3000万元营业收入的企业2个（或5000万元的企业1个），基本分20分，凡超过1个增加2分；

4. 乡镇企业固定资产原值：基本指标5000万元，基本分15分，凡超过（减少）100万元者，增加（减少）0.5分；

5. 示范区基础建设投资总额：基本指标1500万元，基本分15分，凡超过（减少）100万元者，增加（减少）1分。

凡基础分实际得分不足60分者，不得申报。

（二）辅助条件指标包括以下内容：

1. 示范区内乡镇企业交纳入库税金占所在的乡（镇）财政总收入的比率：基本指标40%，基本分40分，凡增加（减少）1个百分点者，增加（减少）2分；

2. 示范区内乡镇企业从业人数占所在乡（镇）农村劳动力的比率：基本指标30%，基本分20分，凡超过（减少）1个百分点者，增加（减少）0.5分；

3. 示范区内乡镇企业增加值占所在乡（镇）一、二、三产业增加值的比率：基本指标50%，基本分30分，凡增加（减少）1个百分点者，增加（减少）0.5分；

4. 示范区乡镇企业外贸出口交货额：基本指标500万元人民币，基本分10分，凡超过（减少）50 万元者，增加（减少）1 分。

第四章 申报及审批程序

第十一条 凡具备第三章申报条件的乡镇企业小区均可申报示范区。由乡镇企业小区管理部门填写《重庆市乡镇企业示范区申请书》上报当地县以上乡镇企业主管部门。

第十二条 区县（自治县、市）乡镇企业主管部门按第三章申报条件要求对上报的示范区申请书进行初审核实，报县以上人民政府审查签注意见后，送市乡镇企业管理局。

第十三条 市乡镇企业管理局负责示范区的组织申报和推荐工作，主要职责是：

（一）负责全市乡镇企业示范区申报工作的衔接、协调和申报材料的汇总与情况综合；

（二）按照示范区申报条件，负责组织示范区评审工作；

（三）在对各示范区初审排队的基础上，组织力量进行实地考察，负责向市人民政府择优推荐示范区初步名单和相关材料。

第十四条 示范区经市人民政府审查批准，并授牌。

第五章 组织管理

第十五条 示范区应建立专门的组织管理机构，负责示范区的规划、建设和经济发展，建立健全示范区管理制度。

第十六条 市、区县（自治县、市）乡镇企业主管部门要加强对示范区建设的指导、协调、服务和督促检查工作，促进示范区健康发展。主要职责是：

（一）参与审定示范区发展规划，指导示范区乡镇企业发展，建立示范区档案和数据库；

（二）协调落实赋予示范区的各项优惠政策；

（三）会同有关部门对示范区的质量、安全、环保等工作进行定期检查指导；

（四）为示范区的企业牵线搭桥，逐步扩大合作范围。与有关部门协商、协调解决合作过程中出现的经济矛盾和问题，保护合作双方的合法权益；

（五）总结推广示范区建设工作经验；

（六）对示范区建设管理工作情况进行检查督促，对起不到示范作用的示范区提出限期整改意见，并向市政府提出撤销示范区称号的建议；

（七）完成当地政府和上级主管部门交给的其他管理工作任务。

第十七条 对示范区实行年检报告制度。示范区管理机构每年 1 月向所在区县（自治县、市）乡镇企业管理局报告上年度示范区建设情况，由区县（自治县、市）乡镇企业管理局审核签注意见后，报市乡镇企业管理局。年检报告应主要包括以下内容：

（一）基础设施改造建设情况；

（二）企业发展及效益情况；

（三）科技、质量、环保、安全生产情况；

（四）转移农村剩余劳动力和增加农民纯收入情况；

（五）扶持政策及落实情况；

（六）存在的主要困难、问题和建议。

第十八条 示范区审批授牌工作，市政府每年进行一次。对已命名的示范区，由市乡镇企业管理局组织复审，凡经济效益、社会效益、环境效益差，起不到示范区作用的示范区，向市政府提出撤销其示范区称号的建议。

第六章　有关扶持措施

第十九条　根据市委、市政府《关于进一步加快我市乡镇企业发展的决定》（渝委发〔1998〕3 号）精神，凡经市政府批准命名的示范区，享受市级试点小城镇建设的优惠政策。

第二十条　各级财政安排的乡镇企业发展基金和周转金，金融部门对乡镇企业的贷款，应重点支持乡镇企业示范小区的发展。区县（自治县、市）政府应制定相应的扶持政策，以利于示范区建设和招商引资。

第二十一条　今后新办乡镇企业和重大技改项目，原则上要向示范区集中。鼓励异地乡镇企业和投资者到示范区兴办企业，享受示范区的有关政策，考核乡镇企业发展的相关经济指标可按企业属地统计上报和解交。

第七章　附　则

第二十二条　本办法自公布之日起试行，并由市乡镇企业管理局负责解释。

中共重庆市委　重庆市人民政府
关于进一步加快乡镇企业发展的决定

渝委发〔1999〕51 号

改革开放以来，我市乡镇企业蓬勃发展，已成为农村经济的支柱和国民经济的重要组成部分，发挥着越来越重要的作用。但是，从全国乡镇企业发展的区域水平来看，重庆仍属于欠发达地区，前临着许多前所未有的新情况、新问题，主要问题是：总量不足、素质不高、结构性矛盾突出。当前，乡镇企业正处于结构调整和体制创新的关键时期，乡镇企业工作应以“二次创业”为目标，以结构调整为重点，大力推进乡镇企业发展的战略性转移，把更加充满生机和活力的乡镇企业带入二十一世纪，推动重庆农村经济和全市经济实现新的振兴。现就有关问题做出如下决定。

一、提高认识，从全局和战略高度重视乡镇企业的发展

1. 把认识统一到党的十五届三中全会、四中全会决定和江泽民总书记关于发展乡镇企业的重要讲话精神上来，坚定大力发展乡镇企业的信心。江泽民总书记去年在江苏视察乡镇企业发表重要讲话时指出：“在我们这样一个农村人口占绝大多数的国家搞现代化，发展乡镇企业是一项重大的战略，是一个长期的根本方针。”党的十五届三中全会《关于农业和农村工作若干重大问题的决定》也明确指出：“乡镇企业是推动国民经济新高涨的一支重要力量。”这些重要精神，完全符合我市实际情况。重庆既是大城市，又是大农村，既有大工业，又有大农业。发展乡镇企业，不仅对于调整农村经济结构、转移农村劳动力、增加农民收入、增强区县经济实力具有不可替代的作用，而且对于振兴全市工业经济，加快全市国有企业的改革发展以及扭亏脱困也有十分重要的作用。振兴重庆工业，必须开辟“第二战场”，就是要在抓好国有大中型企业的同时，花大力气抓好乡镇企业的发展。因此，全市各级党委、政府，一定要从战略和全局的高度重新认识发展乡镇企业的地位和作用，坚定信心，加强领导，采取措施，大力推进全市乡镇企业发展。

二、乡镇企业发展的指导思想、基本原则和目标任务

2. 乡镇企业发展的指导思想：以邓小平理论为指导，认真贯彻江泽民总书记关于乡镇企业的重要讲话精神和十五届三中全会、四中全会决定，大力推进“两个根性转变”以“二次创业”为目标，以结构调整为重点，面向市场、调整结构，深化改革、创新体制，依靠科技、提高素质，强化管理、增加效益，把更加充满生机和活力的乡镇企业带入二十一世纪。

3. 乡镇企业发展的基本原则：多业并举，多元投入，多轨运行（农村集体、个体、私营、合资、合作、股份制、股份合作制等多种经济成分、多种组织形式竞相发展）。鼓励个人、法人资本向乡镇企业投资。

4. 乡镇企业“二次创业”的主要目标。从现在起到2005年，要通过实施“二次创业”，实现体制创新、结构创新、技术创新、管理创新、素质创新。使乡镇企业更加充满生机和活力，经济总量持续增长，整体素质显著提高。今后五年，全市乡镇企业增加值年均增长不低于10%，乡镇企业在全市工业经济、农村经济、区县财政收入和农民收入中的比重逐年提高，在调整农村产业结构、转移农村劳动力和吸纳城镇下岗职工方面发挥重要作用，对农民增收、农村稳定做出更大的贡献。

三、因地制宜，大力调整乡镇企业结构

5. 乡镇企业的发展要立足于建设长江上游经济中心，加快三峡库区开发和扶贫攻坚的大局，大力调整产业产品结构。要围绕重庆大工业的支柱产业实施开发配套，建成一批城乡联合的骨干企业和企业集团；依托重庆大农村的资源优势，大力推进农业产业化，开发名特优新产品，努力扩大渝货的市场占有率。从现在起到十五期间，要重点发展四大产业：农产品加工业，围绕城市支柱开发配套的加工业、建筑建材业、第三产业。

6. 因地制宜，分类指导。主城近郊区：重点发展围绕城市支柱产业配套开发的加工业、技术含量高的产业、轻工业和增加城市服务功能的第三产业。丘陵平坝区：重点发展农产品加工业、轻纺工业、建材建筑业。三峡库区：重点发展旅游服务业、特色食品加工业、建材建筑业。山区及少数民族地区：重点发展能源矿产、农副产品（药材）加工业、建材业、民族传统工艺品加工业。

7. 大力发展区域经济和特色经济，支持鼓励企业上规模上水平，提高整体素质。到2005年，培育形成100个乡镇企业示范小区、100个专业村镇、100个农业产业化龙头企业、100个企业集团和骨干企业、100个名特产品。

四、深化改革，扩大开放，增强乡镇企业活力

8. 进一步深化乡镇企业产权制度改革。改革坚持“谁投资、谁所有、谁受益”的原则，对原有乡村集体企业应实行因企制宜，可采取股份制、股份合作制及兼并、拍卖、租赁等多种形式，再创机制优势。在骨干乡镇企业中大力推行现代企业制度，对农村个体私营企业重点是解决企业内部产权纠纷，克服“家族式”管理，引导和持续企业上规模、上水平。

9. 积极参与国有企业改革，鼓励和支持有优势的乡镇企业收购、兼并和参股国有企业资产重组。在国有经济从一般竞争性行业中退出的时候，要采取积极有效的鼓励措施，鼓励乡镇企业，抓住机遇，优势互补，占据市场份额，为我市经济发展做出更加积极的贡献。这些乡镇企业，均可参照《重庆市人民政府关于鼓励与上海等沿海城市经济联合协作的通知》和《重庆市人民政府关于进一步鼓励优势企业和名优产品企业兼并重组我市困难企业的意见》等文件精神，享受有关优惠政策。市级各部门、各区县（自治县、市）和企业要通力合作，积极探索适合我市国有企业资产重组的有效途径。

10. 加强对乡镇企业资产的保护和监督管理。各级乡镇企业行政管理部门负责组织指导和依法监督乡镇企业的资产管理、产权登记、资产营运等工作。资产评估由资产所有者委托具有资产评估、验资资格的机构进行，其评估后固定资产增值部分，按财务制度的规定分项计提折旧。

11. 大力发展外向型经济，开展多种形式的联合协作。积极组织乡镇企业开展各种形式的招商引资活动，不断扩大合作领域，大力引进市外和国外的资金、先进技术和管理方式，努力办好外商和港澳台合资合作企业及东西合作工程。鼓励城市工商业主到农村兴办、领办乡镇企业，继续搞好对口支援三峡库区、贫困山区乡镇企业的发展。

12. 鼓励乡镇企业出口创汇。各地都要有计划，有重点地抓好出口生产基地建设，培植出口创汇的拳头产品。对效益好、创汇多的重点出口生产企业，有关部门要在资金、能源、原材料、技术、人才、运输以及办理出口手续等方面给予支持。要积极创造条件，为乡镇企业申报自营进出口权。允许获得自营进出口权的企业经营同类相关的进出口业务。落实出口退税政策。

五、加强企业管理，提高乡镇企业经济效益

13. 乡镇企业依法向当地乡镇企业行政管理部门办理登记备案；乡镇企业变更登记和注销登记，报乡镇企业行政管理部门备案。乡镇企业行政管理部门对登记备案的企业颁发资格证书。

14. 各级乡镇企业行政管理部门负责对乡镇企业进行规划、指导、管理、监督、协调和服务；综合管理部门、行业管理部门要做好对乡镇企业发展的扶持和依法监督工作。

15. 乡镇企业要切实加强基础管理和质量、财务、环保、安全管理和监督工作。要在乡镇企业中逐步推广计算机管理技术和ISO9000系列标准认证，提高企业素质。市政府每年开展一次乡镇企业“五十强”评比表彰活动，鼓励企业上规模、上水平。

16. 乡镇企业要积极实施可持续发展战略，切实保护环境、治理污染，合理开发利用各种资源，严禁乱占滥用耕地。为鼓励乡镇企业积极治理污染，按国家有关规定征收的乡镇企业排污费，集中用于乡镇企业重点污染源的治理。

17. 乡镇企业依法承担支农义务，按法律、法规和市政府的规定缴纳支农和农村社会性支出的费用。

18. 依法保护乡镇企业的合法权益，切实减轻乡镇企业负担。任何组织或者个人不得改变企业的产权关系和占用或无偿使用企业的财产。不允许在国家和市制定的法律、法规、政策规定之外，向企业非法收费、摊派、罚款或开支费用。

六、大力推进科技进步，提高乡镇企业素质

19. 乡镇企业要积极开展同国有企业、科研院所、大专院校的经济、技术合作，加快科技成果的转化速度。坚持技术创新，实施名牌战略。凡列入市乡镇企业局新产品开发项目年度计划的乡镇企业，开发新产品、新技术、新工艺所需各项费用，可以在税前按实列支。由农业部确认的大中型和市政府评定的“五十强”乡镇企业，以及获农业部、市政府科技成果奖的企业，其技术开发费经税务机关核实后，允许该企业税前列支，发生多少，列支多少。乡镇企业领导小组每年举行一次全市乡镇企业科技进步表彰活动。

20. 重视培养和引进人才。乡镇企业按职工工资总额的 1.5% 计提教育经费，用于乡镇企业的教育培训。各级政府要对分管乡镇企业工作的领导、干部组织年度培训。支持乡镇企业学校和大中专院校为乡镇企业培养人才。市政府每年安排一定数量的资金，用于乡镇企业科技教育工作。鼓励党政机关、事业单位的干部职工、大中专院校和技校毕业生、城市和国有企业的科技人才到乡镇企业工作。继续在乡镇企业中开展技术职称、职工技术等级和技师、高级技师的考评、颁证工作。市政府每年安排一定数量的“农转非”和招录（聘）干部指标，对发展乡镇企业有突出贡献的人员择优办理“农转非”和招录（聘）为干部。

七、进一步加大对乡镇企业的支持

21. 增强乡镇企业的投入。（1）各金融机构要增加对乡镇企业的投入，择优扶持一批骨干企业和出口创汇企业、高新技术企业的发展。（2）市、区县（市）财政每年安排一定数量的资金支持乡镇企业发展。（3）区县（市）政府要严格按《乡镇企业法》规定和市政府〔1999〕39 号文件《重庆市乡镇企业发展基金规范管理实施细则的通知》要求，加强管理，防范风险，积极发挥支持乡镇企业发展的作用。（4）获得国家专项贷款的“全国乡镇企业东西合作示范项目”和“贸工农”等，除中央财政按规定标准贴息外，地方财政要兑现相应的贴息。（5）国家和各级政府用于少数民族地区经济发展的专项资金、农业综合开发资金、农业产业化资金，可以用于扶持发展乡镇企业。（6）三峡库区乡镇企业淹没搬迁应与其他企业一视同仁，国家补偿资金应按搬迁进度要求及时足额到位。

22. 增加扶持乡镇企业的优惠措施。（1）乡镇企业新建、扩建、技改等生产性项目，均免征固定资产投资方向调节税。（2）乡镇企业用于以工补农和补助农村社会性支出，按企业营业收入的1‰～2‰计提的费用在税前列支。（3）乡镇采矿业的维简和安全服务费，主要用于乡镇采矿企业的技术改造和安全生产。（4）乡镇企业获国家级或市科委或者市经委认定的新产品，由同级财政部门批准，可返还该产品新增增值税地方分成部分 2 至 3 年。（5）经县以上农业产业化办公室认可的农产品加工龙头企业，报经重庆市地税局批准，可给予一定时期的减免所得税照顾。

23. 切实抓好乡镇工业小区建设，推动农村小城镇发展。建设和土地管理部门在城市规划和村镇规划时，应充分考虑乡镇企业园区规划。土地有偿使用费的地方收益部分，经县级以上人民政府批准，可返还用于工业园区基础设施建设。鼓励优势扩张型企业到园区落户。对被命名为部、市级的乡镇企业示范园区，各级政府要给予支持，加快发展，起好示范作用。依法取得土地使用权的乡镇企业在符合土地总体规划前提下，可用使用权入股、联营、租赁等方式兴办乡镇企业。

24. 加大对重点企业和高新技术产业的扶持。市对农业部命名的大中型乡镇企业、“五十强”乡镇企业以及经济效益好、技术含量高、带动作用大的乡镇企业集团，实行动态管理，在投资决策、技术改造、发行债券、股票上市、生产要素配置等方面给予重点支持。

八、加强领导，为乡镇企业发展创造良好的外部环境

25. 各级党委、政府要把发展乡镇企业摆上重要议事日程。各区县（市）党政主要领导、分管领导以及有关部门，要建立抓好乡镇企业工作的责任制。各区县（市）乡镇企业领导小组、个体私营经济领导小组要对乡镇企业的发展与个体私营经济发展统筹安排，统一部署，形成合力。要实行有领导参加的乡镇企业季度办公会制度，及时研究乡镇企业发展中出现的困难和问题。制定政策措施，加大扶持力度，认真贯彻执行《乡镇企业法》和《重庆市实施乡镇企业法办法》，为发展创造良好的外部环境。市对各区县（市）继续实行乡镇企业目标责任制管理，对成绩突出的给予表彰奖励。

26. 市区县（市）和乡镇人民政府要关心乡镇企业管理队伍的建设。各级乡镇企业行政管理部门要转变工作作风，提向自身素质和服务水平，充分发挥职能作用。

27. 坚持“两手抓，两手都要硬”的方针，切实加强乡镇企业的思想政治工作。继续开展创建“优秀企业党组织”“三基教育”和创“文明乡镇企业”活动，努力培养造就一支“四有”职工队伍和企业家队伍，为进一步加快我市乡镇企业的发展。

一九九九年十二月十六日

中共重庆市委　重庆市人民政府
关于全市乡镇企业结构调整的意见

渝委发〔1999〕52号

党的十一届三中全会以来，我市乡镇企业异军突起，迅猛发展，已成为全市农村经济的支柱，国民经济的重要组成部分。乡镇企业的崛起，改变了农村产业结构、产品结构和就业结构，促进了农村工业化、城乡一体化，开辟了工业经济的“第二战场”，为全市经济的振兴做出了重要贡献。但是，从全国乡镇企业发展的区域水平来看，重庆仍属欠发达地区，一部分边远区县还处于发展的起步阶段。当前的主要问题是：总量不足，素质不高，结构性矛盾突出。

近年来，随着客观经济环境的变化，乡镇企业自身存在的一些深层次问题集中暴露出来，尤其是结构不合理的问题，已经危及乡镇企业的生存与发展。从产业结构看，一产业发展缓慢，增加值仅占乡镇企业增加值的0.6%，比全国低1个百分点；二产业中传统产业比重大，农产品加工业滞后，重复建设比较突出；三产业总量偏低，增加值仅占乡镇企业增加值的15.1%，比全国低5.3个百分点。从产品结构看，传统产品、初加工产品比重大，名牌拳头产品、出口创汇产品、高科技高附加值产品少，缺乏市场竞争力。从组织结构看，企业规模偏小，部分乡镇集体企业产权不清、机制不活。从布局结构看，不少地区乡镇企业布局不合理，聚集效应较差，缺乏区域经济特色。

世纪之交，乡镇企业正处于结构调整和体制创新的关键时期。结构调整不仅关系到乡镇企业自身的生存和发展，而且直接关系到农村经济结构的优化升级，关系到实现全市经济新的振兴。抓住了结构调整，就抓住了主要矛盾，就能变被动为主动，变不利为有利，变挑战为机遇。为此，从现在起到“十五”期间，全市乡镇企业工作必须紧扣结构调整这个主题，加大工作力度，对乡镇企业结构进行战略性调整，使乡镇企业发展实现战略性转移。

一、结构调整的指导思想、原则和目标

（一）指导思想：以邓小平理论为指导，认真贯彻落实党的十五大和十五届三中、四中全会精神，依据《乡镇企业法》和国家产业政策，结合我市实际，大力推进“两个根本性转变”，坚持发展与提高并重的方针，坚持多业并举、多元投入、多轨运行的路子，以市场为导向、服务为宗旨、效益为中心、科技为依托、改革为动力，继续加强第一产业，重点优化第二产业，大力发展第三产业，实现乡镇企业发展的战略性转移，在增加经济总量的同时，努力提高乡镇企业的整体素质。

（二）调整原则：调整乡镇企业结构是一项复杂的系统工程，也是一个渐进的过程，必须按照社会主义市场经济规律办事，坚持以下五项原则：

1. 坚持以市场为导向、服务为宗旨，充分利用当地和国内、国际资源和市场，把产品开发和市场开发结合起来，满足多样化、多层次的需求。

2. 坚持因地制宜、分类指导，有进有退，有所为有所不为，扬长避短，突出重点，形成聚集效应和特色经济。

3. 坚持与推进农业产业经营相结合，促进农业资源的深度开发利用。

4. 坚持与推进国有企业扭亏脱困和战略性改组相结合，积极参与国有企业的兼并、改组、联合、协作，大胆进入国有企业的竞争领域和国有经济退出后的部分市场。

5. 坚持可扶持发展战略，做到经济效益、社会效益、生态效益相统一。

（三）调整目标：通过结构调整，到“十五”期末，全市乡镇企业做到结构合理、优势突出、科技开发和市场竞争能力增强、质量和效益显著提高，实现“四、五、六”的目标。即实现四个转移。通过结构调整，使乡镇企业的发展实现战略性转移，做到：由主要依靠外延扩大再生产，转移到依靠科技进步和提高劳动者素质的轨道上来；由主要重视量的增长，转移到注重提高经济运行质量和效益上来；由主要发展乡村集体企业，转移到以混合经济为主的多种所有制企业共同发展上来；由企业分散发展缺乏规模，转移到适度集中连片发展规模经营上来。

形成“五百”典范：建成100个乡镇企业示范小区；发展100个专业村镇；扶持100个农业产业化龙头企业；培育100个企业集团和骨干企业；开发100个名特产品。

达到六个提高：乡镇企业增加值达到350亿元（年均增长10%以上，总量翻一番以上），占农村经济的比重提高到50%以上；乡镇企业技术进步的贡献率提高到40%以上；乡镇工业的集中度（兴办在工业小区和小城镇的工业企业产值）提高到70%以上；销售收入500万元以上的工业企业在乡镇工业总量中的比重提高到40%以上；乡镇企业经济总量中，非公有制经济的比重提高到70%以上；乡镇企业经济运行质量和效益显著提高；全员劳动生产率达到2万元（按增加值计算），总资产贡献率达到15%，乡镇企业给农民提供的收入占农民纯收的比重达到40%，乡镇企业当地入库税金占区县预算内财政收入的比重达到40%。

二、结构调整的和要内容和任务

（一）布局结构调整

全市乡镇企业的发展布局，大致划分为四个不同类型的区域，实行分类指导，突出各自特色。

1. 主城近郊区：重点发展围绕城市支柱产业配套的加工业、技术含量高的产业、轻工业和增强城市服务功能的第三产业，形成一批“小巨人”企业，使乡镇企业从数量型经济转移到质量效益型经济。这些地区是：九龙坡区、沙坪坝区、南岸区、江北区、大渡口区、北碚区、渝北区、巴南区。

2. 丘陵平坝地区：重点发展农产品加工业，巩固提高轻纺工业和建筑建材业。这些区域是：潼南县、铜梁县、大足县、荣昌县、永川市、双桥区、合川市、梁平县、垫江县、綦江县、万盛区、长寿县、江津市、南川市、璧山县。

3. 三峡库区：结合移民和厂矿、城镇搬迁，选好项目，实施企业组合搬迁；采取外引内联引进一批、改造一批、淘汰一批企业，形成库区特色经济。发展重点是旅游服务及相关产业、特色食品加工业、环保产业、建筑建材业。这些区域是：忠县、云阳县、奉节县、巫山县、涪陵区、万州区、开县、丰都县。

4. 山区：应着力资源开发，重点发展能源、矿产业、农产品（药材）加工业、建材业、民族传统工艺加工业。这些区域是：城口县、巫溪县、武隆县、秀山县、酉阳县、石柱县、彭水县、黔江县。

上述各类地区在进行乡镇企业部局结构调整时，都应结合小城镇建设，在适宜区域建立乡镇企业小区，实现集中连片发展。同时，应根据当地资源优势，发展各具特色的区域经济和专业村镇。

（二）产业结构调整

根据国家产业政策和我市乡镇企业的优势，合理调整产业结构。加强第一产业，鼓励有条件的企业大胆进军第一产业，重点发展农产品加工业；优化第二产业，重点是用高新技术改造传统产业，壮大优势行业，培育新兴产业；发展第三产业，重点是为农业服务、为城乡人民生活服务的行业和旅游业。要紧紧抓住国有经济的重组和结构调整时从一般性竞争行业退出的机遇，大胆参与竞争，及时填补一部分空白，继续发展提高那些有前途、有效益的行业和产品。结构调整要统筹规划，逐步推进，把适应性调整、开发性调整和战略性调整结合起来。近两三年，以适应性调整和开发性调整为主："十五"期间，以开发性调整和战略性调整为主，通过调整，重点抓好以下四大产业和行业的发展。

1. 农产品加工业。乡镇企业必须利用市场机制，处理好与农业发展的关系，紧密结合农业产业化经营，促进农业可持续发展，增加农民收入。要把农产品精深加工作为乡镇企业发展的重点，切实抓好粮油、畜禽、果品、蔬菜、茶叶、蚕桑等农业产业化龙头企业的发展。每个区县都要根据自身的资源优势和经济特色，培育发展 1 ~ 3 个规模较大、带动性较强的龙头企业。到"十五"期末，全市营业收入 1000 万元以上的龙头企业达到 100 个以上，农产品加工业的产值占乡镇工业总产值的比重提高到 30% 以上。要鼓励有条件的乡镇企业，发展养殖业、种植业基地，为农业产业化奠定基础。支持农业产业化龙头企业与基地和农户建立利益共同体，实行产加销一体化经营，加大农产品加工转化力度。要提高农产品精深加工比重，提高农产品附加值，不断开发新产品，开拓新市场，以适应新的消费需求。

2. 围绕城市支柱产业开发配套的加工业。要围绕我市国民经济发展战略规划的支柱产业，发展相关的开发配套加工业，重点是发挥我市"两车"生产的优势，组织强强联合，搞好协作配套和新产品开发，发展提高汽车、摩托车、农用车零配件和整车生产。"十五"期末，全市乡镇企业摩托车整车产量达到 100 万辆以上，开发配套加工业的产值占乡镇工业总产值的比重提高到 30% 以上。

3. 建筑建材业。要努力改善乡镇建筑施工企业技术装备，提高综合素质和资质等级，逐步取消四级以下施工队伍，使乡镇一、二级建筑施工队伍不断扩大。要坚持以建筑业为主，积极发展多种经营，从单一的土建施工向开发房地产、劳务输出、装修、道路、市政、土石方等方向调整和转变，以增强市场竞争力。要大力改造传统建材业，积极开发各类砌砖、轻墙板、钢塑门窗等新型、轻型、节能型建材产品。近期要重点抓好水泥生产企业的技术改造，形成一批年产 30 万吨以上的中型水泥厂，使全市乡镇企业水泥产量稳定在 600 万吨左右。

4. 第三产业。重点发展农产品储藏、保鲜、运销业以及旅游、商贸、饮食、服务、房地产、信息咨询等行业。到"十五"期末，使第三产业占乡镇企业总产值的比重提高到 30% 以上。

（三）产品结构调整

产品结构调整是乡镇企业经济结构优化升级的基础和主要着力点。首先，要抓好适应性调整，对适应市场需求的现有产品，要加大扶持力度，尽快上规模、上批量，扩大市场占有率；对缺乏市场竞争力、高能耗、低效益，严重污染环境的产品，要严格限制和淘汰。要花大力气抓好开发性调整和战略性调整，不断开发新产品，实施“名牌战略”，重点支持开发高新技术产品、出口创汇产品。到“十五”期末，开发市局级以上新产品500项以上，创出在国内外市场有一定影响和份额的名特产品100个以上。

（四）组织结构调整

鼓励重点骨干企业积极参与国有企业的改革和调整，打破地区、部门、行业和所有制界限，采取兼并、控股、联合、收购等方式，实行全方位的资产重组，促进生产要素的合理流动和优化配置。要大力支持以资产为纽带、以名牌拳头产品为龙头组建企业集团，培植一批“小巨人”企业，形成新的规模优势。到“十五”期末，使企业集团和骨干企业达到100个以上。对于众多的中小型乡镇企业，要走小而专、小而精、专业化生产、社会化协作的路子。尤其要引导和鼓励这类企业与发展一乡一品、一村一品的专业村镇相结合，形成区域性的特色经济。到“十五”期末，培育发展专业村镇100个。要按照国家有关规定，淘汰落后生产力、落后生产工艺，对资源枯竭、质量低劣、严重污染环境、扭亏无望的企业，实行关闭、重组、破产。要加强企业内部组织结构的调整，创新乡镇企业的管理体制和经营机制。要改变部分乡村集体企业政企不分、产权不清、机制优势退化的状况，建立适合市场经济要求的管理体制、产权结构和运行机制。同时，要改变部分个体私营企业“家族式”的管理方式，引导他们逐步按现代化企业制度规范运行。

（五）所有制结构调整

经过近几年的改革，尤其是产权制度改革，农村的个体私营企业已成为乡镇企业的重要组成部分。目前，个体私营企业的个数已占全部乡镇企业的83.7%，产值已占50%以上，而且增长速度大大高于集体企业。要积极探索乡镇企业中集体经济的多种实现形式，进一步搞好产权制度改革，积极引导个体私营企业参与公有制企业的改革，鼓励多种经济成分共同发展，特别是发展混合所有制经济。今后新办乡镇企业，要以个体私营企业和混合所有制企业为主。到“十五”期末，乡镇企业经济总量中非公有制经济比重达到70%以上。

三、搞好我市乡镇企业结构调整的主要措施

（一）切实加强对乡镇企业结构调整工作的领导。乡镇企业结构调整，既是一项长期的战略措施，又是当前的紧迫任务和工作重点。对乡镇企业进行战略性调整，实现乡镇企业发展的战略性转移，首先必须解放思想，实现观念的更新和转变。要大胆探索、勇于创新，不断寻求改革发展的新思路、新途径、新措施。各级党政要高度重视，切实加强领导，及时解决调整和发展中的困难和问题；各区县都要根据全市乡镇企业结构调整的意见，制订自己的规划或实施意见；政府有关部门要积极支持乡镇企业结构调整工作，保证结构调整的顺利进行。

（二）大力推进乡镇企业科技进步。1. 加大技术改造和高新技术产品开发力度。在每年新增投入中，用于技改和高新技术开发的资金要占50%以上。要为乡镇企业新产品开发、高新技术的推广运用创造条件，按规定将新产品开发经费和高新技术推广运用经费按实在税前列支。2. 积极推进企业技术创新工作，大力开发推广新产品、新技术、新工艺、新材料。“十五”期间每年完成市局级以上新产品开发100项以上；骨干企业要建立和办好“技术创新中心”。3. 大力推进乡镇企业人才工程，努力提高乡镇企业人员素质。要根据国家农业部和财政部的规定，按工资总额的 1.5% 提取教育基金；要加大现有人员的培训力度，抓好学历教育、领导干部和“一师三长”岗位培训、专业技术人员继续教育和企业职工文化技术短期培训，到“十五”期末，获专业技术称号的人员达到 8 万人；要采取优惠政策，创造良好环境，多渠道多形式引进科技人才。4. 帮助企业按 ISO9000 标准完善质量体系，使乡镇企业重点产品质量率达到 90% 以上，工业国家抽查合格稳定在 90% 以上，提高产品的竞争能力。

（三）进一步深化企业改革。改革是结构调整的动力。要继续抓好乡村集体企业的产权制度改革，重点是实行政企分开、产权明晰、投资主体多元化，建立起自主经营、自我积累、自我发展、自我约束的运行机制，推动产业结构、所有制结构和组织结构调整，再创乡镇企业的体制优势和机制优势。要大力鼓励个体私营企业、乡村集体企业、外来投资企业采取兼并、控股、联合、收购等方式，实行全方位的资产重组。对参与收购、兼并、重组国有困难企业和破产、关闭企业的，应享受国家和市政府的有关优惠政策。

（四）努力扩大对外开放。要进一步解放思想，更新观念，加大对外开放的力度，充分利用市内外、国内外资源和市场。要花大力气改善投资环境，为招商引资创造条件；要通过引资嫁接和联合、协作，引进技术、资金、人才、管理，推动乡镇企业结构优化升级；要充分利用中西部开发、东西合作和三峡库区开发的机遇和政策，大力推进东西合作和多层次、多形式的联合协作；要进一步抓好市内对口支援工作，组织近郊帮远郊，发达地区帮贫困地区，促进资源开发和优势互补；要大力发展外向型经济，支持引导企业通过国际互联网等现代科技手段更广泛地融入国内外市场，鼓励有条件的企业到境外投资办企业，积极帮助企业申办自营进出口权，不断提高出口比重。

（五）加快小城镇和乡镇企业小区建设。小城镇是发展乡镇企业的重要载体，乡镇企业是推动小城镇建设的重要力量。各地在制订小城镇建设规划时，应把建立乡镇企业小区作为重要内容。凡有条件的小城镇，都要建立和办好乡镇企业小区，采取优惠政策，吸引乡镇企业向小区集中，鼓励投资者和农民进入小区务工、经商、办企业。到“十五”期末，重点建设好 100 个乡镇企业示范小区。各级政府要大力支持乡镇企业小区建设，重点支持由国务院有关部委和市政府命名的示范区，充分发挥其示范效应。

（六）切实解决乡镇企业资金短缺问题。乡镇企业结构调整涉及项目建设资金及流动资金的投入，而现在大部分企业资金特别是流动资金缺口较大，不利于乡镇企业结构调整，必须采取切实有效的措施加以解决。金融部门要充分发挥融资主渠道作用，增加对乡镇企业的投入；财税部门应采取优惠政策，支持企业的技术创新和结构调整；市和各区县都要积极创造条件，多渠道筹集科技开发资金；乡镇企业管理部门要组织和使用好乡镇企业发展基金，发挥乡镇企业发展基金扶持企业发展的作用。积极争取上级部门、市级部门等用于经济发展的资金支持乡镇企业技术创新和结构调整；区县和企业要适应投资主体多元化的新形势，积极创造条件招商引资，开拓多种融资渠道，鼓励城市法人和个人资本向乡镇企业投资，帮助有条件的企业发行债券和股票上市。

一九九九年十二月十六日

四、重庆市人大颁布实施的地方性法规

重庆市人民代表大会常务委员会公告

第六十一号

《重庆市乡镇企业股份合作制条例》1998 年 3 月 28 日经重庆市第一届人民代表大会常务委员会第八次会议通过，现予公布，自 1998 年 7 月 1 日起施行。原《重庆市乡镇企业股份合作制条例》在重庆市辖区停止适用。

重庆市人民代表大会常务委员会

一九九八年三月二十八日

重庆市乡镇企业股份合作制条例

（重庆市第一届人民代表大会常务委员会第八次会议通过）

第一章　总　则

第一条　为了明晰乡镇企业产权关系，完善经营机制，促进乡镇企业发展，根据国家有关法律、法规，结合本市实际，制定本条例。

第二条　本条例所称乡镇企业股份合作制是劳动者劳动联合和劳动者资本联合的一种集体所有制经济形式。

第三条　本条例适用于本市行政区域内实行股份合作制的乡镇企业（以下简称股份合作制企业）。

第四条　乡镇企业实行股份合作制，应当坚持积极推行，因地制宜，分类指导的方针。

第五条　股份合作制企业应遵循以下原则：

（一）谁投资、谁所有、谁受益；

（二）入股自愿、股权平等、利益共享、风险共担；

（三）按股分红、按劳分配；

（四）依法提取公积金和公益金。

第六条　股份合作制企业的合法权益受国家法律保护，任何单位和个人不得侵犯。

第七条　股份合作制企业是乡镇企业的重要组成部分，享受国家对乡镇企业的扶持政策。

第八条　市、区、县（市）和乡、镇人民政府应当加强领导，支持乡镇企业积极推行股份合作制。乡镇企业管理部门负责对股份合作制企业进行规划、指导、管理、监督、协调和服务。

第二章　企业设立

第九条　组建股份合作制企业，可由农村集体经济组织、村民个人投资组建，也可由上述组织、个人与本农村集体经济组织以外的法人和个人联合投资组建。

原有乡镇企业改组为股份合作制企业，由资产所有者讨论决定。

第十条　申请设立股份合作制企业，须由发起设立人提出书面申请，附送发起人签订的协议、组建方案、资产评估报告或清产核资报告及资信证明、企业章程等文件材料，经乡、镇企业办公室签注意见，报区、县（市）乡镇企业管理部门批准，向所在地工商行政管理部门办理登记手续，依法取得法人资格。

第十一条　发起人签订的协议应明确发起人共同出资总额和各自出资比例及相应权利、义务。

需要向社会法人或个人募集股份的，发起人认购的股份不得低于股份总额的百分之三十。

股份合作制企业不能成立时，发起人应对设立企业的行为所产生的债务和费用负连带责任，并对认股人已缴纳的股款，负返还股款并加算银行同期存款利率的连带责任。

第十二条　股份合作制企业章程不得违背国家法律、法规的规定，并应载明以下主要事项：

（一）企业名称、住所；

（二）经营范围及方式；

（三）企业注册资本、股份总数、各类股份总数及转让办法；

（四）股东的权利和义务；

（五）股东大会的职权及议事规则；

（六）企业法定代表人及其职权；

（七）董事会、监事会或监事的职权及议事规则；

（八）企业利润分配办法；

（九）章程修改程序；

（十）企业终止与清算办法。

第三章　股份与股东

第十三条　股东可以货币、厂房、设备、土地使用权、技术等有形和无形资产入股。用货币以外的资产作价入股的，须按国家有关规定进行资产评估或确认。

第十四条　股权要按公平、合理、简单易行的原则设置。根据资产投入情况，一般可设乡村集体股、职工股和社会股。

（一）乡村集体股为乡村范围内农民集体共同拥有所有权的股份。其来源包括集体经济组织直接投资；土地使用权斥资；国家或地方财政无偿扶持的资金形成的资产；国家对企业的减免税、社会无偿扶持的资产；企业历年积累增值的一部分。乡村集体股由乡、镇、村、社集体经济组织代表。

（二）职工股为企业职工依法拥有所有权的股份。

（三）社会股为本企业外的法人和个人依法拥有所有权的股份，包括外商及香港特别行政区、澳门、台湾投资者依法拥有所有权的股份。

第十五条　原有乡村集体所有制企业改造为股份合作制企业的，企业历年积累增值资产的百分之五十至百分之七十划给职工，其余部分划归原有投资者。

职工个人股的划分，可按工龄长短、岗位责任、贡献大小等情况，经职工代表会讨论，落实到职工个人。厂长（经理）及技术、管理等骨干人员应适当增加持股份额。

第十六条 股份合作制企业股份采取股权证书形式，作为股权凭证和分红的依据。

股权证书应载明股东姓名、单位、股权种类、股金数额等情况，经董事长签名，企业盖章生效。

股权证书由市乡镇企业管理部门统一印制。

第十七条 股份合作制企业的股份可依照国家法律、法规和企业章程规定转让、继承、抵押和赠予。但乡村集体股不得赠予。

第十八条 股东享有下列权利：

（一）出席或委托代理人出席股东大会并行使表决权；

（二）按股份取得股利，企业终止后依法取得剩余财产；

（三）企业章程规定的其他权利。

第十九条 股东负有下列义务：

（一）遵守企业章程；

（二）依其所认购的股份和入股方式在约定的期限内缴纳股金；

（三）股东在企业章程规定的时间内不得退股；

（四）以所持股份为限对企业债务承担有限责任；

（五）企业章程规定的其他义务。

第四章　资产评估

第二十条 组建股份合作制企业应当进行资产评估，以确保企业资产的真实性；不募集社会股的，可以不搞资产评估，但必须进行清产核资，提供资信证明，并报经区、县（市）乡镇企业管理部门审验确认。

第二十一条 资产评估必须坚持实事求是、账实相符、作价合理的原则。

第二十二条 资产评估范围包括企业的全部资产。

第二十三条 资产评估按企业申请、资产清查、作价评估、审验确认的程序进行。

第二十四条 资产评估由资产所有者委托具有资产评估资格的机构进行。

资产评估应对资产、债权、债务进行全面清查、登记造册，并提出资产评估报告书，报区、县（市）乡镇企业管理部门确认。

第二十五条 原有乡镇企业改造为股份合作制企业，其评估后的固定资产价值增值部分可按规定标准计提折旧。

第五章　收益分配

第二十六条 股份合作制企业应按乡镇企业财务制度规定提取列支各项费用。

股份合作制企业应按规定提取社会性支出和上交主管部门管理费。

第二十七条 股份合作制企业的税后利润必须按下列顺序分配：

（一）按规定弥补历年亏损；

（二）提取百分之十以上的公积金（公积金已达注册资本的百分之五十时可不再提取）和百分之五以上的公益金；

（三）支付股利。

第六章　组织机构

第二十八条　股东大会是股份合作制企业的最高权力机构，行使下列职权：

（一）决定企业管理模式、经营方针和投资计划；

（二）选举或罢免董事会和监事会成员，决定其报酬和支付方式；

（三）审议批准董事会和监事会报告；

（四）审议批准企业的年度财务预、决算方案，利润分配方案和弥补亏损方案；

（五）决定企业股本增减方案；

（六）修改企业章程；

（七）对企业分立、合并、变更企业形式、解散和清算等事项做出决议；

（八）企业章程规定的其他职权。

第二十九条　股东大会由董事会召集，董事长主持。董事会应于召开会议十五日前通知全体股东。

股东大会的首次会议由出资最多的股东召集和主持。

股东大会分为定期会议和临时会议两种，定期会议应按照企业章程规定按时召开。代表四分之一以上表决权的股东，三分之一以上董事或者监事，可提议召开临时会议。

股东大会应当对所议事项的决定做会议记录，出席会议的股东应当在会议记录上签名。

第三十条　股东大会由股东按照一股一票的方式行使表决权。

股东大会对企业增加或者减少注册资本、分立、合并、解散或者变更企业形式做出决议，必须经代表三分之二以上表决权的股东通过。

股东大会对修改企业章程做出决议，必须经代表三分之二以上表决权的股东通过。

第三十一条　董事会是股份合作制企业的常设权力机构，向股东大会负责，行使下列职权：

（一）负责召集股东大会，并向股东大会报告工作；

（二）执行股东大会的决议；

（三）决定企业的经营计划和投资方案；

（四）制订企业的年度预算方案、决算方案；

（五）制订企业的利润分配方案和弥补亏损方案；

（六）制订企业增加或减少注册资本的方案；

（七）拟订企业合并、分立、变更企业形式、解散的方案；

（八）决定企业内部管理机构的设置；

（九）聘任或者解聘企业厂长（经理），根据厂长（经理）的提名，聘任或解聘企业副厂长（副经理）、财务负责人，决定其报酬；

（十）制定企业的基本管理制度。

第三十二条　股份合作制企业董事会成员人数为三至七人，规模较大的企业可设至十五人。董事长为企业的法定代表人，由董事会成员选举产生。

规模较小和股东人数较少的企业可不设董事会，只设一名执行董事。执行董事为企业法定代表人，履行董事会的职权。

第三十三条 董事会会议由董事长召集和主持。三分之一以上董事可以提议召开董事会会议。

董事会会议实行一人一票表决方式。

董事会应当对所议事项的决定做成会议记录，出席会议的董事应当在会议记录上签名。

第三十四条 厂长（经理）是企业的经营者，经董事会授权也可作为企业法定代表人。厂长（经理）由董事会聘任，向董事会负责，行使下列职权：

（一）主持企业的生产经营管理工作，组织实施股东大会和董事会决议；

（二）组织实施企业年度经营计划和投资方案；

（三）拟订企业内部管理机构设置方案；

（四）拟订企业的基本管理制度；

（五）制定企业的具体规章；

（六）提请聘任或解聘企业副厂长（副经理）、财务负责人；

（七）聘任或者解聘除应由董事会聘任或者解聘以外的负责管理人员；

（八）企业章程和董事会授予的其他职权。

厂长（经理）列席董事会会议。

第三十五条 股份合作制企业设立监事会，其成员为三至七人。监事会应在其组成人员中推选一名召集人。

规模较小、股东人数较少的企业可设一名监事。

监事会或监事由股东大会选举产生，监督企业的生产经营活动，并对股东大会负责。

董事、厂长（经理）及企业财务负责人不得兼任监事。

监事会或者监事行使下列职权：

（一）检查企业财务；

（二）对董事、厂长（经理）执行职务时违反法律、法规或企业章程的行为进行监督；

（三）当董事和厂长（经理）的行为损害企业的利益时，要求董事和厂长（经理）予以纠正；

（四）提议召开临时股东会；

（五）企业章程规定的其他职权。

监事列席董事会会议。

第三十六条 有下列情形之一的，不得担任股份合作制企业的董事、监事、厂长（经理）：

（一）无民事行为能力或者限制民事行为能力；

（二）因经营不善破产清算的公司、企业的董事或者厂长（经理），并对该公司、企业的破产负有个人责任的，自该公司、企业破产清算完结之日起未逾三年；

（三）因违法被吊销营业执照的公司、企业的法定代表人，并负有个人责任的，自该公司、企业被吊销营业执照之日起未逾三年；

（四）个人负债数额较大到期未清偿。

第三十七条 股份合作制企业职工依法建立工会组织，开展工会活动。

第七章　合并、分立与终止清算

第三十八条 股份合作制企业的合并、分立应由股东大会做出决定，报区、县（市）乡镇企业管理部门备案，向工商行政管理部门申请办理变更登记。

第三十九条　合并指股份合作制企业与一个或多个企业合并成立一个新企业。合并应当由合并各方签定协议，合并后的企业应承担原有企业的债权、债务。

第四十条　分立指股份合作制企业分成两个或两个以上的企业。企业分立时应事先对企业债务的承担做出决定，并由分立后应承担债务的企业与债权人签订清偿债务的协议。经双方或多方协商达不成协议的企业不得分立。

第四十一条　股份合作制企业有以下情形之一的，应予以终止并进行清算：

（一）企业章程规定的营业期限届满或章程规定的终止事由出现；

（二）股东大会决定解散；

（三）违反国家法律、法规，危害社会公共利益被依法撤销；

（四）企业破产。

第四十二条　股份合作制企业清算由股东大会成立清算组或依法成立清算组进行。在清理企业财产，处理企业未了业务，收取企业债权，解散企业从业人员后，按下列顺序清算：

（一）支付清算费用；

（二）支付企业所欠职工工资和劳动保险费用；

（三）缴纳所欠税款；

（四）偿还企业债务；

（五）按股东的股份比例分配剩余资产。

企业财产不足以清偿同一顺序要求的，按照比例分配。

第四十三条　清算结束后，清算组应提出详细的清算报告，报原审批部门批准，由工商行政管理部门注销登记。

第八章　法律责任

第四十四条　股份合作制企业以其全部资产对企业债务独立承担有限责任，企业股东以其所持股份为限对企业承担责任。

第四十五条　股份合作制企业的董事应当对董事会的决议承担责任。董事会的决议违反法律、法规或企业章程，致使企业遭受严重损失的，参与决议的董事对企业负赔偿责任。但经证明表决时曾表明异议并记载于会议记录的该董事可免除责任。

第四十六条　董事、执行董事、厂长（经理）、监事违反法律、法规或者企业章程规定，给企业、股东造成损害的，应当承担赔偿责任。

第四十七条　有关行政机关及其工作人员违反国家法律、法规，侵犯股份合作制企业合法权益的，由所在单位、上级机关或有权机关给予行政处分，构成犯罪的，依法追究刑事责任。

第四十八条　本条例涉及的行政处罚和复议、诉讼事宜，按有关法律、法规办理。

第九章　附　则

第四十九条　本条例具体应用中的问题，由重庆市乡镇企业管理局负责解释。

第五十条　本条例自 1998 年 7 月 1 日起施行。

重庆市实施《中华人民共和国乡镇企业法》办法

（1998年8月1日重庆市第一届人民代表大会常务委员会第十次会议通过）

第一条 为了扶持和引导乡镇企业持续健康发展，保护乡镇企业的合法权益，规范乡镇企业的行为，繁荣农村经济，根据《中华人民共和国乡镇企业法》，结合本市实际，制定本办法。

第二条 本办法所称乡镇企业，是指乡、镇、村、社集体经济组织或农民投资为主，在乡镇范围内举办的承担支援农业义务的各类企业。

第三条 乡镇企业的主要形式有：

（一）乡、镇、村、社集体经济组织举办的企业；

（二）农民个人、农民合作、合伙举办的企业；

（三）乡、镇、村、社集体经济组织或农民同其他企业事业单位、个人，以及境外投资者联合举办的企业；

（四）上述企业之间，上述企业同其他企业事业单位、个人，以及境外投资者联合举办的企业；

（五）法律、法规规定的符合乡镇企业条件的其他企业。

第四条 乡镇企业在城市设立的分支机构，乡、镇、村、社集体经济组织在城市开办的并承担支援农业义务的企业，因行政区划调整由农村划归城区并仍然承担支援农业义务的原乡镇企业，按照乡镇企业对待。

乡、镇、村、社集体经济组织和农民以外的其他投资者在乡镇范围内举办的，开发农村资源或安置农村劳动力并承担支援农业义务的企业，按照乡镇企业对待。

第五条 乡镇企业的财产实行谁投资、谁所有、谁受益的原则，其所有权的行使按下列规定办理：

（一）乡镇集体企业的财产权属于举办该企业的全体农民集体所有，所有权由能代表乡镇全体农民利益的集体经济组织或其授权的乡镇企业集体资产管理机构行使；

（二）村、社集体企业的财产权属于举办该企业的全体农民集体所有，村集体企业财产的所有权由能够代表全村农民利益的集体经济组织或村民（代表）大会行使；社集体企业财产的所有权由社集体经济组织行使；

（三）农民合作、合伙或者个人投资举办的乡镇企业，其企业财产权属于投资所有，所有权由投资者行使；

（四）乡、镇、村、社集体经济基组织或者农民与其他企业、组织或个人共同投资的乡镇企业，其企业财产权按出资份额或约定属于投资者所有，所有权由投资者行使；

（五）股份制、股份合作制乡镇企业的财产权属于股东所有，所有权由股东大会行使。

第六条 地方各级人民政府应当把发展乡镇企业纳入国民经济的总体规划，立足本地实际和资源优势，坚持依靠科技和可持续发展战略，制定发展规划和各项保护措施，并监督实施。

第七条　市和区、县（市）乡镇企业行政管理部门主管本辖区的乡镇企业工作，对乡镇企业进行规划、指导、协调、监督、服务，其主要职责是：

（一）贯彻执行有关乡镇企业的法律、法规、规章和政策；

（二）制订乡镇企业发展规划，并组织实施；

（三）组织和指导乡镇企业的体制改革、科技进步、职工教育培训、产业、产品结构调整、对外经济协作与交流；

（四）指导和监督乡镇企业的统计、财务、审计、资产、安全生产、环境保护、产品质量和标准等工作；

（五）协调乡镇企业与有关方面的关系，为企业生产经营决策提供咨询和信息服务。

第八条　乡、镇人民政府乡镇企业管理机构负责本辖区乡镇企业的规划、指导、监督、协调、服务。

第九条　依法设立乡镇企业，应在工商登记注册后的三十日内，持有关资料向区、县（市）乡镇企业行政管理部门申请登记备案，确认乡镇企业资格。

乡镇企业改变名称、住所或者分立、合并、停业、终止等，应在依法办理工商变更登记或注销登记后的三十日内报所在地区、县（市）乡镇企业行政管理部门备案。

第十条　经登记备案确认的乡镇企业，由区、县（市）乡镇企业行政管理部门颁发资格证书，享受乡镇企业的权利和扶持政策，承担支援农业的义务。

乡镇企业资格证书由市乡镇企业行政管理部门统一制发。

乡镇企业管理费的征收、使用和管理办法，由市人民政府依照国家有关规定制定。

第十一条　乡镇集体经济组织根据举办乡镇企业规模的情况，可以建立集体资产管理机构，负责对所属资产进行管理；也可以委托其他单位代行管理。

乡镇企业行政管理部门应对乡镇企业集体资产的清产核资、资产评估、产权界定、产权登记、产权交易等进行指导、监督和管理。

乡镇企业集体资产经营者离任时，应当依法进行审计。

第十二条　乡镇企业的合法财产不受侵犯，任何组织或者个人不得非法改变乡镇企业的产权关系，不得非法占用或者无偿使用乡镇企业的财产。

除法律、法规另有规定外，任何单位或者个人不得以任何方式向乡镇企业收取费用，进行摊派。

第十三条　乡镇企业依法享有经营自主权。企业经营者的任免，由企业所有者依法决定。

第十四条　乡镇企业建设用地应当符合当地村镇建设规划，并依法办理土地使用手续，按批准用途使用土地。

鼓励发展乡镇企业示范小区，推进农村小城镇建设。

鼓励和支持条件差的乡、镇、村、社异地兴办乡镇企业。

第十五条　乡镇企业享有国家给予的税收优惠政策。市和区、县（市）人民政府可根据国家有关规定，结合当地实际，制定扶持乡镇企业发展的优惠措施。

乡镇企业开发新产品、新技术、新工艺，经市乡镇企业行政管理部门确认，其各项费用可在税前据实列支。

经国务院乡镇企业行政管理部门确认的大中型乡镇企业和市人民政府确定的骨干乡镇企业，可按国家和市规定的比例在税前提取科技开发基金。

第十六条 在乡镇企业示范小区举办乡镇企业，享受国家和市给予小城镇建设的扶持政策。

第十七条 乡镇企业可按照国家和市的规定获得优先和优惠贷款。

第十八条 市和区、县（市）人民政府根据国家规定设立乡镇企业发展基金。基金由下列资金组成：

（一）政府拨付的用于乡镇企业发展的周转金；

（二）乡镇企业每年上缴地方税收增长部分的百分之十至百分之十五；

（三）有条件的地区从乡镇企业管理费中提取一定比例的资金；

（四）乡、镇、村、社集体经济组织、乡镇企业、农民及其他单位和个人自愿提供的资金；

（五）基金运用产生的收益。

第十九条 乡镇企业发展基金用于扶持乡镇企业发展，其使用范围如下：

（一）支持少数民族地区、边远地区和贫困地区发展乡镇企业；

（二）支持经济欠发达地区、少数民族地区与经济发达地区的乡镇企业之间进行经济技术合作和举办合资项目；

（三）支持乡镇企业按照国家产业政策和技术政策调整产业结构和产品结构；

（四）支持乡镇企业进行技术改造，开发名特优新产品和生产传统手工艺产品；

（五）发展生产农用生产资料或者直接为农业生产服务的乡镇企业；

（六）发展从事农副产品加工、贮存、运销经营的乡镇企业；

（七）支持乡镇企业职工的教育和技术培训；

（八）其他需要扶持的项目。

第二十条 乡镇企业发展基金由乡镇企业行政管理部门管理，同级财政部门监督。具体使用管理办法由市人民政府根据国家有关规定制定。

第二十一条 乡镇企业依照国家规定减征百分之十的所得税的资金，由乡镇人民政府乡镇企业管理机构收取，用于支援农业和农村社会性支出。资金的收取和使用应接受同级财政的监督。

第二十二条 乡镇企业承担支援农业义务确有困难的，可以申请减免。具体减免办法由区、县（市）级人民政府规定。

第二十三条 乡镇企业应当依法纳税、依法合理开发和使用自然资源、依法使用商标和制作商品标识，建立健全财务、会计和统计制度，加强产品质量管理和安全生产。

第二十四条 乡镇企业应当遵守有关环境保护的法律、法规，对有污染的项目必须进行治理，不得使用国家明令禁止的污染环境的生产工艺设备，不得生产国家明令禁止的严重污染环境的产品。

乡镇企业新建、扩建、改建项目必须实行环境保护申报登记制度。建设项目中防治污染的设施，必须与主体工程同时设计、同时施工、同时投产使用。

第二十五条 违反本办法，有下列行为之一的，由市和区、县（市）乡镇企业行政管理部门责令改正，拒不改正的，由市和区、县（市）乡镇企业行政管理部门纠正或提请有权机关纠正，并追究有关责任人员的经济、行政、法律责任：

（一）非法改变乡镇企业所有权的；

（二）非法占有或者无偿使用乡镇企业财产的；

（三）非法撤换乡镇企业负责人的；

（四）侵犯乡镇企业经营自主权的。

前款行为给乡镇企业造成经济损失的，应当依法赔偿。市和区、县（市）乡镇企业行政管理部门可以根据当事人的请求，对赔偿纠纷进行调解处理。

第二十六条　乡镇企业有权向乡镇企业行政管理部门或其他有关部门控告、检举向企业摊派或者非法收费、罚款、集资的行为，乡镇企业行政管理部门应当会同有关部门进行查处。

第二十七条　乡镇企业违反本办法，有下列行为之一的，由市和区、县（市）乡镇企业行政管理部门责令其改正，在其改正之前，可根据情节轻重通知有关部门停止其享受乡镇企业的部分或全部优惠政策：

（一）不向乡镇企业行政管理部门申请登记备案的；

（二）不承担支援农业义务的；

（三）不按国家和市的规定缴纳乡镇企业管理费的；

（四）违反国家土地管理、自然资源开发、环境保护、财务、质量、劳动安全、商标、税收及其他有关法律、法规的。

乡镇企业违反前款第（四）项规定的，由有关主管部门会同乡镇企业行政管理部门依法查处。

第二十八条　对依照本办法第二十五条、第二十六和第二十七条规定所做处罚、处理决定不服的，当事人可以依法申请行政复议或提起行政诉讼。

第二十九条　乡镇企业行政管理部门及其工作人员利用职权，干预企业生产经营自主权，侵犯企业财产权益的，由其所在单位、监察部门或上级机关给予行政处分；给企业造成损失的，应依法赔偿；构成犯罪的，依法追究刑事责任。

第三十条　本办法具体应用中的问题，由重庆市乡镇企业管理局负责解释。

第三十一条　本办法自 1998 年 10 月 1 日起施行。

五、重庆市级部门文件

重庆市机构编制委员会
关于印发《重庆市中小企业发展指导局（重庆市乡镇企业局）职能配置、内设机构和人员编制规定》的通知

渝编〔2002〕70号

各区县（自治县、市）党委、人民政府，市委各部委、市级各部门：

《重庆市中小企业发展指导局（重庆市乡镇企业局）职能配置、内设机构和人员编制规定》经市机构编制委员会办公室审核，市机构编制委员会审定，市委批准，现予印

重庆市机构编制委员会
二〇〇二年九月十九日

重庆市中小企业发展指导局（重庆市乡镇企业局）职能配置、内设机构和人员编制规定

为了促进我市中小企业发展，决定设立重庆市中小企业发展指导局（挂重庆市乡镇企业局牌子）。重庆市推动中小企业发展工作领导小组办公室设在市中小企业发展指导局。市中小企业发展指导局与市乡镇企业局实行一个机构，两块牌子的体制。市中小企业发展指导局（市乡镇企业局）是由市经济委员会管理的，负责指导全市中小企业发展和乡镇企业的局级行政机构。涉及农业和农村有关工作接受市农委指导。

一、职能调整

（一）原由市经委承担的全市中小企业和城镇集体企业的行政管理职能划由市中小企业发展指导局承担。

（二）原由市乡镇企业管理局承担的全市乡镇企业的行政管理职能划由市中小企业发展指导局承担。

（三）原由市乡镇企业管理局承担的全市乡镇企业安全生产管理和环境保护职能下放给区县（自治县、市）人民政府。

二、主要职责

根据以上职能的调整，市中小企业发展指导局（市乡镇企业局）的主要职责是：

（一）贯彻执行国家和市有关发展中小企业的方针、政策、法律、法规；起草本市相关地方性法规、规章草案和政策，通过发布后组织实施。

（二）负责对全市中小企业宏观指导；依法维护中小企业的合法权益；负责协调减轻中小企业

负担工作。

（三）研究制订全市中小企业发展战略、规划和年度计划，并组织实施；指导中小企业投资方向，进行项目登记备案。

（四）负责全市中小企业的统计，分析、预测、监测中小企业经济运行态势并提出近期调控目标、政策和措施；协调解决经济运行中的重大问题。

（五）指导全市中小企业建立现代企业制度、提高产品质量和水平；指导中小企业产业和产品结构调整；建立健全中小企业信用担保服务体系。

（六）负责三峡库区淹没工矿企业的关闭、破产和迁建及结构调整工作；承担重庆市推动中小企业发展工作领导小组办公室和重庆市三峡库区淹没工矿企业结构调整工作办公室工作。

（七）研究中小企业技术进步的方针、政策，指导中小企业科技创新、技术改造、新产品开发工作。

（八）组织中小企业招商、对外合作与交流；推动中小企业信息网络建设，为企业提供经济、技术、信息等服务；联系和指导有关行业协会及中介组织向企业提供服务。

（九）承办市政府交办的其他事项。

三、内设机构

根据上述职责，市中小企业发展指导局（市乡镇企业局）设 8 个职能处（室）和机关党委。

（一）办公室

综合协调局机关政务工作，建立健全机关各项工作制度；负责会务、文秘、信息、督办、接待、文印、保密、档案、提案和信访等工作；负责局机关行政、后勤、财务和保卫等工作；推进局机关办公自动化。

（二）经济运行处

负责分解下达市委、市政府、市经委目标任务，并组织督察考核工作；负责组织制定全市中小企业中长期发展规划和年度发展计划并组织实施；负责全市中小企业统计信息工作；负责预测、监测、分析中小企业经济运行态势并提出经济运行调控目标；负责推动中小企业信息网络建设，为企业提供经济、技术、信息等方面的服务。

（三）企业发展指导处（三峡库区淹没工矿企业结构调整办公室）

组织协调解决中小企业发展、管理、生产和经营中的重大问题。引导企业进行管理创新，指导中小企业结构调整工作；指导中小企业投资方向，进行项目登记备案；指导企业进行项目包装、论证、储备、推荐和技术改造工作；负责总结推广企业的改革发展经验；扶持培育中小企业的重点优势企业、成长型企业和农业产业化龙头企业；指导明星乡镇建设；组织协调库区淹没企业关闭、破产和迁建工作；协助区县政府有关部门做好中小企业的安全生产和环境保护的指导工作。

（四）对外经济合作处

研究提出中小企业外向型经济发展的规划；指导全市中小型企业的外经、外贸、外资及出口创汇“贸工农”基地的建设和项目的储备及推荐申报工作；培育扶持外向型重点骨干企业；组织中小企业开展国际、国内经济技术协作和东西合作及出口创汇企业的产品展销；协调解决中小企业对外经济合作的重大问题；负责中小企业招商引资工作；协调指导企业出口创汇工作；负责外事接待、出国团组报批工作。

（五）政策法规处

负责监督检查有关法律、法规和政策的贯彻执行情况；调查研究中小企业出现的新情况、新问题，提出意见和建议；开展中小企业信用担保服务体系的调研服务工作；起草有关中小企业的地方性法规、规章和扶持政策；开展有关法律、法规、政策咨询，指导中小企业按照有关法规维护自身权益，切实减轻企业负担；管理中小企业的投诉和咨询工作。

（六）财务审计处（挂发展基金管理办公室牌子）

负责编制、汇总、上报统计报表，进行统计调查和经济运行质量分析；负责中小企业信息网络建设；负责组织指导和协调中小企业贯彻实施国家财务会计、审计、物价、税收等法律、法规、政策和规章制度；指导建立完善中小企业发展的融资体系和信用担保体系的工作；负责乡镇企业社会性支出、补农建农资金的提缴、使用和管理工作；负责全市中小企业（乡镇企业）发展基金的组织和管理；负责专项资金的管理和报表汇总工作。

（七）科技教育处

研究提出全市中小企业的科技进步的发展规划，并组织实施；指导中小企业技术创新和高新技术开发、新产品开发；科技成果的推广应用工作；负责科技信息的收集整理和传递，建立科技信息网络；指导和组织中小企业的职称改革和技术职务的评聘；指导全市中小企业的职工教育培训和职业技能鉴定工作。

（八）人事处（挂离退休人员工作处牌子）

负责局机关的组织、人事、劳资、机构编制工作，人才引进，宣传学习工作，老干部工作；指导中小企业的思想政治工作和对市以上企业家及优秀厂长经理的评比表彰工作。

机关党委

负责局机关的党务工作、精神文明建设工作、工会、共青团、妇联等群团工作。

市纪委、市监察局派驻市中小企业发展指导局的纪检组、监察室负责局机关纪检、监察工作，指导中小企业的党风廉政建设。

四、人员编制和领导职数

市中小企业发展指导局（市乡镇企业局）机关行政编制56名，离退休工作人员专项编制2名。其中，局长1名，副局长3名；纪检组长和机关党委书记按市委有关规定配备；正副处长职数20名（含机关党委专职副书记1名）

五、其他事项

（一）撤销市乡镇企业管理局，撤销市经济委员会中小企业处。市经济委员会行政编制减少3名，即由156名减为153名。

（二）市乡镇企业管理局机关后勤服务中心更名为市中小企业发展指导局（市乡镇企业局）机关后勤服务中心，人员编制和领导职数不变。

（三）市中小企业发展指导局（市乡镇企业局）“三定”规定由市经委和市中小企业发展指导局（市乡镇企业局）组织实施。

六、重庆市乡镇企业管理局文件

关于完善发展承包经营积极推行股份制、租赁制的意见

重乡镇企〔1988〕财字第309号

各区、县乡镇企业管理局：

我市乡镇企业从一九八三年起普遍推行了承包经营责任制，近两年又试行了股份制、租赁制和厂长任期目标责任制，促进了所有权与经营权的分离，增强了企业活力，提高了经济效益。随着乡镇企业的不断发展，对改革的广度和深度提出了更高的要求，同时在改革中还存在一些问题需要在实践中加以解决。为此，对明年乡镇企业深化改革提出以下意见。

一、完善发展承包经营责任制

一九八九年承包经营责任制应遵循“配套、完善、深化、发展”的方针，继续贯彻重府〔1986〕170号文件精神，参照中央、省市有关承包经营的规定，结合本地实际情况，进行完善、深化和发展。一九八九年承包经营责任制的落实，要求在今年底以前全部签完承包合同，承包期三年以上。明年尚未到期，且承包指标是一年一定的，也要在年底前落实到明年的承包指标，做好承包的衔接工作。在完善承包经营工作中，应认真解决好以下几个问题：

1. 充实承包指标，完善承包内容。承包指标一般应包括：①生产经营指标，即产值（或收入）、产量、质量、成本、利润等；②企业提留指标，即固定资产折旧、发展基金、大修基金、福利基金、教育基金等；③上交指标，即上交管理费、社会性支出、扶助乡镇企业基金、能交基金、税后利润上交数或上交比例；④企业生产发展主要保证措施指标，如新产品开发、设备完好程度、设备维修与更新改造、归还贷款、安全生产、污染治理、智力投资以及资财短缺责任和债务清理承付责任等。承包指标应明确具体，应与奖惩挂钩，以利合同兑现。

2. 积极引入竞争机制，择优选聘经营者。乡镇企业一般应采取招标办法选择承包者，公开招标程序一般包括：清理核实企业资产；合理测定发包底；成立由发包方、职工代表和发包方委托的部门组成的考评班子，发出招标公告；向投标者提供企业基本情况，并对投标者进行资格审查；公开答辩、综合考评、交纳抵押金、实行先交后包；签定书面承包经营合同书，鉴证或公证生效等。招标对象先本企业内部或本乡，后面向社会法人单位或个人。

3. 引进风险机制，推行抵押承包。企业承包人都要交纳抵押金。抵押形式可以由承包人抵押，可以由承包人为主和管理人员合伙抵押，也可以由职工全员抵押。抵押金标准根据企业的实际，一般按固定资产原值或全部自有资金的一定比例确定交纳。抵押金主要是现金、国库券和有价证券（用财产抵押的必须是高档商品，经财产共有者同意，并由公证部门公证）。承包人年终分利应留一定的比例作为风险基金，待承包期满完成承包指标后按合同兑现退给承包者。风险抵押金要上交企业主管部门统一安排管理。具体管理办法，在保证能兑现承包合同的前提下，由区县确定。

4. 延长承包期，合理测算承包指标。承包期限都要求在三年以上，指标可一定数年（但每年必须有合理的递增幅度），也可以一年一定。测算承包指标一般应根据企业的生产能力、前三年特

别是上年的实际完成情况、企业发展的潜力、市场变化预测、资金条件等，参照当地同行业的平均先进水平认真测算确定。

5. 对完成承包任务，取得较好经济效益的承包企业，承包人的报酬要从优，他们的收入可以超过职工平均收入的二至五倍。一些经济效益特别好的企业，承包人收入虽然超过此数额，如合同有规定的，也是合理合法的，要按合同兑现。

6. 企业承包后，企业内部应将承包指标分解，实行层层承包，使企业每一个层次、每一个岗位、每一个职工都有责可负，有责必负，确保承包目标的实现。管理工作较好的骨干企业，可以推行厂内银行结算的办法，逐步形成以承包为主要内容，以厂内银行结算为考核控制手段的内部经济责任制体系。

7. 实行承包合同鉴证和公证。为了增强承包合同的法律效力，减少合同纠纷，有利于合同兑现。承包合同签订后，一般由乡镇企业主管理部门或工商行政机关鉴证，重点骨干企业由公证部门公证。

8. 加强承包合同管理，搞好卸任审计。各区县要统一制定合同书样式，使合同规范化。乡镇企业主管部门要对企业承包合同进行逐级审查，县辖区企办普查乡办企业的承包合同，乡企办普查村办企业的承包合同，县乡镇企业局进行重点抽查。发现问题应及时提出，由发包方和承包方重新协商签定。一九八九年的承包合同要在当前二月底以前审查完毕，半年后对合同的执行情况进行一次检查。对承包期满的承包企业，乡镇企业主管部门应会同有关部门对企业的经营情况、资产状况、财务决算和合同执行情况进行全面卸任审计。

9. 做好合同兑现，坚持奖惩逗硬。对一九八八年的承包合同一般要求按合同兑现，即使有些不合理的地方，也要先兑现后完善。对企业受严重的自然灾害、发包方在承包期新增投资增加生产能力、物价变动特别大（产品销价与原料进价不同步）、国家政策变化等因素，使企业利润变化特别大的，可以由发包方和承包方共同协商调整承包指标后兑现。一九八八年的承包合同，在年终决算后一个月内力争全部兑现。

10. 结合承包经营责任制，推行任期目标管理。在承包期内，要实行厂长任期目标责任制，由厂长向企业主管部门或股东会签订责任状，企业主管部门或股东会对厂长业绩进行考评，每年考评一次，届满总评。具体做法根据重乡镇企〔1987〕财字第3号《重庆市乡镇企业厂长（经理）任期目标责任制试行办法》执行。

二、推行租赁制

一九八八年我市部分乡镇企业试行了租赁制，为使租赁经营健康地推行，根据重府行政规章〔1988〕3号文《重庆市乡镇企业租赁经营暂行规定》，继续推行租赁经营制。现就以下几个问题提出如下意见：

1. 实行租赁经营的范围：乡镇企业主要实行承包经营责任制，对一些小型、微利企业，修理、服务企业，以及长期亏损难以扭转的企业，可以实行租赁经营制。

2. 租金标准的确定：确定租金标准的方法较多，可以采取固定成本法确定，也可以采取收取固定资产占用费和流动资金使用费的办法，即比照乡镇企业固定资产折旧率和大修理基金率计算的数额确定资产占用费（经营稳定的盈利企业，固定资产占用费可以适当提高），流动资金使用费，参照银行贷款利息率计算确定。还可以采用固定资产净值＋自有流动资金＋专用基金的总和的一定比例提取。具体采取哪种办法，由各区县根据实际情况决定。

3. 国家对租赁企业的减免税金，不得归承租人所有，不得挪作他用。严禁私分，应转为国家扶持基金，用于企业扩大再生产。

4. 实行抵押租赁和经济担保。企业租赁时，承租者必须以现金、有价证券做抵押金（以家庭共有高档财产做抵押的，须共有人同意，履行法律手续后方准抵押）。抵押金的标准可参照承包抵押金计算办法，先交后租。承租人租赁企业，必须有两名具有正当职业并有一定数量个人财产的保人或法人单位担保。

三、扩大股份制试点，积极推行股份制

股份制是乡镇企业的发展方向，市政府〔1988〕92 号文件提出要积极推行股份合作制，促进“两权”分离，解决好企业与乡村的关系，调动经营者、投资者的积极性。明年的任务要求是：新办合资、联营企业按股份制办法一开始就办为股份企业；原有企业中有外单位参资、联办和已吸收有职工个人投资的，经过试点后办为股份企业；原有独资企业进行职工再集资，结合推行股份制，折资变股，办为股份制企业。原有企业中推行股份制，要在认真总结股份制试点的基础上，积极扩大试点范围。要求明年上半年，每个县的县辖区搞一个企业试点，各区在每个乡搞一个企业试点，经过试点后逐步推开。在推行股份制工作中应注意解决好以下问题：

1. 解决好对股份制的认识问题。各区县应积极争取，在区县党委、政府的领导下，利用各种形式反复向乡、村党政领导，企业主管部门和企业职工进行宣传教育，提高认识，为发展股份制消除种种误解。同时，以区县为单位，举办以乡、村党政领导、主管部门和试点企业的厂长为对象的股份制试点培训班，既解决思想认识问题，又解决搞股份制中的一些政策、做法问题，以推动试点工作顺利开展。

2. 解决好资金的时间价值。在清资折股中，由于向企业投资的时间有先有后，资金本身的值就有不同，资金所创造的价值也有较大的差异，折股时应合理地解决好这一问题。解决办法可以按复利（递增）因素办法，增加先投资的资金值，也可以将留在企业的积累按投资时间阶段的不同，分阶段结清，增大原投资者的股份，对没有新增投资的企业，可以企业积累不动，实行股份制时按原投资金额折股。还有其他解决资金时间价值的办法，只要投资各方协商同意，均可探索。

3. 在股种的设置上，不设国家股（国家直接向乡镇企业投资除外），一般也不设企业股。国家无偿扶持和减免税可以折为乡村集体股。

4. 关于劳动分红问题。为调动职工积极性，股份制企业可以搞劳动分红，分红比例由各区县根据实际情况确定。

重庆市乡镇企业管理局
一九八八年十月十五日

重庆市区县乡镇企业目标管理考核评比记分办法

本办法实行基础分和超增差减分相结合的办法计分。基础分以 100 分制，增减分按本办法计算，有多少计多少，上不封顶，下不保底。各项记分零以下保留一位，其余四舍五入。

一、总产值基础分 15 分

凡完成市局年度计划得 15 分。超计划 3% 加一分，差计划 1% 扣一分。乡村（含组，下同）集体企业产值比上年实绩增加 5% 加一分，减少 3% 扣一分。

二、销售收入基础分 20 分

凡完成市局年度计划得 20 分。超计划 3% 加一分，差计划 1% 扣一分，乡村集体企业销售收入比上年实绩增加 5% 加一分，减少 3% 扣一分。

三、利润分两项计分，基础分分别为利润总额 13 分、销售收入利润率 7 分

1. 凡完成市局年度利润总额计划得 13 分，超计划 1% 加一分，差计划 1% 扣一分。乡村集体企业利润总额比上年实绩增加 3% 加一分，减少 3% 扣一分；乡村集体企业亏损额比上年实绩下降 2% 加一分，增加 2% 扣一分。

2. 销售收入利润率达到市局年度计划要求的得 7 分。乡村集体企业利润率与上年实绩相比，降 0. 5% 扣一分，上升 0. 5% 加一分。

四、劳动力转移基础分 10 分

凡完成市局年度计划得 10 分，超计划 2% 加一分，差 2% 扣一分。

乡村集体企业全员劳动生产率比上年提高 5% 加一分，降低 5% 扣一分。

五、产品质量基础分 15 分

考核按市局重乡企〔1988〕生字第 82 号办理。所得总分按此项基础分换算。

六、安全生产基础分 10 分

考核按市局重乡镇企〔1988〕生字第 103 号办理，所得总分按此项基础分换算。

七、上交管理费基础分 10 分

凡按责任书如数交足管理费的得 10 分。完成上交计划 85% 以上不足 100% 的按比例计分，交纳不足 85% 的不计分。

重庆市乡镇企业管理局

一九八八年十二月二十二日

关于印发《重庆市乡镇企业职工因工伤亡处理标准（试行)》的通知

渝乡企安〔1998〕31号

万县市、涪陵市、黔江地区乡镇企业管理局、各区县（自治县、市）乡镇企业管理局（委）：

在重庆市直辖以前，我市乡镇企业职工因工伤亡处理标准一直按四川省乡镇企业管理局（川乡企〔1991〕号）和川乡企〔1996〕人字107号）文的规定标准执行。重庆直辖后，迫切需要制定一个符合重庆市乡镇企业职工实际伤亡处理标准，以利于劳动安全卫生工作的开展。根据《乡企法》《劳动法》《企业职工工伤保险试行办法》（劳部发〔1996〕266号）以及市劳动局1998年1月19号给市政府办公厅《关于对〈重庆市乡镇企业职工因工伤亡待遇试行办法〉的意见报告》的精神，对原拟定的办法再一次进行了修订。现将《重庆市乡镇企业职工因工伤亡处理标准（试行)》印发给你们，请贯彻执行。

重庆市乡镇企业管理局

一九九八年二月十七日

重庆市乡镇企业职工因工伤亡处理标准（试行)

为了加强乡镇企业的劳动保护工作，切实保障职工的合法权益，使乡镇企业职工在工作中遭受事故和患有职业病后，能够及时、合理地获得救治、经济补偿和职业康复，促进乡镇企业劳动保护福利工作走向制度化、规范化、正规化。根据《中华人民共和国劳动法》《中华人民共和国乡镇企业法》及其配套法规实施细则，同时结合重庆市经济发展状况，特制定乡镇企业职工因工伤亡处理标准（试行）。

一、本文所指乡镇企业的范畴

按照《中华人民共和国乡镇企业法》第二、九条的规定，乡镇企业的范围包括：乡（镇）、村（村民小组）集体经济组织举办的企业；乡（镇）、村、（村民小组）集体经济组织或农民举办的股份制企业、股份合作制企业；农民合伙举办的企业；农民个人举办的企业；乡镇企业同其他企业、事业单位、个人和国外投资者合资合作在乡镇举办并承担支农义务的各类企业；乡镇企业在城市设立的分支机构；农村集体经济组织设立在城市的企业，因行政区划调整由农村划归城区的原乡镇企业；非农单位和个人在乡镇举办并执行《乡镇企业法》的企业；自愿申请登记备案的企业。

二、本文所指乡镇企业职工的范畴

乡镇企业职工指在乡镇企业中从事生产、工作的固定工、合同工、临时工。

三、本文所指乡镇企业职工因工伤亡范围及认定

乡镇企业职工由于下列情形之一负伤、致残、死亡的，应当认定因工伤亡：

1. 乡镇企业职工从事生产或工作时发生的人身伤害、急性中毒伤亡事故。

2. 在生产时间、生产区域，职工虽不是从事生产或工作，但由于企业的设备、设施、劳动条件、工作环境不良造成的伤亡事故。

3. 凡与生产工作有关，在生产区域（厂区、矿山采区、货场、建筑工地等），因车辆伤害造成的伤亡事故。

4. 在生产或工作环境中接触职业性危害因素造成职业病的。

5. 企业发生各种灾害或险情时企业职工因抢险救灾造成的伤亡事故。

6. 法律、法规规定的其他情形。

四、乡镇企业职工因工伤残的鉴定和评审

乡镇企业职工发生因工伤残后，在工伤医疗期内治愈或伤情处于相当稳定状态，或医疗期满仍不能工作的，应当进行劳动力鉴定，评定伤残等级程度。对因工负伤或职业病患者伤残后劳动力丧失程度，应由县级以上劳动鉴定委员会按照国家制定的工伤与职业病致残程度标准（国家标准CB/T16180—1996）（以下简称评残标准）进行等级鉴定。

符合评残标准一级至四级的为全部丧失劳动能力；五级至六级的为大部分丧失劳动能力；七级至十级的为部分丧失劳动能力。

伤残福利待遇的确定，以评定的伤残等级为主要依据。

五、乡镇企业职工因工伤亡待遇

1. 因工负伤。乡镇企业职工因工负伤医疗期按伤害的不同情形为3至6个月，其间工资照发，医疗费（包括挂号费、住院费、医药费等）由企业全额报销；超过6个月，工资和医疗费按企业的规定执行。医疗终结经医院检查证明，由县级以上劳动鉴定委员会确认其伤残程度，视伤残级由企业发给一次性因工伤残补助金和一次性医疗补助金，并发给一次性经济补偿金。其标准为：

（1）职工因工伤残被鉴定为一至四级的，应当退出生产工作单位，终止与企业的劳动关系，并发给一次性因工伤残补助金12~22个月（指本企业人均月工资为标准，下同）。其中一级19~22个月，二级16~19个月，三级14~16个月。同时发给一次性医疗补助金12~18个月。其中：一级16~18个月，二级14~16个月，三级13~14个月，四级12~13个月。并加发一次性经济补偿金14~30个月。其中：一级25~30个月，二级20~25个月，三级17~20个月，四级14~17个月。

（2）职工因工致残被鉴定为五至六级的，原则上由企业安排适当的工作，并发给一次性伤残补偿金10~12个月。其中五级11~12个月，六级10~11个月。同时发给一次性医疗补助金10~12个月。其中：五级11~12个月，六级10~11个月。若本人自愿终止与企业的劳动关系，另行择业的，则加发一次性经济补偿金10~14个月。其中：五级12~14个月，六级10~12个月。

（3）职工因工伤残被鉴定为七级至十级的，原则上由企业安排适当的工作，并发给一次性伤残补助金6~10个月。其中：七级9~10个月，八级8~9个月，九级7~8个月，十级6~7个月。同时发给一次性医疗补助金6~10个月。其中七级9~10个月，八级8~9个月，九级7~8个月，十级6~7个月。若本人自愿终止与企业的劳动关系，另行择业的，则根据本人在企业的工作年限，每满一年发给经济补偿金1个月，最多不超过10个月。工作不满1年按1年计发。

2. 因工死亡。乡镇企业应对因工死亡的职工发给丧葬费6个月，并发给死亡补助金26个月。对生前供养的直系亲属，发给一次性抚恤金24~42个月。其中供养直系亲属1人的发给24~30个月，供养直系亲属 3 人及以上的，发给 36 ~42 个月。

六、从事粉尘作业患了矽肺病或患有其他类型职业病的人员，其福利待遇按第五款执行。

七、本试行办法自 1998 年 3 月 1 日起执行。

八、本试行办法由重庆市乡镇企业局负责解释。

关于开展乡镇企业“明星乡镇”创建活动意见

为了抓住西部大开发的机遇，突出重点，典型示范，推动全市乡镇企业上新台阶，加快农村经济发展步伐，按照全市乡镇企业工作会议和全市农村工作会议的部署，从 2000 年起，在全市开展乡镇企业“明星乡镇”创建活动。现提出如下意见：

一、指导思想和原则

开展乡镇企业“明星乡镇”创建活动的指导思想是：以邓小平理论为指导，认真贯彻党的十五大和十五届三中、四中全会精神，大力推进乡镇企业结构的战略性调整，提高乡镇企业素质和水平，尽快实现乡镇企业的体制创新、结构创新、技术创新和管理创新，形成区域经济特色，发挥示范带动作用，促进全市经济快速发展。

开展乡镇企业“明星乡镇”创建活动应把握以下原则：

一是坚持以市场为导向的产业发展方向；二是因地制宜，发挥区域优势，形成有自身特色的主导产品和支柱产业；三是依靠科技进步，着力转变乡镇企业经济增长方式；四是结合小城镇建设，优化乡镇企业布局，发展乡镇企业小区，推动小城镇建设；五是坚持经济效益、社会效益、生态效益相互协调，实现乡镇企业的可持续发展。

二、乡镇企业“明星乡镇”的基本要求

（一）乡镇领导对发展乡镇企业重视，组织落实，工作到位，党政一把手亲自抓、负总责，目标责任明确，有可操作的保障措施。

（二）乡镇企业发展成绩显著，经济效益和社会效益突出，非农产业比重大，乡镇企业各项主要指标在本区县（自治县、市）乡镇中位居前列。

（三）乡镇企业产业结构符合国家产业政策要求，形成有区域优势和特色的主导产品和支柱产业。

（四）乡镇企业布局比较集中，并拥有一批大规模、高起点、高科技、外向型的骨干企业，在当地乃至全市具有明显的示范作用。

（五）发展乡镇企业注重“两个文明”一齐抓，起到示范和带动作用。

三、乡镇企业“明星乡镇”评价指标

（一）乡镇企业经济总量规模

1. 乡镇企业增加值：基本指标 12000 万元，基本分 10 分，每超（减）1000 万元者，加（减）0. 5 分；

2. 乡镇企业营业收入：基本指标 50000 万元，基本分 10 分，每超（减）5000 万元者，加（减）0. 5 分；

3. 乡镇企业入库税金：基本指标1000万元，基本分22分，每超（减）100万元者，加（减）1分；

（二）乡镇企业在全乡（镇）经济中的份额

4. 乡镇企业增加值占全乡（镇）一、二、三产业增加值的比重（县属以上国有企业除外）：基本指标60%，基本分10分，每增（减）一个百分点，加（减）1分；

5. 乡镇企业入库税金占全乡（镇）农工商各税总额的比重（县属以上国有企业除外）：基本指标60%，基本分16分，每增（减）一个百分点，加（减）1分；

6. 乡镇企业从业人员占全乡（镇）农村劳动力人数的比重：基本指标50%，基本分8分，每增（减）一个百分点，加（减）0.5分；

7. 乡镇企业以支付务工人员劳动报酬为主要形式增加农民纯收入的比率：基本指标50%，基本分8分，每增（减）一个百分点，加（减）0.5分；

（三）乡镇企业发展能力

8. 增加乡镇企业固定资产投资完成额：基本指标3000万元，基本分8分，每超（减）500万元，加（减）1分：

9. 乡镇企业增加值近三年平均增长率：基本指标18%，基本分8分，每增（减）一个百分点，加（减）1分。

上述1~9项指标，加分或减分数，均不得超过该项指标基本分值。

（四）乡镇企业上规模上水平

10. 营业收入达到1000万元以上的工业企业，每有一个加1分；达到5000万元、1亿元以上的工业及其他企业，每有一个，分别加3分、5分；

11. 出口产品交货值占乡（镇）工业产值的比重，每一个百分点加1分；

12. 创市级以上名牌产品，每个加5分。

四、乡镇企业“明星乡镇”申报及评审办法

（一）乡镇企业“明星乡镇”，以乡镇企业行政主管部门为主，组织有关部门参与评审。

（二）评审资料依据：数据真实可靠的乡镇企业法定综合统计报表、财务年度决算报表，税务部门确认的乡镇企业入库税金，相关法定统计报表资料。

（三）“明星乡镇”实行自下而上评选推荐：由参评乡（镇）依据“明星乡镇”评价指标计分标准和办法，自评打分，并填写《重庆市乡镇企业“明星乡镇”申报表》报当地县以上乡镇企业主管部门组织审查，区县（自治县、市）人民政府签注意见后，一式二份送市乡镇企业管理局。凡评价指标1~9项总分不足60分的，不予推荐上报。

（四）市乡镇企业管理局根据区县（自治县、市）推荐名单，组织有关部门参与严格考察审核后，按总分高低排出预选名单报送市政府审定。

（五）重庆市乡镇企业“明星乡镇”由市政府通报表彰并授牌。“明星乡镇”实行一年一评定，不搞终身制。

五、加大乡镇企业“明星乡镇”扶持力度

（一）开展乡镇企业“明星乡镇”创建活动，是实现我市乡镇企业“二次创业”的战略措施，各区县（自治县、市）党委和政府一定要加强领导，做出规划，制定相应的政策措施，扶优扶强，鼓励先进，树立样板，充分发挥“明星乡镇”在乡镇企业“二次创业”中的带动作用。

（二）市和各区县（自治县、市）乡镇企业行政主管部门、各有关部门要通力合作，协调配合，按照各自的职能分工，各司其职，运用计划、价格、财税、信贷等经济杠杆，进行政策引导和扶持，并在投资决策、技术改造、生产要素配置等方面，在符合国家产业发展方向前提下，给予重点支持。

（三）建立“明星乡镇”激励机制。把乡镇企业“明星乡镇”创建活动纳入市对区县（自治县、市）发展乡镇企业年度目标综合考核内容，每个“明星乡镇”加6分；获得“明星乡镇”称号的乡（镇），可以在本级政府收取的乡镇企业管理费中列支奖金2万元，奖励有关人员。其中70%奖励乡（镇）党政主要领导、分管领导，其余部分奖励对发展乡镇企业有突出贡献的有关人员。

重庆市乡镇企业管理局

二〇〇〇年四月二十七日

关于促进我市乡镇企业农产品加工业快速发展的通知

渝乡企〔2001〕132号

各区县（自治县、市）乡镇企业管理部门：

为了促进我市乡镇企业农产品加工业的发展，加快农业产业化经营步伐，适应农业和农村经济结构战略性调整，增加农民收入，壮大农村综合实力，推进全市乡镇企业再上新台阶，为全市经济社会发展做出新的贡献。现做如下通知：

一、充分认识加快农产品加工业发展的重要意义

改革开放以来，随着乡镇企业的快速发展和城市居民收入水平的显著提高，乡镇企业农产品加工业得到长足的发展。截至2000年底，全市乡镇企业中农产品加工企业个数达到1.86万家（占总数的17.43%），农产品加工业的从业人员达到20.2万人（占总人数的13.67%），农产品加工业总产值达到150.10亿元（占乡镇工业产值的24.60%）。涌现出一批农业产业化龙头企业和农产品加工重点企业。截至2000年底，营业收入1000万元以上的农产品加工企业达到60余家。荣昌夏布、涪陵榨菜、开县竹业、黔江珍珠兰茶叶、荣昌荣发茶业、合川太和丝绸、忠县汝溪丝绸、铜梁三江羽绒等一批企业已经显现出产业化经营雏形，有的正逐步发展成为农业产业化龙头企业。

农产品加工业的发展在带动农业结构调整，带领农民进入市场、增加农民收入，安置地富余劳动力，促进小城镇建设，发展农村经济等方面发挥了重要作用。同时要看到，虽然我市乡镇企业农产品加工业发展势头较好，是一个正在较快成长的具有巨大潜力和广阔前景的朝阳产业，但是我市乡镇企业农产品加工业整体发展水平还不高，与农业结构调整和农村经济发展还不相适应，与我市农产品资源丰富和市场广阔的情况还不适应，其潜力还远远没有发挥出来。从发展情况看，主要问题是：加工总量不足；精深加工程度低；新产品、高档产品少；加工企业规模偏小；技术装备程度落后；产品档次低，市场竞争力弱；产业化组织程度低；利益机制不完善，对农业和农村经济结构带动作用较弱。另外，农产品加工企业普遍资金短缺，贷款难，融资机会少，税费和不合理摊派较高。这些问题制约了农产品加工业快速健康发展。

当前，我市农业和农村经济正处于新的发展阶段，农业产业结构调整在加快；带有全局性、前瞻性和巨大带动性的10个“百万产业工程”正在加速启动；一批国家级、市级农业产业化龙头企业正在崛起；在我国加入WTO以后，我市农业和农村经济同样面临着许多发展机遇，同时也面临着更加严峻的挑战。要抓住机遇和迎接挑战，就必须加快农业和农村经济结构调整，必须提高整个大农业的整体素质和综合实力。发展农产品加工业就是促进农业和农村经济结构调整的重要举措；就是增加农民收入，增强农村综合实力的重要途径；就是在加入世贸组织后，扬长避短，提高我国农产品国际竞争力的客观要求；就是实现农业产业化经营，促进传统农业向现代农业转变的突破口；也是促进农村工业化、城镇化和农业现代化的必然之路。为此，要进一步统一和深化加快农产品加工业发展重要意义的认识，树立发展乡镇企业农产品加工业，就是“跳出农业抓农业、换个方式搞农业”的具体体现，切实加强引导，加大工作力度，强化政策措施，推动农产品加工业的快速发展和提高，为农民增收、农业增效、农村经济持续快速健康发展做出贡献。

二、明确乡镇企业发展农产品加工业的指导思想和目标

当前和今后一个时期，我市乡镇企业农产品加工业发展的指导思想是：以国内国外两个市场需求为导向，以发展农村经济和增加农民收入为目标，以大力提高农产品综合利用、多次加工增值为方向，以食品为重点（特别是重庆的特色食品和绿色食品），以农业产业化为基本途径，大力实施龙头企业带动战略，依靠科技创新、科学管理和资金投入，提高加工能力、技术水平、产品档次和企业效益。

今后发展的目标：到2005年，建成年营业收入1000万元以上的农业产业化龙头企业和农产品加工重点骨干企业100家以上，农产品加工企业产值占乡镇企业工业产值的30%以上，农产品加工业的发展速度高于乡镇企业平均速度1～2个百分点。

三、确定我市农产品加工业的发展重点和方向

根据我市农产品的资源优势、传统优势、市场优势和区位优势及其加工业的状况，当前和今后一个时期，我市乡镇企业农产品加工业发展的方向是：围绕我市农业产业结构调整的10个“百万产业化工程”，认真搞好畜牧、果茶、蔬菜、香料、中药、林竹、丝麻、水产、花卉的深加工。

我市乡镇企业农产品加工业发展的重点是：（1）粮油加工。要以粮油加工企业为依托，搞好大米、小麦、玉米、豆类、薯类、油菜籽、花生、芝麻等粮油产品的深加工，提高粮油产品加工深度和综合利用能力，提高粮油产品的优质率和商品率；（2）畜牧产品加工。要以肉厂、食品加工厂等企业为依托，搞好生猪、山羊、肉牛、鸡、鸭、鹅、兔等畜产品的肉类加工和皮毛、骨头的加工；（3）丝纺加工。要以丝绸纺织企业为依托，做好蚕茧、棉纱、苎麻、黄麻等农产品的深度加工，大力发展生丝、绸缎、棉布、服装、夏布、绢纺等出口和丝产品；（4）蔬菜加工。我市蔬菜加工的重点：一是将鲜菜做精做细，面向各类超市；二是将鲜菜进行深加工，做成榨菜、泡菜、干菜等，运销国内外市场；（5）林竹产品加工。充分利用当地的林业资源，大力发展林竹工业和林化工业，发展一大批林竹加工企业，带动林竹产业的开发；（6）果茶加工。要搞好柑橘、锦橙、柚、梨、桃等鲜果和核桃、板栗等干果的加工，要提高茶叶的加工档次，创立名牌产品；（7）饲料加工。要围绕全市百万头生猪产业化工程，大力发展饲料工业；（8）药材加工。我市中高山区是全国有名的中药材生产区，要围绕药材基地建设，切实做好产品开发以及粗加工和深度加工。各地区进行农产品加工时，必须立足当地资源，坚持市场导向，发挥比较优势，增值增效。在积极搞好农产品加工的同时，必须大力发展农产品运销企业，中介机构组织农民运销队伍，大力发展专业市场，建立多形式、多渠道的农产品流通体系，为农产品加工提供坚强有力的营销支撑。

四、努力创造促进农产品加工业发展的良好环境

各级乡镇企业管理部门应与当地有关部门密切协作，认真落实好农业部、财政部等国家 8 部门联合制定的农经发〔2000〕8 号文件规定和扶持龙头企业的政策；落实好渝办发〔2001〕83 号文件扶持龙头企业的 29 条具体政策，认真落实好中共重庆市委渝委办发〔2001〕10 号文件和即将出台的国务院关于促进农产品加工业发展决定，并根据上述文件精神，协同当地有关部门提出适合本地区的优惠政策的建议，以争取当地党政和有关部门的支持；要积极组织有条件的企业申报市级龙头企业，享受其优惠政策；要积极为乡镇提供实用信息，发现和支持当地农村的“能人”利用滚雪球的方式大力发展食品专业村镇，使本地的农产品加工业能较快发展

重庆市乡镇企业管理局
二〇〇一年十二月二十日

重庆市乡镇企业管理局
重庆市建设委员会
重庆市国土资源和房屋管理局
关于贯彻《农业部建设部国土资源部
关于乡镇企业向小城镇集中发展的通知》的意见

渝乡企〔2002〕3 号

各区县（自治县、市）乡镇企业局、建委、国土资源局：

乡镇企业向小城镇集中发展，是党和国家加快小城镇建设的重大战略方针的主要内容和紧迫任务。为了认真贯彻国家农业部等三部《关于促进乡镇企业向小城镇集中发展的通知》和《中共中央国务院关于促进小城镇健康发展的若干意见》的精神，结合我市农村面积大、城镇化水平低、贫困人口多、移民任务重、经济发展不平衡的实际，必须加快乡镇企业向小城镇集中发展的步伐，并提出我们的贯彻意见，同时转发国家三部《关于乡镇企业向小城镇集中发展的通知》，望认真贯彻执行。

一、乡镇企业向小城镇集中发展的目标

“十五”期间，乡镇企业向小城镇集中发展的目标是努力提高企业聚集度，尽快形成都市发达经济圈，渝西经济走廊，三峡库区生态经济区。乡镇企业向小城镇集中发展，可以从根本上改变乡镇企业布局分散、重复建设的问题，依托小城镇搞好乡镇企业园区建设，可以有效吸纳主城区“退二进三”企业到小城镇安家落户，壮大小城镇经济实力。“十五”期间全市要新建 50 个乡镇企业示范园区，每年要发展 10 个乡镇企业特色专业村镇。乡镇企业聚集度要从目前的 40% 提高到

"十五"期末的70%，到2010年，乡镇企业的聚集度要达到85%。通过提高小城镇的经济实力，为进镇人口提供更多的就业机会，吸纳农村剩余劳动力，加快全市城镇化进程。

二、乡镇企业向小城镇集中发展的重点

1. 加工主导型。一是围绕农产品商业基地建设，大力发展为农副产品加工工业为主的乡镇企业；二是围绕本市汽车、摩托车等支柱产业发展配套加工、整车、零部件生产和经营销售；三是利用农村资源发展建材产品和矿产品的深度加工。

2. 市场带动型。主要是通过兴建市场扩大流通，搞活经济，促进城镇发展，一是大力发展交易市场和专业市场（建材市场、汽车摩配市场、小五金市场等）；二是发展农副产品批发市场（农贸、果品、竹木、小商品等综合市场）。搞好市场，活了经济、富裕农民、兴了城镇。

3. 商贸流通型。充分发挥靠近大城市、交通便捷、人流和物流量大的区域优势，大力发展商贸流通业，形成小城镇经济的支柱产业。

4. 旅游服务型。主要是依靠当地得天独厚的人文景观和生态景观发展观光旅游业，大力发展餐饮、住宿、运输等服务业，吸引旅游企业的投入开发，形成小城镇经济的特色产业。

5. 复合一体型。发挥综合优势，融一、二、三产业为一体，形成小城镇经济的支撑产业。

6. 移民开发型。主要是三峡库区实施生态移民和淹没城镇搬迁，按照统一规划布局，兴建一批有特色的新型城镇，大力发展有特色的乡镇企业。

三、乡镇企业向小城镇集中发展的有关政策

继续贯彻落实党和国家、市委市政府发展乡镇企业的有关优惠政策及乡镇工业园区和小城镇建设的所有优惠政策。各区县（自治县、市）要结合实际制定相关的扶持政策，引导乡镇企业合理布局，鼓励更多的乡镇企业向小城镇集中发展。

1. 户籍政策。进入小城镇的乡镇企业职工，在小城镇有合法固定住所，可在小城镇申办城镇户口，享受城镇居民待遇，不能收取或变相收取城镇增容费和其他费用。子女参军、就业、入学入托享受同等待遇，并可根据本人意愿保留其土地承包经营权，也允许依法有偿转让。

2. 税收政策。兴办乡镇企业，可以享受国家关于税收和经贸方面的优惠政策。对在小城镇落户的出口创汇企业可以优惠办理自营出口权，优先享受出口创汇的税收政策。

3. 用地政策。依据土地利用总体规划并结合乡镇企业结构调整，科学编制小城镇总体规划，合理确定乡镇企业园区。乡镇企业应当向小城镇集中，乡镇企业改制及技术改造就是使用乡镇企业规划园区的土地。在严格执行规划、集约用地、切实保护耕地的前提下，各区县（自治县、市）土地行政主管部门要依法优先保证乡镇企业向小城镇集中发展用地。要在规范管理的基础上，大力推进土地置换和新增耕地指标折抵政策，切实保障耕地占补平衡；乡镇企业用地就当以租赁、出让等有偿使用形式取得国有土地使用权。

4. 融资政策。进入小城镇的乡镇企业，要依靠政府、企业、个人、社会多元化的投资体制。一是招商引资；二是乡镇企业发展基金优先安排进入小城镇的乡镇企业；三是逐步建立中小企业、乡镇企业信贷担保基金；四是进入小城镇的乡镇企业，在同等条件下，金融机构将积极予以支持；五是各级财政可根据经济发展水平逐年增对进入小城镇的乡镇企业投入资金或贷款贴息。

四、加强领导

各区县（自治县、市）乡镇企业局、建委、国土资源局要认真做好指导、组织、服务和协调工作，与财政、金融、税务、工商、交通、环保、技术监督、电信、电力等部门密切配合，各司其职、各负其责，努力创造良好环境，支持、促进乡镇企业向小城镇集中。各区县（自治县、市）乡镇企业行政管理部门要把乡镇企业向小城镇集中发展作为当前和今后一个时期的重要工作来抓；各有关部门对于区域内企业负有建设、开发、服务和管理的职责，并制订相关扶持政策，营造良好的外部环境，以实际行动为区县经济、社会发展做出积极贡献。

二〇〇二年一月九日

七、中共重庆市委、市政府领导有关乡镇企业的讲话摘要

市委原副书记于汉卿 1986 年 7 月 6 日在全市乡镇企业工作会议上的讲话

虽然近几年重庆市乡镇企业有了较快的发展，但仍处于起步阶段，与先进地区比还有很大差距。全国人平乡镇企业产值达到 341 元，但 1985 年我们只有 251 元，比全国平均水平低 90 元。我们农业人口、土地面积都比成都多，但 1985 年成都乡镇企业总产值达到 31 亿多，我们只有 26.8 亿元，绝对数比成都少 5 亿元；无锡市的一个县，乡镇企业产值达到 31.4 亿元，沙洲县 1985 年达到 24 亿元。无锡市的一个县，乡镇企业总产值比我们 9 区 12 个县多了 5 亿元。就从这些数字对比来看，就可以得出这样一个结论：我们乡镇企业发展不是快了，而是刚起步，发展慢了，还应该加快发展。特别使我感到，我们这么大一个重庆市，又是西南的中心城市，工业基础比成都雄厚，人口也比成都多，固定资产也比成都多，但不敢说我们的经济实力就比成都强，人均分配就比成都多。因此，我们对发展乡镇企业要有紧迫感，不能老是甘居别人的后面。去年我就提出来，争取用一年的时间赶上成都，人均分配要达到全国平均水平。看来今年是不行了。那么我们能不能再努力一年，力争明年超过成都！今年达不到全国平均水平，明年能不能达到?！这就是摆在我们面前的任务。我们要有这个紧迫感。

现在我们有些同志担心，说乡镇企业要大发展，是不是又要来一个“大办”？又搞过去的“大跃进”“大办钢铁”那一套？历史的教训确实深刻，盲目性很大，问题不少。过去搞“大办”的是我们一些同志，最后总结经验教训、挨批评的也是这些同志。所以现在一提到“大”字就心有余悸了。对这个问题就该这样来认识。市委、市政府提出乡镇企业要大发展，是作为重庆市经济起飞的战略指导思想提出来的，是符合重庆市实际情况和经济发展客观规律的，是有现实可能和充分把握的。这与过去在“左”的思想指导下，不顾客观条件和可能而提出的“大办”是根本不同的。我们提出的大发展，是从我们实际出发，因地、因时制宜为前提的，而过去的“大办”，是违背经济规律，搞“拔苗助长”，一股风刮出来的。现在的大发展，要讲究经济效益，走内涵扩大再生产的路子，而过去的“大办”是盲目追求数量，搞浮夸、摆花架子搞起来的；现在的大发展是顺乎民心，合乎潮流，得到广大农民群众支持和拥护的，而过去的“大办”是违背农民的意愿，搞行政命令，靠瞎指挥办起来的。总之，我们提出乡镇企业要大发展，不是鼓励大家不顾自己的条件和可能，去铺大摊子、搞冒进和互相攀比，而是要实事求是，因地制宜，发挥优势，扬长避短。

市政府原市长孙同川 1992 年 8 月 24 日在全市乡镇企业工作会议上的讲话

当前和今后一段时间，全市乡镇企业发展的基本思路是：以小平同志南巡重要谈话为指导，紧紧抓住沿江开放开发、兴建三峡工程、老工业基地改造和综合改革试点的历史机遇，充分发挥重庆工业、科技、资源、劳力四大优势，加大改革力度，放手放权放活，最大限度地调动区县、乡镇和企业自主发展经济的积极性、创造性；坚持外引内联并举，扩大对外开放，大胆引进资金技术，大力推进城乡联合协作，加快经济发展；健全投入体系，广开社会筹资渠道，加大资金投入，增强发展后劲；依靠科技进步，调整优化结构，努力上规模、上水平、上质量，提高企业素质和效益；奋战三五年，打开新局面，形成新格局，实现重庆乡镇企业超常规、跳跃式发展。

发展乡镇企业的基础在区县，区县不活，乡镇企业发展难以加快，必须把发展乡镇企业的有关权力全部放到区县，增强区县发展乡镇企业的能力和活力。

各区县要尽快组建投资公司，统一筹划预算外资金、统筹使用乡镇企业发展基金，从外地拆借资金，有组织有计划地发行企业内部集资债券和向社会筹资，实行有偿使用，重点扶持。金融部门要尽一切努力为发展乡镇企业组织资金。农业银行要争取扩大信贷规模，采取多种形式组织资金；农村信用社要实行多存多贷和多收多贷；其他专业银行和保险公司，特别是工商银行也要把扶持乡镇企业作为自身的职责，增加对乡镇企业的贷款；人民银行每年要切块安排一部分贷款规模用于发展乡镇企业。经过努力，全市金融部门每年为乡镇企业组织 10 亿元以上的资金。各级财政每年要安排一部分资金扶持乡镇企业发展，对效益好的技改项目和高科技项目，可给予贴息扶持。要大力引进市外和国外资金，凡从市外引进资金的，可按信用社浮动利率比，奖励引进金额节约利息的 10% 至 20%。对于牵线搭桥引进外资，相关努力促成的个人，按市政府规定，给予一次性奖励。

市委原书记张德邻 1996 年 4 月 23 日在全市乡镇企业工作会议上的讲话

党的十四届五中全会提出，实现“九五”和 2010 年的奋斗目标，关键是实现两个具有全局意义的根本性转变。即经济体制从传统的计划经济体制向社会主义市场经济体制转变，经济增长方式从粗放型向集约型转变。乡镇企业原本植根于市场经济，在实施“两个转变”过程中，有熟悉市场、适应市场、驾驭市场的优势，这种优势需要保持和发扬。这次会议明确提出了“九五”期间乡镇企业工作的指导思想，即把发展乡镇企业作为繁荣重庆市农村经济的战略重点，区（市）县经济的主体，振奋精神，克服困难，继续坚持“大发展、上规模、上水平、上效益”的方针，加大改革力度，推进现代企业制度，加快“两个根本转变”，逐步实现“二次创业”。为了贯彻落实这个指导思想，进一步加快乡镇企业发展，必须注重以下四个方面的工作。

一是继续加化领导力度，完善激励机制。特别是乡镇企业比重较大的区（市）县，主要领导在抓好农业的同时，绝对不能放松对乡镇企业的领导，对乡镇企业改革与发展要提出明确的要求，落实责任制，逐级考核，奖惩兑现。

二是加大政策扶持力度，促进乡镇企业发展。对过去行之有效的政策要继续坚持，并在经济社会发展中不断完善。

三是为乡镇企业发展创造良好的外部环境，支持乡镇企业发展。市级有关部门要继续按照放手、放胆、放权的“三放”原则，把对乡镇企业的扶持和发展作为自己的一项重要工作来抓，多出好点子，多开“绿灯”，多帮助，少指责、少干预、少为难，为乡镇企业发展创造良好的外部环境。

四是勇于创新，大胆实践，促进乡镇企业再上新台阶。各级各部门要积极开动脑筋，拓宽发展思路，针对乡镇企业发展中的热点、难点问题，广泛开展调查研究，敢于和善于创造性地提出解决的办法和措施。近年来，市和各区（市）县创造性地组建乡镇企业投资公司，目前已筹措3.5亿元资金，扶持了1800多家乡镇企业，缓解了企业发展中资金不足的矛盾，这就是一个创造，也是一个贡献。

市委原书记贺国强1999年12月21日在全市乡镇企业工作会议上的讲话

重庆具有十分特殊的市情，大城市与大农村并存。大力发展乡镇企业，有利于从根本上缓解重庆市面临的一些深层次矛盾和问题，为全面繁荣重庆经济，实现重庆新的振兴发挥重要的作用。

第一，大力发展乡镇企业，开辟重庆工业的“第二战场”，有利于推进重庆市国有企业改革，振兴重庆工业经济。工业是重庆国民经济的主体和命脉。重庆市工业问题说到底是一个结构问题，尤其是国有经济的比重太大，远远高于全国的平均水平和发达地区的水平。解决重庆工业问题，一方面要坚定不移地贯彻落实十五届四中全会和市委一届六次全委（扩大）会议精神，举全市之力打好国有企业改革和发展攻坚战，努力实现国有企业的全面振兴；另一方面要虚心学习和借鉴全国发达地区的普遍经验，加快乡镇企业发展，开辟重庆工业经济的“第二战场”，从整体上推进重庆工业经济的全面发展……江苏、浙江等省在改革开放以后一跃成为经济强省、大省，一个很重要原因，就是乡镇企业突飞猛进的发展。

第二，大力发展乡镇企业，有利于从根本上解决重庆市农村、农业和农民问题，加快农村现代化步伐。农村、农业和农民问题，始终是关系重庆市改革、发展和稳定的重大问题。目前，重庆市农业和农村经济发展面临的突出问题就是农民增收比较困难，主要原因是农村经济结构不合理，传统农业比重太大，二、三产业发展迟缓，大量劳动力滞留农村，人地矛盾十分突出，农业劳动生产率不高，导致农业综合效益较低，农民收入增长缓慢。从全国情况来看，凡是乡镇企业比较发达的地方，农民收入水平普遍较高。因此，要增加农民收入，就必须调整农村经济结构，必须大力发展乡镇企业。只有大力发展乡镇企业，才能从根本上改变重庆市农村传统的产业结构，从较高的层次和较宽的领域为农民开辟新的就业渠道和增收途径，较大幅度地提高重庆市农业劳动生产率和比较效益，加速农业现代化、城市化和农村工业化的进程。

第三，大力发展乡镇企业，有利于缓解重庆市经济社会生活中的一些突出矛盾和问题，实现国民经济的持续稳定增长。如何确保重庆市国民经济能有一个较快的速度持续发展，一条重要的途径就是要充分发挥乡镇企业的支撑作用和拉动作用。“八五”期间，全国GDP保持两位数以上的增长速度，农村的贡献占68.94%，这主要得益于乡镇企业以年均20%以上的速度增长所发挥的支撑和拉动作用。在1998年全国GDP8%的增速中，乡镇企业就占到4.48个百分点，乡镇企业的贡献份额高达56%。从重庆市的情况看，去年全市GDP的增速为8.5%，其中乡镇企业仅占2.8个百分点，乡镇企业的贡献份额为32.9%，与全国平均水平差距较大。如果重庆市乡镇企业对GDP的贡献份额能达到全国的平均水平，全市经济的增长速度就会更快一些，整体经济实力也会更强一些。

如何加快重庆市城镇化步伐，提高城市化水平，真正体现直辖市委、市政府的地位和形象，一个非常现实的重要任务，就是加快小城镇建设，尽快提高全市的城市化水平。从全国各地的情况看，小城镇的发展离不开乡镇企业的支撑。沿海发达地区伴随着乡镇企业的发展，迅速崛起了一批新兴城镇。正如小平同志所指出的“乡镇企业的发展，主要是工业，还包括其他行业，解决了占农村剩余劳动力百分之五十的人的出路问题。农民不往城市跑，而是建设大批小型新型乡镇，这是我个人没有料到的，许多同志也没有预料到，是突然冒出这样一个效果”。重庆市农村量大面广，城市化水平在大大低于全国平均水平，其主要原因是小城镇发展不够。我们必须清醒地认识到这一点，高度重视乡镇企业在推动小城镇建设中的重要作用，加快乡镇企业发展步伐，加快农村城镇化进程。

如何增加重庆市财政收入，从根本上改善财政拮据状况，也有赖于乡镇企业的大发展。改革开放以来，乡镇企业已成为各级财政的重要财源。1998年，全国乡镇企业上缴国家税金1583亿元，占税收总额的27%。浙江财政收入的60%来自乡镇企业，而重庆市乡镇企业上缴税金占全市预算内财政收入的比重仅为20.8%。因此，我们要大力发展乡镇企业，积极培植新的税源，不断提高重庆市财政的收入水平，支持各项社会事业加快发展。

对以上乡镇企业的作用分析，仅仅是站在经济的角度。如果说从整个农村的稳定和政权建设来看，乡镇企业也是功不可没的。比如说，我们农村不稳定，一个很重要的方面就是干群、党群关系比较紧张。其一个重要的原因就是乱收费、乱摊派。乡镇没有自己的财政，没有乡镇企业提供财政，干什么事情都要从农民身上去收。办学术交流也好、修路也好、办公益事业也好，都要从农民身上去收。农民收入又比较低，但公益事业又得办，就容易造成干群关系紧张。在浙江一些地方，乡镇企业比较发达，乡镇干部的待遇、生活补贴、公益事业等，乡镇企业全部都包了，而且还为农民承担社会保险等。这些地方的乡镇党委书记、乡镇长就好当得多了。我举这个例子，就说明要发展乡镇企业。一个乡镇没有工业的支撑，没有自己的财力，全靠在农民手里来收，势必影响党群、干群关系。政权建设也是如此，我们要加强乡村的政权建设，一方面要有经济基础，有经济实力；另一方面要有广大人民群众的支持。这就需要乡镇企业提供一定的财力支持。同时，由于乡镇企业发展了，农民致富了，也就提高了我们乡镇、乡村干部的威信。从经济上讲、政治上讲、社会稳定上讲，乡镇企业在农业和农村中确实发挥着非常重要的作用。

最近我到区县去调查产生了这样一个思路，就是要抓两头、带中间。所谓“抓两头”，就是首先要抓那些现有基础比较好，有优势的区县、乡镇和一批乡镇企业，要采取更加优惠的政策，让其发展壮大。通过比较，可以在全市列出乡镇企业100强或是多少强，还有多少个乡镇搞得好的，可以叫“明星乡镇”，还有多少个发展得快、发展得好的区县，要采取更加强有力的优惠政策措施，使它们更快地发展，这才叫扶优扶强，使他们在全市起带头作用、示范作用。这就是小平同志讲的“让一部分地区先发展起来，先富裕起来，起示范作用”。这个问题要考虑，要支持他们发展。对基础薄弱，特别是当前的贫困区县，我们要采取扶贫的措施，增强他们的造血功能。要按照这样的思路把两头抓起来，带动中间。

市政府副市长陈光国 2003 年 4 月 25 日在全市乡镇企业工作会上的讲话

对我们重庆这样一个农业大市来说，乡镇企业的地位作用有其特殊性，是任何其他方面所不可替代的。

从全市经济和社会来看，乡镇企业功不可没。2002 年，乡镇企业增加值占全市 GDP 的比重达到 16. 53%，全市工业增加值的近三分之一是乡镇企业创造的；全市外贸出口总额的三分之一以上是乡镇企业提供的；全市农村经济增加值的一半以上来自乡镇企业，乡镇企业已成为重庆市农村经济的主体。去年，乡镇企业不仅缴纳了 37. 48 亿元的税金，而且新吸纳了 6 万多名农村富余劳动力和城镇下岗职工就业，为全市农业人口人均提供的工资性收入，约占当年全市农业人口人均纯收入的 30%。

从县域经济发展来看，乡镇企业挑起了重担。去年，市乡企局和有关部门对实施乡镇企业“二次创业”，推进重庆市农村经济结构调整开展了专题调研。实践证明，哪个地方的乡镇企业发展快，那个地方的农业产业化、农村二、三产业发展和农村城镇化的步伐就快，那个地方的人民富得就快。重庆市一批经济强区、强县、强市的出现，强就强在乡镇企业；一批明星乡镇、专业村镇的崛起和繁荣，就是得益于乡镇企业的发展。

重庆市农村二、三产业，主体是乡镇企业。从这个意义上讲，离开了乡镇企业，就很难找到在城乡二元结构背景下解决“三农”问题的可靠途径。

编后记

按照市政府办公厅印发的《关于认真做好第二届重庆市志编修工作的通知》（渝办〔2003〕42号）要求，《重庆市志·乡镇企业志（1986—2002）》编纂工作自2005年着手整理材料，2008年开始启动。由重庆市中小企业发展指导局（乡镇企业局）（简称市中小企业局，下同）正式行文，成立了编纂机构，负责实施《重庆市志· 乡镇企业志（1986—2002）》的编纂工作。

在编纂过程中，一直得到市中小企业局领导的重视和关心、支持，并于2009年10月完成了约20万字的第一稿。由于重庆成为直辖市后辖区面积大，要全面收集40个区县（自治县、市）1986—2002年乡镇企业发展的所有情况实属不易，再加之当时区县机构改革还在进行中，区县乡镇企业管理局经部门之间的调整、变更和办公地点搬迁，致使不少资料散失，对志书的编纂带来一定困难，所以第一稿的内容很不全面。2014年6月，重庆市地方志办公室的有关专家对第一稿提出了很好的修改和完善意见，并加强了指导。

根据重庆市2002年机构改革方案，经市委同意，撤销了对全市乡镇企业发展进行指导、管理、协调、监督、服务近20年的重庆市乡镇企业管理局，其人员、财产和职能并入2003年2月26日新成立的重庆市中小企业发展指导局（乡镇企业局），实行一个机构、挂两块牌子的体制。区县机构改革也照此实施，乡镇企业行政管理部门多数并入相关部门，改设为中小企业局，保留乡镇企业局牌子，有的则被撤销。因此，本志将编纂的上限从2005年调整为2002年。

市中小企业局领导对修改完善本志第一稿内容的工作十分重视、关心和支持，加强了领导，为编纂人员增加了助手，加大了资料的收集力度，并由局领导亲自率处室人员到区县催收资料，为顺利编纂本志创造了良好条件。

为不辜负局领导厚望，力求资料的真实性和完整性，编纂人员一方面对收集到的约500万字的资料，根据横排门类、纵述史实的志书编纂原则，进行了严格筛选、科学分析、认真整理、适当归纳；另一方面，又主动咨询了区县的10多位老领导、老同志，并查阅了《四川省志·乡镇企业志（1986—2005）》（送审稿），于2014年12月形成了约33万字的第二稿。2015年1月，市地方志办公室的有关专家对第二稿内容再次提出修改、调整建议意见，编纂人员根据这些意见并按照地方志编纂要求，对第二稿内容继续进行反复打磨，做了增、删、纠、调和贯通处理，力求详近略远，详独略同，突出行业特点，反映时代特色，并从《四川省志· 乡镇企业志（1986—2005）》（送审稿）和1990年至1996年《中国乡镇企业年鉴》里，收录了重庆直辖前万县市、涪陵市、黔江地区所辖区县乡镇企业受到国家农业部、四川省政府表彰的先进典型，形成了第三稿。2015年3月，再次修改形成第四稿。4月7日，经市中小企业局《重庆市志·乡镇企业志（1986—2002）》编纂委员会与局第三次办公会共同初审通过，报市地方志办公室审查后又做了修改和完善，形成了第五稿。6月对第五稿再补充完善，增加了万县市、涪陵市、黔江地区乡镇企业领导机构内容，形成第六稿。11月又对第六稿做补充和调整，2016年3月定稿，最后按程序呈送重庆市志审核委员会终审通过。

现在呈现在读者面前的《重庆市志·乡镇企业志（1986—2002）》，经重庆市人民政府批准出版，约42万字，分8篇68章97节，较为全面地记载了1986—2002年重庆直辖前后乡镇企业的基本情况。尽管市中小企业局领导组织力量，抓紧时间收集查找资料，但仍有许多内容缺乏文字依据。在资料难以收集的情况下，要全面再现1986—2002年全市乡镇企业发展历史确非易事，故疏漏之处尚多，这是编者感到遗憾和歉意之处。

值此《重庆市志·乡镇企业志（1986—2002）》出版的机会，向一直高度重视、关心和支持市中小企业局的领导和同仁，向精心指导编纂工作的市地方志办公室专家，向各区县（自治县）为编纂本志提供资料的老领导和新朋友们表示深切的感谢！

编　者

二〇一五年十二月

www.cqccri.com
中煤科工集团重庆研究院有限公司粉尘研究分院

中国煤科
CCTEG

粉尘防治技术及装备

中煤科工集团重庆研究院有限公司·国家煤矿安全技术工程中心

Chongqing Research institute of China Coal Technology & Engineering Group Gorp

National Engineering Research Center For Coal Mine Safety Technology